新时代

品牌在线旅游网站服务质量满意度

前沿理论与精准营销

王丽丽　刘 赛　郭英之◎著

立信会计出版社
LIXIN ACCOUNTING PUBLISHING HOUSE

图书在版编目(CIP)数据

新时代品牌在线旅游网站服务质量满意度：前沿理论与精准营销/王丽丽，刘赛，郭英之著. --上海：立信会计出版社，2025.1. -- ISBN 978-7-5429-7767-0

Ⅰ. F592;TP393.092

中国国家版本馆 CIP 数据核字第 2025LN7111 号

策划编辑　孙　勇
责任编辑　张翠芳
助理编辑　战小雨
美术编辑　北京任燕飞工作室

新时代品牌在线旅游网站服务质量满意度：前沿理论与精准营销

出版发行	立信会计出版社		
地　　址	上海市中山西路 2230 号	邮政编码	200235
电　　话	(021)64411389	传　　真	(021)64411325
网　　址	www. lixinaph. com	电子邮箱	lixinaph2019@126. com
网上书店	http://lixin. jd. com		http://lxkjcbs. tmall. com
经　　销	各地新华书店		

印　　刷	上海万卷印刷股份有限公司		
开　　本	787 毫米×1092 毫米	1/16	
印　　张	22. 75		
字　　数	563 千字		
版　　次	2025 年 1 月第 1 版		
印　　次	2025 年 1 月第 1 次		
书　　号	ISBN 978-7-5429-7767-0/F		
定　　价	98. 00 元		

如有印订差错，请与本社联系调换

前　言

随着大数据与互联网新时代的到来，在线产业已成为我国的战略性重要产业之一。随着消费升级，用户拥有了更多的消费渠道，线上消费不再是年轻人的专属，越来越多的群体加入线上消费的行列。经过多年发展，在线旅游业成了一个庞大的市场。随着在线旅游企业的数量不断增加，行业竞争日益激烈，产品同质化问题日益严重。

旅游业的发展水平是衡量国家发展的关键指标之一，也是中国从旅游大国迈向旅游强国的基础。中国旅游业的发展以及其在国际旅游业中地位的提升，不仅依赖于资源、客源和市场，而且需要旅游企业具备产业创新能力、市场化商业模式、品牌竞争力和服务意识。

在服务经济时代，用户对服务质量的满意度（简称用户服务质量满意度）成为企业赢得市场竞争的关键。伴随流量的激增，用户对一些在线旅游企业的投诉也在不断增加，如何提高用户满意度成为在线旅游企业必须面对的现实问题。在线旅游模式和传统模式不同，用户通过虚拟平台进行在线旅游行为，此过程不涉及实体企业，更不存在实体服务人员。这会导致用户不安，影响其购买产品的因素更加复杂多变。在线旅游企业在提供服务的过程中更加关注用户服务质量满意度以及企业的用户忠诚度。

突发公共卫生事件（以下称危机事件）对传统旅游经济形成了巨大冲击，在互联网经济的驱动下，在线旅游业日渐繁荣。网络成为旅游用户获取信息的主要渠道，越来越多的用户通过手机等移动终端查询旅游信息、购买旅游产品，用户市场的消费行为更加复杂多变。在新的时代背景下，用户产生了新的消费需求，对在线旅游企业的服务质量提出了更高的要求，而这对在线旅游企业来说，是挑战，更是机遇。在线旅游企业必须了解新时期消费市场结构及用户需求的变化，转变营销策略，满足用户需求，从而提高用户对服务质量的满意度，并在市场竞争中获胜。通过对危机事件前、事件中、事件后等不同时期品牌在线旅游网站服务质量满意度的认知对比研究，可以为企业运营管理提供建议，提升企业的品牌竞争力。

本书对危机事件前、事件中、事件后三个阶段进行品牌在线旅游网站服务质量满意度认知的对比和营销研究，兼具理论价值和实践意义。从理论价值来看，第一，其有利于扩展技术接受模型理论在旅游领域的应用；第二，有利于发展满意度理论对品牌在线旅游网站的影响的研究；第三，有利于丰富品牌在线旅游网站品牌资产理论的研究；第四，有利于丰富服务质量理论对忠诚度的影响的研究；第五，有利于改善和加强品牌在线旅游网站发展的基础；第六，有利于丰富用户跨时空消费行为对品牌在线旅游网站影响的研究。从实践意义来看，第一，其有利于推动品牌在线旅游网站的发展；第二，有利于改善用户的使用体验；第三，有利于品牌在线旅游网站的品牌价值建设；第四，有利于重塑品牌在线旅游网站的客户服务；第五，有利于旅游企业基于痛点思维优化品牌在线旅游网站；第六，有利于发掘用户市场的差异需求。

为了更好地挖掘危机事件前、事件中、事件后三个阶段品牌在线旅游网站用户需求和对服务质量满意度的认知，本书基于危机事件前、事件中、事件后用户对品牌在线旅游网站的问卷调查和深度访谈旅游专家学者的方法进行实证研究，采用 SPSS 软件对相关数据进行统计分析。本书运用方差分析法，将危机事件前、事件中、事件后的品牌在线旅游网站服务质量满意度认知的不同市场细分差异进行比较研究，并验证相关主成分因子之间的显著性影响，再对研究数据结果进行原因分析；采用聚类分析法，比较分析危机事件前、事件中、事件后各聚类群体的用户画像特征，并分析具体原因；通过对危机事件前、事件中、事件后用户对品牌在线旅游网站的认知有用性、认知易用性、认知体验性、认知风险性、认知质量性、认知服务性、认知使用创新性、认知品牌资产性、认知使用满意性、认知使用忠诚性提出假设，进行相关的验证，并对假设结果进行原因分析，提出新时代品牌在线旅游网站的精准营销策略。

本书针对性地提出新时代品牌在线旅游网站的精准营销策略，以提高品牌在线旅游企业的服务质量，促进旅游企业加快全球化战略布局。

著　者

2024 年 12 月

目　　录

第一章 绪　论

第一节　旅游产业的产业背景与发展转型

一、旅游产业的风险与发展

近年来，随着旅游业的发展，经营风险、文化风险、政治风险、生态风险等不断涌现，尤其是突发公共卫生事件（以下称危机事件），对旅游业的发展影响巨大。

危机事件对旅游业造成了严重冲击。其一，危机事件迅速在全球蔓延，在大多数实施居家工作政策的国家，交通工具基本停运，旅游业遭受重创，而与旅游相关的餐饮、住宿等产业也被波及。其二，受危机事件的影响，旅游市场猛然缩水，市场供过于求，部分企业陷入破产。其三，在危机事件得到控制后，我国旅游消费逐渐恢复，旅游业已成为新时代民众满足精神文化需求的重要基础。旅游业应当在这一阶段加快文旅融合进程，讲好中国故事，践行文明旅游价值观，扩大优质旅游产品的供给①。其四，融合发展的新型业态对文化和旅游的带动作用越来越明显。居民消费需求向休闲度假和深度体验转变，更加注重精神文化享受，相约看展、美食旅游、赛事旅游等融合发展业态成为文化和旅游的新时尚②。

危机事件催生了新业态。其一，受危机事件影响，一些地方倡导发展虚拟旅游，利用现代信息技术手段减少人员接触，同时降低旅游投资力度，缓和旅游市场的供需矛盾，以适应危机事件下旅游业的发展。其二，在危机事件影响之下，人们的旅游体验发生了转变，房车旅游业、高端民宿业等新的旅游业态获得了发展机会，进一步刺激了旅游装备制造等产业的发展，对旅游产业的创新发展提出了新要求。其三，旅游消费者更加追求安全、健康，由于大型灾难会改变人们的消费结构和消费偏好，那些更健康、更安全的产品备受消费者青睐。文旅产业应顺应消费者消费结构的变化，提升产品质量和服务质量满意度。其四，在新时期，文化和旅游部将会同其他部门，引导资源要素合理集聚，打通上下游产业链，促进文化、

---

① 中华人民共和国文化和旅游部．“十四五”旅游业发展规划［EB/OL］．（2022-01-20）［2024-01-10］．https://www.mct.gov.cn/preview/whhlyqyzcxxfw/zhgl/202201/t20220126_930708.html.

② 中华人民共和国文化和旅游部．发挥典型示范作用 推进文旅深度融合［EB/OL］．（2023-12-19）［2024-01-10］．https://zwgk.mct.gov.cn/zfxxgkml/zcfg/zcjd/202312/t20231221_950419.html.

旅游和相关产业的融合发展，创新产品和服务供给，辐射带动我国文化产业和旅游产业的高质量发展①。

企业应重拾自信心以应对危机。其一，危机事件既是危险，又是中国旅游企业发展的机遇。危机事件改变了人们的生活，同时激发了人们新的需求。面对消费者的新需求，企业应尽快实现产品创新和产业升级，以促进自身的发展。其二，旅游市场正从无差别市场转变为细分市场。传统的旅游景区、酒店多是无差别地提供产品和服务，而目前的市场已经分为侧重家庭游、亲子游、休闲游等的差异化细分市场，针对细分市场需求进行产品设计和营销是旅游市场发展创新的机遇。其三，旅游市场由以远程旅游为主转向以近程旅游为主。危机事件过后，人们出行时会更多地考虑安全问题，国内旅游代替了国际旅游，近程旅游的频率显著上升。企业应整合地产、养老、教育等产业，构建新的消费场景，以推动消费模式的转型，提升企业的销售率②。其四，文化和旅游部开展智慧旅游沉浸式体验新空间培育等工作，在项目培育、企业发展、人才培养、交流合作、宣传推广等方面给予指导和支持，将探索出符合现代旅游业发展规律并具有数字科技显著特征的智慧旅游新产品发展路子③。

二、旅游需求的发展潜力

随着文旅市场的快速复苏，文化旅游需求不断释放，智慧文旅成为增强优质产品、升级消费体验的有力抓手。在此机遇下，在线旅游需求的发展潜力巨大。在线旅游企业需创新发展，以满足不断升级的旅游需求。

文化旅游项目需要丰富产品线路策划。首先，为了促进文化旅游的创新发展，政府正在引导文旅场所丰富体验项目，拓展文化旅游的广度和深度，鼓励旅游企业利用新技术挖掘文化资源，为游客提供丰富多样的文旅产品。其次，政府需要发展全域旅游，提供商务会展旅游、体育旅游、康养旅游等文化旅游产品④。再次，政府要深入推进大众旅游的发展，积极发展智慧旅游、红色旅游，促进“旅游＋”和“＋旅游”的发展，提供更多优质的旅游产品和服务⑤。最后，政府要坚持以人民为中心的工作导向，更好地满足人民对美好生活的新期待，保护、传承、弘扬好中华优秀传统文化，坚持文化赋能，助力经济社会高质量发展，着力提质增效，以创新、融合培育文化产业发展新动能⑥。

文化旅游项目文旅产品需提供新动能。首先，文旅融合的经济效应从 2019 年起逐步显

---

① 中华人民共和国文化和旅游部. 发挥典型示范作用 推进文旅深度融合[EB/OL]. (2023-12-19)[2024-01-10]. https://zwgk.mct.gov.cn/zfxxgkml/zcfg/zcjd/202312/t20231221_950419.html.

② 中国旅游研究院. 预计全年旅游经济呈“U 型”恢复和振兴发展态势将是大概率事件[EB/OL]. (2021-04-27)[2024-01-10]. http://www.ctaweb.org.cn/cta/mtjj/202103/2e4d5b6ab67043c793518f91e8a65910.shtml.

③ 中国旅游报社. 首批沉浸式体验新空间培育试点公布[EB/OL]. (2023-08-07)[2024-01-10]. https://zwgk.mct.gov.cn/zfxxgkml/zcfg/zcjd/202308/t20230807_946491.html.

④ 国务院办公厅. 国务院办公厅关于进一步激发文化和旅游消费潜力的意见[EB/OL]. (2019-08-23)[2024-01-10]. http://www.gov.cn/xinwen/2019-08/23/content_5423828.htm.

⑤ 中华人民共和国文化和旅游部. “十四五”文化和旅游发展规划[EB/OL]. (2021-06-04)[2024-01-10]. http://zwgk.mct.gov.cn/zfxxgkml/zcfg/zcjd/202106/t20210604_925006.html.

⑥ 中华人民共和国文化和旅游部. 2024 年全国文化和旅游厅局长会议在京召开[EB/OL]. (2024-01-07)[2024-01-10]. https://www.mct.gov.cn/whzx/whyw/202401/t20240107_950701.html.

现,文旅融合产业得到了有效发展,发展路径也逐渐明朗。文旅融合为我国文旅产品提供了全新的动能。其次,我国居民收入的增加也有效助推了旅游消费活力的进一步释放,旅游消费的平均增幅保持在9%以上。国家战略和旅游交流将有力促进新时期旅游的发展,民众对旅游的获得感进一步增强[①]。最后,在文化旅游融合发展的新时期,国内旅游人次稳步增长,文化和旅游发展要为实现人的全面发展提供有力保障[②],满足游客深度休闲等新需求,打造文旅融合新产品。

旅游业逐步复苏。首先,受危机事件影响,2020年国内旅游人次28.79亿,比2019年下降52.10%;2021年国内旅游人次32.46亿,比2020年增长12.80%,恢复到2019年的54.00%;2023年国内旅游人次48.90亿,比2022年增长93.30%,恢复到2019年的88.51%[③]。其次,危机事件后,旅游经济开始步入市场内生和创新驱动的新常态,稳步转入理性繁荣的新阶段。假日经济的拉动效应显著,国内旅游全面复苏[④]。最后,我国经济持续回升向好,高质量发展扎实推进,现代化产业体系更加健全,一批高端化、智能化、绿色化新型支柱产业快速崛起,低碳生活渐成风尚,温暖的生活气息、复苏的忙碌劲头,诠释了人们对美好幸福的追求[⑤]。

国内旅游人次持续保持稳定增长态势。1994年,国内旅游人次5.24亿;2015年,国内旅游人次达到39.90亿,显示出持续增长的趋势。2016年,全域旅游推动旅游经济较快增长,国内旅游市场持续高速增长,国内旅游人次达44.40亿;2017年,国内旅游人次达50.01亿,比2016年增长12.80%;2018年,国内旅游人次达55.39亿,比2017年增长10.80%;2019年,国内旅游人次达60.96亿,比2018年增长9.50%。国内旅游人次保持逐年递增的趋势[⑥]。到2023年,国内旅游人次为48.90亿,同比增长约80%,恢复至2019年的88.51%[⑦]。在新时期,我国要坚定不移地推进中国式现代化,完整、准确、全面贯彻新发展理念,加快构建新发展格局,着力推动高质量发展,统筹好发展和安全,巩固和增强经济回升的良好态势,实现经济行稳致远。要全面深化改革开放,进一步提振发展信心,增强经济活力[⑧]。

三、旅游产品的创新发展

文化旅游消费不断升级,旅游服务不断优化,旅游产品创新发展是当代智慧旅游发展、

① 中华人民共和国文化和旅游部."十四五"文化和旅游发展规划[EB/OL].(2021-06-04)[2024-01-10]. http://zwgk.mct.gov.cn/zfxxgkml/zcfg/zcjd/202106/t20210604_925006.html.

② 中华人民共和国文化和旅游部."十四五"文化和旅游发展规划[EB/OL].(2021-06-04)[2024-01-10]. http://zwgk.mct.gov.cn/zfxxgkml/zcfg/zcjd/202106/t20210604_925006.html.

③ 中华人民共和国文化和旅游部.2021年度国内旅游数据情况[EB/OL].(2022-01-24)[2024-01-10]. http://zwgk.mct.gov.cn/zfxxgkml/tjxx/202201/t20220124_930626.html.

④ 中国旅游研究院.中国旅游集团化发展报告2023——繁荣与重构[EB/OL].(2023-12-20)[2024-01-10]. https://www.ctaweb.org.cn/cta/gzdt/202312/711dc8100b394dc4b528fd7709633dfb.shtml.

⑤ 习近平.国家主席习近平发表二〇二四年新年贺词[EB/OL].(2023-12-31)[2024-01-10]. https://www.gov.cn/yaowen/liebiao/202312/content_6923673.htm.

⑥ 中国旅游研究院.2019中国国内旅游发展年度报告[EB/OL].(2019-09-30)[2024-01-10]. https://www.useit.com.cn/thread-24846-1-1.html.

⑦ 中国旅游研究院.2022年中国旅游经济运行分析与2023年发展预测[EB/OL].(2023-02-21)[2024-01-10]. https://www.ctaweb.org.cn/cta/gzdt/202302/87d263c6c80143059ebd91fe3ed430ad.shtml.

⑧ 习近平.国家主席习近平发表二〇二四年新年贺词[EB/OL].(2023-12-31)[2024-01-10]. https://www.gov.cn/yaowen/liebiao/202312/content_6923673.htm.

科学技术飞速创新的必然要求。在线旅游企业应积极关注游客需求，促进产品和服务升级。

文化旅游消费水平升级。入境旅游的环境质量是衡量国家全域旅游示范区的重要指标。为了扩大"互联网+"平台的积极作用，实现文旅全球化发展，满足海内外游客不同需求，国家需要对入境旅游平台作出相关要求，要求其加强对旅游安全提示、游客投诉专线、精品线路推荐等板块的专业化管理。在线旅游企业要制定入境游客的智慧旅游战略规划，包括提供多语种的智能导览讲解、实时旅游资讯的推送服务，将大数据和高新技术用于游览预警；加快提升对入境游客的移动支付服务，以有效降低旅游成本；改善游客的旅游体验，提高游客的旅游满意度①。游客期待更多的文化感知，期待更深入地参与和体验本地文化。在散客化、自驾游的趋势下，游客对文旅品质的保障有了更高的要求，游客的出游体验仍有很大的改进空间②。在文化和旅游产业融合发展的新时期，在新的起点上继续推动文化繁荣、建设文化强国、建设中华民族现代文明，是新时代新的文化使命③。

技术创新促进旅游服务升级。在线旅游行业积极关注供应商的技术创新。以携程为例，其充分发挥技术优势和用户优势，推动旅游产品创新和服务模式升级。"云旅游"推动景区服务升级。例如，游客在携程 App 上搜索景区名称，或通过"门票玩乐"入口进入景区页面，可以免费获取语音导览的相关产品。智慧景区服务支持游客"安心游"。携程开发并推出了智慧景区服务标准，包括在线实名预约、秒入园、分时入园、无忧退、电子语音导览讲解、线下自动购票机等④。我国正在加快推进以数字化、网络化、智能化为特征的智慧旅游发展，以提升便利度和改善服务体验为导向，培育云旅游、云直播，发展线上数字化体验产品，打造沉浸式旅游，使游客体验新场景⑤。同时，国家正在发展数字化文化旅游新场景，充分利用文化设施、旅游服务场所搭建数字化文化体验场景，拓宽文化内容的数字分发渠道，强化智慧文化旅游场景应用⑥。

四、我国旅游市场的数字趋势

我国旅游产业正蓬勃发展，旅游模式已呈现出不同于传统的特征，发展趋向于基于文化内容的深度游和基于元素形式的创意游。旅游业应运用数字化手段和工具实现跨越式发展。

第一，大力优化文化旅游市场的供给。首先，我国正在构建文旅融合的消费体系，建设文旅融合的产业示范区；推动非物质文化遗产的保护和传承，打造具有中国文化特色的旅游购物场所。其次，我国正在推动重点城市加快文化娱乐场所的建设，发展集合多种业态的文

---

① 中华人民共和国文化和旅游部. 提升入境旅游环境持续扩大消费规模[EB/OL]. (2019-08-29)[2024-01-10]. https://www.mct.gov.cn/whzx/whyw/201908/t20190829_845945.htm.

② 中国旅游研究院. 2021 年全国旅游服务质量调查报告[EB/OL]. (2022-07-15)[2024-01-10]. http://www.ctaweb.org.cn/cta/gzdt/202201/e5a10e9aee644fa8b371a50d6611cb07.shtml.

③ 中华人民共和国中央人民政府. 习近平出席文化传承发展座谈会并发表重要讲话[EB/OL]. (2023-06-02)[2024-01-10]. https://www.gov.cn/yaowen/liebiao/202306/content_6884316.htm?device=app.

④ 中华人民共和国文化和旅游部. 疫情期间，携程以技术创新促旅游服务升级[EB/OL]. (2020-03-25)[2024-01-10]. https://www.mct.gov.cn/preview/special/8830/qykyal/202004/t20200422_852671.htm.

⑤ 国家发展改革委. 关于促进消费扩容提质加快形成强大国内市场的实施意见[EB/OL]. (2020-03-13)[2024-01-10]. https://www.mct.gov.cn/whzx/ggtz/202003/t20200313_851857.htm.

⑥ 中华人民共和国文化和旅游部. 数字化创新推动文化和旅游高质量发展[EB/OL]. (2023-10-11)[2024-01-10]. https://www.mct.gov.cn/whzx/whyw/202311/t20231101_949472.htm.

化消费集聚区。培育新型文化和旅游业态,鼓励发展博物馆游、科技旅游、民俗游等文化体验游,促进全域旅游的发展,提升国家级旅游度假区的文化品质和品牌影响力[①]。再次,我国正在优化旅游公共设施布局,完善旅游公共服务配套设施,持续深入开展"旅游厕所革命",加强旅游交通设施建设,完善旅游绿道体系,提升旅游信息的公共服务水平,制定出台针对残疾人、老年人的旅游公共服务标准规范[②]。最后,我国正在加强统筹谋划融合发展,创新消费场景产品供给,着力提升夜间服务质量,有效带动二次衍生消费[③]。同时,各方面也在加强品牌宣传推广,营造良好的文化市场环境,促进文化旅游消费。

第二,危机事件影响下旅游市场的发展策略。为对冲危机事件带来的影响,全面完成经济社会发展任务,我国启动了涵盖5G、人工智能、大数据等领域的"新基建"。中央和地方投资计划的落实必然推动经济增长,尤其是在数字经济、智能经济、新一代信息技术等业态创新方面,这将支撑、带动和助力智慧旅游的全面升级。地方政府善于提出文化和旅游系统高质量发展的总需求,引导国内和入境旅游的市场需求,以及基础设施、公共服务、红色旅游、智慧旅游、旅游大数据等的投资需求,引导中央和地方政府的财政投资和金融支持向旅游业倾斜[④]。在旅游业有序恢复发展的背景下,线上线下联动的方式进一步拓宽了受众,丰富了旅游内容和形式,有利于更好地引导和促进旅游市场的恢复和发展,积极营造良好的社会氛围,以提升旅游企业和行业的信心[⑤]。各地旅游企业积极拓展新市场,不断研发新产品,推出研学旅行等新产品,以数字转型赋能供需双向的降本增效和文化品质升级[⑥]。

第三,文旅产业的市场应用能力加强。为满足民众对美好生活的需要,高质量发展已经成为国内文旅产业发展的主旋律。包括文化和旅游产业在内的很多产业实施了"文旅+"战略,以期能找到更好地施展其价值的平台。新技术已经成为文旅产业发展的基础设施。新技术应用可以提升产业运营效率、产业经营效益、产业服务品质和产业监管水平。文旅产业的前景广阔,需从"+文旅"主导转向"文旅+"主导,以增强文旅产业的市场能力;5G技术在文旅产业中的应用,会催生全新的文旅业态和商业模式,区块链技术在文旅产业中的落地,将重构全新的文旅经济体系[⑦]。各地旅游企业以"讲好中国故事"为着力点,创新推进国际传播,加强中华文化的对外推介,持续打造传播热点;用好国际社交媒体平台,引导出境游客、留学生、海外务工人员、华侨华人传播弘扬中华文化,扶持海外社团开展中华文化展示活动[⑧]。各

---

① 国家发展改革委.关于促进消费扩容提质加快形成强大国内市场的实施意见[EB/OL].(2020-03-13)[2024-01-10]. https://www.mct.gov.cn/whzx/ggtz/202003/t20200313_851857.htm.

② 中华人民共和国文化和旅游部."十四五"文化和旅游发展规划[EB/OL].(2021-06-04)[2024-01-10]. http://zwgk.mct.gov.cn/zfxxgkml/zcfg/zcjd/202106/t20210604_925006.html.

③ 中国文化传媒集团有限公司.第三批国家级夜间文化和旅游消费集聚区申报工作启动[EB/OL].(2023-09-05)[2024-01-10]. https://zwgk.mct.gov.cn/zfxxgkml/zcfg/zcjd/202309/t20230905_947050.html.

④ 中国旅游研究院.旅游振兴的地方担当[EB/OL].(2020-03-18)[2024-01-10]. http://www.ctaweb.org/html/2020-3/2020-3-18-17-30-34467.html.

⑤ 中国旅游报.线上线下联动宣传推动旅游加速"重启"[EB/OL].(2022-06-16)[2024-01-10]. https://www.mct.gov.cn/whzx/whyw/202206/t20220616_933936.htm.

⑥ 中国旅游研究院.中国旅游集团化发展报告2023——繁荣与重构[EB/OL].(2023-12-20)[2024-01-10]. https://www.ctaweb.org.cn/cta/gzdt/202312/711dc8100b394dc4b528fd7709633dfb.shtml.

⑦ 中国旅游研究院."2019旅游经济运行盘点及2020年发展预测"系列报告:旅游产业运行与企业发展[EB/OL].(2020-03-06)[2024-01-10]. http://www.ctaweb.org/html/2020-3/2020-3-6-14-35-82256.html.

⑧ 中华人民共和国文化和旅游部."十四五"文化和旅游发展规划[EB/OL].(2021-06-04)[2024-01-10]. http://zwgk.mct.gov.cn/zfxxgkml/zcfg/zcjd/202106/t20210604_925006.html.

地旅游企业加快数字赋能，深化人工智能等数字技术的应用，构建美丽中国数字化治理体系，建设绿色智慧的数字生态文明①，推动文化和旅游的数字化发展，促进文化和旅游新型业态与消费模式加快发展。

五、旅游企业的智慧转型

随着智慧旅游的发展，旅游企业应充分利用文化设施、旅游服务场所，搭建数字化文化体验场景，强化智慧旅游场景的应用，推进实施国家文化数字化战略，促进文化和旅游新型业态与消费模式加快发展。

旅游企业智慧转型是时代发展的趋势。其一，危机事件让旅游企业体会到了智慧化发展的重要性。在危机事件发生时，旅游企业受到了不同程度的冲击，而消费者出行不便促进了线上消费。旅游企业的发展充满不确定性，没有任何一家旅游企业可以永远保持向上发展态势，故其必须寻求变革。其二，随着中国互联网行业的发展，线上旅游的发展势头强劲，旅游企业的线上业务拥有巨大市场潜力。智慧化转型能为旅游企业发展提供新的动力。旅游企业的智慧转型是一个系统工程，更是一项长期任务②。其三，旅游企业在发展过程中应进一步提升风险应对能力。旅游企业只有用数据和智能武装自己，实现智慧化发展，将业务场景内容和智慧化完美耦合，不断创造新的企业价值目标，才能在长远发展中占据优势地位。否则，越来越多的旅游企业将会被市场淘汰③。其四，旅游企业应充分应用人工智能、虚拟现实等数字新技术，在引领、支撑文化和旅游市场发展方面取得实效，以数字技术传播中华优秀传统文化，扩大公共文化服务的覆盖面，推动服务普惠应用，以满足人民群众文化需求④。

旅游企业的品牌营销需另辟蹊径。其一，如今旅游市场竞争激烈，智慧化营销已经成为品牌旅游企业营销的重要领域。智慧化营销让企业与消费者之间的联系更加密切、交流更加畅通，线上品牌营销的优势日渐明显。其二，市场需要新的互动场景与沟通语境。旅游企业发展品牌需要与消费者进行更为亲切有效的沟通，了解消费者的真正需求，获得消费者的品牌认同感，增强用户黏性。线上沟通能加速品牌信息的传播。其三，智慧化营销缩短了消费者品牌认知转化为市场份额所需的时间。传统营销渠道的转化时间较长，而在线消费品牌借助智慧营销的传播与销售路径，可将品牌宣传、产品信息、产品销售融合在一个场景中，有效提高产品销售额⑤。其四，企业在自我发展的同时，应助力国家公共文化服务水平提升，驱动文化和旅游业态创新。通过数字技术推进模式创新、业态创新、方式创新，赋能文化和

---

① 国务院办公厅.中共中央 国务院关于全面推进美丽中国建设的意见[EB/OL].(2023-12-27)[2024-01-10]. https://www.gov.cn/zhengce/202401/content_6925405.htm.

② 中华人民共和国文化和旅游部."十四五"文化和旅游发展规划[EB/OL].(2021-06-04)[2024-01-10]. http://zwgk.mct.gov.cn/zfxxgkml/zcfg/zcjd/202106/t20210604_925006.html.

③ 中华人民共和国文化和旅游部."十四五"旅游业发展规划[EB/OL].(2022-01-20)[2024-01-10]. https://www.mct.gov.cn/preview/whhlyqyzcxxfw/zhgl/202201/t20220126_930708.html.

④ 中华人民共和国文化和旅游部.数字化创新推动文化和旅游高质量发展[EB/OL].(2023-10-11)[2024-01-10]. https://zwgk.mct.gov.cn/zfxxgkml/zcfg/zcjd/202310/t20231011_949074.html.

⑤ 前瞻产业研究院.后疫情时代，那些迎来爆发机会的产业[EB/OL].(2020-12-11)[2024-01-10]. https://bg.qianzhan.com/report/detail/2012111343429820.html#read.

旅游的高质量发展①。

第二节 意义与创新

一、理论意义

从研究的理论意义层面来看，本书的理论意义包括以下六个方面。

第一，有利于扩展技术接受模型理论在旅游领域的应用。本书基于技术接受模型及服务质量理论、满意度理论、品牌资产理论等成熟的理论模型进行了模型拓展与创新，这些模型涵盖认知易用性、认知有用性、认知体验性、认知风险性、认知质量性、认知服务性、认知品牌资产性、认知使用满意性、认知使用忠诚性等十大变量，通过实证研究探讨各变量之间的影响机制。

第二，有利于拓展基于满意度理论的品牌在线旅游网站研究。品牌在线旅游网站的使用满意度贯穿整个在线购买行为，对使用体验和使用满意度产生直接或间接的影响。本书对数据进行了系统分析，探索了在线旅游用户的认知使用满意性与在线旅游网站的认知有用性、认知易用性和认知使用忠诚性之间的关系，并对研究结果作出合理化解释，以期推动在线旅游研究的深入发展。

第三，有利于丰富品牌在线旅游网站品牌资产理论研究。本书基于用户视角，对品牌在线旅游网站、品牌资产概念进行探讨，探索影响用户关于品牌在线旅游网站认知的因素；进一步深化和拓展品牌资产理论，扩大关于品牌在线旅游网站的研究领域；为品牌资产理论的深入研究打下坚实的基础，丰富与在线旅游品牌资产相关的理论研究。

第四，有利于丰富服务质量理论对用户忠诚度的影响研究。本书从用户体验维度及其对品牌在线旅游网站的影响进行了深入、系统的研究，可为品牌在线旅游网站利用服务质量、用户满意度来提高用户对旅游网站的忠诚性提供帮助，从而为在线旅游网站促进旅游消费者购买决策的形成提供相关理论支持。本书充实了旅游领域用户受访者的忠诚度认知，进一步探讨了跨时空差异下品牌在线旅游网站认知使用忠诚度的形成机制。

第五，有利于加强关于品牌在线旅游网站发展的基础性研究。本书基于用户受访者对品牌在线旅游网站认知的影响，通过实证检验，探究影响用户使用品牌在线旅游网站的不同因素，并针对用户不同细分需求特点提出具有针对性的精准营销。本书不仅可以丰富品牌在线旅游网站研究方面的理论成果，而且为用户形成对品牌在线旅游网站的认知提供科学依据。

第六，有利于丰富用户跨时空消费行为对品牌在线旅游网站影响的研究。目前，关于品牌在线旅游网站的研究大多是针对某一时段进行的单一研究，以及关于用户市场细分特征的认知研究，针对危机事件前、事件中、事件后不同时期用户消费行为的差异化研究很少。本书以

① 中华人民共和国文化和旅游部. 数字化创新推动文化和旅游高质量发展[EB/OL].(2023-10-11)[2024-01-10]. https://zwgk.mct.gov.cn/zfxxgkml/zcfg/zcjd/202310/t20231011_949074.html.

品牌在线旅游网站为例，对危机事件前、事件中、事件后用户群体进行对比性分析，揭示不同时期用户群体变量之间的不同关系。

二、实践意义

从研究的实践意义层面来看，本书的实践意义包括以下六个方面。

第一，有利于推动品牌在线旅游网站的发展。本书基于技术接受模型理论的研究有助于政府文旅机构和文旅企业把握影响用户对品牌在线旅游网站认知的因素，并根据用户在线购买行为的意向规律，有针对性地开发、设计、生产、销售满足用户消费需求的在线旅游商品或服务；有助于推动政府部门加强对品牌在线旅游网站营销推广的市场战略布局；有助于提升我国旅游企业旅游全球化战略发展的市场竞争优势。

第二，有利于提高用户的使用体验感。本书在定量和定性分析的基础上，研究用户对品牌在线旅游网站的使用满意度认知：一方面，为品牌在线旅游网站优化服务提出合理化建议；另一方面，为品牌在线旅游网站的发展和完善提供理论基础，对品牌在线旅游网站的服务质量和精准营销提出合理建议，从而促进用户整体满意度的提升。

第三，有利于在线旅游网站的品牌价值建设。本书以在线用户为调研对象，运用实证分析方法探讨用户对品牌在线旅游网站的认知，可以为品牌在线旅游网站的品牌建设提供精准的策略和实践标准。同时，本书可为品牌在线旅游网站的品牌资产发展与规划提供有效的评价标准，且为品牌在线旅游网站的企业品牌营销提供符合市场需求的决策依据。

第四，有利于重塑品牌在线旅游网站的客户服务。本书将丰富学术界对品牌在线旅游网站服务质量与认知使用忠诚度之间关系和作用的阐释，为品牌在线旅游网站提供维护客户关系的新视角。本书结论还可以证实用户的认知使用忠诚度在互联网商业中的重要性，即品牌在线旅游网站可以通过建立、提升与用户之间的关系质量来提高客户的忠诚度。

第五，有利于旅游企业基于痛点思维优化品牌在线旅游网站。本书通过研究影响用户对品牌在线旅游网站认知的因素，不仅为品牌在线旅游网站针对用户不同特点采取多元化精准营销提供依据，而且有助于品牌在线旅游网站发现并解决现存的问题。本书从理论与实证结合的角度，进行用户跨时空消费行为差异对品牌在线旅游网站的认知的系统化研究，对品牌在线旅游网站的改进和完善具有借鉴意义。

第六，有利于旅游企业发掘用户市场的差异需求。本书对危机事件前、事件中和事件后（下称新时代）三个时期市场用户群体对品牌在线旅游网站的认知有用性、认知易用性、认知体验性、认知风险性、认知质量性、认知服务性、认知使用创新性、认知品牌资产性、认知使用满意性和认知使用忠诚性的市场细分差异进行了比较分析验证，旨在认识用户群体的区别和特点。这对旅游企业在新时代品牌在线旅游网站运营中采取精准营销策略，提升品牌宣传效果和提高用户的满意度等，具有重要的量化参考价值。

三、理论创新

本书的理论创新包括以下两个方面：

首先，将多元理论融合，构建关于品牌在线旅游网站服务质量满意度的理论模型。本书根据对国内外研究文献与理论基础的综述，分析有用性、易用性、体验性、风险性、质量性、服务性、创新性、品牌资产性、满意性和忠诚度等多变量间的相互作用关系，将技术接受模型理论、计划行为理论、服务质量理论、满意度理论、品牌资产理论等多元理论融合，构建了关于品牌在线旅游网站服务质量满意度的认知有用性、认知易用性、认知体验性、认知风险性、认知质量性、认知服务性、认知使用创新性、认知品牌资产性、认知使用满意性和认知使用忠诚度的理论研究机理模型。

其次，从多元视角分析品牌在线旅游网站服务质量对认知服务质量满意度产生影响的路径机理。本书通过品牌在线旅游网站用户认知的视角，基于结构方程模型研究方法，对理论研究机理模型进行了实证检验。本书结果显示，无论在事件前、事件中，还是新时代，品牌在线旅游网站服务质量对认知风险性有显著正向影响、品牌在线旅游网站服务质量对服务质量性有显著正向影响、品牌在线旅游网站服务质量性对认知易用性有显著正向影响、品牌在线旅游网站服务质量对品牌资产性有显著正向影响、品牌在线旅游网站品牌资产对认知使用满意性有显著正向影响、品牌在线旅游网站认知使用满意性对认知使用忠诚度有显著正向影响的模拟路径机理假设都成立。

四、应用创新

本书的应用创新包括以下三个方面：

第一，品牌在线旅游网站服务质量满意研究的案例时空分析。一方面，本书研究案例时间分布于事件前、事件中和新时代三个阶段。本书选取了事件前、事件中和新时代三个阶段对品牌在线旅游网站用户进行调研和对比分析。以往关于品牌在线旅游网站的研究多集中于事件前或事件中的某一个阶段，较少有对三个阶段进行对比分析研究。另一方面，研究案例的空间贡献也得到了体现。本书基于我国东部、中部、西部地域差异，选取了东部、中部和西部三个区域的品牌在线旅游网站用户进行调研和分析，研究案例覆盖面广、研究结论准确，未来可以进一步进行区域对比研究。

第二，基于品牌在线旅游网站服务质量满意研究的细分精准施策。本书在对用户关于品牌在线旅游网站的认知进行分析的基础上，对品牌在线旅游网站认知有用性、认知易用性、认知体验性、认知风险性、认知质量性、认知服务性、认知使用创新性、认知品牌资产性、认知使用满意性和认知使用忠诚度进行细分市场差异分析，并对每一项分析提出具体原因及品牌在线旅游网站的精准营销策略。营销策略的针对性更强，有利于优化和改善旅游网站的运营模式，提高用户对在线旅游网站的满意度。

第三，基于品牌在线旅游网站服务质量满意研究的聚类精准施策。本书对品牌在线旅游网站认知有用性、认知易用性、认知体验性、认知风险性、认知质量性、认知服务性、认知使用创新性、认知品牌资产性、认知使用满意性和认知使用忠诚度，从性别、年龄、婚姻状况、教育背景、月收入、游玩次数、游玩天数、游玩预算、游玩方式等维度进行聚类群体市场细分比较，并针对每一项分析详细提出具体原因和品牌在线旅游网站精准营销策略。本书涵盖内容较广，有助于企业管理部门更好地了解在线旅游网站的运作机理和解决方案，在线旅游平台企业也可以针对不同用户的需求，提升在线旅游品牌知名度和影响力。

第二章 在线旅游网站服务相关文献综述

第一节 旅游网络营销研究

一、关于网络营销的国内文献综述

米敏等(2021)[1]采用深度访谈法,研究了“互联网＋”背景下乡村旅游营销的新趋势,分析了景区营销现状及阻碍因素,提出了拓展营销渠道、线上线下融合的新营销模式。刘聪(2020)[2]通过对公司所处竞争环境、公司自身发展状况及商业模式等进行分析,发现公司的网上营销策略存在问题,在此基础上有针对性地提出了打造个性化产品、提升售后服务水平、加强与其他企业的战略合作、利用新技术手段进行精准营销等优化建议,为在线旅游企业提供了借鉴。崔春于(2019)[3]基于典型乡村旅游案例和调研,采用因子分析、样本检验、方差分析、结构方程模型等研究方法,建立了乡村旅游自媒体营销影响游客决策的理论模型,分析了自媒体营销和自助游旅游者的决策行为之间的相互关系。结果表明,感知价值对旅游决策的影响是正向且显著的。邢昊(2018)[4]以网络营销的应用价值为研究方向,运用消费者行为理论和消费行为模型,分析了在线消费者在品牌感知、消费兴趣、关注互动情况、消费行为等方面的相关信息。结果表明,效果评价可以提升在线品牌的网络营销发展潜力。薛杨(2017)[5]运用情感愉悦唤醒模型、刺激—机体—反应模型、沉浸式理论、网络用户信息行为等相关理论,探讨了企业微信营销中用户信息行为的影响因素及“唤起”和“沉浸”的中介作用。结果表明,企业的微信营销要素和路径对“沉浸”具有正向影响。赖元薇(2017)[6]通过内容营销、品牌忠诚度等相关理论,研究了社交媒体上的内容营销和品牌忠诚度之间的相互关系。结果表明,企业在社交媒体上的内容营销具有五个不同的价值维度:功能性信息价值、娱乐性信息价值、社交互动价值、品牌互动价值和自我概念价值,获取品牌知识、建立情感信任和参与行为可以作为品牌忠诚度的中介变量。李金阳(2013)[7]以微博营销的互动关系为研究对象,探讨了互动关系和消费者行为意愿之间的相互作用,并通过微博营销关系互动的特征和功能,构建、验证、分析了微博关系互动对消费者行为意愿的影响因素模型。结果表明,消费者与企业微博的关系质量是中介变量,互动因子对消费者行为具有间接影响。

二、关于网络营销的国外文献综述

Hamid 等(2021)[8]通过梳理与智能旅游概念相关的电子旅游管理系统的学术文献,提出了基于智能概念的最新电子旅游数据管理分类法。他将分类法分为基于智能的旅行推荐系统(Tourism Recommender Systems,简称 TRS)和旅游营销两类。基于智能的 TRS 方法的可靠性和可接受性表现出显著差异,为识别电子旅游和智能旅游的差异提供了方向。Jacobsona 等(2019)[9]基于拓展通信隐私管理理论在社会媒体中的适用性,引入了营销舒适性模型,通过人口普查平衡样本探究了用户对社交媒体数据营销的观点。结果表明,用户对使用社交媒体的风险和好处的感知与社交媒体营销人员给其带来的舒适度有关,且针对性广告对营销舒适性的影响最大。Barry 等(2019)[10]基于使用满足理论,测试了驱动营销者社会资本的思想领导框架,并讨论了其对营销理论和实践的启示。García 等(2018)[11]探讨了线上体验营销及线下体验营销和酒店品牌资产之间的相互关系,并确定了线上酒店体验和线下酒店体验之间存在着重要的联系。结果表明,酒店入住期间的体验与在线购买的过程都会对酒店品牌资产产生影响,且在线营销对酒店住宿体验具有较大影响。Mehmet 等(2016)[12]以社会符号多模型为框架,利用扩展理论来识别和分析与网络营销信息相关的传播资源,从而全面了解在线营销帖子创建的方式。结果表明,将用户对话链接在一起会形成扩展的在线营销对话,从而强调了所有利益相关者影响的重要性。Bilgihan 等(2015)[13]基于功利主义和享乐的网站功能、客户承诺、信任和在线忠诚构建了结构方程模型,结果发现,关注享乐和功利主义特征会建立忠诚度。情感承诺会受到享乐特征的影响,计算承诺则由功利主义特征驱动,这两个承诺维度都会影响客户对在线供应商的信任,而信任是忠诚度的重要前提。

三、关于网络营销的国内外文献述评

(一) 内容述评

通过对国内外网络营销相关文献的梳理和分析,我们发现其在内容上存在以下异同点。

第一,国内外文献内容的相同点。一是国内外文献都基于网络营销的内容,从消费者对社交媒体感知的影响出发,未考虑消费者对营销模式的心理状态的影响。二是国内外文献都基于品牌理论来研究社交媒体上的内容营销对不同维度价值的影响,未考虑差异化营销内容和品牌取舍的影响。三是国内外文献都基于使用满足理论来阐述内容营销的影响机制并进行系统解析,未考虑忠诚行为、购买意愿、重购意愿等的影响。

第二,国内外文献内容的相异点。首先,国内文献侧重于分析网络营销渠道对企业外部活动的影响因素:一是关注企业外部互联网的发展环境,二是关注企业内部的营销渠道模式。国外文献侧重于分析网络营销特征对关系营销的影响因素。其次,国内文献往往基于某一经典理论引入新变量,再选择案例进行验证;而国外文献往往更重视理论和理论之间的整合,并尝试全新的网络营销研究视角。

(二) 方法述评

通过对国内外网络营销相关文献的梳理和分析,我们发现其在方法上存在以下异同点。

第一,国内外文献方法的相同点。一是国内外文献对网络营销相关行为的预测均采用了数据分析法进行验证,对社交媒体营销如何影响消费者决策进行了分析 。二是国内外文献都使用结构方程模型对验证性因子分析方法的量表信度和效度进行了分析,也对在线营销对线上和线下体验的作用及其对网络营销的贡献进行了分析。

第二，国内外文献方法的相异点。国内文献基于结构方程模型、因子分析法进行研究，探索自媒体营销对旅游决策行为的影响；而国外文献基于文献分析法，对提出的模型进行检验，少数文献结合了探索性因子分析等方法来验证变量的调节效应。

第二节　旅游虚拟社区研究

一、关于旅游虚拟社区的国内文献综述

文彤等(2022)[14]收集了在线用户点评内容，利用文本分析法研究了意见领袖的网络权力特征及其形成机制。结果表明，旅游虚拟社区中意见领袖的网络权力具有自赋与他给(来源)，非强制与非显性，中介控制性等，范围性、动态性与非对称性4个表现特征。朱腾腾等(2021)[15]采用信任理论，从价值共创的角度对结伴同游共创意愿的形成机制进行了研究，为旅游虚拟社区提供了建议。结果表明，发帖用户的能力显著正向影响参与用户的价值共创意愿，社区声望负向调节了结伴同游发帖用户的能力与同伴信任之间的关系，同时负向调节了发帖用户的能力与参与用户价值共创意愿之间的关系。张晶(2020)[16]将旅游虚拟社区选作平台，将用户价值共创的旅游IP作为文旅融合的落脚点和路径指导，以期为文化和旅游融合作出探索。其基于文献研究和行业实践观察，探索出了基于旅游虚拟社区价值共创的旅游IP的构建路径。他还以“IP元素挖掘—IP符号设计—IP产品设计—IP整合营销—IP授权衍生”为基本路径，进行了完整的云南文化旅游IP构建。魏晓宇(2019)[17]以线上消费者为研究对象，以“刺激—有机体—反应”理论、品牌依恋理论、品牌信任理论为基础，建立了研究消费者价值共建行为对品牌信任影响的模型。结果表明，价值共创行为对品牌信任具有显著正向影响；品牌价值认知对品牌信任具有显著正向影响。刘珺(2018)[18]对旅游虚拟社区的成员的参与动机进行了理论分析，构建了旅游虚拟社区对旅游决策行为影响的模型。结果表明，参与动机、参与程度对旅游决策行为具有正向影响。周慧(2018)[19]研究了旅游虚拟社区用户互动对用户价值共创的影响。旅游虚拟社区用户对旅游产品、线路等信息的搜索是他们参与旅游虚拟社区的原始动机。结果表明，用户参与活动可以获得有趣的体验，提升用户的享乐价值。吴慧等(2017)[20]基于价值理论和心理需要理论，采用情境问卷法，构建了包含用户参与、用户忠诚、社区归属感及服务价值的结构方程模型。结果表明，用户参与的广度和深度对用户忠诚都具有显著正向影响，尤其是社会融合价值的中介作用最为显著。吴小英(2015)[21]通过价值共创理论研究了品牌价值在旅游虚拟社区中的作用。该研究认为，顾客体验的组成因子有信息体验和情感思考体验，旅游虚拟社区中的价值共创对顾客体验具有显著的正向影响，价值共创对品牌价值、品牌信任和用户忠诚具有显著的正向影响，顾客体验在价值共创和品牌价值之间起到了完全中介的作用。

二、关于旅游虚拟社区的国外文献综述

Alexandra 等(2021)[22]提出了“第二次机会旅游”的概念,以及虚拟和混合现实等创新保护方法在避免过度旅游对环境再次造成破坏中的作用。通过第二次机会旅游缓解本来就脆弱的目的地的压力,为旅游目的地环境保护和旅游者旅游体验提升提供了参考。Li 等(2019)[23]基于启发式说服系统模型,推导出了与推荐人相关和推荐内容相关的启发式特征,验证了影响最佳旅游目的地推荐的启发式因素。Kunz 等(2015)[24]基于线索利用理论、社会平衡理论和不确定性减少理论,探讨了在线旅游社区的发展趋势之间的相互作用。结果表明,个人声誉、在线交流和游客之间的感知相似性在人际关系中扮演着重要的角色,强调了主动和全面参与社交媒体的重要性。Elliot 等(2013)[25]将传统消费者行为理论中的满意度、信任度、品牌认知度与网站黏性度相结合,基于结构方程模型测试了职业训练中心的态度和行为模型。结果表明,社区质量对用户的满意度和信任度有显著影响;信任度不直接影响网站黏性度或购买意愿;会员满意度显著影响网站黏性度,而信任度会影响用户对品牌的态度,进而影响交易意向。Casaló 等(2010)[26]运用计划行为理论、技术接受模型理论和社会认同理论,探讨了社区参与意愿与用户行为意向之间的关系,以及用户使用产品或服务的意愿和推荐意愿的影响因素。结果表明,计划行为理论能提供适当的框架,对用户行为产生积极影响。Kim 等(2004)[27]基于网络虚拟社区的归属、影响与关联、整合与满足需求、共享情感连接这四个因素对网络虚拟社区意识进行了研究。结果表明,在线市场的成功取决于用户对网站的忠诚度,在线虚拟社区网站会增加基于用户的交互;虚拟旅游社区可以吸引用户并有效触达潜在客户。

三、关于旅游虚拟社区的国内外文献述评

(一) 内容述评

通过对国内外旅游虚拟社区相关文献的梳理和分析,我们可以发现其在内容上存在以下异同点。

第一,国内外文献内容的相同点。一是国内外文献都基于技术接受模型理论,以虚拟旅游社区为研究对象,通过不同的维度探讨其对旅游决策行为的相关影响。二是国内外研究都基于社会认同理论,论证了用户参与旅游虚拟社区的意图与积极行为意向之间的联系。三是国内外研究都表明,旅游虚拟社区的服务质量对用户的满意度和信任度具有显著影响,满意度对网站黏性度具有显著影响,信任度对品牌态度具有显著影响,从而会影响用户在线购买的意向。

第二,国内外文献内容的相异点。首先,国内文献的内容主要集中于旅游虚拟社区成员和旅游决策行为的影响因素,对虚拟社区的作用机制进行了论证,探讨了参与程度与旅游决策行为之间的关系。相比之下,国外文献更侧重于客户忠诚度对旅游社区的影响,认为客户对网站的忠诚度是虚拟社区网站增加客户交互的原因。其次,国内文献主要运用价值共创理论进行验证,而国外文献则主要采用计划行为理论进行论证。

(二) 方法述评

通过对国内外旅游虚拟社区相关文献的梳理和分析,我们可以发现其在方法上存在以

下异同点。

第一，国内外文献方法的相同点。一是国内外文献对旅游虚拟社区的预测均采用了数据分析的方法，对旅游虚拟社区用户的参与动机、参与程度、信任与旅游决策行为之间的关系进行了探讨。二是国内外文献都使用结构方程模型对验证性因子分析方法的量表信度和效度进行了分析，以研究用户参与旅游社区的意愿和行为。

第二，国内外文献方法的相异点。国内文献主要基于结构方程模型、交叉分析法，探讨了虚拟社区与客户的交互性。国外文献主要基于文献分析法，对提出的模型进行了检验，少数文献结合了多维分析检验等方法，以验证变量的调节效应。

第三节　在线购买行为与在线购买意愿研究

一、关于在线购买的国内文献综述

目前，国内学者关于在线购买的文献主要集中在在线购买行为和在线购买意愿方面。

在在线购买行为方面，朱一丹等（2022）[28]基于技术接受模型理论（Technology Acceptance Model，TAM）研究了使用微信钱包购买旅游产品行为的影响因素，为在线旅游企业提供了相应建议。结果表明，使用意愿影响使用行为，主观规范正向影响使用意愿，感知易用性对使用意愿和感知有用性均具有显著影响，感知有用性和感知风险对使用意愿的影响不显著。黄丽霞（2020）[29]通过 TAM 分析发现，预期绩效、社会影响力、信任度和价格对用户的在线购买行为具有显著影响，而期望工作量和便利条件对用户的在线购买行为没有显著影响。她据此提出改善网站使其更易于使用和改善服务以帮助消费者使用其网站的建议。蔡一凡（2019）[30]基于用户聚类和特征选择的机器学习模型，根据人口统计学特征对用户进行了聚类。其在消费者购买行为模型的基础上，将购买行为和人口统计学作为实证分析数据，构建了在线购买行为理论模型。结果表明，用户前一天的购买行为对当天的购买行为的影响最为显著，用户历史购买行为对评估未来购买行为的影响也最为显著。程晓阳（2018）[31]基于购买行为理论，建立了游客信任理论模型，其中“游客信任”的两个维度是“认知信任”和“情感信任”。其对不同信任阶段进行了模型分析。结果表明，游客满意度对持续信任具有显著影响，可通过提高游客满意度来提高游客的忠诚度。魏如清（2017）[32]基于双边平台环境分析，结合企业资源论，探讨了用户生成内容与在线购买之间的相互关系。结果表明，用户生成内容可以促进买方群体内部进行互动，并促进用户在买卖互动中建立在线购买影响机制。马红（2016）[33]基于用户生成内容型在线旅游网站的特点，以“刺激—反应”理论为基础，分析了从外部环境到心理动因再到购买意向产生的过程，探讨了在线旅游网站和游客购买行为之间的影响机制。结果表明，用户生成内容型在线旅游网站的友好性、原创性、交互性、工具性对旅游者的购买决策产生了显著的影响。占莹璐（2015）[34]通过分析消费者自身特性，论证了“心流体验”对在线购买行为的影响。结果表明，导致“心流体验”产生的是消费者自身的特性，其中社会经济因素对“心流体验”的影响最大；“心流体验”是在线购买行为的正向显著影响因子。

在在线购买意愿方面，耿松涛等（2022）[35]基于“刺激—机体—反应”理论模型，探究了旅游App关系嵌入（关系质量和关系强度）对购买意愿的影响，为旅游App提供了参考。结果表明，关系质量通过感知价值的中介作用对购买意愿产生影响，而关系强度对购买意愿具有直接影响。胡川（2020）[36]探讨了国内主流电商直播平台用户在线购买意愿的影响因素及其机理。结果显示，电商直播的主播专业性、主播社交性、观察性学习和信息质量均会增强用户的感知有用性；而主播社交性、观察性学习和信息质量也会影响用户的社会临场感。董京京（2019）[37]基于消费者与商家的在线体验式互动，对影响购买意愿的内在机理进行了分析，并运用扎根理论构建了研究消费者与商家的在线体验式互动对购买意愿影响的理论模型。结果表明，消费者与商家的在线体验式互动、消费者存在感对在线购买意愿具有正向显著影响。李梦莹（2018）[38]基于技术接受模型理论，从情感冲动维度分析了情感冲动对消费者购买意愿的影响，构建了基于跨境商品消费场景的模型。结果表明，消费者在购买过程中产生的情感冲动和产品期望，会正向影响其购买意愿，最终影响其购买行为。喻昕（2017）[39]基于“刺激—机体—反应”模型，构建了在线商户的商品信息影响消费者购买意愿的理论模型。结果表明，社会临场感会增加消费者的愉悦感和信任感，而消费者的愉悦感和信任感会促使消费者产生在线购买的意愿。张君慧（2017）[40]基于在线品牌社区的顾客契合度对顾客购买意愿的影响，将顾客购买意愿细分为重复购买意愿和交叉购买意愿。其通过在线品牌社区的顾客契合度对重复购买意愿和交叉购买意愿的影响，建立了在线品牌社区影响购买意愿的模型。结果表明，品牌认同、企业认同和社区认同均可以正向影响顾客的重复购买意愿和交叉购买意愿。何海英（2015）[41]基于“刺激—机体—反应”理论、顾客价值理论和传播过程理论，探讨了综合型在线网店的形象对消费者购买意愿的影响，分析了综合型在线网店的形象、感知价值、购买意愿三个变量及各维度之间的关系，探究了感知价值在综合型在线网店形象与消费者购买意愿关系中的中介作用和调节作用。结果表明，感知价值对购买意愿具有显著影响。

二、关于在线购买的国外文献综述

目前，国外学者关于在线购买的文献也主要集中在在线购买行为和在线购买意愿两个方面。

在在线购买行为方面，Emigdio等（2021）[42]对在线消费者购买决策行为进行了分析，发现时间、空间和地点对突发事件引起的商业限制性购买行为影响更大，危机时期的文化差异极大地改变了购买行为。Liu等（2020）[43]探讨了大型网络促销活动中，心理距离对消费者购买行为的影响。结果表明，时间距离对高端产品的购买决策具有正向影响，而对低端产品的购买决策具有负向影响；社会距离对消费者的购买决策具有负向影响；时间距离与消费者的购买决策呈正相关关系。Alalwan（2018）[44]扩展了社交媒体广告和顾客购买意向之间的相互影响，证实了绩效预期、享乐动机、习惯、互动性、信息性和感知相关性是购买意愿的主要预测因子。技术接受模型理论能够预测顾客购买意向，且对顾客购买意向具有显著影响。Hew等（2018）[45]基于“刺激—有机体—反应”理论构建了模型，探讨了环境刺激对旅游者购买行为的影响，实证分析结果支持“刺激—有机体—反应”理论在旅游购物中的应用。Shi 等(2016)[46]探讨了在线消费者评论对消费者信仰的影响，以及消费者参与在线购买行为的程度。结果表明，在线消费者评论显著正向影响消费者对中介的感知效果、感知结构保证和熟悉度，满意度和信任度显著正向影响消费者感知与持续使用意愿。Enrique 等(2015)[47]构建了在线购买意向模型，探讨了信任、质量、隐私安全对消费者的影响。结果表明，在线购买依赖于感知价值和感知信任，其中感知信任的主要预测因子是感知信息质量和感知安全，消费者感知安全性取决于供应商声誉、网站投资、消费者对网站的熟悉程度等。

在在线购买意愿方面，Liao 等(2021)[48]探讨了电子商务环境中在线购买意愿理论模型。结果发现，电子口碑在感知风险和在线购买意图之间起着完全中介的作用，而在线参与在模型中起了适度中介的作用。Dabbous 等(2020)[49]基于实证模型分析了社交媒体的内容质量和品牌互动性对消费者品牌认知和购买意愿的影响，并运用结构方程模型进行了检验。结果表明，品牌在社交媒体上提供的内容的质量和公司用户的互动性至关重要。增加用户从社交媒体中获得的享乐动机、加强在线参与度、强化品牌意识，可提高品牌购买意向，即通过社交媒体高质量内容增强品牌用户的互动性。Abdallah(2018)[50]基于购买意愿，预测了与社交媒体广告相关的主要因素。结果表明，绩效预期、享乐动机、互动性、信息性和感知性对购买意图具有显著影响，从而为营销人员在社交媒体平台有效规划和投放广告提供了理论和实践指导。Filieri 等(2018)[51]运用双流程理论构建结构方程模型，分析了消费者对电子口碑语境中信息帮助性的认知，以及服务对消费者购买意愿的影响因素。结果表明，双流程对所感知信息的有用性有显著影响，而对购买意图的影响是由信息有用性引导的，信息有用性可帮助预测购买意向，消费者熟悉网站的服务项目有助于确认消费者购买意向。Law 等(2016)[52]基于技术接受模型理论构建方程模型，实证分析了非网络购买者购买意愿的决定因素和中介因素。结果表明，习惯性在线使用具有影响力，习惯性在线使用与购买意图相关的作用可以提高基于感性的在线购买准备，这对行业分析人员、网络营销人员和零售商均产生影响。Wongpitch 等(2016)[53]运用结构方程模型对企业社会责任动机、企业态度和购买意向进行了验证分析。结果表明，消费者基于利他主义动机对品牌的感知质量和企业态度会影响其购买意愿，而企业社会责任动机会影响消费者购买意愿。

三、关于在线购买的国内外文献述评

(一) 内容述评

本节对在线购买行为的文献内容从相同点和相异点两个角度进行述评。

第一，国内外文献内容的相同点。一是国内外文献内容都基于消费者在线购买行为，以消费者对在线旅游网站的信任感知的影响为基础，但未考虑信任前因对在线购买行为的影响。二是国内外文献都基于技术接受模型理论，实证分析了影响在线购买意愿的不同因素的相关性，但未考虑人格特征对技术接受模型限制性因素的影响。三是国内外文献大都以消费者在线购买意向为主要分析内容，未考虑消费者自身特性对在线购买意向的影响。

第二，国内外文献内容的相异点。一是国内文献的内容侧重于用户生成内容对在线购买行为的影响因素：一方面关注买方群体内部互动、买卖互动的分析框架，另一方面关注买方内部的社会互动行为。而国外文献侧重于研究多种中介模式对在线购买的影响因素。二是国内文献主要基于计划行为理论和理性行为理论进行验证，而国外文献则更重视心理学相关理论，为在线购买行为的内容增加了新维度。

本节从相同点和相异点两个角度对在线购买意愿的文献内容进行述评。

第一，国内外文献内容的相同点。一是国内外文献均基于技术接受模型理论，通过不同的维度测量各因子对用户购买意愿的影响路径。二是国内外文献都将品牌认知和品牌影响纳入模型，其中，态度作为中介变量与购买意向相关。国内外文献均将购买意愿细分为两个维度，研究分析品牌对用户购买意愿的影响机制。

第二，国内外文献内容的相异点。国内文献的内容侧重于运用“刺激—机体—反应”模型，以建立研究影响用户购买意愿的理论模型。此外，国内文献以分析用户价值为理论基础，探讨了其对用户购买意愿的影响。而国外文献主要运用双流程理论对购买意愿的决定因素进行了验证，其侧重于分析环境意识，区分用户的购买意向和购买后满意度的差异。

（二）方法述评

本节对在线购买行为的文献方法从相同点和相异点两个角度进行述评。

第一，国内外文献方法的相同点。一是国内外文献对于在线购买行为的预测均采用数据分析法进行验证，运用聚类分析对用户的在线购买行为进行研究分析。二是国内外文献都运用结构方程模型分析验证性因子，并对量表的信度和效度进行分析，探讨网络平台对在线购买行为的影响机制。

第二，国内外文献方法的相异点。国内文献多基于结构方程模型、方差分析法进行研究，探讨用户在线购买行为的影响机制。而国外文献多基于文献分析法，对提出的模型进行检验；少数文献结合了多重功效性检验等方法以验证变量的调节效应。

本节对在线购买意愿的文献方法从相同点和相异点两个角度进行述评。

第一，国内外文献方法的相同点。一是国内外文献都采用了结构方程模型，对影响购买意向的结构变量构建概念模型以进行预测，并针对发现的现实问题研读相关领域的文献。二是国内外文献都通过信度效度分析法对相关变量进行测试，采用因子分析法确定结构的可靠性和有效性，然后采用技术接受模型理论对发现的问题进行阐述，并在此基础上提出假设。

第二，国内外文献方法的相异点。国内文献一方面通过事实性归纳演绎整理、专家访谈等方法对相关变量进行测试；另一方面通过因子分析法确定模型的相关变量和解决问题的能力，并对其进行分析。而国外文献一般运用均值分析法和方差分析法来评估测量模型和测量质量，或者通过平均方差分析法来验证不同因素间所有的构型组合与结果的关系。

第四节　游客消费行为与游客信息需求研究

一、关于游客的国内文献综述

目前，国内文献对游客的阐述和分析主要集中在游客消费行为和游客信息需求两个方面。

在游客消费行为方面，孟明浩等(2022)[54]分析了危机事件对游客生态旅游消费行为特征的影响，并据此为景区发展提供了建议。结果表明，危机事件对游客的出游频次、旅游时段差异、信息渠道、交通方式、旅游花费影响显著，而对生态旅游需求和行为特征无显著影响。吴鋆杰等(2021)[55]基于多元 Logit 回归模型(Multinomial Logit, MNL)，采用问卷调查法实证分析了中国游客邮轮消费选择行为。结果表明，游客对挂靠港旅游、特色餐厅、免税店和户外场所的消费概率相对较高，对影视剧院、室内健身的消费概率相对较低。张文馨(2020)[56]对中国游客赴泰旅游时的购物消费行为进行了分析。结果发现，赴泰旅游的中国游客性别比例适中，年龄差异较小，受教育程度较高，消费能力较强。化妆品为最受欢迎的旅游购物商品，语言障碍、产品价格等成为旅游购物消费的主要影响因素。倪荣鑫(2019)[57]探讨了游客重游意向、口碑传播等行为意向与休闲娱乐偏好之间的相互影响关系，通过回归分析法和聚类分析法对不同的游客市场进行了细分。结果表明，休闲娱乐包括修身养性型、新奇冒险型、自我提升型、偏好缺乏型、积极参与型五个细分市场。肖智美(2018)[58]通过调查问卷法对出境旅游的中国游客的消费行为进行了调查，以了解游客的旅游动机、个人基本信息及消费行为的特点。结果表明，中国游客的出境消费行为更加理性，预算也做得更为精细，这对相关产品的供应商在提升服务体验方面提出了新的考验。杨萍(2017)[59]基于计划行为理论，引入人情变量及境外商品品质感知变量，构建了中国游客境外旅游购物行为意向概念模型。结果表明，态度、感知行为控制、群体一致和境外商品品质感知变量对国内游客境外旅游期间的购物行为意向均有显著的正向作用。雅文(2016)[60]以中国游客对国外旅游目的地和旅游景点的评价为基础，运用网络文本挖掘的研究方法，对中国出境游客的旅游评价进行了比较全面的分析。结果表明，需提出改进策略和建议，以改善中国出境游客的整体体验。

在游客信息需求方面，姬璐捷等(2022)[61]基于扎根理论研究方法，研究了危机事件前后游客旅游信息需求的变化规律，为旅游信息化发展提供了建议。结果表明，在日常情境中，产品知识型需求是核心需求；而在危机事件环境下，环境影响型需求成为主要需求，并在危机事件的不同阶段产生不同程度的影响。杨婷婷等(2021)[62]分析了客源地旅游需求在跨境危机事件信息扩散中的响应规律与影响因素。结果表明，在跨境危机事件的影响下，旅游需求呈现明显的经济趋向性，旅游需求的空间响应强度主要受人口规模、经济发展水平及交通发展水平的影响。徐金容(2020)[63]着重分析了游客炫耀性消费心理对网络信息分享态度和行为的影响，发现炫耀性消费心理对游客的网络信息态度和行为具有显著正向影响，网络信息分享态度在其中起中介作用。不同属性游客的炫耀性消费心理和网络信息分享行为存在差异，女性拥有更强的炫耀性消费心理且更愿意进行网络信息分享。罗孝平(2019)[64]基于感知价值理论构建了网络旅游信息搜寻模型，以分析旅游信息搜寻的影响因素。结果表明，人口学特征、安全性、口碑的感知对旅游信息的搜寻具有显著影响；信息可靠性是旅游网络信息搜寻的重要基础，对旅游网络平台的感知具有显著影响。高梦远(2018)[65]基于游客信息涉入度对游客决策行为产生的影响，通过回归分析法来检验模型和假设。结果表明，信息源的专业性、信息内容的丰富性和及时性、网络媒介的交互性、信息涉入度对认知态度产生正向影响，认知态度对情感态度产生正向影响，情感态度对游客的决策行为产生正向影响。陆川(2014)[66]以游客的网络旅游信息搜寻行为作为研究对象，采用单因素方差分析法、卡方检验法进行研究分析。结果表明，男性和女性的个性差异、认知差异和兴趣偏好，以及外部的团队构成、搜索成本和感知风险等因素共同形成了男女网络旅游信息搜寻行为差异的原因。胡兴报(2011)[67]基于消费者心理学、行为学、营销学的相关理论，运用描述性统计、因子分析、方差分析、聚类分析等方法进行分析。结果表明，人口学特征(如游客的性别、年龄和受教育水平等)、安全性、口碑等的信息质量对旅游信息搜寻具有显著影响。

二、关于游客的国外文献综述

目前，国外文献对游客的阐述和分析主要集中在游客消费行为和游客信息需求两个方面。

在游客消费行为方面，Issahaku(2021)[68]分析了旅行中负面的游客间互动对价值破坏、游客满意度和消费后行为意图的影响。结果显示，负面的游客间互动对价值破坏具有显著正向影响，对游客满意度具有负向影响；人际间负向的有针对性、非直接有针对性的游客间互动对消费后行为意图具有负面影响；价值破坏对游客满意度和消费后的行为意图产生负面影响。Niu 等(2019)[69]构建了两阶段模式化模型。结果表明，第一阶段，用户的需求转变会导致轻度竞争，降低企业提高质量的积极性；第二阶段，旅游企业向用户收取较低的零售价格，该价格取决于努力成本系数。Fu 等(2018)[70]以体验式消费为背景，探讨了纪念品真实性、感知价值与行为意向间的相互关系。结果表明，体验性消费对纪念品真实性与商业智能之间的关系起中介作用和调节作用。Gao 等(2017)[71]探讨了中国文化价值观对国内游客礼品购买行为的影响。结果表明，自我面子关怀对礼品购买中的礼品选择、品牌定位及购买成本具有正向影响。Huang 等(2017)[72]研究潜在出境市场的旅游消费行为动机、信息来源、目的地选择、旅游活动偏好和目的地评价标准。结果表明，游客的行为存在显著差异。

在游客信息需求方面，Edwin 等(2021)[73]揭示了团体旅行者如何通过不同的行动参与协作信息行为。其从出境旅行团对协作信息行为的响应中发现了协作信息行为在团体旅客中的复杂性，确定了团队合作者、多面手、影响者、独裁者、支持者和追随者六个不同的协作信息行为角色。Jia(2020)[74]对来自中美两国的餐饮顾客的在线评论进行了分析，揭示了游客信息需求的动机和满意度。结果表明，中国游客不太倾向于给餐馆打较低的分数，对餐馆提供的食物更感兴趣。Liu 等(2019)[75]基于旅游者获取和旅游目的地相关的信息，采用因果关系检验法，检验了国内 13 个城市的日游客量与搜索指标之间的关系，并利用回归模型中的脉冲函数检验了时空相关性。结果表明，日游客量与搜索量指数之间存在长期均衡关系，搜索量指数可以用于预测游客流量。Liu 等(2019)[76]基于词汇过滤、共现分析和语义聚类技术，对中国游客在国内社交媒体和旅行社的在线评论进行了分析。结果表明，中国游客的市场特征和偏好有别于国际游客，需进行批判性和持续性观察。Sparks 等(2008)[77]基于计划行为理论，调查分析社会规范性影响和个人控制约束感知水平对中国出境游客在目的地属性和国际旅游态度中的价值观的影响。结果表明，在中国游客选择旅游目的地时，电视节目是其重要信息来源之一，互联网的信息来源具有实质性的影响，而时间推移会对这种影响产生正向作用。

三、关于游客的国内外文献述评

（一）内容述评

本节对游客消费行为的文献内容从相同点和相异点两个角度进行述评。

第一，国内外文献内容的相同点。一是国内外文献都基于游客的消费行为，掌握游客的旅游动机和消费行为的特点。二是国内外文献都基于游客的旅游消费行为动机、旅游信息来源、旅游目的地选择、旅游活动偏好和对旅游目的地的评价标准展开。

第二，国内外文献内容的相异点。国内文献一是侧重研究娱乐偏好对重游意向、消费行为意向的影响，二是偏好研究体验式消费，以探讨感知价值与消费行为意向之间的关系。而国外文献一是偏好研究文化价值观对游客消费行为的影响，二是偏好研究游客多样化消费行为和旅游产品质量之间的相互关系。

本节对游客信息需求的文献内容从相同点和相异点两个角度进行述评。

第一，国内外文献内容的相同点。一是国内外文献都基于游客信息涉入度对游客决策行为产生的影响展开。二是国内外文献都基于游客的在线评论，揭示旅游信息需求动机和旅游满意度之间的相互影响。

第二，国内外文献内容的相异点。国内文献一是侧重研究感知价值理论，以构建网络旅游信息搜寻模型。二是侧重于消费者心理学，对信息需求进行分析。国外文献一是偏好分析日游客量与搜索量指数之间的相互关系，二是偏好分析旅游目的地和文化价值对游客信息需求的影响。

（二）方法述评

本节对游客消费行为的文献方法从相同点和相异点两个角度进行述评。

第一，国内外文献方法的相同点。一是国内外文献都基于游客的消费行为，运用拟合指标和结构方程模型对旅游市场细分进行研究。二是国内外文献都使用计划行为理论模型，对影响游客消费行为的各因子的中介作用和调节作用进行研究。

第二，国内外文献方法的相异点。国内文献使用聚类分析法对游客进行市场细分，侧重探究重游意向、口碑传播等对消费行为意向的影响。而国外文献采用偏最小二乘模型，以检验体验性消费行为对各因子的影响。

本节对游客信息需求的文献方法从相同点和相异点两个角度进行述评。

第一，国内外文献方法的相同点。一是国内外文献基于信息搜索，均采用卡方检验法、方差分析法对游客的信息需求进行了论证。二是国内外文献都使用结构方程模型对游客在社交媒体上的在线评论内容的量表信度和效度进行了验证分析。

第二，国内外文献方法的相异点。国内文献倾向使用探索性因子分析识别问卷效度，用回归分析验证对游客信息需求提出的假设。而国外文献偏好运用统计和频率分析法，以游客的在线评论为基础，对其信息需求动机和满意度进行分析。

第三章 旅游行为的理论基础

第一节 技术接受模型理论

技术接受模型(Technology Acceptance Model, TAM)最早由 Davis 等(1989)[78]提出。该模型把系统设计特征作为外部因素,从使用绩效认知和自我效能的构架中获取了感知有用性和感知易用性这两个主成分因子。该模型通过分析两大因子对用户态度的正向或负向影响,旨在探讨感知有用性和感知易用性如何影响用户的使用意愿,并最终影响用户的使用行为。

一、技术接受模型理论的国外文献综述

国外关于技术接受模型理论的文献发展可以分为以下 4 个阶段。

第一阶段:技术接受模型,如图 3-1 所示。该模型是 Davis 等(1989)[78]通过理性行为理论探讨用户对信息系统接受时获取的模型。该模型最初的目的是分析计算机被广泛接受的主要影响因素。Jarvenpaa 等(1997)[79]基于互联网对用户购物行为的影响,探讨了相对显著性问题。网站设计不能完全满足需求,而且商品和服务的展示是无形的。风险是互联网购物中的障碍,且风险不像产品感知、购物体验和用户服务那么明显。Gefen(2002)[80]指出,信任是技术接受的潜在核心,尤其对于在线用户来说,信念对信任的全面评估直接影响其行为意图。他提出了三维信任量表,涉及诚信、仁爱和能力,以分析信任对用户购买意愿的影响。结果表明,卖方整体的信任度及其诚信、可信程度会影响用户的购买意愿。Legris 等(2003)[81]

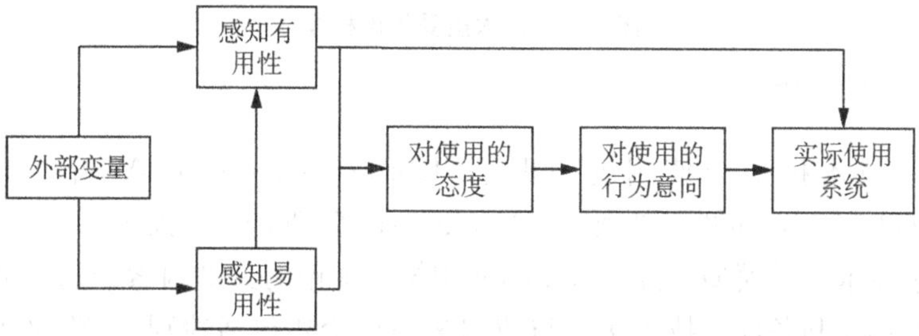

图 3-1 技术接受模型

资料来源:Davis 等(1989)[78]。

基于信息系统成本高昂、成功率低的事实展开实证分析。结果表明，物品的实际价值因素必须以便于分析信息系统使用的方式分组到模型中。他还检验了感知易用性和感知有用性在系统特征（外部变量）和系统使用概率（系统成功的指标）之间所发挥的中介作用。

第二阶段：技术接受扩展模型 2（Technology Acceptance Model 2，TAM2），如图 3-2 所示。Venkatesh 等[82]提出了 TAM 模型的扩展版本，即技术接受扩展模型（TAM2）。该模型增加了社会影响过程和认知工具性过程两个维度。社会影响过程包含社会规范和社会形象、自愿和使用意向两个变量；认知工具性过程包含工作相关、结果示范、产出质量和感知易用四大因素。Saade 等（2005）[83]基于大学和公司的在线学习系统，进一步解释了 TAM2 模型，对在线学习系统评估和基础系统增强提出了建议。结果表明，认知吸收影响技术接受模型中的变量，这为在线学习系统的接受提供了支持。Chung 等（2010）[84]基于技术接受模型，分析了影响参与网络社区意愿的因素。结果表明，感知有用性对行为意图具有正向影响，年龄、网络自我效能感和网络社区网站感知质量之间呈负相关关系。感知易用性、感知有用性和参与网络社区的意愿与年龄之间不存在显著相关性。Lee 等（2013）[85]采用技术接受模型分析了影响用户使用 YouTube 的行为意向的决定因素。结果表明，感知有用性和用户满意度对行为意向都具有显著影响；任务技术契合度、内容丰富性、生动性和自我效能感是感知有用性的显著预测因子；感知易用性对感知有用性和行为意图都没有显著的预测作用。

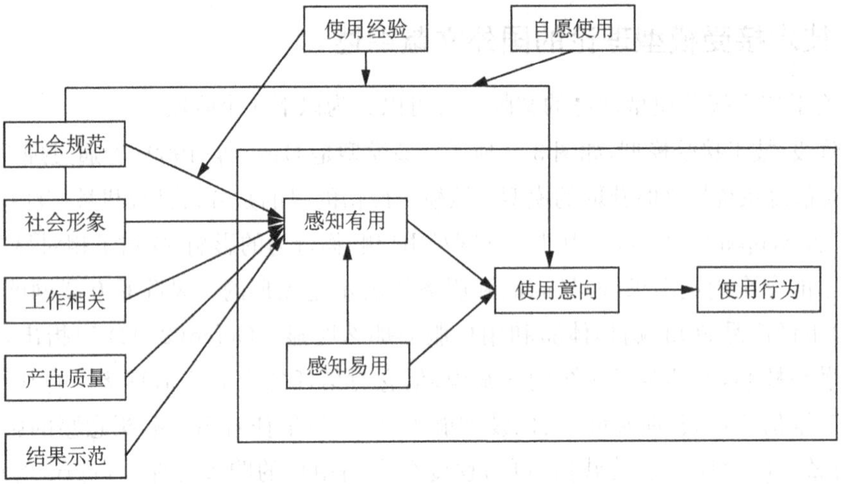

图 3-2　技术接受扩展模型 2

资料来源：Venkatesh 和 Davis（2000）[86]。

第三阶段：技术接受与使用统一理论（Unified Theory of Acceptance and Use of Technology，UTAUT），如图 3-3 所示。Venkatesh 等（2003）[87]提出了技术接受与使用统一理论，扩展了技术接受模型。技术接受与使用统一理论的关键因素分别是绩效预期、努力预期、社群影响和便利条件。技术接受与使用统一理论还包括性别、年龄、经验和自愿性四个调节变量。Martin 等（2012）[88]探讨了旅游使用者通过乡村住宿网站直接订票或预订票时的潜在心理因素。基于技术接受与使用统一理论，其建立了包含绩效预期、努力预期、社群影响、便利条件、创新性五个解释变量的网络购买意愿理论模型。结果表明,网络购买意愿对绩效预期和努力预期及创新性起积极作用。Escobar-Rodríguez 等(2014)[89]探讨了通过低成本航空公司网站购买航班机票的决定因素,并基于扩展后的技术接受与使用统一理论,在在线航空用户中进行验证。结果表明,购买的关键决定因素是信任、习惯、成本节约、易用性、绩效、享乐动机和社会因素,而网购意愿、习惯和易用性是最重要的。Chauhan 等(2016)[90]基于扩展后的技术接受与使用统一理论,探讨了高校学生接受软件培训的决定因素,以及性别和经验差异的作用。结果表明,网络接入的便利性、信息技术的创新性、绩效期望和努力预期对学生的使用行为意向存在显著正向影响,便利条件和使用行为意向对使用行为存在显著正向影响。

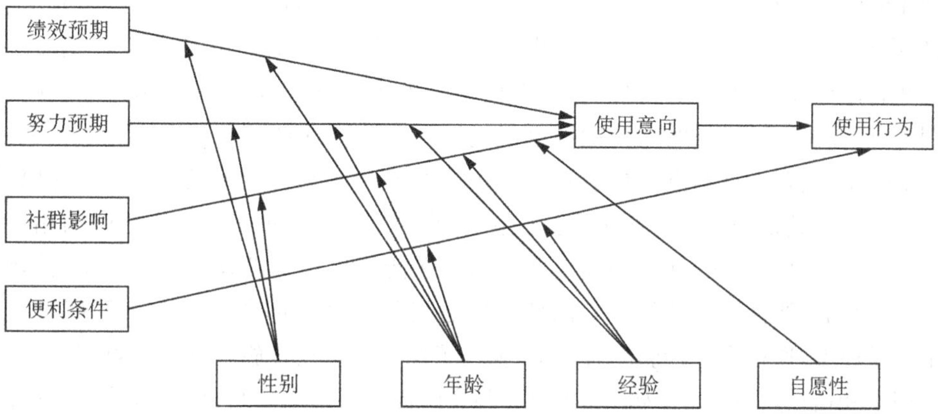

图 3-3　技术接受与使用统一理论

资料来源:Venkatesh 等(2003)[91]。

第四阶段:技术接受模型 3(Technology Acceptance Model 3, TAM3),如图 3-4 所示。该模型由 Venkatesh 等(2008)[92]提出,其将系统特征、个人差异、社群影响和便利条件作为感知有用性和感知易用性的影响因素。Boakye 等(2014)[93]基于信息流质量和物流履行质量对组织采购商使用电子采购服务的感知影响,以及随后继续使用该服务的意图,探讨了个体知觉在系统特征与满意度关系中的中介作用。结果表明,在强制使用环境下,满意度对组

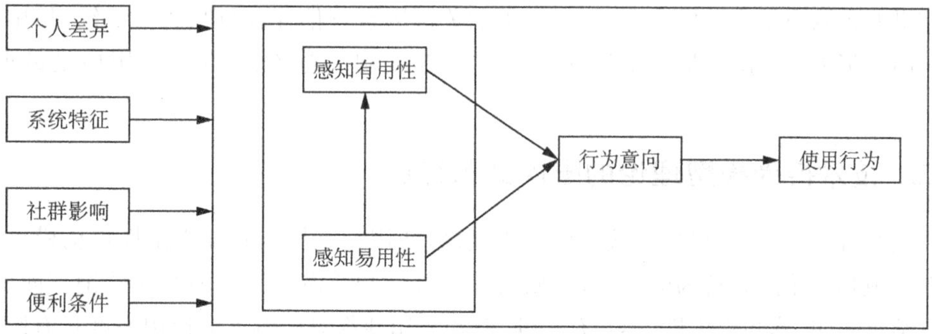

图 3-4　技术接受模型 3

资料来源:Venkatesh 和 Bala(2008)[96]。

织采购商持续使用电子采购系统的意图具有显著影响。Agag 等(2016)[94]基于创新扩散理论和技术接受模型，检验了用户参与在线旅游社区意愿的前因。结果表明，用户的参与意愿对其购买意愿和口碑传播产生积极影响，而宗教性在理解用户行为意图方面起着重要作用。Chen 等(2017)[95]基于个性化的移动旅游应用程序，分析了技术接受模型与资讯系统成功模式，提出了探讨用户使用意图的模型。结果表明，信息质量、感知易用性和感知有用性对使用意图具有显著影响，信息质量和感知便利性对感知有用性也有显著影响。

此外，Mohamed 等(2021)[97]基于技术接受理论，调查了旅游组织采用游戏化意图的前因和后果，并分析了顾客参与的调节作用。结果表明，旅游组织有积极意图通过采用游戏化增加用户参与度，从而提升用户对旅游目的地的品牌认知度和忠诚度。Kang 等(2019)[98]运用阐述似然模型和技术接受模型，探讨了用户在线购买食品时的决策过程，研究了资讯处理路径、中央路径或外围路径与购买频率之间的相关性。结果表明，信息质量、信息源可信度与感知有用性和感知易用性之间存在正相关关系；购买频率高的用户倾向于通过中央路径处理信息，而购买频率低的用户则侧重于通过外围路径处理信息。Xia 等(2018)[99]基于技术接受模型，结合设计特点与社会因素，探讨了网络体验与智能手机用户的目的地形象之间的相互关系。其采用因子分析法，运用结构方程模型分析论证了各结构之间的相互关系。结果表明，感知有用性和感知易用性是增强用户在使用智能手机应用程序时在线体验的重要因素，用户的在线体验与认知和目的地形象之间存在积极的关系。Agag 等(2016)[100]采用技术接受模型，通过实证检验综合框架，探讨了用户参与在线旅游社区的意图。其基于创新扩散理论和信任进行研究，为解释用户参与意向提供了模型。结果表明，感知易用性和感知有用性是用户接受技术的决定性因素，知觉易用性和知觉有用性在理解用户参与意向中具有重要作用。Ayeh(2015)[101]基于以旅游规划为目的的用户生成了媒体接受模型，将技术接受模型与来源可信度理论相结合。其通过对有效问卷的分析，采用结构方程模型，在线调查了与认知过程相关的关键因素，证实了在线旅游者在用户使用生成的媒介进行旅游规划时，其情感和意图受到认知过程的显著影响。结果表明，技术接受因素与信息采用因素的结合有助于加强度假计划背景下用户对生成媒介的使用。Escobar-Rodríguez 等(2014)[102]基于扩展后的技术接受与统一使用理论，进行了实证分析。其将所有解释变量作为直接通过网站购买机票的消费者的意愿的预测因素；将价格价值建构与特定技术相适应，作为两种行为结果的预测因子。结果表明，购买决策的关键因素有信任、习惯、成本节约、易用性、绩效和付出的努力、享乐动机和社会因素。其中，在线购买意图、习惯和易用性是最重要的因素。

二、技术接受模型理论的国内文献综述

刘慧悦等(2021)[103]以技术接受模型为基础，使用交互性和感知娱乐性重构模型，分析了移动短视频对旅游者行为的影响，为旅游管理部门和旅游景区在短视频营销方面提供了建议。结果表明，感知娱乐性、感知有用性、感知易用性都对旅游者的使用态度具有影响，而感知易用性、感知有用性、使用态度对旅游者的行为意愿具有影响。魏建萍(2020)[104]基于技术接受模型，结合网络整合营销理论，通过引入“个性化服务”因子，丰富了现有的结构模

型，并发现携程 App“微领队”功能对用户持续使用 App 的行为具有显著影响，但其对用户持续使用行为的影响程度较感知有用性、感知易用性等因素略低。用户对携程 App 的个性化服务持肯定评价，但其仍存在改进空间。魏建萍据此提出了在线旅行商 App 管理运营方面的建议。和钰(2019)[105]基于技术接受模型，探讨了科学传播行为的作用机制，分析了科学传播的内在机制和外在动力。结果表明，关系强度、信任共享、技术涉入和信息质量是社交媒介领域的外部变量，客观传播情境可以对社交用户的科学传播意愿与行为产生直接影响或间接的影响，社交用户的感性自我意识在科学传播意愿和行为生成中起着中介作用。张文婧(2018)[106]基于虚拟品牌社区的概念，通过实践调研，分析了影响用户信息系统使用意愿和行为的因素。结果表明，主观规范对感知有用性和使用意愿具有正向显著影响，感知有用性间接对用户在虚拟品牌社区中的使用意愿和行为具有正向显著影响。郑尧(2018)[107]以旅游城市的微博营销为对象，研究了感知有用性、感知易用性、感知娱乐性、互动性、创新性对游客行为意愿的影响。结果表明，感知易用性、感知娱乐性、互动性、创新性对游客使用态度具有显著正向影响。张霞(2017)[108]基于在线旅游、网购旅游产品的影响因素，构建了大学生在线旅游消费意愿的理论模型，对大学生在线购买旅游产品的影响因素进行了分析。结果表明，感知风险、感知价格优惠性、感知创新性、主观规范等外部变量对大学生在线旅游意愿具有正向影响。朱定飞(2017)[109]运用技术接受模型，增加了感知趣味性、感知信任两个维度，将人口学特征作为模型的控制变量，构建了在线旅游平台用户使用意愿的模型。结果表明，影响用户使用意愿的主要因素包括感知有用性、感知趣味性。

三、技术接受模型理论的国内外文献述评

（一）内容述评

通过对国内外技术接受模型相关文献的梳理和分析，我们可以发现其在内容上存在以下异同点。

第一，国内外文献内容的相同点。一是国内外文献都基于技术接受模型，结合设计特征与社会因素，探讨各因素之间的相互关系。这些文献关注各因素对用户品牌忠诚、购买意愿、公民行为、价值共创、满意度等方面的影响。二是国内外文献都基于用户感知有用性和易用性的影响进行分析，用户的参与程度会直接影响用户的行为。

第二，国内外文献内容的相异点。国内文献侧重于分析用户在虚拟社区中的使用行为，主要研究用户替代性工具的使用习惯与用户行为之间的相互影响。与国内文献不同，国外文献侧重于分析用户对目的地形象的感知及其对行为意图的影响。此外，国外文献侧重于分析感知有用性和易用性是否能增强用户使用智能手机应用程序的体验。

（二）方法述评

通过对国内外技术接受模型相关文献的梳理和分析，我们可以发现其在方法上存在以下异同点。

第一，国内外文献方法的相同点。一是国内外文献都基于结构方程模型，对内部结构进行预测，探讨感知有用性和易用性是否是用户接受技术的决定性因素，且通过发现现实问题对相关领域的文献进行了研读。二是国内外文献都通过信度效度分析法对相关变量进行测

试，采用因子分析法确定结构的可靠性和有效性，采用技术接受模型进行论证，从而提出理论假设和模型构建。

第二，国内外文献方法的相异点。国内文献主要通过探索性因子分析识别问卷效度，运用回归分析验证本书提出的假设，并通过二次访谈和文献分析确定模型的相关变量和解决问题的能力，最终完成对模型的建构。与国内文献不同，国外文献主要结合智能手机应用的特点，采用网站评估方法且基于开发出的新的旅游目的地，对智能手机的应用性和有效性进行评估。

第二节　计划行为理论

计划行为理论（Theory of Planned Behavior，TPB）最早由 Ajzen（1991）[110]提出。该理论认为，行为意向可引起实际行为的发生，影响行为意向的三个变量分别是行为态度、主观规范、感知行为控制。本节将从计划行为理论的视角，对用户首次网上购物的行为进行探讨和研究。

一、计划行为理论的国外文献综述

Kourosh 等（2021）[111]基于计划行为理论和规范激活模型测试，试图在摆脱衡量访问者的环保意图的背景下，分析游客当前的行为。结果表明，规范激活模型与计划行为理论的结合可以对游客行为进行有效分类，凸显了个人规范在国家公园游客分类行为中的关键驱动力。Vesci 等（2019）[112]考察和评估小型烹饪节对游客态度的影响，结合计划行为理论分析其主要品质维度。结果表明，餐饮质量、餐饮服务和信息强度对参加者对当地节日持有的态度和其重访意图具有显著影响。Niu（2019）[113]采用结构方程模型探讨了大学生参加大规模开放在线课程时的自我调节学习与计划行为之间的关系。结果表明，自我效能感、目标设定和任务兴趣在制定参与慕课的计划行为中存在显著作用，且自我效能感、目标设定和任务兴趣是其理论模型的强预测变量。Jiang 等（2019）[114]以计划行为理论为基础，从社会心理学的角度构建结构方程模型，探讨了用户的手机使用行为与影响其自行车骑行的心理因素之间的关系。结果表明，神经质、责任心、随和性与心理因素显著相关。其有效解释和预测了骑行用户的手机使用行为。Han 等（2019）[115]基于计划行为理论探讨了在城市慢行背景下，地方依恋在游客决策过程中的作用。结果表明，通过场所认同、场所依赖、场所影响、场所社会联系四个维度可证实场所依恋的多维性，位置依恋通过计划行为对结果行为意图产生间接影响。Wang 等（2018）[116]基于计划行为理论，利用结构方程模型多群分析方法，探讨了环境解释的调节作用，强调了游客负责任的环境行为意向与责任环境行为之间的关系。

二、计划行为理论的国内文献综述

潘鹤思等（2022）[117]将计划行为理论和规范激活模型结合，分析了森林旅游企业的亲环境意愿，为森林旅游企业的亲环境意愿与行为的推进提供了参考。结果表明，大部分森林旅游企业具有亲环境意愿，但参与水平较低；政府、消费者、行业协会等因素会对森林旅游企业的亲环境参与意愿产生显著影响。赵紫月(2021)[118]运用计划行为理论分析了体验式民宿旅游消费意愿的影响因素。结果表明，消费者产品态度、消费者社会规范、旅游知觉变量都对体验式民宿旅游行为意愿具有显著的正向影响，个体性别、年龄、旅游经验对体验式民宿旅游行为意愿具有调节作用，并据此提出了关于民宿旅游发展的对策建议。何云梦(2018)[119]基于扩展的计划行为理论，构建了可持续旅游行为的模型，论证了各要素的作用关系和对可持续旅游行为的路径机理。结果表明，环境知识、行为意向在可持续旅游行为中发挥着重要的中介调控作用。刘云(2018)[120]运用计划行为理论，以影响打工度假行为意向的因素为变量，建立了计划行为理论拓展模型，分别对探索性因子、验证性因子、结构方程模型进行了分析。邱翔(2017)[121]基于计划行为理论，构建了大学生低碳旅游行为影响因素模型。结果表明，大学生日常低碳生活倾向和旅游情境感知对低碳旅游行为的态度和意愿具有显著正向影响。孙艺文(2015)[122]以计划行为理论为基础，从用户产品功能需求意向出发，综合考虑用户产品功能需求意向的影响因素及这些因素的影响路径，构建了用户产品功能需求意向的影响模型。研究通过对相关影响因素的作用机理进行探讨和分析，为用户、企业、政府及相关组织提出实践与管理应用的建议。

三、计划行为理论的国内外文献述评

（一）内容述评

通过对国内外计划行为理论相关文献的梳理和分析，我们可以发现其在内容上存在以下异同点。

第一，国内外文献内容的相同点。一是国内外文献都基于计划行为理论，结合心理特征，探讨各因素之间的相互关系，以分析用户对产品功能需求意向的影响因素及这些因素可能的影响路径。二是国内外文献都立足于环境行为意向，研究环境伦理观在可持续旅游行为关系中的中介调控作用，并通过计划行为理论验证行为意图的影响。

第二，国内外文献内容的相异点。国内文献主要基于计划行为理论对行为意向的相关变量进行实证分析。此外，国内文献在扎根理论的前提下，提出生活体验因素与过去行为因素的拓展模型。与国内文献不同，国外文献主要通过各因素对游客态度的影响，分析其主要品质维度。此外，国外文献还分析位置依恋对态度、主观规范和感知行为控制的显著影响，以及其对行为意向的间接影响。

（二）方法述评

通过对国内外计划行为理论相关文献的梳理和分析，我们可以发现其在方法上存在以下异同点。

第一，国内外文献方法的相同点。一是国内外文献都基于结构方程模型，对行为意向等结构变量构建概念模型以进行预测，通过发现现实问题对相关领域的文献进行研判。二是国内外文献都通过信度效度分析法对相关变量进行测试，采用因子分析法确定结构的可靠性和有效性，最终采用计划行为理论对发现的问题进行分析，并在此基础上提出假设。

第二，国内外文献方法的相异点。国内文献通过信度效度分析法对相关变量进行测试，并在此基础上提出假设；通过因子分析法确定模型的相关变量和解决问题的能力，最终完成对模型的建构。国外文献运用偏最小二乘回归法，并结合验证性因子分析来评估测量模型和测量质量。

第三节　服务质量理论

服务质量（service quality，SERVQUAL）理论最早由 Gronroos（1982）[123]基于认知心理学理论提出。其提出了“感知服务质量”的全新概念，认为服务质量属于主观范畴，取决于顾客对服务质量的期望。服务质量理论可构建顾客差异结构和感知服务质量的评价方法，为衡量服务结果、顾客体验、顾客期望的吻合度等提供理论基础。

一、服务质量理论的国外文献综述

Andayani 等（2021）[124]基于结构方程模型，分析了农业旅游中服务质量对游客满意度和忠诚度的影响，为农业旅游的发展提供了建议。结果表明，良好的服务质量可以提高游客的满意度，进而提高游客的忠诚度；兴趣对游客的满意度或忠诚度没有显著影响。Uzir 等（2020）[125]分析了产品质量、服务质量和感知价值对用户满意度的影响。结果表明，产品质量和服务质量对用户满意度有积极影响；观看费用对服务质量和用户满意度的关系及产品质量和用户满意度的关系具有混合中介作用。此外，产品质量、服务质量和感知价值对社交媒体使用频率较高的用户影响更大。Oriadea 等（2019）[126]探讨了在出境旅游目的地吸引力环境下，服务质量、感知价值、满意度与行为意向之间的关系。其利用混合模式调查方法，收集了两个旅游景点的数据，并使用普通最小二乘多元回归分析法对 507 份有效问卷进行了分析，以检验结构之间的关系。结果表明，提供价值对满意度和行为意图会产生实质性影响，情感价值比其他形式的价值对满足感和行为意图的影响更大。因此，管理者需要从整体上看待用户体验，而不是专注于一两个服务结构。Marimona 等（2019）[127]实证分析了协同消费模型评估服务质量等级的五个维度。其中，三个维度与平台交互有关，即站点组织、平台响应性和敏捷性、法律保护和可信度，第四个维度与对等服务供应商的预期质量有关，最后一个维度用于评估用户和服务人员的社会互动。Roya 等（2019）[128]探讨了服务经验对 B2B 服务质量的影响，以及在 B2B 环境中服务质量与服务体验的相对影响（满意度和感知价值）和后续客户结果（忠诚度和口碑）。其通过市场调研进行了因子分析和结构方程建模。结果表明，与服务质量相比，服务体验对满意度和感知价值的影响更大，且其对忠诚度和口碑的间接影响也更大。服务体验的影响包括从服务中获得感知功利价值和享乐价值，而服务质量只影响功利价值。Hawkins 等（2015）[129]运用结构方程模型探讨了服务质量与其决定因素之间的关系，在供应链管理论述中引入了需求定义的有效性和采购提前期的有效性两种新结构。结果表明，需求定义和买方与供应商之间沟通的有效性均与服务质量相关，内部用户对采购的承诺水平和所分配的采购提前期的有效性会影响买方满足供应商的要求和对供应商的监控。结果还发现，服务质量可提高服务价值，为服务导向逻辑增加灵活性。

Udo 等(2011)[130]探讨了使用 SERVQUAL 模型评估高等教育电子学习质量的可能性，提出了改进服务质量评估工具对在线学习质量的影响。SERVQUAL 模型包含保证、移情、响应、可靠性和网站内容五个维度。其运用结构方程模型，对在线学习学生的数据进行了分析。结果表明，以上五个维度中有四个维度对感知在线学习质量起重要作用，影响学习者的满意度和其未来参与在线课程的意愿，并可用于测试在线学习者对电子学习体验的满意度。

二、服务质量理论的国内文献综述

李泽群(2022)[131]构建了评价满意度的指标体系。其通过调查游客对冰雪体育旅游的满意度，进一步分析了影响满意度的各项指标，为提高冰雪体育旅游的游客满意度和服务质量提供了建议。岳文博(2020)[132]从顾客的角度出发，对休闲渔业的服务质量进行了研究。其运用服务质量等相关理论，构建了休闲渔业服务质量评价体系，得到了服务质量关键要素的得分及排序，揭示了休闲渔业服务中存在的问题，并提出了改进建议。徐华(2019)[133]运用熵值法测度了企业服务质量满意度与客户忠诚度的水平，借助超效率数据包络分析模型(Data Envelopment Analysis, DEA)，测算出各企业服务质量满意度的投入对客户忠诚度的转化效率。结果表明，企业服务质量包括有形性、可靠性、交互性、移情性、满意度、忠诚度六大维度。服务质量的满意度可以转化为客户忠诚度；服务质量的可靠性也可以转化为客户忠诚度。陈方(2018)[134]提出了物流服务质量模型对选择物流服务质量感知的评估体系，并基于用户期望感知视角分析，对优化物流服务质量提出了意见和策略。其还通过分析比较用户的期望感知，对电商物流服务质量进行了探讨。田利锋(2018)[135]运用服务质量模型，以用户感知和期望差距来分析用户需求，识别用户在服务过程中的情绪，并通过集成模型显示情感和需要改善的服务属性之间的关系。结果表明，用户的感知水平低于期望水平；单个服务属性会影响多种情绪；通过改善服务质量可提高用户的满意度和忠诚度。李存超(2014)[136]基于用户行为理论构建了电商服务质量对品牌资产的模型，并运用实证法对模型进行了检验。结果表明，服务易用性对用户感知功能价值、品牌可靠性具有正向显著影响；服务响应性对用户感知情感价值、品牌可靠性和品牌意向性具有正向显著影响。周力(2011)[137]运用管理学理论、顾客感知理论，采用服务评价模型，以电子商务的外包服务和运维服务特征为核心，构建了电子商务服务质量的综合评价指标体系。其从权重和指标的支持度获取评价信息，通过熵值法计算指标权重，以分析和评价电商外包服务水平的综合情况。

三、服务质量理论的国内外文献述评

(一) 内容述评

通过对国内外服务质量理论相关文献的梳理和分析，我们可以发现其在内容上存在以下异同点。

第一，国内外文献内容的相同点。一是国内外文献都基于服务质量理论，通过不同的维度提取服务质量感知整合的影响因素。二是国内外文献都探讨分析了服务质量、感知价值、满意度与行为意向之间的相互影响，提供了价值对满意度和行为意图产生实质性影响的证据。三是国内外文献都通过服务质量对用户忠诚度的驱动机制归纳了不同的维度关系，确定了用户所感知的质量受到服务质量的直接影响。

第二，国内外文献内容的相异点。国内文献主要采用服务质量模型，通过用户感知和期望差距来分析用户的需求，对服务质量进行有针对性的评价。此外，国内文献运用 D-S 证据理论，通过权重和各项指标来提取评价信息，对服务水平进行评价。与国内文献不同，国外文献侧重于分析服务质量与服务体验的相对影响(包括满意度和感知价值)，以及后续用户结果(包括忠诚度和口碑)。

(二) 方法述评

通过对国内外服务质量理论相关文献的梳理和分析，我们可以发现其在方法上存在以下异同点。

第一，国内外文献方法的相同点。一是国内外文献都基于结构方程模型，对影响服务质量的结构变量构建概念模型以进行预测，通过发现现实问题对相关领域的文献进行研判。二是国内外文献都通过信度效度分析法对相关变量进行测试，采用因子分析法确定结构的可靠性和有效性，最终采用技术接受模型对发现的问题进行分析，并在此基础上提出假设。

第二，国内外文献方法的相异点。国内文献主要采用深度访谈对服务质量测量维度的相关变量进行测试，通过服务质量量表进行探索性和验证性因子分析，最终完成对模型的实证检验。与国内文献不同，国外文献主要运用最小二乘多元回归分析法来以检验结构之间的关系，通过均值分析法验证不同因素间的所有构型组合与结果的关系。

第四节　满意度理论

满意度理论源于期望差异理论(Expectation Disconfirmation Theory，EDT)，最早由 Cardozo(1964)[138]提出。该理论侧重分析顾客对产品、服务的感知与期望的一致性或差异性及其所引起的满意或不满意状态。在期望差异模型中，影响顾客满意度的主要因素是产品或服务的实际与期望的一致性程度。

一、满意度理论的国外文献综述

María 等(2021)[139]对酒店业的独立和连锁两种运营模式在用户满意度方面进行了比较，并通过 Booking 预订平台对四星级和五星级酒店的用户满意度进行了评级分析。结果表明，用户满意度优势管理表格成为显示两者服务满意差异的有效工具。Asmelash 等(2019)[140]探讨了历史文化遗产的文明起源地的旅游满意度与可持续遗产旅游维度之间的结构关系。结果表明，社会文化的可持续性是游客满意度的最强预测因子，其次是制度和经济的可持续性。为确保游客与当地社区之间进行重大文化交流，互动必须充分、积极、和平。此外，实现机构的可持续性是影响游客满意度的因素，游客对经济规模的看法也会影响他们对文化遗产的满意度。Oviedo-Garcíac 等(2019)[141]以游客在保护区的体验满意度为重要目标，通过旅游地的感知价值，探讨了服务环境对游客满意度的影响。结果表明，旅游保护区管理者所制定的生态环境保护目标可提升旅游保护区的完整性和游客的满意度。Park 等(2018)[142]运用行为经济学理论,通过导游项目对游客进行了实地调查。其基于期望和互惠规则,对旅游满意度和城市总体印象等方面进行了评价,以确认支持游客当前满意度和未来行为的因素;并采用多指标、多原因模型,对预期、旅游季节和首次访问等因素的相关影响进行了分析。结果表明,活动前提供额外信息可以提高旅游的满意度;将旅游季节和首次访问等非操纵变量纳入其中,可进一步提高旅游的满意度。Lankton 等(2014)[143]基于期望差异理论解释信任与满足感及持续意图之间的关系。结果表明,信任在期望差异理论中起着核心作用。Hsieh 等(2010)[144]将博客质量分为信息质量和系统质量,基于满意度和期望差异理论的范式,分析了博客质量与博客用户满意度之间的联系。其通过建立结构方程模型,对博客用户满意度的九个关键结构进行了测试。测试结果表明,比较结构对信息质量和系统质量具有总效应,信息质量期望的总效应高于系统质量期望的总效应,博客信息质量期望的总效应高于博客系统质量的满意度。

二、满意度理论的国内文献综述

许鹏(2022)[145]基于沉浸体验理论,分析了旅游品牌价值与游客满意度之间的关系,为旅游企业的品牌建设提供了建议。结果表明,在旅游品牌提供服务的过程中,服务价值、设施价值和环境价值通过"心流体验"影响游客的满意度;品牌承诺和品牌信任调节了这些品牌价值对游客满意度的影响。刘岩(2020)[146]以用户满意度理论等为基础,探讨了在品质化旅游需求深化的背景下,如何运用信息化技术手段衡量酒店用户的满意度。其采用计算机算法、情感分析技术来获取酒店用户满意度的影响因素及情感得分,并通过多元回归模型构建了酒店用户满意度评估模型,实证检验了冰雪节期间酒店的用户满意度评估。李传杰(2019)[147]基于国内外相关理论,构建并细化了红色旅游游客满意度模型,主要探讨了游客满意度的影响因素和行为结果。结果表明,感知质量对感知价值、游客满意度具有显著正向影响;感知质量、感知价值通过游客期望对满意度产生中介作用;游客期望还通过感知质量对感知价值产生影响。马天(2017)[148]以游客为分析对象,使用营销领域中满意度测量的期望不一致模型,通过情感接触点,将适合性和旅游体验质量的变量进行了分类。结果表明,用于测量游客满意度的模型对测量游客满意度不适用。闫静(2017)[149]以旅行社的团队游客为研究对象,运用扎根理论,探讨了游客间互动行为的影响因素,分析了游客互动与满意度的相互作用,构建了游客互动对满意度影响的理论模型。结果表明,旅游企业可以通过鉴别游客互动的影响因素来制定管理策略。田野(2017)[150]运用游客体验中的敬畏情绪,构建了理论模型,以探讨游客的敬畏情绪在提升游客满意度和旅游忠诚行为方面的作用。结果表明,游客敬畏情绪源于游客对外部环境的感知评价,这种情绪可以提高游客满意度和忠诚行为,进而有效增强游客的推荐意愿和重游意愿。姜峰(2015)[151]基于结构方程模型,加入"心流体验"变量,应用拟合度方法,得到了原期望确认模型的各变量。这些变量包括感知有用性、期望确认度、满意度、持续使用意向与"心流体验"之间的路径、方向和载荷量。结果表明,社交网站用户满意度对持续使用行为意向具有显著正向影响,隐性成就动机、隐性亲和动机、隐性权力动机在社交网站用户的期望确认度正向影响"心流体验"或满意度的过程中起到了调节作用。李慧颖(2013)[152]通过以行为导向为主、技术导向为辅的分析方法，探讨了在线评论和用户感知与企业商品销量之间的相互影响。结果表明，价格对感知服务质量具有显著正向影响，对感知价值具有负向影响。

三、满意度理论的国内外文献述评

(一) 内容述评

通过对国内外满意度理论相关文献的梳理和分析，我们可以发现其在内容上存在以下异同点。

第一，国内外文献内容的相同点。一是国内外文献都以游客为分析对象，以调节效应对游客的满意度理论为基础构建模型，对情感触点、旅游体验、旅游体验质量、结果变量与满意度之间的关系展开分析。二是国内外文献都以社交网站用户的使用意向为分析对象，探究用户期望确认度与满意度之间的相互作用，从而证明社交网站通过留住用户来提升品牌价值。

第二，国内外文献内容的相异点。国内文献主要基于旅游地的感知价值，探讨服务环境对游客满意度的影响并进行实证分析。此外，国内文献分析了在线评论中的价格效应，从两个角度对在线评论的作用进行了深入分析。与国内文献不同，国外文献侧重于研究旅游满意度与可持续遗产旅游维度之间的结构关系，并在旅游满意度和城市总体印象等方面进行了评价和阐述。

(二) 方法述评

通过对国内外满意度理论相关文献的梳理和分析，我们可以发现其在方法上存在以下异同点。

第一，国内外文献方法的相同点。一是国内外文献均采用问卷调查法，通过结构方程模型对影响旅游满意度的路径系数进行检验，并通过发现现实问题对相关领域的文献进行研判。二是国内外文献都通过相关变量，最终采用因子分析法，分析满意度因素和行为因素，并在此基础上提出假设和构建模型。

第二，国内外文献方法的相异点。国内文献通过扎根理论测量游客满意度的适当性和效度，并通过访谈和文献分析确定模型的相关变量和解决问题的能力，最终完成对模型的实证检验。与国内文献不同，国外文献运用标准偏差分析法，纳入非操纵变量，以提高游客旅游满意度；通过探索性因子分析识别问卷效度，并用回归分析验证提出的假设。

第五节　品牌资产理论

品牌资产(brand equity, BE)理论最早由 Aaker(1991)[153]提出，主要分析和探讨品牌赋予产品或服务的附加值。品牌资产是品牌、品牌名称和标准之间的联系，可以增加或减少产品或服务的价值。品牌资产理论包含顾客和企业两个层面的含义，体现了品牌为顾客和企业带来的价值。

一、品牌资产理论的国外文献综述

Snz 等(2021)[154]基于符号互动理论，探讨了现场表演对目的地品牌资产的影响及其机制。结果表明，旅游现场表演提高了目的地品牌资产的价值，其中的关键环节是游客获得文化交流的体验。创意表演、视觉吸引力、文化交流和真实性创造了游客的流动体验，从而为目的地品牌资产的发展提供了潜在的贡献。Huerta-Álvarez 等(2020)[155]认为用户生成的通信比传统的受控通信更可靠，其可改变游客对目的地形象和品牌资产的看法。社交媒体传播与忠诚度存在相关性。他还认为目的地组织控制的和不控制的社交媒体传播对目的地品牌资产和目的地品牌参与具有影响。结果表明，旅游传播比传统传播更可靠，传播趋势改变了游客对目的地品牌资产的看法，有助于新兴经济体在经济和社会方面的发展。Troiville 等(2019)[156]对以用户为基础的零售商品牌资产进行测量。结果表明，零售商品牌资产是一个二阶反思性的结构，包含八个子维度。零售商可以利用这些子维度来提高向消费者提供的价值，进而增强品牌资产。该分析结果为学术界提出了可供参考的理论和方法，便于进行跨销售点的多重比较和基准战略构建。Hariharan 等(2018)[157]认为品牌资产越高，消费者的行为忠诚度就越高。其通过邮寄调查收集了购物者关于品牌资产的态度数据。结果表明，约 40%的用户对高品牌资产表现出低行为忠诚度，品牌资产和行为忠诚度之间的关系对品牌的选择决策具有显著影响。Godey 等(2016)[158]以社交媒体营销活动对品牌资产的影响和用户对品牌的行为为基础，通过分析奢侈品行业的先锋品牌，对 845 名奢侈品品牌的消费者进行了调研。其运用了结构方程模型，解决了社交媒体品牌之间的差距。结果表明，社交媒体营销与品牌偏好、价格溢价和忠诚度之间存在联系，中小企业的品牌意识和品牌形象对品牌资产具有显著正向影响。Barreda 等(2016)[159]基于理论的网站互动性模型，探讨了酒店预订网站中网站互动性、品牌知识维度和品牌价值之间的关系。其通过在线调查问卷，基于品牌文学的基本原理和网站互动性理论，设计了模型测试的假设模型路径，通过结构方程模型进行实证检验。结果表明，网站互动性维度(即双向沟通和用户控制)对品牌知识维度(即品牌意识和品牌形象)具有正向影响。

二、品牌资产理论的国内文献综述

权靖予(2022)[160]基于刻板印象模型，将拟人化沟通方式分为热情型和能力型，分析了拟人化沟通方式对口碑传播的影响、自我一致性的中介作用、用户权力感和品牌至爱程度的调节作用，从而为企业品牌传播提供了参考。结果表明，对拥有不同权力感的用户采用不同的拟人化沟通方式能促进口碑传播；用户的品牌至爱程度越高，采用拟人化沟通方式对口碑传播的影响越大。张昊(2020)[161]以生态旅游品牌为例，将品牌 DNA 理论引入旅游品牌的形象设计研究，发现该理论在设计创建具有文化内涵的特色生态旅游品牌和探索建构旅游品牌形象的新方向和新途径中发挥着重要作用，促进了特色生态品牌旅游业的健康、可持续发展。范静林(2019)[162]以用户的视角，研究了不同的微博营销策略对企业品牌资产产生的影响，运用层次分析法对微博营销变量进行了分析，并构建了递阶层次模型，构造了成对判断矩阵。结果表明，在影响品牌资产的因素方面，企业微博知名度、意见领袖参与度、与粉丝的互动性均会对提升品牌资产产生显著影响；企业可以通过引导提升用户对企业品牌的忠诚度，提高用户对品牌的感知质量。徐尤龙(2015)[163]以品牌理论为基础，对旅游口号的本质与作用机理进行了论证。旅游口号资产的三个维度指标是知名度、美誉度和吸引度，其以此构建了基于游客的旅游口号资产模型。结果表明，旅游目的地品牌的承诺是本质，这要求旅游目的地将旅游口号转化为实际行动。黄洁(2012)[164]运用经典扎根理论，探讨了国家级风景名胜区的品牌资产构成，并构建结构方程模型，探讨了感知价值和品牌忠诚之间的关系。结果表明，短途旅游者视角下的国家级风景名胜区的品牌资产构成有七个维度，大学生短途旅游者对国家级风景名胜区的感知价值对品牌忠诚的作用不明显。关辉(2010)[165]运用品牌资产理论和品牌关系理论，构建了B2C网店品牌资产对网店忠诚度的模型。网店品牌关系由网店信任、网店亲密感和网店忠诚三个维度组成。结果表明，网店品牌资产与网店忠诚的中介变量是网店信任和网店亲密感，而网店信任间接影响网店的忠诚度。龙成志(2009)[166]通过品牌关系对用户品牌形象的感知和品牌形象感知对用户行为的作用路径，构建了品牌形象绩效贡献的路径模型。该模型包括品牌关系、品牌形象和品牌绩效。研究结果表明，品牌形象驱动品牌绩效，品牌关系可以提升品牌形象。

三、品牌资产理论的国内外文献述评

(一) 内容述评

通过对国内外品牌资产理论相关文献的梳理和分析，我们可以发现其在内容上存在以下异同点。

第一，国内外文献内容的相同点。一是国内外文献都以用户行为为研究对象，从品牌资产不同维度的影响机理构建模型，进而分析品牌资产维度与品牌忠诚度等因素之间的关系。二是国内外文献都以消费者品牌感知为分析对象，从品牌资产的不同维度提高用户价值，分析品牌资产、用户期望确认度与满意度之间的相互作用。

第二，国内外文献内容的相异点。国内文献侧重分析旅游地的品牌资产，对测量旅游口号资产价值的方法进行实证检验。此外，国内文献偏好深入分析品牌资产的不同维度对网店信任的间接影响。与国内文献不同，国外文献主要通过品牌资产结构确认零售商资产维度之间的结构关系。此外，国外文献也对社交媒体营销与品牌偏好、价格溢价和忠诚度之间的关系展开了探讨。

(二) 方法述评

通过对国内外品牌资产理论相关文献的梳理和分析，我们可以发现其在方法上存在以下异同点。

第一，国内外文献方法的相同点。一是国内外文献都采用问卷调查法，通过结构方程模型对品牌资产价值的路径系数进行检验，通过发现现实问题，对相关领域的文献进行研判。二是国内外文献都通过相关的变量，最终采用因子分析法，对品牌资产因素、用户行为因素进行了研究，并在此基础上提出假设和构建模型。

第二，国内外文献方法的相异点。国内文献通过经典扎根理论测量品牌资产理论的适当性和效度，并通过访谈和文献分析确定模型的相关变量和解决问题的能力，最终完成对模型的实证检验。与国内文献不同，国外文献运用标准偏差分析法探讨品牌资产的偏好，并通过探索性因子分析识别问卷效度，用回归分析验证提出的假设。

第六节 品牌在线旅游网站认知机理理论模型建构

一、品牌在线旅游网站认知机理理论模型各变量关系的研究假设

本书根据理论基础与国内外文献，基于相关变量之间的相互作用关系，提出了用户受访者关于品牌在线旅游网站认知机理研究的技术接受模型，以及关于计划行为、服务质量、满意度、品牌资产的理论模型研究假设。具体理论模型研究假设如下。

张鞠成(2021)[167]研究了出境旅游风险的社会建构。结果显示，出境游客游前对出境旅游的风险认知源于其旅游行程中的感知风险，以犯罪、社会文化和健康风险为主；游后认知则以犯罪、交通事故和基础设施风险为主。李慧萍(2021)[168]以游客感知视角为分析切入点，基于游客感知维度构建了研学旅游服务质量评价模型。结果显示，研学旅游者关于研学旅游服务质量的各项指标的"服务感知—服务期望"大部分为负值，这说明游客对研学旅游服务质量的评价较差，游客满意度较低。谢辉基等(2020)[169]将身体认知理论引入旅游体验，认为身体的差异是旅游者移动和出游的根本原因。其揭示了"身体—主体性"与复杂的社会环境之间具有交互作用；并在此基础上，探讨了旅游体验过程中身体议题的分化。付博群(2019)[170]运用理性行为理论、计划行为理论、交易费用理论，分析了用户对生鲜农产品网购意愿的影响因素。结果显示，感知有用性与实用性、感知风险与产品质量与用户的购买意愿显著相关，提高生鲜农产品的质量能增强生鲜农产品的用户感知实用性。Kim(2021)[171]通过对旅游地的认知态度分析了潜在游客的情绪反应对旅游意向的影响，并考察了感知风险的调节中介效应。结果显示，服务质量影响感知风险，感知风险对情绪反应路径表现出受控影响，从而影响潜在游客对旅游景点的认知态度。Eitzinger 等(2007)[172]分析了非专业人士对高山旅游目的地的风险感知及度假风险的责任归属。结果显示，高山旅游目的地的风险感知与冬季运动和自然灾害有关，而其外部归因涉及交通、住宿、基础设施和工业风险、自然灾害。因此，提出以下假设：

假设 1：品牌在线旅游网站的服务质量对认知风险具有显著正向影响。

赵悍绮(2022)[173]构建了用户参与意愿的影响因素模型，探索了用户对短视频平台广告的消费属性认知、感知精准度等属性对用户参与意愿的影响。结果显示，用户对短视频平台服务质量的认知会正向影响感知易用性和感知有用性。李树旺等(2022)[174]从游客感知的视角出发，由微观层面的滑雪场服务探讨了滑雪旅游服务质量这一主题。其分析结果融合了服务质量和满意度，并以滑雪旅游服务为主题，在服务质量管理理论和服务质量评价工具两个方面进行了创新性尝试，以期为后续探索提供理论铺垫和经验借鉴。杨慧瀛等(2019)[175]基于技术接受模型，分析了用户对电子商务购物意愿的影响因素及其影响程度。结果显示，服务质量对感知有用性和感知易用性的影响最为强烈，感知有用性对用户在电子

商务上的购物意愿具有显著的正向影响，感知易用性的影响则不明显。Kim 等(2014)[176]探讨了技术和个人特征对购买食品服务的感知有用性、感知易用性及用户满意度的影响。结果显示，信息质量对感知有用性和感知易用性具有正向影响，服务质量对感知易用性具有正向影响。Park(2013)[177]基于技术接受模型，探究信息质量对用户认知、情绪和行为反应的影响。结果显示，产品信息质量、服务信息质量和卖家信息质量显著正向影响社会商业中的信任，且信任正向影响感知有用性和感知易用性。因此，提出以下假设：

假设 2：品牌在线旅游网站的服务质量对认知易用具有显著正向影响。

徐静等(2021)[178]采用了扎根理论的方法，构建了冰雪旅游目的地的游客选择意愿及其影响因素模型。结果显示，在"目的地属性—游客感知"的作用路径中，自然资源等核心吸引物、基础设施等附加吸引物和对目的地声誉的认知会影响游客的感知。松本夏月(2020)[179]以民宿用户为研究对象进行了实证分析。结果显示，用户感知的民宿服务质量、用户感知的民宿服务价值、用户对民宿的服务期望和民宿形象对用户满意度具有显著正向影响。Song 等(2021)[180]以葡萄酒文化旅游产品为例，基于认知心理学的体验式文化旅游产品的形态创新设计模型，提出了借助认知心理学进行产品设计创新的量化措施，指出了在游客认知基础上的产品创新设计的方向。Zhang 等(2020)[181]构建了结构方程模型，从感知价值、满意度和电子信任的角度整合了在线用户关系管理。结果显示，感知价值对满意度、电子信任和用户对关系的承诺具有激励作用，而生产质量、服务质量和价格公平性对感知价值具有显著影响。Ahn 等(2018)[182]基于"刺激—有机体—反应"的理论，分析了用户对交互式餐厅自助服务技术属性的感知质量如何影响用户的认知、情感状态和随后的行为意图。结果显示，自助服务技术的功能和定制提高了用户的感知价值，使用户产生积极的情绪反应。Yang 等(2017)[183]探讨了旅游服务质量对国外个人用户的感知价值、满意度和忠诚度的影响。结果显示，感知服务质量受到感知价值和人类服务质量的影响，也受到用户服务质量和实物服务质量的影响，同时感知服务质量会对用户满意度和人类服务质量产生影响。因此，提出以下假设：

假设 3：品牌在线旅游网站的服务质量对认知质量具有显著正向影响。

杨子磊(2021)[184]分析了乡村旅游的体验要素与游客的满意度和行动意图之间的影响关系。结果显示，乡村旅游的各个体验要素对游客的满意度和行动意图都具有显著的正向影响，且认知体验对满意度的影响最大，感觉体验对行动意图的影响最大。段荣环(2019)[185]基于技术接受模式和创新扩散理论，分析了大学生的网购态度和网购意愿的影响因素。结果显示，在认知有用性变量中，认知易用性、兼容性、产品提供、信息丰富度这四个变量都对认知有用性具有正向影响。Jeong 等(2021)[186]分析了游客对智能旅游的接受程度及其影响因素。结果显示，对于新技术的接受程度，游客持有不同的个人观点；智能旅游地图的信息质量对感知易用性和感知有用性都具有正向影响，感知易用性和感知有用性对行为意图具有正向影响。Li 等(2021)[187]探讨了认知重构下，传统乡村社区旅游创新的演化机制。结果显示，乡村社区旅游经历了从旅游服务创新到旅游体验创新的演化；在认知重构下，真实性会被重构，自组织旅游创新及其创新进化将成为传统乡村社区旅游进化的重要力量。Lee 等(2019)[188]基于技术接受模型，分析了旅行预订应用程序的服务质量是否影响用户对技术的接受程度及其行为意图。结果显示，旅行预订应用程序的服务质量会影响感知易用性和感知有用性，技术接受会对行为意向产生影响。因此，提出以下假设：

假设 4：品牌在线旅游网站的认知质量对认知易用有显著正向影响。

王美月(2021)[189]实证分析了学术虚拟社区的用户社会化交互行为。结果显示，信息质量、服务质量正向影响感知有用性，感知易用性也正向影响感知有用性，感知有用性与感知易用性共同影响社会化交互态度，进而影响社会化交互行为，而系统质量与感知易用性、网络密度与社会认同感的相关性未达到显著水平。何学欢等(2021)[190]基于刺激—有机体—反应(stimuli-organism-response，S-O-R)框架和信号理论，构建了以旅游者的环境责任行为为结果变量的模型，并进行了实证分析。结果显示，相较于低感知服务质量，高感知服务质量对游客满意度和游客环境责任行为的影响更强。牛金双(2021)[191]构建了游客满意度的评价指标体系，对生态旅游区的游客满意度进行了评价，为生态旅游政策的制定提供了参考建议。结果显示，旅游影响感知、情感表达、认知价值、政策制度、服务质量对游客满意度的影响均为显著。Labu 等(2022)[192]基于技术接受模型，分析了酒店餐厅中的新型数字葡萄酒菜单应用程序的用户接受度。结果显示，感知易用性、感知有用性和感知享受在很大程度上解释了用户感知的服务质量。Noh 等(2010)[193]研究了影响韩国旅游博客接受度和用户满意度的外生变量，从而提出了旅游博客的有效性。结果显示，互动性、娱乐性、系统质量和信息质量是影响旅游博客感知有用性的主要变量，娱乐性和系统质量是影响旅游博客感知易用性的变量。因此，提出以下假设：

假设 5：品牌在线旅游网站的认知质量对认知有用具有显著正向影响。

高海霞等(2022)[194]在已有的服务质量测量模型的基础上，构建了基于用户契合视角的社交商务平台服务质量对品牌黏性的影响的概念模型。结果显示，社交商务平台的便捷性、互动性与用户心理和行为契合正相关，进而对品牌黏性产生正向影响。赵康等(2021)[195]基于“用户体验—信任—忠诚度”的分析框架，分析了旅游 App 的情感体验、认知体验、用户信任、忠诚度之间的关系。结果显示，用户的情感体验显著正向影响其对旅游 App 的认知体验，认知体验又显著正向影响其对产品质量的信任。薛石磊(2020)[196]分析了员工品牌内化对品牌资产的影响路径。结果显示，用户消费体验在员工品牌内化对品牌资产的影响中起到中介作用，当用户对员工所提供的品牌服务感受较好时，用户就会产生购买的意愿，从而促进品牌资产的提升。Hyun(2022)[197]分析了酒店品牌资产对企业信任和关系持续意愿的影响，并探讨了企业信任的中介效应。结果显示，感知服务质量和品牌形象都对企业诚信和企业能力具有正向影响，这两者也都对关系持续意愿具有正向影响。Luo(2019)[198]基于用户的品牌资产模型进行了实证检验，分析了品牌对用户的影响，为航空公司的品牌发展提供了参考。结果显示，品牌意识、品牌质量与品牌价值呈正相关关系，品牌价值和品牌忠诚度之间也存在正相关关系。因此，提出以下假设：

假设 6：品牌在线旅游网站的服务质量对品牌资产具有显著正向影响。

王磊磊(2021)[199]基于情感行为倾向认知(affect-behaviour tendency-cognition，ABC)态度模型和理性行为理论进行了实证分析。结果表明，品牌认知、品牌情感均对购买意愿产生了正向显著影响；品牌情感在品牌认知与购买意愿之间发挥了中介作用。杨婷婷

(2021)[200]进行了历史文化名城品牌资产构建的研究。结果显示，品牌满意度是历史文化名城品牌资产的主要结果之一，城市管理者应重视历史文化名城品牌资产的构建，提高城市品牌的满意度，进而有效刺激、引发游客的环境责任行为。Liu 等(2021)[201]研究了夜市旅游的品牌资产、利益、动机和满意度与发展之间的关系。结果显示，旅游动机对品牌资产、利益和满意度具有直接和间接的影响；用户的满意度是夜市旅游最关键的绩效属性，其可能受到品牌资产、利益和动机的影响。Sungyunok(2021)[202]分析了企业服务场景对感知服务质量和服务质量满意度的影响。结果显示，服务场景对技术服务质量和功能服务质量都具有正向影响，技术服务质量和功能服务质量对服务质量满意度都具有正向影响，服务质量满意度对服务忠诚有很大影响。Kachwala 等(2021)[203]将服务质量、整体服务质量和用户满意度的前因联系起来，分析了服务质量与用户满意度之间的关系。结果显示，整体服务质量的五个前因变量为有形性、可靠性、保证性、同理心和社会责任，整体服务质量与用户满意度呈正相关关系。Han(2010)[204]探讨了游客对工业旅游产品的满意度对产品品牌资产和区域品牌资产态度的影响。结果显示，游客对工业旅游产品的满意度与其对产品品牌资产和区域品牌资产的态度呈正相关关系；在满意度的三个维度中，评价和实践因素会影响产品品牌资产和区域品牌资产。因此，提出以下假设：

假设 7：品牌在线旅游网站的品牌资产对使用满意具有显著正向影响。

陈雯(2021)[205]设计了体育赛事的品牌体验量表，以分析游客的品牌体验维度与重游行为意愿之间的关系。结果显示，体育赛事品牌体验的各维度与重游行为意愿之间存在显著正相关关系，其中品牌情感体验、感官体验、行动体验对游客重游行为意愿具有正向直接影响。李东等(2021)[206]分析了目的地的服务质量和形象感知对游客重游意愿的影响。结果显示，不同维度目的地的服务质量会对目的地形象、游客重游意愿产生差异化影响；目的地的认知形象与情感形象在服务质量与游客重游意愿之间具有多重中介作用，满意度在情感形象对游客重游意愿的影响中具有显著调节作用。王庆生等(2022)[207]设计了文化遗产旅游地的服务质量评价量表，以对文化遗产旅游地的服务进行实证分析。结果显示，服务质量与游客的总体满意度、价格感知及忠诚度均呈显著正相关关系，其中历史文化性与满意度及忠诚度高度相关，社区性和历史文化性是影响游客满意度的主要因素。Jeon 等(2021)[208]分析了服务质量维度对用户满意度的影响，并通过用户满意度和用户忠诚度检验了服务质量对每个群体的影响。结果显示，用户满意度非常重要；如果服务人员满意，则用户忠诚度也会起到积极作用。Kim 等(2021)[209]研究了线上和线下的 O2O 平台的服务质量对用户服务质量满意度的影响。结果显示，线上线下的服务质量对 O2O 平台用户的使用满意度水平具有显著的正向影响，使用满意度对忠诚度具有显著的积极影响，服务质量满意度在 O2O 平台的服务质量和忠诚度之间起着显著的正向中介作用。Hosun 等(2012)[210]基于服务过程衡量了服务质量，并检验了产品质量、产品忠诚度和服务忠诚度之间的关系。结果显示，感知产品质量、服务质量、服务忠诚度和产品忠诚度之间均存在显著关系，感知产品质量直接影响产品忠诚度，且会受到服务质量和服务忠诚度的间接影响。因此，提出以下假设：

假设 8：品牌在线旅游网站的使用满意对使用忠诚具有显著正向影响。

二、品牌在线旅游网站认知机理理论模型各变量关系的研究假设归纳

结合本章对已有的国内外技术接受模型理论、计划行为理论、服务质量理论、满意度理论、品牌资产理论等文献的综述，本书构建了品牌在线旅游网站认知机理理论模型，所提出的理论认知关系机理假设归纳结果如表 3-1 所示。

表 3-1　品牌在线旅游网站服务质量满意度认知机理研究假设归纳结果

假设	研究假设
H1	品牌在线旅游网站的服务质量对认知风险具有显著正向影响
H2	品牌在线旅游网站的服务质量对认知易用具有显著正向影响
H3	品牌在线旅游网站的服务质量对认知质量具有显著正向影响
H4	品牌在线旅游网站的认知质量对认知易用具有显著正向影响
H5	品牌在线旅游网站的认知质量对认知有用具有显著正向影响
H6	品牌在线旅游网站的服务质量对品牌资产具有显著正向影响
H7	品牌在线旅游网站的品牌资产对使用满意具有显著正向影响
H8	品牌在线旅游网站的使用满意对使用忠诚具有显著正向影响

第四章 数据来源与研究方法

第一节 品牌在线旅游网站认知服务体验问卷设计

一、问卷来源

通过前文的文献综述,本书构建了用户受访者关于品牌在线旅游网站认知的理论模型框架,对影响品牌在线旅游网站认知的相关变量进行了阐述,进而提出了理论的相关假设。为验证该假设,本书主要通过问卷调查法搜集用户受访者在体验品牌在线旅游网站后的相关数据。在问卷设计上,本书依据结构方程模型的量表设计,并结合品牌在线旅游网站认知的特点,设计了相关变量的测量项目,形成了问卷初稿。

二、问卷内容

本问卷共包含两个部分。第一部分是关于用户对品牌在线旅游网站认知的问卷主体部分。该部分通过量表的测量项目,分别对认知有用性、认知易用性、认知体验性、认知风险性、认知质量性、认知服务性、认知使用创新性、认知品牌资产性、认知使用满意性和认知使用忠诚性等用户对品牌在线旅游网站认知的影响因素进行了调查。量表的测量采用李克特五级量表方式,即 5 表示"非常同意"、4 表示"同意"、3 表示"不一定"、2 表示"不同意"、1 表示"非常不同意",以进行评判。第二部分则运用人口统计学和旅游学的特征,探究了用户受访者对品牌在线旅游网站的认知,其中涉及用户受访者的性别、年龄、学历、每月可支配收入、游玩次数、游玩天数、游玩预算和游玩方式等方面。

第二节 品牌在线旅游网站认知服务质量满意度市场调研

一、市场调研的对象和地点

通过对用户受访者进行品牌在线旅游网站认知服务质量满意度的市场调研,本书的样本数据反映了用户受访者的真实情况。调研以现场市场抽样调研问卷为主要形式,问卷的发放对象包括来自东部的上海、浙江等省市的受访者，来自中部的江西、湖北等省市的受访者，以及来自西部的四川、甘肃等省市的受访者。受访者以无记名形式填写问卷。

二、市场调研问卷的数量和回收情况

首先，事件前的问卷发放时间为2019年9月15日至2019年12月15日，共发放品牌在线旅游网站认知的服务质量满意度问卷657份。其中50份问卷因缺少部分信息被视为无效问卷，有效问卷有607份，问卷有效率为92.39%。

其次，事件中的问卷发放时间为2021年1月15日至2021年2月28日，共发放品牌在线旅游网站认知的服务质量满意度问卷950份。其中61份问卷因缺少部分信息被视为无效问卷，有效问卷有889份，问卷有效率为93.58%。

最后，新时代的问卷发放时间为2023年7月15日至2023年8月25日，共发放品牌在线旅游网站认知的服务质量满意度问卷820份。其中47份问卷因缺少部分信息被视为无效问卷，有效问卷有773份，问卷有效率为94.26%。

三、品牌在线旅游企业的选择

本书选择品牌在线旅游企业为调研对象的原因包括以下几点。首先，在旅游需求日益增长和“互联网+”的背景下，在线旅游发展迅速，在线用户数量持续增长，在线旅游市场的交易规模不断扩大，已涉及交通、住宿和度假等多个领域，大数据、人工智能、虚拟现实等新兴技术也为在线旅游的发展提供了技术保障。其次，国内在线旅游企业的数量众多，尤其是携程旅行网、同程艺龙、美团网、途牛旅游网、飞猪、马蜂窝旅游网等品牌在线旅游企业在发展规模、市场份额、品牌建设、影响力等方面的竞争日益激烈。再次，在线旅游企业在快速发展的同时出现了种种问题，如订单退改、捆绑销售、低价竞争、信息泄露等。这些层出不穷的问题严重影响了在线旅游企业的游客满意度和品牌形象，在线旅游企业服务质量满意度的提升与监管成为其用户所关注的重要问题之一。最后，危机事件改变了人们的消费理念和消费方式，促使在线旅游企业的用户产生新的需求。这对在线旅游企业来说既是挑战，又是机遇，在线旅游企业应更加关注用户需求，提供令用户满意的服务，以提升品牌满意度和忠诚度，增强企业竞争力（前瞻产业研究院，2022）[211]。

第三节　品牌在线旅游网站认知服务质量满意度研究方法

一、定性研究方法

（一）文献研究法

本书通过文献研究法，提出了关于用户对品牌在线旅游网站服务质量满意度的对比分析，并进行了系统的假设构建、研究设计、文献搜集，以及相关文献综述的整理归纳。文献分析法从用户、在线购买、网络营销、旅游虚拟社区等关键词中提炼出假设依据，重新构思了结

构内容。在进行分析时，本书所使用的中外数据库和搜索引擎包括复旦图书馆、万方、知网、Elservier-Science Direct Journals、Web of Sicence 等。本书融合技术接受模型、服务质量理论、满意度理论、品牌资产理论进行了相关的文献综述，搜集了国内外的最新文献成果，多方面分析了用户对品牌在线旅游网站的技术接受度，包括认知有用性、认知易用性、认知体验性、认知风险性、认知质量性、认知服务性、认知使用创新性、认知品牌资产性、认知使用满意性、认知使用忠诚性之间的相关性，具有较为丰富的理论依据。

（二）深度访谈法

本书通过与特定调研对象和用户受访者的交谈，获取了大量资料和数据。深度访谈法在社会科学的定量和定性分析中被广泛应用有助于本书作者认识和了解受访者的经验、观察和体会。本书基于市场需求，围绕用户对品牌在线网站服务质量满意度的认知内容，与旅游业专家、学者和用户进行了深度访谈，其中包括 40 位在线旅游达人、50 位专业商务资深人士、10 位专家学者。在访谈中，本书对品牌在线旅游网站的服务质量满意度及未来建议等进行了全方位的探讨，从而获取了开阔的分析思路，同时提炼了影响用户接受品牌在线旅游网站的因素。因此，本书具有理论与实际相结合的特点。

二、定量研究方法

（一）抽样调查法

本书采用抽样调查法，对用户受访者关于品牌在线旅游网站认知的调研问卷进行了研究，对来自东部的上海、浙江等省市的用户，来自中部的江西、湖北等省市的用户，来自西部的四川、甘肃等省市的用户进行了随机访问。抽样调查法是指从全部用户受访者中抽取愿意接受问卷调研的受访者作为样本，通过对受访者的调查研究，推断全体用户情况的方法。随机抽样按照随机原则抽取样本，排除主观因素的影响，确保每位用户受访者都具有同等被抽到的可能性。

（二）数据分析法

本书以使用过品牌在线旅游企业——携程中文网站的用户为调查对象，运用 SPSS 25.0 软件对数据进行了统计。本书采用数据分析法，通过因子分析、单因素方差分析和聚类分析等方法对用户受访者在使用品牌在线旅游网站后的技术接受度（包括认知有用性、认知易用性、认知体验性、认知风险性、认知质量性、认知服务性、认知使用创新性、认知品牌资产性、认知使用满意性、认知使用忠诚性的主成分因子）和用户市场细分差异特征进行了分析，并结合相关研究成果，对用户关于品牌在线旅游网站的服务质量满意度进行对比，提出了相应的精准管理策略。

（三）结构方程模型

结构方程模型（Structural Equation Modeling，SEM）是基于变量协方差矩阵分析变量之间关系的统计方法，是多元数据分析的重要工具。结构方程模型常用于验证性因子分析、高阶因子分析、路径及因果分析、多时段设计、单形模型及多组比较的研究。其研究受访者对品牌在线旅游网站的技术接受因子及因子间的相互影响，以进行深入探讨；对各项认知特征因子进行分析，定量测量受访者对品牌在线旅游网站认知的主要影响因素、影响程度及因子间的相互关系。

第五章 品牌在线旅游网站服务质量满意度影响因素与路径机理

第一节 品牌在线旅游网站用户画像的社会人口统计学特征分析

一、事件前品牌在线旅游网站服务质量满意度的用户画像的社会人口统计学特征分析

在事件前，用户受访者的社会人口统计学基本情况如表 5-1 所示。本书将用户关于品牌在线旅游网站的服务质量满意度作为研究对象。从表 5-1 可以看出，用户受访者对品牌在线旅游网站认知的问卷样本包含了品牌在线旅游网站用户的多种相关背景信息，包括年龄、职业、教育程度、旅行方式、旅行目的等，这使本次的研究样本具有随机性和合理性。

表 5-1 事件前品牌在线旅游网站服务质量满意度的用户画像的社会人口统计学特征

变量	类别	受访者比例	变量	类别	受访者比例
性别	男	45.00%	教育程度	小学及以下	0.30%
	女	55.00%		初中	0.30%
月收入	2 000 元及以下	6.80%		高中/中专/大专	13.20%
	2 001～4 000 元	5.90%		本科	71.20%
	4 001～6 000 元	9.10%		硕士及以上	15.00%
	6 001～8 000 元	14.80%	旅行次数	1 次	17.30%
	8 001～10 000 元	16.30%		2 次	17.80%
	10 001 元及以上	47.10%		3 次	14.70%
年龄	18 岁以下	2.60%		4 次	14.00%
	18～30 岁	32.50%		4 次以上	36.20%
	31～45 岁	40.70%	旅行预算	400 元及以下	2.30%
	46～60 岁	16.00%		401～600 元	3.50%
	61 岁及以上	8.20%		601～800 元	8.60%

（续表）

变量	类别	受访者比例	变量	类别	受访者比例
旅行预算	801～1 000 元	23.60%	职业	军人	0.50%
	1 001 元及以上	62.00%		农民/渔民	4.90%
旅行方式	独自出游	11.20%		事业单位职员	0.60%
	和家人一起	31.80%		工人	4.90%
	和朋友一起	29.20%	旅行天数	1 天及以下	3.10%
	和同学/同事一起	22.00%		2～3 天	19.60%
	其他	5.80%		4～5 天	20.60%
婚姻状况	单身	42.30%		6～7 天	17.80%
	已婚	57.70%		7 天以上	38.90%
职业	国企职员	9.60%	旅行目的	旅游观光	22.40%
	外企职员	21.60%		休闲度假	25.70%
	民企职员	17.50%		商务旅行	12.70%
	合资企业	3.60%		走亲访友	10.70%
	政府公务员	7.60%		健康疗养	2.30%
	专业技术人员	9.10%		会议培训	7.10%
	服务人员	4.30%		宗教朝圣	0.50%
	教师	12.00%		学习交流	10.70%
	学生	2.30%		购物	4.90%
	退休人员	1.50%		其他	3.00%

就性别而言，关于品牌在线旅游网站服务质量满意度的比较研究显示，女性受访者比男性受访者的占比高，其占比分别为 55.00%和 45.00%。

就年龄而言，关于品牌在线旅游网站服务质量满意度的比较研究显示，中青年用户所占比重最高，31～45 岁和 18～30 岁这两个年龄段的用户受访者分别占 40.70%、32.50%；46～60 岁的用户受访者占 16.00%。

就婚姻状况而言，关于品牌在线旅游网站服务质量满意度的比较研究显示，已婚受访者和单身受访者所占比重分别为 57.70%和 42.30%。

就月收入而言，关于品牌在线旅游网站服务质量满意度的比较研究显示，月收入在 10 001 元及以上的用户受访者所占比重最高，为 47.1%；其次是月收入在 8 001～10 000 元和 6 001～8 000 元的用户受访者，分别占 16.30%和 14.80%；月收入在 4 001～6 000 元和 2 001～4 000 元的用户受访者分别占 9.10%和 5.90%；月收入在 2 000 元及以下的用户受访者占 6.80%。

就教育程度而言，关于品牌在线旅游网站服务质量满意度的比较研究显示，用户受访者大多拥有较高的学历，本科学历的用户受访者占比超过一半，为 71.20%；硕士及以上学历的用户受访者占 15.00%；高中/中专/大专学历的用户受访者占 13.20%。

就职业而言，关于品牌在线旅游网站服务质量满意度的比较研究显示，用户受访者为外企职员的比例最高，为 21.60%；用户受访者为民企职员和教师的比例分别为 17.50%和 12.00%；专业技术人员和政府公务员分别占 9.10%和 7.60%。

就旅行次数而言，关于品牌在线旅游网站服务质量满意度的比较研究显示，旅行次数在 4 次以上的用户受访者最多，占 36.20%；旅行次数为 2 次和 1 次的用户受访者分别占 17.80%和 17.30%。

就旅行预算而言，关于品牌在线旅游网站服务质量满意度的比较研究显示，预算在 1 001 元及以上的用户受访者占 62.00%；预算在 801～1 000 元的用户受访者占 23.60%。

就旅行天数而言，关于品牌在线旅游网站服务质量满意度的比较研究显示，旅行 7 天以上的用户受访者最多，占 38.90%；旅行 4～5 天和 2～3 天的用户受访者分别占 20.60%和 19.60%。

就旅行方式而言，关于品牌在线旅游网站服务质量满意度的比较研究显示，和家人出行、和朋友出行及和同学或同事出行的用户受访者所占比重累计超过一半，分别为 31.80%、29.20%和 22.00%。

就旅行目的而言，关于品牌在线旅游网站服务质量满意度的比较研究显示，以休闲度假和旅游观光为目的的用户受访者的占比分别为 25.70%和 22.40%；以商务旅行为目的的用户受访者占 12.70%；以走亲访友和学习交流为目的的用户受访者的占比相同，均为 10.70%。

二、事件中品牌在线旅游网站服务质量满意度的用户画像的社会人口统计学特征分析

在事件中，用户受访者的社会人口统计学基本情况如表 5-2 所示。本书把用户关于品牌在线旅游网站的服务质量满意度作为研究对象。从表 5-2 可以看出，用户受访者对品牌在线旅游网站认知的问卷样本包含了品牌在线旅游网站用户的多种相关背景信息，包括年龄、职业、教育程度、旅行方式、旅行目的等，这使本次的研究样本具有随机性和合理性。

就性别而言，关于品牌在线旅游网站服务质量满意度的比较研究显示，女性受访者比男性受访者的占比高，其占比分别为 50.30%和 49.70%。

就年龄而言，关于品牌在线旅游网站服务质量满意度的比较研究显示，中青年所占比重最高，18～30 岁和 31～40 岁这两个年龄段的用户受访者分别占 47.90%、21.30%；41～50 岁的用户受访者占 11.70%。

就婚姻状况而言，关于品牌在线旅游网站服务质量满意度的比较研究显示，已婚受访者和单身受访者所占比重分别为 35.80%和 64.20%。

就月收入而言，关于品牌在线旅游网站服务质量满意度的比较研究显示，月收入在 2 000 元以下的用户受访者占比最高，为 33.70%；其次是月收入在 8 001～9 000 元和 6 001～8 000 元的用户受访者，分别占 16.30%和 14.70%；月收入在 2 001～4 000 元和 4 001～6 000 元的用户受访者分别占 14.50%和 12.60%；月收入在 9 001 元及以上的用户受访者占 8.10%。

表 5-2　事件中品牌在线旅游网站服务质量满意度的用户画像的社会人口统计学特征

变量	类别	受访者比例	变量	类别	受访者比例
性别	男	49.70%	婚姻状况	单身	64.20%
	女	50.30%		已婚	35.80%
月收入	2 000 元及以下	33.70%	职业	国企职员	7.90%
	2 001～4 000 元	14.50%		外企职员	11.70%
	4 001～6 000 元	12.60%		个体商人	7.80%
	6 001～8 000 元	14.70%		政府公务员	1.20%
	8 001～9 000 元	16.30%		专业技术人员	7.60%
	9 001 元及以上	8.10%		服务人员	9.60%
年龄	18 岁以下	17.20%		教师	3.70%
	18～30 岁	47.90%		学生	36.40%
	31～40 岁	21.30%		离退休人员	0.60%
	41～50 岁	11.70%		家庭主妇	1.80%
	51～60 岁	1.50%		军人	0.10%
	61 岁及以上	0.40%		农民/渔民	1.80%
教育程度	小学及以下	1.30%		事业单位职员	3.00%
	初中	6.30%		工人	4.20%
	高中/中专/技校	25.40%		其他	2.60%
	本科/大专	55.90%	旅行天数	1 天及以下	35.40%
	硕士及以上	11.00%		2～3 天	32.80%
旅行次数	0 次	25.30%		4～5 天	14.20%
	1 次	19.60%		6～7 天	7.10%
	2 次	22.30%		7 天以上	10.50%
	3 次	11.40%	旅行目的	观光娱乐	32.10%
	4 次及以上	21.50%		休闲度假	36.80%
旅行预算	400 元及以下	25.30%		商务出差	5.80%
	401～600 元	9.20%		探亲访友	8.50%
	601～800 元	12.00%		健康疗养	1.00%
	801～1 000 元	16.30%		会议培训	2.50%
	1 001 元及以上	37.10%		宗教朝拜	0.80%
旅行方式	独自出游	16.10%		学习交流	4.30%
	和家人一起	42.70%		购物	2.10%
	和朋友一起	22.80%		其他	6.10%
	和同学/同事一起	12.40%			
	其他	6.00%			

就教育程度而言，关于品牌在线旅游网站服务质量满意度的比较研究显示，用户受访者大多拥有较高的学历，本科/大专学历的用户受访者所占比重超过一半，为55.90%；高中/中专/大专学历的用户受访者占比为25.40%；硕士及以上学历的用户受访者占比为11.00%。

就职业而言，关于品牌在线旅游网站服务质量满意度的比较研究显示，学生受访者占比最高，为36.40%；外企职员和服务人员分别占11.70%和9.60%；国企职员和个体商人分别占7.90%和7.80%。

就旅行次数而言，关于品牌在线旅游网站服务质量满意度的比较研究显示，旅行次数为0次的用户受访者占比最多，为25.30%；旅行次数为2次和4次及以上的用户受访者分别占22.30%和21.50%。

就旅行预算而言，关于品牌在线旅游网站服务质量满意度的比较研究显示，预算在1 001元及以上的用户受访者占37.10%，预算在400元及以下的用户受访者占25.30%。

就旅行天数而言，关于品牌在线旅游网站服务质量满意度的比较研究显示，旅行1天及以下的用户受访者占比最多，为35.40%；旅行2～3天和4～5天的用户受访者分别占32.80%和14.20%。

就旅行方式而言，关于品牌在线旅游网站服务质量满意度的比较研究显示，和家人出行、和朋友出行、和同学或同事出行的用户受访者合计占比超过一半，分别为42.70%、22.80%和12.40%。

就旅行目的而言，关于品牌在线旅游网站服务质量满意度的比较研究显示，以休闲度假和观光娱乐为目的的用户受访者占比分别为36.80%和32.10%；以探亲访友为目的的用户受访者占8.50%；以其他旅行目的和以商务出差为目的的用户受访者分别占6.10%和5.80%。

三、新时代品牌在线旅游网站服务质量满意度的用户画像的社会人口统计学特征分析

新时代用户受访者的社会人口统计学基本情况如表5-3所示。本书把用户关于品牌在线旅游网站的服务质量满意度作为研究对象。从表5-3可以看出，用户受访者对品牌在线旅游网站认知的问卷样本包含了品牌在线旅游网站用户的多种相关背景信息，包括年龄、职业、教育程度、旅行方式、旅行目的等，从而确保了本次研究样本的随机性和合理性。

就性别而言，关于品牌在线旅游网站服务质量满意度的比较研究显示，女性受访者比男性受访者的占比高，其占比分别为47.60%和52.40%。

就年龄而言，关于品牌在线旅游网站服务质量满意度的比较研究显示，中青年所占比重最高，18～30岁和31～40岁这两个年龄段的用户受访者分别占48.80%、22.60%；18岁以下的用户受访者占18.60%。

就婚姻状况而言，关于品牌在线旅游网站服务质量满意度的比较研究显示，已婚受访者和单身受访者所占比重分别为52.30%和47.70%。

表 5-3　新时代品牌在线旅游网站服务质量满意度的用户画像的社会人口统计学特征

变量	类别	受访者比例	变量	类别	受访者比例
性别	男	47.60%	职业	国企职员	6.00%
	女	52.40%		外企职员	6.30%
婚姻状况	单身	47.70%		个体商人	8.30%
	已婚	52.30%		政府公务员	7.00%
月收入	2 000 元及以下	14.60%		专业技术人员	11.60%
	2 001～4 000 元	17.10%		服务人员	11.40%
	4 001～6 000 元	20.60%		教师	4.40%
	6 001～8 000 元	24.50%		学生	20.40%
	8 001～9 000 元	14.00%		离退休人员	0.90%
	9 001 元及以上	9.30%		家庭主妇	1.60%
年龄	18 岁以下	18.60%		军人	0.30%
	18～30 岁	48.80%		农民/渔民	3.00%
	31～40 岁	22.60%		事业单位职员	7.50%
	41～50 岁	8.00%		工人	7.20%
	51～60 岁	1.40%		其他	4.10%
	61 岁及以上	0.50%	旅行天数	1 天及以下	25.00%
教育程度	小学及以下	2.20%		2～3 天	35.30%
	初中	29.60%		4～5 天	23.80%
	高中/中专/技校	10.20%		6～7 天	8.90%
	本科/大专	46.70%		7 天以上	7.00%
	硕士及以上	11.30%	旅行目的	观光娱乐	27.90%
旅行次数	0 次	9.60%		休闲度假	42.30%
	1 次	16.00%		商务出差	10.20%
	2 次	30.80%		探亲访友	7.50%
	3 次	21.30%		健康疗养	2.30%
	4 次及以上	22.30%		会议培训	3.20%
旅行预算	400 元及以下	11.40%		宗教朝拜	0.90%
	401～600 元	15.40%		学习交流	3.20%
	601～800 元	18.10%		购物	1.20%
	801～1 000 元	15.70%		其他	1.20%
	1 001 元及以上	39.50%	经历事件次数	从未感染	13.10%
旅行方式	独自出游	10.90%		1 次	56.40%
	和家人一起	40.80%		2 次	26.40%
	和朋友一起	26.80%		3 次	4.10%
	和同学/同事一起	12.00%		4 次	0
	其他	9.60%		4 次以上	0

就月收入而言，关于品牌在线旅游网站服务质量满意度的比较研究显示，月收入在6 001～8 000元的用户受访者所占比重最高，为24.50%；月收入在4 001～6 000元和2 001～4 000元的用户受访者分别占20.60%和17.10%；月收入在2 000元及以下的用户受访者占14.60%。

就教育程度而言，关于品牌在线旅游网站服务质量满意度的比较研究显示，用户受访者大多拥有较高的学历，本科/大专学历的用户受访者占比接近一半，为46.70%；硕士及以上学历的用户受访者占11.30%；高中/中专/技校学历的用户受访者占10.20%。

就职业而言，关于品牌在线旅游网站服务质量满意度的比较研究显示，学生的占比最高，为20.40%，专业技术人员和服务人员的占比分别为11.60%和11.40%，个体商人的占比为8.3%，事业单位职员的占比为7.50%。

就旅行次数而言，关于品牌在线旅游网站服务质量满意度的比较研究显示，旅行次数为2次的用户受访者最多，占30.80%；旅行次数为3次和4次及以上的用户受访者分别占21.30%和22.30%。

就旅行预算而言，关于品牌在线旅游网站服务质量满意度的比较研究显示，预算在1 001元及以上的用户受访者占39.5%，预算在601～800元的用户受访者占18.10%。

就旅行天数而言，关于品牌在线旅游网站服务质量满意度的比较研究显示，旅行2～3天的用户受访者最多，占35.30%；旅行1天及以下和4～5天的用户受访者分别占25.00%和23.80%。

就旅行方式而言，关于品牌在线旅游网站服务质量满意度的比较研究显示，和家人出行、和朋友出行、和同学或同事出行的用户受访者所占比重累计超过一半，分别为40.80%、26.80%和12.00%。

就旅行目的而言，关于品牌在线旅游网站服务质量满意度的比较研究显示，以休闲度假和观光娱乐为目的的用户受访者占比分别为42.30%和27.90%。以商务出差为目的的用户受访者占10.20%，以探亲访友为目的的用户受访者占7.50%。

第二节　品牌在线旅游网站服务质量满意度认知的探索性因子分析

一、品牌在线旅游网站服务质量满意度认知有用性的探索性因子分析

（一）品牌在线旅游网站服务质量满意度认知有用性探索性因子的数据分析

在文献回顾的基础上，本书以技术接受模型为基础，结合服务质量理论、品牌资产理论和满意度理论，选择了8项用户关于品牌在线旅游网站认知有用性的项目因子，涉及品牌在线旅游网站用户认知有用性特征的各方面(表5-4)。根据表5-4的统计结果，我们进行如下分析。

首先，在事件前的品牌在线旅游网站的服务质量满意度认知有用性的项目特征方面，8项旅游网站认知有用性的项目均值差不大，在3.85至4.24之间。一方面，认知有用性项

目中，最强烈的为“品牌在线旅游网站能提供有用信息”“品牌在线旅游网站的信息获取便捷”“品牌在线旅游网站对我来说很有用”和“品牌在线旅游网站能提高信息收集效率”，其均值分别为4.24、4.12、4.12、4.10，这表明用户在事件前强烈认同品牌在线旅游网站能提供有用信息。另一方面，“品牌在线旅游网站能及时回复投诉”“品牌在线旅游网站与供应商的沟通便捷”的均值均为3.85，这表明事件前的用户对“品牌在线旅游网站能及时回复投诉”和“品牌在线旅游网站与供应商的沟通便捷”方面较为满意，但品牌旅游网站在这两方面仍有进一步提升的空间。

其次，在事件中的品牌在线旅游网站的服务质量满意度认知有用性的项目特征方面，8项旅游网站认知有用性的项目均值差不大，在3.86至4.11之间。一方面，认知有用性项目中，最强烈的为“品牌在线旅游网站能提供有用信息”“品牌在线旅游网站的信息获取便捷”“品牌在线旅游网站对我来说很有用”和“品牌在线旅游网站能提高信息收集效率”，其均值分别为4.11、4.11、4.02、4.02，这表明事件中的用户对品牌在线旅游网站能提供有用信息的认可度较高。另一方面，“品牌在线旅游网站能及时回复投诉”“品牌在线旅游网站与供应商的沟通便捷”的均值均为3.86，这表明事件中的用户对“品牌在线旅游网站能及时回复投诉”和“品牌在线旅游网站与供应商的沟通便捷”方面较为满意，但品牌在线旅游网站在这两方面仍需进一步提升。

最后，在新时代的品牌在线旅游网站的服务质量满意度认知有用性的项目特征方面，8项旅游网站认知有用性的项目均值差不大，在3.86至4.10之间。一方面，认知有用性项目中，最强烈的为“品牌在线旅游网站能提供有用信息”“品牌在线旅游网站能提高信息收集效率”“品牌在线旅游网站的信息获取便捷”，其均值均为4.10、4.08、4.06，这表明新时代的用户对品牌在线旅游网站提供有用信息的认知有用性评价较高。另一方面，“品牌在线旅游网站能及时回复投诉”“品牌在线旅游网站与供应商的沟通便捷”的均值均为3.86，这表明新时代的用户对“品牌在线旅游网站能及时回复投诉”和“品牌在线旅游网站与供应商的沟通便捷”方面较为满意，但其仍有提升的空间。

表5-4 品牌在线旅游网站服务质量满意度认知有用性的项目特征

品牌在线旅游网站认知有用性项目	均值			标准差		
	事件前	事件中	新时代	事件前	事件中	新时代
品牌在线旅游网站能提供有用信息	4.24	4.11	4.10	0.745	0.934	0.921
品牌在线旅游网站能提高信息收集效率	4.10	4.02	4.08	0.773	0.905	0.875
品牌在线旅游网站能及时回复投诉	3.85	3.86	3.86	0.860	0.974	1.001
品牌在线旅游网站提供服务质量好	3.95	3.97	3.99	0.810	0.917	0.964
品牌在线旅游网站的信息获取便捷	4.12	4.11	4.06	0.834	0.872	0.911
品牌在线旅游网站与中间商的沟通便捷	3.87	3.91	3.97	0.850	0.965	0.952
品牌在线旅游网站与供应商的沟通便捷	3.85	3.86	3.86	0.864	0.965	0.989
品牌在线旅游网站对我来说很有用	4.12	4.02	3.97	0.798	0.925	0.976

为了获取用户受访者关于品牌在线旅游网站认知有用性的基本结构，本书进一步采用了因子分析法，对用户受访者关于品牌在线旅游网站认知有用性的项目因子进行变量降维。本书基于结构方程模型，从服务质量理论、品牌资产理论和满意度理论的不同维度对因子进行分析：第一步运用主成分分析法获取初始因子；第二步运用方差最大法旋转初始因子，保留特征值要大于或等于 1，因子负荷度要大于 0.5；第三步命名因子，即对因子符合度高的变量进行命名。本书通过因子分析法，得到品牌在线旅游网站服务质量满意度认知有用性的项目特征，如表 5-5 所示。根据表 5-5，进行如下分析。

表 5-5　品牌在线旅游网站服务质量满意度认知有用性的探索性因子分析

事件前公因子	变量项	因子载荷	特征值	方差贡献率	累计方差贡献率	Cronbach's α 系数	均值
品牌在线旅游网站服务有用	品牌在线旅游网站能及时回复投诉	0.640	2.861	35.763%	35.763%	0.817	3.960
	品牌在线旅游网站提供服务质量好	0.689					
	品牌在线旅游网站的信息获取便捷	0.571					
	品牌在线旅游网站与中间商的沟通便捷	0.762					
	品牌在线旅游网站与供应商的沟通便捷	0.832					
	品牌在线旅游网站对我来说很有用	0.546					
品牌在线旅游网站信息有用	品牌在线旅游网站能提供有用信息	0.885	2.022	25.272%	61.034%	0.804	4.171
	品牌在线旅游网站能提高信息收集效率	0.858					
事件中公因子	变量项	因子载荷	特征值	方差贡献率	累计方差贡献率	Cronbach's α 系数	均值
品牌在线旅游网站认知有用	品牌在线旅游网站能提供有用信息	0.835	5.210	65.126%	65.126%	0.923	3.983
	品牌在线旅游网站能提高信息收集效率	0.826					
	品牌在线旅游网站能及时回复投诉	0.822					
	品牌在线旅游网站提供服务质量好	0.814					
	品牌在线旅游网站的信息获取便捷	0.805					
	品牌在线旅游网站与中间商的沟通便捷	0.803					
	品牌在线旅游网站与供应商的沟通便捷	0.785					
	品牌在线旅游网站对我来说很有用	0.762					
新时代公因子	变量项	因子载荷	特征值	方差贡献率	累计方差贡献率	Cronbach's α 系数	均值
品牌在线旅游网站认知有用	品牌在线旅游网站提供服务质量好	0.810	4.766	59.573%	59.573%	0.903	3.987
	品牌在线旅游网站与中间商的沟通便捷	0.809					
	品牌在线旅游网站的信息获取便捷	0.807					
	品牌在线旅游网站能提高信息收集效率	0.773					
	品牌在线旅游网站与供应商的沟通便捷	0.760					
	品牌在线旅游网站对我来说很有用	0.753					
	品牌在线旅游网站能提供有用信息	0.747					
	品牌在线旅游网站能及时回复投诉	0.710					

首先，在事件前品牌在线旅游网站服务质量满意度认知有用性的探索性因子分析方面，对品牌在线旅游网站认知有用性项目产生了 2 个主成分因子，累计解释的方差比例为 61.034%。根据项目因子载荷值，两个品牌在线旅游网站认知有用性因子分别为"品牌在线旅游网站服务有用"和"品牌在线旅游网站信息有用"。第一个因子"品牌在线旅游网站服务有用"包括"品牌在线旅游网站能及时回复投诉""品牌在线旅游网站提供服务质量好""品牌在线旅游网站的信息获取便捷""品牌在线旅游网站与中间商的沟通便捷""品牌在线旅游网站与供应商的沟通便捷"和"品牌在线旅游网站对我来说很有用"。第二个因子"品牌在线旅游网站信息有用"包括"品牌在线旅游网站能提供有用信息"和"品牌在线旅游网站能提高信息收集效率"。

其次，在事件中品牌在线旅游网站服务质量满意度认知有用性的探索性因子分析方面，对品牌在线旅游网站认知有用性项目产生了 1 个主成分因子，累计解释的方差比例为 65.126%。根据项目因子载荷值，将其命名为"品牌在线旅游网站认知有用"，其包括"品牌在线旅游网站能及时回复投诉""品牌在线旅游网站提供服务质量好""品牌在线旅游网站信息获取便捷""品牌在线旅游网站与中间商的沟通便捷""品牌在线旅游网站与供应商的沟通便捷""品牌在线旅游网站对我来说很有用""品牌在线旅游网站能提供有用信息"和"品牌在线旅游网站能提高信息收集效率"，这 8 项是用户受访者关于品牌在线旅游网站认知有用性的主要构成因子。

最后，在新时代品牌在线旅游网站服务质量满意度认知有用性的探索性因子分析方面，对品牌在线旅游网站认知有用性项目产生了 1 个主成分因子，累计解释的方差比例为 59.573%。根据项目因子载荷值，将其命名为"品牌在线旅游网站认知有用"，其包括"品牌在线旅游网站提供服务质量好""品牌在线旅游网站与中间商的沟通便捷""品牌在线旅游网站的信息获取便捷""品牌在线旅游网站能提高信息收集效率""品牌在线旅游网站与供应商的沟通便捷""品牌在线旅游网站对我来说很有用""品牌在线旅游网站能提供有用信息"和"品牌在线旅游网站能及时回复投诉"，这 8 项是用户受访者关于品牌在线旅游网站认知有用性的主要构成因子。

（二）品牌在线旅游网站服务质量满意度认知有用性探索性因子的原因分析

据上文分析，新时代品牌在线旅游网站服务质量满意度认知有用性探索性因子的原因分析包括以下几点。

第一，保障服务质量的原因。如果事件前的用户受访者在使用品牌在线旅游网站时遇到问题，网站客服需及时有效地解决问题、处理投诉，并采取合理的补救措施，协助用户处理合理的退单。因此，品牌在线旅游网站能与中间商进行有效沟通，且获取信息便捷，是保障网站服务质量的关键。

第二，真实信息需求的原因。事件中的用户受访者在访问品牌在线旅游网站时，关注的是品牌在线旅游网站提供的产品信息是否可靠、提供的资讯是否有效可靠。这与用户认知品牌在线旅游网站可以提供有用的信息之间具有关联性。同时，满足用户对信息收集有效性的需求，可以提高其对品牌在线旅游网站的使用满意度。

第三，网站信息标准的原因。新时代的用户受访者对品牌在线旅游网站的信息质量要求也颇需关注。品牌在线旅游网站上要有最新的旅游产品信息,并且确保产品信息准确、详细,从而使不同的用户在网站中以最短的时间获取需要的信息。在用户获取准确有效的信息后,品牌在线旅游网站可提供旅游产品订单,确保用户在使用过程中不会出现问题。

二、品牌在线旅游网站服务质量满意度认知易用性的探索性因子分析

(一) 品牌在线旅游网站服务质量满意度认知易用性探索性因子的数据分析

本书共选取了 10 个项目来描述用户受访者关于品牌在线旅游网站认知易用性的认知与期望,其项目特征如表 5-6 所示。根据表 5-6,可进行如下分析。

表 5-6　品牌在线旅游网站服务质量满意度认知易用性的项目特征

品牌在线旅游网站认知易用性项目	均值			标准差		
	事件前	事件中	新时代	事件前	事件中	新时代
品牌在线旅游网站整体的界面美观	4.00	3.96	4.05	0.763	0.915	0.908
品牌在线旅游网站整体的功能全面	4.01	4.04	4.11	0.801	0.891	0.875
品牌在线旅游网站能满足旅游需求	4.03	4.06	4.15	0.777	0.892	0.868
品牌在线旅游网站的文字说明易懂	4.10	4.09	4.20	0.805	0.87	0.871
品牌在线旅游网站的使用无需客服指导	4.02	4.01	4.17	0.831	0.934	0.907
品牌在线旅游网站的使用方法易掌握	4.06	4.10	4.22	0.806	0.874	0.875
品牌在线旅游网站的使用步骤简单	4.02	4.09	4.21	0.795	0.927	0.875
品牌在线旅游网站的使用步骤易懂	4.11	4.13	4.21	0.799	0.862	0.857
品牌在线旅游网站易搜索旅游信息	4.06	4.09	4.15	0.815	0.882	0.908
品牌在线旅游网站的产品购买便捷	4.06	4.04	4.14	0.843	0.902	0.937

首先,在事件前,用户对品牌在线旅游网站认知易用性的认知与期望差异不大,总体在 4.00～4.11。一方面,均值较高的是"品牌在线旅游网站的使用步骤易懂""品牌在线旅游网站的文字说明易懂",其均值分别为 4.11、4.10,这表明事件前的用户对品牌在线旅游网站认知易用性的使用步骤和文字说明的认知与期望偏高。另一方面,均值较低的是"品牌在线旅游网站整体的界面美观""品牌在线旅游网站整体的功能全面""品牌在线旅游网站的使用无需客服指导"和"品牌在线旅游网站的使用步骤简单",其均值分别为 4.00、4.01、4.02 和 4.02,这表明事件前的用户对品牌在线旅游网站认知易用性的以上四个项目的认知与期望偏低。

其次,在事件中,用户对品牌在线旅游网站认知易用性的认知与期望差异不大,总体在 3.96～4.13。一方面,均值较高的是"品牌在线旅游网站的使用步骤易懂""品牌在线旅游网站的使用方法容易掌握",其均值分别为 4.13、4.10,这表明事件中的用户对品牌在线旅游网站认知易用性的使用步骤和使用方法的认知与期望偏高。另一方面,均值较低的是"品牌在线旅游网站整体的界面美观""品牌在线旅游网站的使用无需客服指导""品牌在线旅游网站整体的功能全面"和"品牌在线旅游网站的产品购买便捷",其均值分别为 3.96、4.01、4.04 和 4.04,这表明事件中的用户对品牌在线旅游网站认知易用性的以上四个项目的认知

与期望偏低。

最后，在新时代，用户对品牌在线旅游网站认知易用性的认知与期望差异不大，总体在4.05～4.22。一方面，均值较高的是“品牌在线旅游网站的使用方法易掌握”“品牌在线旅游网站的使用步骤简单”“品牌在线旅游网站的使用步骤易懂”“品牌在线旅游网站的文字说明易懂”，其均值分别为4.22、4.21、4.21、4.20，这表明新时代的用户对品牌在线旅游网站认知易用性的使用方法、使用步骤和文字说明的认知与期望偏高。另一方面，均值较低的是“品牌在线旅游网站整体的界面美观”，均值为4.05，这表明新时代的用户对品牌在线旅游网站认知易用性的界面美观的认知与期望偏低。

本书通过因子分析法，得到品牌在线旅游网站服务质量满意度认知易用性的项目特征，如表5-7所示。根据表5-7，可进行如下分析。

表5-7 品牌在线旅游网站服务质量满意度认知易用性的探索性因子分析

事件前公因子	变量项	因子载荷	特征值	方差贡献率	累计方差贡献率	Cronbach's α系数	均值
品牌在线旅游网站操作易用	品牌在线旅游网站的文字说明易懂	0.562	3.205	32.051%	32.051%	0.850	4.061
	品牌在线旅游网站的使用无需客服指导	0.703					
	品牌在线旅游网站的使用方法易掌握	0.817					
	品牌在线旅游网站的使用步骤简单	0.820					
	品牌在线旅游网站的使用步骤易懂	0.665					
	品牌在线旅游网站易搜索旅游信息	0.504					
品牌在线旅游网站界面易用	品牌在线旅游网站整体的界面美观	0.801	2.890	28.903%	60.953%	0.803	4.027
	品牌在线旅游网站整体的功能全面	0.834					
	品牌在线旅游网站能满足旅游需求	0.749					
	品牌在线旅游网站的产品购买便捷	0.528					
事件中公因子	变量项	因子载荷	特征值	方差贡献率	累计方差贡献率	Cronbach's α系数	均值
品牌在线旅游网站认知易用	品牌在线旅游网站整体的界面美观	0.834	6.273	62.725%	62.725%	0.933	4.061
	品牌在线旅游网站整体的功能全面	0.831					
	品牌在线旅游网站能满足旅游需求	0.829					
	品牌在线旅游网站的文字说明易懂	0.810					
	品牌在线旅游网站的使用无需客服指导	0.803					
	品牌在线旅游网站的使用方法易掌握	0.780					
	品牌在线旅游网站的使用步骤简单	0.778					
	品牌在线旅游网站的使用步骤易懂	0.770					
	品牌在线旅游网站易搜索旅游信息	0.743					
	品牌在线旅游网站的产品购买便捷	0.734					

（续表）

新时代公因子	变量项	因子载荷	特征值	方差贡献率	累计方差贡献率	Cronbach's α系数	均值
品牌在线旅游网站认知易用	品牌在线旅游网站的使用方法易掌握	0.829	6.210	62.095%	62.095%	0.932	4.162
	品牌在线旅游网站的使用步骤简单	0.825					
	品牌在线旅游网站的产品购买便捷	0.811					
	品牌在线旅游网站易搜索旅游信息	0.808					
	品牌在线旅游网站的文字说明易懂	0.799					
	品牌在线旅游网站的使用无需客服指导	0.787					
	品牌在线旅游网站能满足旅游需求	0.784					
	品牌在线旅游网站的使用步骤易懂	0.780					
	品牌在线旅游网站整体的功能全面	0.728					
	品牌在线旅游网站整体的界面美观	0.720					

首先，在事件前，品牌在线旅游网站认知易用性项目产生了 2 个主要成分因子，累计解释的方差比例为 60.953%。根据项目因子荷载值，两个因子分别为“品牌在线旅游网站操作易用”和“品牌在线旅游网站界面易用”。第一个因子“品牌在线旅游网站操作易用”包括“品牌在线旅游网站的文字说明易懂”“品牌在线旅游网站的使用无需客服指导”“品牌在线旅游网站的使用方法易掌握”“品牌在线旅游网站的使用步骤简单”“品牌在线旅游网站的使用步骤易懂”和“品牌在线旅游网站易搜索旅游信息”。其中，“品牌在线旅游网站的使用步骤简单”和“品牌在线旅游网站的使用方法容易掌握”的用户受访者满意度较高。第二个因子“品牌在线旅游网站界面易用”包括“品牌在线旅游网站整体的界面美观”“品牌在线旅游网站整体的功能全面”“品牌在线旅游网站能满足旅游需求”和“品牌在线旅游网站的产品购买便捷”。

其次，在事件中，品牌在线旅游网站认知易用性项目产生了 1 个主要成分因子，累计解释的方差比例为 62.725%。根据项目因子荷载值，将其命名为“品牌在线旅游网站认知易用”，其包括“品牌在线旅游网站的文字说明易懂”“品牌在线旅游网站的使用无需客服指导”“品牌在线旅游网站的使用方法易掌握”“品牌在线旅游网站的使用步骤简单”“品牌在线旅游网站的使用步骤易懂”“品牌在线旅游网站易搜索旅游信息”“品牌在线旅游网站整体的界面美观”“品牌在线旅游网站整体的功能全面”“品牌在线旅游网站能满足旅游需求”和“品牌在线旅游网站的产品购买便捷”。其中，“品牌在线旅游网站整体的界面美观”和“品牌在线旅游网站整体的功能全面”的用户受访者满意度较高。这 10 项是用户受访者关于品牌在线旅游网站认知易用性的主要构成因子。

最后，在新时代，品牌在线旅游网站认知易用性项目产生了 1 个主要成分因子，累计解释的方差比例为 62.095%。根据项目因子荷载值，将其命名为“品牌在线旅游网站认知易用”，其包括“品牌在线旅游网站的使用方法容易掌握”“品牌在线旅游网站的使用步骤简单”“品牌在线旅游网站的产品购买便捷”“品牌在线旅游网站易搜索旅游信息”“品牌在线旅游网站的文字说明易懂”“品牌在线旅游网站的使用无需客服指导”“品牌在线旅游网站能满足旅游需求”“品牌在线旅游网站的使用步骤易懂”“品牌在线旅游网站整体的功能全面”和“品牌在线旅游网站整体的界面美观”。其中，“品牌在线旅游网站整体的界面美观”和“品牌在线旅游网站整体的功能全面”的用户受访者满意度较高。这10项是用户受访者关于品牌在线旅游网站认知易用性的主要构成因子。

（二）品牌在线旅游网站服务质量满意度认知易用性探索性因子的原因分析

据上文分析，新时代品牌在线旅游网站服务质量满意度认知易用性探索性因子的原因分析包括以下几点。

第一，步骤简单易用的原因。事件前的用户对品牌在线旅游网站的操作易用十分看重。从用户受访者认为品牌在线旅游网站的使用方法容易掌握、使用步骤简单、使用步骤易懂、能满足不同年龄的用户使用来看，提高品牌在线旅游网站使用的普遍性，有助于增强用户在使用品牌在线旅游网站过程中的满意度。

第二，购买便捷需求的原因。事件中的用户往往会受到时间和空间的限制，他们在购买旅游产品时，无需去实体店购买，而是直接在线挑选适合的旅游产品。另外，品牌在线旅游网站提供了丰富的旅游产品信息，价格更透明，用户选择产品的自由度较高，这满足了用户对在线购买旅游产品的便捷性需求。

第三，使用体验多样的原因。新时代的用户要求更加多样的体验，这要求网站能定期推送各种不同的促销活动。网站提供的旅游产品需要具备较高的性价比，且在线购买便捷，这些与用户对品牌在线旅游网站整体功能的全面认知密切相关。

三、品牌在线旅游网站服务质量满意度认知体验性的探索性因子分析

（一）品牌在线旅游网站服务质量满意度认知体验性探索性因子的数据分析

本书共选取了9个项目来描述用户受访者关于品牌在线旅游网站认知体验性的认知与期望，其项目特征如表5-8所示。根据表5-8，可进行如下分析。

表5-8　品牌在线旅游网站服务质量满意度认知体验性的项目特征

品牌在线旅游网站认知体验性项目	均值			标准差		
	事件前	事件中	新时代	事件前	事件中	新时代
我常在品牌在线旅游网站购买产品	3.56	3.40	3.29	1.106	1.243	1.382
品牌在线旅游网站的产品性价比高	3.63	4.00	4.14	0.897	0.975	0.953
品牌在线旅游网站的促销活动丰富	3.71	3.86	4.05	0.873	1.027	0.982
品牌在线旅游网站会主动推送促销活动	3.71	3.54	3.77	0.929	1.146	1.118
品牌在线旅游网站整体来说很有趣	3.81	3.67	3.83	0.848	1.043	1.035
品牌在线旅游网站整体能令人开心	3.77	3.75	3.89	0.878	1.028	1.031
品牌在线旅游网站能激发旅游兴趣	3.86	3.83	3.91	0.861	1.017	1.061

（续表）

品牌在线旅游网站认知体验性项目	均值			标准差		
	事件前	事件中	新时代	事件前	事件中	新时代
与品牌在线旅游网站客服沟通过程开心	3.75	3.64	3.82	0.886	1.006	1.001
我整体喜欢使用品牌在线旅游网站	3.92	3.67	3.91	0.786	0.981	0.985

首先，在事件前，用户对品牌在线旅游网站认知体验性的认知与期望的差异不大，总体在3.56～3.92。一方面，“我整体喜欢使用品牌在线旅游网站”“品牌在线旅游网站能激发旅游兴趣”“品牌在线旅游网站整体能令人开心”的均值较高，分别为3.92、3.86和3.77，这表明事件前的用户对品牌在线旅游网站认知体验性的以上三个项目的体验度较好。另一方面，“品牌在线旅游网站的产品性价比高”和“我常在品牌在线旅游网站购买产品”的均值较低，分别为3.63和3.56，这表明事件前的用户对品牌在线旅游网站认知体验性的以上两个项目的体验度偏低，需要得到进一步提高。

其次，在事件中，用户对品牌在线旅游网站认知体验性的认知与期望的差异不大，总体在3.40～4.00。一方面，“品牌在线旅游网站的产品性价比高”“品牌在线旅游网站的促销活动丰富”“品牌在线旅游网站能激发旅游兴趣”的均值较高，分别为4.00、3.86和3.83，这表明事件中的用户对品牌在线旅游网站认知体验性的以上三个项目的体验度较好。另一方面，“品牌在线旅游网站会主动推送促销活动”和“我常在品牌在线旅游网站购买产品”的均值较低，分别为3.54和3.40，这表明事件中的用户对品牌在线旅游网站认知体验性的以上两个项目的体验度偏低，需要得到进一步提高。

最后，在新时代，用户对品牌在线旅游网站认知体验性的认知与期望的差异不大，总体在3.29～4.14。一方面，“品牌在线旅游网站的产品性价比高”“品牌在线旅游网站的促销活动丰富”的均值较高，分别为4.14和4.05，这表明新时代的用户对品牌在线旅游网站认知体验性的产品性价比和促销活动的体验度较好。另一方面，“我常在品牌在线旅游网站购买产品”“品牌在线网站会主动推送促销活动”和“与品牌在线旅游网站客服沟通过程开心”的均值较低，分别为3.29、3.77和3.82，这表明新时代的用户对品牌在线旅游网站认知体验性的主动推送和客服沟通体验度偏低，需要得到进一步提高。

本书通过因子分析法，得到品牌在线旅游网站服务质量满意度认知体验性的项目特征，如表5-9所示。根据表5-9，可进行如下分析。

表5-9 品牌在线旅游网站服务质量满意度认知体验性的探索性因子分析

事件前公因子	变量项	因子载荷	特征值	方差贡献率	累计方差贡献率	Cronbach's α系数	均值
品牌在线旅游网站娱乐体验	品牌在线旅游网站整体来说很有趣	0.795	3.014	33.494%	33.494%	0.846	3.821
	品牌在线旅游网站整体能令人开心	0.847					
	品牌在线旅游网站能激发我的旅游兴趣	0.766					
	与品牌在线旅游网站客服沟通过程开心	0.684					
	我整体喜欢使用品牌在线旅游网站	0.661					

（续表）

事件前公因子	变量项	因子载荷	特征值	方差贡献率	累计方差贡献率	Cronbach's α系数	均值
品牌在线旅游网站使用体验	我常在品牌在线旅游网站购买产品	0.654	2.631	29.237%	62.730%	0.792	3.652
	品牌在线旅游网站的产品性价比高	0.809					
	品牌在线旅游网站的促销活动丰富	0.828					
	品牌在线旅游网站会主动推送促销活动	0.753					
事件中公因子	变量项	因子载荷	特征值	方差贡献率	累计方差贡献率	Cronbach's α系数	均值
品牌在线旅游网站娱乐体验	品牌在线旅游网站整体能令人开心	0.831	3.982	33.181%	33.181%	0.916	3.722
	与品牌在线旅游网站客服沟通过程开心	0.830					
	品牌在线旅游网站整体来说很有趣	0.810					
	品牌在线旅游网站能激发旅游兴趣	0.785					
	我整体喜欢使用品牌在线旅游网站	0.734					
品牌在线旅游网站使用体验	能在移动端购买品牌在线旅游网站产品很重要	0.786	3.944	32.863%	66.044%	0.880	3.721
	我常在品牌在线旅游网站购买产品	0.736					
	品牌在线旅游网站产品性价比高	0.732					
	品牌在线旅游网站的促销活动丰富	0.729					
	我在移动端浏览品牌在线旅游网站	0.717					
	品牌在线旅游网站会主动推送促销活动	0.690					
	我常用电脑浏览品牌在线旅游网站	0.613					
新时代公因子	变量项	因子载荷	特征值	方差贡献率	累计方差贡献率	Cronbach's α系数	均值
品牌在线旅游网站娱乐体验	品牌在线旅游网站整体令人开心	0.863	3.923	32.692%	32.692%	0.914	3.910
	品牌在线旅游网站能激发我的旅游兴趣	0.825					
	品牌在线旅游网站整体来说很有趣	0.815					
	与品牌在线旅游网站客服沟通过程开心	0.783					
	我整体喜欢使用品牌在线旅游网站	0.769					
品牌在线旅游网站使用体验	品牌在线旅游网站的产品性价比高	0.789	3.974	33.120%	65.812%	0.903	3.931
	品牌在线旅游网站的促销活动丰富	0.776					
	我常在品牌在线旅游网站购买产品	0.756					
	能在移动端购买品牌在线旅游网站产品很重要	0.744					
	品牌在线旅游网站会主动推送促销活动	0.743					
	我多使用移动端浏览品牌在线旅游网站	0.698					

首先，在事件前，品牌在线旅游网站认知体验性项目产生了2个主要成分因子，累计解释的方差比例为62.730%。根据项目因子荷载值，2个品牌在线旅游网站认知体验性因子分别为“品牌在线旅游网站娱乐体验”和“品牌在线旅游网站使用体验”。第一个因子“品牌在线旅游网站娱乐体验”包括“品牌在线旅游网站整体来说很有趣”“品牌在线旅游网站整体能令人开心”“品牌在线旅游网站能激发我的旅游兴趣”“与品牌在线旅游网站客服沟通过程开心”“我整体喜欢使用品牌在线旅游网站”。其中，“品牌在线旅游网站整体能令人开心”是用户受访者体验性最高的因子。第二个因子包括“我常在品牌在线旅游网站购买产品”“品牌在线旅游网站的产品性价比高”“品牌在线旅游网站的促销活动丰富”“品牌在线旅游网站会主动推送促销活动”。

其次，在事件中，品牌在线旅游网站认知体验性项目产生了2个主要成分因子，累计解释的方差比例为66.044%。根据项目因子荷载值，2个品牌在线旅游网站认知体验性因子分别为“品牌在线旅游网站娱乐体验”和“品牌在线旅游网站使用体验”。第一个因子“品牌在线旅游网站娱乐体验”包括“品牌在线旅游网站整体来说很有趣”“品牌在线旅游网站整体能令人开心”“品牌在线旅游网站能激发旅游兴趣”“与品牌在线旅游网站客服沟通过程开心”“我整体喜欢使用品牌在线旅游网站”。其中，“品牌在线旅游网站整体能令人开心”是用户受访者体验性最高的因子。第二个因子包括“我常在品牌在线旅游网站购买产品”“品牌在线旅游网站产品性价比高”“品牌在线旅游网站的促销活动丰富”“品牌在线旅游网站会主动推送促销活动”“能在移动端购买品牌在线旅游网站产品很重要”“我在移动端浏览品牌在线旅游网站”“我常用电脑浏览品牌在线旅游网站”。

最后，在新时代，品牌在线旅游网站认知体验性项目产生了2个主要成分因子，累计解释的方差比例为65.812%。根据项目因子荷载值，2个品牌在线旅游网站认知体验性因子分别为“品牌在线旅游网站娱乐体验”和“品牌在线旅游网站使用体验”。第一个因子“品牌在线旅游网站娱乐体验”包括“品牌在线旅游网站整体令人开心”“品牌在线旅游网站能激发我的旅游兴趣”“品牌在线旅游网站整体来说很有趣”“与品牌在线旅游网站客服沟通过程开心”“我整体喜欢使用品牌在线旅游网站”。其中，“品牌在线旅游网站整体令人开心”是用户受访者体验性最高的因子。第二个因子“品牌在线旅游网站使用体验”包括“品牌在线旅游网站的产品性价比高”“品牌在线旅游网站的促销活动丰富”“我常在品牌在线旅游网站购买产品”“能在移动端购买品牌在线旅游网站产品很重要”“品牌在线旅游网站会主动推送促销活动”“我多使用移动端浏览品牌在线旅游网站产品”。

（二）品牌在线旅游网站服务质量满意度认知体验性探索性因子的原因分析

据上文分析，新时代品牌在线旅游网站服务质量满意度认知体验性探索性因子的原因分析包括以下几点。

第一，寻求愉悦心理的原因。事件前的用户在浏览品牌在线旅游网站时往往心情愉悦，品牌在线旅游网站能给用户带来心理上的满足感。品牌在线旅游网站的娱乐性功能是其多功能的外延和引申，是用户使用品牌在线旅游网站的最终收获。因此，网站的娱乐性不容忽视。

第二，用户体验回归的原因。从事件中的用户受访者对品牌在线旅游网站的使用体验性可知，品牌在线旅游网站的性价比高，促销活动丰富，且其能及时推送促销活动。做好品牌在线旅游网站的营销策划，最终要回归到用户体验上。好的用户体验能提供有价值的内容，真正打动用户。

第三，产品认知不同的原因。从新时代的用户受访者对旅游网站的认知体验性和使用体验性可知，用户是否常在品牌在线旅游网站购买产品及品牌在线旅游网站的产品性价比高低，与品牌在线旅游网站产品质量的相关性不强。产品性价比高，并不能说明旅游产品丰富，旅游产品质量好，旅游产品质量满足用户的需求。

四、品牌在线旅游网站服务质量满意度认知风险性的探索性因子分析

（一）品牌在线旅游网站服务质量满意度认知风险性探索性因子的数据分析

本书共选取了 20 个项目来描述用户受访者关于品牌在线旅游网站认知风险性的认知与期望，其项目特征如表 5-10 所示。根据表 5-10，可进行如下分析。

表 5-10 品牌在线旅游网站服务质量满意度认知风险性的项目特征

品牌在线旅游网站认知风险性项目	均值			标准差		
	事件前	事件中	新时代	事件前	事件中	新时代
使用品牌在线旅游网站能够节省我的时间	3.91	3.87	4.00	0.777	0.955	0.949
从品牌在线旅游网站获取旅游信息的时间短	3.96	3.90	4.13	0.794	0.921	0.894
品牌在线旅游网站系统速度快，会节省时间	3.98	3.95	4.13	0.755	0.909	0.925
在使用品牌在线旅游网站过程中不会出现问题	3.94	3.79	3.92	0.828	0.984	0.998
品牌在线旅游网站购买的结果会如我所愿	3.87	3.80	3.94	0.815	0.945	0.978
使用品牌在线旅游网站不会造成我的损失	3.86	3.86	3.97	0.858	0.960	1.039
不担心品牌在线旅游网站会盗取个人信息	3.73	3.60	3.64	0.991	1.108	1.061
不担心品牌在线旅游网站会盗取交易信息	3.71	3.61	3.74	0.923	1.099	1.070
不担心品牌在线旅游网站会泄露个人信息	3.67	3.60	3.66	0.961	1.125	1.101
不担心品牌在线旅游网站会泄露交易信息	3.77	3.61	3.70	0.923	1.125	1.087
不担心品牌在线旅游网站结算系统不准确	3.84	3.75	3.90	0.852	1.029	1.032
不担心品牌在线旅游网站支付系统不安全	3.83	3.74	3.96	0.870	1.071	1.043
不担心品牌在线旅游网站银行信息被盗用	3.81	3.72	3.89	0.934	1.084	1.070
不担心品牌在线旅游网站交易信息会泄露	3.78	3.64	3.87	0.953	1.108	1.086
不担心品牌在线旅游网站有额外经济损失	3.80	3.73	3.89	1.005	1.086	1.088
不担心品牌在线旅游网站找不到合适功能	3.83	3.79	4.00	0.886	0.974	0.957

（续表）

品牌在线旅游网站认知风险性项目	均值			标准差		
	事件前	事件中	新时代	事件前	事件中	新时代
不担心得不到品牌在线旅游网站功能提醒	3.86	3.80	4.05	0.827	0.990	0.981
不担心品牌在线旅游网站功能不满足需要	3.83	3.81	4.01	0.876	0.957	0.964
不担心品牌在线旅游网站功能与期望有异	3.83	3.74	3.95	0.896	0.996	1.026
不担心品牌在线旅游网站得不到售后服务	3.82	3.73	3.93	0.933	1.047	1.060

首先，在事件前，用户对品牌在线旅游网站认知风险性的认知与期望的差异不大，总体在 3.67～3.98。一方面，“品牌在线旅游网站系统速度快，会节省时间”“从品牌在线旅游网站获取旅游信息的时间短”和“在使用品牌在线旅游网站过程中不会出现问题”的均值较高，分别为 3.98、3.96 和 3.94，这表明事件前的用户对品牌在线旅游网站认知风险性的以上三个项目较为满意。另一方面，“不担心品牌在线旅游网站会泄露个人信息”“不担心品牌在线旅游网站会盗取交易信息”和“不担心品牌在线旅游网站会盗取个人信息”的均值较低，分别为 3.67、3.71、3.73，这些是事件前的用户对品牌在线旅游网站认知风险性方面持有较大意见的项目。

其次，在事件中，用户对品牌在线旅游网站认知风险性的认知与期望的差异不大，总体在 3.60～3.95。一方面，“品牌在线旅游网站系统速度快，会节省时间”“从品牌在线旅游网站获取旅游信息的时间短”和“使用品牌在线旅游网站能够节省我的时间”的均值较高，分别为 3.95、3.90 和 3.87，这表明事件中的用户对品牌在线旅游网站认知风险性的以上三个项目较为满意。另一方面，“不担心品牌在线旅游网站会泄露个人信息”“不担心品牌在线旅游网站会盗取交易信息”“不担心品牌在线旅游网站会泄露交易信息”和“不担心品牌在线旅游网站会盗取个人信息”的均值较低，分别为 3.60、3.61、3.61、3.60，这是事件中的用户在品牌在线旅游网站认知风险性方面持有较大意见的项目。

最后，在新时代，用户对品牌在线旅游网站认知风险性的认知与期望的差异不大，总体在 3.64～4.13。一方面，“从品牌在线旅游网站获取旅游信息的时间短”“品牌在线旅游网站系统速度快，会节省时间”“不担心得不到品牌在线旅游网站功能提醒”“不担心品牌在线旅游网站功能不满足需要”和“不担心品牌在线旅游网站找不到合适功能”的均值较高，分别为 4.13、4.13、4.05、4.01 和 4.00，这表明新时代的用户对品牌在线旅游网站认知风险性的时间和功能等较为满意。另一方面，“不担心品牌在线旅游网站会盗取个人信息”“不担心品牌在线旅游网站会泄露个人信息”“不担心品牌在线旅游网站会泄露交易信息”和“不担心品牌在线旅游网站会盗取交易信息”的均值较低，分别为 3.64、3.66、3.70 和 3.74，这表明新时代的用户在品牌在线旅游网站认知风险性的个人信息方面持有较大意见。

本书通过因子分析法，得到品牌在线旅游网站服务质量满意度认知风险性的项目特征，如表 5-11 所示。根据表 5-11，可进行如下分析。

表 5-11　品牌在线旅游网站服务质量满意度认知风险性的探索性因子分析

事件前公因子	变量项	因子载荷	特征值	方差贡献率	累计方差贡献率	Cronbach's α系数	均值
品牌在线旅游网站财务隐私	不担心品牌在线旅游网站会盗取个人信息	0.802	5.156	25.782%	25.782%	0.931	3.770
	不担心品牌在线旅游网站会盗取交易信息	0.823					
	不担心品牌在线旅游网站会泄露个人信息	0.809					
	不担心品牌在线旅游网站会泄露交易信息	0.801					
	不担心品牌在线旅游网站结算系统不准确	0.628					
	不担心品牌在线旅游网站支付系统不安全	0.623					
	不担心品牌在线旅游网站银行信息被盗用	0.670					
	不担心品牌在线旅游网站交易信息会泄露	0.675					
	不担心品牌在线旅游网站有额外经济损失	0.633					
品牌在线旅游网站功能风险	不担心品牌在线旅游网站找不到合适的功能	0.752	4.067	20.336%	46.119%	0.883	3.834
	不担心得不到品牌在线旅游网站及时功能提醒	0.774					
	不担心品牌在线旅游网站功能不满足需要	0.765					
	不担心品牌在线旅游网站功能与期望有异	0.726					
	不担心品牌在线旅游网站得不到售后服务	0.700					
品牌在线旅游网站时间风险	使用品牌在线旅游网站能够节省我的时间	0.811	2.306	11.532%	57.651%	0.822	3.952
	从品牌在线旅游网站获取旅游信息时间短	0.844					
	品牌在线旅游网站系统速度快，会节省时间	0.781					
品牌在线旅游网站心理风险	在使用品牌在线旅游网站的过程中不会出现问题	0.783	2.176	10.879%	68.530%	0.782	3.887
	品牌在线旅游网站购买结果如我所愿	0.772					
	使用旅游品牌在线旅游网站不会造成损失	0.758					
事件中公因子	变量项	因子载荷	特征值	方差贡献率	累计方差贡献率	Cronbach's α系数	均值
品牌在线旅游网站财务功能风险	不担心得不到品牌在线旅游网站及时功能提醒	0.784	5.525	27.627%	27.627%	0.951	3.745
	不担心品牌在线旅游网站找不到合适功能	0.756					
	不担心品牌在线旅游网站功能与期望有异	0.742					
	不担心品牌在线旅游网站功能不满足需要	0.740					
	不担心品牌在线旅游网站得不到售后服务	0.693					
	不担心品牌在线旅游网站支付系统不安全	0.651					
	不担心品牌在线旅游网站银行信息被盗用	0.641					
	不担心品牌在线旅游网站有额外经济损失	0.640					
	不担心品牌在线旅游网站结算系统不准确	0.623					
	不担心品牌在线旅游网站交易信息会泄露	0.594					

（续表）

事件中公因子	变量项	因子载荷	特征值	方差贡献率	累计方差贡献率	Cronbach's α系数	均值
品牌在线旅游网站隐私风险	不担心品牌在线旅游网站会泄露个人信息	0.838	4.941	24.706%	52.333%	0.948	3.605
	不担心品牌在线旅游网站会盗取交易信息	0.829					
	不担心品牌在线旅游网站会泄露交易信息	0.819					
	不担心品牌在线旅游网站会盗取个人信息	0.817					
品牌在线旅游网站时间心理风险	从品牌在线旅游网站获取旅游信息时间短	0.757	4.348	21.740%	74.073%	0.910	3.862
	使用品牌在线旅游网站能够节省我的时间	0.743					
	品牌在线旅游网站的购买结果如我所愿	0.738					
	品牌在线旅游网站系统速度快，会节省时间	0.725					
	使用品牌在线旅游网站不会造成损失	0.712					
	在使用品牌在线旅游网站的过程中不会出现问题	0.710					
新时代公因子	**变量项**	**因子载荷**	**特征值**	**方差贡献率**	**累计方差贡献率**	**Cronbach's α系数**	**均值**
品牌在线旅游网站时间心理风险	品牌在线旅游网站系统速度快，会节省时间	0.800	4.230	21.148%	21.148%	0.910	4.013
	品牌在线旅游网站获取旅游信息时间较短	0.795					
	使用品牌在线旅游网站能够节省我的时间	0.765					
	使用品牌在线旅游网站时不太会出现问题	0.728					
	品牌在线旅游网站购买的结果会如我所愿	0.703					
	使用品牌在线旅游网站不会造成我的损失	0.694					
品牌在线旅游网站财务风险	不担心品牌在线旅游网站银行信息被盗用	0.798	3.921	19.604%	40.752%	0.937	3.902
	不担心品牌在线旅游网站支付系统不安全	0.774					
	不担心品牌在线旅游网站交易信息会泄露	0.774					
	不担心品牌在线旅游网站有额外经济损失	0.764					
	不担心品牌在线旅游网站结算系统不准确	0.753					
品牌在线旅游网站功能风险	不担心品牌在线旅游网站功能不满足需要	0.801	3.681	18.403%	59.154%	0.920	3.989
	不担心品牌在线旅游网站功能与期望有异	0.784					
	不担心得不到品牌在线旅游网站功能提醒	0.763					
	不担心品牌在线旅游网站找不到合适功能	0.757					
	不担心品牌在线旅游网站得不到售后服务	0.655					
品牌在线旅游网站隐私风险	不担心品牌在线旅游网站会盗取交易信息	0.842	3.464	17.321%	76.475%	0.929	3.683
	不担心品牌在线旅游网站会泄露个人信息	0.832					
	不担心品牌在线旅游网站会盗取个人信息	0.826					
	不担心品牌在线旅游网站会泄露交易信息	0.810					

首先，在事件前，品牌在线旅游网站认知风险性项目产生了4个主要成分因子，累计解释的方差比例为68.530%。根据项目因子荷载值，4个品牌在线旅游网站认知风险性因子分别为“品牌在线旅游网站财务隐私”“品牌在线旅游网站功能风险”“品牌在线旅游网站时间风险”和“品牌在线旅游网站心理风险”。第一个因子“品牌在线旅游网站财务隐私”包括“不担心品牌在线旅游网站会盗取个人信息”“不担心品牌在线旅游网站会盗取交易信息”“不担心品牌在线旅游网站会泄露个人信息”“不担心品牌在线旅游网站会泄露交易信息”“不担心品牌在线旅游网站结算系统不准确”“不担心品牌在线旅游网站支付系统不安全”“不担心品牌在线旅游网站银行信息被盗用”“不担心品牌在线旅游网站交易信息会泄露”和“不担心品牌在线旅游网站有额外经济损失”。其中，用户受访者对“不担心品牌在线旅游网站支付系统不安全”的认知风险性最小。第二个因子“品牌在线旅游网站功能风险”包括“不担心品牌在线旅游网站找不到合适的功能”“不担心得不到品牌在线旅游网站及时功能提醒”“不担心品牌在线旅游网站功能不满足需要”“不担心品牌在线旅游网站功能与期望有异”和“不担心品牌在线旅游网站得不到售后服务”。第三个因子“品牌在线旅游网站时间风险”包括“使用品牌在线旅游网站能够节省我的时间”“从品牌在线旅游网站获取旅游信息时间短”和“品牌在线旅游网站系统速度快，会节省时间”。第四个因子“品牌在线旅游网站心理风险”包括“在使用品牌在线旅游网站的过程中不会出现问题”“品牌在线旅游网站购买结果如我所愿”“使用品牌在线旅游网站不会造成损失”。

其次，在事件中，品牌在线旅游网站认知风险性项目产生了3个主要成分因子，累计解释的方差比例为74.073%。根据项目因子荷载值，3个品牌在线旅游网站认知风险性因子分别为“品牌在线旅游网站财务功能风险”“品牌在线旅游网站隐私风险”“品牌在线旅游网站时间心理风险”。第一个因子“品牌在线旅游网站财务功能风险”包括“不担心品牌在线旅游网站结算系统不准确”“不担心品牌在线旅游网站支付系统不安全”“不担心品牌在线旅游网站银行信息被盗用”“不担心品牌在线旅游网站交易信息会泄露”“不担心品牌在线旅游网站有额外经济损失”“不担心品牌在线旅游网站找不到合适功能”“不担心得不到品牌在线旅游网站及时功能提醒”“不担心品牌在线旅游网站功能不满足需要”“不担心品牌在线旅游网站功能与期望有异”和“不担心品牌在线旅游网站得不到售后服务”。其中，用户受访者对“不担心品牌在线旅游网站交易信息会泄露”的认知风险性最小。第二个因子“品牌在线旅游网站隐私风险”包括“不担心品牌在线旅游网站会盗取个人信息”“不担心品牌在线旅游网站会盗取交易信息”“不担心品牌在线旅游网站会泄露个人信息”“不担心品牌在线旅游网站会泄露交易信息”。第三个因子“品牌在线旅游网站时间心理风险”包括“使用品牌在线旅游网站能够节省我的时间”“从品牌在线旅游网站获取旅游信息时间短”和“品牌在线旅游网站系统速度快，会节省时间”“在使用品牌在线旅游网站的过程中不会出现问题”“品牌在线旅游网站的购买结果如我所愿”“使用品牌在线旅游网站不会造成损失”。

最后，在新时代，品牌在线旅游网站认知风险性项目产生了4个主要成分因子，累计解释的方差比例为76.475%。根据项目因子荷载值，4个品牌在线旅游网站认知风险性因子分别为“品牌在线旅游网站时间心理风险”“品牌在线旅游网站财务风险”“品牌在线旅游网站功能风险”和“品牌在线旅游网站隐私风险”。第一个因子“品牌在线旅游网站时间心理风险”包括“品牌在线旅游网站系统速度快，会节省时间”“品牌在线旅游网站获取旅游信息时间较短”“使用品牌在线旅游网站能够节省我的时间”“使用品牌在线旅游网站时不太会出现问题”“使用品牌在线旅游网站不会造成我的损失”。其中，用户受访者对“使用品牌在线旅游网站不会造成我的损失”的认知风险性最小。第二个因子“品牌在线旅游网站财务风险”包括“不担心品牌在线旅游网站银行信息被盗用”“不担心品牌在线旅游网站支付系统不安全”“不担心品牌在线旅游网站交易信息会泄露”“不担心品牌在线旅游网站有额外经济损失”和“不担心品牌在线旅游网站结算系统不准确”。第三个因子“品牌在线旅游网站功能风险”包括“不担心品牌在线旅游网站功能不满足需要”“不担心品牌在线旅游网站功能与期望有异”“不担心得不到品牌在线旅游网站功能提醒”“不担心品牌在线旅游网站找不到合适功能”和“不担心品牌在线旅游网站得不到售后服务”。第四个因子“品牌在线旅游网站隐私风险”包括“不担心品牌在线旅游网站会盗取交易信息”“不担心品牌在线旅游网站会泄露个人信息”“不担心品牌在线旅游网站会盗取个人信息”和“不担心品牌在线旅游网站会泄露交易信息”。

（二）品牌在线旅游网站服务质量满意度认知风险性探索性因子的原因分析

据上文分析，新时代品牌在线旅游网站服务质量满意度认知风险性探索性因子的原因分析包括以下几点。

第一，担忧财务风险的原因。事件前的用户受访者对品牌在线旅游网站的个人财务隐私和功能风险具有良好的认知。使用品牌在线旅游网站的用户受访者对于网站的信任度越强，其对品牌在线旅游网站的财务风险警惕则越弱。如果品牌在线旅游网站不盗取泄露个人交易信息、支付系统安全、结算系统准确有效，则不会给用户造成额外的经济损失。

第二，购买决策心理的原因。事件中的用户受访者在品牌在线旅游网站上较容易重复选择自己熟悉的行为和场景，从而形成习惯。用户在进行购买决策前会犹豫，这将影响其“决策—购买”的过程。品牌在线旅游网站能避免用户在使用网站时产生额外的损失，以减弱用户选择网站时的犹豫心理，从而提高用户对网站的信赖度。

第三，信息真实可靠的原因。新时代的用户受访者更关注品牌在线旅游网站的信息准确、真实，产品信息可靠，资讯有效、可靠，与用户认知品牌在线旅游网站可以提供有用的信息之间具有关联性。同时，用户会提高在游览网站时收集信息的效率。

五、品牌在线旅游网站服务质量满意度认知质量性的探索性因子分析

（一）品牌在线旅游网站服务质量满意度认知质量性探索性因子的数据分析

本书共选取了 12 个项目来描述用户受访者关于品牌在线旅游网站认知质量性的认知与期望，其项目特征如表 5-12 所示。根据表 5-12，可进行如下分析。

表 5-12　品牌在线旅游网站服务质量满意度认知质量性的项目特征

品牌在线旅游网站认知质量性项目	均值			标准差		
	事件前	事件中	新时代	事件前	事件中	新时代
品牌在线旅游网站能顺利登录	4.06	4.11	4.23	0.813	0.895	0.920
使用品牌在线旅游网站很少出问题	3.83	4.00	4.18	0.879	0.886	0.912

（续表）

品牌在线旅游网站认知质量性项目	均值			标准差		
	事件前	事件中	新时代	事件前	事件中	新时代
品牌在线旅游网站响应速度快	3.89	4.05	4.23	0.836	0.874	0.875
品牌在线旅游网站的模块布局合理	4.00	4.00	4.21	0.828	0.897	0.905
品牌在线旅游网站能够准确记录交易	4.02	4.07	4.21	0.810	0.893	0.885
品牌在线旅游网站能够准确计算价格	4.02	4.04	4.22	0.852	0.873	0.915
品牌在线旅游网站能准确安排旅游行程	3.96	4.01	4.15	0.852	0.891	0.926
品牌在线旅游网站能持续更新升级	3.98	4.00	4.11	0.834	0.880	0.961
品牌在线旅游网站有最新的旅游产品信息	4.02	3.91	4.01	0.727	0.927	0.974
品牌在线旅游网站有准确的旅游产品信息	4.03	3.89	4.08	0.771	0.947	0.927
品牌在线旅游网站有详细的旅游产品信息	4.03	3.93	4.08	0.781	0.923	0.968
品牌在线旅游网站提供了旅游产品订单	4.05	3.99	4.09	0.745	0.902	0.974

首先，在事件前，用户对品牌在线旅游网站认知质量性的认知与期望的差异不大，总体在3.83～4.06。一方面，“品牌在线旅游网站提供了旅游产品订单”“品牌在线旅游网站有准确的旅游产品信息”“品牌在线旅游网站有详细的旅游产品信息”“品牌在线旅游网站能够准确记录交易”“品牌在线旅游网站能够准确计算价格”“品牌在线旅游网站有最新旅游产品信息”的均值较高，分别为4.05、4.03、4.03、4.02、4.02、4.02，这表明事件前的用户对品牌在线旅游网站认知质量性的以上六个项目较为满意。另一方面，“使用品牌在线旅游网站很少出问题”“品牌在线旅游网站响应速度快”的均值较低，分别为3.83和3.89，这是事件前的用户在品牌在线旅游网站认知质量性方面认可度较低的项目。

其次，在事件中，用户对品牌在线旅游网站认知质量性的认知与期望的差异不大，总体在3.89～4.11。一方面，“品牌在线旅游网站能顺利登录”“品牌在线旅游网站能够准确记录交易”“品牌在线旅游网站响应速度快”“品牌在线旅游网站能够准确计算价格”和“品牌在线旅游网站能准确安排旅游行程”的均值较高，分别为4.11、4.07、4.05、4.04和4.01，这表明事件中的用户对品牌在线旅游网站认知质量性的以上五个项目较为满意。另一方面，“品牌在线旅游网站有准确的旅游产品信息”“品牌在线旅游网站有最新的旅游产品信息”的均值较低，分别为3.89和3.91，这是事件中的用户在品牌在线旅游网站认知质量性方面认可度较低的项目。

最后，在新时代，用户对品牌在线旅游网站认知质量性的认知与期望的差异不大，总体在4.01～4.23。一方面，“品牌在线旅游网站能顺利登录”“品牌在线旅游网站响应速度快”“品牌在线旅游网站能够准确计算价格”“品牌在线旅游网站的模块布局合理”和“品牌在线旅游网站能够准确记录交易”的均值较高，分别为4.23、4.23、4.22、4.21和4.21，这表明新时代的用户对品牌在线旅游网站认知质量性的登录响应速度、模块和交易等较为满意。另一方面,“品牌在线旅游网站有最新的旅游产品信息”“品牌在线旅游网站有准确的旅游产品信息”“品牌在线旅游网站有详细的旅游产品信息”和“品牌在线旅游网站提供了旅游产品订单”的均值较低,分别为 4.01、4.08、4.08 和 4.09,这表明新时代的用户认为品牌在线旅游网站在产品信息等方面有待改进。

本书通过因子分析法,得到品牌在线旅游网站服务质量满意度认知质量性的项目特征,如表 5-13 所示。根据表 5-13,可进行如下分析。

表 5-13 品牌在线旅游网站服务质量满意度认知质量性的探索性因子分析

事件前公因子	变量项	因子载荷	特征值	方差贡献率	累计方差贡献率	Cronbach's α 系数	均值
品牌在线旅游网站系统质量	品牌在线旅游网站能顺利登录	0.704	4.218	35.154%	35.154%	0.886	3.970
	使用品牌在线旅游网站很少出问题	0.736					
	品牌在线旅游网站响应速度快	0.753					
	品牌在线旅游网站的模块布局合理	0.643					
	品牌在线旅游网站能够准确地记录交易	0.696					
	品牌在线旅游网站能够准确地计算价格	0.716					
	品牌在线旅游网站能准确地安排旅游行程	0.701					
	品牌在线旅游网站能持续更新升级	0.662					
品牌在线旅游网站信息质量	品牌在线旅游网站有最新的旅游产品信息	0.770	2.922	24.349%	59.505%	0.830	4.033
	品牌在线旅游网站有准确的旅游产品信息	0.820					
	品牌在线旅游网站有详细的旅游产品信息	0.800					
	品牌在线旅游网站提供旅游产品订单	0.685					
事件中公因子	变量项	因子载荷	特征值	方差贡献率	累计方差贡献率	Cronbach's α 系数	均值
品牌在线旅游网站系统质量	品牌在线旅游网站响应速度快	0.807	5.214	43.451%	43.451%	0.938	3.93
	使用品牌在线旅游网站很少出问题	0.803					
	品牌在线旅游网站能够准确地计算价格	0.784					
	品牌在线旅游网站能够准确地记录交易	0.781					
	品牌在线旅游网站模块布局合理	0.768					
	品牌在线旅游网站能准确地安排旅游行程	0.751					
	品牌在线旅游网站能持续更新升级	0.735					
	品牌在线旅游网站能顺利登录	0.698					
品牌在线旅游网站信息质量	品牌在线旅游网站有最新的旅游产品信息	0.846	3.559	29.658%	73.109%	0.913	4.035
	品牌在线旅游网站有准确的旅游产品信息	0.825					
	品牌在线旅游网站有详细的旅游产品信息	0.812					
	品牌在线旅游网站提供旅游产品订单	0.780					

（续表）

新时代公因子	变量项	因子载荷	特征值	方差贡献率	累计方差贡献率	Cronbach's α 系数	均值
品牌在线旅游网站系统质量	品牌在线旅游网站响应速度快	0.802	5.094	42.449%	42.449%	0.932	4.193
	品牌在线旅游网站能准确计算价格	0.770					
	品牌在线旅游网站的模块布局合理	0.763					
	品牌在线旅游网站能准确安排行程	0.763					
	品牌在线旅游网站能准确记录交易	0.761					
	使用品牌在线旅游网站很少出问题	0.755					
	品牌在线旅游网站能持续更新升级	0.745					
	品牌在线旅游网站能顺利登录	0.709					
品牌在线旅游网站信息质量	品牌在线旅游网站有最新产品信息	0.846	3.545	29.538%	71.986%	0.916	4.065
	品牌在线旅游网站有准确产品信息	0.835					
	品牌在线旅游网站提供了产品订单	0.812					
	品牌在线旅游网站有详细产品信息	0.801					

首先，在事件前，品牌在线旅游网站认知质量性项目产生了2个主要成分因子，累计解释的方差比例为59.505%。根据项目因子荷载值，2个品牌在线旅游网站认知质量性因子分别为“品牌在线旅游网站系统质量”和“品牌在线旅游网站信息质量”。第一个因子“品牌在线旅游网站系统质量”包括“品牌在线旅游网站能顺利登录”“使用品牌在线旅游网站很少出现问题”“品牌在线旅游网站响应速度快”“品牌在线旅游网站的模块布局合理”“品牌在线旅游网站能够准确地记录交易”“品牌在线旅游网站能够准确地计算价格”“品牌在线旅游网站能准确地安排旅游行程”“品牌在线旅游网站能持续更新升级”。第二个因子“品牌在线旅游网站信息质量”包括“品牌在线旅游网站有最新的旅游产品信息”“品牌在线旅游网站有准确的旅游产品信息”“品牌在线旅游网站有详细的旅游产品信息”“品牌在线旅游网站提供旅游产品订单”。

其次，在事件中，品牌在线旅游网站认知质量性项目产生了2个主要成分因子，累计解释的方差比例为73.109%。根据项目因子荷载值，2个品牌在线旅游网站认知质量性因子分别为“品牌在线旅游网站系统质量”和“品牌在线旅游网站信息质量”。第一个因子“品牌在线旅游网站系统质量”包括“使用品牌在线旅游网站能顺利登录”“使用品牌在线旅游网站很少出问题”“品牌在线旅游网站响应速度快”“品牌在线旅游网站模块布局合理”“品牌在线旅游网站能够准确地记录交易”“品牌在线旅游网站能够准确地计算价格”“品牌在线旅游网站能准确地安排旅游行程”“品牌在线旅游网站能持续更新升级”。第二个因子“品牌在线旅游网站信息质量”包括“品牌在线旅游网站有最新的旅游产品信息”“品牌在线旅游网站有准确的旅游产品信息”“品牌在线旅游网站有详细的旅游产品信息”“品牌在线旅游网站提供旅游产品订单”。

最后，在新时代，品牌在线旅游网站认知质量性项目产生了 2 个主要成分因子，累计解释的方差比例为 71.986%。根据项目因子荷载值，两个品牌在线旅游网站认知质量性因子分别为“品牌在线旅游网站系统质量”和“品牌在线旅游网站信息质量”。第一个因子“品牌在线旅游网站系统质量”包括“品牌在线旅游网站响应速度快”“品牌在线旅游网站能准确计算价格”“品牌在线旅游网站的模块布局合理”“品牌在线旅游网站能准确安排行程”“品牌在线旅游网站能准确记录交易”“使用品牌在线旅游网站很少出问题”“品牌在线旅游网站能持续更新升级”“品牌在线旅游网站能顺利登录”。第二个因子“品牌在线旅游网站信息质量”包括“品牌在线旅游网站有最新产品信息”“品牌在线旅游网站有准确产品信息”“品牌在线旅游网站提供了产品订单”“品牌在线旅游网站有详细产品信息”。

（二）品牌在线旅游网站服务质量满意度认知质量性探索性因子的原因分析

据上文分析，新时代品牌在线旅游网站服务质量满意度认知质量性探索性因子的原因分析包括以下几点。

第一，网站系统质量的原因。在事件前，“品牌在线旅游网站能顺利登录”“使用品牌在线旅游网站很少出问题”对用户使用体验的影响较大。“用户能顺利地访问品牌在线旅游网站”“品牌在线旅游网站的系统质量高”是品牌在线旅游网站获得用户认可的关键要素，其对于品牌在线旅游网站的发展具有重要意义。

第二，信息精准需求的原因。品牌在线旅游网站是事件中的用户获取旅游信息的主要渠道，品牌在线旅游网站的信息丰富度与用户的忠诚度密切相关，即全面、详细、高质量的信息是提升用户忠诚度的关键因素。品牌在线旅游网站的信息质量也是用户受访者的核心需求，因此，注重信息需求导向，可以实现品牌在线旅游网站的收益最大化。

第三，网站信息质量的原因。在新时代，品牌在线旅游网站有详细的最新旅游产品信息等是用户受访者关注网站信息的主要影响因素。品牌在线旅游网站能否激发用户的旅游兴趣，与品牌在线旅游网站的信息质量密切相关。

六、品牌在线旅游网站服务质量满意度认知服务性的探索性因子分析

（一）品牌在线旅游网站服务质量满意度认知服务性探索性因子的数据分析

本书共选取了 28 个项目来描述用户受访者关于品牌在线旅游网站认知服务性的认知与期望，其项目特征如表 5-14 所示。根据表 5-14，可进行如下分析。

表 5-14　品牌在线旅游网站服务质量满意度认知服务性的项目特征

品牌在线旅游网站认知服务性项目	均值			标准差		
	事件前	事件中	新时代	事件前	事件中	新时代
品牌在线旅游网站的整体域名好记	3.97	3.85	4.08	0.885	1.040	0.984
品牌在线旅游网站的整体形象良好	4.00	3.96	4.17	0.813	0.898	0.910
品牌在线旅游网站的页面布局简洁	4.02	4.00	4.20	0.827	0.911	0.889
品牌在线旅游网站的整体页面清晰	4.05	4.00	4.17	0.836	0.919	0.877

（续表）

品牌在线旅游网站认知服务性项目	均值			标准差		
	事件前	事件中	新时代	事件前	事件中	新时代
品牌在线旅游网站的整体页面美观	4.03	4.02	4.15	0.819	0.903	0.893
品牌在线旅游网站的购买功能完善	4.03	4.01	4.16	0.814	0.891	0.877
品牌在线旅游网站的支付方式多样	4.05	4.06	4.24	0.829	0.910	0.895
品牌在线旅游网站的进入导航直观	4.06	4.03	4.15	0.779	0.870	0.911
品牌在线旅游网站的进入导航易用	4.09	4.03	4.12	0.793	0.923	0.945
品牌在线旅游网站的交易过程安全	4.01	3.97	4.07	0.772	0.887	0.897
品牌在线旅游网站的产品信息可靠	3.98	3.94	4.11	0.760	0.938	0.913
品牌在线旅游网站提供的服务真实	4.08	3.94	4.02	0.730	0.895	0.933
品牌在线旅游网站提供的资讯可靠	4.07	3.95	4.05	0.768	0.922	0.914
品牌在线旅游网站的支付方式可信	4.12	4.00	4.07	0.774	0.895	0.938
品牌在线旅游网站无病毒网页跳出	4.05	3.97	4.06	0.841	1.002	0.983
品牌在线旅游网站无广告网页跳出	3.90	3.80	3.98	0.912	1.066	1.008
品牌在线旅游网站能保证个人隐私	3.92	3.70	3.97	0.901	1.064	1.051
品牌在线旅游网站能及时处理投诉	3.64	3.75	3.83	0.870	1.016	0.997
品牌在线旅游网站能保证合理退单	3.68	3.83	3.88	0.830	1.005	1.032
品牌在线旅游网站能有效解决问题	3.84	3.91	3.97	0.761	0.936	0.983
品牌在线旅游网站能及时解决问题	3.83	3.86	4.01	0.819	0.950	0.933
品牌在线旅游网站客服服务态度好	3.90	3.93	4.02	0.814	0.906	0.921
品牌在线旅游网站能提供补救措施	3.88	3.95	4.03	0.851	0.906	0.979
品牌在线旅游网站提供个性化服务	3.92	3.85	3.91	0.819	0.945	0.959
品牌在线旅游网站能满足我的需求	3.99	3.90	4.02	0.754	0.927	0.895
品牌在线旅游网站能以客户为中心	3.92	3.91	3.99	0.798	0.928	0.987
品牌在线旅游网站将用户的利益放在首位	3.97	3.82	3.93	0.807	0.973	1.004
品牌在线旅游网站在线服务时间符合需求	3.98	3.96	3.99	0.815	0.909	1.016

首先，在事件前，用户对品牌在线旅游网站认知服务性的认知与期望的差异不大，总体在3.64～4.12。一方面，“品牌在线旅游网站的支付方式可信”“品牌在线旅游网站的进入导航易用”“品牌在线旅游网站的进入导航直观”“品牌在线旅游网站的支付方式多样”和“品牌在线旅游网站的整体页面清晰”的均值较高，分别为4.12、4.09、4.06、4.05和4.05，这表明事件前的用户对品牌在线旅游网站认知服务性的以上五个项目较为满意。另一方面，“品牌在线旅游网站能及时处理投诉”和“品牌在线旅游网站能保证合理退单”的均值较低，分别为

3.64 和 3.68，这是事件前的用户在品牌在线旅游网站认知服务性方面认可度较低的项目。

其次，在事件中，用户对品牌在线旅游网站认知服务性的认知与期望的差异不大，总体在 3.70～4.06。一方面，“品牌在线旅游网站的进入导航易用”“品牌在线旅游网站的进入导航直观”“品牌在线旅游网站的支付方式多样”和“品牌在线旅游网站的整体页面美观”的均值较高，分别为 4.03、4.03、4.06 和 4.02，这表明事件中的用户对品牌在线旅游网站认知服务性的以上四个项目较为满意。另一方面，“品牌在线旅游网站能及时处理投诉”和“品牌在线旅游网站能保证个人隐私”的均值较低，分别为 3.75 和 3.70，这是事件中的用户在品牌在线旅游网站认知服务性方面认可度较低的项目。

最后，在新时代，用户对品牌在线旅游网站认知服务性的认知与期望的差异不大，总体在 3.83～4.24。一方面，“品牌在线旅游网站的支付方式多样”“品牌在线旅游网站的页面布局简洁”“品牌在线旅游网站的整体形象良好”和“品牌在线旅游网站的整体页面清晰”的均值较高，分别为 4.24、4.20、4.17 和 4.17，这表明新时代的用户对品牌在线旅游网站认知服务性的页面设置和支付方式较为满意。另一方面，“品牌在线旅游网站能及时处理投诉”和“品牌在线旅游网站能保证合理退单”的均值较低，分别为 3.83 和 3.88，这表明新时代的用户在品牌在线旅游网站认知服务性的售后处理方面认可度较低。

本书通过因子分析法，得到品牌在线旅游网站服务质量满意度认知服务性的项目特征，如表 5-15 所示。根据表 5-15，可进行如下分析。

表 5-15　品牌在线旅游网站服务质量满意度认知服务性的探索性因子分析

事件前公因子	变量项	因子载荷	特征值	方差贡献率	累计方差贡献率	Cronbach's α 系数	均值
品牌在线旅游网站有形性	品牌在线旅游网站的整体域名好记	0.682	5.347	19.095%	19.095%	0.909	4.033
	品牌在线旅游网站的整体形象良好	0.709					
	品牌在线旅游网站的页面布局简洁	0.775					
	品牌在线旅游网站的整体页面清晰	0.748					
	品牌在线旅游网站的整体页面美观	0.747					
	品牌在线旅游网站的购买功能完善	0.636					
	品牌在线旅游网站的支付方式多样	0.618					
	品牌在线旅游网站的进入导航直观	0.631					
	品牌在线旅游网站的进入导航易用	0.650					
品牌在线旅游网站响应性	品牌在线旅游网站能有效解决问题	0.743	3.823	13.652%	32.747%	0.864	3.863
	品牌在线旅游网站能及时解决问题	0.734					
	品牌在线旅游网站客服服务态度好	0.668					
	品牌在线旅游网站能提供补救措施	0.692					
	品牌在线旅游网站能及时处理投诉	0.674					
	品牌在线旅游网站能保证合理退单	0.664					

（续表）

事件前公因子	变量项	因子载荷	特征值	方差贡献率	累计方差贡献率	Cronbach's α 系数	均值
品牌在线旅游网站同理心	品牌在线旅游网站提供个性化服务	0.709	3.411	12.184%	44.931%	3.865	3.955
	品牌在线旅游网站满足用户的需求	0.750					
	品牌在线旅游网站能以用户为中心	0.741					
	品牌在线旅游网站将用户的利益放在首位	0.678					
	品牌在线旅游网站在线服务时间符合需求	0.647					
品牌在线旅游网站可靠性	品牌在线旅游网站的交易过程安全	0.629	3.406	12.164%	57.095%	0.871	4.052
	品牌在线旅游网站的产品信息可靠	0.712					
	品牌在线旅游网站提供的服务真实	0.751					
	品牌在线旅游网站提供的资讯可靠	0.684					
	品牌在线旅游网站的支付方式可信	0.692					
品牌在线旅游网站保证性	品牌在线旅游网站无病毒网页跳出	0.732	2.039	7.281%	64.376%	0.841	3.837
	品牌在线旅游网站无广告网页跳出	0.800					
	品牌在线旅游网站能保证个人隐私	0.607					
事件中公因子	**变量项**	**因子载荷**	**特征值**	**方差贡献率**	**累计方差贡献率**	**Cronbach's α 系数**	**均值**
品牌在线旅游网站有形性	品牌在线旅游网站的整体页面清晰	0.759	6.799	24.282%	24.282%	0.942	4.000
	品牌在线旅游网站的页面布局简洁	0.757					
	品牌在线旅游网站的整体页面美观	0.751					
	品牌在线旅游网站的购买功能完善	0.749					
	品牌在线旅游网站的整体形象良好	0.745					
	品牌在线旅游网站的进入导航直观	0.704					
	品牌在线旅游网站的支付方式多样	0.697					
	品牌在线旅游网站的进入导航易用	0.693					
	品牌在线旅游网站的整体域名好记	0.636					
品牌在线旅游网站响应同理心	品牌在线旅游网站能提供补救措施	0.762	7.117	25.418%	49.700%	0.954	3.879
	品牌在线旅游网站能及时解决问题	0.743					
	品牌在线旅游网站能以用户为中心	0.720					
	品牌在线旅游网站能有效解决问题	0.702					
	品牌在线旅游网站将用户利益放在首位	0.699					
	品牌在线旅游网站客服服务态度好	0.692					
	品牌在线旅游网站提供个性化服务	0.686					
	品牌在线旅游网站在线服务时间符合需求	0.681					
	品牌在线旅游网站能满足用户需求	0.674					
	品牌在线旅游网站能保证合理退单	0.645					
	品牌在线旅游网站能及时处理投诉	0.600					

（续表）

事件中公因子	变量项	因子载荷	特征值	方差贡献率	累计方差贡献率	Cronbach's α系数	均值
品牌在线旅游网站可靠保证性	品牌在线旅游网站无病毒网页跳出	0.702	5.409	19.317%	69.018%	0.929	3.909
	品牌在线旅游网站的交易过程安全	0.676					
	品牌在线旅游网站提供的服务真实	0.670					
	品牌在线旅游网站的支付方式可信	0.651					
	品牌在线旅游网站的产品信息可靠	0.634					
	品牌在线旅游网站无广告网页跳出	0.634					
	品牌在线旅游网站提供的资讯可靠	0.623					
	品牌在线旅游网站能保证个人隐私	0.593					
新时代公因子	变量项	因子载荷	特征值	方差贡献率	累计方差贡献率	Cronbach's α系数	均值
品牌在线旅游网站有形性	品牌在线旅游网站的整体形象良好	0.786	6.011	21.467%	21.467%	0.936	4.161
	品牌在线旅游网站的页面布局简洁	0.773					
	品牌在线旅游网站的整体页面清晰	0.748					
	品牌在线旅游网站的整体页面美观	0.746					
	品牌在线旅游网站的购买功能完善	0.736					
	品牌在线旅游网站的进入导航直观	0.710					
	品牌在线旅游网站的支付方式多样	0.687					
	品牌在线旅游网站的进入导航易用	0.655					
	品牌在线旅游网站的整体域名好记	0.638					
品牌在线旅游网站响应性	品牌在线旅游网站能保证合理退单	0.758	5.119	18.282%	39.749%	0.926	3.973
	品牌在线旅游网站能及时处理投诉	0.729					
	品牌在线旅游网站能保证个人隐私	0.687					
	品牌在线旅游网站能有效解决问题	0.676					
	品牌在线旅游网站无广告网页跳出	0.666					
	品牌在线旅游网站能及时解决问题	0.660					
	品牌在线旅游网站无病毒网页跳出	0.602					
	品牌在线旅游网站客服服务态度好	0.599					
	品牌在线旅游网站能提供补救措施	0.592					
品牌在线旅游网站同理心	品牌在线旅游网站将用户的利益放在首位	0.770	4.179	14.925%	54.674%	0.913	3.967
	品牌在线旅游网站能以客户为中心	0.742					
	品牌在线旅游网站在线服务时间符合需求	0.734					
	品牌在线旅游网站能满足我的需求	0.701					
	品牌在线旅游网站提供个性化服务	0.644					

（续表）

新时代公因子	变量项	因子载荷	特征值	方差贡献率	累计方差贡献率	Cronbach's α系数	均值
品牌在线旅游网站可靠性	品牌在线旅游网站的交易过程安全	0.788	4.020	14.358%	69.032%	0.917	4.063
	品牌在线旅游网站的产品信息可靠	0.772					
	品牌在线旅游网站提供的资讯可靠	0.724					
	品牌在线旅游网站提供的服务真实	0.714					
	品牌在线旅游网站的支付方式可信	0.702					

首先，在事件前，品牌在线旅游网站认知服务性项目产生了5个主要成分因子，累计解释的方差比例为64.376%。根据项目因子荷载值，5个品牌在线旅游网站认知服务性因子分别为“品牌在线旅游网站有形性”“品牌在线旅游网站响应性”“品牌在线旅游网站同理心”“品牌在线旅游网站可靠性”和“品牌在线旅游网站保证性”。第一个因子“品牌在线旅游网站有形性”包括“品牌在线旅游网站的整体域名好记”“品牌在线旅游网站的整体形象良好”“品牌在线旅游网站的页面布局简洁”“品牌在线旅游网站的整体页面清晰”“品牌在线旅游网站的整体页面美观”“品牌在线旅游网站的购买功能完善”“品牌在线旅游网站的支付方式多样”“品牌在线旅游网站的进入导航直观”和“品牌在线旅游网站的进入导航易用”。第二个因子“品牌在线旅游网站响应性”包括“品牌在线旅游网站能有效解决问题”“品牌在线旅游网站能及时解决问题”“品牌在线旅游网站客服服务态度好”“品牌在线旅游网站能提供补救措施”“品牌在线旅游网站能及时处理投诉”和“品牌在线旅游网站能保证合理退单”。第三个因子“品牌在线旅游网站同理心”包括“品牌在线旅游网站提供个性化服务”“品牌在线旅游网站满足用户的需求”“品牌在线旅游网站能以用户为中心”“品牌在线旅游网站将用户的利益放在首位”和“品牌在线旅游网站在线服务时间符合需求”。第四个因子“品牌在线旅游网站可靠性”包括“品牌在线旅游网站的交易过程安全”“品牌在线旅游网站的产品信息可靠”“品牌在线旅游网站提供的服务真实”“品牌在线旅游网站提供的资讯可靠”和“品牌在线旅游网站的支付方式可信”。第五个因子“品牌在线旅游网站保证性”包括“品牌在线旅游网站无病毒网页跳出”“品牌在线旅游网站无广告网页跳出”和“品牌在线旅游网站能保证个人隐私”。

其次，在事件中，品牌在线旅游网站认知服务性项目产生了3个主要成分因子，累计解释的方差比例为69.018%。根据项目因子荷载值，3个品牌在线旅游网站认知服务性因子分别为“品牌在线旅游网站有形性”“品牌在线旅游网站响应同理心”“品牌在线旅游网站可靠保证性”。第一个因子“品牌在线旅游网站有形性”包括“品牌在线旅游网站的整体域名好记”“品牌在线旅游网站的整体形象良好”“品牌在线旅游网站的页面布局简洁”“品牌在线旅游网站的整体页面清晰”“品牌在线旅游网站的整体页面美观”“品牌在线旅游网站的购买功能完善”“品牌在线旅游网站的支付方式多样”“品牌在线旅游网站的进入导航直观”和“品牌在线旅游网站的进入导航易用”。第二个因子“品牌在线旅游网站响应同理心”包括“品牌在线旅游网站能有效解决问题”“品牌在线旅游网站能及时解决问题”“品牌在线旅游网站客服服务态度好”“品牌在线旅游网站能提供补救措施”“品牌在线旅游网站能及时处理投诉”和“品牌在线旅游网站能保证合理退单”“品牌在线旅游网站提供个性化服务”“品牌在线旅游网站能满足用户需求”“品牌在线旅游网站能以用户为中心”“品牌在线旅游网站将用户利益放在首位”和“品牌在线旅游网站在线服务时间符合需求”。第三个因子“品牌在线旅游网站可靠保证性”包括“品牌在线旅游网站的交易过程安全”“品牌在线旅游网站的产品信息可靠”“品牌在线旅游网站提供的服务真实”“品牌在线旅游网站提供的咨询可靠”和“品牌在线旅游网站的支付方式可信”“品牌在线旅游网站无病毒网页跳出”“品牌在线旅游网站无广告网页跳出”和“品牌在线旅游网站能保证个人隐私”。

最后,在新时代,品牌在线旅游网站认知服务性项目产生了4个主要成分因子,累计解释的方差比例为69.032%。根据项目因子荷载值,4个品牌在线旅游网站认知服务性因子分别为“品牌在线旅游网站有行性”“品牌在线旅游网站响应性”“品牌在线旅游网站同理心”和“品牌在线旅游网站可靠性”。第一个因子“品牌在线旅游网站有形性”包括“品牌在线旅游网站的整体形象良好”“品牌在线旅游网站的页面布局简洁”“品牌在线旅游网站的整体页面清晰”“品牌在线旅游网站的整体页面美观”“品牌在线旅游网站的购买功能完善”“品牌在线旅游网站的进入导航直观”“品牌在线旅游网站的支付方式多样”“品牌在线旅游网站的进入导航易用”和“品牌在线旅游网站的整体域名好记”。第二个因子“品牌在线旅游网站响应性”包括“品牌在线旅游网站能保证合理退单”“品牌在线旅游网站能及时处理投诉”“品牌在线旅游网站能保证个人隐私”“品牌在线旅游网站能有效解决问题”“品牌在线旅游网站无广告网页跳出”“品牌在线旅游网站能及时解决问题”“品牌在线旅游网站无病毒网页跳出”“品牌在线旅游网站客服服务态度好”和“品牌在线旅游网站能提供补救措施”。第三个因子“品牌在线旅游网站同理心”包括“品牌在线旅游网站将用户的利益放在首位”“品牌在线旅游网站能以客户为中心”“品牌在线旅游网站在线服务时间符合需求”“品牌在线旅游网站能满足我的需求”和“品牌在线旅游网站提供个性化服务”。第四个因子“品牌在线旅游网站可靠性”包括“品牌在线旅游网站的交易过程安全”“品牌在线旅游网站的产品信息可靠”“品牌在线旅游网站提供的资讯可靠”“品牌在线旅游网站提供的服务真实”和“品牌在线旅游网站的支付方式可信”。

(二)品牌在线旅游网站服务质量满意度认知服务性探索性因子的原因分析

据上文分析,新时代品牌在线旅游网站服务质量满意度认知服务性探索性因子的原因分析包括以下几点。

第一,网站响应速度的原因。从事件前的用户受访者对品牌在线旅游网站认知质量的观测变量——网络系统质量可知,品牌在线旅游网站可以顺利登录,且响应速度快,这两点能让用户感到品牌在线旅游网站的使用方法简单,认为自己无需客服指导就能顺利使用品牌在线旅游网站。此外,品牌在线旅游网站的旅游信息容易获得,有助于提高用户对品牌在线旅游网站的黏性。

第二,整体页面功能的原因。在事件中,品牌在线旅游网站的页面越简洁,则越容易让人感到新鲜、舒适。如果品牌在线旅游网站功能不全面,则用户无法继续使用;如果点击按钮没有响应,则用户肯定会放弃连续的访问;如果网页跳转时间很长,用户等待太久,其就会拒绝再次访问。因此，改进品牌在线旅游网站的界面和功能对提升用户满意度非常重要。

第三，产品质价相符的原因。在新时代，品牌在线旅游网站具有能顺利登录、很少出问题等优势，这些优势可以使用户愿意花更多的时间浏览网站。品牌在线旅游网站能够准确记录交易、准确计算价格，可以使用户认为品牌在线旅游网站能提供质价相符的旅游产品。

七、品牌在线旅游网站服务质量满意度认知使用创新性的探索性因子分析

（一）品牌在线旅游网站服务质量满意度认知创新性探索性因子的数据分析

本书共选取了 7 个项目来描述用户受访者关于品牌在线旅游网站认知使用创新性的认知与期望，其项目特征如表 5-16 所示。根据表 5-16，可进行如下分析。

表 5-16　品牌在线旅游网站服务质量满意度认知使用创新性的项目特征

品牌在线旅游网站认知使用创新性项目	均值			标准差		
	事件前	事件中	新时代	事件前	事件中	新时代
我会想办法尝试品牌在线旅游网站新功能	3.75	3.79	3.88	0.906	1.024	1.074
我首个尝试品牌在线旅游网站新旅游功能	3.50	3.56	3.72	1.026	1.130	1.173
我通常独自了解品牌在线旅游网站新功能	3.75	3.79	3.91	0.914	1.017	1.062
我常为品牌在线旅游网站的新功能所吸引	3.71	3.74	3.87	0.944	1.010	1.074
被发现不会用品牌在线旅游网站的新功能会尴尬	3.54	3.53	3.69	1.113	1.151	1.175
品牌在线旅游网站比其他网站更有创新性	3.73	3.72	3.93	0.881	1.001	1.027
品牌在线旅游网站能符合我对旅游的需求	3.92	3.86	3.99	0.846	0.961	1.015

首先，在事件前，用户对品牌在线旅游网站认知使用创新性的认知和期望的差异不大，总体在 3.50～3.92。一方面，“品牌在线旅游网站能符合我对旅游的需求”“我会想办法尝试品牌在线旅游网站新功能”和“我通常独自了解品牌在线旅游网站新功能”的均值较高，分别为 3.92、3.75 和 3.75，这表明事件前的用户对品牌在线旅游网站认知使用创新性的以上三个项目较为满意。另一方面，均值较低的项目是“我首个尝试品牌在线旅游网站新旅游功能”和“被发现不会用品牌在线旅游网站的新功能会尴尬”，均值分别为 3.50 和 3.54，这是事件前的用户对品牌在线旅游网站认知使用创新性的认知与期望中较弱的项目。

其次，在事件中，用户对品牌在线旅游网站认知使用创新性的认知与期望的差异不大，总体在 3.53～3.86。一方面，“品牌在线旅游网站能符合我对旅游的需求”“我会想办法尝试品牌在线旅游网站新功能”和“我通常独自了解品牌在线旅游网站新功能”的均值较高，分别为 3.86、3.79 和 3.79，这表明事件中的用户对品牌在线旅游网站认知使用创新性的以上三个项目较为满意。另一方面，均值较低的项目是“我首个尝试品牌在线旅游网站新旅游功能”和“被发现不会用品牌在线旅游网站的新功能会尴尬”，均值分别为 3.56 和 3.53，这是事件中的用户对品牌在线旅游网站认知使用创新性的认知与期望中较弱的项目。

最后，在新时代，用户对品牌在线旅游网站认知使用创新性的认知与期望的差异不大，总体在 3.69～3.99。一方面，“品牌在线旅游网站能符合我对旅游的需求”“品牌在线旅游网站比其他网站更有创新性”和“我通常独自了解品牌在线旅游网站新功能”的均值较高，分别为 3.99、3.93 和 3.91，这表明新时代的用户对品牌在线旅游网站认知使用创新性的网站功能创新较为满意。另一方面，“被发现不会用品牌在线旅游网站的新功能会尴尬”和“我首个尝试品牌在线旅游网站新旅游功能”的均值较低，分别为 3.69 和 3.72，这是新时代的用户对品牌在线旅游网站认知使用创新性的认知与期望中较弱的项目。

本书通过因子分析法，得到品牌在线旅游网站服务质量满意度认知创新性的项目特征，如表 5-17 所示。根据表 5-17，可进行如下分析。

表 5-17　品牌在线旅游网站服务质量满意度认知使用创新性的探索性因子分析

事件前公因子	变量项	因子载荷	特征值	方差贡献率	累计方差贡献率	Cronbach's α 系数	均值
品牌在线旅游网站认知使用创新性	我会想办法尝试品牌在线旅游网站新功能	0.742	4.093	58.470%	58.470%	0.880	3.699
	我首个尝试品牌在线旅游网站新旅游功能	0.818					
	我通常独自了解品牌在线旅游网站新功能	0.751					
	我常为品牌在线旅游网站的新功能所吸引	0.810					
	被发现不会用品牌在线旅游网站新功能会尴尬	0.771					
	品牌在线旅游网站比其他网站更有创新性	0.771					
	品牌在线旅游网站符合我对旅游的需求	0.682					
事件中公因子	变量项	因子载荷	特征值	方差贡献率	累计方差贡献率	Cronbach's α 系数	均值
品牌在线旅游网站认知使用创新性	我常为品牌在线旅游网站的新功能所吸引	0.862	4.762	68.029%	68.029%	0.920	3.713
	品牌在线旅游网站比其他网站更有创新性	0.847					
	我通常独自了解品牌在线旅游网站新功能	0.844					
	我首个尝试品牌在线旅游网站新旅游功能	0.839					
	我会想办法尝试品牌在线旅游网站新功能	0.834					
	被发现不会用品牌在线旅游网站新功能会尴尬	0.777					
	品牌在线旅游网站能符合我对旅游的需求	0.765					
新时代公因子	变量项	因子载荷	特征值	方差贡献率	累计方差贡献率	Cronbach's α 系数	均值
品牌在线旅游网站认知使用创新性	我常为品牌在线旅游网站的新功能所吸引	0.875	4.775	68.209%	68.209%	0.922	3.857
	我首个尝试品牌在线旅游网站新旅游功能	0.838					
	我会想办法尝试品牌在线旅游网站新功能	0.835					
	品牌在线旅游网站比其他网站更有创新性	0.831					

（续表）

新时代公因子	变量项	因子载荷	特征值	方差贡献率	累计方差贡献率	Cronbach's α系数	均值
品牌在线旅游网站认知使用创新性	我通常独自了解品牌在线旅游网站新功能	0.823	4.775	68.209%	68.209%	0.922	3.857
	品牌在线旅游网站能符合我对旅游的需求	0.791					
	被发现不会用品牌在线旅游网站新功能会尴尬	0.786					

首先，在事件前，品牌在线旅游网站认知使用创新性项目产生了1个主要成分因子，累计解释的方差比例为58.470%。根据项目因子荷载值，品牌在线旅游网站认知使用创新性因子是"品牌在线旅游网站认知使用创新性"。这个因子包括"我会想办法尝试品牌在线旅游网站新功能""我首个尝试品牌在线旅游网站新旅游功能""我通常独自了解品牌在线旅游网站新功能""我常为品牌在线旅游网站的新功能所吸引""被发现不会用品牌在线旅游网站新功能会尴尬""品牌在线旅游网站比其他网站更有创新性"和"品牌在线旅游网站符合我对旅游的需求"。

其次，在事件中，品牌在线旅游网站认知使用创新性项目产生了1个主要成分因子，累计解释的方差比例为68.029%。根据项目因子荷载值，品牌在线旅游网站认知使用创新性因子是"品牌在线旅游网站认知使用创新性"。这个因子包括"我会想办法尝试品牌在线旅游网站新功能""我首个尝试品牌在线旅游网站新旅游功能""我通常独自了解品牌在线旅游网站新功能""我常为品牌在线旅游网站的新功能所吸引""被发现不会用品牌在线旅游网站新功能会尴尬""品牌在线旅游网站比其他网站更有创新性"和"品牌在线旅游网站符合我对旅游的需求"。

最后，在新时代，品牌在线旅游网站认知使用创新性项目产生了1个主要成分因子，累计解释的方差比例为68.209%。根据项目因子荷载值，品牌在线旅游网站认知使用创新性因子是"品牌在线旅游网站认知使用创新性"。这个因子包括"我常为品牌在线旅游网站的新功能所吸引""我首个尝试品牌在线旅游网站新旅游功能""我会想办法尝试品牌在线旅游网站新功能""品牌在线旅游网站比其他网站更有创新性""我通常独自了解品牌在线旅游网站新功能""品牌在线旅游网站能符合我对旅游的需求"和"被发现不会用品牌在线旅游网站新功能会尴尬"。

（二）品牌在线旅游网站服务质量满意度认知使用创新性探索性因子的原因分析

据上文分析，新时代品牌在线旅游网站服务质量满意度认知使用创新性探索性因子的原因分析包括以下几点。

第一，认知使用价值的原因。事件前的用户受访者对品牌在线旅游网站的认知使用创新性越高，越容易认知品牌在线旅游网站的相对优势。认知使用创新性更强的用户对品牌在线旅游产品的认知价值更高，对品牌在线旅游网站产品的购买意愿更强。认知使用创新性较强的用户能够更好地认知品牌在线旅游网站的实用价值和享乐价值。

第二，使用意向特质的原因。事件中的用户在认知使用创新性与购买意愿之间需要心理机制传导。品牌在线旅游网站的用户大多都具有使用创新的意识，个体的认知使用创新性特质对品牌在线旅游网站具有关键作用。用户的认知使用创新性可对品牌在线旅游网站的使用意向发挥作用，用户创新性是影响用户对品牌在线旅游网站使用意愿的重要因素。

第三，功能使用满意的原因。新时代的用户受访者会想办法尝试品牌在线旅游网站的新功能，也较容易为品牌在线旅游网站的新功能所吸引，同时要求品牌在线旅游网站提供有效的信息。但新功能的推出也会导致一些用户不会使用，因此，在推出新功能的同时，网站应考虑功能使用的便捷性。

八、品牌在线旅游网站服务质量满意度认知品牌资产性的探索性因子分析

（一）品牌在线旅游网站服务质量满意度认知品牌资产性探索性因子的数据分析

本书共选取了 19 个项目来描述用户受访者关于品牌在线旅游网站认知品牌资产性的认知与期望，其项目特征如表 5-18 所示。根据表 5-18，可进行如下分析。

表 5-18　品牌在线旅游网站服务质量满意度认知品牌资产性的项目特征

品牌在线旅游网站认知品牌资产性项目	均值			标准差		
	事件前	事件中	新时代	事件前	事件中	新时代
品牌在线旅游网站的旅游产品更丰富	4.14	3.97	4.06	0.729	0.888	0.922
品牌在线旅游网站的产品会质价相符	4.00	3.96	4.06	0.773	0.885	0.908
品牌在线旅游网站产品质量符合需求	3.96	3.93	4.02	0.802	0.911	0.914
品牌在线旅游网站的旅游产品质量好	3.96	3.89	4.05	0.820	0.919	0.913
愿花更多时间浏览品牌在线旅游网站	3.99	3.80	3.92	0.868	0.985	1.066
品牌在线旅游网站对我很有吸引力	3.97	3.83	3.97	0.847	0.976	0.992
我同品牌在线旅游网站客服沟通方便	3.91	3.83	3.91	0.806	0.959	1.000
品牌在线旅游网站有效反馈我的需求	3.86	3.90	3.99	0.829	0.938	0.962
品牌在线旅游网站提供多种互动方式	3.91	3.91	3.85	0.829	0.936	1.000
品牌在线旅游网站尽快回复我的要求	3.90	3.90	3.99	0.844	0.965	0.993
点击链接时能及时获得相关信息	4.04	3.98	4.00	0.757	0.889	1.006
品牌在线旅游网站的品牌能使我信任	4.06	3.92	4.08	0.773	0.916	0.911
品牌在线旅游网站的品牌能令我放心	4.01	3.94	4.15	0.790	0.913	0.924
我看好品牌在线旅游网站的品牌前景	4.01	3.97	4.12	0.810	0.918	0.935
品牌在线旅游网站的产品承诺更真实	4.01	3.94	4.08	0.793	0.939	0.949
品牌在线旅游网站的产品承诺更可信	4.06	3.91	4.05	0.775	0.950	0.959
品牌在线旅游网站与旅游信息更相关	4.11	3.92	4.07	0.710	0.902	0.901
品牌在线旅游网站包含完整旅游信息	4.11	3.91	4.09	0.742	0.906	0.963
品牌在线旅游网站的口碑名不虚传	4.08	3.94	4.10	0.732	0.920	0.945

首先，在事件前，用户对品牌在线旅游网站认知品牌资产性的认知与期望的差异不大，总体在 3.86～4.14。一方面，“品牌在线旅游网站的旅游产品更丰富”“品牌在线旅游网站与旅游信息更相关”和“品牌在线旅游网站包含完整旅游信息”的均值较高，分别为 4.14、4.11 和 4.11，这表明事件前的用户对品牌在线旅游网站认知品牌资产性的以上三个项目较

为满意。另一方面，均值较低的项目是“品牌在线旅游网站有效反馈我的需求”“品牌在线旅游网站尽快回复我的要求”和“品牌在线旅游网站提供多种互动方式”，均值分别为 3.86、3.90 和 3.91，这是事件前的用户对品牌在线旅游网站认知品牌资产性的认知与期望中较弱的项目。

其次，在事件中，用户对品牌在线旅游网站认知品牌资产性的认知与期望的差异不大，总体在 3.80～3.98。一方面，“点击链接时能及时获得相关信息”“我看好品牌在线旅游网站的品牌前景”和“品牌在线旅游网站的旅游产品更丰富”的均值较高，分别为 3.98、3.97 和 3.97，这表明事件中的用户对品牌在线旅游网站认知品牌资产性的以上三个项目较为满意。另一方面，均值较低的项目是“愿花更多时间浏览品牌在线旅游网站”“品牌在线旅游网站对我很有吸引力”和“我同品牌在线旅游网站客服沟通方便”，均值分别为 3.80、3.83 和 3.83，这是事件中的用户对品牌在线旅游网站认知品牌资产性的认知与期望中较弱的项目。

最后，在新时代，用户对品牌在线旅游网站认知品牌资产性的认知与期望的差异不大，总体在 3.85～4.15。一方面，“品牌在线旅游网站的品牌能令我放心”“我看好品牌在线旅游网站的品牌前景”和“品牌在线旅游网站的口碑名不虚传”的均值较高，分别为 4.15、4.12 和 4.10，这表明新时代的用户在品牌在线旅游网站认知品牌资产性的品牌口碑方面较为满意。另一方面，“品牌在线旅游网站提供多种互动方式”“我同品牌在线旅游网站客服沟通方便”和“愿花更多时间浏览品牌在线旅游网站”的均值较低，分别为 3.85、3.91 和 3.92，这表明新时代的用户对品牌在线旅游网站认知品牌资产性的品牌互动认知与期望较弱。

本书通过因子分析法，得到品牌在线旅游网站服务质量满意度认知品牌资产体验性的项目特征，如表 5-19 所示。根据表 5-19，可进行如下分析。

表 5-19　品牌在线旅游网站服务质量满意度认知品牌资产性的探索性因子分析

事件前公因子	变量项	因子载荷	特征值	方差贡献率	累计方差贡献率	Cronbach's α 系数	均值
品牌在线旅游网站网络口碑	品牌在线旅游网站包含完整旅游信息	0.687	4.265	22.447%	22.447%	0.893	4.057
	品牌在线旅游网站的产品承诺更真实	0.672					
	品牌在线旅游网站与旅游信息更相关	0.671					
	我看好品牌在线旅游网站的品牌前景	0.664					
	品牌在线旅游网站的口碑会名不虚传	0.656					
	品牌在线旅游网站的产品承诺更可信	0.653					
	品牌在线旅游网站的品牌能令我放心	0.635					
	品牌在线旅游网站的品牌能使我信任	0.608					
品牌在线旅游网站产品质量	品牌在线旅游网站旅游产品质价相符	0.725	4.097	21.564%	44.011%	0.872	4.004
	品牌在线旅游网站的旅游产品更丰富	0.702					
	品牌在线旅游网站产品质量符合需求	0.681					
	品牌在线旅游网站对我很有吸引力	0.674					
	愿花更多时间浏览品牌在线旅游网站	0.646					
	品牌在线旅游网站的旅游产品质量好	0.637					

（续表）

事件前公因子	变量项	因子载荷	特征值	方差贡献率	累计方差贡献率	Cronbach's α系数	均值
品牌在线旅游网站在线互动	品牌在线旅游网站提供多种互动方式	0.762	3.220	16.949%	60.960%	0.857	3.926
	品牌在线旅游网站能尽快回复我的要求	0.741					
	品牌在线旅游网站能有效反馈我的需求	0.688					
	我同品牌在线旅游网站客服沟通方便	0.619					
	点击链接时能及时获得相关信息	0.493					
事件中公因子	**变量项**	**因子载荷**	**特征值**	**方差贡献率**	**累计方差贡献率**	**Cronbach's α系数**	**均值**
品牌在线旅游网站网络品牌资产性	品牌在线旅游网站的品牌能使我信任	0.850	12.421	65.373%	65.373%	0.970	3.913
	品牌在线旅游网站的产品承诺更可信	0.849					
	我同品牌在线旅游网站客服沟通方便	0.838					
	品牌在线旅游网站的产品承诺更真实	0.828					
	品牌在线旅游网站的旅游产品质量好	0.826					
	品牌在线旅游网站与旅游信息更相关	0.822					
	品牌在线旅游网站的品牌能令我放心	0.817					
	品牌在线旅游网站产品质量符合需求	0.812					
	品牌在线旅游网站有效反馈我的需求	0.809					
	点击链接时能及时获得相关信息	0.806					
	品牌在线旅游网站的旅游产品更丰富	0.803					
	品牌在线旅游网站的口碑会名不虚传	0.803					
	品牌在线旅游网站包含完整旅游信息	0.799					
	品牌在线旅游网站尽快回复我的要求	0.795					
	我看好品牌在线旅游网站的品牌前景	0.787					
	品牌在线旅游网站对我很有吸引力	0.784					
	品牌在线旅游网站旅游产品质价相符	0.783					
	品牌在线旅游网站提供多种互动方式	0.781					
	愿花更多时间浏览品牌在线旅游网站	0.766					
新时代公因子	**变量项**	**因子载荷**	**特征值**	**方差贡献率**	**累计方差贡献率**	**Cronbach's α系数**	**均值**
品牌在线旅游网站品牌资产网络口碑	品牌在线旅游网站的品牌能使我信任	0.751	5.107	26.881%	26.881%	0.930	4.093
	我看好品牌在线旅游网站品牌前景	0.749					
	品牌在线旅游网站的产品承诺更真实	0.749					
	品牌在线旅游网站的品牌能令我放心	0.722					
	品牌在线旅游网站包含完整旅游信息	0.714					
	品牌在线旅游网站的产品承诺更可信	0.703					
	品牌在线旅游网站的口碑会名不虚传	0.666					
	品牌在线旅游网站与旅游信息更相关	0.656					

（续表）

新时代公因子	变量项	因子载荷	特征值	方差贡献率	累计方差贡献率	Cronbach's α 系数	均值
品牌在线旅游网站品牌资产产品质量	品牌在线旅游网站旅游产品质价相符	0.747	4.208	22.145%	49.026%	0.912	4.013
	品牌在线旅游网站的旅游产品质量好	0.739					
	愿花更多时间浏览品牌在线旅游网站	0.736					
	品牌在线旅游网站产品质量符合需求	0.716					
	品牌在线旅游网站的旅游产品更丰富	0.711					
	品牌在线旅游网站对我很有吸引力	0.648					
品牌在线旅游网站品牌资产在线互动	品牌在线旅游网站尽快回复我的要求	0.748	3.816	20.085%	69.111%	0.895	3.947
	品牌在线旅游网站提供多种互动方式	0.742					
	品牌在线旅游网站有效反馈我的需求	0.740					
	我同品牌在线旅游网站客服沟通方便	0.738					
	点击链接时能及时获得相关信息	0.731					

首先，在事件前，品牌在线旅游网站认知品牌资产性项目产生了 3 个主要成分因子，累计解释的方差比例为 60.960%。根据项目因子荷载值，3 个品牌在线旅游网站认知品牌资产性因子分别是“品牌在线旅游网站网络口碑”“品牌在线旅游网站产品质量”和“品牌在线旅游网站在线互动”。第一个因子“品牌在线旅游网站网络口碑”包括“品牌在线旅游网站包含完整旅游信息”“品牌在线旅游网站的产品承诺更真实”“品牌在线旅游网站与旅游信息更相关”“我看好品牌在线旅游网站的品牌前景”“品牌在线旅游网站的产品承诺更可信”“品牌在线旅游网站的品牌能令我放心”和“品牌在线旅游网站的品牌能使我信任”。第二个因子“品牌在线旅游网站产品质量”包括“品牌在线旅游网站旅游产品质价相符”“品牌在线旅游网站的旅游产品更丰富”“品牌在线旅游网站产品质量符合需求”“品牌在线旅游网站对我很有吸引力”“愿花更多时间浏览品牌在线旅游网站”和“品牌在线旅游网站的旅游产品质量好”。第三个因子“品牌在线旅游网站在线互动”包括“品牌在线旅游网站提供多种互动方式”“品牌在线旅游网站能尽快回复我的需求”“品牌在线旅游网站能有效反馈我的需求”“我同品牌在线旅游网站客服沟通方便”和“点击链接时能及时获得相关信息”。

其次，在事件中，品牌在线旅游网站认知品牌资产性项目产生了 1 个主要成分因子，累计解释的方差比例为 65.373%。根据项目因子荷载值，将品牌在线旅游网站认知品牌资产性因子命名为“品牌在线旅游网站网络品牌资产性”。其包括“品牌在线旅游网站包含完整旅游信息”“品牌在线旅游网站的产品承诺更真实”“品牌在线旅游网站与旅游信息相关”“我看好品牌在线旅游网站的品牌前景”“品牌在线旅游网站的产品承诺更可信”“品牌在线旅游网站的品牌能令我放心”“品牌在线旅游网站的品牌能使我信任”“品牌在线旅游网站旅游产品质价相符”“品牌在线旅游网站的旅游产品更丰富”“品牌在线旅游网站产品质量符合需求”“品牌在线旅游网站对我很有吸引力”“愿花更多时间浏览品牌在线旅游网站”“品牌在线旅游网站的旅游产品质量好”“品牌在线旅游网站提供多种互动方式”“品牌在线旅游网站尽快回复我的要求”“品牌在线旅游网站有效反馈我的需求”“我同品牌在线旅游网站客服沟通方便”和“点击链接时能及时获得相关信息”。

最后，在新时代，品牌在线旅游网站认知品牌资产性项目产生了3个主要成分因子，累计解释的方差比例为69.111%。根据项目因子荷载值，3个品牌在线旅游网站认知品牌资产性因子分别是“品牌在线旅游网站品牌资产网络口碑”“品牌在线旅游网站品牌资产产品质量”和“品牌在线旅游网站品牌资产在线互动”。第一个因子“品牌在线旅游网站品牌资产网络口碑”包括“品牌在线旅游网站的品牌能使我信任”“我看好品牌在线旅游网站品牌前景”“品牌在线旅游网站的产品承诺更真实”“品牌在线旅游网站的品牌能令我放心”“品牌在线旅游网站包含完整旅游信息”“品牌在线旅游网站的产品承诺更可信”“品牌在线旅游网站的口碑会名不虚传”和“品牌在线旅游网站与旅游信息更相关”。第二个因子“品牌在线旅游网站品牌资产产品质量”包括“品牌在线旅游网站旅游产品质价相符”“品牌在线旅游网站的旅游产品质量好”“愿花更多时间浏览品牌在线旅游网站”“品牌在线旅游网站产品质量符合需求”“品牌在线旅游网站的旅游产品更丰富”和“品牌在线旅游网站对我很有吸引力”。第三个因子“品牌在线旅游网站品牌资产在线互动”包括“品牌在线旅游网站尽快回复我的要求”“品牌在线旅游网站提供多种互动方式”“品牌在线旅游网站有效反馈我的需求”“我同品牌在线旅游网站客服沟通方便”和“点击链接时能及时获得相关信息”。

（二）品牌在线旅游网站服务质量满意度认知品牌资产性探索性因子的原因分析

据上文分析，新时代品牌在线旅游网站服务质量满意度认知品牌资产性探索性因子的原因分析包括以下几点。

第一，口碑真实可信的原因。从事件前的用户受访者对品牌在线旅游网站品牌资产的观测变量——旅游网站的网络口碑性的反应可知，品牌在线旅游网站的口碑与信息相关。若对于旅游产品的承诺真实可信，品牌在线旅游网站就令人放心。品牌在线旅游网站的口碑与产品信息承诺的真实可信可以使用户将使用网站看作正确的选择。

第二，在线互动需求的原因。从事件中的用户受访者对品牌在线旅游网站品牌资产的观测变量——品牌在线旅游网站的在线互动性的反应可知，用户在点击链接时能及时获得信息与品牌在线旅游网站认知使用忠诚性相关。用户对获取及时信息的需求越强烈，其越关注品牌在线旅游网站的更新升级，也越愿意反馈品牌在线旅游网站的优缺点。

第三，服务关联适合的原因。从新时代的用户受访者对品牌在线旅游网站的品牌资产观测变量的反应可知，用户对品牌在线旅游网站的产品是否丰富、产品质量是否符合需求、产品质量好坏、产品质价是否相符等较为关注。因此，品牌在线旅游网站品牌资产与产品及产品服务相关联，网站应通过打造优质产品，提供优质服务来提升自身的品牌资产。

九、品牌在线旅游网站服务质量满意度认知使用满意性的探索性因子分析

（一）品牌在线旅游网站服务质量满意度认知使用满意性探索性因子的数据分析

本书共选取了6个项目来描述用户受访者关于品牌在线旅游网站认知使用满意性的认

知与期望，其项目特征如表5-20所示。根据表5-20，可进行如下分析。

表5-20 品牌在线旅游网站服务质量满意度认知使用满意性的项目特征

品牌在线旅游网站认知使用满意性项目	均值			标准差		
	事件前	事件中	新时代	事件前	事件中	新时代
我对品牌在线旅游网站总体感到满意	4.05	3.94	4.08	0.780	0.942	0.942
我对品牌在线旅游网站使用过程感到满意	4.01	3.95	4.05	0.775	0.888	0.943
与期望比我对品牌在线旅游网站感到满意	4.03	3.96	4.06	0.805	0.902	0.920
我认为使用品牌在线旅游网站是正确选择	4.01	3.96	4.14	0.806	0.899	0.876
与其他比我对品牌在线旅游网站感到满意	3.94	3.95	4.10	0.810	0.905	0.901
我喜欢在品牌在线旅游网站购买旅游产品	3.89	3.86	4.01	0.902	0.951	0.983

首先，在事件前，用户对品牌在线旅游网站认知使用满意性的认知与期望的差异不大，总体在3.89～4.05。一方面，“我对品牌在线旅游网站总体感到满意”“与期望比我对品牌在线旅游网站感到满意”的均值较高，分别为4.05、4.03，这表明事件前的用户对品牌在线旅游网站认知使用满意性的以上两个项目较为满意。另一方面，均值较低的项目是“我喜欢在品牌在线旅游网站购买旅游产品”“与其他比我对品牌在线旅游网站感到满意”，均值分别为3.89、3.94，这是事件前的用户对品牌在线旅游网站认知使用满意性的认知与期望中较弱的项目。

其次，在事件中，用户对品牌在线旅游网站认知使用满意性的认知与期望的差异不大，总体在3.86～3.96。一方面，“我认为使用品牌在线旅游网站是正确选择”和“与期望比我对品牌在线旅游网站感到满意”的均值较高，分别为3.96、3.96，这表明事件中的用户对品牌在线旅游网站认知使用满意性的以上两个项目较为满意。另一方面，均值较低的项目是“我喜欢在品牌在线旅游网站购买旅游产品”“我对品牌在线旅游网站总体感到满意”，均值分别为3.86、3.94，这是事件中的用户在品牌在线旅游网站认知使用满意性的认知与期望中较弱的项目。

最后，在新时代，用户对品牌在线旅游网站认知使用满意性的认知与期望的差异不大，总体在4.01～4.14。一方面，“我认为使用品牌在线旅游网站是正确选择”和“与其他比我对品牌在线旅游网站感到满意”的均值较高，分别为4.14、4.10，这表明新时代的用户对品牌在线旅游网站认知使用满意性与其他网站对比较为满意。另一方面，“我喜欢在品牌在线旅游网站购买旅游产品”和“我对品牌在线旅游网站使用过程感到满意”的均值较低，分别为4.01、4.05，这表明新时代的用户对品牌在线旅游网站认知使用满意性的产品满意认知与期望较弱。

本书通过因子分析法，得到品牌在线旅游网站服务质量满意度认知使用满意性的项目特征，如表5-21所示。根据表5-21，可进行如下分析。

表 5-21 品牌在线旅游网站服务质量满意度认知使用满意性的探索性因子分析

事件前公因子	变量项	因子载荷	特征值	方差贡献率	累计方差贡献率	Cronbach's α系数	均值
品牌在线旅游网站认知使用满意性	我对品牌在线旅游网站总体感到满意	0.799	3.723	62.056%	62.056%	0.875	3.988
	我对品牌在线旅游网站使用过程感到满意	0.788					
	与期望比我对品牌在线旅游网站感到满意	0.809					
	我认为使用品牌在线旅游网站是正确选择	0.836					
	与其他比我对品牌在线旅游网站感到满意	0.790					
	我喜欢在品牌在线旅游网站购买旅游产品	0.699					
事件中公因子	变量项	因子载荷	特征值	方差贡献率	累计方差贡献率	Cronbach's α系数	均值
品牌在线旅游网站认知使用满意性	我对品牌在线旅游网站使用过程感到满意	0.889	4.485	74.747%	74.747%	0.932	3.937
	我对品牌在线旅游网站总体感到满意	0.883					
	与期望比我对品牌在线旅游网站感到满意	0.881					
	我认为使用品牌在线旅游网站是正确选择	0.870					
	与其他比我对品牌在线旅游网站感到满意	0.855					
	我喜欢在品牌在线旅游网站购买旅游产品	0.806					
新时代公因子	变量项	因子载荷	特征值	方差贡献率	累计方差贡献率	Cronbach's α系数	均值
品牌在线旅游网站认知使用满足感	与期望比我对品牌在线旅游网站感到满意	0.887	4.110	68.504%	68.504%	0.908	4.074
	与其他比我对品牌在线旅游网站感到满意	0.835					
	我认为使用品牌在线旅游网站是正确选择	0.831					
	我喜欢在品牌在线旅游网站购买旅游产品	0.813					
	我对品牌在线旅游网站总体感到满意	0.802					
	我对品牌在线旅游网站使用过程感到满意	0.794					

首先，在事件前，品牌在线旅游网站认知使用满意性项目产生了 1 个主要成分因子，累计解释的方差比例为 62.056%。根据项目因子荷载值，这个品牌在线旅游网站认知使用满意性因子是“品牌在线旅游网站认知使用满意性”。该因子包括“我对品牌在线旅游网站总体感到满意”“我对品牌在线旅游网站使用过程感到满意”“与期望比我对品牌在线旅游网站感到满意”“我认为使用品牌在线旅游网站是正确选择”“与其他比我对品牌在线旅游网站感到满意”“我喜欢在品牌在线旅游网站购买旅游产品”。

其次，在事件中，品牌在线旅游网站认知使用满意性项目产生了 1 个主要成分因子，累计解释的方差比例为 74.747%。根据项目因子荷载值，这个品牌在线旅游网站认知使用满意性因子是“品牌在线旅游网站认知使用满意性”。该因子包括“我对品牌在线旅游网站总体感到满意”“我对品牌在线旅游网站使用过程感到满意”“与期望比我对品牌在线旅游网站感到满意”“我认为使用品牌在线旅游网站是正确选择”“与其他比我对品牌在线旅游网站感到满意”“我喜欢在品牌在线旅游网站购买旅游产品”。

最后，在新时代，品牌在线旅游网站认知使用满意性项目产生了1个主要成分因子，累计解释的方差比例为68.504%。根据项目因子荷载值，这个品牌在线旅游网站认知使用满意性因子是“品牌在线旅游网站认知使用满足感”。该因子包括“与期望比我对品牌在线旅游网站感到满意”“与其他比我对品牌在线旅游网站感到满意”“我认为使用品牌在线旅游网站是正确选择”“我喜欢在品牌在线旅游网站购买旅游产品”“我对品牌在线旅游网站总体感到满意”“我对品牌在线旅游网站使用过程感到满意”。

（二）品牌在线旅游网站服务质量满意度认知使用满意性探索性因子的原因分析

据上文分析，新时代品牌在线旅游网站服务质量满意度认知使用满意性探索性因子的原因分析包括以下几点。

第一，期望测量方式的原因。事件前的用户从总体期望来测量其对品牌在线旅游网站的满意度。用户以不同的期望方式来认知产品或服务的价值水平。品牌在线旅游网站使用过程、品牌在线旅游网站产品购买、与其他网站的比较等可用来测量用户的满意度。顾客期望、价值认知和网站使用满意度之间具有直接关系。

第二，用户体验需求的原因。事件中的用户在品牌在线旅游网站使用满意度中的情感体验不同。品牌在线旅游网站需要满足不同用户的情感需求，使其对品牌在线旅游网站总体感到满意。对品牌在线旅游网站使用满意度中的体验需求要求较高的用户，较为注重网站的系统功能、产品服务质量等。

第三，整体使用满意的原因。新时代品牌在线旅游网站提供的服务质量好坏、获取信息是否便捷，对品牌在线旅游网站认知使用、易用的影响不大。品牌在线旅游网站的信息质量较好，无法确保用户对整个使用过程较为满意，也无法让用户对品牌在线旅游网站感到总体满意。

十、品牌在线旅游网站服务质量满意度认知使用忠诚性的探索性因子分析

（一）品牌在线旅游网站服务质量满意度认知使用忠诚性探索性因子的数据分析

本书共选取了7个项目来描述用户受访者关于品牌在线旅游网站认知使用忠诚性的认知与期望，其项目特征如表5-22所示。根据表5-22，可进行如下分析。

表5-22　品牌在线旅游网站服务质量满意度认知使用忠诚性的项目特征

品牌在线旅游网站认知使用忠诚性项目	均值			标准差		
	事件前	事件中	新时代	事件前	事件中	新时代
我愿向他人推荐品牌在线旅游网站	3.92	3.87	3.99	0.843	0.985	1.001
我愿意积极宣传品牌在线旅游网站	3.86	3.78	4.02	0.927	0.999	0.987
我愿反馈品牌在线旅游网站优缺点	3.97	3.85	4.04	0.868	0.974	0.974
我愿意继续使用品牌在线旅游网站	4.05	3.90	4.02	0.783	0.923	0.974
我愿意频繁使用品牌在线旅游网站	3.92	3.78	3.93	0.848	1.004	1.028

（续表）

品牌在线旅游网站认知使用忠诚性项目	均值			标准差		
	事件前	事件中	新时代	事件前	事件中	新时代
在线旅游首选是品牌在线旅游网站	3.92	3.89	4.03	0.882	0.960	0.977
关注品牌在线旅游网站的更新升级	3.83	3.80	3.99	0.924	1.049	1.021

首先，在事件前，用户对品牌在线旅游网站认知使用忠诚性的认知与期望的差异不大，总体在3.83～4.05。一方面，“我愿意继续使用品牌在线旅游网站”和“我愿反馈品牌在线旅游网站优缺点”的均值较高，分别为4.05、3.97，这表明事件前的用户对品牌在线旅游网站认知使用忠诚性的以上两个项目的满意度较高。另一方面，均值较低的项目是“关注品牌在线旅游网站的更新升级”“我愿意积极宣传品牌在线旅游网站”，均值分别为3.83、3.86，这是事件前的用户在品牌在线旅游网站认知使用忠诚性的认知与期望中较弱的项目。

其次，在事件中，用户对品牌在线旅游网站认知使用忠诚性的认知与期望的差异更小，总体在3.78～3.90。一方面，“我愿意继续使用品牌在线旅游网站”和“在线旅游首选是品牌在线旅游网站”的均值较高，分别为3.90、3.89，这表明事件中的用户对品牌在线旅游网站认知使用忠诚性的以上两个项目的满意度较高。另一方面，均值较低的项目是“我愿意频繁使用品牌在线旅游网站”“我愿意积极宣传品牌在线旅游网站”，均值都为3.78，这是事件中的用户在品牌在线旅游网站认知使用忠诚性的认知与期望中较弱的项目。

最后，在新时代，用户对品牌在线旅游网站认知使用忠诚性的认知与期望的差异不大，总体在3.93～4.04。一方面，“我愿反馈品牌在线旅游网站优缺点”“我愿意积极宣传品牌在线旅游网站”和“我愿意继续使用品牌在线旅游网站”的均值较高，分别为4.04、4.02和4.02，这表明新时代的用户对品牌在线旅游网站认知使用忠诚性的品牌宣传和反馈忠诚度较高。另一方面，“我愿意频繁使用品牌在线旅游网站”的均值较低，为3.93，这表明新时代的用户对品牌在线旅游网站认知使用忠诚性的继续使用认知与期望较弱。

本节通过因子分析法，得到品牌在线旅游网站服务质量满意度认知使用忠诚性的项目特征，如表5-23所示。根据表5-23，可进行如下分析。

表5-23　品牌在线旅游网站服务质量满意度认知使用忠诚性的探索性因子分析

事件前公因子	变量项	因子载荷	特征值	方差贡献率	累计方差贡献率	Cronbach's α系数	均值
品牌在线旅游网站认知使用忠诚性	我愿向他人推荐品牌在线旅游网站	0.740	4.131	59.010%	59.010%	0.883	3.926
	我愿意积极宣传品牌在线旅游网站	0.805					
	我愿反馈品牌在线旅游网站优缺点	0.776					
	我愿意继续使用品牌在线旅游网站	0.756					
	我愿意频繁使用品牌在线旅游网站	0.796					
	在线旅游首选是品牌在线旅游网站	0.789					
	关注品牌在线旅游网站的更新升级	0.711					

（续表）

事件中公因子	变量项	因子载荷	特征值	方差贡献率	累计方差贡献率	Cronbach's α系数	均值
品牌在线旅游网站认知使用忠诚性	我愿向他人推荐品牌在线旅游网站	0.855	4.989	71.269%	71.269%	0.933	3.839
	我愿意积极宣传品牌在线旅游网站	0.855					
	我愿意频繁使用品牌在线旅游网站	0.848					
	在线旅游首选是品牌在线旅游网站	0.845					
	关注品牌在线旅游网站的更新升级	0.841					
	我愿反馈品牌在线旅游网站优缺点	0.836					
	我愿意继续使用品牌在线旅游网站	0.829					
新时代公因子	变量项	因子载荷	特征值	方差贡献率	累计方差贡献率	Cronbach's α系数	均值
品牌在线旅游网站认知使用忠诚性	我愿意频繁使用品牌在线旅游网站	0.868	4.832	69.031%	69.031%	0.925	4.004
	我愿向他人推荐品牌在线旅游网站	0.847					
	我愿反馈品牌在线旅游网站优缺点	0.845					
	我愿意继续使用品牌在线旅游网站	0.844					
	我愿意积极宣传品牌在线旅游网站	0.833					
	关注品牌在线旅游网站的更新升级	0.793					
	在线旅游首选是品牌在线旅游网站	0.782					

首先，在事件前，品牌在线旅游网站认知使用忠诚性项目产生了1个主要成分因子，累计解释的方差比例为59.010%。根据项目因子荷载值，这个品牌在线旅游网站认知使用忠诚性因子是“品牌在线旅游网站认知使用忠诚性”。该因子包括“我愿向他人推荐品牌在线旅游网站”“我愿意积极宣传品牌在线旅游网站”“我愿反馈品牌在线旅游网站的优缺点”和“我愿意继续使用品牌在线旅游网站”。

其次，在事件中，品牌在线旅游网站认知使用忠诚性项目产生了1个主要成分因子，累计解释的方差比例为71.269%。根据项目因子荷载值，这个品牌在线旅游网站认知使用忠诚性因子是“品牌在线旅游网站认知使用忠诚性”。该因子包括“我愿向他人推荐品牌在线旅游网站”“我愿意积极宣传品牌在线旅游网站”“我愿反馈品牌在线旅游网站优缺点”和“我愿意继续使用品牌在线旅游网站”。

最后，在新时代，品牌在线旅游网站认知使用忠诚性项目产生了1个主要成分因子，累计解释的方差比例为69.031%。根据项目因子荷载值，这个品牌在线旅游网站认知使用忠诚性因子是“品牌在线旅游网站认知使用忠诚性”。该因子包括“我愿意频繁使用品牌在线旅游网站”“我愿向他人推荐品牌在线旅游网站”“我愿反馈品牌在线旅游网站优缺点”“我愿意继续使用品牌在线旅游网站”“我愿意积极宣传品牌在线旅游网站”“关注品牌在线旅游网站的更新升级”和“在线旅游首选是品牌在线旅游网站”。

（二）品牌在线旅游网站服务质量满意度认知使用忠诚性探索性因子的原因分析

据上文分析，新时代品牌在线旅游网站服务质量满意度认知使用忠诚性探索性因子的原因分析包括以下几点。

第一，网站信任认可的原因。事件前的用户在在线购买行为的连续性与认知使用忠诚度方面关联密切。用户受访者对品牌在线旅游网站的产品或服务产生认可，从而长期浏览旅游网站。用户对品牌在线旅游网站在思想和情感上的信任度和忠诚度较高，而认知使用忠诚度高可以使品牌在线旅游网站保持长期竞争优势。

第二，产生偏好情绪的原因。事件中的用户对品牌在线旅游网站产生的偏好情绪建立在与其他竞争旅游网站比较的基础上。用户产生偏好情绪与品牌在线旅游网站的形象、高质量的旅游产品和在线服务、用户消费经验有关，这使用户受访者与品牌在线旅游网站产生情感上的联系。

第三，认知触发使用的原因。从新时代的用户受访者对品牌在线旅游网站用户满意的观测变量中可知，用户对品牌在线旅游网站的认知满意度越高，越愿意继续使用品牌在线旅游网站，且认为品牌在线旅游网站是其首选。

第三节 品牌在线旅游网站服务质量满意度认知的验证性因子分析

一、品牌在线旅游网站服务质量满意度认知有用性的验证性因子与模型建构

在分析探索性因子后，为进一步验证模型的结构效度和收敛效度，本书采用 AMOS 25.0 结构方程建模软件进行了验证性因子分析。研究依据 χ^2/df、GFI 拟合优度指数、RMSEA 近似误差均方根、CFI 比较拟和指数和 NFI 的数据进行了分析。本书将对用户受访者关于品牌在线旅游网站认知有用模型进行分析，将品牌在线旅游网站认知有用性因子作为非观测变量，将品牌在线旅游网站认知有用性项目作为观测变量。

第一，从事件前的检验中得到，χ^2/df 是 11.257>3.0、RMSEA 是 0.129>0.08（CFI=0.890，NFI=0.881），此数据表明，两个主成分因子组成对品牌在线旅游网站认知有用性的模型拟合度一般，可以采取进一步修正，使模型简练有效。用户受访者关于品牌在线旅游网站认知有用性的验证性因子分析如表 5-24 所示。

第二，从事件中的检验中得到，χ^2/df 是 9.320>3.0、RMSEA 是 0.097>0.08（CFI=0.963，NFI=0.958），此数据表明，八个主成分因子组成对品牌在线旅游网站认知有用性的模型拟合度一般，可以采取进一步修正，使模型简练有效。

第三，从新时代的检验中得到，χ^2/df 是 7.425>3.0、RMSEA 是 0.091>0.08（CFI=0.959，NFI=0.953），此数据表明，一个主成分因子组成对品牌在线旅游网站认知有用性的模型拟合度一般，可以采取进一步修正，使模型简练有效。

表 5-24 品牌在线旅游网站服务质量满意度认知有用性的验证性因子分析

事件前的品牌在线旅游网站认知有用性项目	路径分析	事件前的品牌在线旅游网站认知有用性	路径系数
品牌在线旅游网站能及时回复投诉	<---	品牌在线旅游网站服务有用	0.68
品牌在线旅游网站提供服务质量好	<---	品牌在线旅游网站服务有用	0.71
品牌在线旅游网站的信息获取便捷	<---	品牌在线旅游网站服务有用	0.65
品牌在线网站与中间商的沟通便捷	<---	品牌在线旅游网站服务有用	0.66
品牌在线网站与供应商的沟通便捷	<---	品牌在线旅游网站服务有用	0.66
品牌在线旅游网站对我来说很有用	<---	品牌在线旅游网站服务有用	0.57
品牌在线旅游网站能提供有用信息	<---	品牌在线旅游网站信息有用	0.78
品牌在线网站能提高信息收集效率	<---	品牌在线旅游网站信息有用	0.86
事件中的品牌在线旅游网站认知有用性项目	路径分析	事件中的品牌在线旅游网站认知有用性	路径系数
品牌在线旅游网站能及时回复投诉	<---	品牌在线旅游网站认知有用	0.78
品牌在线旅游网站提供服务质量好	<---	品牌在线旅游网站认知有用	0.81
品牌在线旅游网站的信息获取便捷	<---	品牌在线旅游网站认知有用	0.80
品牌在线网站与中间商的沟通便捷	<---	品牌在线旅游网站认知有用	0.78
品牌在线网站与供应商的沟通便捷	<---	品牌在线旅游网站认知有用	0.75
品牌在线旅游网站对我来说很有用	<---	品牌在线旅游网站认知有用	0.72
品牌在线旅游网站能提供有用信息	<---	品牌在线旅游网站认知有用	0.77
品牌在线网站能提高信息收集效率	<---	品牌在线旅游网站认知有用	0.80
新时代的品牌在线旅游网站认知有用性项目	路径分析	新时代的品牌在线旅游网站认知有用性	路径系数
品牌在线旅游网站提供服务质量好	<---	品牌在线旅游网站认知有用	0.78
品牌在线网站与中间商的沟通便捷	<---	品牌在线旅游网站认知有用	0.78
品牌在线旅游网站的信息获取便捷	<---	品牌在线旅游网站认知有用	0.78
品牌在线网站能提高信息收集效率	<---	品牌在线旅游网站认知有用	0.73
品牌在线网站与供应商的沟通便捷	<---	品牌在线旅游网站认知有用	0.72
品牌在线旅游网站对我来说很有用	<---	品牌在线旅游网站认知有用	0.71
品牌在线旅游网站能提供有用信息	<---	品牌在线旅游网站认知有用	0.70
品牌在线旅游网站能及时回复投诉	<---	品牌在线旅游网站认知有用	0.66

通过增加观察变量之间的共变误差，在修正后，整个模型的评判指标均表现良好（表 5-25）。根据表 5-25，可进行如下分析。

表 5-25　品牌在线旅游网站服务质量满意度认知有用性的模型拟合度

事件前项目	χ^2/df	GFI	RMR	RMSEA	CFI	NFI
未修正	11.257	0.928	0.039	0.129	0.890	0.881
修正后	2.107	0.956	0.028	0.100	0.941	0.932
事件中项目	χ^2/df	GFI	RMR	RMSEA	CFI	NFI
未修正	9.320	0.947	0.028	0.097	0.963	0.958
修正后	2.312	0.012	0.012	0.038	0.996	0.992
新时代项目	χ^2/df	GFI	RMR	RMSEA	CFI	NFI
未修正	7.425	0.950	0.032	0.091	0.959	0.953
修正后	2.605	0.988	0.017	0.046	0.993	0.988

首先，在事件前，χ^2/df 是 2.107＜3.0，RMSEA 是 0.100＞0.08（CFI＝0.941，NFI＝0.932），这表示模型可以接受，即品牌在线旅游网站服务有用和品牌在线旅游网站信息有用两个因子可以解释用户受访者关于品牌在线旅游网站认知有用性模型，标准化回归系数如表 5-26 所示。

表 5-26　修正后的品牌在线旅游网站服务质量满意度认知有用性的标准回归系数

事件前的品牌在线旅游网站认知有用性项目	路径分析	事件前的品牌在线旅游网站认知有用性	路径系数
品牌在线旅游网站能及时回复投诉	<---	品牌在线旅游网站服务有用	0.63
品牌在线旅游网站提供服务质量好	<---	品牌在线旅游网站服务有用	0.68
品牌在线旅游网站的信息获取便捷	<---	品牌在线旅游网站服务有用	0.69
品牌在线旅游网站与中间商的沟通便捷	<---	品牌在线旅游网站服务有用	0.61
品牌在线旅游网站与供应商的沟通便捷	<---	品牌在线旅游网站服务有用	0.60
品牌在线旅游网站对我来说很有用	<---	品牌在线旅游网站服务有用	0.60
品牌在线旅游网站能提供有用信息	<---	品牌在线旅游网站信息有用	0.79
品牌在线旅游网站能提高信息收集效率	<---	品牌在线旅游网站信息有用	0.86
事件中的品牌在线旅游网站认知有用性项目	路径分析	事件中品牌在线旅游网站认知有用性	路径系数
品牌在线旅游网站能及时回复投诉	<---	品牌在线旅游网站认知有用	0.77
品牌在线旅游网站提供服务质量好	<---	品牌在线旅游网站认知有用	0.81
品牌在线旅游网站的信息获取便捷	<---	品牌在线旅游网站认知有用	0.80
品牌在线旅游网站与中间商的沟通便捷	<---	品牌在线旅游网站认知有用	0.78
品牌在线旅游网站与供应商的沟通便捷	<---	品牌在线旅游网站认知有用	0.73
品牌在线旅游网站对我来说很有用	<---	品牌在线旅游网站认知有用	0.71
品牌在线旅游网站能提供有用信息	<---	品牌在线旅游网站认知有用	0.75
品牌在线旅游网站能提高信息收集效率	<---	品牌在线旅游网站认知有用	0.78

（续表）

新时代的品牌在线旅游网站认知有用性项目	路径分析	新时代品牌在线旅游网站认知有用性	路径系数
品牌在线旅游网站提供服务质量好	<---	品牌在线旅游网站认知有用	0.78
品牌在线旅游网站与中间商的沟通便捷	<---	品牌在线旅游网站认知有用	0.78
品牌在线旅游网站的信息获取便捷	<---	品牌在线旅游网站认知有用	0.80
品牌在线旅游网站能提高信息收集效率	<---	品牌在线旅游网站认知有用	0.71
品牌在线旅游网站与供应商的沟通便捷	<---	品牌在线旅游网站认知有用	0.72
品牌在线旅游网站对我来说很有用	<---	品牌在线旅游网站认知有用	0.71
品牌在线旅游网站能提供有用信息	<---	品牌在线旅游网站认知有用	0.69
品牌在线旅游网站能及时回复投诉	<---	品牌在线旅游网站认知有用	0.64

其次，在事件中，χ^2/df 是 2.312<3.0，RMSEA 是 0.038<0.136（CFI=0.996，NFI=0.992），这表示模型可以接受，即品牌在线旅游网站的认知有用因子可以解释用户受访者关于品牌在线旅游网站认知有用性模型，标准化回归系数如表 5-26 所示。

最后，在新时代，χ^2/df 是 2.605<3.0，RMSEA 是 0.046<0.08（CFI=0.993，NFI=0.988），这表示模型可以接受，即品牌在线旅游网站的认知有用因子可以解释用户受访者关于品牌在线旅游网站认知有用性模型，标准化回归系数如表 5-26 所示。

本书构建了包含品牌在线旅游网站认知有用性（潜变量）及其对应的测量指标的测量模型，检验了模型收敛效度（表 5-25）。同时，本书先逐步增加误差项之间的协方差，以此观察模型拟合的改善状况，最终获得了最优测量模型。经过多次修正与参数拟合比较，本书发现，增列误差项之间的协方差后可以获得测量模型，且拟合指数有显著改善。在重新拟合参数测量指标 e3、e4、e5、e6 后，测量模型拟合状况能够达到适配要求。根据表 5-25，可进行如下分析。

首先，在事件前，将所有测量标准纳入测量模型，初步分析结果拟合状况不佳（χ^2/df=11.257，GFI=0.928，RMR=0.039，RMSEA=0.129，CFI=0.890，NFI=0.881），模型修正指数显示，测量指标 e3、e4、e5、e6 的误差项与其他多个测量指标的误差项具有较高关联，增列相应的协方差后，卡方值将有明显降低。修正后，测量模型的 χ^2/df 值为 2.107，GFI 值为 0.956，RMR 值为 0.028，RMSEA 值为 0.100，CFI 值为 0.941，NFI 值为 0.932，各项拟合参数均达到适配要求，这表明事件前的用户受访者关于品牌在线旅游网站认知有用性的测量模型与实际数据相适配。

其次，在事件中，将所有测量标准纳入测量模型，初步分析结果拟合状况不佳（χ^2/df=9.320，GFI=0.947，RMR=0.028，RMSEA=0.097，CFI=0.963，NFI=0.958），模型修正指数显示，测量指标 e1、e3、e4、e5、e7 的误差项与其他多个测量指标的误差项具有较高关联，增列相应的协方差后，卡方值将有明显降低。修正后，测量模型的 χ^2/df 值为 2.312，GFI 值为 0.012，RMR 值为 0.012，RMSEA 值为 0.038，CFI 值为 0.996，NFI 值为 0.992，各项拟合参数均达到适配要求，这表明事件中的用户受访者关于品牌在线旅游网站认知有用性的测量模型与实际数据相适配。

最后，在新时代，将所有测量标准纳入测量模型，初步分析结果拟合状况不佳（χ^2/df=7.425，GFI=0.950，RMR=0.032，RMSEA=0.091，CFI=0.959，NFI=0.953），模型修正指数显示，测量指标 e1、e2、e3、e4、e5、e7、e8 的误差项与其他多个测量指标的误差项具有较高关联，增列相应的协方差后，卡方值将有明显降低。修正后，测量模型的 χ^2/df 值为 2.605，GFI 值为 0.988，RMR 值为 0.017，RMSEA 值为 0.046，CFI 值为 0.993，NFI 值为 0.988，各项拟合参数均达到适配要求，这表明新时代的用户受访者关于品牌在线旅游网站认知有用性的测量模型与实际数据相适配。

本书通过构建用户受访者关于品牌在线旅游网站认知有用性各单一路径模型，分别检验了变量影响关系；基于单一路径模型的结果，又构建用户受访者关于品牌在线旅游网站认知有用性所有潜变量的路径模型，总体检验了变量影响关系，如表 5-26 所示。根据表 5-26，可进行如下分析。

第一，在事件前，品牌在线旅游网站认知有用性与“品牌在线旅游网站能及时回复投诉”“品牌在线旅游网站提供服务质量好”“品牌在线旅游网站的信息获取便捷”“品牌在线旅游网站与中间商的沟通便捷”“品牌在线旅游网站对我来说很有用”“品牌在线旅游网站能提供有用信息”的单一路径模型拟合良好；用户受访者关于品牌在线旅游网站认知有用性的所有潜变量的路径模型拟合亦达到参数标准，据此，将依据模型判断事件前的用户受访者关于品牌在线旅游网站认知有用性的各潜变量之间的主效应关系。

第二，在事件中，品牌在线旅游网站认知有用性与“品牌在线旅游网站能及时回复投诉”“品牌在线旅游网站提供服务质量好”“品牌在线旅游网站的信息获取便捷”“品牌在线旅游网站与中间商的沟通便捷”“品牌在线旅游网站对我来说很有用”“品牌在线旅游网站能提供有用信息”的单一路径模型拟合良好；用户受访者关于品牌在线旅游网站认知有用性的所有潜变量的路径模型拟合亦达到参数标准，据此，将依据模型判断事件中的用户受访者关于品牌在线旅游网站认知有用性的各潜变量之间的主效应关系。

第三，在新时代，品牌在线旅游网站认知有用性与“品牌在线旅游网站提供服务质量好”“品牌在线旅游网站与中间商的沟通便捷”“品牌在线旅游网站的信息获取便捷”“品牌在线旅游网站能提高信息收集效率”“品牌在线旅游网站与供应商的沟通便捷”“品牌在线旅游网站对我来说很有用”“品牌在线旅游网站能提供有用信息”“品牌在线旅游网站能及时回复投诉”的单一路径模型拟合良好；用户受访者关于品牌在线旅游网站认知有用性的所有潜变量的路径模型拟合亦达到参数标准，据此，将依据模型判断新时代的用户受访者关于品牌在线旅游网站认知有用性的各潜变量之间的主效应关系。

二、品牌在线旅游网站服务质量满意度认知易用性的验证性因子与模型建构

在分析探索性因子后，为进一步验证模型的结构效度和收敛效度，本书采用 AMOS 25.0 进行了验证性因子分析。研究依据 χ^2/df、GFI、RMSEA、CFI 和 NFI 的数据进行了分析。本书将用户受访者关于品牌在线旅游网站认知易用性因子作为非观测变量，将其余的

品牌在线旅游网站认知易用性因子变量项目作为观测变量。

第一，从事件前的检验中得到，χ^2/df 是 10.158>3.0，RMSEA 是 0.123>0.08（CFI=0.887，NFI=0.877），此数据表明，两个因子组成对品牌在线旅游网站认知易用性验证因子的模型拟合度一般，可采取进一步修正，使模型简练有效。事件前用户受访者关于品牌在线旅游网站认知易用性的验证性因子分析如表 5-27 所示。

第二，从事件中的检验中得到，χ^2/df 是 13.070>3.0，RMSEA 是 0.117>0.08（CFI=0.929，NFI=0.923），此数据表明，十个因子组成对品牌在线旅游网站认知易用性验证因子的模型拟合度一般，可采取进一步修正，使模型简练有效。事件中用户受访者关于品牌在线旅游网站认知易用性的验证性因子分析如表 5-27 所示。

表 5-27　品牌在线旅游网站服务质量满意度认知易用性的验证性因子分析

事件前的品牌在线旅游网站认知易用性项目	路径分析	事件前的品牌在线旅游网站认知易用性	路径系数
品牌在线旅游网站的文字说明易懂	<---	品牌在线旅游网站操作易用	0.68
品牌在线旅游网站的使用无需客服指导	<---	品牌在线旅游网站操作易用	0.68
品牌在线旅游网站的使用方法容易掌握	<---	品牌在线旅游网站操作易用	0.74
品牌在线旅游网站的使用步骤简单	<---	品牌在线旅游网站操作易用	0.76
品牌在线旅游网站的使用步骤易懂	<---	品牌在线旅游网站操作易用	0.72
品牌在线旅游网站能容易搜索旅游信息	<---	品牌在线旅游网站操作易用	0.64
品牌在线旅游网站整体的界面美观	<---	品牌在线旅游网站界面易用	0.72
品牌在线旅游网站整体的功能全面	<---	品牌在线旅游网站界面易用	0.82
品牌在线旅游网站能满足我的旅游需求	<---	品牌在线旅游网站界面易用	0.75
品牌在线旅游网站的产品购买便捷	<---	品牌在线旅游网站界面易用	0.59
事件中的品牌在线旅游网站认知易用性项目	路径分析	事件中的品牌在线旅游网站认知易用性	路径系数
品牌在线旅游网站的文字说明易懂	<---	品牌在线旅游网站认知易用	0.78
品牌在线旅游网站的使用无需客服指导	<---	品牌在线旅游网站认知易用	0.75
品牌在线旅游网站的使用方法容易掌握	<---	品牌在线旅游网站认知易用	0.82
品牌在线旅游网站的使用步骤简单	<---	品牌在线旅游网站认知易用	0.83
品牌在线旅游网站的使用步骤易懂	<---	品牌在线旅游网站认知易用	0.76
品牌在线旅游网站能容易搜索旅游信息	<---	品牌在线旅游网站认知易用	0.81
品牌在线旅游网站整体的界面美观	<---	品牌在线旅游网站认知易用	0.69
品牌在线旅游网站整体的功能全面	<---	品牌在线旅游网站认知易用	0.73
品牌在线旅游网站能满足我的旅游需求	<---	品牌在线旅游网站认知易用	0.77
品牌在线旅游网站的产品购买便捷	<---	品牌在线旅游网站认知易用	0.71

（续表）

新时代的品牌在线旅游网站认知易用性项目	路径分析	新时代的品牌在线旅游网站认知易用性	路径系数
品牌在线旅游网站的使用方法容易掌握	<---	品牌在线旅游网站认知易用	0.82
品牌在线旅游网站的使用步骤简单	<---	品牌在线旅游网站认知易用	0.81
品牌在线旅游网站的产品购买便捷	<---	品牌在线旅游网站认知易用	0.79
品牌在线旅游网站能容易搜索旅游信息	<---	品牌在线旅游网站认知易用	0.79
品牌在线旅游网站的文字说明易懂	<---	品牌在线旅游网站认知易用	0.77
品牌在线旅游网站的使用无需客服指导	<---	品牌在线旅游网站认知易用	0.77
品牌在线旅游网站能满足我的旅游需求	<---	品牌在线旅游网站认知易用	0.75
品牌在线旅游网站的使用步骤易懂	<---	品牌在线旅游网站认知易用	0.76
品牌在线旅游网站整体的功能全面	<---	品牌在线旅游网站认知易用	0.68
品牌在线旅游网站整体的界面美观	<---	品牌在线旅游网站认知易用	0.67

第三，从新时代的检验中得到，χ^2/df 是 7.337>3.0，RMSEA 是 0.091>0.08（CFI=0.955，NFI=0.948），此数据表明，一个因子组成对品牌在线旅游网站认知易用性验证因子的模型拟合度一般，可采取进一步修正，使模型简练有效。新时代用户受访者关于品牌在线旅游网站认知易用性的验证性因子分析如表 5-27 所示。

通过增加观察变量之间的共变误差，在修正后，整个模型评判指标均表现良好（表 5-28）。根据表 5-28，可进行如下分析。

表 5-28　品牌在线旅游网站服务质量满意度认知易用性的模型拟合度

事件前项目	χ^2/df	GFI	RMR	RMSEA	CFI	NFI
未修正	10.158	0.897	0.043	0.123	0.887	0.877
修正后	2.530	0.920	0.037	0.100	0.915	0.905
事件中项目	χ^2/df	GFI	RMR	RMSEA	CFI	NFI
未修正	13.070	0.895	0.035	0.117	0.929	0.923
修正后	1.844	0.993	0.008	0.031	0.997	0.994
新时代项目	χ^2/df	GFI	RMR	RMSEA	CFI	NFI
未修正	7.337	0.933	0.029	0.091	0.955	0.948
修正后	2.383	0.983	0.014	0.042	0.992	0.987

第一，在事件前，χ^2/df 为 2.530<3.0，RMSEA 为 0.100>0.08（CFI=0.915，NFI=0.905），这表示模型可以接受，即品牌在线旅游网站操作易用和品牌在线旅游网站界面易用两个因子可以解释用户受访者关于品牌在线旅游网站易用有用性模型，标准化回归系数如表 5-29 所示。

表 5-29　修正后的品牌在线旅游网站服务质量满意度认知易用性的标准回归系数

事件前的品牌在线旅游网站认知易用性项目	路径分析	事件前品牌在线旅游网站认知易用性	路径系数
品牌在线旅游网站的文字说明易懂	<---	品牌在线旅游网站操作易用	0.69
品牌在线旅游网站的使用无需客服指导	<---	品牌在线旅游网站操作易用	0.68
品牌在线旅游网站的使用方法容易掌握	<---	品牌在线旅游网站操作易用	0.72
品牌在线旅游网站的使用步骤简单	<---	品牌在线旅游网站操作易用	0.70
品牌在线旅游网站的使用步骤易懂	<---	品牌在线旅游网站操作易用	0.71
品牌在线旅游网站容易搜索旅游信息	<---	品牌在线旅游网站操作易用	0.69
品牌在线旅游网站整体的界面美观	<---	品牌在线旅游网站界面易用	0.72
品牌在线旅游网站整体的功能全面	<---	品牌在线旅游网站界面易用	0.82
品牌在线旅游网站能满足我的旅游需求	<---	品牌在线旅游网站界面易用	0.75
品牌在线旅游网站的产品购买便捷	<---	品牌在线旅游网站界面易用	0.60
事件中的品牌在线旅游网站认知易用性项目	路径分析	事件中的品牌在线旅游网站认知易用性	路径系数
品牌在线旅游网站的文字说明易懂	<---	品牌在线旅游网站认知易用	0.77
品牌在线旅游网站的使用无需客服指导	<---	品牌在线旅游网站认知易用	0.75
品牌在线旅游网站的使用方法容易掌握	<---	品牌在线旅游网站认知易用	0.81
品牌在线旅游网站的使用步骤简单	<---	品牌在线旅游网站认知易用	0.81
品牌在线旅游网站的使用步骤易懂	<---	品牌在线旅游网站认知易用	0.74
品牌在线旅游网站容易搜索旅游信息	<---	品牌在线旅游网站认知易用	0.79
品牌在线旅游网站整体的界面美观	<---	品牌在线旅游网站认知易用	0.66
品牌在线旅游网站整体的功能全面	<---	品牌在线旅游网站认知易用	0.70
品牌在线旅游网站能满足我的旅游需求	<---	品牌在线旅游网站认知易用	0.72
品牌在线旅游网站的产品购买便捷	<---	品牌在线旅游网站认知易用	0.69
新时代的品牌在线旅游网站认知易用性项目	路径分析	新时代的品牌在线旅游网站认知易用性	路径系数
品牌在线旅游网站的使用方法容易掌握	<---	品牌在线旅游网站认知易用	0.82
品牌在线旅游网站的使用步骤简单	<---	品牌在线旅游网站认知易用	0.82
品牌在线旅游网站的产品购买便捷	<---	品牌在线旅游网站认知易用	0.79
品牌在线旅游网站容易搜索旅游信息	<---	品牌在线旅游网站认知易用	0.80
品牌在线旅游网站的文字说明易懂	<---	品牌在线旅游网站认知易用	0.75
品牌在线旅游网站的使用无需客服指导	<---	品牌在线旅游网站认知易用	0.78
品牌在线旅游网站能满足我的旅游需求	<---	品牌在线旅游网站认知易用	0.73
品牌在线旅游网站的使用步骤易懂	<---	品牌在线旅游网站认知易用	0.75
品牌在线旅游网站整体的功能全面	<---	品牌在线旅游网站认知易用	0.65
品牌在线旅游网站整体的界面美观	<---	品牌在线旅游网站认知易用	0.68

第二，在事件中，χ^2/df 为 1.844<3.0，RMSEA 为 0.031<0.08(CFI=0.997，NFI=0.994)，这表示模型可以接受，即品牌在线旅游网站的认知易用因子可以解释用户受访者关于品牌在线旅游网站易用有用性模型，标准化回归系数如表 5-29 所示。

第三，在新时代，χ^2/df 为 2.383<3.0，RMSEA 为 0.042<0.08(CFI=0.992，NFI=0.987)，这表示模型可以接受，即品牌在线旅游网站的认知易用因子可以解释用户受访者关于品牌在线旅游网站易用有用性模型，标准化回归系数如表 5-29 所示。

本书构建了包含品牌在线旅游网站认知易用性(潜变量)及其对应测量指标的测量模型，检验了模型收敛效度(表 5-28)。同时，本书先逐步增加误差项之间的协方差，以此观察模型拟合的改善状况，最终获得了最优测量模型。经过多次修正与参数拟合比较，本书发现，增列误差项之间的协方差后可以获得测量模型，且拟合指数有显著改善。重新拟合参数测量指标 e3、e6、e9、e10 后，测量模型拟合状况能够达到适配要求。根据表 5-28，可进行如下分析。

第一，在事件前，将所有测量标准纳入测量模型，初步分析结果拟合状况不佳(χ^2/df=10.158，GFI=0.897，RMR=0.043，RMSEA=0.123，CFI=0.887，NFI=0.877)，模型修正指数显示，测量指标 e3、e6、e9、e10 的误差项与其他多个测量指标的误差项具有较高关联，增列相应的协方差后，卡方值将有明显降低。修正后，测量模型的 χ^2/df 值为 2.530，GFI 值为 0.920，RMR 值为 0.037，RMSEA 值为 0.100，CFI 值为 0.915，NFI 值为 0.905，各项拟合参数均达到适配要求，这表明事件前的用户受访者关于品牌在线旅游网站认知易用性的测量模型与实际数据相适配。

第二，在事件中，将所有测量标准纳入测量模型，初步分析结果拟合状况不佳(χ^2/df=13.070，GFI=0.895，RMR=0.035，RMSEA=0.117，CFI=0.929，NFI=0.923)，模型修正指数显示，测量指标 e1、e3、e5、e9、e10 的误差项与其他多个测量指标的误差项具有较高关联，增列相应的协方差后，卡方值将有明显降低。修正后，测量模型的 χ^2/df 值为 1.844，GFI 值为 0.993，RMR 值为 0.008，RMSEA 值为 0.031，CFI 值为 0.997，NFI 值为 0.994，各项拟合参数均达到适配要求，这表明事件中的用户受访者关于品牌在线旅游网站认知易用性的测量模型与实际数据相适配。

第三，在新时代，将所有测量标准纳入测量模型，初步分析结果拟合状况不佳(χ^2/df=7.337，GFI=0.933，RMR=0.029，RMSEA=0.091，CFI=0.955，NFI=0.948)，模型修正指数显示，测量指标 e2、e4、e5、e6、e7、e8、e9、e10 的误差项与其他多个测量指标的误差项具有较高关联，增列相应的协方差后，卡方值将有明显降低。修正后，测量模型的 χ^2/df 值为 2.383，GFI 值为 0.983，RMR 值为 0.014，RMSEA 值为 0.042，CFI 值为 0.992，NFI 值为 0.987，各项拟合参数均达到适配要求，这表明新时代的用户受访者关于品牌在线旅游网站认知易用性的测量模型与实际数据相适配。

本书通过构建用户受访者关于品牌在线旅游网站认知易用性各单一路径模型，分别检验了变量影响关系；基于单一路径模型的结果，又构建用户受访者关于品牌在线旅游网站认知易用性所有潜变量的路径模型，总体检验了变量影响关系，如表 5-29 所示。根据

表5-29，可进行如下分析。

第一，在事件前，品牌在线旅游网站认知易用性与“品牌在线旅游网站的文字说明易懂”“品牌在线旅游网站的使用无需客服指导”“品牌在线旅游网站的使用方法容易掌握”“品牌在线旅游网站的使用步骤简单”“品牌在线旅游网站的使用步骤易懂”“品牌在线旅游网站容易搜索旅游信息”“品牌在线旅游网站整体的界面美观”“品牌在线旅游网站整体的功能全面”“品牌在线旅游网站能满足我的旅游需求”“品牌在线旅游网站的产品购买便捷”的单一路径模型拟合良好；用户受访者关于品牌在线旅游网站认知易用性的所有潜变量的路径模型拟合亦达到参数标准，据此，将依据模型判断事件前的用户受访者关于品牌在线旅游网站认知易用性的各潜变量之间的主效应关系。

第二，在事件中，品牌在线旅游网站认知易用性与“品牌在线旅游网站的文字说明易懂”“品牌在线旅游网站的使用无需客服指导”“品牌在线旅游网站的使用方法容易掌握”“品牌在线旅游网站的使用步骤简单”“品牌在线旅游网站的使用步骤易懂”“品牌在线旅游网站容易搜索旅游信息”“品牌在线旅游网站整体的界面美观”“品牌在线旅游网站整体的功能全面”“品牌在线旅游网站能满足我的旅游需求”“品牌在线旅游网站的产品购买便捷”的单一路径模型拟合良好；用户受访者关于品牌在线旅游网站认知易用性的所有潜变量的路径模型拟合亦达到参数标准，据此，将依据模型判断事件中的用户受访者关于品牌在线旅游网站认知易用性的各潜变量之间的主效应关系。

第三，在新时代，品牌在线旅游网站认知易用性与“品牌在线网站的使用方法容易掌握”“品牌在线旅游网站的使用步骤简单”“品牌在线旅游网站的产品购买便捷”“品牌在线网站容易搜索旅游信息”“品牌在线旅游网站的文字说明易懂”“品牌在线网站的使用无需客服指导”“品牌在线网站能满足我的旅游需求”“品牌在线旅游网站的使用步骤易懂”“品牌在线旅游网站整体的功能全面”“品牌在线旅游网站整体的界面美观”的单一路径模型拟合良好；用户受访者关于品牌在线旅游网站认知易用性的所有潜变量的路径模型拟合亦达到参数标准，据此，将依据模型判断新时代的用户受访者关于品牌在线旅游网站认知易用性的各潜变量之间的主效应关系。

三、品牌在线旅游网站服务质量满意度认知体验性的验证性因子与模型建构

在分析探索性因子后，为进一步验证模型的结构效度和收敛效度，本书采用AMOS 25.0进行了验证性因子分析。研究依据χ^2/df、GFI、RMSEA、CFI和NFI的数据进行了分析。本书将对用户受访者关于品牌在线旅游网站认知体验性验证因子的模型进行验证，将其余的品牌在线旅游网站认知体验性因子变量项目作为观测变量。

第一，从事件前的检验中得到，χ^2/df是$9.933>3.0$，RMSEA是$0.121>0.08$（CFI=0.878，NFI=0.867），此数据表明，两个因子组成对品牌在线旅游网站认知体验性验证因子的模型拟合度一般，可采取进一步修正，使模型简练有效。事件前用户受访者关于品牌在线旅游网站认知体验性的验证性因子分析如表5-30所示。

表 5-30 品牌在线旅游网站服务质量满意度认知体验性的验证性因子分析

事件前的品牌在线旅游网站认知体验性项目	路径分析	事件前的品牌在线旅游网站认知体验性	路径系数
品牌在线旅游网站整体来说很有趣	<---	品牌在线旅游网站娱乐体验	0.73
品牌在线旅游网站整体能令人开心	<---	品牌在线旅游网站娱乐体验	0.83
品牌在线网站能激发我的旅游兴趣	<---	品牌在线旅游网站娱乐体验	0.72
与品牌在线网站客服沟通过程开心	<---	品牌在线旅游网站娱乐体验	0.69
我整体喜欢使用品牌在线旅游网站	<---	品牌在线旅游网站娱乐体验	0.66
我常在品牌在线旅游网站购买产品	<---	品牌在线旅游网站使用体验	0.43
品牌在线旅游网站的产品性价比高	<---	品牌在线旅游网站使用体验	0.61
品牌在线旅游网站的促销活动丰富	<---	品牌在线旅游网站使用体验	0.77
品牌在线网站会主动推送促销活动	<---	品牌在线旅游网站使用体验	0.79
事件中的品牌在线旅游网站认知体验性项目	路径分析	事件中的品牌在线旅游网站认知体验性	路径系数
品牌在线旅游网站整体来说很有趣	<---	品牌在线旅游网站娱乐体验	0.84
品牌在线旅游网站整体能令人开心	<---	品牌在线旅游网站娱乐体验	0.87
品牌在线网站能激发我的旅游兴趣	<---	品牌在线旅游网站娱乐体验	0.79
与品牌在线网站客服沟通过程开心	<---	品牌在线旅游网站娱乐体验	0.82
我整体喜欢使用品牌在线旅游网站	<---	品牌在线旅游网站娱乐体验	0.82
我常用电脑浏览品牌在线旅游网站	<---	品牌在线旅游网站使用体验	0.58
我在移动端浏览品牌在线旅游网站	<---	品牌在线旅游网站使用体验	0.64
我在移动端购买该网站产品很重要	<---	品牌在线旅游网站使用体验	0.71
我常在品牌在线旅游网站购买产品	<---	品牌在线旅游网站使用体验	0.79
品牌在线旅游网站的产品性价比高	<---	品牌在线旅游网站使用体验	0.83
品牌在线旅游网站的促销活动丰富	<---	品牌在线旅游网站使用体验	0.80
品牌在线网站会主动推送促销活动	<---	品牌在线旅游网站使用体验	0.71
新时代的品牌在线旅游网站认知体验性项目	路径分析	新时代的品牌在线旅游网站认知体验性	路径系数
品牌在线旅游网站的产品性价比高	<---	品牌在线旅游网站使用体验	0.83
品牌在线旅游网站的促销活动丰富	<---	品牌在线旅游网站使用体验	0.83
我常在品牌在线旅游网站购买产品	<---	品牌在线旅游网站使用体验	0.80
能在移动端购买该网站产品很重要	<---	品牌在线旅游网站使用体验	0.74
品牌在线网站会主动推送促销活动	<---	品牌在线旅游网站使用体验	0.81
我多使用移动端浏览品牌在线网站	<---	品牌在线旅游网站使用体验	0.67
品牌在线旅游网站整体能令人开心	<---	品牌在线旅游网站娱乐体验	0.88
品牌在线网站能激发我的旅游兴趣	<---	品牌在线旅游网站娱乐体验	0.82
品牌在线旅游网站整体来说很有趣	<---	品牌在线旅游网站娱乐体验	0.82
与品牌在线网站客服沟通过程开心	<---	品牌在线旅游网站娱乐体验	0.82
我整体喜欢使用品牌在线旅游网站	<---	品牌在线旅游网站娱乐体验	0.79

第二，从事件中的检验中得到，χ^2/df 是 9.495>3.0，RMSEA 是 0.098>0.08（CFI=0.935，NFI=0.928），此数据表明，两个因子组成对品牌在线旅游网站认知体验性验证因子的模型拟合度一般，可采取进一步修正，使模型简练有效。事件中用户受访者关于品牌在线旅游网站认知体验性的验证性因子分析如表 5-30 所示。

第三，从新时代的检验中得到，χ^2/df 是 6.988>3.0，RMSEA 是 0.088>0.08（CFI=0.956，NFI=0.949），此数据表明，两个因子组成对品牌在线旅游网站认知体验性验证因子的模型拟合度一般，可采取进一步修正，使模型简练有效。新时代用户受访者关于品牌在线旅游网站认知体验性的验证性因子分析如表 5-30 所示。

通过增加观察变量之间的共变误差，在修正后，整个模型评判指标均表现良好，如表 5-31 所示。根据表 5-31，可进行如下分析。

表 5-31　品牌在线旅游网站服务质量满意度认知体验性的模型拟合度

事件前项目	χ^2/df	GFI	RMR	RMSEA	CFI	NFI
未修正	9.933	0.891	0.064	0.121	0.878	0.867
修正后	2.696	0.968	0.031	0.067	0.972	0.962
事件中项目	χ^2/df	GFI	RMR	RMSEA	CFI	NFI
未修正	9.495	0.911	0.044	0.098	0.935	0.928
修正后	2.678	0.977	0.026	0.043	0.989	0.982
新时代项目	χ^2/df	GFI	RMR	RMSEA	CFI	NFI
未修正	6.988	0.931	0.035	0.088	0.956	0.949
修正后	2.778	0.977	0.022	0.048	0.989	0.983

第一，在事件前，χ^2/df 为 2.696<3.0，RMSEA 为 0.067<0.08（CFI=0.972，NFI=0.962），这表示模型可以接受，即品牌在线旅游网站娱乐体验和品牌在线旅游网站使用体验两个因子可以解释事件前用户受访者关于品牌在线旅游网站认知体验性模型，标准化回归系数如表 5-32 所示。

表 5-32　修正后的品牌在线旅游网站服务质量满意度认知体验性的标准回归系数

事件前的品牌在线旅游网站认知体验性项目	路径分析	事件前的品牌在线旅游网站认知体验性	路径系数
品牌在线旅游网站整体来说很有趣	<---	品牌在线旅游网站娱乐体验	0.61
品牌在线旅游网站整体令人开心	<---	品牌在线旅游网站娱乐体验	0.74
品牌在线旅游网站能激发我的旅游兴趣	<---	品牌在线旅游网站娱乐体验	0.73
与品牌在线旅游网站客服沟通过程开心	<---	品牌在线旅游网站娱乐体验	0.74
我整体喜欢使用品牌在线旅游网站	<---	品牌在线旅游网站娱乐体验	0.71
我常在品牌在线旅游网站购买产品	<---	品牌在线旅游网站使用体验	0.63
品牌在线旅游网站的产品性价比高	<---	品牌在线旅游网站使用体验	0.83

（续表）

事件前的品牌在线旅游网站认知体验性项目	路径分析	事件前的品牌在线旅游网站认知体验性	路径系数
品牌在线旅游网站的促销活动丰富	<---	品牌在线旅游网站使用体验	0.73
品牌在线旅游网站会主动推送促销活动	<---	品牌在线旅游网站使用体验	0.58
事件中的品牌在线旅游网站认知体验性项目	路径分析	事件中的品牌在线旅游网站认知体验性	路径系数
品牌在线旅游网站整体来说很有趣	<---	品牌在线旅游网站娱乐体验	0.80
品牌在线旅游网站整体令人开心	<---	品牌在线旅游网站娱乐体验	0.83
品牌在线旅游网站能激发我的旅游兴趣	<---	品牌在线旅游网站娱乐体验	0.79
与品牌在线旅游网站客服沟通过程开心	<---	品牌在线旅游网站娱乐体验	0.83
我整体喜欢使用品牌在线旅游网站	<---	品牌在线旅游网站娱乐体验	0.84
我常用电脑浏览品牌在线旅游网站	<---	品牌在线旅游网站使用体验	0.59
我在移动端浏览品牌在线旅游网站	<---	品牌在线旅游网站使用体验	0.62
能在移动端购买品牌在线旅游网站产品很重要	<---	品牌在线旅游网站使用体验	0.67
我常在品牌在线旅游网站购买产品	<---	品牌在线旅游网站使用体验	0.80
品牌在线旅游网站的产品性价比高	<---	品牌在线旅游网站使用体验	0.83
品牌在线旅游网站的促销活动丰富	<---	品牌在线旅游网站使用体验	0.76
品牌在线旅游网站会主动推送促销活动	<---	品牌在线旅游网站使用体验	0.68
新时代的品牌在线旅游网站认知体验性项目	路径分析	新时代的品牌在线旅游网站认知体验性	路径系数
品牌在线旅游网站的产品性价比高	<---	品牌在线旅游网站使用体验	0.84
品牌在线旅游网站的促销活动丰富	<---	品牌在线旅游网站使用体验	0.83
我常在品牌在线旅游网站购买产品	<---	品牌在线旅游网站使用体验	0.81
能在移动端购买品牌在线旅游网站产品很重要	<---	品牌在线旅游网站使用体验	0.74
品牌在线旅游网站会主动推送促销活动	<---	品牌在线旅游网站使用体验	0.78
我多使用移动端浏览品牌在线旅游网站	<---	品牌在线旅游网站使用体验	0.63
品牌在线旅游网站整体令人开心	<---	品牌在线旅游网站娱乐体验	0.83
品牌在线旅游网站能激发我的旅游兴趣	<---	品牌在线旅游网站娱乐体验	0.81
品牌在线旅游网站整体来说很有趣	<---	品牌在线旅游网站娱乐体验	0.78
与品牌在线旅游网站客服沟通过程开心	<---	品牌在线旅游网站娱乐体验	0.85
我整体喜欢使用品牌在线旅游网站	<---	品牌在线旅游网站娱乐体验	0.81

第二，在事件中，χ^2/df 为 2.678<3.0，RMSEA 为 0.043<0.08（CFI＝0.989，NFI＝0.982），这表示模型可以接受，即品牌在线旅游网站娱乐体验和品牌在线旅游网站使用体验两个因子可以解释用户受访者关于品牌在线旅游网站认知体验性模型，标准化回归系数如表 5-32 所示。

第三，在新时代，χ^2/df 为 2.778<3.0，RMSEA 为 0.048<0.08（CFI=0.989，NFI=0.983），这表示模型可以接受，即品牌在线旅游网站娱乐体验和品牌在线旅游网站使用体验两个因子可以解释用户受访者关于品牌在线旅游网站认知体验性模型，标准化回归系数如表 5-32 所示。

本书构建了包含品牌在线旅游网站认知有用性（潜变量）及其对应测量指标的测量模型，检验了模型收敛效度（表 5-31）。同时，本书先逐步增加误差项之间的协方差，以此观察模型拟合的改善状况，最终获得了最优测量模型。经过多次修正与参数拟合比较，本书发现，增列误差项之间的协方差后可以获得测量模型，且拟合指数有显著改善。在重新拟合参数测量指标 e1、e2、e8、e9 后，测量模型拟合状况能够达到适配要求。根据表 5-31，可进行如下分析。

第一，在事件前，将所有测量标准纳入测量模型，初步分析结果拟合状况不佳（χ^2/df=9.933，GFI=0.891，RMR=0.064，RMSEA=0.121，CFI=0.878，NFI=0.867），模型修正指数显示，测量指标 e1、e2、e8、e9 的误差项与其他多个测量指标的误差项具有较高关联，增列相应的协方差后，卡方值将有明显降低。修正后，测量模型的 χ^2/df 值为 2.696，GFI 值为 0.968，RMR 值为 0.031，RMSEA 值为 0.067，CFI 值为 0.972，NFI 值为 0.962，各项拟合参数均达到适配要求，这表明事件前的用户受访者关于品牌在线旅游网站认知体验性的测量模型与实际数据相适配。

第二，在事件中，将所有测量标准纳入测量模型，初步分析结果拟合状况不佳（χ^2/df=9.495，GFI=0.911，RMR=0.044，RMSEA=0.098，CFI=0.935，NFI=0.928），模型修正指数显示，测量指标 e3、e6、e8、e9、e10、e11 的误差项与其他多个测量指标的误差项具有较高关联，增列相应的协方差后，卡方值将有明显降低。修正后，测量模型的 χ^2/df 值为 2.678，GFI 值为 0.977，RMR 值为 0.026，RMSEA 值为 0.043，CFI 值为 0.989，NFI 值为 0.982，各项拟合参数均达到适配要求，这表明事件中的用户受访者关于品牌在线旅游网站认知体验性的测量模型与实际数据相适配。

第三，在新时代，将所有测量标准纳入测量模型，初步分析结果拟合状况不佳（χ^2/df=6.988，GFI=0.931，RMR=0.035，RMSEA=0.088，CFI=0.956，NFI=0.949），模型修正指数显示，测量指标 e2、e4、e5、e6、e7、e8、e9 的误差项与其他多个测量指标的误差项具有较高关联，增列相应的协方差后，卡方值将有明显降低。修正后，测量模型的 χ^2/df 值为 2.778，GFI 值为 0.977，RMR 值为 0.022，RMSEA 值为 0.048，CFI 值为 0.989，NFI 值为 0.983，各项拟合参数均达到适配要求，这表明新时代的用户受访者关于品牌在线旅游网站认知体验性的测量模型与实际数据相适配。

本书通过构建用户受访者品牌关于在线旅游网站认知有用性各单一路径模型，分别检验了变量影响关系；基于单一路径模型结果，又构建用户受访者关于品牌在线旅游网站认知体验性所有潜变量的路径模型，总体检验了变量影响关系，如表 5-32 所示。根据表 5-32，进行如下分析。

第一，在事件前，品牌在线旅游网站认知体验性与“品牌在线旅游网站整体来说很有趣”“品牌在线旅游网站整体令人开心”“品牌在线旅游网站能激发我的旅游兴趣”“与品牌在线旅游网站客服沟通过程开心”“我整体喜欢使用品牌在线旅游网站”“我常在品牌在线旅游网站购买产品”“品牌在线旅游网站的产品性价比高”“品牌在线旅游网站的促销活动丰富”“品牌在线旅游网站会主动推送促销活动”的单一路径模型拟合良好；用户受访者关于品牌在线旅游网站认知体验性的所有潜变量的路径模型拟合亦达到参数标准，据此，将依据模型判断事件前的用户受访者关于品牌在线旅游网站认知体验性的各潜变量之间的主效应关系。

第二，在事件中，品牌在线旅游网站认知体验性与“我常用电脑浏览品牌在线旅游网站”“我在移动端浏览品牌在线旅游网站”“能在移动端购买品牌在线旅游网站产品很重要”“品牌在线旅游网站整体来说很有趣”“品牌在线旅游网站整体令人开心”“品牌在线旅游网站能激发我的旅游兴趣”“与品牌在线旅游网站客服沟通过程开心”“我整体喜欢使用品牌在线旅游网站”“我常在品牌在线旅游网站购买产品”“品牌在线旅游网站的产品性价比高”“品牌在线旅游网站的促销活动丰富”“品牌在线旅游网站会主动推送促销活动”的单一路径模型拟合良好；用户受访者关于品牌在线旅游网站认知体验性的所有潜变量的路径模型拟合亦达到参数标准，据此，将依据模型判断事件中的用户受访者关于品牌在线旅游网站认知体验性的各潜变量之间的主效应关系。

第三，在新时代，品牌在线旅游网站认知体验性与“品牌在线旅游网站的产品性价比高”“品牌在线旅游网站的促销活动丰富”“我常在品牌在线旅游网站购买产品”“能在移动端购买品牌在线旅游网站产品很重要”“品牌在线网站会主动推送促销活动”“我多使用移动端浏览品牌在线旅游网站”“品牌在线旅游网站整体令人开心”“品牌在线旅游网站能激发我的旅游兴趣”“品牌在线旅游网站整体来说很有趣”“与品牌在线旅游网站客服沟通过程开心”“我整体喜欢使用品牌在线旅游网站”的单一路径模型拟合良好；用户受访者关于品牌在线旅游网站认知体验性的所有潜变量的路径模型拟合亦达到参数标准，据此，将依据模型判断新时代的用户受访者关于品牌在线旅游网站认知体验性的各潜变量之间的主效应关系。

四、品牌在线旅游网站服务质量满意度认知风险性的验证性因子与模型建构

在分析探索性因子后，为进一步验证模型的结构效度和收敛效度，本书采用 AMOS 25.0 进行了验证性因子分析。研究依据 χ^2/df、GFI、RMSEA、CFI 和 NFI 的数据进行了分析。本书将对用户受访者关于品牌在线旅游网站认知风险模型进行分析，将品牌在线旅游网站认知风险性因子作为非观测变量，将品牌在线旅游网站认知风险性项目作为观测变量。

第一，从事件前的检验中得到，χ^2/df 是 6.933＞3.0，RMSEA 是 0.099＞0.08（CFI＝0.874，NFI＝0.856），此数据表明，两个因子组成对品牌在线旅游网站认知风险性验证因子的模型拟合度一般，可采用进一步修正，使模型简练有效。事件前用户受访者关于品牌在线旅游网站认知风险性的验证性因子分析如表 5-33 所示。

第二，从事件中的检验中得到，χ^2/df 是 4.060＞3.0，RMSEA 是 0.059＜0.08（CFI＝0.972，NFI＝0.963），此数据表明，五个因子组成对品牌在线旅游网站认知风险性验证因子的模型拟合度一般，可采用进一步修正，使模型简练有效。事件中用户受访者关于品牌在线旅游网站认知风险性的验证性因子分析如表 5-33 所示。

表 5-33　品牌在线旅游网站服务质量满意度认知风险性的验证性因子分析

事件前的品牌在线旅游网站认知风险性项目	路径分析	事件前的品牌在线旅游网站认知风险性	路径系数
不担心品牌在线旅游网站会盗取个人信息	<---	品牌在线旅游网站财务隐私	0.75
不担心品牌在线旅游网站会盗取交易信息	<---	品牌在线旅游网站财务隐私	0.80
不担心品牌在线旅游网站会泄露个人信息	<---	品牌在线旅游网站财务隐私	0.76
不担心品牌在线旅游网站会泄露交易信息	<---	品牌在线旅游网站财务隐私	0.80
不担心品牌在线旅游网站结算系统不准确	<---	品牌在线旅游网站财务隐私	0.75
不担心品牌在线旅游网站支付系统不安全	<---	品牌在线旅游网站财务隐私	0.76
不担心品牌在线旅游网站银行信息被盗用	<---	品牌在线旅游网站财务隐私	0.79
不担心品牌在线旅游网站交易信息会泄露	<---	品牌在线旅游网站财务隐私	0.780
不担心品牌在线旅游网站有额外经济损失	<---	品牌在线旅游网站财务隐私	0.78
不担心品牌在线旅游网站找不到合适功能	<---	品牌在线旅游网站功能风险	0.79
不担心得不到品牌在线网站及时功能提醒	<---	品牌在线旅游网站功能风险	0.76
不担心品牌在线旅游网站功能不满足需要	<---	品牌在线旅游网站功能风险	0.79
不担心品牌在线旅游网站功能与期望有异	<---	品牌在线旅游网站功能风险	0.79
不担心品牌在线旅游网站得不到售后服务	<---	品牌在线旅游网站功能风险	0.75
使用品牌在线旅游网站能够节省我的时间	<---	品牌在线旅游网站时间风险	0.79
从品牌在线旅游网站获取旅游信息时间短	<---	品牌在线旅游网站时间风险	0.81
品牌在线旅游网站系统速度快会节省时间	<---	品牌在线旅游网站时间风险	0.74
使用品牌在线旅游网站过程不会出现问题	<---	品牌在线旅游网站心理风险	0.72
品牌在线旅游网站的购买结果会如我所愿	<---	品牌在线旅游网站心理风险	0.77
使用品牌在线旅游网站不会造成我的损失	<---	品牌在线旅游网站心理风险	0.73
事件中的品牌在线旅游网站认知风险性项目	路径分析	事件中的品牌在线旅游网站认知风险性	路径系数
不担心品牌在线旅游网站会盗取个人信息	<---	品牌在线旅游网站隐私风险	0.89
不担心品牌在线旅游网站会盗取交易信息	<---	品牌在线旅游网站隐私风险	0.91
不担心品牌在线旅游网站会泄露个人信息	<---	品牌在线旅游网站隐私风险	0.92
不担心品牌在线旅游网站会泄露交易信息	<---	品牌在线旅游网站隐私风险	0.90
不担心品牌在线旅游网站结算系统不准确	<---	品牌在线旅游网站财务风险	0.85
不担心品牌在线旅游网站支付系统不安全	<---	品牌在线旅游网站财务风险	0.90
不担心品牌在线旅游网站银行信息被盗用	<---	品牌在线旅游网站财务风险	0.90
不担心品牌在线旅游网站交易信息会泄露	<---	品牌在线旅游网站财务风险	0.89
不担心品牌在线旅游网站有额外经济损失	<---	品牌在线旅游网站财务风险	0.88
不担心品牌在线旅游网站找不到合适功能	<---	品牌在线旅游网站功能风险	0.84

（续表）

事件中的品牌在线旅游网站认知风险性项目	路径分析	事件中的品牌在线旅游网站认知风险性	路径系数
不担心得不到品牌在线网站及时功能提醒	<---	品牌在线旅游网站功能风险	0.84
不担心品牌在线旅游网站功能不满足需要	<---	品牌在线旅游网站功能风险	0.87
不担心品牌在线旅游网站功能与期望有异	<---	品牌在线旅游网站功能风险	0.87
不担心在品牌在线网站上得不到售后服务	<---	品牌在线旅游网站功能风险	0.82
使用品牌在线旅游网站能够节省我的时间	<---	品牌在线旅游网站时间风险	0.87
从品牌在线旅游网站获取旅游信息时间短	<---	品牌在线旅游网站时间风险	0.87
品牌在线旅游网站系统速度快会节省时间	<---	品牌在线旅游网站时间风险	0.84
使用品牌在线旅游网站过程不会出现问题	<---	品牌在线旅游网站心理风险	0.82
品牌在线旅游网站的购买结果会如我所愿	<---	品牌在线旅游网站心理风险	0.89
使用品牌在线旅游网站不会造成我的损失	<---	品牌在线旅游网站心理风险	0.86
新时代的品牌在线旅游网站认知风险性项目	路径分析	新时代的品牌在线旅游网站认知风险性	路径系数
品牌在线旅游网站系统速度快会节省时间	<---	品牌在线旅游网站心理风险	0.84
品牌在线旅游网站获取旅游信息时间较短	<---	品牌在线旅游网站心理风险	0.85
使用品牌在线旅游网站能够节省我的时间	<---	品牌在线旅游网站心理风险	0.81
使用品牌在线旅游网站时不太会出现问题	<---	品牌在线旅游网站心理风险	0.73
品牌在线旅游网站购买的结果会如我所愿	<---	品牌在线旅游网站心理风险	0.77
使用品牌在线旅游网站不会造成我的损失	<---	品牌在线旅游网站心理风险	0.75
不担心品牌在线旅游网站银行信息被盗用	<---	品牌在线旅游网站财务风险	0.87
不担心品牌在线旅游网站支付系统不安全	<---	品牌在线旅游网站财务风险	0.90
不担心品牌在线旅游网站交易信息会泄露	<---	品牌在线旅游网站财务风险	0.86
不担心品牌在线旅游网站有额外经济损失	<---	品牌在线旅游网站财务风险	0.87
不担心品牌在线旅游网站结算系统不准确	<---	品牌在线旅游网站财务风险	0.83
不担心品牌在线旅游网站功能不满足需要	<---	品牌在线旅游网站功能风险	0.85
不担心品牌在线旅游网站功能与期望有异	<---	品牌在线旅游网站功能风险	0.86
不担心得不到品牌在线旅游网站功能提醒	<---	品牌在线旅游网站功能风险	0.83
不担心品牌在线旅游网站找不到合适功能	<---	品牌在线旅游网站功能风险	0.83
不担心品牌在线旅游网站得不到售后服务	<---	品牌在线旅游网站功能风险	0.81
不担心品牌在线旅游网站会盗取交易信息	<---	品牌在线旅游网站隐私风险	0.91
不担心品牌在线旅游网站会泄露个人信息	<---	品牌在线旅游网站隐私风险	0.88
不担心品牌在线旅游网站会盗取个人信息	<---	品牌在线旅游网站隐私风险	0.86
不担心品牌在线旅游网站会泄露交易信息	<---	品牌在线旅游网站隐私风险	0.86

第三，从新时代的检验中得到，χ^2/df 是 5.813＞3.0，RMSEA 是 0.079＜0.08(CFI＝0.941，NFI＝0.929)，此数据表明，四个因子组成对品牌在线旅游网站认知风险性验证因子的模型拟合度一般，可采用进一步修正，使模型简练有效。新时代用户受访者关于品牌在线旅游网站认知风险性的验证性因子分析如表 5-33 所示。

通过增加观察变量之间的共变误差，在修正后，整个模型评判指标均表现良好，如表 5-34 所示。根据表 5-34，可进行如下分析。

表 5-34　品牌在线旅游网站服务质量满意度认知风险性的模型拟合度

事件前项目	χ^2/df	GFI	RMR	RMSEA	CFI	NFI
未修正	6.933	0.805	0.041	0.099	0.874	0.856
修正后	2.042	0.903	0.035	0.071	0.937	0.919
事件中项目	χ^2/df	GFI	RMR	RMSEA	CFI	NFI
未修正	4.060	0.929	0.026	0.059	0.972	0.963
修正后	2.949	0.955	0.022	0.047	0.983	0.975
新时代项目	χ^2/df	GFI	RMR	RMSEA	CFI	NFI
未修正	5.813	0.869	0.045	0.079	0.941	0.929
修正后	2.967	0.943	0.056	0.050	0.977	0.966

第一，在事件前，χ^2/df 为 2.042＜3.0，RMSEA 为 0.071＜0.08(CFI＝0.937，NFI＝0.919)，这表示模型可以接受，即品牌在线旅游网站财务隐私、品牌在线旅游网站功能风险、品牌在线旅游网站时间风险和品牌在线旅游网站心理风险四个因子可以解释用户受访者关于品牌在线旅游网站认知风险性模型，标准化回归系数如表 5-35 所示。

表 5-35　修正后的品牌在线旅游网站服务质量满意度认知风险性的标准回归系数

事件前的品牌在线旅游网站认知风险性项目	路径分析	事件前的品牌在线旅游网站认知风险性	路径系数
不担心品牌在线旅游网站会盗取个人信息	<---	品牌在线旅游网站财务隐私	0.73
不担心品牌在线旅游网站会盗取交易信息	<---	品牌在线旅游网站财务隐私	0.78
不担心品牌在线旅游网站会泄露个人信息	<---	品牌在线旅游网站财务隐私	0.77
不担心品牌在线旅游网站会泄露交易信息	<---	品牌在线旅游网站财务隐私	0.82
不担心品牌在线旅游网站结算系统不准确	<---	品牌在线旅游网站财务隐私	0.73
不担心品牌在线旅游网站支付系统不安全	<---	品牌在线旅游网站财务隐私	0.75
不担心品牌在线旅游网站银行信息被盗用	<---	品牌在线旅游网站财务隐私	0.79
不担心品牌在线旅游网站交易信息会泄露	<---	品牌在线旅游网站财务隐私	0.78
不担心品牌在线旅游网站有额外经济损失	<---	品牌在线旅游网站财务隐私	0.76
不担心品牌在线旅游网站找不到合适功能	<---	品牌在线旅游网站功能风险	0.76
不担心得不到品牌在线旅游网站及时功能提醒	<---	品牌在线旅游网站功能风险	0.71

（续表）

事件前的品牌在线旅游网站认知风险性项目	路径分析	事件前的品牌在线旅游网站认知风险性	路径系数
不担心品牌在线旅游网站功能不满足需要	<---	品牌在线旅游网站功能风险	0.77
不担心品牌在线旅游网站功能与期望有异	<---	品牌在线旅游网站功能风险	0.79
不担心在品牌在线旅游网站上得不到售后服务	<---	品牌在线旅游网站功能风险	0.77
使用品牌在线旅游网站能够节省我的时间	<---	品牌在线旅游网站时间风险	0.79
从品牌在线旅游网站获取旅游信息时间短	<---	品牌在线旅游网站时间风险	0.81
品牌在线旅游网站系统速度快会节省时间	<---	品牌在线旅游网站时间风险	0.74
使用品牌在线旅游网站过程不会出现问题	<---	品牌在线旅游网站心理风险	0.72
品牌在线旅游网站的购买结果如我所愿	<---	品牌在线旅游网站心理风险	0.77
使用品牌在线旅游网站不会造成损失	<---	品牌在线旅游网站心理风险	0.73
事件中的品牌在线旅游网站认知风险性项目	路径分析	事件中的品牌在线旅游网站认知风险性	路径系数
不担心品牌在线旅游网站会盗取个人信息	<---	品牌在线旅游网站隐私风险	0.89
不担心品牌在线旅游网站会盗取交易信息	<---	品牌在线旅游网站隐私风险	0.91
不担心品牌在线旅游网站会泄露个人信息	<---	品牌在线旅游网站隐私风险	0.92
不担心品牌在线旅游网站会泄露交易信息	<---	品牌在线旅游网站隐私风险	0.89
不担心品牌在线旅游网站结算系统不准确	<---	品牌在线旅游网站财务风险	0.82
不担心品牌在线旅游网站支付系统不安全	<---	品牌在线旅游网站财务风险	0.88
不担心品牌在线旅游网站银行信息被盗用	<---	品牌在线旅游网站财务风险	0.90
不担心品牌在线旅游网站交易信息会泄露	<---	品牌在线旅游网站财务风险	0.90
不担心品牌在线旅游网站有额外经济损失	<---	品牌在线旅游网站财务风险	0.88
不担心品牌在线旅游网站找不到合适功能	<---	品牌在线旅游网站功能风险	0.82
不担心得不到品牌在线旅游网站及时功能提醒	<---	品牌在线旅游网站功能风险	0.80
不担心品牌在线旅游网站功能不满足需要	<---	品牌在线旅游网站功能风险	0.87
不担心品牌在线旅游网站功能与期望有异	<---	品牌在线旅游网站功能风险	0.87
不担心在品牌在线旅游网站上得不到售后服务	<---	品牌在线旅游网站功能风险	0.83
使用品牌在线旅游网站能够节省我的时间	<---	品牌在线旅游网站时间风险	0.88
从品牌在线旅游网站获取旅游信息时间短	<---	品牌在线旅游网站时间风险	0.85
品牌在线旅游网站系统速度快会节省时间	<---	品牌在线旅游网站时间风险	0.81
使用品牌在线旅游网站过程不会出现问题	<---	品牌在线旅游网站心理风险	0.82
品牌在线旅游网站的购买结果如我所愿	<---	品牌在线旅游网站心理风险	0.89
使用品牌在线旅游网站不会造成损失	<---	品牌在线旅游网站心理风险	0.86

（续表）

新时代的品牌在线旅游网站认知风险性项目	路径分析	新时代的品牌在线旅游网站认知风险性	路径系数
品牌在线旅游网站系统速度快会节省时间	<---	品牌在线旅游网站心理风险	0.85
品牌在线旅游网站获取旅游信息时间较短	<---	品牌在线旅游网站心理风险	0.88
使用品牌在线旅游网站能够节省我的时间	<---	品牌在线旅游网站心理风险	0.85
使用品牌在线旅游网站时不太会出现问题	<---	品牌在线旅游网站心理风险	0.64
品牌在线旅游网站的购买结果如我所愿	<---	品牌在线旅游网站心理风险	0.69
使用品牌在线旅游网站不会造成我的损失	<---	品牌在线旅游网站心理风险	0.66
不担心品牌在线旅游网站银行信息被盗用	<---	品牌在线旅游网站财务风险	0.86
不担心品牌在线旅游网站支付系统不安全	<---	品牌在线旅游网站财务风险	0.89
不担心品牌在线旅游网站交易信息会泄露	<---	品牌在线旅游网站财务风险	0.86
不担心品牌在线旅游网站有额外经济损失	<---	品牌在线旅游网站财务风险	0.87
不担心品牌在线旅游网站结算系统不准确	<---	品牌在线旅游网站财务风险	0.83
不担心品牌在线旅游网站功能不满足需要	<---	品牌在线旅游网站功能风险	0.84
不担心品牌在线旅游网站功能与期望有异	<---	品牌在线旅游网站功能风险	0.85
不担心得不到品牌在线旅游网站功能提醒	<---	品牌在线旅游网站功能风险	0.84
不担心品牌在线旅游网站找不到合适功能	<---	品牌在线旅游网站功能风险	0.82
不担心品牌在线旅游网站得不到售后服务	<---	品牌在线旅游网站功能风险	0.85
不担心品牌在线旅游网站会盗取交易信息	<---	品牌在线旅游网站隐私风险	0.91
不担心品牌在线旅游网站会泄露个人信息	<---	品牌在线旅游网站隐私风险	0.88
不担心品牌在线旅游网站会盗取个人信息	<---	品牌在线旅游网站隐私风险	0.86
不担心品牌在线旅游网站会泄露交易信息	<---	品牌在线旅游网站隐私风险	0.86

第二，在事件中，χ^2/df 为 $2.949<3.0$，RMSEA 为 $0.047<0.08$（CFI＝0.983，NFI＝0.975），这表示模型可以接受，即品牌在线旅游网站财务风险、品牌在线旅游网站隐私风险、品牌在线旅游网站功能风险、品牌在线旅游网站时间风险和品牌在线旅游网站心理风险五个因子可以解释用户受访者关于品牌在线旅游网站认知风险性模型，标准化回归系数如表 5-35 所示。

第三，在新时代，χ^2/df 为 $2.967<3.0$，RMSEA 为 $0.050<0.08$（CFI＝0.977，NFI＝0.966），这表示模型可以接受，即品牌在线旅游网站心理风险、品牌在线旅游网站财务风险、品牌在线旅游网站功能风险、品牌在线旅游网站隐私风险四个因子可以解释用户受访者关于品牌在线旅游网站认知风险性模型，标准化回归系数如表 5-35 所示。

本书构建了包含品牌在线旅游网站认知风险性（潜变量）及其对应的测量指标的测量模型，检验了模型收敛效度（表 5-34）。同时，本书先逐步增加误差项之间的协方差，以此观察模型拟合的改善状况，最终获得了最优测量模型。经过多次修正与参数拟合比较，本书发现，增列误差项之间的协方差后可以获得测量模型，且拟合指数有显著改善。在重新拟合参数测量指标 e1、e2、e8、e9 后，测量模型拟合状况能够达到适配要求。根据表 5-34，可进行如下分析。

首先，在事件前，将所有测量标准纳入测量模型，初步分析结果拟合状况不佳（χ^2/df=6.933，GFI=0.805，RMR=0.041，RMSEA=0.099，CFI=0.874，NFI=0.856），模型修正指数显示，测量指标 e5、e6、e8、e9、e10、e11、e12、e13 的误差项与其他多个测量指标的误差项具有较高关联，增列相应的协方差后，卡方值将有明显降低。修正后，测量模型的 χ^2/df 值为 2.042，GFI 值为 0.903，RMR 值为 0.035，RMSEA 值为 0.071，CFI 值为 0.937，NFI 值为 0.919，各项拟合参数均达到适配要求，这表明事件前的用户受访者关于品牌在线旅游网站认知风险性的测量模型与实际数据相适配。

其次，在事件中，将所有测量标准纳入测量模型，初步分析结果拟合状况不佳（χ^2/df=4.060，GFI=0.929，RMR=0.026，RMSEA=0.059，CFI=0.972，NFI=0.963），模型修正指数显示，测量指标 e11、e12、e16、e17、e19 的误差项与其他多个测量指标的误差项具有较高关联，增列相应的协方差后，卡方值将有明显降低。修正后，测量模型的 χ^2/df 值为 2.949，GFI 值为 0.955，RMR 值为 0.022，RMSEA 值为 0.047，CFI 值为 0.983，NFI 值为 0.975，各项拟合参数均达到适配要求，这表明事件中的用户受访者关于品牌在线旅游网站认知风险性的测量模型与实际数据相适配。

最后，在新时代，将所有测量标准纳入测量模型，初步分析结果拟合状况不佳（χ^2/df=5.813，GFI=0.869，RMR=0.045，RMSEA=0.079，CFI=0.941，NFI=0.929），模型修正指数显示，测量指标 e1、e2、e4、e5、e6、e7、e8、e11、e14、e15、e16 的误差项与其他多个测量指标的误差项具有较高关联，增列相应的协方差后，卡方值将有明显降低。修正后，测量模型的 χ^2/df 值为 2.967，GFI 值为 0.943，RMR 值为 0.056，RMSEA 值为 0.050，CFI 值为 0.977，NFI 值为 0.966，各项拟合参数均达到适配要求，这表明新时代的用户受访者关于品牌在线旅游网站认知风险性的测量模型与实际数据相适配。

本书通过构建用户受访者关于品牌在线旅游网站认知风险性各单一路径模型，分别检验了变量影响关系；基于单一路径模型结果，又构建用户受访者关于品牌在线旅游网站认知风险性所有潜变量的路径模型，总体检验了变量影响关系，如表 5-35 所示。根据表 5-35，可进行如下分析。

第一，在事件前，品牌在线旅游网站认知风险性与“不担心品牌在线旅游网站会盗取个人信息”“不担心品牌在线旅游网站会盗取交易信息”“不担心品牌在线旅游网站会泄露个人信息”“不担心品牌在线旅游网站会泄露交易信息”“不担心品牌在线旅游网站结算系统不准确”“不担心品牌在线旅游网站支付系统不安全”“不担心品牌在线旅游网站银行信息被盗用”“不担心品牌在线旅游网站交易信息会泄露”“不担心品牌在线旅游网站有额外经济损失”“不担心品牌在线旅游网站找不到合适功能”“不担心得不到品牌在线旅游网站及时功能提醒”“不担心品牌在线旅游网站功能不满足需要”“不担心品牌在线旅游网站功能与期望有异”“不担心品牌在线旅游网站上得不到售后服务”“使用品牌在线旅游网站能够节省我的时间”“从品牌在线旅游网站获取旅游信息时间短”“品牌在线旅游网站系统速度快会节省时间”“使用品牌在线旅游网站过程不会出现问题”“品牌在线旅游网站的购买结果如我所愿”“使用品牌在线旅游网站不会造成损失”的单一路径模型拟合良好；用户受访者关于品牌在线旅游网站认知风险性的所有潜变量的路径模型拟合亦达到参数标准，据此，将依据模型判断事件前的用户受访者关于品牌在线旅游网站服务质量满意度认知风险性的各潜变量之间的主效应关系。

第二，在事件中，品牌在线旅游网站认知风险性与“不担心品牌在线旅游网站会盗取个人信息”“不担心品牌在线旅游网站会盗取交易信息”“不担心品牌在线旅游网站会泄露个人信息”“不担心品牌在线旅游网站会泄露交易信息”“不担心品牌在线旅游网站结算系统不准确”“不担心品牌在线旅游网站支付系统不安全”“不担心品牌在线旅游网站银行信息被盗用”“不担心品牌在线旅游网站交易信息会泄露”“不担心品牌在线旅游网站有额外经济损失”“不担心品牌在线旅游网站找不到合适功能”“不担心得不到品牌在线旅游网站及时功能提醒”“不担心品牌在线旅游网站功能不满足需要”“不担心品牌在线旅游网站功能与期望有异”“不担心在品牌在线旅游网站上得不到售后服务”“使用品牌在线旅游网站能够节省我的时间”“从品牌在线旅游网站获取旅游信息时间短”“品牌在线旅游网站系统速度快会节省时间”“使用品牌在线旅游网站过程不会出现问题”“品牌在线旅游网站的购买结果如我所愿”“使用品牌在线旅游网站不会造成损失”的单一路径模型拟合良好；用户受访者关于品牌在线旅游网站认知风险性的所有潜变量的路径模型拟合亦达到参数标准，据此，将依据模型判断事件中的用户受访者关于品牌在线旅游网站服务质量满意度认知风险性的各潜变量之间的主效应关系。

第三，在新时代，品牌在线旅游网站认知风险性与“品牌在线旅游网站系统速度快会节省时间”“品牌在线旅游网站获取旅游信息时间较短”“使用品牌在线旅游网站能够节省我的时间”“使用品牌在线旅游网站时不太会出现问题”“品牌在线旅游网站的购买结果如我所愿”“使用品牌在线旅游网站不会造成我的损失”“不担心品牌在线旅游网站银行信息被盗用”“不担心品牌在线旅游网站支付系统不安全”“不担心品牌在线旅游网站交易信息会泄露”“不担心品牌在线旅游网站有额外经济损失”“不担心品牌在线旅游网站结算系统不准确”“不担心品牌在线旅游网站功能不满足需要”“不担心品牌在线旅游网站功能与期望有异”“不担心得不到品牌在线旅游网站功能提醒”“不担心品牌在线旅游网站找不到合适功能”“不担心品牌在线旅游网站得不到售后服务”“不担心品牌在线旅游网站会盗取交易信息”“不担心品牌在线旅游网站会泄露个人信息”“不担心品牌在线旅游网站会盗取个人信息”“不担心品牌在线旅游网站会泄露交易信息”的单一路径模型拟合良好；用户受访者关于品牌在线旅游网站认知风险性的所有潜变量的路径模型拟合亦达到参数标准，据此，将依据模型判断新时代的用户受访者关于品牌在线旅游网站服务质量满意度认知风险性的各潜变量之间的主效应关系。

五、品牌在线旅游网站服务质量满意度认知质量性的验证性因子与模型建构

在分析探索性因子后，为进一步验证模型的结构效度和收敛效度，本书采用 AMOS25.0 进

行了验证性因子分析。研究依据 χ^2/df、GFI、RMSEA、CFI 和 NFI 的数据进行了分析。本书将对用户受访者关于品牌在线旅游网站认知质量性模型进行分析，将品牌在线旅游网站认知质量性因子作为非观测变量，将品牌在线旅游网站认知质量性项目作为观测变量。

第一，从事件前的检验中得到，χ^2/df 是 7.358>3.0，RMSEA 是 0.104>0.08（CFI=0.901，NFI=0.888），此数据表明，两个因子组成对品牌在线旅游网站认知质量性验证因子的模型拟合度一般，可采取进一步修正，使模型简练有效。用户受访者关于品牌在线旅游网站认知质量性的验证性因子分析如表 5-36 所示。

表 5-36　品牌在线旅游网站服务质量满意度认知质量性的验证性因子分析

事件前的品牌在线旅游网站认知质量性项目	路径分析	事件前的品牌在线旅游网站认知质量性	路径系数
使用品牌在线旅游网站能顺利登录	<---	品牌在线旅游网站系统质量	0.71
使用品牌在线旅游网站很少出问题	<---	品牌在线旅游网站系统质量	0.67
使用品牌在线旅游网站响应速度快	<---	品牌在线旅游网站系统质量	0.73
品牌在线旅游网站的模块布局合理	<---	品牌在线旅游网站系统质量	0.69
品牌在线旅游网站能准确记录交易	<---	品牌在线旅游网站系统质量	0.76
品牌在线旅游网站能准确计算价格	<---	品牌在线旅游网站系统质量	0.73
品牌在线旅游网站能准确安排行程	<---	品牌在线旅游网站系统质量	0.67
品牌在线旅游网站能持续更新升级	<---	品牌在线旅游网站系统质量	0.65
品牌在线旅游网站有最新产品信息	<---	品牌在线旅游网站信息质量	0.74
品牌在线旅游网站有准确产品信息	<---	品牌在线旅游网站信息质量	0.82
品牌在线旅游网站有详细产品信息	<---	品牌在线旅游网站信息质量	0.74
品牌在线旅游网站提供了产品订单	<---	品牌在线旅游网站信息质量	0.67
事件中的品牌在线旅游网站认知质量性项目	路径分析	事件中的品牌在线旅游网站认知质量性	路径系数
使用品牌在线旅游网站能顺利登录	<---	品牌在线旅游网站系统质量	0.76
使用品牌在线旅游网站很少出问题	<---	品牌在线旅游网站系统质量	0.85
使用品牌在线旅游网站响应速度快	<---	品牌在线旅游网站系统质量	0.85
品牌在线旅游网站的模块布局合理	<---	品牌在线旅游网站系统质量	0.83
品牌在线旅游网站能准确记录交易	<---	品牌在线旅游网站系统质量	0.83
品牌在线旅游网站能准确计算价格	<---	品牌在线旅游网站系统质量	0.80
品牌在线旅游网站能准确安排行程	<---	品牌在线旅游网站系统质量	0.79
品牌在线旅游网站能持续更新升级	<---	品牌在线旅游网站系统质量	0.77
品牌在线旅游网站有最新产品信息	<---	品牌在线旅游网站信息质量	0.84
品牌在线旅游网站有准确产品信息	<---	品牌在线旅游网站信息质量	0.87
品牌在线旅游网站有详细产品信息	<---	品牌在线旅游网站信息质量	0.85
品牌在线旅游网站提供了产品订单	<---	品牌在线旅游网站信息质量	0.85

（续表）

新时代的品牌在线旅游网站认知质量性项目	路径分析	新时代的品牌在线旅游网站认知质量性	路径系数
使用品牌在线旅游网站响应速度快	<---	品牌在线旅游网站系统质量	0.83
品牌在线旅游网站能准确计算价格	<---	品牌在线旅游网站系统质量	0.82
品牌在线旅游网站的模块布局合理	<---	品牌在线旅游网站系统质量	0.81
品牌在线旅游网站能准确安排行程	<---	品牌在线旅游网站系统质量	0.78
品牌在线旅游网站能准确记录交易	<---	品牌在线旅游网站系统质量	0.82
使用品牌在线旅游网站很少出问题	<---	品牌在线旅游网站系统质量	0.79
品牌在线旅游网站能持续更新升级	<---	品牌在线旅游网站系统质量	0.76
使用品牌在线旅游网站能顺利登录	<---	品牌在线旅游网站系统质量	0.75
品牌在线旅游网站有最新产品信息	<---	品牌在线旅游网站信息质量	0.86
品牌在线旅游网站有准确产品信息	<---	品牌在线旅游网站信息质量	0.88
品牌在线旅游网站提供了产品订单	<---	品牌在线旅游网站信息质量	0.83
品牌在线旅游网站有详细产品信息	<---	品牌在线旅游网站信息质量	0.86

第二，从事件中的检验中得到，χ^2/df 是 6.022>3.0，RMSEA 是 0.075<0.08（CFI=0.969，NFI=0.963），此数据表明，两个因子组成对品牌在线旅游网站认知质量性验证因子的模型拟合度一般，可采取进一步修正，使模型简练有效。

第三，从新时代的检验中得到，χ^2/df 是 3.448>3.0，RMSEA 是 0.056<0.08（CFI=0.981，NFI=0.974），此数据表明，两个因子组成对品牌在线旅游网站认知质量性验证因子的模型拟合度一般，可采取进一步修正，使模型简练有效。

通过增加观察变量之间的共变误差，在修正后，整个模型评判指标均表现良好，如表 5-37 所示。根据表 5-37，可进行如下分析。

表 5-37　品牌在线旅游网站服务质量满意度认知质量性的模型拟合度

事件前项目	χ^2/df	GFI	RMR	RMSEA	CFI	NFI
未修正	7.358	0.899	0.034	0.104	0.901	0.888
修正后	2.164	0.945	0.026	0.072	0.956	0.943
事件中项目	χ^2/df	GFI	RMR	RMSEA	CFI	NFI
未修正	6.022	0.195	0.455	0.075	0.969	0.963
修正后	2.794	0.978	0.014	0.045	0.986	0.986
新时代项目	χ^2/df	GFI	RMR	RMSEA	CFI	NFI
未修正	3.448	0.960	0.018	0.056	0.981	0.974
修正后	2.819	0.969	0.017	0.049	0.987	0.980

第一，在事件前，χ^2/df 为 2.164＜3.0，RMSEA 为 0.072＜0.08（CFI＝0.956，NFI＝0.943），这表示模型可以接受，即品牌在线旅游网站系统质量、品牌在线旅游网站信息质量两个因子可以解释用户受访者关于品牌在线旅游网站认知质量性模型，标准化回归系数如表 5-38 所示。

表 5-38 修正后的品牌在线旅游网站服务质量满意度认知质量性的标准回归系数

事件前的品牌在线旅游网站认知质量性项目	路径分析	事件前的品牌在线旅游网站认知质量性	路径系数
品牌在线旅游网站能顺利登录	<---	品牌在线旅游网站系统质量	0.70
品牌在线旅游网站很少出问题	<---	品牌在线旅游网站系统质量	0.65
品牌在线旅游网站响应速度快	<---	品牌在线旅游网站系统质量	0.75
品牌在线旅游网站的模块布局合理	<---	品牌在线旅游网站系统质量	0.72
品牌在线旅游网站能准确记录交易	<---	品牌在线旅游网站系统质量	0.74
品牌在线旅游网站能准确计算价格	<---	品牌在线旅游网站系统质量	0.69
品牌在线旅游网站能准确安排行程	<---	品牌在线旅游网站系统质量	0.64
品牌在线旅游网站能持续更新升级	<---	品牌在线旅游网站系统质量	0.63
品牌在线旅游网站有最新产品信息	<---	品牌在线旅游网站信息质量	0.71
品牌在线旅游网站有准确产品信息	<---	品牌在线旅游网站信息质量	0.88
品牌在线旅游网站有详细产品信息	<---	品牌在线旅游网站信息质量	0.72
品牌在线旅游网站提供了产品订单	<---	品牌在线旅游网站信息质量	0.75
事件中的品牌在线旅游网站认知质量性项目	**路径分析**	**事件中的品牌在线旅游网站认知质量性**	**路径系数**
品牌在线旅游网站能顺利登录	<---	品牌在线旅游网站系统质量	0.72
品牌在线旅游网站很少出问题	<---	品牌在线旅游网站系统质量	0.81
品牌在线旅游网站响应速度快	<---	品牌在线旅游网站系统质量	0.82
品牌在线旅游网站的模块布局合理	<---	品牌在线旅游网站系统质量	0.84
品牌在线旅游网站能准确记录交易	<---	品牌在线旅游网站系统质量	0.82
品牌在线旅游网站能准确计算价格	<---	品牌在线旅游网站系统质量	0.79
品牌在线旅游网站能准确安排行程	<---	品牌在线旅游网站系统质量	0.80
品牌在线旅游网站能持续更新升级	<---	品牌在线旅游网站系统质量	0.77
品牌在线旅游网站有最新产品信息	<---	品牌在线旅游网站信息质量	0.81
品牌在线旅游网站有准确产品信息	<---	品牌在线旅游网站信息质量	0.85
品牌在线旅游网站有详细产品信息	<---	品牌在线旅游网站信息质量	0.86
品牌在线旅游网站提供了产品订单	<---	品牌在线旅游网站信息质量	0.86

（续表）

新时代的品牌在线旅游网站认知质量性项目	路径分析	新时代的品牌在线旅游网站认知质量性	路径系数
品牌在线旅游网站响应速度快	<---	品牌在线旅游网站系统质量	0.82
品牌在线旅游网站能准确计算价格	<---	品牌在线旅游网站系统质量	0.83
品牌在线旅游网站的模块布局合理	<---	品牌在线旅游网站系统质量	0.81
品牌在线旅游网站能准确安排行程	<---	品牌在线旅游网站系统质量	0.78
品牌在线旅游网站能准确记录交易	<---	品牌在线旅游网站系统质量	0.83
品牌在线旅游网站很少出问题	<---	品牌在线旅游网站系统质量	0.79
品牌在线旅游网站能持续更新升级	<---	品牌在线旅游网站系统质量	0.76
品牌在线旅游网站能顺利登录	<---	品牌在线旅游网站系统质量	0.75
品牌在线旅游网站有最新产品信息	<---	品牌在线旅游网站信息质量	0.86
品牌在线旅游网站有准确产品信息	<---	品牌在线旅游网站信息质量	0.88
品牌在线旅游网站提供了产品订单	<---	品牌在线旅游网站信息质量	0.83
品牌在线旅游网站有详细产品信息	<---	品牌在线旅游网站信息质量	0.86

第二，在事件中，χ^2/df 为 2.794<3.0，RMSEA 为 0.045<0.08（CFI＝0.986，NFI＝0.986），这表示模型可以接受，即品牌在线旅游网站系统质量、品牌在线旅游网站信息质量两个因子可以解释用户受访者关于品牌在线旅游网站认知质量性模型，标准化回归系数如表 5-38 所示。

第三，在新时代，χ^2/df 为 2.819<3.0，RMSEA 为 0.049<0.08（CFI＝0.987，NFI＝0.980），这表示模型可以接受，即品牌在线旅游网站系统质量、品牌在线旅游网站信息质量两个因子可以解释用户受访者关于品牌在线旅游网站认知质量性模型，标准化回归系数如表 5-38 所示。

本书构建了包含品牌在线旅游网站认知质量性（潜变量）及其对应的测量指标的测量模型，检验了模型收敛效度（表 5-37）。同时，本书先逐步增加误差项之间的协方差，以此观察模型拟合的改善状况，最终获得了最优测量模型。经过多次修正与参数拟合比较，本书发现，增列误差项之间的协方差后可以获得测量模型，且拟合指数有显著改善。在重新拟合参数测量指标 e1、e2、e8、e9 后，测量模型拟合状况能够达到适配要求。根据表 5-37，可进行如下分析。

第一，在事件前，将所有测量标准纳入测量模型，初步分析结果拟合状况不佳（χ^2/df＝7.358，GFI＝0.899，RMR＝0.034，RMSEA＝0.104，CFI＝0.901，NFI＝0.888），模型修正指数显示，测量指标 e1、e2、e5、e6、e7、e8、e9、e12 的误差项与其他多个测量指标的误差项具有较高关联，增列相应的协方差后，卡方值将有明显降低。修正后，测量模型的 χ^2/df 值为 2.164，GFI 值为 0.945，RMR 值为 0.026，RMSEA 值为 0.072，CFI 值为 0.956，NFI 值为 0.943，各项拟合参数均达到适配要求，这表明事件前的用户受访者关于品牌在线旅游网站认知质量性的测量模型与实际数据相适配。

第二，在事件中，将所有测量标准纳入测量模型，初步分析结果拟合状况不佳（$\chi^2/df=6.022$，GFI＝0.195，RMR＝0.455，RMSEA＝0.075，CFI＝0.969，NFI＝0.963），模型修正指数显示，测量指标e6、e7、e10、e12的误差项与其他多个测量指标的误差项具有较高关联，增列相应的协方差后，卡方值将有明显降低。修正后，测量模型的χ^2/df值为2.794，GFI值为0.978，RMR值为0.014，RMSEA值为0.045，CFI值为0.986，NFI值为0.986，各项拟合参数均达到适配要求，这表明事件中的用户受访者关于品牌在线旅游网站认知质量性的测量模型与实际数据相适配。

第三，在新时代，将所有测量标准纳入测量模型，初步分析结果拟合状况不佳（$\chi^2/df=3.448$，GFI＝0.960，RMR＝0.018，RMSEA＝0.056，CFI＝0.981，NFI＝0.974），模型修正指数显示，测量指标e1、e5、e6的误差项与其他多个测量指标的误差项具有较高关联，增列相应的协方差后，卡方值将有明显降低。修正后，测量模型的χ^2/df值为2.819，GFI值为0.969，RMR值为0.017，RMSEA值为0.049，CFI值为0.987，NFI值为0.980，各项拟合参数均达到适配要求，这表明新时代的用户受访者关于品牌在线旅游网站认知质量性的测量模型与实际数据相适配。

本书通过构建用户受访者关于品牌在线旅游网站认知质量性各单一路径模型，分别检验了变量影响关系；基于单一路径模型的结果，又构建用户受访者关于品牌在线旅游网站认知质量性所有潜变量的路径模型，总体检验了变量影响关系，如表5-38所示。根据表5-38，可进行如下分析。

第一，在事件前，品牌在线旅游网站认知质量性与“品牌在线旅游网站能顺利登录”“品牌在线旅游网站很少出问题”“品牌在线旅游网站响应速度快”“品牌在线旅游网站的模块布局合理”“品牌在线旅游网站能准确记录交易”“品牌在线旅游网站能准确计算价格”“品牌在线旅游网站能准确安排行程”“品牌在线旅游网站能持续更新升级”“品牌在线旅游网站有最新产品信息”“品牌在线旅游网站有准确产品信息”“品牌在线旅游网站有详细产品信息”“品牌在线旅游网站提供了产品订单”的单一路径模型拟合良好；用户受访者关于品牌在线旅游网站认知质量性的所有潜变量的路径模型拟合亦达到参数标准，据此，将依据模型判断事件前的用户受访者关于品牌在线旅游网站认知质量性的各潜变量之间的主效应关系。

第二，在事件中，品牌在线旅游网站认知质量性与“品牌在线旅游网站能顺利登录”“品牌在线旅游网站很少出问题”“品牌在线旅游网站响应速度快”“品牌在线旅游网站的模块布局合理”“品牌在线旅游网站能准确记录交易”“品牌在线旅游网站能准确计算价格”“品牌在线旅游网站能准确安排行程”“品牌在线旅游网站能持续更新升级”“品牌在线旅游网站有最新产品信息”“品牌在线旅游网站有准确产品信息”“品牌在线旅游网站有详细产品信息”“品牌在线旅游网站提供了产品订单”的单一路径模型拟合良好；用户受访者关于品牌在线旅游网站认知质量性的所有潜变量的路径模型拟合亦达到参数标准，据此，将依据模型判断事件中的用户受访者关于品牌在线旅游网站认知质量性的各潜变量之间的主效应关系。

第三，在新时代，品牌在线旅游网站认知质量性与“品牌在线旅游网站响应速度快”“品牌在线旅游网站能准确计算价格”“品牌在线旅游网站的模块布局合理”“品牌在线旅游网站能准确安排行程”“品牌在线旅游网站能准确记录交易”“品牌在线旅游网站很少出问题”“品牌在线旅游网站能持续更新升级""品牌在线旅游网站能顺利登录""品牌在线旅游网站有最新产品信息""品牌在线旅游网站有准确产品信息""品牌在线旅游网站提供了产品订单""品牌在线旅游网站有详细产品信息"的单一路径模型拟合良好；用户受访者关于品牌在线旅游网站认知质量性的所有潜变量的路径模型拟合亦达到参数标准，据此，将依据模型判断新时代的用户受访者关于品牌在线旅游网站认知质量性的各潜变量之间的主效应关系。

六、品牌在线旅游网站服务质量满意度认知服务性的验证性因子与模型建构

在分析探索性因子后，为进一步验证模型的结构效度和收敛效度，本书采用 AMOS 25.0 进行了验证性因子分析。研究依据 χ^2/df、GFI、RMSEA、CFI 和 NFI 的数据进行了分析。本书将对用户受访者关于品牌在线旅游网站认知服务性模型进行分析，将品牌在线旅游网站认知服务性因子作为非观测变量，将品牌在线旅游网站认知服务性项目作为观测变量。

第一，从事件前的检验中得到，χ^2/df 是 5.233>3.0，RMSEA 是 0.084>0.08（CFI=0.863，NFI=0.836），此数据表明，两个因子组成对品牌在线旅游网站认知服务性验证因子的模型拟合度一般，可采取进一步修正，使模型简练有效。用户受访者关于品牌在线旅游网站认知服务性的验证性因子分析如表 5-39 所示。

表 5-39　品牌在线旅游网站服务质量满意度认知服务性的验证性因子分析

事件前的品牌在线旅游网站认知服务性项目	路径分析	事件前的品牌在线旅游网站认知服务性	路径系数
品牌在线旅游网站的整体域名好记	<---	品牌在线旅游网站有形性	0.66
品牌在线旅游网站的整体形象良好	<---	品牌在线旅游网站有形性	0.75
品牌在线旅游网站的页面布局简洁	<---	品牌在线旅游网站有形性	0.80
品牌在线旅游网站的整体页面清晰	<---	品牌在线旅游网站有形性	0.78
品牌在线旅游网站的整体页面美观	<---	品牌在线旅游网站有形性	0.78
品牌在线旅游网站的购买功能完善	<---	品牌在线旅游网站有形性	0.70
品牌在线旅游网站的支付方式多样	<---	品牌在线旅游网站有形性	0.67
品牌在线旅游网站的导航进入直观	<---	品牌在线旅游网站有形性	0.69
品牌在线旅游网站的导航进入易用	<---	品牌在线旅游网站有形性	0.71
品牌在线旅游网站能有效解决问题	<---	品牌在线旅游网站响应性	0.81
品牌在线旅游网站能及时解决问题	<---	品牌在线旅游网站响应性	0.80
品牌在线旅游网站客服服务态度好	<---	品牌在线旅游网站响应性	0.76
品牌在线旅游网站能提供补救措施	<---	品牌在线旅游网站响应性	0.72
品牌在线旅游网站能及时处理投诉	<---	品牌在线旅游网站响应性	0.67
品牌在线旅游网站能保证合理退单	<---	品牌在线旅游网站响应性	0.68
品牌在线旅游网站提供个性化服务	<---	品牌在线旅游网站同理心	0.76

（续表）

事件前的品牌在线旅游网站认知服务性项目	路径分析	事件前的品牌在线旅游网站认知服务性	路径系数
品牌在线旅游网站满足用户的需求	<---	品牌在旅游线网站同理心	0.80
品牌在线旅游网站能以用户为中心	<---	品牌在线旅游网站同理心	0.77
品牌在线网站将用户利益放在首位	<---	品牌在线旅游网站同理心	0.71
该旅游网站在线服务时间符合需求	<---	品牌在线旅游网站同理心	0.72
品牌在线旅游网站的交易过程安全	<---	品牌在线旅游网站可靠性	0.79
品牌在线旅游网站的产品信息可靠	<---	品牌在线旅游网站可靠性	0.81
品牌在线旅游网站提供的服务真实	<---	品牌在线旅游网站可靠性	0.74
品牌在线旅游网站提供的资讯可靠	<---	品牌在线旅游网站可靠性	0.72
品牌在线旅游网站的支付方式可信	<---	品牌在线旅游网站可靠性	0.73
品牌在线旅游网站无病毒网页跳出	<---	品牌在线旅游网站保证性	0.76
品牌在线旅游网站无广告网页跳出	<---	品牌在线旅游网站保证性	0.76
品牌在线旅游网站能保证个人隐私	<---	品牌在线旅游网站保证性	0.84
事件中的品牌在线旅游网站认知服务性项目	路径分析	事件中的品牌在线旅游网站认知服务性	路径系数
品牌在线旅游网站的整体域名好记	<---	品牌在线旅游网站有形性	0.76
品牌在线旅游网站的整体形象良好	<---	品牌在线旅游网站有形性	0.83
品牌在线旅游网站的页面布局简洁	<---	品牌在线旅游网站有形性	0.85
品牌在线旅游网站的整体页面清晰	<---	品牌在线旅游网站有形性	0.82
品牌在线旅游网站的整体页面美观	<---	品牌在线旅游网站有形性	0.80
品牌在线旅游网站的购买功能完善	<---	品牌在线旅游网站有形性	0.81
品牌在线旅游网站的支付方式多样	<---	品牌在线旅游网站有形性	0.78
品牌在线旅游网站的导航进入直观	<---	品牌在线旅游网站有形性	0.81
品牌在线旅游网站的导航进入易用	<---	品牌在线旅游网站有形性	0.80
品牌在线旅游网站能有效解决问题	<---	品牌在线旅游网站响应同理心	0.82
品牌在线旅游网站能及时解决问题	<---	品牌在线旅游网站响应同理心	0.84
品牌在线旅游网站客服服务态度好	<---	品牌在线旅游网站响应同理心	0.82
品牌在线旅游网站能提供补救措施	<---	品牌在线旅游网站响应同理心	0.83
品牌在线旅游网站能及时处理投诉	<---	品牌在线旅游网站响应同理心	0.81
品牌在线旅游网站能保证合理退单	<---	品牌在线旅游网站响应同理心	0.82
品牌在线旅游网站提供个性化服务	<---	品牌在线旅游网站响应同理心	0.80
品牌在线旅游网站满足用户的需求	<---	品牌在线旅游网站响应同理心	0.81
品牌在线旅游网站能以用户为中心	<---	品牌在线旅游网站响应同理心	0.82

（续表）

事件中的品牌在线旅游网站认知服务性项目	路径分析	事件中的品牌在线旅游网站认知服务性	路径系数
品牌在线网站将用户利益放在首位	<---	品牌在线旅游网站响应同理心	0.79
该旅游网站在线服务时间符合需求	<---	品牌在线旅游网站响应同理心	0.78
品牌在线旅游网站的交易过程安全	<---	品牌在线旅游网站可靠保证性	0.83
品牌在线旅游网站的产品信息可靠	<---	旅游网站可靠保证性	0.85
品牌在线旅游网站提供的服务真实	<---	旅游网站可靠保证性	0.85
品牌在线旅游网站提供的资讯可靠	<---	旅游网站可靠保证性	0.82
品牌在线旅游网站的支付方式可信	<---	旅游网站可靠保证性	0.81
品牌在线旅游网站无病毒网页跳出	<---	旅游网站可靠保证性	0.73
品牌在线旅游网站无广告网页跳出	<---	旅游网站可靠保证性	0.69
品牌在线旅游网站能保证个人隐私	<---	旅游网站可靠保证性	0.77
新时代的品牌在线旅游网站认知服务性项目	路径分析	新时代的品牌在线旅游网站认知服务性	路径系数
品牌在线旅游网站的整体形象良好	<---	品牌在线旅游网站有形性	0.73
品牌在线旅游网站的页面布局简洁	<---	品牌在线旅游网站有形性	0.78
品牌在线旅游网站的整体页面清晰	<---	品牌在线旅游网站有形性	0.77
品牌在线旅游网站的整体页面美观	<---	品牌在线旅游网站有形性	0.74
品牌在线旅游网站的购买功能完善	<---	品牌在线旅游网站有形性	0.82
品牌在线旅游网站的进入导航直观	<---	品牌在线旅游网站有形性	0.72
品牌在线旅游网站的支付方式多样	<---	品牌在线旅游网站有形性	0.81
品牌在线旅游网站的进入导航易用	<---	品牌在线旅游网站有形性	0.64
品牌在线旅游网站的整体域名好记	<---	品牌在线旅游网站有形性	0.78
品牌在线旅游网站能保证合理退单	<---	品牌在线旅游网站响应性	0.80
品牌在线旅游网站能及时处理投诉	<---	品牌在线旅游网站响应性	0.84
品牌在线旅游网站能保证个人隐私	<---	品牌在线旅游网站响应性	0.84
品牌在线旅游网站能有效解决问题	<---	品牌在线旅游网站响应性	0.85
品牌在线旅游网站无广告网页跳出	<---	品牌在线旅游网站响应性	0.82
品牌在线旅游网站能及时解决问题	<---	品牌在线旅游网站响应性	0.76
品牌在线旅游网站无病毒网页跳出	<---	品牌在线旅游网站响应性	0.83
品牌在线旅游网站客服服务态度好	<---	品牌在线旅游网站响应性	0.87
品牌在线旅游网站能提供补救措施	<---	品牌在线旅游网站响应性	0.84
该旅游网站将客户的利益放在首位	<---	品牌在线旅游网站同理心	0.84
品牌在线旅游网站能以客户为中心	<---	品牌在线旅游网站同理心	0.77

（续表）

新时代的品牌在线旅游网站认知服务性项目	路径分析	新时代的品牌在线旅游网站认知服务性	路径系数
该旅游网站在线服务时间符合需求	<---	品牌在线旅游网站同理心	0.73
品牌在线旅游网站能满足我的需求	<---	品牌在线旅游网站同理心	0.78
品牌在线旅游网站提供个性化服务	<---	品牌在线旅游网站同理心	0.77
品牌在线旅游网站的交易过程安全	<---	品牌在线旅游网站可靠性	0.74
品牌在线旅游网站的产品信息可靠	<---	品牌在线旅游网站可靠性	0.82
品牌在线旅游网站提供的资讯可靠	<---	品牌在线旅游网站可靠性	0.72
品牌在线旅游网站提供的服务真实	<---	品牌在线旅游网站可靠性	0.81
品牌在线旅游网站的支付方式可信	<---	品牌在线旅游网站可靠性	0.64

第二，从事件中的检验中得到，χ^2/df 是 6.892＞3.0，RMSEA 是 0.081＞0.08（CFI＝0.909，NFI＝0.895），此数据表明，两个因子组成对品牌在线旅游网站认知服务性验证因子的模型拟合度一般，可采取进一步修正，使模型简练有效。

第三，从新时代的检验中得到，χ^2/df 是 5.411＞3.0，RMSEA 是 0.076＜0.08（CFI＝0.911，NFI＝0.893），此数据表明，四个因子组成对品牌在线旅游网站认知服务性验证因子的模型拟合度一般，可采取进一步修正，使模型简练有效。

通过增加观察变量之间的共变误差，在修正后，整个模型评判指标均表现良好，如表 5-40 所示。根据表 5-40，可进行如下分析。

表 5-40　品牌在线旅游网站服务质量满意度认知服务性的模型拟合度

事件前项目	χ^2/df	GFI	RMR	RMSEA	CFI	NFI
未修正	5.233	0.826	0.031	0.084	0.863	0.836
修正后	2.811	0.900	0.025	0.055	0.943	0.914
事件中项目	χ^2/df	GFI	RMR	RMSEA	CFI	NFI
未修正	6.892	0.828	0.035	0.081	0.909	0.895
修正后	2.958	0.935	0.021	0.047	0.974	0.962
新时代项目	χ^2/df	GFI	RMR	RMSEA	CFI	NFI
未修正	5.411	0.832	0.044	0.076	0.911	0.893
修正后	2.971	0.929	0.032	0.051	0.968	0.952

第一，在事件前，χ^2/df 是 2.811＜3.0，RMSEA 是 0.055＜0.08（CFI＝0.943，NFI＝0.914），这表示模型可以接受，即品牌在线旅游网站有形性、品牌在线旅游网站响应性、品牌在线旅游网站同理心、品牌在线旅游网站可靠性和品牌在线旅游网站保证性五个因子可以解释用户受访者关于品牌在线旅游网站认知服务性模型，标准化回归系数如表 5-41 所示。

表 5-41 修正后的品牌在线旅游网站服务质量满意度服务性的验证性因子分析

事件前的品牌在线旅游网站认知服务性项目	路径分析	事件前的品牌在线旅游网站认知服务性	路径系数
品牌在线旅游网站的整体域名好记	<---	品牌在线旅游网站有形性	0.64
品牌在线旅游网站的整体形象良好	<---	品牌在线旅游网站有形性	0.74
品牌在线旅游网站的页面布局简洁	<---	品牌在线旅游网站有形性	0.80
品牌在线旅游网站的整体页面清晰	<---	品牌在线旅游网站有形性	0.76
品牌在线旅游网站的整体页面美观	<---	品牌在线旅游网站有形性	0.75
品牌在线旅游网站的购买功能完善	<---	品牌在线旅游网站有形性	0.71
品牌在线旅游网站的支付方式多样	<---	品牌在线旅游网站有形性	0.68
品牌在线旅游网站的导航进入直观	<---	品牌在线旅游网站有形性	0.68
品牌在线旅游网站的导航进入易用	<---	品牌在线旅游网站有形性	0.70
品牌在线旅游网站能有效解决问题	<---	品牌在线旅游网站响应性	0.75
品牌在线旅游网站能及时解决问题	<---	品牌在线旅游网站响应性	0.75
品牌在线旅游网站客服服务态度好	<---	品牌在线旅游网站响应性	0.79
品牌在线旅游网站能提供合理补救措施	<---	品牌在线旅游网站响应性	0.74
品牌在线旅游网站能及时处理投诉	<---	品牌在线旅游网站响应性	0.63
品牌在线旅游网站能保证合理退单	<---	品牌在线旅游网站响应性	0.64
品牌在线旅游网站能提供个性化服务	<---	品牌在线旅游网站同理心	0.69
品牌在线旅游网站能满足用户的需求	<---	品牌在线旅游网站同理心	0.73
品牌在线旅游网站能以用户为中心	<---	品牌在线旅游网站同理心	0.78
品牌在线旅游网站将用户利益放在首位	<---	品牌在线旅游网站同理心	074
品牌在线旅游网站在线服务时间符合需求	<---	品牌在线旅游网站同理心	074
品牌在线旅游网站的交易过程安全	<---	品牌在线旅游网站可靠性	0.82
品牌在线旅游网站的产品信息可靠	<---	品牌在线旅游网站可靠性	0.79
品牌在线旅游网站提供的服务真实	<---	品牌在线旅游网站可靠性	0.73
品牌在线旅游网站提供的资讯可靠	<---	品牌在线旅游网站可靠性	0.77
品牌在线旅游网站的支付方式可信	<---	品牌在线旅游网站可靠性	0.73
品牌在线旅游网站无病毒网页跳出	<---	品牌在线旅游网站保证性	0.76
品牌在线旅游网站无广告网页跳出	<---	品牌在线旅游网站保证性	0.76
品牌在线旅游网站能保证个人隐私	<---	品牌在线旅游网站保证性	0.84
事件中的品牌在线旅游网站认知服务性项目	路径分析	事件中的品牌在线旅游网站认知服务性	路径系数
品牌在线旅游网站的整体域名好记	<---	品牌在线旅游网站有形性	0.75
品牌在线旅游网站的整体形象良好	<---	品牌在线旅游网站有形性	0.83

（续表）

事件中的品牌在线旅游网站认知服务性项目	路径分析	事件中的品牌在线旅游网站认知服务性	路径系数
品牌在线旅游网站的页面布局简洁	<---	品牌在线旅游网站有形性	0.82
品牌在线旅游网站的整体页面清晰	<---	品牌在线旅游网站有形性	0.78
品牌在线旅游网站的整体页面美观	<---	品牌在线旅游网站有形性	0.77
品牌在线旅游网站的购买功能完善	<---	品牌在线旅游网站有形性	0.80
品牌在线旅游网站的支付方式多样	<---	品牌在线旅游网站有形性	0.78
品牌在线旅游网站的导航进入直观	<---	品牌在线旅游网站有形性	0.80
品牌在线旅游网站的导航进入易用	<---	品牌在线旅游网站有形性	0.79
品牌在线旅游网站能有效解决问题	<---	品牌在线旅游网站响应同理心	0.77
品牌在线旅游网站能及时解决问题	<---	品牌在线旅游网站响应同理心	0.80
品牌在线旅游网站客服服务态度好	<---	品牌在线旅游网站响应同理心	0.79
品牌在线旅游网站能提供合理补救措施	<---	品牌在线旅游网站响应同理心	0.78
品牌在线旅游网站能及时处理投诉	<---	品牌在线旅游网站响应同理心	0.81
品牌在线旅游网站能保证合理退单	<---	品牌在线旅游网站响应同理心	0.80
品牌在线旅游网站能提供个性化服务	<---	品牌在线旅游网站响应同理心	0.77
品牌在线旅游网站能满足用户的需求	<---	品牌在线旅游网站响应同理心	0.79
品牌在线旅游网站能以用户为中心	<---	品牌在线旅游网站响应同理心	0.79
品牌在线旅游网站将用户利益放在首位	<---	品牌在线旅游网站响应同理心	0.77
品牌在线旅游网站在线服务时间符合需求	<---	品牌在线旅游网站响应同理心	0.76
品牌在线旅游网站的交易过程安全	<---	品牌在线旅游网站可靠保证性	0.79
品牌在线旅游网站的产品信息可靠	<---	品牌在线旅游网站可靠保证性	0.82
品牌在线旅游网站提供的服务真实	<---	品牌在线旅游网站可靠保证性	0.81
品牌在线旅游网站提供的资讯可靠	<---	品牌在线旅游网站可靠保证性	0.79
品牌在线旅游网站的支付方式可信	<---	品牌在线旅游网站可靠保证性	0.77
品牌在线旅游网站无病毒网页跳出	<---	品牌在线旅游网站可靠保证性	0.71
品牌在线旅游网站无广告网页跳出	<---	品牌在线旅游网站可靠保证性	0.69
品牌在线旅游网站能保证个人隐私	<---	品牌在线旅游网站可靠保证性	0.77
新时代的品牌在线旅游网站认知服务性项目	路径分析	新时代的品牌在线旅游网站认知服务性	路径系数
品牌在线旅游网站的整体形象良好	<---	品牌在线旅游网站有形性	0.79
品牌在线旅游网站的页面布局简洁	<---	品牌在线旅游网站有形性	0.80
品牌在线旅游网站的整体页面清晰	<---	品牌在线旅游网站有形性	0.81
品牌在线旅游网站的整体页面美观	<---	品牌在线旅游网站有形性	0.78

（续表）

新时代的品牌在线旅游网站认知服务性项目	路径分析	新时代的品牌在线旅游网站认知服务性	路径系数
品牌在线旅游网站的购买功能完善	<---	品牌在线旅游网站有形性	0.78
品牌在线旅游网站的进入导航直观	<---	品牌在线旅游网站有形性	0.78
品牌在线旅游网站的支付方式多样	<---	品牌在线旅游网站有形性	0.82
品牌在线旅游网站的整体域名好记	<---	品牌在线旅游网站有形性	0.74
品牌在线旅游网站能保证合理退单	<---	品牌在线旅游网站响应性	0.72
品牌在线旅游网站能及时处理投诉	<---	品牌在线旅游网站响应性	0.69
品牌在线旅游网站能有效解决问题	<---	品牌在线旅游网站响应性	0.86
品牌在线旅游网站能及时解决问题	<---	品牌在线旅游网站响应性	0.85
品牌在线旅游网站客服服务态度好	<---	品牌在线旅游网站响应性	0.83
品牌在线旅游网站能提供合理补救措施	<---	品牌在线旅游网站响应性	0.84
品牌在线旅游网站将用户利益放在首位	<---	品牌在线旅游网站同理心	0.84
品牌在线旅游网站能以客户为中心	<---	品牌在线旅游网站同理心	0.84
品牌在线旅游网站在线服务时间符合需求	<---	品牌在线旅游网站同理心	0.85
品牌在线旅游网站能满足我的需求	<---	品牌在线旅游网站同理心	0.82
品牌在线旅游网站能提供个性化服务	<---	品牌在线旅游网站同理心	0.76
品牌在线旅游网站的交易过程安全	<---	品牌在线旅游网站可靠性	0.83
品牌在线旅游网站的产品信息可靠	<---	品牌在线旅游网站可靠性	0.88
品牌在线旅游网站提供的资讯可靠	<---	品牌在线旅游网站可靠性	0.83
品牌在线旅游网站提供的服务真实	<---	品牌在线旅游网站可靠性	0.84
品牌在线旅游网站的支付方式可信	<---	品牌在线旅游网站可靠性	0.78

第二，在事件中，χ^2/df 是 2.958＜3.0，RMSEA 是 0.047＜0.08（CFI＝0.974，NFI＝0.962），这表示模型可以接受，即品牌在线旅游网站有形性、品牌在线旅游网站响应同理心、品牌在线旅游网站可靠保证性三个因子可以解释用户受访者关于品牌在线旅游网站认知服务性模型，标准化回归系数如表 5-41 所示。

第三，在新时代，χ^2/df 是 2.971＜3.0，RMSEA 是 0.051＜0.08（CFI＝0.968，NFI＝0.952），这表示模型可以接受，即品牌在线旅游网站有形性、品牌在线旅游网站响应性、品牌在线旅游网站同理心、品牌在线旅游网站可靠性四个因子可以解释用户受访者关于品牌在线旅游网站认知服务性模型，标准化回归系数如表 5-41 所示。

本书构建了包含品牌在线旅游网站认知服务性（潜变量）及其对应的测量指标的测量模型，检验了模型收敛效度（表 5-40）。同时，本书先逐步增加误差项之间的协方差，以此观察模型拟合的改善状况，最终获得了最优测量模型。经过多次修正与参数拟合比较，本书发现，增列误差项之间的协方差后可以获得测量模型，且拟合指数有显著改善。在重新拟合参数测量指标 e1、e2、e8、e9 后，测量模型拟合状况能够达到适配要求。根据表 5-40，可进行如下分析。

第一，在事件前，将所有测量标准纳入测量模型，初步分析结果拟合状况不佳($\chi^2/df=5.233$，GFI＝0.826，RMR＝0.031，RMSEA＝0.084，CFI＝0.863，NFI＝0.836)，模型修正指数显示，测量指标 e1、e2、e4、e5、e8、e9、e10、e11、e14、e15、e16、e17、e21、e24 的误差项与其他多个测量指标的误差项具有较高关联，增列相应的协方差后，卡方值将有明显降低。修正后，测量模型的 χ^2/df 值为 2.811，GFI 值为 0.900，RMR 值为 0.025，RMSEA 值为 0.055，CFI 值为 0.943，NFI 值为 0.914，各项拟合参数均达到适配要求，这表明事件前的用户受访者关于品牌在线旅游网站认知服务性的测量模型与实际数据相适配。

第二，在事件中，将所有测量标准纳入测量模型，初步分析结果拟合状况不佳($\chi^2/df=6.892$，GFI＝0.828，RMR＝0.035，RMSEA＝0.081，CFI＝0.909，NFI＝0.895)，模型修正指数显示，测量指标 e3、e4、e5、e9、e11、e14、e15、e17、e19、e20、e22、e23、e24、e26、e27 的误差项与其他多个测量指标的误差项具有较高关联，增列相应的协方差后，卡方值将有明显降低。修正后，测量模型的 χ^2/df 值为 2.958，GFI 值为 0.935，RMR 值为 0.021，RMSEA 值为 0.047，CFI 值为 0.974，NFI 值为 0.962，各项拟合参数均达到适配要求，这表明事件中的用户受访者关于品牌在线旅游网站认知服务性的测量模型与实际数据相适配。

第三，在新时代，将所有测量标准纳入测量模型，初步分析结果拟合状况不佳($\chi^2/df=5.411$，GFI＝0.832，RMR＝0.044，RMSEA＝0.076，CFI＝0.911，NFI＝0.893)，模型修正指数显示，测量指标 e1、e2、e3、e4、e5、e7、e8、e9、e10、e13、e21、e22、e24 的误差项与其他多个测量指标的误差项具有较高关联，增列相应的协方差后，卡方值将有明显降低。修正后，测量模型的 χ^2/df 值为 2.971，GFI 值为 0.929，RMR 值为 0.032，RMSEA 值为 0.051，CFI 值为 0.968，NFI 值为 0.952，各项拟合参数均达到适配要求，这表明新时代的用户受访者关于品牌在线旅游网站认知服务性的测量模型与实际数据相适配。

本书通过构建用户受访者关于品牌在线旅游网站认知服务性各单一路径模型，分别检验了变量影响关系；基于单一路径模型的结果，又构建用户受访者关于品牌在线旅游网站认知服务性所有潜变量的路径模型，总体检验了变量影响关系，如表 5-41 所示。根据表 5-41，可进行如下分析。

第一，在事件前，品牌在线旅游网站认知服务性与“品牌在线旅游网站的整体域名好记”“品牌在线旅游网站的整体形象良好”“品牌在线旅游网站的页面布局简洁”“品牌在线旅游网站的整体页面清晰”“品牌在线旅游网站的整体页面美观”“品牌在线旅游网站的购买功能完善”“品牌在线旅游网站的支付方式多样”“品牌在线旅游网站的导航进入直观”“品牌在线旅游网站的导航进入易用”“品牌在线旅游网站能有效解决问题”“品牌在线旅游网站能及时解决问题”“品牌在线旅游网站客服服务态度好”“品牌在线旅游网站能提供合理补救措施”“品牌在线旅游网站能及时处理投诉”“品牌在线旅游网站能保证合理退单”“品牌在线旅游网站能提供个性化服务”“品牌在线旅游网站能满足用户的需求”“品牌在线旅游网站能以用户为中心”“品牌在线旅游网站将用户利益放在首位”“品牌在线旅游网站在线服务时间符合需求”“品牌在线旅游网站的交易过程安全”“品牌在线旅游网站的产品信息可靠”“品牌在线旅游网站提供的服务真实”“品牌在线旅游网站提供的资讯可靠”“品牌在线旅游网站的支付方式可信”“品牌在线旅游网站无病毒网页跳出”“品牌在线旅游网站无广告网页跳出”“品牌在线旅游网站能保证个人隐私”的单一路径模型拟合良好；用户受访者关于品牌在线旅游网站认知服务性的所有潜变量的路径模型拟合亦达到参数标准，据此，将依据模型判断事件前的用户受访者关于品牌在线旅游网站认知服务性的各潜变量之间的主效应关系。

第二，在事件中，品牌在线旅游网站认知服务性与“品牌在线旅游网站的整体域名好记”“品牌在线旅游网站的整体形象良好”“品牌在线旅游网站的页面布局简洁”“品牌在线旅游网站的整体页面清晰”“品牌在线旅游网站的整体页面美观”“品牌在线旅游网站的购买功能完善”“品牌在线旅游网站的支付方式多样”“品牌在线旅游网站的导航进入直观”“品牌在线旅游网站的导航进入易用”“品牌在线旅游网站能有效解决问题”“品牌在线旅游网站能及时解决问题”“品牌在线旅游网站客服服务态度好”“品牌在线旅游网站能提供合理补救措施”“品牌在线旅游网站能及时处理投诉”“品牌在线旅游网站能保证合理退单”“品牌在线旅游网站能提供个性化服务”“品牌在线旅游网站能满足用户的需求”“品牌在线旅游网站能以用户为中心”“品牌在线旅游网站将用户利益放在首位”“品牌在线旅游网站在线服务时间符合需求”“品牌在线旅游网站的交易过程安全”“品牌在线旅游网站的产品信息可靠”“品牌在线旅游网站提供的服务真实”“品牌在线旅游网站提供的资讯可靠”“品牌在线旅游网站的支付方式可信”“品牌在线旅游网站无病毒网页跳出”“品牌在线旅游网站无广告网页跳出”“品牌在线旅游网站能保证个人隐私”的单一路径模型拟合良好；用户受访者关于品牌在线旅游网站认知服务性的所有潜变量的路径模型拟合亦达到参数标准，据此，将依据模型判断事件中的用户受访者关于品牌在线旅游网站认知服务性的各潜变量之间的主效应关系。

第三，在新时代，品牌在线旅游网站认知服务性与“品牌在线旅游网站的整体形象良好”“品牌在线旅游网站的页面布局简洁”“品牌在线旅游网站的整体页面清晰”“品牌在线旅游网站的整体页面美观”“品牌在线旅游网站的购买功能完善”“品牌在线旅游网站的进入导航直观”“品牌在线旅游网站的支付方式多样”“品牌在线旅游网站的整体域名好记”“品牌在线旅游网站能保证合理退单”“品牌在线旅游网站能及时处理投诉”“品牌在线旅游网站能有效解决问题”“品牌在线旅游网站能及时解决问题”“品牌在线旅游网站客服服务态度好”“品牌在线旅游网站能提供合理补救措施”“品牌在线旅游网站将用户利益放在首位”“品牌在线旅游网站能以客户为中心”“品牌在线旅游网站在线服务时间符合需求”“品牌在线旅游网站能满足我的需求”“品牌在线旅游网站能提供个性化服务”“品牌在线旅游网站的交易过程安全”“品牌在线旅游网站的产品信息可靠”“品牌在线旅游网站提供的资讯可靠”“品牌在线旅游网站提供的服务真实”“品牌在线旅游网站的支付方式可信”的单一路径模型拟合良好；用户受访者关于品牌在线旅游网站认知服务性的所有潜变量的路径模型拟合亦达到参数标准，据此，将依据模型判断新时代的用户受访者关于品牌在线旅游网站认知服务性的各潜变量之间的主效应关系。

七、品牌在线旅游网站服务质量满意度认知使用创新性的验证性因子与模型建构

在分析探索性因子后，为进一步验证模型的结构效度和收敛效度，本书采用 AMOS 25.0 进

行了验证性因子分析。研究依据 χ^2/df、GFI、RMSEA、CFI 和 NFI 的数据进行了分析。本书将对用户受访者关于品牌在线旅游网站认知使用创新性模型进行分析，将品牌在线旅游网站认知使用创新性因子作为非观测变量，将品牌在线旅游网站认知使用创新性项目作为观测变量。

第一，从事件前的检验中得到，χ^2/df 是 13.034>3.0，RMSEA 是 0.141>0.08（CFI=0.915，NFI=0.909），此数据表明，两个因子组成对品牌在线旅游网站认知使用创新性验证因子的模型拟合度一般，可采取进一步修正，使模型简练有效。用户受访者关于品牌在线旅游网站认知使用创新性的验证性因子分析如表 5-42 所示。

表 5-42　品牌在线旅游网站服务质量满意度认知使用创新性的验证性因子分析

事件前的品牌在线旅游网站认知使用创新性项目	路径分析	事件前的品牌在线旅游网站认知使用创新性	路径系数
我会想办法尝试品牌在线旅游网站新功能	<---	品牌在线旅游网站认知使用创新性	0.70
我首个尝试品牌在线旅游网站新旅游功能	<---	品牌在线旅游网站认知使用创新性	0.80
我通常独自了解品牌在线旅游网站新功能	<---	品牌在线旅游网站认知使用创新性	0.70
我常为品牌在线旅游网站的新功能所吸引	<---	品牌在线旅游网站认知使用创新性	0.78
被发现不会用该旅游网站新的功能会尴尬	<---	品牌在线旅游网站认知使用创新性	0.73
品牌在线旅游网站比其他网站更有创新性	<---	品牌在线旅游网站认知使用创新性	0.70
品牌在线旅游网站能符合我对旅游的需求	<---	品牌在线旅游网站认知使用创新性	0.60
事件中的品牌在线旅游网站认知使用创新性项目	路径分析	事件中的品牌在线旅游网站认知使用创新性	路径系数
我会想办法尝试品牌在线旅游网站新功能	<---	品牌在线旅游网站认知使用创新性	0.81
我首个尝试品牌在线旅游网站新旅游功能	<---	品牌在线旅游网站认知使用创新性	0.82
我通常独自了解品牌在线旅游网站新功能	<---	品牌在线旅游网站认知使用创新性	0.82
我常为品牌在线旅游网站的新功能所吸引	<---	品牌在线旅游网站认知使用创新性	0.85
被发现不会用该旅游网站新的功能会尴尬	<---	品牌在线旅游网站认知使用创新性	0.73
品牌在线旅游网站比其他网站更有创新性	<---	品牌在线旅游网站认知使用创新性	0.81
品牌在线旅游网站能符合我对旅游的需求	<---	品牌在线旅游网站认知使用创新性	0.71
新时代的品牌在线旅游网站认知使用创新性项目	路径分析	新时代的品牌在线旅游网站认知使用创新性	路径系数
我常为品牌在线旅游网站的新功能所吸引	<---	品牌在线旅游网站认知使用创新性	0.82
我首个尝试品牌在线旅游网站新旅游功能	<---	品牌在线旅游网站认知使用创新性	0.83
我会想办法尝试品牌在线旅游网站新功能	<---	品牌在线旅游网站认知使用创新性	0.81
品牌在线旅游网站比其他网站更有创新性	<---	品牌在线旅游网站认知使用创新性	0.78
我通常独自了解品牌在线旅游网站新功能	<---	品牌在线旅游网站认知使用创新性	0.83
品牌在线旅游网站能符合我对旅游的需求	<---	品牌在线旅游网站认知使用创新性	0.79
被发现不会用该旅游网站新的功能会尴尬	<---	品牌在线旅游网站认知使用创新性	0.76

第二，从事件中的检验中得到，χ^2/df 是 12.648>3.0，RMSEA 是 0.115>0.08（CFI=0.960，NFI=0.957），此数据表明，两个因子组成对品牌在线旅游网站认知使用创新性验证因子的模型拟合度一般，可采取进一步修正，使模型简练有效。

第三，从新时代的检验中得到，χ^2/df 是 10.187>3.0，RMSEA 是 0.109>0.08（CFI=0.964，NFI=0.960），此数据表明，一个因子组成对品牌在线旅游网站认知使用创新性验证因子的模型拟合度一般，可采取进一步修正，使模型简练有效。

通过增加观察变量之间的共变误差，在修正后，整个模型评判指标均表现良好，如表 5-43 所示。根据表 5-43，可进行如下分析。

表 5-43　品牌在线旅游网站服务质量满意度认知使用创新性的模型拟合度

事件前项目	χ^2/df	GFI	RMR	RMSEA	CFI	NFI
未修正	13.034	0.923	0.043	0.141	0.915	0.909
修正后	2.878	0.968	0.027	0.090	0.970	0.965
事件中项目	χ^2/df	GFI	RMR	RMSEA	CFI	NFI
未修正	12.648	0.945	0.036	0.115	0.960	0.957
修正后	2.590	0.994	0.012	0.042	0.997	0.995
新时代项目	χ^2/df	GFI	RMR	RMSEA	CFI	NFI
未修正	10.187	0.949	0.036	0.109	0.964	0.960
修正后	2.595	0.992	0.014	0.045	0.996	0.993

第一，在事件前，χ^2/df 是 2.878<3.0，RMSEA 是 0.090>0.08（CFI=0.970，NFI=0.965），这表示模型可以接受，即品牌在线旅游网站认知使用创新性这个因子可以解释用户受访者关于品牌在线旅游网站认知使用创新性模型，标准化回归系数如表 5-44 所示。

表 5-44　修正后的品牌在线旅游网站服务质量满意度认知使用创新性的验证性因子分析

事件前的品牌在线旅游网站认知使用创新性项目	路径分析	事件前的品牌在线旅游网站认知使用创新性	路径系数
我会想办法尝试品牌在线旅游网站新功能	<---	品牌在线旅游网站认知使用创新性	0.66
我首个尝试品牌在线旅游网站新旅游功能	<---	品牌在线旅游网站认知使用创新性	0.78
我通常独自了解品牌在线旅游网站新功能	<---	品牌在线旅游网站认知使用创新性	0.71
我常为品牌在线旅游网站的新功能所吸引	<---	品牌在线旅游网站认知使用创新性	0.80
被发现不会用品牌在线旅游网站新功能会尴尬	<---	品牌在线旅游网站认知使用创新性	0.74
品牌在线旅游网站比其他网站更有创新性	<---	品牌在线旅游网站认知使用创新性	0.69
品牌在线旅游网站符合我对旅游的需求	<---	品牌在线旅游网站认知使用创新性	0.57

（续表）

事件中的品牌在线旅游网站认知使用创新性项目	路径分析	事件中的品牌在线旅游网站认知使用创新性	路径系数
我会想办法尝试品牌在线旅游网站新功能	<---	品牌在线旅游网站认知使用创新性	0.81
我首个尝试品牌在线旅游网站新旅游功能	<---	品牌在线旅游网站认知使用创新性	0.78
我通常独自了解品牌在线旅游网站新功能	<---	品牌在线旅游网站认知使用创新性	0.84
我常为品牌在线旅游网站的新功能所吸引	<---	品牌在线旅游网站认知使用创新性	0.83
被发现不会用品牌在线旅游网站新功能会尴尬	<---	品牌在线旅游网站认知使用创新性	0.68
品牌在线旅游网站比其他网站更有创新性	<---	品牌在线旅游网站认知使用创新性	0.78
品牌在线旅游网站符合我对旅游的需求	<---	品牌在线旅游网站认知使用创新性	0.70
新时代的品牌在线旅游网站认知使用创新性项目	路径分析	新时代的品牌在线旅游网站认知使用创新性	路径系数
我常为品牌在线旅游网站的新功能所吸引	<---	品牌在线旅游网站认知使用创新性	0.88
我首个尝试品牌在线旅游网站新旅游功能	<---	品牌在线旅游网站认知使用创新性	0.80
我会想办法尝试品牌在线旅游网站新功能	<---	品牌在线旅游网站认知使用创新性	0.82
品牌在线旅游网站比其他网站更有创新性	<---	品牌在线旅游网站认知使用创新性	0.77
我通常独自了解品牌在线旅游网站新功能	<---	品牌在线旅游网站认知使用创新性	0.80
品牌在线旅游网站符合我对旅游的需求	<---	品牌在线旅游网站认知使用创新性	0.72
被发现不会用品牌在线旅游网站新功能会尴尬	<---	品牌在线旅游网站认知使用创新性	0.71

第二，在事件中，χ^2/df 是 2.590<3.0，RMSEA 是 0.042<0.08(CFI=0.997，NFI=0.995)，这表示模型可以接受，即品牌在线旅游网站认知使用创新性这个因子可以解释用户受访者关于品牌在线旅游网站认知使用创新性模型，标准化回归系数如表 5-44 所示。

第三，在新时代，χ^2/df 是 2.595<3.0，RMSEA 是 0.045<0.08(CFI=0.996，NFI=0.993)，这表示模型可以接受，即品牌在线旅游网站认知使用创新性这个因子可以解释用户受访者关于品牌在线旅游网站认知使用创新性模型，标准化回归系数如表 5-44 所示。

本书构建了包含品牌在线旅游网站认知使用创新性(潜变量)及其对应的测量指标的测量模型，检验了模型收敛效度(表 5-43)。同时，本书先逐步增加误差项之间的协方差，以此观察模型拟合的改善状况，最终获得了最优测量模型。经过多次修正与参数拟合比较，本书发现，增列误差项之间的协方差后可以获得测量模型，且拟合指数有显著改善。在重新拟合参数测量指标 e1、e2、e8、e9 后，测量模型拟合状况能够达到适配要求。根据表 5-43，可进行如下分析。

第一，在事件前，将所有测量标准纳入测量模型，初步分析结果拟合状况不佳(χ^2/df=13.034，GFI=0.923，RMR=0.043，RMSEA=0.141，CFI=0.915，NFI=0.909)，模型修正指数显示，测量指标 e1、e2、e6、e7 的误差项与其他多个测量指标的误差项具有较高关联，增列相应的协方差后，卡方值将有明显降低。修正后，测量模型的 χ^2/df 值为 2.878，GFI 值为

0.968，RMR值为0.027，RMSEA值为0.090，CFI值为0.970，NFI值为0.965，各项拟合参数均达到适配要求，这表明事件前的用户受访者关于品牌在线旅游网站认知使用创新性的测量模型与实际数据相适配。

第二，在事件中，将所有测量标准纳入测量模型，初步分析结果拟合状况不佳（χ^2/df=12.648，GFI=0.945，RMR=0.036，RMSEA=0.115，CFI=0.960，NFI=0.957），模型修正指数显示，测量指标e2、e4、e5、e6的误差项与其他多个测量指标的误差项具有较高关联，增列相应的协方差后，卡方值将有明显降低。修正后，测量模型的χ^2/df值为2.590，GFI值为0.994，RMR值为0.012，RMSEA值为0.042，CFI值为0.997，NFI值为0.995，各项拟合参数均达到适配要求，这表明事件中的用户受访者关于品牌在线旅游网站认知使用创新性的测量模型与实际数据相适配。

第三，在新时代，将所有测量标准纳入测量模型，初步分析结果拟合状况不佳（χ^2/df=10.187，GFI=0.949，RMR=0.036，RMSEA=0.109，CFI=0.964，NFI=0.960），模型修正指数显示，测量指标e1、e2、e4、e6、e7的误差项与其他多个测量指标的误差项具有较高关联，增列相应的协方差后，卡方值将有明显降低。修正后，测量模型的χ^2/df值为2.595，GFI值为0.992，RMR值为0.014，RMSEA值为0.045，CFI值为0.996，NFI值为0.993，各项拟合参数均达到适配要求，这表明新时代的用户受访者关于品牌在线旅游网站认知使用创新性的测量模型与实际数据相适配。

本书通过构建用户受访者关于品牌在线旅游网站认知使用创新性各单一路径模型，分别检验了变量影响关系；基于单一路径模型的结果，又构建用户受访者关于品牌在线旅游网站认知使用创新性所有潜变量的路径模型，总体检验了变量影响关系，如表5-44所示。根据表5-44，可进行如下分析。

第一，在事件前，品牌在线旅游网站认知使用创新性与“我会想办法尝试品牌在线旅游网站新功能”“我首个尝试品牌在线旅游网站新旅游功能”“我通常独自了解品牌在线旅游网站新功能”“我常为品牌在线旅游网站的新功能所吸引”“被发现不会用品牌在线旅游网站新功能会尴尬”“品牌在线旅游网站比其他网站更有创新性”“品牌在线旅游网站符合我对旅游的需求”的单一路径模型拟合良好；用户受访者关于品牌在线旅游网站认知使用创新性的所有潜变量的路径模型拟合亦达到参数标准，据此，将依据模型判断事件前的用户受访者关于品牌在线旅游网站认知使用创新性的各潜变量之间的主效应关系。

第二，在事件中，品牌在线旅游网站认知使用创新性与“我会想办法尝试品牌在线旅游网站新功能”“我首个尝试品牌在线旅游网站新旅游功能”“我通常独自了解品牌在线旅游网站新功能”“我常为品牌在线旅游网站的新功能所吸引”“被发现不会用品牌在线旅游新功能会尴尬”“品牌在线旅游网站比其他网站更有创新性”“品牌在线旅游网站符合我对旅游的需求”的单一路径模型拟合良好；用户受访者关于品牌在线旅游网站认知使用创新性的所有潜变量的路径模型拟合亦达到参数标准，据此，将依据模型判断事件中的用户受访者关于品牌在线旅游网站认知使用创新性的各潜变量之间的主效应关系。

第三，在新时代，品牌在线旅游网站认知使用创新性与“我常为品牌在线旅游网站的新功能所吸引”“我首个尝试品牌在线旅游网站新旅游功能”“我会想办法尝试品牌在线旅游网站新功能""品牌在线旅游网站比其他网站更有创新性""我通常独自了解品牌在线旅游网站新功能""品牌在线旅游网站符合我对旅游的需求""被发现不会用品牌在线旅游网站新功能会尴尬"的单一路径模型拟合良好；用户受访者关于品牌在线旅游网站认知使用创新性的所有潜变量的路径模型拟合亦达到参数标准，据此，将依据模型判断新时代的用户受访者关于品牌在线旅游网站认知使用创新性的各潜变量之间的主效应关系。

八、品牌在线旅游网站服务质量满意度认知品牌资产性的验证性因子与模型建构

在分析探索性因子后，为进一步验证模型的结构效度和收敛效度，本书采用 AMOS 25.0 进行了验证性因子分析。研究依据 χ^2/df、GFI、RMSEA、CFI 和 NFI 的数据进行了分析。本书将对用户受访者关于品牌在线旅游网站认知品牌资产性模型进行分析，将品牌在线旅游网站认知品牌资产性因子作为非观测变量，将品牌在线旅游网站认知品牌资产性项目作为观测变量。

第一，从事件前的检验中得到，χ^2/df 是 6.860>3.0，RMSEA 是 0.098>0.08（CFI=0.869，NFI=0.821）。此数据表明，两个因子组成对品牌在线旅游网站认知品牌资产性验证因子的模型拟合度一般，可采取进一步修正，使模型简练有效。用户受访者关于品牌在线旅游网站认知品牌资产性的验证性因子分析如表 5-45 所示。

表 5-45 品牌在线旅游网站服务质量满意度认知品牌资产性的验证性因子分析

事件前的品牌在线旅游网站认知品牌资产性项目	路径分析	事件前的品牌在线旅游网站认知品牌资产性	路径系数
品牌在线旅游网站的口碑包含完整旅游信息	<---	品牌在线旅游网站网络口碑	0.73
品牌在线旅游网站的产品承诺真实	<---	品牌在线旅游网站网络口碑	0.74
品牌在线旅游网站的口碑与旅游信息相关	<---	品牌在线旅游网站网络口碑	0.71
我看好品牌在线旅游网站的品牌前景	<---	品牌在线旅游网站网络口碑	0.70
品牌在线旅游网站的口碑名不虚传	<---	品牌在线旅游网站网络口碑	0.73
品牌在线旅游网站的产品承诺可信	<---	品牌在线旅游网站网络口碑	0.71
品牌在线旅游网站的品牌令我放心	<---	品牌在线旅游网站网络口碑	0.71
品牌在线旅游网站的品牌使我信任	<---	品牌在线旅游网站网络口碑	0.70
品牌在线旅游网站的旅游产品质价相符	<---	品牌在线旅游网站产品质量	0.69
品牌在线旅游网站的旅游产品丰富	<---	品牌在线旅游网站产品质量	0.75
品牌在线旅游网站的旅游产品质量符合需求	<---	品牌在线旅游网站产品质量	0.76
品牌在线旅游网站对我很有吸引力	<---	品牌在线旅游网站产品质量	0.76
愿花更多的时间浏览品牌在线旅游网站	<---	品牌在线旅游网站产品质量	0.71
品牌在线旅游网站的旅游产品质量好	<---	品牌在线旅游网站产品质量	0.71
品牌在线旅游网站提供了多种互动方式	<---	品牌在线旅游网站在线互动	0.79
品牌在线旅游网站能尽快回复我的要求	<---	品牌在线旅游网站在线互动	0.83

（续表）

事件前的品牌在线旅游网站认知品牌资产性项目	路径分析	事件前的品牌在线旅游网站认知品牌资产性	路径系数
品牌在线旅游网站能有效反馈我的需求	<---	品牌在线旅游网站在线互动	0.71
我同品牌在线旅游网站的客服沟通方便	<---	品牌在线旅游网站在线互动	0.69
点击链接时能及时获得信息	<---	品牌在线旅游网站在线互动	0.68
事件中的品牌在线旅游网站认知品牌资产性项目	**路径分析**	**事件中的品牌在线旅游网站认知品牌资产性**	**路径系数**
品牌在线旅游网站的口碑包含完整旅游信息	<---	品牌在线旅游网站品牌资产	0.79
品牌在线旅游网站的产品承诺真实	<---	品牌在线旅游网站品牌资产	0.82
品牌在线旅游网站的口碑与旅游信息相关	<---	品牌在线旅游网站品牌资产	0.81
我看好品牌在线旅游网站的品牌前景	<---	品牌在线旅游网站品牌资产	0.78
品牌在线旅游网站的口碑名不虚传	<---	品牌在线旅游网站品牌资产	0.79
品牌在线旅游网站的产品承诺可信	<---	品牌在线旅游网站品牌资产	0.84
品牌在线旅游网站的品牌令我放心	<---	品牌在线旅游网站品牌资产	0.81
品牌在线旅游网站的品牌使我信任	<---	品牌在线旅游网站品牌资产	0.84
品牌在线旅游网站的旅游产品质价相符	<---	品牌在线旅游网站品牌资产	0.77
品牌在线旅游网站的旅游产品丰富	<---	品牌在线旅游网站品牌资产	0.79
品牌在线旅游网站的旅游产品质量符合需求	<---	品牌在线旅游网站品牌资产	0.80
品牌在线旅游网站对我很有吸引力	<---	品牌在线旅游网站品牌资产	0.77
愿花更多的时间浏览品牌在线旅游网站	<---	品牌在线旅游网站品牌资产	0.75
品牌在线旅游网站的旅游产品质量好	<---	品牌在线旅游网站品牌资产	0.81
品牌在线旅游网站提供了多种互动方式	<---	品牌在线旅游网站品牌资产	0.77
品牌在线旅游网站能尽快回复我的要求	<---	品牌在线旅游网站品牌资产	0.78
品牌在线旅游网站能有效反馈我的需求	<---	品牌在线旅游网站品牌资产	0.80
我同品牌在线旅游网站的客服沟通方便	<---	品牌在线旅游网站品牌资产	0.83
点击链接时能及时获得信息	<---	品牌在线旅游网站品牌资产	0.79
新时代的品牌在线旅游网站认知品牌资产性项目	**路径分析**	**新时代的品牌在线旅游网站认知品牌资产性**	**路径系数**
品牌在线旅游网站的品牌能使我信任	<---	品牌在线旅游网站网络口碑	0.85
我看好品牌在线旅游网站的品牌前景	<---	品牌在线旅游网站网络口碑	0.82
品牌在线旅游网站的产品承诺更真实	<---	品牌在线旅游网站网络口碑	0.86
品牌在线旅游网站的品牌令我放心	<---	品牌在线旅游网站网络口碑	0.81
品牌在线旅游网站包含完整旅游信息	<---	品牌在线旅游网站网络口碑	0.71
品牌在线旅游网站的产品承诺可信	<---	品牌在线旅游网站网络口碑	0.84
品牌在线旅游网站的口碑名不虚传	<---	品牌在线旅游网站网络口碑	0.72

（续表）

新时代的品牌在线旅游网站认知品牌资产性项目	路径分析	新时代的品牌在线旅游网站认知品牌资产性	路径系数
品牌在线旅游网站与旅游信息更相关	<---	品牌在线旅游网站网络口碑	0.71
品牌在线旅游网站旅游产品质价相符	<---	品牌在线旅游网站产品质量	0.81
品牌在线旅游网站的旅游产品质量好	<---	品牌在线旅游网站产品质量	0.82
愿花更多时间浏览品牌在线旅游网站	<---	品牌在线旅游网站产品质量	0.81
品牌在线旅游网站产品质量符合需求	<---	品牌在线旅游网站产品质量	0.82
品牌在线旅游网站的旅游产品更丰富	<---	品牌在线旅游网站产品质量	0.77
品牌在线旅游网站对我很具有吸引力	<---	品牌在线旅游网站产品质量	0.75
品牌在线旅游网站尽快回复我的要求	<---	品牌在线旅游网站在线互动	0.82
品牌在线旅游网站提供多种互动方式	<---	品牌在线旅游网站在线互动	0.70
品牌在线旅游网站有效反馈我的需求	<---	品牌在线旅游网站在线互动	0.82
我同品牌在线旅游网站客服沟通方便	<---	品牌在线旅游网站在线互动	0.83
点击链接时能及时获得需要相关信息	<---	品牌在线旅游网站在线互动	0.80

第二，从事件中的检验中得到，χ^2/df 是 11.739＞3.0，RMSEA 是 0.110＞0.08（CFI＝0.895，NFI＝0.887）。此数据表明，十九个因子组成对品牌在线旅游网站认知品牌资产性验证因子的模型拟合度一般，可采取进一步修正，使模型简练有效。

第三，从新时代的检验中得到，χ^2/df 是 5.967＞3.0，RMSEA 是 0.080＝0.08（CFI＝0.933，NFI＝0.921）。此数据表明，三个因子组成对品牌在线旅游网站认知品牌资产性验证因子的模型拟合度一般，可采取进一步修正，使模型简练有效。

通过增加观察变量之间的共变误差，在修正后，整个模型评判指标均表现良好，如表 5-46 所示。根据表 5-46，可进行如下分析。

表 5-46　品牌在线旅游网站服务质量满意度认知品牌资产性的模型拟合度

事件前项目	χ^2/df	GFI	RMR	RMSEA	CFI	NFI
未修正	6.860	0.838	0.031	0.098	0.869	0.821
修正后	2.792	0.912	0.026	0.038	0.940	0.921
事件中项目	χ^2/df	GFI	RMR	RMSEA	CFI	NFI
未修正	11.739	0.798	0.035	0.110	0.895	0.887
修正后	2.996	0.960	0.016	0.047	0.985	0.978
新时代项目	χ^2/df	GFI	RMR	RMSEA	CFI	NFI
未修正	5.967	0.881	0.035	0.080	0.933	0.921
修正后	2.695	0.954	0.028	0.047	0.979	0.967

第一，在事件前，χ^2/df 为 2.792＜3.0，RMSEA 为 0.038＞0.08（CFI＝0.940，NFI＝0.921），这表示模型可以接受，即品牌在线旅游网站网络口碑、品牌在线旅游网站产品质量、品牌在线旅游网站在线互动三个因子可以解释用户受访者关于品牌在线旅游网站认知品牌资产性模型，标准化回归系数如表 5-47 所示。

表 5-47　修正后的品牌在线旅游网站服务质量满意度认知品牌资产性验证性因子分析

事件前的品牌在线旅游网站认知品牌资产性项目	路径分析	事件前的品牌在线旅游网站认知品牌资产性	路径系数
品牌在线旅游网站包含完整旅游信息	<---	品牌在线旅游网站网络口碑	0.70
品牌在线旅游网站的产品承诺更真实	<---	品牌在线旅游网站网络口碑	0.71
品牌在线旅游网站与旅游信息更相关	<---	品牌在线旅游网站网络口碑	0.71
我看好品牌在线旅游网站的品牌前景	<---	品牌在线旅游网站网络口碑	0.70
品牌在线旅游网站的口碑名不虚传	<---	品牌在线旅游网站网络口碑	0.72
品牌在线旅游网站的产品承诺更可信	<---	品牌在线旅游网站网络口碑	0.69
品牌在线旅游网站的品牌令我放心	<---	品牌在线旅游网站网络口碑	0.69
品牌在线旅游网站的品牌使我信任	<---	品牌在线旅游网站网络口碑	0.69
品牌在线旅游网站旅游产品质价相符	<---	品牌在线旅游网站产品质量	0.69
品牌在线旅游网站的旅游产品更丰富	<---	品牌在线旅游网站产品质量	0.76
品牌在线旅游网站产品质量符合需求	<---	品牌在线旅游网站产品质量	0.78
品牌在线旅游网站对我很有吸引力	<---	品牌在线旅游网站产品质量	0.76
愿花更多时间浏览品牌在线旅游网站	<---	品牌在线旅游网站产品质量	0.68
品牌在线旅游网站旅游产品质量更好	<---	品牌在线旅游网站产品质量	0.68
品牌在线旅游网站提供多种互动方式	<---	品牌在线旅游网站在线互动	0.70
品牌在线旅游网站能尽快回复我的要求	<---	品牌在线旅游网站在线互动	0.75
品牌在线旅游网站能有效反馈我的需求	<---	品牌在线旅游网站在线互动	0.73
我同品牌在线旅游网站客服沟通方便	<---	品牌在线旅游网站在线互动	0.73
点击链接时能及时获得相关信息	<---	品牌在线旅游网站在线互动	0.72
事件中的品牌在线旅游网站认知品牌资产性项目	路径分析	事件中的品牌在线旅游网站认知品牌资产性	路径系数
品牌在线旅游网站包含完整旅游信息	<---	品牌在线旅游网站品牌资产	0.77
品牌在线旅游网站的产品承诺更真实	<---	品牌在线旅游网站品牌资产	0.81
品牌在线旅游网站与旅游信息更相关	<---	品牌在线旅游网站品牌资产	0.79
我看好品牌在线旅游网站的品牌前景	<---	品牌在线旅游网站品牌资产	0.76
品牌在线旅游网站的口碑名不虚传	<---	品牌在线旅游网站品牌资产	0.78
品牌在线旅游网站的产品承诺更可信	<---	品牌在线旅游网站品牌资产	0.84
品牌在线旅游网站的品牌令我放心	<---	品牌在线旅游网站品牌资产	0.80
品牌在线旅游网站的品牌使我信任	<---	品牌在线旅游网站品牌资产	0.84

（续表）

事件中的品牌在线旅游网站认知品牌资产性项目	路径分析	事件中的品牌在线旅游网站认知品牌资产性	路径系数
品牌在线旅游网站旅游产品质价相符	<---	品牌在线旅游网站品牌资产	0.76
品牌在线旅游网站的旅游产品更丰富	<---	品牌在线旅游网站品牌资产	0.78
品牌在线旅游网站产品质量符合需求	<---	品牌在线旅游网站品牌资产	0.78
品牌在线旅游网站对我很有吸引力	<---	品牌在线旅游网站品牌资产	0.76
愿花更多时间浏览品牌在线旅游网站	<---	品牌在线旅游网站品牌资产	0.74
品牌在线旅游网站旅游产品质量更好	<---	品牌在线旅游网站品牌资产	0.80
品牌在线旅游网站提供多种互动方式	<---	品牌在线旅游网站品牌资产	0.75
品牌在线旅游网站能尽快回复我的要求	<---	品牌在线旅游网站品牌资产	0.78
品牌在线旅游网站能有效反馈我的需求	<---	品牌在线旅游网站品牌资产	0.79
我同品牌在线旅游网站客服沟通方便	<---	品牌在线旅游网站品牌资产	0.83
点击链接时能及时获得相关信息	<---	品牌在线旅游网站品牌资产	0.79
新时代的品牌在线旅游网站认知品牌资产性项目	路径分析	新时代的品牌在线旅游网站认知品牌资产性	路径系数
品牌在线旅游网站的品牌使我信任	<---	品牌在线旅游网站网络口碑	0.85
我看好品牌在线旅游网站的品牌前景	<---	品牌在线旅游网站网络口碑	0.83
品牌在线旅游网站的产品承诺更真实	<---	品牌在线旅游网站网络口碑	0.88
品牌在线旅游网站的品牌令我放心	<---	品牌在线旅游网站网络口碑	0.82
品牌在线旅游网站包含完整旅游信息	<---	品牌在线旅游网站网络口碑	0.67
品牌在线旅游网站的产品承诺更可信	<---	品牌在线旅游网站网络口碑	0.84
品牌在线旅游网站的口碑名不虚传	<---	品牌在线旅游网站网络口碑	0.69
品牌在线旅游网站旅游产品质价相符	<---	品牌在线旅游网站产品质量	0.82
品牌在线旅游网站旅游产品质价相符	<---	品牌在线旅游网站产品质量	0.83
品牌在线旅游网站的旅游产品质量好	<---	品牌在线旅游网站产品质量	0.79
愿花更多时间浏览品牌在线旅游网站	<---	品牌在线旅游网站产品质量	0.82
品牌在线旅游网站产品质量符合需求	<---	品牌在线旅游网站产品质量	0.77
品牌在线旅游网站的旅游产品更丰富	<---	品牌在线旅游网站产品质量	0.72
品牌在线旅游网站对我很有吸引力	<---	品牌在线旅游网站在线互动	0.83
品牌在线旅游网站能尽快回复我的要求	<---	品牌在线旅游网站在线互动	0.70
品牌在线旅游网站提供多种互动方式	<---	品牌在线旅游网站在线互动	0.83
品牌在线旅游网站能有效反馈我的需求	<---	品牌在线旅游网站在线互动	0.84
我同品牌在线旅游网站客服沟通方便	<---	品牌在线旅游网站在线互动	0.81

第二，在事件中，χ^2/df 为 2.996<3.0，RMSEA 为 0.047<0.08（CFI=0.985，NFI=0.978），这表示模型可以接受，即品牌在线旅游网站品牌资产这个因子可以解释用户受访者关于品牌在线旅游网站认知品牌资产性模型，标准化回归系数如表 5-47 所示。

第三，在新时代，χ^2/df 为 2.695<3.0 和 RMSEA 为 0.047<0.08（CFI=0.979，NFI=0.967），这表示模型可以接受，即品牌在线旅游网站网络口碑、品牌在线旅游网站产品质量和品牌在线旅游网站在线互动三个因子可以解释用户受访者关于品牌在线旅游网站认知品牌资产性模型，标准化回归系数如表 5-47 所示。

本书构建了包含品牌在线旅游网站认知品牌资产性（潜变量）及其对应的测量指标的测量模型，检验了模型收敛效度（表 5-46）。同时，本书先逐步增加误差项之间的协方差，以此观察模型拟合的改善状况，最终获得了最优测量模型。经过多次修正与参数拟合比较，本书发现，增列误差项之间的协方差后，可以获得测量模型，且拟合指数有显著改善，在重新拟合参数测量指标 e1、e2、e8、e9 后，测量模型拟合状况能够达到适配要求。根据表 5-46，可进行如下分析。

第一，在事件前，将所有测量标准纳入测量模型，初步分析结果拟合状况不佳（χ^2/df=6.860，GFI=0.838，RMR=0.031，RMSEA=0.098，CFI=0.869，NFI=0.821），模型修正指数显示，测量指标 e1、e2、e4、e5、e7、e8、e13、e14 的误差项与其他多个测量指标的误差项具有较高关联，增列相应的协方差后，卡方值将有明显降低。修正后，测量模型的 χ^2/df 值为 2.792，GFI 值为 0.912，RMR 值为 0.026，RMSEA 值为 0.038，CFI 值为 0.940，NFI 值为 0.921，各项拟合参数均达到适配要求，这表明事件前的用户受访者关于品牌在线旅游网站认知品牌资产性的测量模型与实际数据相适配。

第二，在事件中，将所有测量标准纳入测量模型，初步分析结果拟合状况不佳（χ^2/df=11.739，GFI=0.798，RMR=0.035，RMSEA=0.110，CFI=0.895，NFI=0.887），模型修正指数显示，测量指标 e2、e3、e4、e9、e12、e14、e15、e17 的误差项与其他多个测量指标的误差项具有较高关联，增列相应的协方差后，卡方值将有明显降低。修正后，测量模型的 χ^2/df 值为 2.996，GFI 值为 0.960，RMR 值为 0.016，RMSEA 值为 0.047，CFI 值为 0.985，NFI 值为 0.978，各项拟合参数均达到适配要求，这表明事件中的用户受访者关于品牌在线旅游网站认知品牌资产性的测量模型与实际数据相适配。

第三，在新时代，将所有测量标准纳入测量模型，初步分析结果拟合状况不佳（χ^2/df=5.967，GFI=0.881，RMR=0.035，RMSEA=0.080，CFI=0.933，NFI=0.921），模型修正指数显示，测量指标 e3、e4、e5、e7、e10、e13、e14、e16、e17、e18 的误差项与其他多个测量指标的误差项具有较高关联，增列相应的协方差后，卡方值将有明显降低。修正后，测量模型的 χ^2/df 值为 2.695，GFI 值为 0.954，RMR 值为 0.028，RMSEA 值为 0.047，CFI 值为 0.979，NFI 值为 0.967，各项拟合参数均达到适配要求，这表明新时代的用户受访者关于品牌在线旅游网站认知品牌资产性的测量模型与实际数据相适配。

本书通过构建用户受访者关于品牌在线旅游网站认知品牌资产性各单一路径模型，分别检验了变量影响关系；基于单一路径模型的结果，又构建用户受访者关于品牌在线旅游网站认知品牌资产性所有潜变量的路径模型，总体检验了变量影响关系，如表 5-47 所示。根据表5-47，可进行如下分析。

第一，在事件前，品牌在线旅游网站认知品牌资产性与“品牌在线旅游网站包含完整旅游信息”“品牌在线旅游网站的产品承诺真实”“品牌在线旅游网站与旅游信息更相关”“我看好品牌在线旅游网站的品牌前景”“品牌在线旅游网站的口碑名不虚传”“品牌在线旅游网站的产品承诺更可信”“品牌在线旅游网站的品牌令我放心”“品牌在线旅游网站的品牌使我信任”“品牌在线旅游网站产品质价相符”“品牌在线旅游网站的旅游产品更丰富”“品牌在线旅游网站产品质量符合需求”“品牌在线旅游网站对我很有吸引力”“愿花更多时间浏览品牌在线旅游网站”“品牌在线旅游网站旅游产品质量更好”“品牌在线旅游网站提供多种互动方式”“品牌在线旅游网站能尽快回复我的要求”“品牌在线旅游网站能有效反馈我的需求”“我同品牌在线旅游网站客服沟通方便”“点击链接时能及时获得相关信息”的单一路径模型拟合良好；用户受访者关于品牌在线旅游网站认知品牌资产性的所有潜变量的路径模型拟合亦达到参数标准，据此，将依据模型判断事件前的用户受访者关于品牌在线旅游网站认知品牌资产性的各潜变量之间的主效应关系。

第二，在事件中，品牌在线旅游网站认知品牌资产性与“品牌在线旅游网站包含完整旅游信息”“品牌在线旅游网站的产品承诺更真实”“品牌在线旅游网站与旅游信息更相关”“我看好品牌在线旅游网站的品牌前景”“品牌在线旅游网站的口碑名不虚传”“品牌在线旅游网站的产品承诺更可信”“品牌在线旅游网站的品牌令我放心”“品牌在线旅游网站的品牌使我信任”“品牌在线旅游网站旅游产品质价相符”“品牌在线旅游网站的旅游产品更丰富”“品牌在线旅游网站产品质量符合需求”“品牌在线旅游网站对我很有吸引力”“愿花更多时间浏览品牌在线旅游网站”“品牌在线旅游网站旅游产品质量更好”“品牌在线旅游网站提供多种互动方式”“品牌在线旅游网站能尽快回复我的要求”“品牌在线旅游网站能有效反馈我的需求”“我同品牌在线旅游网站客服沟通方便”“点击链接时能及时获得相关信息”的单一路径模型拟合良好；用户受访者关于品牌在线旅游网站认知品牌资产性的所有潜变量的路径模型拟合亦达到参数标准，据此，将依据模型判断事件中的用户受访者关于品牌在线旅游网站认知品牌资产性的各潜变量之间的主效应关系。

第三，在新时代，品牌在线旅游网站认知品牌资产性与“品牌在线旅游网站的品牌使我信任”“我看好品牌在线旅游网站的品牌前景”“品牌在线旅游网站的产品承诺更真实”“品牌在线旅游网站的品牌令我放心”“品牌在线旅游网站包含完整旅游信息”“品牌在线旅游网站的产品承诺更可信”“品牌在线旅游网站的口碑名不虚传”“品牌在线旅游网站旅游产品质价相符”“品牌在线旅游网站的旅游产品质量好”“愿花更多时间浏览品牌在线旅游网站”“品牌在线旅游网站产品质量符合需求”“品牌在线旅游网站的旅游产品更丰富”“品牌在线旅游网站对我很有吸引力”“品牌在线旅游网站能尽快回复我的要求”“品牌在线旅游网站提供多种互动方式”“品牌在线旅游网站能有效反馈我的需求”“我同品牌在线旅游网站客服沟通方便”的单一路径模型拟合良好；用户受访者关于品牌在线旅游网站认知品牌资产性的所有潜变量的路径模型拟合亦达到参数标准，据此，将依据模型判断新时代的用户受访者关于品牌在线旅游网站认知品牌资产性的各潜变量之间的主效应关系。

九、品牌在线旅游网站服务质量满意度认知使用满意性的验证性因子与模型建构

在分析探索性因子后，为进一步验证模型的结构效度和收敛效度，本书采用 AMOS 25.0 进行了验证性因子分析。研究依据 χ^2/df、GFI、RMSEA、CFI 和 NFI 的数据进行分析。本书将对用户受访者关于品牌在线旅游网站认知使用满意性模型进行分析，将品牌在线旅游网站认知使用满意性因子作为非观测变量，将品牌在线旅游网站认知使用满意性项目作为观测变量。

第一，从事件前的检验中得到，χ^2/df 是 36.155＞3.0，RMSEA 是 0.241＞0.08(CFI＝0.837，NFI＝0.833)。此数据表明，两个因子组成对品牌在线旅游网站认知使用满意性验证因子的模型拟合度一般，可采取进一步修正，使模型简练有效。用户受访者关于品牌在线旅游网站认知使用满意性的验证性因子分析如表 5-48 所示。

表 5-48 品牌在线旅游网站服务质量满意度认知使用满意性的验证性因子分析

事件前的品牌在线旅游网站认知使用满意性项目	路径分析	事件前的品牌在线旅游网站认知使用满意性	路径系数
我对品牌在线旅游网站使用总体感到满意	<---	品牌在线旅游网站认知使用满意性	0.74
我对品牌在线旅游网站使用过程感到满意	<---	品牌在线旅游网站认知使用满意性	0.74
与期望比我对品牌在线旅游网站感到满意	<---	品牌在线旅游网站认知使用满意性	0.78
我认为使用品牌在线旅游网站是正确选择	<---	品牌在线旅游网站认知使用满意性	0.81
与其它比我对品牌在线旅游网站感到满意	<---	品牌在线旅游网站认知使用满意性	0.73
我喜欢在品牌在线旅游网站购买旅游产品	<---	品牌在线旅游网站认知使用满意性	0.62
事件中的品牌在线旅游网站认知使用满意性项目	路径分析	事件中的品牌在线旅游网站认知使用满意性	路径系数
我对品牌在线旅游网站使用总体感到满意	<---	品牌在线旅游网站认知使用满意性	0.87
我对品牌在线旅游网站使用过程感到满意	<---	品牌在线旅游网站认知使用满意性	0.88
与期望比我对品牌在线旅游网站感到满意	<---	品牌在线旅游网站认知使用满意性	0.86
我认为使用品牌在线旅游网站是正确选择	<---	品牌在线旅游网站认知使用满意性	0.84
与其它比我对品牌在线旅游网站感到满意	<---	品牌在线旅游网站认知使用满意性	0.81
我喜欢在品牌在线旅游网站购买旅游产品	<---	品牌在线旅游网站认知使用满意性	0.75
新时代的品牌在线旅游网站认知使用满意性项目	路径分析	新时代的品牌在线旅游网站认知使用满意性	路径系数
与期望比我对品牌在线旅游网站感到满意	<---	品牌在线旅游网站认知使用满意性	0.88
与其它比我对品牌在线旅游网站感到满意	<---	品牌在线旅游网站认知使用满意性	0.80
我认为使用品牌在线旅游网站是正确选择	<---	品牌在线旅游网站认知使用满意性	0.81
我喜欢在品牌在线旅游网站购买旅游产品	<---	品牌在线旅游网站认知使用满意性	0.78
我对品牌在线旅游网站使用总体感到满意	<---	品牌在线旅游网站认知使用满意性	0.74
我对品牌在线旅游网站使用过程感到满意	<---	品牌在线旅游网站认知使用满意性	0.73

第二，从事件中的检验中得到，χ^2/df 是 7.685>3.0，RMSEA 是 0.087>0.08（CFI=0.985，NFI=0.983）。此数据表明，六个因子组成对品牌在线旅游网站认知使用满意性验证因子的模型拟合度一般，可采取进一步修正，使模型简练有效。

第三，从新时代的检验中得到，χ^2/df 是 26.232>3.0，RMSEA 是 0.181>0.08（CFI=0.923，NFI=0.921）。此数据表明，一个因子组成对品牌在线旅游网站认知使用满意性验证因子的模型拟合度一般，可采取进一步修正，使模型简练有效。

通过增加观察变量之间的共变误差，在修正后，整个模型的评判指标均表现良好，如表 5-49 所示。根据表 5-49，可进行如下分析。

表 5-49　品牌在线旅游网站服务质量满意度认知使用满意性的模型拟合度

事件前项目	χ^2/df	GFI	RMR	RMSEA	CFI	NFI
未修正	36.155	0.845	0.048	0.241	0.837	0.833
修正后	12.137	0.962	0.023	0.136	0.965	0.963
事件中项目	χ^2/df	GFI	RMR	RMSEA	CFI	NFI
未修正	7.685	0.974	0.016	0.087	0.985	0.983
修正后	1.741	0.996	0.005	0.029	0.999	0.997
新时代项目	χ^2/df	GFI	RMR	RMSEA	CFI	NFI
未修正	26.232	0.906	0.047	0.181	0.923	0.921
修正后	2.596	0.995	0.009	0.045	0.997	0.996

第一，在事件前，χ^2/df 为 12.137>3.0，RMSEA 为 0.136>0.08（CFI=0.965，NFI=0.963），这表示模型接受一般，即品牌在线旅游网站认知使用满意性这个因子可以解释用户受访者关于品牌在线旅游网站认知使用满意性模型，标准化回归系数如表 5-50 所示。

表 5-50　修正后的品牌在线旅游网站服务质量满意度认知使用满意性验证性因子分析

事件前的品牌在线旅游网站认知使用满意性项目	路径分析	事件前的品牌在线旅游网站认知使用满意性	路径系数
我对品牌在线旅游网站总体感到满意	<---	品牌在线旅游网站认知使用满意性	0.65
我对品牌在线旅游网站使用过程感到满意	<---	品牌在线旅游网站认知使用满意性	0.68
与期望比我对品牌在线旅游网站感到满意	<---	品牌在线旅游网站认知使用满意性	0.79
我认为使用品牌在线旅游网站是正确选择	<---	品牌在线旅游网站认知使用满意性	0.85
与其他比我对品牌在线旅游网站感到满意	<---	品牌在线旅游网站认知使用满意性	0.75
我喜欢在品牌在线旅游网站购买旅游产品	<---	品牌在线旅游网站认知使用满意性	0.59
事件中的品牌在线旅游网站认知使用满意性项目	路径分析	事件中的品牌在线旅游网站认知使用满意性	路径系数
我对品牌在线旅游网站总体感到满意	<---	品牌在线旅游网站认知使用满意性	0.83
我对品牌在线旅游网站使用过程感到满意	<---	品牌在线旅游网站认知使用满意性	0.86

（续表）

事件中的品牌在线旅游网站认知使用满意性项目	路径分析	事件中的品牌在线旅游网站认知使用满意性	路径系数
与期望比我对品牌在线旅游网站感到满意	<---	品牌在线旅游网站认知使用满意性	0.85
我认为使用品牌在线旅游网站是正确选择	<---	品牌在线旅游网站认知使用满意性	0.86
与其他比我对品牌在线旅游网站感到满意	<---	品牌在线旅游网站认知使用满意性	0.82
我喜欢在品牌在线旅游网站购买旅游产品	<---	品牌在线旅游网站认知使用满意性	0.75
新时代的品牌在线旅游网站认知使用满意性项目	路径分析	新时代的品牌在线旅游网站认知使用满意性	路径系数
与期望比我对品牌在线旅游网站感到满意	<---	品牌在线旅游网站认知使用满意性	0.89
与其他比我对品牌在线旅游网站感到满意	<---	品牌在线旅游网站认知使用满意性	0.79
我认为使用品牌在线旅游网站是正确选择	<---	品牌在线旅游网站认知使用满意性	0.83
我喜欢在品牌在线旅游网站购买旅游产品	<---	品牌在线旅游网站认知使用满意性	0.77
我对品牌在线旅游网站总体感到满意	<---	品牌在线旅游网站认知使用满意性	0.69
我对品牌在线旅游网站使用过程感到满意	<---	品牌在线旅游网站认知使用满意性	0.72

第二，在事件中，χ^2/df 为 1.741<3.0，RMSEA 为 0.029<0.08（CFI=0.999，NFI=0.997），这表示模型接受一般，即品牌在线旅游网站认知使用满意性这个因子可以解释用户受访者关于品牌在线旅游网站认知使用满意性模型，标准化回归系数如表 5-50 所示。

第三，在新时代，χ^2/df 为 2.596<3.0，RMSEA 为 0.045<0.08（CFI=0.997，NFI=0.996），这表示模型接受一般，即品牌在线旅游网站认知使用满意性这个因子可以解释用户受访者关于品牌在线旅游网站认知使用满意性模型，标准化回归系数如表 5-50 所示。

本书构建了包含品牌在线旅游网站认知使用满意性（潜变量）及其对应的测量指标的测量模型，检验了模型收敛效度（表 5-48）。同时，本书先逐步增加误差项之间的协方差，以此观察模型拟合的改善状况，最终获得了最优测量模型。经过多次修正与参数拟合比较，本书发现，增列误差项之间的协方差后可以获得测量模型，且拟合指数有显著改善。在重新拟合参数测量指标 e1、e2、e8、e9 后，测量模型拟合状况能够达到适配要求，如表 5-49 所示。根据表 5-49，可进行如下分析。

第一，在事件前，将所有测量标准纳入测量模型，初步分析结果拟合状况不佳（χ^2/df=36.155，GFI=0.845，RMR=0.048，RMSEA=0.241，CFI=0.837，NFI=0.833），模型修正指数显示，测量指标 e1、e2、e3、e5、e6 的误差项与其他多个测量指标的误差项具有较高关联，增列相应的协方差后，卡方值将有明显降低。修正后，测量模型的 χ^2/df 值为 12.137，GFI 值为 0.962，RMR 值为 0.023，RMSEA 值为 0.136，CFI 值为 0.965，NFI 值为 0.963，各项拟合参数均达到适配要求，这表明事件前的用户受访者关于品牌在线旅游网站认知使用满意性的测量模型与实际数据相适配。

第二，在事件中，将所有测量标准纳入测量模型，初步分析结果拟合状况不佳（χ^2/df=7.685，GFI=0.974，RMR=0.016，RMSEA=0.087，CFI=0.985，NFI=0.983），模型修正指数显示，测量指标 e1、e2、e3、e5、e6 的误差项与其他多个测量指标的误差项具有较高关联，增列相应的协方差后，卡方值将有明显降低。修正后，测量模型的 χ^2/df 值为 1.741，GFI 值为 0.996，RMR 值为 0.005，RMSEA 值为 0.029，CFI 值为 0.999，NFI 值为 0.997，各项拟合参数均达到适配要求，这表明事件中的用户受访者关于品牌在线旅游网站认知使用满意性的测量模型与实际数据相适配。

第三，在新时代，将所有测量标准纳入测量模型，初步分析结果拟合状况不佳（χ^2/df=26.232，GFI=0.906，RMR=0.047，RMSEA=0.181，CFI=0.923，NFI=0.921），模型修正指数显示，测量指标 e1、e2、e3、e5、e6 的误差项与其他多个测量指标的误差项具有较高关联，增列相应的协方差后，卡方值将有明显降低。修正后，测量模型的 χ^2/df 值为 2.596，GFI 值为 0.995，RMR 值为 0.009，RMSEA 值为 0.045，CFI 值为 0.997，NFI 值为 0.996，各项拟合参数均达到适配要求，这表明新时代的用户受访者关于品牌在线旅游网站认知使用满意性的测量模型与实际数据相适配。

本书通过构建用户受访者关于品牌在线旅游网站认知使用满意性各单一路径模型，分别检验了变量影响关系；基于单一路径模型的结果，又构建用户受访者关于品牌在线旅游网站认知使用满意性所有潜变量的路径模型，总体检验了变量影响关系，如表 5-50 所示。根据表 5-50，可进行如下分析。

第一，在事件前，品牌在线旅游网站认知使用满意性与“我对品牌在线旅游网站总体感到满意”“我对品牌在线旅游网站使用过程感到满意”“与期望比我对品牌在线旅游网站感到满意”“我认为使用品牌在线旅游网站是正确选择”“与其他比我对品牌在线旅游网站感到满意”“我喜欢在品牌在线旅游网站购买旅游产品”的单一路径模型拟合良好；用户受访者关于品牌在线旅游网站认知使用满意性的所有潜变量的路径模型拟合亦达到参数标准，据此，将依据模型判断事件前的用户受访者关于品牌在线旅游网站认知使用满意性的各潜变量之间的主效应关系。

第二，在事件中，品牌在线旅游网站认知使用满意性与“我对品牌在线旅游网站总体感到满意”“我对品牌在线旅游网站使用过程感到满意”“与期望比我对品牌在线旅游网站感到满意”“我认为使用品牌在线旅游网站是正确选择”“与其他比我对品牌在线旅游网站感到满意”“我喜欢在品牌在线旅游网站购买旅游产品”的单一路径模型拟合良好；用户受访者关于品牌在线旅游网站认知使用满意性的所有潜变量的路径模型拟合亦达到参数标准，据此，将依据模型判断事件中的用户受访者关于品牌在线旅游网站认知使用满意性的各潜变量之间的主效应关系。

第三，在新时代，品牌在线旅游网站认知使用满意性与“与期望比我对品牌在线旅游网站感到满意”“与其他比我对品牌在线旅游网站感到满意”“我认为使用品牌在线旅游网站是正确选择”“我喜欢在品牌在线旅游网站购买旅游产品”“我对品牌在线旅游网站总体感到满意”“我对品牌在线旅游网站使用过程感到满意”的单一路径模型拟合良好；用户受访者关于品牌在线旅游网站认知使用满意性的所有潜变量的路径模型拟合亦达到参数标准，据此，将依据模型判断新时代的用户受访者关于品牌在线旅游网站认知使用满意性的各潜变量之间的主效应关系。

十、品牌在线旅游网站服务质量满意度认知使用忠诚性的验证性因子与模型建构

在分析探索性因子后，为进一步验证模型的结构效度和收敛效度，本书采用 AMOS

25.0 进行了验证性因子分析。研究依据 χ^2/df、GFI、RMSEA、CFI 和 NFI 的数据进行了分析。本书将对用户受访者关于品牌在线旅游网站认知有用模型进行分析，将品牌在线旅游网站认知使用性忠诚性因子作为非观测变量，将品牌在线旅游网站认知使用忠诚性项目作为观测变量。

第一，从事件前的检验中得到，χ^2/df 是 11.565＞3.0，RMSEA 是 0.132＞0.08（CFI＝0.925，NFI＝0.919）。此数据表明，两个因子组成对品牌在线旅游网站认知使用忠诚性验证因子的模型拟合度一般，可采取进一步修正，使模型简练有效。用户受访者关于品牌在线旅游网站认知使用忠诚性的验证性因子分析如表 5-51 所示。

表 5-51　品牌在线旅游网站服务质量满意度认知使用忠诚性的验证性因子分析

事件前的品牌在线旅游网站认知使用忠诚性项目	路径分析	事件前的品牌在线旅游网站认知使用忠诚性	路径系数
我愿向他人推荐品牌在线旅游网站	<---	品牌在线旅游网站认知使用忠诚性	0.69
我愿意积极宣传品牌在线旅游网站	<---	品牌在线旅游网站认知使用忠诚性	0.77
我愿反馈品牌在线旅游网站优缺点	<---	品牌在线旅游网站认知使用忠诚性	0.73
我愿意继续使用品牌在线旅游网站	<---	品牌在线旅游网站认知使用忠诚性	0.71
我愿意频繁使用品牌在线旅游网站	<---	品牌在线旅游网站认知使用忠诚性	0.76
在线旅游首选是品牌在线旅游网站	<---	品牌在线旅游网站认知使用忠诚性	0.75
关注品牌在线旅游网站的更新升级	<---	品牌在线旅游网站认知使用忠诚性	0.65
事件中的品牌在线旅游网站认知使用忠诚性项目	路径分析	事件中的品牌在线旅游网站认知使用忠诚性	路径系数
我愿向他人推荐品牌在线旅游网站	<---	品牌在线旅游网站认知使用忠诚性	0.83
我愿意积极宣传品牌在线旅游网站	<---	品牌在线旅游网站认知使用忠诚性	0.83
我愿反馈品牌在线旅游网站优缺点	<---	品牌在线旅游网站认知使用忠诚性	0.80
我愿意继续使用品牌在线旅游网站	<---	品牌在线旅游网站认知使用忠诚性	0.79
我愿意频繁使用品牌在线旅游网站	<---	品牌在线旅游网站认知使用忠诚性	0.82
在线旅游首选是品牌在线旅游网站	<---	品牌在线旅游网站认知使用忠诚性	0.82
关注品牌在线旅游网站的更新升级	<---	品牌在线旅游网站认知使用忠诚性	0.81
新时代的品牌在线旅游网站认知使用忠诚性项目	路径分析	新时代的品牌在线旅游网站认知使用忠诚性	路径系数
我愿意频繁使用品牌在线旅游网站	<---	品牌在线旅游网站认知使用忠诚性	0.85
我愿向他人推荐品牌在线旅游网站	<---	品牌在线旅游网站认知使用忠诚性	0.83
我愿反馈品牌在线旅游网站优缺点	<---	品牌在线旅游网站认知使用忠诚性	0.82
我愿意继续使用品牌在线旅游网站	<---	品牌在线旅游网站认知使用忠诚性	0.82
我愿意积极宣传品牌在线旅游网站	<---	品牌在线旅游网站认知使用忠诚性	0.80
关注品牌在线旅游网站的更新升级	<---	品牌在线旅游网站认知使用忠诚性	0.74
在线旅游首选是品牌在线旅游网站	<---	品牌在线旅游网站认知使用忠诚性	0.73

第二，从事件中的检验中得到，χ^2/df 是 6.170>3.0，RMSEA 是 0.076<0.08（CFI=0.984，NFI=0.972）。此数据表明，七个因子组成对品牌在线旅游网站认知使用忠诚性验证因子的模型拟合度较为一般，可采取进一步修正，使模型简练有效。

第三，从新时代的检验中得到，χ^2/df 是 9.746>3.0，RMSEA 是 0.106>0.08（CFI=0.967，NFI=0.963）。此数据表明，一个因子组成对品牌在线旅游网站认知使用忠诚性验证因子的模型拟合度较为一般，可采取进一步修正，使模型简练有效。

通过增加观察变量之间的共变误差，在修正后，整个模型评判指标均表现良好，如表 5-52 所示。根据表 5-52，可进行如下分析。

表 5-52　品牌在线旅游网站服务质量满意度认知使用忠诚性的模型拟合度

事件前项目	χ^2/df	GFI	RMR	RMSEA	CFI	NFI
未修正	11.565	0.928	0.035	0.132	0.925	0.919
修正后	6.278	0.968	0.022	0.093	0.971	0.966
事件中项目	χ^2/df	GFI	RMR	RMSEA	CFI	NFI
未修正	6.170	0.972	0.019	0.076	0.984	0.972
修正后	2.417	0.991	0.011	0.040	0.996	0.994
新时代项目	χ^2/df	GFI	RMR	RMSEA	CFI	NFI
未修正	9.746	0.948	0.030	0.106	0.967	0.963
修正后	2.642	0.994	0.010	0.046	0.997	0.996

第一，在事件前，χ^2/df 为 6.278>3.0，RMSEA 为 0.093>0.08（CFI=0.971，NFI=0.966），这表示模型接受一般，即品牌在线旅游网站认知使用忠诚性这个因子可以解释用户受访者关于品牌在线旅游网站认知使用忠诚性模型，标准化回归系数如表 5-53 所示。

表 5-53　修正后的品牌在线旅游网站服务质量满意度认知使用忠诚性验证性因子分析

事件前的品牌在线旅游网站认知使用忠诚性项目	路径分析	事件前的品牌在线旅游网站认知使用忠诚性	路径系数
我愿向他人推荐品牌在线旅游网站	<---	品牌在线旅游网站认知使用忠诚性	0.65
我愿意积极宣传品牌在线旅游网站	<---	品牌在线旅游网站认知使用忠诚性	0.73
我愿反馈品牌在线旅游网站优缺点	<---	品牌在线旅游网站认知使用忠诚性	0.71
我愿意继续使用品牌在线旅游网站	<---	品牌在线旅游网站认知使用忠诚性	0.71
我愿意频繁使用品牌在线旅游网站	<---	品牌在线旅游网站认知使用忠诚性	0.78
在线旅游首选是品牌在线旅游网站	<---	品牌在线旅游网站认知使用忠诚性	0.75
关注品牌在线旅游网站的更新升级	<---	品牌在线旅游网站认知使用忠诚性	0.64

（续表）

事件中的品牌在线旅游网站认知使用忠诚性项目	路径分析	事件中的品牌在线旅游网站认知使用忠诚性	路径系数
我愿向他人推荐品牌在线旅游网站	<---	品牌在线旅游网站认知使用忠诚性	0.81
我愿意积极宣传品牌在线旅游网站	<---	品牌在线旅游网站认知使用忠诚性	0.81
我愿反馈品牌在线旅游网站优缺点	<---	品牌在线旅游网站认知使用忠诚性	0.81
我愿意继续使用品牌在线旅游网站	<---	品牌在线旅游网站认知使用忠诚性	0.80
我愿意频繁使用品牌在线旅游网站	<---	品牌在线旅游网站认知使用忠诚性	0.82
在线旅游首选是品牌在线旅游网站	<---	品牌在线旅游网站认知使用忠诚性	0.82
关注品牌在线旅游网站的更新升级	<---	品牌在线旅游网站认知使用忠诚性	0.81
新时代的品牌在线旅游网站认知使用忠诚性项目	路径分析	新时代的品牌在线旅游网站认知使用忠诚性	路径系数
我愿意频繁使用品牌在线旅游网站	<---	品牌在线旅游网站认知使用忠诚性	0.86
我愿向他人推荐品牌在线旅游网站	<---	品牌在线旅游网站认知使用忠诚性	0.80
我愿反馈品牌在线旅游网站优缺点	<---	品牌在线旅游网站认知使用忠诚性	0.81
我愿意继续使用品牌在线旅游网站	<---	品牌在线旅游网站认知使用忠诚性	0.84
我愿意积极宣传品牌在线旅游网站	<---	品牌在线旅游网站认知使用忠诚性	0.81
关注品牌在线旅游网站的更新升级	<---	品牌在线旅游网站认知使用忠诚性	0.74
在线旅游首选是品牌在线旅游网站	<---	品牌在线旅游网站认知使用忠诚性	0.75

第二，在事件中，χ^2/df 为 2.417<3.0，RMSEA 为 0.040<0.08（CFI=0.996，NFI=0.994），这表示模型接受一般，即品牌在线旅游网站认知使用忠诚性这个因子可以解释用户受访者关于品牌在线旅游网站认知使用忠诚性模型，标准化回归系数如表 5-53 所示。

第三，在新时代，χ^2/df 是 2.642<3.0，RMSEA 是 0.046<0.08（CFI=0.997，NFI=0.996）。这表示模型接受一般，即品牌在线旅游网站认知使用忠诚性这个因子可以解释用户受访者关于品牌在线旅游网站认知使用忠诚性模型。

本书构建了包含品牌在线旅游网站认知使用忠诚性（潜变量）及其对应的测量指标的测量模型，检验了模型收敛效度（表 5-52）。同时，本书先逐步增加误差项之间的协方差，以此观察模型拟合的改善状况，最终获得了最优测量模型。经过多次修正与参数拟合比较，本书发现，增列误差项之间的协方差后可以获得测量模型，且拟合指数有显著改善。在重新拟合参数测量指标 e1、e2、e8、e9 后，测量模型拟合状况能够达到适配要求。根据表 5-52，可进行如下分析。

第一，将事件前的所有测量标准纳入测量模型，初步分析结果拟合状况不佳（χ^2/df=11.565，GFI=0.928，RMR=0.035，RMSEA=0.132，CFI=0.925，NFI=0.919），模型修正指数显示，测量指标 e1、e2、e3、e5、e6 的误差项与其他多个测量指标的误差项具有较高关联，增列相应的协方差后，卡方值将有明显降低。修正后，测量模型的 χ^2/df 值为 6.278，GFI 值为 0.968，RMR 值为 0.022，RMSEA 值为 0.093，CFI 值为 0.971，NFI 值为 0.966，各项拟合参数均达到适配要求，这表明事件前的用户受访者关于品牌在线旅游网站认知使用忠诚性的测量模型与实际数据相适配。

第二，将事件中的所有测量标准纳入测量模型，初步分析结果拟合状况不佳（χ^2/df=6.170，GFI=0.972，RMR=0.019，RMSEA=0.076，CFI=0.984，NFI=0.972），模型修正指数显示，测量指标 e1、e2、e5、e7 的误差项与其他多个测量指标的误差项具有较高关联，增列相应的协方差后，卡方值将有明显降低。修正后，测量模型的 χ^2/df 值为 2.417，GFI 值为 0.991，RMR 值为 0.011，RMSEA 值为 0.040，CFI 值为 0.996，NFI 值为 0.994，各项拟合参数均达到适配要求，这表明事件中的用户受访者关于品牌在线旅游网站认知使用忠诚性的测量模型与实际数据相适配。

第三，将新时代的所有测量标准纳入测量模型，初步分析结果拟合状况不佳（χ^2/df=9.746，GFI=0.948，RMR=0.030，RMSEA=0.106，CFI=0.967，NFI=0.963），模型修正指数显示，测量指标 e1、e2、e3、e4、e5、e6、e7 的误差项与其他多个测量指标的误差项具有较高关联，增列相应的协方差后，卡方值将有明显降低。修正后，测量模型的 χ^2/df 值为 2.642，GFI 值为 0.994，RMR 值为 0.010，RMSEA 值为 0.046，CFI 值为 0.997，NFI 值为 0.996，各项拟合参数均达到适配要求，这表明新时代的用户受访者关于品牌在线旅游网站认知使用忠诚性的测量模型与实际数据相适配。

本书通过构建用户受访者关于品牌在线旅游网站认知使用忠诚性各单一路径模型，分别检验了变量影响关系；基于单一路径模型的结果，又构建用户受访者关于品牌在线旅游网站认知使用忠诚性所有潜变量的路径模型，总体检验了变量影响关系，如表 5-53 所示。根据表 5-53，可进行如下分析。

第一，在事件前，品牌在线旅游网站认知使用忠诚性与“我愿向他人推荐品牌在线旅游网站”“我愿意积极宣传品牌在线旅游网站”“我愿反馈品牌在线旅游网站优缺点”“我愿意继续使用品牌在线旅游网站”“我愿意频繁使用品牌在线旅游网站”“在线旅游首选是品牌在线旅游网站”“关注品牌在线旅游网站的更新升级”的单一路径模型拟合良好；用户受访者关于品牌在线旅游网站认知使用忠诚性的所有潜变量的路径模型拟合亦达到参数标准，据此，将依据模型判断事件前的用户受访者关于品牌在线旅游网站认知使用忠诚性的各潜变量之间的主效应关系。

第二，在事件中，品牌在线旅游网站认知使用忠诚性与“我愿向他人推荐品牌在线旅游网站”“我愿意积极宣传品牌在线旅游网站”“我愿反馈品牌在线旅游网站优缺点”“我愿意继续使用品牌在线旅游网站”“我愿意频繁使用品牌在线旅游网站”“在线旅游首选是品牌在线旅游网站”“关注品牌在线旅游网站的更新升级”的单一路径模型拟合良好；用户受访者关于品牌在线旅游网站认知使用忠诚性的所有潜变量的路径模型拟合亦达到参数标准，据此，将依据模型判断事件中的用户受访者关于品牌在线旅游网站认知使用忠诚性的各潜变量之间的主效应关系。

第三，在新时代，品牌在线旅游网站认知使用忠诚性与“我愿意频繁使用品牌在线旅游网站”“我愿向他人推荐品牌在线旅游网站”“我愿反馈品牌在线旅游网站优缺点”“我愿意继续使用品牌在线旅游网站”“我愿意积极宣传品牌在线旅游网站”“关注品牌在线旅游网站的更新升级”“在线旅游首选是品牌在线旅游网站”的单一路径模型拟合良好；用户受访者关于品牌在线旅游网站认知使用忠诚性的所有潜变量的路径模型拟合亦达到参数标准，据此，将依据模型判断新时代的用户受访者关于品牌在线旅游网站认知使用忠诚性的各潜变量之间的主效应关系。

第四节 品牌在线旅游网站服务质量满意度认知的理论模型检验结果

一、品牌在线旅游网站服务质量满意度认知整体验证性因子分析

为了更好地验证品牌在线旅游网站服务质量满意度认知理论模型的拟合度，本书对品牌在线旅游网站服务质量满意度认知进行整体验证性因子分析。

本书在分析探索性因子后，使用 AMOS 25.0 对用户关于品牌在线旅游网站认知整体验证性因子进行了论证。在对验证性因子进行分析后，各因子载荷量如表 5-54、表 5-55 和表 5-56 所示。

表 5-54 事件前的品牌在线旅游网站服务质量满意度认知整体验证性因子分析

用户认知项目	路径分析	用户认知	路径系数
品牌在线旅游网站服务有用	<---	品牌在线旅游网站认知有用性	0.57
品牌在线旅游网站信息有用	<---	品牌在线旅游网站认知有用性	0.85
品牌在线旅游网站操作易用	<---	品牌在线旅游网站认知易用性	0.83
品牌在线旅游网站界面易用	<---	品牌在线旅游网站认知易用性	0.79
品牌在线旅游网站财务隐私	<---	品牌在线旅游网站认知风险性	0.73
品牌在线旅游网站功能风险	<---	品牌在线旅游网站认知风险性	0.74
品牌在线旅游网站时间风险	<---	品牌在线旅游网站认知风险性	0.63
品牌在线旅游网站心理风险	<---	品牌在线旅游网站认知风险性	0.66
品牌在线旅游网站系统质量	<---	品牌在线旅游网站认知质量性	0.82
品牌在线旅游网站信息质量	<---	品牌在线旅游网站认知质量性	0.75
品牌在线旅游网站有形性	<---	品牌在线旅游网站认知服务性	0.80
品牌在线旅游网站响应性	<---	品牌在线旅游网站认知服务性	0.74
品牌在线旅游网站同理心	<---	品牌在线旅游网站认知服务性	0.79
品牌在线旅游网站可靠性	<---	品牌在线旅游网站认知服务性	0.78
品牌在线旅游网站保证性	<---	品牌在线旅游网站认知服务性	0.71
品牌在线旅游网站网络口碑	<---	品牌在线旅游网站认知品牌资产性	0.83
品牌在线旅游网站产品质量	<---	品牌在线旅游网站认知品牌资产性	0.84

（续表）

用户认知项目	路径分析	用户认知	路径系数
品牌在线旅游网站在线互动	<---	品牌在线旅游网站认知品牌资产性	0.79
品牌在线旅游网站整体满意	<---	品牌在线旅游网站认知使用满意性	0.72
品牌在线旅游网站过程满意	<---	品牌在线旅游网站认知使用满意性	0.69
品牌在线旅游网站期望满意	<---	品牌在线旅游网站认知使用满意性	0.74
品牌在线旅游网站正确选择	<---	品牌在线旅游网站认知使用满意性	0.79
品牌在线旅游网站对比满意	<---	品牌在线旅游网站认知使用满意性	0.74
品牌在线旅游网站喜欢使用	<---	品牌在线旅游网站认知使用满意性	0.67
品牌在线旅游网站推荐意愿	<---	品牌在线旅游网站认知使用忠诚性	0.69
品牌在线旅游网站宣传意愿	<---	品牌在线旅游网站认知使用忠诚性	0.74
品牌在线旅游网站反馈优缺	<---	品牌在线旅游网站认知使用忠诚性	0.72
品牌在线旅游网站继续使用	<---	品牌在线旅游网站认知使用忠诚性	0.71
品牌在线旅游网站频繁使用	<---	品牌在线旅游网站认知使用忠诚性	0.75
品牌在线旅游网站在线首选	<---	品牌在线旅游网站认知使用忠诚性	0.74
品牌在线旅游网站关注更新	<---	品牌在线旅游网站认知使用忠诚性	0.63

表 5-55　事件中的品牌在线旅游网站服务质量满意度认知整体验证性因子分析

用户认知项目	路径分析	用户认知	路径系数
品牌在线旅游网站能提供有用信息	<---	品牌在线旅游网站认知有用性	0.72
品牌在线旅游网站能提高信息收集效率	<---	品牌在线旅游网站认知有用性	0.75
品牌在线旅游网站能及时回复投诉	<---	品牌在线旅游网站认知有用性	0.72
品牌在线旅游网站提供服务质量好	<---	品牌在线旅游网站认知有用性	0.76
品牌在线旅游网站的信息获取便捷	<---	品牌在线旅游网站认知有用性	0.75
品牌在线网站与中间商的沟通便捷	<---	品牌在线旅游网站认知有用性	0.73
品牌在线网站与供应商的沟通便捷	<---	品牌在线旅游网站认知有用性	0.69
品牌在线旅游网站对我来说很有用	<---	品牌在线旅游网站认知有用性	0.68
品牌在线旅游网站整体的界面美观	<---	品牌在线旅游网站认知易用性	0.66
品牌在线旅游网站整体的功能全面	<---	品牌在线旅游网站认知易用性	0.71
品牌在线网站能满足我的旅游需求	<---	品牌在线旅游网站认知易用性	0.74
品牌在线旅游网站的文字说明易懂	<---	品牌在线旅游网站认知易用性	0.74
品牌在线网站的使用无需客服指导	<---	品牌在线旅游网站认知易用性	0.70
品牌在线旅游网站使用方法易掌握	<---	品牌在线旅游网站认知易用性	0.77
品牌在线旅游网站的使用步骤简单	<---	品牌在线旅游网站认知易用性	0.77

（续表）

用户认知项目	路径分析	用户认知	路径系数
品牌在线旅游网站的使用步骤易懂	<---	品牌在线旅游网站认知易用性	0.71
品牌在线旅游网站易搜索旅游信息	<---	品牌在线旅游网站认知易用性	0.76
品牌在线旅游网站的产品购买便捷	<---	品牌在线旅游网站认知易用性	0.67
品牌在线旅游网站时间心理风险	<---	品牌在线旅游网站认知风险性	0.87
品牌在线旅游网站隐私风险	<---	品牌在线旅游网站认知风险性	0.74
品牌在线旅游网站财务功能风险	<---	品牌在线旅游网站认知风险性	0.87
品牌在线旅游网站信息质量	<---	品牌在线旅游网站认知质量性	0.83
品牌在线旅游网站系统质量	<---	品牌在线旅游网站认知质量性	0.85
品牌在线旅游网站响应同理心	<---	品牌在线旅游网站认知服务性	0.92
品牌在线旅游网站可靠保证性	<---	品牌在线旅游网站认知服务性	0.89
品牌在线旅游网站有形性	<---	品牌在线旅游网站认知服务性	0.86
品牌在线旅游网站的旅游产品丰富	<---	品牌在线旅游网站认知品牌资产性	0.77
品牌在线旅游网站的产品质价相符	<---	品牌在线旅游网站认知品牌资产性	0.74
品牌在线旅游网站产品质量符合需求	<---	品牌在线旅游网站认知品牌资产性	0.78
品牌在线旅游网站的旅游产品质量好	<---	品牌在线旅游网站认知品牌资产性	0.79
愿花更多的时间浏览品牌在线旅游网站	<---	品牌在线旅游网站认知品牌资产性	0.72
品牌在线旅游网站对我很具有吸引力	<---	品牌在线旅游网站认知品牌资产性	0.74
我同品牌在线旅游网站的客服沟通方便	<---	品牌在线旅游网站认知品牌资产性	0.80
品牌在线旅游网站能有效反馈我的需求	<---	品牌在线旅游网站认知品牌资产性	0.77
品牌在线旅游网站提供了多种互动方式	<---	品牌在线旅游网站认知品牌资产性	0.73
品牌在线旅游网站能尽快回复我的要求	<---	品牌在线旅游网站认知品牌资产性	0.74
点击链接时能及时获得需要信息	<---	品牌在线旅游网站认知品牌资产性	0.76
品牌在线旅游网站品牌使我信任	<---	品牌在线旅游网站认知品牌资产性	0.82
品牌在线旅游网站品牌令我放心	<---	品牌在线旅游网站认知品牌资产性	0.78
我看好品牌在线旅游网站品牌前景	<---	品牌在线旅游网站认知品牌资产性	0.75
品牌在线旅游网站的产品承诺真实	<---	品牌在线旅游网站认知品牌资产性	0.79
品牌在线旅游网站的产品承诺可信	<---	品牌在线旅游网站认知品牌资产性	0.81
品牌在线网站的口碑与旅游信息相关	<---	品牌在线旅游网站认知品牌资产性	0.79
品牌在线旅游网站包含完整旅游信息	<---	品牌在线旅游网站认知品牌资产性	0.76
品牌在线旅游网站的口碑名不虚传	<---	品牌在线旅游网站认知品牌资产性	0.76
品牌在线旅游网站整体满意	<---	品牌在线旅游网站认知使用满意性	0.84
品牌在线旅游网站过程满意	<---	品牌在线旅游网站认知使用满意性	0.86

（续表）

用户认知项目	路径分析	用户认知	路径系数
品牌在线旅游网站期望满意	<---	品牌在线旅游网站认知使用满意性	0.85
品牌在线旅游网站正确选择	<---	品牌在线旅游网站认知使用满意性	0.83
品牌在线旅游网站对比满意	<---	品牌在线旅游网站认知使用满意性	0.81
品牌在线旅游网站喜欢使用	<---	品牌在线旅游网站认知使用满意性	0.76
品牌在线旅游网站推荐意愿	<---	品牌在线旅游网站认知使用忠诚性	0.81
品牌在线旅游网站宣传意愿	<---	品牌在线旅游网站认知使用忠诚性	0.79
品牌在线旅游网站反馈优缺	<---	品牌在线旅游网站认知使用忠诚性	0.77
品牌在线旅游网站继续使用	<---	品牌在线旅游网站认知使用忠诚性	0.78
品牌在线旅游网站频繁使用	<---	品牌在线旅游网站认知使用忠诚性	0.79
品牌在线旅游网站在线首选	<---	品牌在线旅游网站认知使用忠诚性	0.79
品牌在线旅游网站关注更新	<---	品牌在线旅游网站认知使用忠诚性	0.78

表 5-56　新时代的品牌在线旅游网站服务质量满意度认知整体验证性因子分析

用户认知项目	路径分析	用户认知	路径系数
品牌在线旅游网站提供服务质量好	<---	品牌在线旅游网站认知有用性	0.79
品牌在线网站与中间商的沟通便捷	<---	品牌在线旅游网站认知有用性	0.78
品牌在线旅游网站的信息获取便捷	<---	品牌在线旅游网站认知有用性	0.78
品牌在线网站能提高信息收集效率	<---	品牌在线旅游网站认知有用性	0.73
品牌在线网站与供应商的沟通便捷	<---	品牌在线旅游网站认知有用性	0.71
品牌在线旅游网站对我来说很有用	<---	品牌在线旅游网站认知有用性	0.72
品牌在线旅游网站能提供有用信息	<---	品牌在线旅游网站认知有用性	0.70
品牌在线旅游网站能及时回复投诉	<---	品牌在线旅游网站认知有用性	0.65
品牌在线网站的使用方法容易掌握	<---	品牌在线旅游网站认知易用性	0.81
品牌在线旅游网站的使用步骤简单	<---	品牌在线旅游网站认知易用性	0.81
品牌在线旅游网站的产品购买便捷	<---	品牌在线旅游网站认知易用性	0.80
品牌在线网站能容易搜索旅游信息	<---	品牌在线旅游网站认知易用性	0.78
品牌在线旅游网站的文字说明易懂	<---	品牌在线旅游网站认知易用性	0.77
品牌在线网站的使用无需客服指导	<---	品牌在线旅游网站认知易用性	0.77
品牌在线网站能满足我的旅游需求	<---	品牌在线旅游网站认知易用性	0.76
品牌在线旅游网站的使用步骤易懂	<---	品牌在线旅游网站认知易用性	0.75
品牌在线旅游网站整体的功能全面	<---	品牌在线旅游网站认知易用性	0.69
品牌在线旅游网站整体的界面美观	<---	品牌在线旅游网站认知易用性	0.68

（续表）

用户认知项目	路径分析	用户认知	路径系数
品牌在线旅游网站心理风险	<---	品牌在线旅游网站认知风险性	0.88
品牌在线旅游网站财务风险	<---	品牌在线旅游网站认知风险性	0.73
品牌在线旅游网站功能风险	<---	品牌在线旅游网站认知风险性	0.81
品牌在线旅游网站隐私风险	<---	品牌在线旅游网站认知风险性	0.61
品牌在线旅游网站系统质量	<---	品牌在线旅游网站认知质量性	0.88
品牌在线旅游网站信息质量	<---	品牌在线旅游网站认知质量性	0.82
品牌在线旅游网站有形性	<---	品牌在线旅游网站认知服务性	0.815
品牌在线旅游网站响应性	<---	品牌在线旅游网站认知服务性	0.79
品牌在线旅游网站同理心	<---	品牌在线旅游网站认知服务性	0.80
品牌在线旅游网站可靠性	<---	品牌在线旅游网站认知服务性	0.79
品牌在线旅游网站网络口碑	<---	品牌在线旅游网站认知品牌资产性	0.88
品牌在线旅游网站产品质量	<---	品牌在线旅游网站认知品牌资产性	0.85
品牌在线旅游网站在线互动	<---	品牌在线旅游网站认知品牌资产性	0.80
与期望比我对品牌在线旅游网站感到满意	<---	品牌在线旅游网站认知使用满意性	0.86
与其他比我对品牌在线旅游网站感到满意	<---	品牌在线旅游网站认知使用满意性	0.79
我认为使用品牌在线旅游网站是正确选择	<---	品牌在线旅游网站认知使用满意性	0.80
我喜欢在品牌在线旅游网站购买旅游产品	<---	品牌在线旅游网站认知使用满意性	0.79
我对品牌在线旅游网站使用总体感到满意	<---	品牌在线旅游网站认知使用满意性	0.75
我对品牌在线旅游网站使用过程感到满意	<---	品牌在线旅游网站认知使用满意性	0.74
我愿意频繁使用品牌在线旅游网站	<---	品牌在线旅游网站认知使用忠诚性	0.85
我愿向他人推荐品牌在线旅游网站	<---	品牌在线旅游网站认知使用忠诚性	0.82
我愿反馈品牌在线旅游网站优缺点	<---	品牌在线旅游网站认知使用忠诚性	0.81
我愿意继续使用品牌在线旅游网站	<---	品牌在线旅游网站认知使用忠诚性	0.82
我愿意积极宣传品牌在线旅游网站	<---	品牌在线旅游网站认知使用忠诚性	0.80
关注品牌在线旅游网站的更新升级	<---	品牌在线旅游网站认知使用忠诚性	0.76
在线旅游首选是品牌在线旅游网站	<---	品牌在线旅游网站认知使用忠诚性	0.75

第一，事件前品牌在线旅游网站服务质量满意度的认知有用性、认知易用性、认知风险性、认知质量性、认知服务性、认知品牌资产性、认知使用满意性、认知使用忠诚性等维度的对应测量项的标准化回归系数介于 0.57 到 0.85 之间，符合 0.5 至 0.95 的标准区间。事件前品牌在线旅游网站服务质量满意度认知与其所对应测量项能够较好适配，如表 5-54 所示。

第二，事件中品牌在线旅游网站服务质量满意度的认知有用性、认知易用性、认知风险性、认知质量性、认知服务性、认知品牌资产性、认知使用满意性、认知使用忠诚性等维度的对应测量项的标准化回归系数介于 0.66 到 0.92 之间，符合 0.5 至 0.95 的标准区间。事件中品牌在线旅游网站服务质量满意度认知与其所对应测量项能够较好适配，如表 5-55 所示。

第三，新时代品牌在线旅游网站服务质量满意度的认知有用性、认知易用性、认知风险性、认知质量性、认知服务性、认知品牌资产性、认知使用满意性、认知使用忠诚性等维度的对应测量项的标准化回归系数介于 0.61 到 0.88 之间，符合 0.5 至 0.95 的标准区间。新时代品牌在线旅游网站服务质量满意度认知与其所对应测量项能够较好适配，如表 5-56 所示。

为进一步验证模型的结构效度和收敛效度，研究依据 χ^2/df、GFI、RMR、RMSEA、CFI 和 NFI 的数据进行分析。

第一，事件前的品牌在线旅游网站认知项目因子是“品牌在线旅游网站认知有用性”“品牌在线旅游网站认知易用性”“品牌在线旅游网站认知风险性”“品牌在线旅游网站认知质量性”“品牌在线旅游网站认知服务性”“品牌在线旅游网站认知品牌资产性”“品牌在线旅游网站认知使用满意性”和“品牌在线旅游网站认知使用忠诚性”。这八个项目因子是非观测变量，31 项品牌在线旅游网站认知项目是观测变量。检验结果显示，χ^2/df 是 3.871>3.0，RMSEA 是 0.069<0.08(CFI=0.895，NFI=0.863)，此数据表明 8 个因子组成对品牌在线旅游网站认知整体的模型拟合度一般，可采取进一步修正，使模型简练有效。各因子载荷值如表 5-57 所示。

表 5-57　品牌在线旅游网站服务质量满意度认知整体模型拟合度

事件前项目	χ^2/df	GFI	RMR	RMSEA	CFI	NFI
未修正	3.871	0.839	0.027	0.069	0.895	0.863
修正后	2.922	0.880	0.022	0.056	0.932	0.901
事件中项目	χ^2/df	GFI	RMR	RMSEA	CFI	NFI
未修正	4.443	0.751	0.196	0.062	0.871	0.840
修正后	2.882	0.824	0.034	0.046	0.932	0.900
新时代项目	χ^2/df	GFI	RMR	RMSEA	CFI	NFI
修正前	3.618	0.837	0.031	0.058	0.920	0.893
修正后	2.910	0.879	0.028	0.050	0.946	0.921

第二，事件中品牌在线旅游网站认知项目因子是“品牌在线旅游网站认知有用性”“品牌在线旅游网站认知易用性”“品牌在线旅游网站认知风险性”“品牌在线旅游网站认知质量性”“品牌在线旅游网站认知服务性”“品牌在线旅游网站认知品牌资产性”“品牌在线旅游网站认知使用满意性”和“品牌在线旅游网站认知使用忠诚性”。这八个项目因子是非观测变量，58 项品牌在线旅游网站认知项目是观测变量。检验结果显示，χ^2/df 是 4.443>3.0，RMSEA 是 0.062<0.08(CFI=0.871，NFI=0.840)，此数据表明 8 个因子组成对品牌在线旅游网站认知整体的模型拟合度一般，可采取进一步修正，使模型简练有效。各因子载荷值如表 5-57 所示。

第三，新时代的品牌在线旅游网站认知项目因子是“品牌在线旅游网站认知有用性”“品牌在线旅游网站认知易用性”“品牌在线旅游网站认知风险性”“品牌在线旅游网站认知质量性”“品牌在线旅游网站认知服务性”“品牌在线旅游网站认知品牌资产性”“品牌在线旅游网站认知使用满意性”和“品牌在线旅游网站认知使用忠诚性”。这八个项目因子是非观测变量，44 项品牌在线旅游网站认知项目是观测变量。检验结果显示，χ^2/df 是 3.618＞3.0，RMSEA 是 0.058＜0.08（CFI＝0.920，NFI＝0.893），此数据表明 8 个因子组成对品牌在线旅游网站认知整体的模型拟合度一般，可采取进一步修正，使模型简练有效。各因子载荷值如表 5-57 所示。

通过增加观察变量之间的共变误差进行修正后，整个模型评判指标均表现良好，因子载荷均大于 0.600，模型各项拟合度指标均达到标准。事件前 χ^2/df＝2.922，RMSEA＝0.056，CFI＝0.932，NFI＝0.901；事件中 χ^2/df＝2.882，RMSEA＝0.046，CFI＝0.932，NFI＝0.900；新时代 χ^2/df＝2.910，RMSEA＝0.050，CFI＝0.946，NFI＝0.921。

采取验证性因子分析后，8 个用户认知维度构成的用户受访者关于品牌在线旅游网站认知整体性模型得以成立，修正后的各因子载荷量如表 5-58、表 5-59 和表 5-60 所示。

表 5-58　修正后的事件前品牌在线旅游网站服务质量满意度认知整体验证性因子分析

用户认知项目	路径分析	用户认知	路径系数
品牌在线旅游网站服务有用	<---	品牌在线旅游网站认知有用性	0.60
品牌在线旅游网站信息有用	<---	品牌在线旅游网站认知有用性	0.81
品牌在线旅游网站操作易用	<---	品牌在线旅游网站认知易用性	0.85
品牌在线旅游网站界面易用	<---	品牌在线旅游网站认知易用性	0.81
品牌在线旅游网站财务隐私	<---	品牌在线旅游网站认知风险性	0.68
品牌在线旅游网站功能风险	<---	品牌在线旅游网站认知风险性	0.69
品牌在线旅游网站时间风险	<---	品牌在线旅游网站认知风险性	0.64
品牌在线旅游网站心理风险	<---	品牌在线旅游网站认知风险性	0.65
品牌在线旅游网站系统质量	<---	品牌在线旅游网站认知质量性	0.81
品牌在线旅游网站信息质量	<---	品牌在线旅游网站认知质量性	0.75
品牌在线旅游网站有形性	<---	品牌在线旅游网站认知服务性	0.80
品牌在线旅游网站响应性	<---	品牌在线旅游网站认知服务性	0.74
品牌在线旅游网站同理心	<---	品牌在线旅游网站认知服务性	0.79
品牌在线旅游网站可靠性	<---	品牌在线旅游网站认知服务性	0.76
品牌在线旅游网站保证性	<---	品牌在线旅游网站认知服务性	0.70
品牌在线旅游网站网络口碑	<---	品牌在线旅游网站认知品牌资产性	0.84
品牌在线旅游网站产品质量	<---	品牌在线旅游网站认知品牌资产性	0.85
品牌在线旅游网站在线互动	<---	品牌在线旅游网站认知品牌资产性	0.80
品牌在线旅游网站整体满意	<---	品牌在线旅游网站认知使用满意性	0.70
品牌在线旅游网站过程满意	<---	品牌在线旅游网站认知使用满意性	0.67

（续表）

用户认知项目	路径分析	用户认知	路径系数
品牌在线旅游网站期望满意	<---	品牌在线旅游网站认知使用满意性	0.74
品牌在线旅游网站正确选择	<---	品牌在线旅游网站认知使用满意性	0.81
品牌在线旅游网站对比满意	<---	品牌在线旅游网站认知使用满意性	0.76
品牌在线旅游网站喜欢使用	<---	品牌在线旅游网站认知使用满意性	0.66
品牌在线旅游网站推荐意愿	<---	品牌在线旅游网站认知使用忠诚性	0.74
品牌在线旅游网站宣传意愿	<---	品牌在线旅游网站认知使用忠诚性	0.73
品牌在线旅游网站反馈优缺	<---	品牌在线旅游网站认知使用忠诚性	0.73
品牌在线旅游网站继续使用	<---	品牌在线旅游网站认知使用忠诚性	0.78
品牌在线旅游网站频繁使用	<---	品牌在线旅游网站认知使用忠诚性	0.75
品牌在线旅游网站在线首选	<---	品牌在线旅游网站认知使用忠诚性	0.65

表 5-59　修正后的事件中品牌在线旅游网站服务质量满意度认知整体验证性因子分析

用户认知项目	路径分析	用户认知	路径系数
品牌在线旅游网站能提供有用信息	<---	品牌在线旅游网站认知有用性	0.76
品牌在线旅游网站能提高信息收集效率	<---	品牌在线旅游网站认知有用性	0.79
品牌在线旅游网站能及时回复投诉	<---	品牌在线旅游网站认知有用性	0.76
品牌在线旅游网站提供的服务质量好	<---	品牌在线旅游网站认知有用性	0.80
品牌在线旅游网站的信息获取便捷	<---	品牌在线旅游网站认知有用性	0.81
品牌在线旅游网站与中间商的沟通便捷	<---	品牌在线旅游网站认知有用性	0.77
品牌在线旅游网站与供应商的沟通便捷	<---	品牌在线旅游网站认知有用性	0.73
品牌在线旅游网站对我来说很有用	<---	品牌在线旅游网站认知有用性	0.73
品牌在线旅游网站整体的界面美观	<---	品牌在线旅游网站认知易用性	0.70
品牌在线旅游网站整体的功能全面	<---	品牌在线旅游网站认知易用性	0.74
品牌在线旅游网站能满足我的旅游需求	<---	品牌在线旅游网站认知易用性	0.76
品牌在线旅游网站的文字说明易懂	<---	品牌在线旅游网站认知易用性	0.76
品牌在线旅游网站的使用无需客服指导	<---	品牌在线旅游网站认知易用性	0.73
品牌在线旅游网站的使用方法容易掌握	<---	品牌在线旅游网站认知易用性	0.77
品牌在线旅游网站的使用步骤简单	<---	品牌在线旅游网站认知易用性	0.76
品牌在线旅游网站的使用步骤易懂	<---	品牌在线旅游网站认知易用性	0.71
品牌在线旅游网站容易搜索旅游信息	<---	品牌在线旅游网站认知易用性	0.76
品牌在线旅游网站的产品购买便捷	<---	品牌在线旅游网站认知易用性	0.72
品牌在线旅游网站时间心理风险	<---	品牌在线旅游网站认知风险性	0.88
品牌在线旅游网站隐私风险	<---	品牌在线旅游网站认知风险性	0.65

（续表）

用户认知项目	路径分析	用户认知	路径系数
品牌在线旅游网站财务功能风险	<---	品牌在线旅游网站认知风险性	0.83
品牌在线旅游网站信息质量	<---	品牌在线旅游网站认知质量性	0.86
品牌在线旅游网站系统质量	<---	品牌在线旅游网站认知质量性	0.85
品牌在线旅游网站响应同理心	<---	品牌在线旅游网站认知服务性	0.90
品牌在线旅游网站可靠保证性	<---	品牌在线旅游网站认知服务性	0.86
品牌在线旅游网站有形性	<---	品牌在线旅游网站认知服务性	0.86
品牌在线旅游网站的旅游产品丰富	<---	品牌在线旅游网站认知品牌资产性	0.79
品牌在线旅游网站的旅游产品质价相符	<---	品牌在线旅游网站认知品牌资产性	0.77
品牌在线旅游网站的产品质量符合需求	<---	品牌在线旅游网站认知品牌资产性	0.80
品牌在线旅游网站的旅游产品质量好	<---	品牌在线旅游网站认知品牌资产性	0.81
愿花更多的时间浏览品牌在线旅游网站	<---	品牌在线旅游网站认知品牌资产性	0.74
品牌在线旅游网站对我很有吸引力	<---	品牌在线旅游网站认知品牌资产性	0.77
我同品牌在线旅游网站的客服沟通方便	<---	品牌在线旅游网站认知品牌资产性	0.81
品牌在线旅游网站能有效反馈我的需求	<---	品牌在线旅游网站认知品牌资产性	0.78
品牌在线旅游网站提供了多种互动方式	<---	品牌在线旅游网站认知品牌资产性	0.74
品牌在线旅游网站能尽快回复我的要求	<---	品牌在线旅游网站认知品牌资产性	0.75
点击链接时能及时获得信息	<---	品牌在线旅游网站认知品牌资产性	0.78
品牌在线旅游网站的品牌使我信任	<---	品牌在线旅游网站认知品牌资产性	0.83
品牌在线旅游网站的品牌令我放心	<---	品牌在线旅游网站认知品牌资产性	0.80
我看好品牌在线旅游网站的品牌前景	<---	品牌在线旅游网站认知品牌资产性	0.78
品牌在线旅游网站的产品承诺真实	<---	品牌在线旅游网站认知品牌资产性	0.80
品牌在线旅游网站的产品承诺可信	<---	品牌在线旅游网站认知品牌资产性	0.82
品牌在线旅游网站的口碑与旅游信息相关	<---	品牌在线旅游网站认知品牌资产性	0.80
品牌在线旅游网站的口碑包含完整的旅游信息	<---	品牌在线旅游网站认知品牌资产性	0.77
品牌在线旅游网站的口碑名不虚传	<---	品牌在线旅游网站认知品牌资产性	0.77
品牌在线旅游网站整体满意	<---	品牌在线旅游网站认知使用满意性	0.81
品牌在线旅游网站过程满意	<---	品牌在线旅游网站认知使用满意性	0.83
品牌在线旅游网站期望满意	<---	品牌在线旅游网站认知使用满意性	0.83
品牌在线旅游网站正确选择	<---	品牌在线旅游网站认知使用满意性	0.83
品牌在线旅游网站对比满意	<---	品牌在线旅游网站认知使用满意性	0.82
品牌在线旅游网站喜欢使用	<---	品牌在线旅游网站认知使用满意性	0.80
品牌在线旅游网站推荐意愿	<---	品牌在线旅游网站认知使用忠诚性	0.83

（续表）

用户认知项目	路径分析	用户认知	路径系数
品牌在线旅游网站宣传意愿	<---	品牌在线旅游网站认知使用忠诚性	0.80
品牌在线旅游网站反馈优缺	<---	品牌在线旅游网站认知使用忠诚性	0.79
品牌在线旅游网站继续使用	<---	品牌在线旅游网站认知使用忠诚性	0.82
品牌在线旅游网站频繁使用	<---	品牌在线旅游网站认知使用忠诚性	0.81
品牌在线旅游网站在线首选	<---	品牌在线旅游网站认知使用忠诚性	0.82
品牌在线旅游网站关注更新	<---	品牌在线旅游网站认知使用忠诚性	0.80

表 5-60　修正后的新时代品牌在线旅游网站服务质量满意度认知整体验证性因子分析

用户认知项目	路径分析	用户认知	路径系数
品牌在线旅游网站提供服务质量好	<---	品牌在线旅游网站认知有用性	0.78
品牌在线网站与中间商的沟通便捷	<---	品牌在线旅游网站认知有用性	0.78
品牌在线旅游网站的信息获取便捷	<---	品牌在线旅游网站认知有用性	0.78
品牌在线网站能提高信息收集效率	<---	品牌在线旅游网站认知有用性	0.72
品牌在线网站与供应商的沟通便捷	<---	品牌在线旅游网站认知有用性	0.71
品牌在线旅游网站对我来说很有用	<---	品牌在线旅游网站认知有用性	0.73
品牌在线旅游网站能提供有用信息	<---	品牌在线旅游网站认知有用性	0.68
品牌在线网站的使用方法容易掌握	<---	品牌在线旅游网站认知易用性	0.81
品牌在线旅游网站的使用步骤简单	<---	品牌在线旅游网站认知易用性	0.81
品牌在线旅游网站的产品购买便捷	<---	品牌在线旅游网站认知易用性	0.80
品牌在线网站能容易搜索旅游信息	<---	品牌在线旅游网站认知易用性	0.78
品牌在线旅游网站的文字说明易懂	<---	品牌在线旅游网站认知易用性	0.76
品牌在线网站的使用无需客服指导	<---	品牌在线旅游网站认知易用性	0.78
品牌在线网站能满足我的旅游需求	<---	品牌在线旅游网站认知易用性	0.75
品牌在线旅游网站的使用步骤易懂	<---	品牌在线旅游网站认知易用性	0.75
品牌在线旅游网站整体的界面美观	<---	品牌在线旅游网站认知易用性	0.67
品牌在线旅游网站心理风险	<---	品牌在线旅游网站认知风险性	0.87
品牌在线旅游网站财务风险	<---	品牌在线旅游网站认知风险性	0.75
品牌在线旅游网站功能风险	<---	品牌在线旅游网站认知风险性	0.82
品牌在线旅游网站隐私风险	<---	品牌在线旅游网站认知风险性	0.61
品牌在线旅游网站系统质量	<---	品牌在线旅游网站认知质量性	0.88
品牌在线旅游网站信息质量	<---	品牌在线旅游网站认知质量性	0.82
品牌在线旅游网站有形性	<---	品牌在线旅游网站认知服务性	0.82
品牌在线旅游网站响应性	<---	品牌在线旅游网站认知服务性	0.79
品牌在线旅游网站同理心	<---	品牌在线旅游网站认知服务性	0.80

（续表）

用户认知项目	路径分析	用户认知	路径系数
品牌在线旅游网站可靠性	<---	品牌在线旅游网站认知服务性	0.79
品牌在线旅游网站网络口碑	<---	品牌在线旅游网站认知品牌资产性	0.88
品牌在线旅游网站产品质量	<---	品牌在线旅游网站认知品牌资产性	0.85
品牌在线旅游网站在线互动	<---	品牌在线旅游网站认知品牌资产性	0.80
与期望比我对品牌在线旅游网站感到满意	<---	品牌在线旅游网站认知使用满意性	0.84
与其他比我对品牌在线旅游网站感到满意	<---	品牌在线旅游网站认知使用满意性	0.77
我喜欢在品牌在线旅游网站购买旅游产品	<---	品牌在线旅游网站认知使用满意性	0.83
我对品牌在线旅游网站使用总体感到满意	<---	品牌在线旅游网站认知使用满意性	0.76
我对品牌在线旅游网站使用过程感到满意	<---	品牌在线旅游网站认知使用满意性	0.76
我愿意频繁使用品牌在线旅游网站	<---	品牌在线旅游网站认知使用忠诚性	0.84
我愿向他人推荐品牌在线旅游网站	<---	品牌在线旅游网站认知使用忠诚性	0.85
我愿反馈品牌在线旅游网站优缺点	<---	品牌在线旅游网站认知使用忠诚性	0.82
我愿意继续使用品牌在线旅游网站	<---	品牌在线旅游网站认知使用忠诚性	0.81
我愿意积极宣传品牌在线旅游网站	<---	品牌在线旅游网站认知使用忠诚性	0.81

二、品牌在线旅游网站服务质量满意度认知结构方程模型检验

第一，基于以上分析，本书将事件前的用户受访者关于品牌在线旅游网站认知的潜变量，即“品牌在线旅游网站认知有用性”“品牌在线旅游网站认知易用性”“品牌在线旅游网站认知风险性”“品牌在线旅游网站认知质量性”“品牌在线旅游网站认知服务性”“品牌在线旅游网站认知品牌资产性”“品牌在线旅游网站认知使用满意性”和“品牌在线旅游网站认知使用忠诚性”共同放入假设模型以进行检验，并列举了纳入最终模型分析的变量项，如表 5-61 所示。

表 5-61　事件前的品牌在线旅游网站服务质量满意度认知的结构方程模型变量对应表

潜变量	观测变量	
品牌在线旅游网站认知有用性	品牌在线旅游网站服务有用	品牌在线旅游网站能及时回复投诉
		品牌在线旅游网站提供的服务质量好
		品牌在线旅游网站的信息获取便捷
		品牌在线旅游网站与中间商的沟通便捷
		品牌在线旅游网站与供应商的沟通便捷
		品牌在线旅游网站对我来说很有用
	品牌在线旅游网站信息有用	品牌在线旅游网站能提供有用信息
		品牌在线旅游网站能提高信息收集效率

（续表）

潜变量	观测变量	
品牌在线旅游网站认知易用性	品牌在线旅游网站操作易用	品牌在线旅游网站的文字说明易懂
		品牌在线旅游网站的使用无需客服指导
		品牌在线旅游网站的使用方法容易掌握
		品牌在线旅游网站的使用步骤简单
		品牌在线旅游网站的使用步骤易懂
		品牌在线旅游网站容易搜索旅游信息
	品牌在线旅游网站界面易用	品牌在线旅游网站整体的界面美观
		品牌在线旅游网站整体的功能全面
		品牌在线旅游网站能满足我的旅游需求
		品牌在线旅游网站的产品购买便捷
品牌在线旅游网站认知风险性	品牌在线旅游网站财务隐私	不担心品牌在线旅游网站会盗取个人信息
		不担心品牌在线旅游网站会盗取交易信息
		不担心品牌在线旅游网站会泄露个人信息
		不担心品牌在线旅游网站会泄露交易信息
		不担心品牌在线旅游网站结算系统不准确
		不担心品牌在线旅游网站支付系统不安全
		不担心品牌在线旅游网站银行信息被盗用
		不担心品牌在线旅游网站交易信息会泄露
		不担心品牌在线旅游网站有额外经济损失
	品牌在线旅游网站功能风险	不担心品牌在线旅游网站找不到合适功能
		不担心得不到及时功能提醒
		不担心品牌在线旅游网站的功能不满足需要
		不担心品牌在线旅游网站的功能与期望有异
		不担心品牌在线旅游网站上得不到售后服务
	品牌在线旅游网站时间风险	品牌在线旅游网站会节省我的时间
		从品牌在线旅游网站获取旅游信息的时间短
		品牌在线旅游网站系统速度快，会节省时间
	品牌在线旅游网站心理风险	使用品牌在线旅游网站的过程不会出现问题
		品牌在线旅游网站的购买结果如我所愿
		使用品牌在线旅游网站不会造成损失

（续表）

潜变量		观测变量
品牌在线旅游网站认知质量性	品牌在线旅游网站系统质量	品牌在线旅游网站能顺利登录
		品牌在线旅游网站很少出问题
		品牌在线旅游网站响应速度快
		品牌在线旅游网站的模块布局合理
		品牌在线旅游网站能准确地记录交易
		品牌在线旅游网站能准确地计算价格
		品牌在线旅游网站能准确地安排旅游行程
		品牌在线旅游网站能持续更新升级
	品牌在线旅游网站信息质量	品牌在线旅游网站有最新的旅游产品信息
		品牌在线旅游网站有准确的旅游产品信息
		品牌在线旅游网站有详细的旅游产品信息
		品牌在线旅游网站提供了旅游产品订单
品牌在线旅游网站认知服务性	品牌在线旅游网站有形性	品牌在线旅游网站的整体域名好记
		品牌在线旅游网站的整体形象良好
		品牌在线旅游网站的页面布局简洁
		品牌在线旅游网站的整体页面清晰
		品牌在线旅游网站的整体页面美观
		品牌在线旅游网站的购买功能完善
		品牌在线旅游网站的支付方式多样
		品牌在线旅游网站的导航进入直观
		品牌在线旅游网站的导航进入易用
	品牌在线旅游网站响应性	品牌在线旅游网站能有效解决我的问题
		品牌在线旅游网站能及时解决我的问题
		品牌在线旅游网站客服的服务态度好
		品牌在线旅游网站的客服能提供合理补救措施
		品牌在线旅游网站能及时处理投诉
		品牌在线旅游网站能保证合理退单
	品牌在线旅游网站同理心	品牌在线旅游网站能提供个性化服务
		品牌在线旅游网站能满足客户的需求
		品牌在线旅游网站能以客户为中心
		品牌在线旅游网站将客户利益放在首位
		品牌在线旅游网站的在线服务时间符合需求

（续表）

<table>
<tr><th>潜变量</th><th colspan="2">观测变量</th></tr>
<tr><td rowspan="8">品牌在线旅游网站认知服务性</td><td rowspan="5">品牌在线旅游网站可靠性</td><td>品牌在线旅游网站的交易过程安全</td></tr>
<tr><td>品牌在线旅游网站的产品信息可靠</td></tr>
<tr><td>品牌在线旅游网站提供的服务真实</td></tr>
<tr><td>品牌在线旅游网站提供的资讯可靠</td></tr>
<tr><td>品牌在线旅游网站的支付方式可信</td></tr>
<tr><td rowspan="3">品牌在线旅游网站保证性</td><td>品牌在线旅游网站无病毒网页跳出</td></tr>
<tr><td>品牌在线旅游网站无广告网页跳出</td></tr>
<tr><td>品牌在线旅游网站能保证个人隐私</td></tr>
<tr><td rowspan="19">品牌在线旅游网站认知品牌资产性</td><td rowspan="8">品牌在线旅游网站网络口碑</td><td>品牌在线旅游网站的口碑包含完整的旅游信息</td></tr>
<tr><td>品牌在线旅游网站的产品承诺真实</td></tr>
<tr><td>品牌在线旅游网站的口碑与旅游信息相关</td></tr>
<tr><td>我看好品牌在线旅游网站的品牌前景</td></tr>
<tr><td>品牌在线旅游网站的口碑名不虚传</td></tr>
<tr><td>品牌在线旅游网站的产品承诺可信</td></tr>
<tr><td>品牌在线旅游网站的品牌令我放心</td></tr>
<tr><td>品牌在线旅游网站的品牌使我信任</td></tr>
<tr><td rowspan="6">品牌在线旅游网站产品质量</td><td>品牌在线旅游网站的旅游产品质价相符</td></tr>
<tr><td>品牌在线旅游网站的旅游产品丰富</td></tr>
<tr><td>品牌在线旅游网站的旅游产品质量符合需求</td></tr>
<tr><td>品牌在线旅游网站对我很有吸引力</td></tr>
<tr><td>愿花更多的时间浏览品牌在线旅游网站</td></tr>
<tr><td>品牌在线旅游网站的旅游产品质量好</td></tr>
<tr><td rowspan="5">品牌在线旅游网站在线互动</td><td>品牌在线旅游网站提供了多种互动方式</td></tr>
<tr><td>品牌在线旅游网站能尽快回复我的要求</td></tr>
<tr><td>品牌在线旅游网站能有效反馈我的需求</td></tr>
<tr><td>我同品牌在线旅游网站的客服沟通方便</td></tr>
<tr><td>点击链接时能及时获得信息</td></tr>
<tr><td rowspan="5">品牌在线旅游网站认知使用满意性</td><td rowspan="5">—</td><td>我对品牌在线旅游网站总体感到满意</td></tr>
<tr><td>我对品牌在线旅游网站的使用过程感到满意</td></tr>
<tr><td>与期望比，我对网站感到满意</td></tr>
<tr><td>我使用品牌在线旅游网站是正确的选择</td></tr>
<tr><td>与其他比，我对品牌在线旅游网站感到满意</td></tr>
</table>

（续表）

潜变量	观测变量	
品牌在线旅游网站认知使用忠诚性	—	我愿意向他人推荐品牌在线旅游网站
		我愿意积极宣传品牌在线旅游网站
		我愿意反馈品牌在线旅游网站的优缺点
		我愿意继续使用品牌在线旅游网站
		我愿意频繁使用品牌在线旅游网站
		在线旅游的首选是品牌在线旅游网站
		关注品牌在线旅游网站的更新升级

第二，基于以上分析，本书将事件中的用户受访者关于品牌在线旅游网站认知的潜变量，即“品牌在线旅游网站认知有用性”“品牌在线旅游网站认知易用性”“品牌在线旅游网站认知风险性”“品牌在线旅游网站认知质量性”“品牌在线旅游网站认知服务性”“品牌在线旅游网站认知品牌资产性”“品牌在线旅游网站认知使用满意性”和“品牌在线旅游网站认知使用忠诚性”共同放入假设模型以进行检验，并列举了纳入最终模型分析的变量项，如表 5-62 所示。

表 5-62　事件中的品牌在线旅游网站服务质量满意度认知的结构方程模型变量对应表

潜变量	观测变量
品牌在线旅游网站认知有用性	品牌在线旅游网站能及时回复投诉
	品牌在线旅游网站提供的服务质量好
	品牌在线旅游网站的信息获取便捷
	品牌在线旅游网站与中间商的沟通便捷
	品牌在线旅游网站与供应商的沟通便捷
	品牌在线旅游网站对我来说很有用
	品牌在线旅游网站能提供有用信息
	品牌在线旅游网站能提高信息收集效率
品牌在线旅游网站认知易用性	品牌在线旅游网站的文字说明易懂
	品牌在线旅游网站的使用无需客服指导
	品牌在线旅游网站的使用方法容易掌握
	品牌在线旅游网站的使用步骤简单
	品牌在线旅游网站的使用步骤易懂
	品牌在线旅游网站容易搜索旅游信息
	品牌在线旅游网站整体的界面美观
	品牌在线旅游网站整体的功能全面
	品牌在线旅游网站能满足我的旅游需求
	品牌在线旅游网站的产品购买便捷

（续表）

潜变量	观测变量	
品牌在线旅游网站认知风险性	品牌在线旅游网站隐私风险	不担心品牌在线旅游网站会盗取个人信息
		不担心品牌在线旅游网站会盗取交易信息
		不担心品牌在线旅游网站会泄露个人信息
		不担心品牌在线旅游网站会泄露交易信息
	品牌在线旅游网站财务功能风险	不担心品牌在线旅游网站结算系统不准确
		不担心品牌在线旅游网站支付系统不安全
		不担心品牌在线旅游网站银行信息被盗用
		不担心品牌在线旅游网站交易信息会泄露
		不担心品牌在线旅游网站有额外经济损失
		不担心品牌在线旅游网站找不到合适功能
		不担心得不到及时功能提醒
		不担心品牌在线旅游网站的功能不满足需要
		不担心品牌在线旅游网站的功能与期望有异
		不担心品牌在线旅游网站上得不到售后服务
	品牌在线旅游网站时间心理风险	品牌在线旅游网站会节省我的时间
		从品牌在线旅游网站获取旅游信息的时间短
		品牌在线旅游网站系统速度快，会节省时间
		使用品牌在线旅游网站的过程不会出现问题
		品牌在线旅游网站的购买结果如我所愿
		使用品牌在线旅游网站不会造成损失
品牌在线旅游网站认知质量性	品牌在线旅游网站系统质量	品牌在线旅游网站能顺利登录
		品牌在线旅游网站很少出问题
		品牌在线旅游网站响应速度快
		品牌在线旅游网站的模块布局合理
		品牌在线旅游网站能准确地记录交易
		品牌在线旅游网站能准确地计算价格
		品牌在线旅游网站能准确地安排旅游行程
		品牌在线旅游网站能持续更新升级
	品牌在线旅游网站信息质量	品牌在线旅游网站有最新的旅游产品信息
		品牌在线旅游网站有准确的旅游产品信息
		品牌在线旅游网站有详细的旅游产品信息
		品牌在线旅游网站提供了旅游产品订单

（续表）

潜变量	观测变量	
品牌在线旅游网站认知服务性	品牌在线旅游网站有形性	品牌在线旅游网站的整体域名好记
		品牌在线旅游网站的整体形象良好
		品牌在线旅游网站的页面布局简洁
		品牌在线旅游网站的整体页面清晰
		品牌在线旅游网站的整体页面美观
		品牌在线旅游网站的购买功能完善
		品牌在线旅游网站的支付方式多样
		品牌在线旅游网站的导航进入直观
		品牌在线旅游网站的导航进入易用
	品牌在线旅游网站响应同理心	品牌在线旅游网站能有效解决我的问题
		品牌在线旅游网站能及时解决我的问题
		品牌在线旅游网站客服的服务态度好
		品牌在线旅游网站的客服能提供合理补救措施
		品牌在线旅游网站能及时处理投诉
		品牌在线旅游网站能保证合理退单
		品牌在线旅游网站能提供个性化服务
		品牌在线旅游网站能满足用户的需求
		品牌在线旅游网站能以用户为中心
		品牌在线旅游网站将用户利益放在首位
		品牌在线旅游网站的在线服务时间符合需求
	品牌在线旅游网站可靠保证性	品牌在线旅游网站的交易过程安全
		品牌在线旅游网站的产品信息可靠
		品牌在线旅游网站提供的服务真实
		品牌在线旅游网站提供的资讯可靠
		品牌在线旅游网站的支付方式可信
		品牌在线旅游网站无病毒网页跳出
		品牌在线旅游网站无广告网页跳出
		品牌在线旅游网站能保证个人隐私
品牌在线旅游网站认知品牌资产性	品牌在线旅游网站的口碑包含完整的旅游信息	
	品牌在线旅游网站的产品承诺真实	
	品牌在线旅游网站的口碑与旅游信息相关	
	我看好品牌在线旅游网站的品牌前景	

（续表）

潜变量	观测变量	
品牌在线旅游网站认知品牌资产性	品牌在线旅游网站的口碑名不虚传	
	品牌在线旅游网站的产品承诺可信	
	品牌在线旅游网站的品牌令我放心	
	品牌在线旅游网站的品牌使我信任	
	品牌在线旅游网站的旅游产品质价相符	
	品牌在线旅游网站的旅游产品丰富	
	品牌在线旅游网站旅游的产品质量符合需求	
	品牌在线旅游网站对我很有吸引力	
	愿花更多的时间浏览品牌在线旅游网站	
	品牌在线旅游网站的旅游产品质量好	
	品牌在线旅游网站提供了多种互动方式	
	品牌在线旅游网站能尽快回复我的要求	
	品牌在线旅游网站能有效反馈我的需求	
	我同品牌在线旅游网站的客服沟通方便	
	点击链接时能及时获得信息	
品牌在线旅游网站认知使用满意性	—	我对品牌在线旅游网站总体感到满意
		我对品牌在线旅游网站的使用过程感到满意
		与期望比，我对品牌在线旅游网站感到满意
		我使用品牌在线旅游网站是正确的选择
		与其他比，我对品牌在线旅游网站感到满意
品牌在线旅游网站认知使用忠诚性	—	我愿意向他人推荐品牌在线旅游网站
		我愿意积极宣传品牌在线旅游网站
		我愿意反馈品牌在线旅游网站的优缺点
		我愿意继续使用品牌在线旅游网站
		我愿意频繁使用品牌在线旅游网站
		在线旅游的首选是品牌在线旅游网站
		关注品牌在线旅游网站的更新升级

第三，基于以上分析，本书将新时代的用户受访者品牌在线旅游网站认知的潜变量，即“品牌在线旅游网站认知有用性”“品牌在线旅游网站认知易用性”“品牌在线旅游网站认知风险性”“品牌在线旅游网站认知质量性”“品牌在线旅游网站认知服务性”“品牌在线旅游网站认知品牌资产性”“品牌在线旅游网站认知使用满意性”和“品牌在线旅游网站认知使用忠诚性”共同放入假设模型以进行检验，并列举了纳入最终模型分析的变量项，如表 5-63 所示。

表 5-63　新时代的品牌在线旅游网站服务质量满意度认知的结构方程模型变量对应表

<table>
<tr><th>潜变量</th><th colspan="2">观测变量</th></tr>
<tr><td rowspan="8">品牌在线旅游网站认知有用性</td><td colspan="2">品牌在线旅游网站提供服务质量好</td></tr>
<tr><td colspan="2">品牌在线网站与中间商的沟通便捷</td></tr>
<tr><td colspan="2">品牌在线旅游网站的信息获取便捷</td></tr>
<tr><td colspan="2">品牌在线网站能提高信息收集效率</td></tr>
<tr><td colspan="2">品牌在线网站与供应商的沟通便捷</td></tr>
<tr><td colspan="2">品牌在线旅游网站对我来说很有用</td></tr>
<tr><td colspan="2">品牌在线旅游网站能提供有用信息</td></tr>
<tr><td colspan="2">品牌在线旅游网站能及时回复投诉</td></tr>
<tr><td rowspan="9">品牌在线旅游网站认知易用性</td><td colspan="2">品牌在线网站的使用方法容易掌握</td></tr>
<tr><td colspan="2">品牌在线旅游网站的使用步骤简单</td></tr>
<tr><td colspan="2">品牌在线旅游网站的产品购买便捷</td></tr>
<tr><td colspan="2">品牌在线网站能容易搜索旅游信息</td></tr>
<tr><td colspan="2">品牌在线旅游网站的文字说明易懂</td></tr>
<tr><td colspan="2">品牌在线网站的使用无需客服指导</td></tr>
<tr><td colspan="2">品牌在线网站能满足我的旅游需求</td></tr>
<tr><td colspan="2">品牌在线旅游网站的使用步骤易懂</td></tr>
<tr><td colspan="2">品牌在线旅游网站整体的界面美观</td></tr>
<tr><td rowspan="20">品牌在线旅游网站认知风险性</td><td rowspan="6">品牌在线旅游网站心理风险</td><td>品牌在线旅游网站系统速度快会节省时间</td></tr>
<tr><td>品牌在线旅游网站获取旅游信息时间较短</td></tr>
<tr><td>使用品牌在线旅游网站能够节省我的时间</td></tr>
<tr><td>使用品牌在线旅游网站时不太会出现问题</td></tr>
<tr><td>品牌在线旅游网站购买的结果会如我所愿</td></tr>
<tr><td>使用品牌在线旅游网站不会造成我的损失</td></tr>
<tr><td rowspan="5">品牌在线旅游网站财务风险</td><td>不担心品牌在线旅游网站银行信息被盗用</td></tr>
<tr><td>不担心品牌在线旅游网站支付系统不安全</td></tr>
<tr><td>不担心品牌在线旅游网站交易信息会泄露</td></tr>
<tr><td>不担心品牌在线旅游网站有额外经济损失</td></tr>
<tr><td>不担心品牌在线旅游网站结算系统不准确</td></tr>
<tr><td rowspan="5">品牌在线旅游网站功能风险</td><td>不担心品牌在线旅游网站功能不满足需要</td></tr>
<tr><td>不担心品牌在线旅游网站功能与期望有异</td></tr>
<tr><td>不担心得不到品牌在线旅游网站功能提醒</td></tr>
<tr><td>不担心品牌在线旅游网站找不到合适功能</td></tr>
<tr><td>不担心品牌在线旅游网站得不到售后服务</td></tr>
<tr><td rowspan="4">品牌在线旅游网站隐私风险</td><td>不担心品牌在线旅游网站会盗取交易信息</td></tr>
<tr><td>不担心品牌在线旅游网站会泄露个人信息</td></tr>
<tr><td>不担心品牌在线旅游网站会盗取个人信息</td></tr>
<tr><td>不担心品牌在线旅游网站会泄露交易信息</td></tr>
</table>

（续表）

潜变量	观测变量	
品牌在线旅游网站认知质量性	品牌在线旅游网站系统质量	使用品牌在线旅游网站响应速度快
		品牌在线旅游网站能准确计算价格
		品牌在线旅游网站的模块布局合理
		品牌在线旅游网站能准确安排行程
		品牌在线旅游网站能准确记录交易
		使用品牌在线旅游网站很少出问题
		品牌在线旅游网站能持续更新升级
		使用品牌在线旅游网站能顺利登录
	品牌在线旅游网站信息质量	品牌在线旅游网站有最新产品信息
		品牌在线旅游网站有准确产品信息
		品牌在线旅游网站提供了产品订单
		品牌在线旅游网站有详细产品信息
品牌在线旅游网站认知服务性	品牌在线旅游网站有形性	品牌在线旅游网站的整体形象良好
		品牌在线旅游网站的页面布局简洁
		品牌在线旅游网站的整体页面清晰
		品牌在线旅游网站的整体页面美观
		品牌在线旅游网站的购买功能完善
		品牌在线旅游网站的进入导航直观
		品牌在线旅游网站的支付方式多样
		品牌在线旅游网站的整体域名好记
	品牌在线旅游网站响应性	品牌在线旅游网站能保证合理退单
		品牌在线旅游网站能及时处理投诉
		品牌在线旅游网站能有效解决问题
		品牌在线旅游网站能及时解决问题
		品牌在线旅游网站客服服务态度好
		品牌在线旅游网站能提供补救措施
	品牌在线旅游网站同理心	品牌在线旅游网站将客户的利益放在首位
		品牌在线旅游网站能以客户为中心
		品牌在线旅游网站在线服务时间符合需求
		品牌在线旅游网站能满足我的需求
		品牌在线旅游网站提供个性化服务
	品牌在线旅游网站可靠性	品牌在线旅游网站的交易过程安全
		品牌在线旅游网站的产品信息可靠
		品牌在线旅游网站提供的资讯可靠
		品牌在线旅游网站提供的服务真实
		品牌在线旅游网站的支付方式可信

（续表）

潜变量	观测变量	
品牌在线旅游网站认知品牌资产性	品牌在线旅游网站网络口碑	品牌在线旅游网站的品牌能使我信任
		我看好品牌在线旅游网站品牌前景
		品牌在线旅游网站的产品承诺更真实
		品牌在线旅游网站的品牌令我放心
		品牌在线旅游网站包含完整旅游信息
		品牌在线旅游网站的产品承诺列可信
		品牌在线旅游网站的口碑会名不虚传
	品牌在线旅游网站产品质量	品牌在线旅游网站旅游产品质价相符
		品牌在线旅游网站旅游产品质价相符
		品牌在线旅游网站的旅游产品质量好
		愿花更多时间浏览品牌在线旅游网站
		品牌在线旅游网站产品质量符合需求
		品牌在线旅游网站的旅游产品更丰富
	品牌在线旅游网站在线互动	品牌在线旅游网站对我很具有吸引力
		品牌在线旅游网站尽快回复我的要求
		品牌在线旅游网站提供多种互动方式
		品牌在线旅游网站有效反馈我的需求
		我同品牌在线旅游网站客服沟通方便
品牌在线旅游网站认知使用满意性	—	与期望比我对品牌在线旅游网站感到满意
		与其他比我对品牌在线旅游网站感到满意
		我喜欢在品牌在线旅游网站购买旅游产品
		我对品牌在线旅游网站使用总体感到满意
		我对品牌在线旅游网站使用过程感到满意
品牌在线旅游网站认知使用忠诚性	—	我愿意频繁使用品牌在线旅游网站
		我愿向他人推荐品牌在线旅游网站
		我愿反馈品牌在线旅游网站优缺点
		我愿意继续使用品牌在线旅游网站
		我愿意积极宣传品牌在线旅游网站
		在线旅游首选是品牌在线旅游网站

在事件前，品牌在线旅游网站认知结构方程的潜变量包括“品牌在线旅游网站认知有用性”“品牌在线旅游网站认知易用性”“品牌在线旅游网站认知风险性”“品牌在线旅游网站认知质量性”“品牌在线旅游网站认知服务性”“品牌在线旅游网站认知品牌资产性”“品牌在线旅游网站认知使用满意性”和“品牌在线旅游网站认知使用忠诚性”。上述潜变量的各项指

标均表现良好，其中，χ^2/df＝2.922，RMSEA＝0.056，CFI ＝0.932，NFI＝0.901。如表 5-64 所示，模型拟合度良好。

表 5-64　品牌在线旅游网站服务质量满意度认知结构方程模型拟合度

事件前	χ^2/df	GFI	RMR	RMSEA	CFI	NFI
不需修正	2.922	0.880	0.022	0.056	0.932	0.901
事件中	χ^2/df	GFI	RMR	RMSEA	CFI	NFI
不需修正	2.882	0.824	0.034	0.046	0.932	0.900
新时代	χ^2/df	GFI	RMR	RMSEA	CFI	NFI
不需修正	3.713	0.833	0.036	0.059	0.916	0.888

在事件中，品牌在线旅游网站认知结构方程的潜变量包括“品牌在线旅游网站认知有用性”“品牌在线旅游网站认知易用性”“品牌在线旅游网站认知风险性”“品牌在线旅游网站认知质量性”“品牌在线旅游网站认知服务性”“品牌在线旅游网站认知品牌资产性”“品牌在线旅游网站认知使用满意性”和“品牌在线旅游网站认知使用忠诚性”。上述潜变量的各项指标均表现良好，其中，χ^2/df＝2.882，RMSEA＝0.046，CFI ＝0.932，NFI＝0.900。如表 5-64 所示，模型拟合度良好。

在新时代，品牌在线旅游网站认知结构方程的潜变量包括“品牌在线旅游网站认知有用性”“品牌在线旅游网站认知易用性”“品牌在线旅游网站认知风险性”“品牌在线旅游网站认知质量性”“品牌在线旅游网站认知服务性”“品牌在线旅游网站认知品牌资产性”“品牌在线旅游网站认知使用满意性”和“品牌在线旅游网站认知使用忠诚性”。上述潜变量的各项指标均表现良好，其中，χ^2/df＝3.713，RMSEA＝0.059，CFI＝0.916，NFI＝0.888。如表 5-64 所示，模型拟合度良好。

事件前的数据分析结果表明模型的拟合度良好，可提供参数估计值。认知风险性、认知质量性、认知易用性、认知有用性、认知服务性、认知品牌资产性、认知使用满意性和认知使用忠诚性的系数统计结果如表 5-65 所示，*P* 值小于 0.001 即显著，说明两个非观测变量之间确实存在正向显著关系或者负向显著关系。

表 5-65　品牌在线旅游网站服务质量满意度认知结构方程模型的系数估计结果

事件前潜变量	路径分析	事件前潜变量	未标准化路径系数估计	S. E.	C. R.	*P*	标准化路径系数估计
认知风险性	<---	认知服务性	0.598	0.137	4.359	0.000	0.587***
认知易用性	<---	认知服务性	−0.409	0.213	−1.962	0.050	−0.399*
认知质量性	<---	认知服务性	0.937	0.046	20.459	0.000	0.922***
认知易用性	<---	认知质量性	0.904	0.200	4.524	0.000	0.897***
认知有用性	<---	认知质量性	−0.398	0.207	−1.922	0.055	−0.383
认知品牌资产性	<---	认知服务性	1.468	0.184	8.001	0.000	1.400***
认知使用满意性	<---	认知品牌资产性	0.684	0.115	5.941	0.000	0.690***
认知使用忠诚性	<---	认知使用满意性	0.486	0.081	5.992	0.000	0.419***

（续表）

事件中潜变量	路径分析	事件中潜变量	未标准化路径系数估计	S. E.	C. R.	P	标准化路径系数估计
认知风险性	<---	认知服务性	0.938	0.026	36.010	0.000	0.96***
认知易用性	<---	认知服务性	−1.419	0.292	−4.863	0.000	−1.812***
认知质量性	<---	认知服务性	0.957	0.028	34.039	0.000	0.96***
认知易用性	<---	认知质量性	0.851	0.037	23.132	0.000	0.92***
认知有用性	<---	认知质量性	0.884	0.037	23.791	0.000	0.88***
认知品牌资产性	<---	认知服务性	0.980	0.033	29.963	0.000	0.97***
认知使用满意性	<---	认知品牌资产性	0.994	0.040	24.741	0.000	0.93***
认知使用忠诚性	<---	认知使用满意性	1.010	0.040	24.961	0.000	0.92***
新时代潜变量	路径分析	潜变量	未标准化路径系数估计	S. E.	C. R.	P	标准化路径系数估计
认知风险性	<---	认知服务性	1.014	0.042	24.006	0.000	0.918***
认知易用性	<---	认知服务性	−0.832	0.504	−1.652	0.099	−0.730
认知质量性	<---	认知服务性	1.057	0.044	23.942	0.000	0.974***
认知易用性	<---	认知质量性	1.644	0.477	3.448	0.000	1.565***
认知有用性	<---	认知质量性	0.931	0.046	20.337	0.000	0.834***
认知品牌资产性	<---	认知服务性	1.038	0.043	24.177	0.000	0.980***
认知使用满意性	<---	认知品牌资产性	0.984	0.046	21.618	0.000	0.906***
认知使用忠诚性	<---	认知使用满意性	0.876	0.046	19.173	0.000	0.882***

注：“*”表示 0.050 为显著，“***”表示 0.001 为非常显著，C. R. 值为 t 值。

事件中的数据分析结果表明模型的拟合度良好，可提供参数估计值。认知风险性、认知质量性、认知易用性、认知有用性、认知服务性、认知品牌资产性、认知使用满意性和认知使用忠诚性的系数统计结果如表 5-65 所示，P 值小于 0.001 即显著，说明两个非观测变量之间确实存在正向显著关系或者负向显著关系。

新时代的数据分析结果表明模型的拟合度良好，可提供参数估计值。认知风险性、认知质量性、认知易用性、认知有用性、认知服务性、认知品牌资产性、认知使用满意性和认知使用忠诚性的系数统计结果如表 5-65 所示，P 值小于 0.001 即显著，说明两个非观测变量之间确实存在正向显著关系或者负向显著关系。

在事件前，模型中支持的关系包括品牌在线旅游网站服务质量对认知风险有显著正向影响，品牌在线旅游网站服务质量对认知易用有显著正向影响，品牌在线旅游网站服务质量对认知质量有显著正向影响，品牌在线旅游网站认知质量对认知易用有显著正向影响，品牌在线旅游网站服务质量对品牌资产有显著正向影响，品牌在线旅游网站品牌资产对使用满意有显著正向影响，品牌在线旅游网站使用满意对使用忠诚有显著正向影响，而品牌在线旅游网站认知质量对认知有用不存在显著影响。

因此，事件前的本书假设验证如下：除假设 5 不支持外，假设 1、假设 2、假设 3、假设 4、假设6、假设7、假设8均支持，检验结果如表5-66所示。

表5-66　品牌在线旅游网站服务质量满意度认知结构方程模型假设的检验结果

假设	研究假设	检验结果		
		事件前	事件中	新时代
H1	品牌在线旅游网站服务质量对认知风险有显著正向影响	支持	支持	支持
H2	品牌在线旅游网站服务质量对认知易用有显著正向影响	支持	不支持	不支持
H3	品牌在线旅游网站服务质量对认知质量有显著正向影响	支持	支持	支持
H4	品牌在线旅游网站认知质量对认知易用有显著正向影响	支持	支持	支持
H5	品牌在线旅游网站认知质量对认知有用有显著正向影响	不支持	支持	支持
H6	品牌在线旅游网站服务质量对品牌资产有显著正向影响	支持	支持	支持
H7	品牌在线旅游网站品牌资产对使用满意有显著正向影响	支持	支持	支持
H8	品牌在线旅游网站使用满意对使用忠诚有显著正向影响	支持	支持	支持

在事件中，模型中支持的关系包括品牌在线旅游网站服务质量对认知风险有显著正向影响，品牌在线旅游网站服务质量对认知质量有显著正向影响，品牌在线旅游网站认知质量对认知易用有显著正向影响，品牌在线旅游网站认知质量对认知有用有显著正向影响，品牌在线旅游网站服务质量对品牌资产有显著正向影响，品牌在线旅游网站品牌资产对使用满意有显著正向影响，品牌在线旅游网站使用满意对使用忠诚有显著正向影响，而品牌在线旅游网站服务质量对认知易用不存在显著影响。

因此，事件中的本书假设验证如下：除假设2不支持外，假设1、假设3、假设4、假设5、假设6、假设7、假设8均支持，检验结果如表5-66所示。

在新时代，模型中支持的关系包括品牌在线旅游网站服务质量对认知风险有显著正向影响，品牌在线旅游网站服务质量对认知质量有显著正向影响，品牌在线旅游网站认知质量对认知易用有显著正向影响，品牌在线旅游网站认知质量对认知有用有显著正向影响，品牌在线旅游网站服务质量对品牌资产有显著正向影响，品牌在线旅游网站品牌资产对使用满意有显著正向影响，品牌在线旅游网站使用满意对使用忠诚有显著正向影响，而品牌在线旅游网站服务质量对认知易用不存在显著影响。

因此，新时代的本书假设验证如下：除假设2不支持外，假设1、假设3、假设4、假设5、假设6、假设7、假设8均支持，检验结果如表5-66所示。

三、品牌在线旅游网站服务质量满意度认知模型检验结果的原因分析

（一）品牌在线旅游网站认知的服务质量与认知风险关系的原因分析

事件前、事件中和新时代的用户受访者均表明，品牌在线旅游网站服务质量对认知风险有显著正向影响，即在事件前、事件中和新时代，假设1均得到支持，其原因如下。

第一，担忧信息安全的原因。无论在事件前、事件中，还是在新时代，用户受访者对品牌在线旅游网站的个人财务隐私、网站功能风险等方面均有良好的认知。使用品牌在线旅游

网站的受访者不担心网站会盗取、泄露个人交易信息。他们相信网站支付系统安全，结算系统准确有效，因此不会造成额外经济损失。这表明，用户受访者认为品牌在线旅游网站服务质量对认知风险有显著影响。

第二，有效获取信息的原因。无论在事件前、事件中，还是在新时代，用户受访者在浏览品牌在线旅游网站的过程中，均认为网站系统速度快，可以节约时间，也便于快速有效地获取相关旅游信息。用户在使用品牌在线旅游网站的过程中没有遇到问题，这能有效提高他们在线购买旅游产品的频率，从而提升品牌在线旅游产品的转换率。因此，用户受访者认为品牌在线旅游网站服务质量对认知风险有显著影响。

第三，网站系统速度的原因。无论在事件前、事件中，还是在新时代，用户受访者对品牌在线旅游网站能顺利登录、网页响应速度快等均有良好的认知，认为这可以有效节省他们的时间。品牌在线旅游网站的模块布局合理，用户在浏览网站时能够轻松找到所需功能，满足自身的需求。品牌在线旅游网站也能够准确计算价格、合理安排旅游行程，并在网站购买结果方面符合用户期望。因此，用户受访者认为品牌在线旅游网站服务质量对认知风险有显著影响。

（二）品牌在线旅游网站认知的服务质量与认知质量关系的原因分析

事件前、事件中和新时代的用户受访者均表明，品牌在线旅游网站服务质量对认知质量有显著正向影响，即在事件前、事件中和新时代，假设 3 均得到支持，其原因如下。

第一，用户需求心理的原因。无论在事件前、事件中，还是在新时代，用户受访者对品牌在线旅游网站的认知质量表现出良好的有形性、响应性、同理心、可靠性和保证性。这些可以满足用户对服务质量的核心诉求，提高了品牌在线旅游网站的服务质量。因此，用户受访者认为品牌在线旅游网站服务质量对认知质量有显著正向影响。

第二，保证安全可靠的原因。无论在事件前、事件中，还是在新时代，用户受访者普遍关注品牌在线旅游网站的系统质量和信息质量，这些保证服务质量的关键。品牌在线旅游网站能否保证个人隐私、能否提供真实可靠的产品信息、是否有可信的支付方式、能否确保安全交易等是受访者较为关注的问题。通过提高品牌在线旅游网站系统的安全性，可以提高用户对品牌在线旅游网站的认知质量。因此，用户受访者认为品牌在线旅游网服务质量对认知质量有显著影响。

第三，有效处理投诉的原因。无论在事件前、事件中，还是在新时代，从用户受访者对品牌在线旅游网站服务质量的观测变量“旅游网站响应性”可知，当用户在品牌在线旅游网站上遇到问题时，如果网站客服可以及时有效地解决问题、处理投诉，并能采取合理的补救措施，协助用户合理退单，同时能保持友好的服务态度，则用户会认为品牌在线旅游网站的服务较为用心。因此，用户受访者认为品牌在线旅游网站服务质量对认知质量有显著正向影响。

（三）品牌在线旅游网站认知的服务质量与认知易用关系的原因分析

事件前、事件中和新时代的用户受访者均表明，品牌在线旅游网站服务质量对认知易用有显著正向影响，即在事件前、事件中和新时代，假设 4 均得到支持，其原因如下。

第一，响应速度有效的原因。无论在事件前、事件中，还是在新时代，从用户受访者对品牌在线旅游网站认知质量的观测变量“网络系统质量”可知，若品牌在线旅游网站可以顺利登录、网站响应速度快，则能让用户认识到网站操作使用方法简单，无需客服指导就能顺利使用品牌在线旅游网站，且容易获取旅游信息。因此，用户受访者认为品牌在线旅游网站认知质量对认知易用有显著影响。

第二，产品信息准确的原因。无论在事件前、事件中，还是在新时代，从用户受访者对品牌在线旅游网站认知质量的观测变量“网络信息质量”可知，品牌在线旅游网站能向用户提供最新的旅游产品信息，并对旅游产品信息的准确性要求偏高。旅游产品信息更新越快、信息越准确，越可以满足用户的旅游需求。因此，用户受访者认为品牌在线旅游网站认知质量对认知易用有显著影响。

第三，用户兴趣差异的原因。无论在事件前、事件中，还是在新时代，从用户受访者对品牌在线旅游网站认知体验的观测变量“旅游网站娱乐体验”可知，网站能否激发用户的旅游兴趣与网站操作是否简单易用有关。若品牌在线旅游网站使用步骤简单、使用方法容易掌握，用户则会对品牌在线旅游网站产生兴趣。因此，用户受访者认为品牌在线旅游网站认知质量对认知易用有显著影响。

（四）品牌在线旅游网站认知的服务质量与品牌资产关系的原因分析

事件前、事件中和新时代的用户受访者均表明品牌在线旅游网站服务质量对品牌资产有显著正向影响，即在事件前、事件中和新时代，假设 6 均得到支持，其原因如下。

第一，品牌在线互动有效的原因。无论在事件前、事件中，还是在新时代，从用户受访者对品牌在线旅游网站服务质量的观测变量“品牌在线旅游网站响应性”可知，“品牌在线旅游网站能有效解决我的问题”“客服服务态度好”与品牌在线旅游网站品牌资产的在线互动性具有相关性，用户与品牌在线旅游网站的沟通也会受到品牌在线旅游网站响应性的影响。因此，用户受访者认为品牌在线旅游网站服务质量对品牌资产有显著影响。

第二，承诺安全可信的原因。无论在事件前、事件中，还是在新时代，从用户受访者对品牌在线旅游网站服务质量的观测变量“旅游网站可靠性”可知，品牌在线旅游网站的交易过程安全、品牌在线旅游网站的支付方式可信能让用户对品牌在线旅游网站的品牌产生信任感。同时，品牌在线旅游网站提供的资讯可靠也会使用户认为品牌在线旅游网站产品的承诺可信。因此，用户受访者认为品牌在线旅游网站服务质量对品牌资产有显著影响。

第三，信息完整可信的原因。无论在事件前、事件中，还是在新时代，从用户受访者对品牌在线旅游网站认知质量的观测变量可知，品牌在线旅游网站可以加快产品信息的更新迭代，若其旅游产品信息准确详细，则可以使其口碑变好。口碑较好的品牌在线旅游网站往往包含完整的旅游信息，网站的产品承诺也更可信。因此，用户受访者认为品牌在线旅游网站服务质量对品牌资产有显著影响。

（五）品牌在线旅游网站认知的品牌资产与使用满意关系的原因分析

事件前、事件中和新时代的用户受访者均表明，品牌在线旅游网站品牌资产对使用满意有显著正向影响，即在事件前、事件中和新时代，假设 7 均得到支持，其原因如下。

第一，承诺真实可信的原因。无论在事件前、事件中，还是在新时代，从用户受访者对品牌在线旅游网站品牌资产的观测变量“品牌在线旅游网站网络口碑性”可知，品牌在线旅游网站的口碑与信息相关。旅游产品承诺真实可信，品牌在线旅游网站的口碑就令人放心。品牌在线旅游网站的产品信息承诺真实可信可以使用户认为使用品牌在线旅游网站是正确的选择。因此，用户受访者认为品牌在线旅游网站品牌资产对使用满意有显著影响。

第二，客服积极互动的原因。无论在事件前、事件中，还是在新时代，从用户受访者对品牌在线旅游网站品牌资产的观测变量"旅游网站在线互动性"可知，"品牌在线旅游网站提供了多种互动方式""客服能尽快回复用户的要求""用户与品牌在线旅游网站的沟通方便"均与品牌在线旅游网站使用满意度有关。品牌在线旅游网站提供的互动越积极有效，用户对于品牌在线旅游网站的满意度就会越高。因此，用户受访者认为品牌在线旅游网站品牌资产对使用满意有显著影响。

第三，浏览网站意愿的原因。无论在事件前、事件中，还是在新时代，从用户受访者对品牌在线旅游网站品牌资产的观测变量"旅游网站产品质量性"可知，"品牌在线旅游网站对用户很有吸引力""愿意花更多的时间浏览品牌在线旅游网站"与品牌在线旅游网站满意度有关。品牌在线旅游网站对用户的吸引力越强，用户对品牌在线旅游网站越满意。因此，用户受访者认为品牌在线旅游网站品牌资产对使用满意有显著影响。

（六）品牌在线旅游网站认知的使用满意与使用忠诚关系的原因分析

事件前、事件中和新时代的用户受访者均表明，品牌在线旅游网站使用满意对使用忠诚有显著正向影响，即在事件前、事件中和新时代，假设 8 均得到支持，其原因如下。

第一，认知触发推荐的原因。无论在事件前、事件中，还是在新时代，从用户受访者对品牌在线旅游网站用户满意度的认知体验的观测变量"品牌在线旅游网站认知使用满意性"可知，"我对品牌在线旅游网站总体感到满意""我对品牌在线旅游网站使用过程感到满意""与期望相比，我对品牌在线旅游网站感到满意"会影响品牌在线旅游网站认知使用忠诚性。用户对品牌在线旅游网站认知越满意，越会积极宣传品牌在线旅游网站，且越愿意向他人推荐。因此，用户受访者认为品牌在线旅游网站使用满意对使用忠诚有显著影响。

第二，体验认知不同的原因。无论在事件前、事件中，还是在新时代，从用户受访者对品牌在线旅游网站满意度的认知体验的观测变量"品牌在线旅游网站娱乐体验性"可知，"品牌在线旅游网站整体是否有趣""能否激发我的旅游兴趣"与用户的使用忠诚度存在明显的关联性，品牌在线旅游网站与供应商、中间商沟通的便捷性也能影响用户满意度。因此，用户受访者认为品牌在线旅游网站使用满意对使用忠诚有显著影响。

第三，使用体验不同的原因。无论在事件前、事件中，还是在新时代，从用户受访者对品牌在线旅游网站满意度的认知体验的观测变量"品牌在线旅游网站使用体验性"可知，品牌在线旅游网站的性价比高，有丰富的促销活动，并能及时推送促销活动等因素与品牌在线旅游网站符合用户的旅游需求等存在明显的关联性。品牌在线旅游网站越符合用户需求，用户越愿意使用此网站。因此，用户受访者认为品牌在线旅游网站使用满意对使用忠诚有显著影响。

（七）品牌在线旅游网站认知的服务质量与认知易用关系的原因分析

事件前的用户受访者认为品牌在线旅游网站服务质量对认知易用有显著正向影响，而事件中和新时代的用户受访者认为品牌在线旅游网站服务质量对认知易用的影响不显著，即在事件前，假设 2 得到支持，而在事件中和新时代，假设 2 均不得到支持，其原因如下。

第一，网站操作简单的原因。在事件前，用户受访者对品牌在线旅游网站的服务质量认知会显著影响到认知易用性。品牌在线旅游网站客服的工作时间受到限制。品牌在线旅游网站的操作方法应容易掌握，使用步骤应简单易懂。网站在改善服务质量时，应先优化更容易取悦或激发顾客的属性。事件前的用户受访者认为品牌在线旅游网站服务质量对认知易用有显著影响。

第二，网站界面好用的原因。在事件中，若用户受访者认为品牌在线旅游网站域名简单好记，网站整体页面清晰、美观，则会显著影响品牌在线旅游网站的认知易用性。网站界面的导航直观易用体现了网站整体功能的全面性。品牌在线旅游网站有形性与品牌在线旅游网站认知易用性之间存在相互作用关系。事件中的用户受访者认为品牌在线旅游网站服务质量对认知易用有显著影响。

第三，信息认知满意的原因。在新时代，从用户受访者对品牌在线旅游网站服务质量的观测变量“品牌在线旅游网站服务质量”可知，就品牌在线旅游网站能提供的有用信息的可靠保证性而言，提高信息收集效率对品牌在线旅游网站认知使用的影响不大。品牌在线旅游网站能否提高用户的信息收集效率和其提供的信息是否有用，对用户认知品牌在线旅游网站认知使用满意性的影响不大。因此，新时代的用户受访者认为品牌在线旅游网站服务质量对认知易用不存在显著影响。

（八）品牌在线旅游网站认知的服务质量与认知有用关系的原因分析

事件前的用户受访者认为品牌在线旅游网站认知质量对认知有用影响不显著，而事件中和新时代的用户受访者则认为品牌在线旅游网站认知质量对认知有用具有显著正向影响。即在事件前，假设 5 不得到支持，而在事件中和新时代，假设 5 得到支持，其原因如下。

第一，服务关联缺失的原因。在事件前，用户受访者对于品牌在线旅游网站的认知质量不影响认知有用性。用户对品牌在线旅游网站系统质量的认知包括“品牌在线旅游网站能顺利登出”“品牌在线旅游网站的响应速度”“品牌在线旅游网站能准确记录交易核算价格”，这些与“品牌在线旅游网站服务”和“品牌在线旅游网站与中间商、供应商沟通便捷”等不存在相关性。因此，在事件前，用户受访者认为品牌在线旅游网站认知质量对认知有用不存在显著影响。

第二，信息采集诉求的原因。在事件中，用户受访者在在线购买旅游产品时，对品牌在线旅游网站的信息质量认知包括“品牌在线旅游网站是否能提供详细准确的旅游产品订单”，这与品牌在线旅游网站信息有用性，如“网站能提高信息收集效率”和“网站的信息获取便捷”不存在相互影响关系。因此，在事件中，用户受访者认为品牌在线旅游网站认知质量对认知有用不存在显著影响。

第三，整体功能全面的原因。在新时代，从用户受访者对品牌在线旅游网站认知质量的观测变量可知，品牌在线旅游网站整体的功能越全面，越能有效连接客户与旅游产品中间商和旅游产品供应商。用户在购买品牌在线旅游产品时越便利，对品牌在线旅游网站的服务质量认知就会越高。因此，在新时代，用户受访者认为品牌在线旅游网站认知质量对认知有用有显著影响。

第六章 品牌在线旅游网站服务质量满意度认知的市场细分差异

第一节 品牌在线旅游网站认知有用性的市场细分差异

一、品牌在线旅游网站认知有用性影响因子的细分差异比较

根据前文关于品牌在线旅游网站服务质量满意度主成分因子验证性的分析结果，本章对事件前、事件中与新时代的公因子进行市场细分比较，具体研究结果如下。

(一) 品牌在线旅游网站认知有用性影响因子的细分差异

如表 6-1 所示，在事件前、事件中和新时代，用户关于在线品牌在线旅游网站认知有用性的 P 值大于 0.05，这表明事件前、事件中和新时代的用户受访者对品牌在线旅游网站认知有用性的影响一致，不存在显著性差异。

表 6-1 品牌在线旅游网站认知有用性公因子的细分差异比较

公因子	均值			F 值	Sig
	事件前	事件中	新时代		
品牌在线旅游网站认知有用性	4.012 6	3.981 3	3.986 6	0.389	0.677

注：$*P<0.05$，$**P<0.01$，$***P<0.001$。

在事件前，用户对品牌在线旅游网站认知有用性的均值为 4.012 6；在事件中，用户对品牌在线旅游网站认知有用性的均值为 3.981 3；在新时代，用户对品牌在线旅游网站认知有用性的均值为 3.986 6。无论在事件前、事件中，还是在新时代，用户受访者的差异对品牌在线旅游网站认知有用性的影响不存在显著差异，其影响具有类似性或一致性。

(二) 品牌在线旅游网站认知有用性影响因子的细分无差异原因分析

在事件前、事件中和新时代，用户受访者的市场细分差异对品牌在线旅游网站认知有用性公因子的细分无差异的原因如下。

第一，服务诉求相似的原因。无论在事件前、事件中，还是在新时代，品牌在线旅游网站都能够满足用户的基本服务需求。品牌在线旅游网站服务基本满足用户的合理要求，使用户不产生或少产生负面情绪；随着用户对品牌在线旅游网站的服务要求更高，品牌在线旅游网站服务也越来越完善。

第二，信息处理习惯相似的原因。无论在事件前、事件中，还是在新时代，用户搜索旅游信息的方式往往依赖于品牌在线旅游网站的用户点评和社区内容评论，或通过视频等方式获取旅游相关的信息，用户信息搜集的方式以在线方式为主。

第三，信息效力相似的原因。无论在事件前、事件中，还是在新时代，用户认为品牌在线旅游网站具有便捷、合理、适用、无缺等要素，只有网站内容全面，用户才会觉得网站有用。此外，用户对品牌在线旅游网站信息效力的要求偏高，只有网站具备完善的营销功用和效力系统，用户才会觉得网站有用。

二、品牌在线旅游网站认知有用性具体项目的细分差异比较

（一）品牌在线旅游网站认知有用性具体项目的细分差异

如表 6-2 所示，在用户关于品牌在线旅游网站认知有用性项目中，“我愿积极宣传品牌在线旅游网站”“我关注旅游网站的更新与升级”的 P 值均小于 0.05，这表明在事件前、事件中和新时代的环境中，用户受访者对品牌在线旅游网站认知有用性中的“我愿积极宣传品牌在线旅游网站”“我关注品牌在线旅游网站的更新与升级”的认知不一致，在事件前、事件中和新时代存在显著性差异，其中事件前和事件中用户认知有用高于新时代；“我愿意推荐品牌在线旅游网站”“我愿意反馈品牌在线旅游网站的优缺点”“我愿意频繁使用品牌在线旅游网站”“我的首选是品牌在线旅游网站”“我喜欢在品牌在线旅游网站购买旅游产品”“我愿意继续使用品牌在线旅游网站”的 P 值均大于 0.05，表明事件前、事件中和新时代的用户受访者对品牌在线旅游网站有用性中的“我愿意推荐品牌在线旅游网站”“我愿意反馈品牌在线旅游网站的优缺点”“我愿意频繁使用品牌在线旅游网站”“我的首选是品牌在线旅游网站”“我喜欢在品牌在线旅游网站购买旅游产品”“我愿意继续使用品牌在线旅游网站”的认知一致。

表 6-2　品牌在线旅游网站认知有用性项目细分的市场差异性比较

品牌在线旅游网站认知有用性项目	用户	均值	标准差	方差齐性检验		t 检验结果		
				F	Sig	t	df	Sig
我愿积极宣传品牌在线旅游网站	事件前	4.24	0.745	14.008	0.000	5.445	2 266	0.004**
	事件中	4.11	0.934					
	新时代	4.10	0.921					
我愿意推荐品牌在线旅游网站	事件前	3.85	0.860	13.789	0.000	0.014	2 266	0.986
	事件中	3.86	0.974					
	新时代	3.86	1.001					
我愿意反馈品牌在线旅游网站的优缺点	事件前	3.85	0.864	11.459	0.000	0.034	2 266	0.967
	事件中	3.86	0.965					
	新时代	3.86	0.989					
我愿意频繁使用品牌在线旅游网站	事件前	3.87	0.850	8.786	0.000	2.315	2 266	0.099
	事件中	3.91	0.965					
	新时代	3.97	0.952					

（续表）

品牌在线旅游网站认知有用性项目	用户	均值	标准差	方差齐性检验		t 检验结果		
				F	Sig	t	df	Sig
我的首选是品牌在线旅游网站	事件前	4.12	0.834	1.447	0.236	0.994	2 266	0.370
	事件中	4.11	0.872					
	新时代	4.06	0.911					
我喜欢在品牌在线旅游网站购买旅游产品	事件前	3.95	0.810	14.605	0.000	0.410	2 266	0.664
	事件中	3.97	0.917					
	新时代	3.99	0.964					
我愿意继续使用品牌在线旅游网站	事件前	4.10	0.773	9.054	0.000	2.161	2 266	0.115
	事件中	4.02	0.905					
	新时代	4.08	0.875					
我关注品牌在线旅游网站的更新与升级	事件前	4.12	0.798	6.626	0.001	4.303	2 266	0.014*
	事件中	4.02	0.925					
	新时代	3.97	0.976					

注：* $P<0.05$，** $P<0.01$，*** $P<0.001$。

（二）品牌在线旅游网站认知有用性具体项目的细分差异原因

在事件前、事件中和新时代，用户受访者对品牌在线旅游网认知有用性中的“我愿积极宣传品牌在线旅游网站”“我关注品牌在线旅游网站的更新与升级”的影响存在显著性差异。其中，事件前和事件中的用户认知有用高于新时代，其原因如下。

第一，获取信息需求不同的原因。基于事件前的用户对品牌在线旅游网站认知有用性的分析结果，可以看出事件前的用户的旅游活动一般路途远、时间长、花费高，其希望从不同方面获取各类旅游信息，以获得高质量的旅游体验。

第二，中间商沟通效率不同的原因。基于事件中的用户对品牌在线旅游网站认知有用性的分析结果，可以看出事件中的用户在在线购买旅游产品后，遇到问题时习惯通过邮件、电话等方式与中间商进行沟通，然而，中间商的沟通效率可能无法及时满足用户的需求，影响用户体验。

第三，信息需求范畴不同的原因。基于新时代的用户对品牌在线旅游网站认知有用性的分析结果，可以看出用户对住宿安排与具体酒店推荐、服务设施、价格等信息的需求较高，同时，用户比较关注天气、穿着建议、注意事项、旅游安全、物品携带等方面的信息。

在事件前、事件中和新时代，用户受访者对品牌在线旅游网站认知有用性中的“我愿意推荐品牌在线旅游网站”“我愿意反馈品牌在线旅游网站的优缺点”“我愿意频繁使用品牌在线旅游网站”“我的首选是品牌在线旅游网站”“我喜欢在品牌在线旅游网站购买旅游产品”“我愿意继续使用品牌在线旅游网站”的影响不存在显著性差异，其原因如下。

第一，服务质量标准化的原因。从用户对品牌在线旅游网站认知有用性的分析结果可以看出，无论在事件前、事件中，还是在新时代，用户普遍认为品牌在线旅游网站提供了优质的服务。品牌在线旅游网站客服在为不同用户提供服务时，始终保持友好的服务态度，向用户提供标准化接待。用户在使用品牌在线旅游网站时，尽管对旅游信息与旅游产品的需求有所不同，标准化的服务可使用户的预期得到满足。

第二，网站操作有用性的原因。无论在事件前、事件中，还是在新时代，用户都认同品牌在线旅游网站的有用性。网站完整的功能和准确有效的旅游信息，可以满足不同用户的旅游需求。若品牌在线旅游网站的操作简单、界面易用，则可以满足不同地域用户的需求。

第二节　品牌在线旅游网站认知易用性的市场细分差异

一、品牌在线旅游网站认知易用性影响因子的细分差异比较

（一）品牌在线旅游网站认知易用性影响因子的细分差异

如表 6-3 所示，在事件前、事件中和新时代，用户关于品牌在线旅游网站认知易用性的 P 值小于 0.05，这表明事件前、事件中和新时代的用户受访者对品牌在线旅游网站认知易用性的影响不一致，存在显著性差异。

表 6-3　品牌在线旅游网站认知易用性的公因子细分差异比较

公因子	均值			F 值	Sig
	事件前	事件中	新时代		
品牌在线旅游网站认知易用性	4.053 5	4.073 4	4.174 4	6.737	0.001***

注：* $P<0.05$，** $P<0.01$，*** $P<0.001$。

在事件前、事件中和新时代，用户受访者的市场细分差异对品牌在线旅游网站认知易用性的影响存在显著性差异。其中，在事件前，用户对品牌在线旅游网站认知易用性的均值为 4.053 5；在事件中，用户对品牌在线旅游网站认知易用性的均值为 4.073 4；在新时代，用户对品牌在线旅游网站认知易用性的均值为 4.174 4。因此，新时代用户受访者的差异对品牌在线旅游网站认知易用性的影响高于事件前和事件中。

（二）品牌在线旅游网站认知易用性影响因子的细分差异原因

在事件前、事件中和新时代，用户受访者的市场细分差异对品牌在线旅游网站认知易用性公因子的细分差异的原因如下。

第一，使用习惯差异的原因。在事件前，用户对品牌在线旅游网站的操作易用性的认知包括网站交互流畅、操作快捷，注册流程简单；用户一般是通过品牌在线旅游网站的导航来全面了解网站，良好的导航设计不仅能增加用户在本站的驻留时间，而且可以提高网站的收益。

第二，视觉认知差异的原因。在事件中，用户对品牌在线旅游网站页面清晰度要求较为简单，网站可使用色块或边框把页面内容划分成定义明确的区域；页面上的文字内容适合快

速浏览，大篇幅连续的文字较少，列表较多，旅游产品参数采用表格来表示。

第三，评判质量差异的原因。在新时代，用户在游览品牌在线旅游网站时，对于界面美观的要求是有清晰的、辨识度高的图片，对于网站整体功能的要求是浏览顺畅；品牌在线旅游网站习惯使用较大的图片作背景，这有利于增加网页的美观度，但也会延长网页的加载时间，影响用户体验。

二、品牌在线旅游网站认知易用性具体项目的细分差异比较

（一）品牌在线旅游网站认知易用性具体项目的细分差异

如表 6-4 所示，在用户关于品牌在线旅游网站认知易用性中，“品牌在线旅游网站使用步骤简单”“品牌在线旅游网站的使用方法易掌握”“品牌在线旅游网站使用无需客服指导”“品牌在线旅游网站文字说明易懂”“该旅游网站能满足我的旅游需求”的 P 值均小于 0.05，这表明在事件前、事件中和新时代，用户受访者对品牌在线旅游网站认知易用性中的“品牌在线旅游网站使用步骤简单”“品牌在线网站的使用方法易掌握”“品牌在线网站使用无需客服指导”“品牌在线旅游网站文字说明易懂”“品牌在线旅游网站能满足我的旅游需求”的影响不一致，存在显著性差异，其中，新时代时期用户认知易用高于事件前和事件中；而“品牌在线旅游网站容易搜索信息”“品牌在线旅游网站使用步骤易懂”“品牌在线旅游网站产品购买便捷”“品牌在线旅游网站的功能全面”的 P 值均大于 0.05，这表明事件前、事件中和新时代的用户受访者对品牌在线旅游网站服务易用性中的“品牌在线旅游网站容易搜索信息”“品牌在线旅游网站使用步骤易懂”“品牌在线旅游网站产品购买便捷”“品牌在线旅游网站的功能全面”的认知一致，不存在显著性差异。

表 6-4　品牌在线旅游网站认知易用性项目细分的市场差异比较

品牌在线旅游网站认知易用性项目	用户	均值	标准差	方差齐性检验		t 检验结果		
				F	Sig	t	df	Sig
品牌在线旅游网站使用步骤简单	事件前	4.02	0.795	16.761	0.000	8.452	2 266	0.000***
	事件中	4.09	0.927					
	新时代	4.21	0.875					
品牌在线旅游网站容易搜索信息	事件前	4.06	0.815	6.385	0.002	2.118	2 266	0.121
	事件中	4.09	0.882					
	新时代	4.15	0.908					
品牌在线旅游网站的使用方法易掌握	事件前	4.06	0.806	5.763	0.003	6.674	2 266	0.001***
	事件中	4.10	0.874					
	新时代	4.22	0.875					
品牌在线旅游网站使用步骤易懂	事件前	4.11	0.799	5.265	0.005	2.770	2 266	0.063
	事件中	4.13	0.862					
	新时代	4.21	0.857					

（续表）

品牌在线旅游网站认知易用性项目	用户	均值	标准差	方差齐性检验		t 检验结果		
				F	Sig	t	df	Sig
品牌在线旅游网站使用无需客服指导	事件前	4.02	0.831	9.235	0.000	6.948	2 266	0.001***
	事件中	4.01	0.934					
	新时代	4.17	0.907					
品牌在线旅游网站文字说明易懂	事件前	4.10	0.805	4.398	0.012	4.478	2 266	0.011*
	事件中	4.09	0.870					
	新时代	4.20	0.871					
品牌在线旅游网站能满足我的旅游需求	事件前	4.03	0.777	10.435	0.000	3.975	2 266	0.019*
	事件中	4.06	0.892					
	新时代	4.15	0.868					
品牌在线旅游网站产品购买便捷	事件前	4.06	0.843	5.917	0.003	2.856	2 266	0.058
	事件中	4.04	0.902					
	新时代	4.14	0.937					
品牌在线旅游网站的功能全面	事件前	4.01	0.801	7.002	0.001	2.303	2 266	0.100
	事件中	4.04	0.891					
	新时代	4.11	0.875					

注：* $P<0.05$，** $P<0.01$，*** $P<0.001$。

（二）品牌在线旅游网站认知易用性具体项目的细分差异原因

在事件前、事件中和新时代，用户受访者对品牌在线旅游网站认知易用性中的“品牌在线旅游网站使用步骤简单”“品牌在线旅游网站的使用方法易掌握”“品牌在线旅游网站使用无需客服指导”“品牌在线旅游网站文字说明易懂”“品牌在线旅游网站能满足我的旅游需求”的影响存在显著性差异，新时代的用户受访者的市场细分差异对品牌在线旅游网站认知易用性的影响高于事件前和事件中，其原因如下。

第一，语言逻辑差异的原因。基于事件前的用户对品牌在线旅游网站认知易用性的分析结果可以看出，用户对品牌在线旅游网站的文字说明易懂具有认知，即对文字设置有一定的要求。文字表述简单易懂会让用户拥有良好的阅读体验。用户容易读懂品牌在线旅游网站的文字的原因是品牌在线旅游网站聘请了以英语为母语的编辑对旅游产品及内容进行编辑和润色。

第二，购买需求差异的原因。基于事件中的用户对品牌在线旅游网站认知易用性的分析结果可以看出，用户在使用旅游网站时不需要客服指导，因为品牌在线旅游网站的使用步骤简单易懂。在购买旅游产品时，用户能独立完成操作和支付流程。用户在使用品牌在线旅游网站时习惯购买碎片化的旅游产品，如机票、酒店等，而不是复杂的组合产品。

第三，意向决定差异的原因。基于新时代的用户对品牌在线旅游网站认知易用性的分析结果可以看出，用户在在线购买产品时，会对品牌在线旅游网站的浏览速度和操作步骤的简便性进行评判，这些会影响用户的购买意愿；品牌在线旅游网站的界面是否友好、界面布局是否合理、主页外观是否吸引人等，都会影响用户的购买意愿。

在事件前、事件中和新时代，用户受访者对品牌在线旅游网站认知易用性中的"品牌在线旅游网站容易搜索信息""品牌在线旅游网站使用步骤易懂""品牌在线旅游网站产品购买便捷""该品牌在线旅游网站的功能全面"的影响不存在显著性差异，其原因如下。

第一，简化操作步骤需求的原因。从用户对品牌在线旅游网站认知易用性的分析结果可以看出，无论在事件前、事件中，还是在新时代，用户在访问品牌在线旅游网站的过程中都要求网站操作步骤简单、能预知操作流程、页面易于返回。因此，点击数量少才能体现出快捷性，才能使用户的体验感更好。

第二，提高信息收集效率的原因。从用户对品牌在线旅游网站认知易用性的分析结果可以看出，无论在事件前、事件中，还是在新时代，用户在使用品牌在线旅游网站时都期望品牌在线旅游网站的信息搜索功能简单、易操作。不同市场细分的用户对品牌在线旅游网站能有效搜索到旅游信息的态度较为一致。用户若认可品牌在线旅游网站易用，则会增加其在线浏览的时间，提高其使用品牌在线旅游网站的兴趣和在线购买的频率。

第三节　品牌在线旅游网站认知体验性的市场细分差异

一、品牌在线旅游网站认知体验性影响因子的细分差异比较

（一）品牌在线旅游网站认知体验性影响因子的细分差异

如表 6-5 所示，在事件前、事件中和新时代，用户关于品牌在线旅游网站认知体验性中的"品牌在线旅游网站娱乐体验"的 P 值小于 0.05，这表明事件前、事件中和新时代的用户受访者对品牌在线旅游网站认知体验性的影响不一致，存在显著性差异；在事件前、事件中和新时代，用户关于品牌在线旅游网站认知体验性中的"品牌在线旅游网站使用体验"的 P 值小于 0.05，这表明事件前、事件中和新时代的用户受访者对品牌在线旅游网站认知体验性的影响不一致，存在显著性差异。

表 6-5　品牌在线旅游网站认知体验性公因子的细分差异比较

公因子	均值			F 值	Sig
	事件前	事件中	新时代		
品牌在线旅游网站娱乐体验	3.797 4	3.708 1	3.912 7	12.735	0.000***
品牌在线旅游网站使用体验	3.678 4	3.729 6	3.889 3	12.626	0.000***

注：* $P<0.05$，** $P<0.01$，*** $P<0.001$。

在事件前、事件中和新时代，用户受访者的市场细分差异对品牌在线旅游网站娱乐体验的影响存在显著性差异。其中，在事件前，用户对品牌在线旅游网站娱乐体验的均值为

3.797 4；在事件中，用户对品牌在线旅游网站娱乐体验的均值为 3.708 1；在新时代，用户对品牌在线旅游网站娱乐体验的均值为 3.912 7。因此，新时代的用户受访者的市场细分差异对品牌在线旅游网站娱乐体验的影响高于事件前和事件中。

在事件前、事件中和新时代，用户受访者的市场细分差异对品牌在线旅游网站使用体验的影响存在显著性差异。其中，在事件前，用户对品牌在线旅游网站使用体验的均值为 3.678 4；在事件中，用户对品牌在线旅游网站使用体验的均值为 3.729 6；在新时代，用户对品牌在线旅游网站使用体验的均值为 3.889 3。因此，新时代的用户受访者的市场细分差异对品牌在线旅游网站使用体验的影响高于事件前和事件中。

（二）品牌在线旅游网站认知体验性影响因子的细分差异原因

在事件前、事件中和新时代，用户受访者的市场细分差异对品牌在线旅游网站娱乐体验公因子的细分差异的原因如下。

第一，娱乐感官差异的原因。基于事件前的用户在品牌在线旅游网站上的娱乐体验，用户在品牌在线旅游网站上通过网站娱乐型体验设计和网站开发的多种元素（如图形、色彩等）的交互方式来获得娱乐体验；用户的娱乐体验角度是不同的，其在事件前更注重感官体验，更希望愉悦身心。

第二，视觉感官差异的原因。基于事件中的用户在品牌在线旅游网站上的娱乐体验，品牌在线旅游网站中丰富的图案、可爱的人物形象、绚丽的色彩等可以提升用户的视觉享受；用户通过动态图片、视频等内容和购买场景感知快乐，这些元素使用户的体验更加丰富，并产生延续性和回味性。

第三，期望效应差异的原因。基于新时代的用户在品牌在线旅游网站上的娱乐体验，能引起用户旅游兴趣的因素存在差异，品牌在线旅游网站通过对旅游目的地的宣传，以及提供准确详细的餐饮、住宿、娱乐等配套服务信息来吸引用户；品牌在线旅游网站可提供丰富有趣的旅游产品，更可针对不同用户的需求提供创新产品。

在事件前、事件中和新时代，用户受访者的市场细分差异对品牌在线旅游网站使用体验公因子的细分差异的原因如下。

第一，购买行为差异的原因。基于事件前的用户在品牌在线旅游网站上的使用体验，用户经常使用品牌在线旅游网站说明其已经具有很强的购买欲望，是潜在的卖家，其购买的可能性也非常高；用户经常使用品牌在线旅游网站是因为购买目的明确，往往不愿意在品牌选择上浪费时间。用户对品牌在线旅游网站产生了一定的忠诚度，黏性非常高，购买的可能性也最大。

第二，促销季节差异的原因。基于事件中的用户在品牌在线旅游网站上的使用体验，在事件中，品牌在线旅游网站的促销活动是营销活动的重要组成部分；事件中国内用户的线上购物需求更加旺盛，其购物时间和购物目的与事件前有较大差异。

第三，媒体使用习惯差异的原因。基于新时代的用户在品牌在线旅游网站上的使用体验，用户由于担心无聊而长期使用社交平台，逐渐对其感到疲劳，社交媒体便失去了往日的新奇感。因此，品牌在线旅游网站需要发布高价值的内容，以对受众产生更大的影响。

二、品牌在线旅游网站认知体验性具体项目的细分差异比较

（一）品牌在线旅游网站认知体验性具体项目的细分差异

如表6-6所示，在用户关于品牌在线旅游网站认知体验性项目中，“品牌在线旅游网站令人开心”“品牌在线旅游网站很是有趣”“使用品牌在线旅游网站能激发我的旅游兴趣”“使用品牌在线旅游网站时与客服沟通很开心”“品牌在线旅游网站的产品性价比高”“我常在品牌在线旅游网站购买产品”“品牌在线旅游网站的促销活动丰富”“品牌在线旅游网站会主动推送促销活动”“我在品牌在线旅游网站移动端购买产品很重要”的 P 值小于0.05，这表明事件前、事件中和新时代的用户受访者对品牌在线旅游网站认知体验性中的“品牌在线旅游网站令人开心”“品牌在线旅游网站很是有趣”“使用品牌在线旅游网站能激发我的旅游兴趣”“使用品牌在线旅游网站时与客服沟通很开心”“品牌在线旅游网站的产品性价比高”“我常在品牌在线旅游网站购买产品”“品牌在线旅游网站的促销活动丰富”“品牌在线网站会主动推送促销活动”“我在品牌在线旅游网站移动端购买产品很重要”的影响不一致，存在显著性差异，其中新时代用户认知体验性高于事件前和事件中。

表6-6　品牌在线旅游网站认知体验性项目细分的市场差异性比较

品牌在线旅游网站认知体验性项目	用户	均值	标准差	方差齐性检验		t 检验结果		
				F	Sig	t	df	Sig
品牌在线旅游网站令人开心	事件前	3.77	0.878	8.999	0.000	12.813	2 266	0.000***
	事件中	3.67	0.981					
	新时代	3.91	0.985					
品牌在线旅游网站很是有趣	事件前	3.81	0.848	22.827	0.000	9.464	2 266	0.000***
	事件中	3.64	1.006					
	新时代	3.82	1.001					
使用品牌在线旅游网站能激发我的旅游兴趣	事件前	3.86	0.861	7.199	0.001	8.644	2 266	0.000***
	事件中	3.82	0.957					
	新时代	4.00	0.946					
使用品牌在线旅游网站时与客服沟通很开心	事件前	3.75	0.886	5.695	0.003	10.932	2 266	0.000***
	事件中	3.71	0.983					
	新时代	3.92	1.018					
品牌在线旅游网站的产品性价比高	事件前	3.63	0.897	10.156	0.000	7.722	2 266	0.000***
	事件中	3.67	1.043					
	新时代	3.83	1.035					
我常在品牌在线旅游网站购买产品	事件前	3.56	1.106	1.263	0.283	10.329	2 266	0.000***
	事件中	3.54	1.146					
	新时代	3.77	1.118					

（续表）

品牌在线旅游网站认知体验性项目	用户	均值	标准差	方差齐性检验		t 检验结果		
				F	Sig	t	df	Sig
品牌在线旅游网站的促销活动丰富	事件前	3.71	0.873	10.747	0.000	6.612	2 266	0.001***
	事件中	3.75	1.028					
	新时代	3.89	1.031					
品牌在线旅游网站会主动推送促销活动	事件前	3.71	0.929	2.882	0.056	6.357	2 266	0.002**
	事件中	3.83	1.017					
	新时代	3.91	1.061					
我在品牌在线旅游网站移动端购买产品很重要	事件前	3.78	1.094	5.496	0.004	12.848	2 266	0.000***
	事件中	3.86	1.027					
	新时代	4.05	0.982					

注：* $P<0.05$，** $P<0.01$，*** $P<0.001$。

（二）品牌在线旅游网站认知体验性具体项目的细分差异原因

在事件前、事件中和新时代，用户受访者对品牌在线旅游网认知体验性中的“品牌在线旅游网站令人开心”“品牌在线旅游网站很是有趣”“使用品牌在线旅游网站能激发我的旅游兴趣”“使用品牌在线旅游网站时与客服沟通很开心”“品牌在线旅游网站的产品性价比高”“我常在品牌在线旅游网站购买产品”“品牌在线旅游网站的促销活动丰富”“品牌在线旅游网站会主动推送促销活动”“我在品牌在线旅游网站移动端购买产品很重要”的影响存在显著性差异。新时代的用户受访者的市场细分差异对品牌在线旅游网站认知体验性的影响高于事件前和事件中，其原因如下。

第一，旅游兴趣差异的原因。基于事件前的用户对品牌在线旅游网站认知体验性的分析结果可以看出，用户在品牌在线旅游网站上选择的产品以机票和酒店为主，而其他信息需求通常通过浏览其他网站来满足；除了机票和酒店，用户还希望在线旅游能够提供食、购、娱、游等方面的服务，包括景区票务代订、特色小吃推荐、信誉购物店推荐等。

第二，沟通方式差异的原因。基于事件中的用户对品牌在线旅游网站认知体验性的分析结果可以看出，用户注重与在线客服之间的沟通，双方沟通越频繁，传播的信息量越大，沟通的效果就越明显。用户偏好与在线客服进行视频沟通，认为视频沟通更生动，传播的信息更为丰富，沟通效果更好。

第三，消费价值转化的原因。基于新时代的用户对品牌在线旅游网站认知体验性的分析结果可以看出，用户在使用品牌在线旅游网站时，其可以体验的娱乐项目内容很多。在体验经济时代，在线旅游产品从价格消费转向价值消费、体验消费和个性化消费；新时代用户的消费模式发生了较大的转变，用户购物逐渐偏向于追求享乐和休闲。

第四节 品牌在线旅游网站认知风险性的市场细分差异

一、品牌在线旅游网站认知风险性影响因子的细分差异比较

（一）品牌在线旅游网站认知风险性影响因子的细分差异

如表 6-7 所示，在事件前、事件中和新时代，用户关于品牌在线旅游网站认知风险性中的“品牌在线旅游网站财务隐私风险”的 P 值小于 0.05，这表明事件前、事件中和新时代的用户受访者对品牌在线旅游网站财务隐私风险的影响不一致，存在显著性差异；用户关于品牌在线旅游网站认知风险性中的“品牌在线旅游网站功能风险”的 P 值小于 0.05，这表明事件前、事件中和新时代的用户受访者对品牌在线旅游网站功能风险的影响不一致，存在显著性差异。

表 6-7 品牌在线旅游网站认知风险性公因子的细分差异比较

公因子	均值			F 值	Sig
	事件前	事件中	新时代		
品牌在线旅游网站财务隐私风险	3.731 1	3.612 8	3.720 3	3.981	0.019*
品牌在线旅游网站功能风险	3.827 6	3.767 5	3.972 6	13.341	0.000***

注：* $P<0.05$，** $P<0.01$，*** $P<0.001$。

第一，在事件前、事件中和新时代，用户受访者的市场细分差异对品牌在线旅游网站财务隐私风险的影响存在显著差异。其中，在事件前，用户对品牌在线旅游网站财务隐私风险的均值为 3.731 1；在事件中，用户对品牌在线旅游网站财务隐私风险的均值为 3.612 8；在新时代，用户对品牌在线旅游网站财务隐私风险的均值为 3.720 3。因此，事件前的用户受访者的市场细分差异对品牌在线旅游网站财务隐私风险的影响高于事件中和新时代。

第二，在事件前、事件中和新时代，用户受访者的市场细分差异对品牌在线旅游网站功能风险的影响存在显著差异。在事件前，用户对品牌在线旅游网站功能风险的均值为 3.827 6；在事件中，用户对品牌在线旅游网站功能风险的均值为 3.767 5；在新时代，用户对品牌在线旅游网站功能风险的均值为 3.972 6。因此，新时代的用户受访者的市场细分差异对品牌在线旅游网站功能风险的影响高于事件前和事件中。

（二）品牌在线旅游网站认知风险性影响因子的细分差异原因

在事件前、事件中和新时代，用户受访者的市场细分差异对品牌在线旅游网站财务隐私风险公因子的细分差异的原因如下。

第一，关注风险差异的原因。基于事件前的用户对品牌在线旅游网站财务隐私风险的关注点，用户主要关注在线购买的旅游产品与实际产品在质量上是否相符，以及酒店提供的硬件服务和软件服务是否与网站信息相符等。

第二，时间认知差异的原因。基于事件中的用户对品牌在线旅游网站财务隐私风险的

关注点，用户主要关注在线搜索旅游信息的时间是否可控、在线购买产品的流程是否快捷。用户往往会因为花费很长时间寻找合适的酒店而感到身心疲惫。

第三，时间意识差异的原因。基于新时代的用户对品牌在线旅游网站财务隐私风险的关注点，事情或活动耗费的时间越长，其重要性就越高。在新时代，用户追求在时间安排和使用上的精确性，时间观念较强，强调在有效的时间内完成目标，追求效率最大化。

在事件前、事件中和新时代，用户受访者的市场细分差异对品牌在线旅游网站功能风险公因子的细分差异的原因如下。

第一，服务诉求差异的原因。基于事件前的用户对品牌在线旅游网站功能风险的关注点，用户主要关注品牌在线旅游网站是否会提供不同的售后服务。旅游产品是提前消费品，如遇到不可抗力，则取消、变更的情况较多，由此产生的损失补偿方式也不同。

第二，需求信息差异的原因。基于事件中的用户对品牌在线旅游网站功能风险的关注点，用户主要关注品牌在线旅游网站发布的旅游线路信息和预定功能是否能满足需求，还关注酒店查询、预订功能的便捷性，以及旅游服务指南和旅游问答等详细旅游信息的准确性。

第三，时间观念差异的原因。基于新时代的用户对品牌在线旅游网站功能风险的关注点，用户多会通过向朋友或专业人士咨询来获取重要旅游信息，还会特别关注获取旅游信息的时长。只有能合理规划、安排旅游行程，用户才会对品牌在线旅游网站产生依赖感。

二、品牌在线旅游网站认知风险性具体项目的细分差异比较

（一）品牌在线旅游网站认知风险性项目细分的市场差异性分析

如表 6-8 所示，在用户关于品牌在线旅游网站认知风险性项目中，“使用品牌在线旅游网站交易信息不会被盗取”“使用品牌在线旅游网站交易信息不会被泄露”“我不认为交易信息会被品牌在线旅游网站泄露”“不担心得不到品牌在线旅游网站及时的功能提醒”“不担心在品牌在线旅游网站找不到合适功能模块”“不担心品牌在线网站功能无法满足客户需要”“不担心品牌在线旅游网站功能与期望有差异”“不担心使用品牌在线旅游网站得不到售后服务”“品牌在线旅游网站不会带来额外经济损失”的 P 值均小于 0.05，这表明事件前、事件中和新时代的用户受访者对品牌在线旅游网站认知风险性中的“使用品牌在线旅游网站交易信息不会被盗取”“使用品牌在线旅游网站交易信息不会被泄露”“我不认为交易信息会被品牌在线旅游网站泄露”“不担心得不到品牌在线旅游网站及时的功能提醒”“不担心在品牌在线旅游网站找不到合适功能模块”“不担心品牌在线旅游网站功能无法满足客户需要”“不担心品牌在线旅游网站功能与期望有差异”“不担心使用品牌在线旅游网站得不到售后服务”“品牌在线旅游网站不会带来额外经济损失”的影响不一致，在事件前、事件中和新时期存在显著性差异；“使用品牌在线旅游网站个人信息不会被泄露”“使用品牌在线旅游网站个人信息不会被盗取”的 P 值均大于 0.05，表明事件前、事件中和新时代的用户受访者对品牌在线旅游网站认知风险性中的“使用品牌在线旅游网站个人信息不会被泄露”“使用品牌在线旅游网站个人信息不会被盗取”的影响一致，在事件前、事件中和新时代不存在显著性差异。

表 6-8　品牌在线旅游网站认知风险性项目细分的市场差异性比较

品牌在线旅游网站认知风险性项目	用户	均值	标准差	方差齐性检验		t 检验结果		
				F	Sig	t	df	Sig
使用品牌在线旅游网站个人信息不会被泄露	事件前	3.67	0.961	11.580	0.000	1.073	2 266	0.342
	事件中	3.60	1.125					
	新时代	3.66	1.101					
使用品牌在线旅游网站交易信息不会被盗取	事件前	3.71	0.923	14.295	0.000	3.283	2 266	0.038*
	事件中	3.61	1.099					
	新时代	3.74	1.070					
使用品牌在线旅游网站个人信息不会被盗取	事件前	3.73	0.991	7.934	0.000	2.580	2 266	0.076
	事件中	3.60	1.108					
	新时代	3.64	1.061					
使用品牌在线旅游网站交易信息不会被泄露	事件前	3.77	0.923	22.651	0.000	4.428	2 266	0.012*
	事件中	3.61	1.125					
	新时代	3.70	1.087					
我不认为交易信息会被品牌在线旅游网站泄露	事件前	3.78	0.953	17.241	0.000	9.463	2 266	0.000***
	事件中	3.64	1.108					
	新时代	3.87	1.086					
不担心得不到品牌在线旅游网站及时的功能提醒	事件前	3.86	0.827	16.695	0.000	15.282	2 266	0.000***
	事件中	3.80	0.990					
	新时代	4.05	0.981					
不担心在品牌在线旅游网站找不到合适功能模块	事件前	3.83	0.886	6.571	0.001	10.873	2 266	0.000***
	事件中	3.79	0.974					
	新时代	4.00	0.957					
不担心品牌在线旅游网站功能无法满足客户需要	事件前	3.83	0.876	5.592	0.004	11.151	2 266	0.000***
	事件中	3.81	0.957					
	新时代	4.01	0.964					
不担心品牌在线旅游网站功能与期望有差异	事件前	3.83	0.896	10.171	0.000	9.031	2 266	0.000***
	事件中	3.74	0.996					
	新时代	3.95	1.026					
不担心使用品牌在线旅游网站得不到售后服务	事件前	3.82	0.933	6.023	0.002	7.764	2 266	0.000***
	事件中	3.73	1.047					
	新时代	3.93	1.060					

（续表）

品牌在线旅游网站认知风险性项目	用户	均值	标准差	方差齐性检验		t 检验结果		
				F	Sig	t	df	Sig
品牌在线旅游网站不会带来额外经济损失	事件前	3.80	1.005	4.959	0.007	4.959	2 266	0.007**
	事件中	3.73	1.086					
	新时代	3.89	1.088					

注：* $P<0.05$，** $P<0.01$，*** $P<0.001$。

（二）品牌在线旅游网站认知风险性具体项目的细分差异原因

在事件前、事件中和新时代，用户受访者对品牌在线旅游网认知风险性中的“使用品牌在线旅游网站交易信息不会被盗取”“使用品牌在线旅游网站交易信息不会被泄露”“我不认为交易信息会被品牌在线旅游网站泄露”“不担心得不到品牌在线旅游网站及时的功能提醒”“不担心在品牌在线旅游网站找不到合适功能模块”“不担心品牌在线旅游网站功能无法满足客户需要”“不担心品牌在线旅游网站功能与期望有差异”“不担心使用品牌在线旅游网站得不到售后服务”“品牌在线旅游网站不会带来额外经济损失”的影响存在显著性差异。事件前和新时代的用户受访者的市场细分差异对品牌在线旅游网站认知风险的影响高于事件中，其原因如下。

第一，结算流程差异的原因。基于事件前的用户对品牌在线旅游网站认知风险性的分析结果可以看出，品牌在线旅游网站的结算是网联模式，第三方支付仍处于直连模式阶段。用户在购买旅游产品后，习惯使用二维码进行支付，并相信结算系统的安全性和准确性。

第二，支付方式差异的原因。基于事件中的用户对品牌在线旅游网站认知风险性的分析结果可以看出，支付方式的多样化虽提升了支付效率，但也带来了隐私泄露等问题。事件中的用户在线购买支付方式多样，如微信、支付宝、银行信用卡等。

第三，行为认知差异的原因。基于新时代的用户对品牌在线旅游网站认知风险性的分析结果可以看出，在新时代，用户对品牌在线旅游网站的产品丰富性较为满意。品牌在线旅游网站提供的产品越多元化，用户越愿意花时间浏览品牌在线旅游网站，而用户对网站安全的认可可以有效促进其在线购买行为的发生。

在事件前、事件中和新时代，用户受访者对品牌在线旅游网站认知风险性中的“使用品牌在线旅游网站个人信息不会被泄露”“使用品牌在线旅游网站个人信息不会被盗取”的影响不存在显著性差异，其原因如下。

第一，风险认知相同的原因。基于用户对品牌在线旅游网站认知风险性的分析结果可以看出，无论在事件前、事件中，还是在新时代，不同区域背景的用户在在线旅游财务隐私方面面临的问题相似；用户普遍担心在品牌在线旅游网站上购物可能会遭遇经济损失，如货款丢失、信用卡被盗等，这些都会给用户带来不必要的麻烦。

第二，隐私认知相似的原因。基于用户对品牌在线旅游网站认知风险性的分析结果可以看出，无论在事件前、事件中，还是在新时代，用户对于品牌在线旅游网站财务隐私方面的认知均值较为接近，这表明用户都有对品牌在线旅游网站有效保护个人财务隐私不受侵犯的诉求；品牌在线旅游网站的安全性越高，用户对网站的信任度也越高。

第五节　品牌在线旅游网站认知质量性的市场细分差异

一、品牌在线旅游网站认知质量性影响因子的细分差异比较

（一）品牌在线旅游网站认知质量性影响因子的细分差异

如表 6-9 所示，在事件前、事件中和新时代，用户关于品牌在线旅游网站认知质量性中的“品牌在线旅游网站信息质量”的 P 值小于 0.05，这表明事件前、事件中和新时代的用户受访者对品牌在线旅游网站信息质量的影响不一致，存在显著性差异；在事件前、事件中和新时代，用户关于品牌在线旅游网站认知质量性中“旅游网站系统质量”的 P 值小于 0.05，这表明事件前、事件中和新时代时期的用户受访者对品牌在线旅游网站系统质量的影响不一致，存在显著性差异。

表 6-9　品牌在线旅游网站认知质量性公因子的细分差异比较

公因子	均值			F 值	Sig
	事件前	事件中	新时代		
品牌在线旅游网站信息质量	4.032 9	3.930 0	4.065 0	6.672	0.001***
品牌在线旅游网站系统质量	3.969 5	4.035 3	4.193 1	18.483	0.000***

注：* $P<0.05$，** $P<0.01$，*** $P<0.001$。

无论在事件前、事件中，还是在新时代，用户受访者的市场细分差异对品牌在线旅游网站信息质量的影响均存在显著性差异。其中，在事件前，用户对品牌在线旅游网站信息质量的均值为 4.032 9；在事件中，用户对品牌在线旅游网站信息质量的均值为 3.930 0；在新时代时期，用户对品牌在线旅游网站信息质量的均值为 4.065 0。因此，新时代的用户受访者的市场细分差异对品牌在线旅游网站信息质量的影响高于事件前和事件中。

无论在事件前、事件中，还是在新时代，用户受访者的市场细分差异对品牌在线旅游网站系统质量的影响均存在显著性差异。在事件前，用户对品牌在线旅游网站系统质量的均值为 3.969 5；在事件中，用户对品牌在线旅游网站系统质量的均值为 4.035 3；在新时代，用户对品牌在线旅游网站系统质量的均值为 4.193 1。因此，新时代用户受访者的市场细分差异对品牌在线旅游网站系统质量的影响高于事件前和事件中。

（二）品牌在线旅游网站认知质量性影响因子的细分差异原因

在事件前、事件中和新时代，用户受访者的市场细分差异对品牌在线旅游网站信息质量公因子存在显著性细分差异的原因如下。

第一，系统使用差异的原因。基于事件前的用户对品牌在线旅游网站信息质量的分析结果，用户在品牌在线旅游网站信息质量方面，主要关注网站的登录是否快捷方便、是否可以快捷地实现访问任务、导航路径是否便捷有效等。用户更关注品牌在线旅游网站给人的

第一印象，美观清晰、简洁易用的操作界面能够增加网站对用户的吸引力。

第二，信息需求差异的原因。基于事件中的用户对品牌在线旅游网站信息质量的分析结果，用户对品牌在线旅游网站信息质量的关注点包括吃、住、行、游、购、娱等，故网站需向用户提供与旅游目的地的旅游产品和服务相关的信息。用户还关注旅游目的地的景点、购物、节庆资讯、天气情况、公共交通信息等。

第三，平台安全需求差异的原因。基于新时代的用户对品牌在线旅游网站信息质量的分析结果，在新时代，用户对在线平台的依赖性更强，对品牌在线网站的在线交易安全性要求更高。品牌在线旅游网站的交易平台需要支持退款、赔偿和增值服务等，为用户提供更为安全、可靠的服务保障。

在事件前、事件中和新时代，用户受访者的市场细分差异对品牌在线旅游网站系统质量公因子存在显著性细分差异的原因如下。

第一，信息需求差异的原因。在事件前，品牌在线旅游网站提供的资讯主要是文章，其形式比较单一，用户对品牌在线旅游网站内容的品质及搜索内容时的便捷性具有相同的需求。用户在品牌在线旅游网站上搜寻内容，主要依据网站提供的准确可靠的资讯来作决策，网站资讯是否准确直接影响用户的阅读体验，也是决定用户下次是否继续使用网站的关键。

第二，支付密保需求差异的原因。在事件中，品牌在线旅游网站的密保是企业的核心工作之一。针对在线支付功能，网络系统需要不断更新并完善密保措施；品牌在线旅游网站的交易平台需要支持退款、赔偿和增值服务等，为用户提供更为安全、可靠的服务保障。

第三，内容需求差异的原因。基于新时代的用户对品牌在线旅游网站系统质量的分析结果，新时代用户在品牌在线旅游网站上搜寻内容，主要依据网站所提供的资讯的准确可靠性，而不再仅关注内容的丰富性。这种变化直接影响用户的阅读体验，也成为影响他们决策的关键因素。

二、品牌在线旅游网站认知质量性具体项目的细分差异比较

（一）品牌在线旅游网站认知质量性具体项目的细分差异

如表 6-10 所示，在用户关于品牌在线旅游网站认知质量性项目中，“品牌在线旅游网站的响应速度较快”“品牌在线旅游网站能准确计算价格”“品牌在线旅游网站能准确记录交易”“品牌在线旅游网站很少出现问题”“品牌在线旅游网站的模块布局合理”“品牌在线旅游网站能准确安排行程”“品牌在线旅游网站能持续更新升级”“品牌在线旅游网站能保证顺利登录”“品牌在线旅游网站能及时提供最新产品信息”“品牌在线旅游网站能提供详细的产品信息”的 P 值均小于 0.05，这表明在事件前、事件中和新时代，用户受访者对品牌在线旅游网站认知质量性中的“品牌在线旅游网站的响应速度较快”“品牌在线旅游网站能准确计算价格”“品牌在线旅游网站能准确记录交易”“品牌在线旅游网站很少出现问题”“品牌在线旅游网站的模块布局合理”“品牌在线旅游网站能准确安排行程”“品牌在线旅游网站能持续更新升级”“品牌在线旅游网站能保证顺利登录”“品牌在线旅游网站能及时提供最新产品信

息”“品牌在线旅游网站能提供详细的产品信息”的影响不一致，存在显著性差异，其中新时代用户的认知质量高于事件前和事件中；“品牌在线旅游网站提供我的旅游产品订单”的 P 值大于 0.05，这表明在事件前、事件中和新时代，用户受访者对品牌在线旅游网站认知质量性中的“品牌在线旅游网站提供我的旅游产品订单”的影响一致，不存在显著性差异。

表 6-10　品牌在线旅游网站认知质量性项目细分的市场差异性比较

品牌在线旅游网站认知质量性项目	用户	均值	标准差	方差齐性检验		t 检验结果		
				F	Sig	t	df	Sig
品牌在线旅游网站的响应速度较快	事件前	3.89	0.836	2.449	0.087	26.393	2 266	0.000***
	事件中	4.05	0.874					
	新时代	4.23	0.875					
品牌在线旅游网站能准确计算价格	事件前	4.02	0.852	9.843	0.000	11.579	2 266	0.000***
	事件中	4.04	0.873					
	新时代	4.22	0.915					
品牌在线旅游网站能准确记录交易	事件前	4.02	0.810	14.570	0.000	9.036	2 266	0.000***
	事件中	4.07	0.893					
	新时代	4.21	0.885					
品牌在线旅游网站很少出现问题	事件前	3.83	0.879	3.783	0.023	27.307	2 266	0.000***
	事件中	4.00	0.886					
	新时代	4.18	0.912					
品牌在线旅游网站的模块布局合理	事件前	4.00	0.828	11.451	0.000	14.854	2 266	0.000***
	事件中	4.00	0.897					
	新时代	4.21	0.905					
品牌在线旅游网站能准确安排行程	事件前	3.96	0.852	5.001	0.007	9.476	2 266	0.000***
	事件中	4.01	0.891					
	新时代	4.15	0.926					
品牌在线旅游网站能持续更新升级	事件前	3.98	0.834	10.017	0.000	4.459	2 266	0.012*
	事件中	4.00	0.880					
	新时代	4.11	0.961					
品牌在线旅游网站能保证顺利登录	事件前	4.06	0.813	13.687	0.000	6.714	2 266	0.001***
	事件中	4.11	0.895					
	新时代	4.23	0.920					
品牌在线旅游网站能及时提供最新产品信息	事件前	4.02	0.727	29.473	0.000	3.830	2 266	0.022*
	事件中	3.91	0.927					
	新时代	4.01	0.974					

（续表）

品牌在线旅游网站认知质量性项目	用户	均值	标准差	方差齐性检验		t 检验结果		
				F	Sig	t	df	Sig
品牌在线旅游网站能提供准确的产品信息	事件前	4.03	0.771	22.417	0.000	10.207	2 266	0.000***
	事件中	3.89	0.947					
	新时代	4.08	0.927					
品牌在线旅游网站能提供详细的产品信息	事件前	4.03	0.781	16.547	0.000	5.701	2 266	0.003**
	事件中	3.93	0.923					
	新时代	4.08	0.968					
品牌在线旅游网站提供我的旅游产品订单	事件前	4.05	0.745	30.448	0.000	2.826	2 266	0.059
	事件中	3.99	0.902					
	新时代	4.09	0.974					

注：* $P<0.05$，** $P<0.01$，*** $P<0.001$。

（二）品牌在线旅游网站认知质量性具体项目的细分差异原因

在事件前、事件中和新时代，用户受访者对品牌在线旅游网认知质量性中的“品牌在线旅游网站的响应速度较快”“品牌在线旅游网站能准确计算价格”“品牌在线旅游网站能准确记录交易”“品牌在线旅游网站很少出现问题”“品牌在线旅游网站的模块布局合理”“品牌在线旅游网站能准确安排行程”“品牌在线旅游网站能持续更新升级”“品牌在线旅游网站能保证顺利登录”“品牌在线旅游网站能及时提供最新产品信息”“品牌在线旅游网站能提供详细的产品信息”的影响存在显著性差异。新时代的用户受访者的市场细分差异对品牌在线旅游网站认知质量性的影响高于事件前和事件中，其原因如下。

第一，网站可达性差异的原因。基于事件前的用户对品牌在线旅游网站认知质量性的分析结果，可以看出，用户对品牌在线旅游网站的响应速度的可达性标准不同，用户注重快捷地获取感兴趣的信息；用户注重品牌在线旅游网站是否设有信息检索功能，响应速度慢会降低网站资源使用的可达性，同时，用户对品牌在线旅游网站的响应速度的认知是强烈的。

第二，功能需求差异的原因。基于事件中的用户对品牌在线旅游网站认知质量性的分析结果，可以看出，用户对品牌在线旅游网站更新的需求不一致，用户对网站功能系统升级的认知度高。功能系统的持续更新可以加快网站的浏览速度，进而改善用户的使用体验感。

第三，信息有效性差异的原因。基于新时代的用户对品牌在线旅游网站认知质量性的分析结果，可以看出，在新时代，信息瞬息万变，用户希望品牌在线旅游网站的信息内容可以保持持续更新，以此来获得更为准确有效的信息，制订旅游计划。

在事件前、事件中和新时代，用户受访者对品牌在线旅游网站认知质量性中的“品牌在线旅游网站提供我的旅游产品订单”的影响不存在显著性差异，其原因如下。

第一，产品细化度的原因。从用户对品牌在线旅游网站认知质量性的分析结果可以看出，无论在事件前、事件中，还是在新时代，用户对品牌在线旅游网站信息质量内容的关注点包括食、住、行、游、购、娱等，品牌在线旅游网站需向客户提供旅游目的地的旅游产品和服务的相关信息；鉴于用户对在线旅游产品的需求，品牌在线旅游网站需提供产品客服、航空公司票务或旅行社工作人员等的紧急联系方式。

第二，产品关注度的原因。从用户对品牌在线旅游网站认知质量性的分析结果可以看出，无论在事件前、事件中，还是在新时代，用户在品牌在线旅游网站的订单方面会关注旅游产品内容、旅游产品订单价格、旅游产品包含的项目单价等；用户会非常关注旅游产品订单生成后的相关内容，如产品取消、解约、订单生效后产生变更等的处理细则，以及旅游意外险等。

第六节　品牌在线旅游网站认知服务性的市场细分差异

一、品牌在线旅游网站认知服务性影响因子的细分差异比较

（一）品牌在线旅游网站认知服务性影响因子的细分差异

如表 6-11 所示，在事件前、事件中和新时代，用户关于品牌在线旅游网站认知服务性中的“品牌在线旅游网站有形性”的 P 值小于 0.05，这表明事件前、事件中和新时代的用户受访者对品牌在线旅游网站有形性的影响不一致，存在显著性差异。在事件前、事件中和新时代，用户关于品牌在线旅游网站认知服务性中的“品牌在线旅游网站可靠性”的 P 值小于 0.05，这表明事件前、事件中和新时代的用户受访者对品牌在线旅游网站可靠性的影响不一致，存在显著性差异。在事件前、事件中和新时代，用户关于品牌在线旅游网站认知服务性中的“品牌在线旅游网站响应保证性”的 P 值小于 0.05，这表明事件前、事件中和新时代的用户受访者对品牌在线旅游网站响应保证性的影响不一致，存在显著性差异。

表 6-11　品牌在线旅游网站认知服务性公因子的细分差异比较

公因子	均值			F 值	Sig
	事件前	事件中	新时代		
品牌在线旅游网站有形性	4.033 5	3.997 3	4.161 3	11.451	0.000***
品牌在线旅游网站可靠性	4.051 7	3.960 2	4.063 1	4.625	0.010**
品牌在线旅游网站响应保证性	3.823 7	3.840 6	3.961 4	7.164	0.001***

注：* $P<0.05$，** $P<0.01$，*** $P<0.001$。

无论在事件前、事件中，还是在新时代，用户受访者的市场细分差异对品牌在线旅游网站有形性的影响存在显著性差异。其中，在事件前，用户对品牌在线旅游网站有形性的均值为 4.033 5；在事件中，用户对品牌在线旅游网站有形性的均值为 3.997 3；在新时代，用户对品牌在线旅游网站有形性的均值为 4.161 3。因此，新时代的用户受访者的市场细分差异对品牌在线旅游网站有形性的影响高于事件前和事件中。

无论在事件前、事件中，还是在新时代，用户受访者的市场细分差异对品牌在线旅游网

站可靠性的影响存在显著性差异。其中，在事件前，用户对品牌在线旅游网站可靠性的均值为 4.051 7；在事件中，用户对品牌在线旅游网站可靠性的均值为 3.960 2；在新时代，用户对品牌在线旅游网站可靠性的均值为 4.063 1。因此，新时代的用户受访者的市场细分差异对品牌在线旅游网站可靠性的影响高于事件前和事件中。

无论在事件前、事件中，还是在新时代，用户受访者的市场细分差异对品牌在线旅游网站响应保证性的影响存在显著性差异。在事件前，用户对品牌在线旅游网站响应保证性的均值为 3.823 7；在事件中，用户对品牌在线旅游网站响应保证性的均值为 3.840 6；在新时代，用户对品牌在线旅游网站响应保证性的均值为 3.961 4。因此，新时代用户受访者的市场细分差异对品牌在线旅游网站响应保证性的影响高于事件前和事件中。

（二）品牌在线旅游网站认知服务性影响因子的细分差异原因

在事件前、事件中和新时代，用户受访者的市场细分差异对品牌在线旅游网站有形性公因子存在显著性细分差异的原因如下。

第一，信息途径差异的原因。基于事件前的用户对品牌在线旅游网站认知服务性的分析结果，用户对品牌在线旅游网站有形性的认知主要体现在网站页面美观上。通过网站提供的优质图片，用户可以对旅游产品有进一步了解。用户对品牌在线旅游网站有形性的认知还体现在网站页面是否清晰上。通过简洁的页面布局、简短精确的文字描述，用户可以对旅游信息进行收集，并将其用于制订旅游计划。

第二，认知焦点差异的原因。基于事件中的用户对品牌在线旅游网站认知服务性的分析结果，用户对品牌在线旅游网站保证性的认知主要体现在浏览网页时无病毒页或广告页跳出上，这些可以提高用户浏览网站的速度；用户对品牌在线旅游网站保证性的认知也体现在旅游网站能保证个人隐私上，用户认为个人隐私被泄露意味着人权被侵犯。

第三，消费习惯差异的原因。基于新时代的用户对品牌在线旅游网站认知服务性的分析结果可以看出，在新时代，消费者养成了线上消费的习惯。当消费者形成了一种购物习惯后，其惯性将会延续很久。线上消费使用户对品牌在线旅游网站的信息安全、服务个性化、时效性等提出了新的要求，品牌在线旅游网站必须理解并满足用户新的消费习惯。

在事件前、事件中和新时代，用户受访者的市场细分差异对品牌在线旅游网站可靠性公因子存在显著性细分差异的原因如下。

第一，风险认知差异的原因。基于事件前的用户对品牌在线旅游网站认知服务性的分析结果，事件前用户对品牌在线旅游网站信息安全隐患的担忧与事件中和新时代不同，用户担心品牌在线旅游网站降低信息保护措施，过度收集用户个人信息等问题；用户担心个人订单信息泄露会引发诈骗案件、滥用网络数据等，进而造成个人信息安全隐患。

第二，防范意识差异的原因。基于事件中的用户对品牌在线旅游网站认知服务性的分析结果，用户对品牌在线旅游网站的病毒页面的认知较为不同，部分用户认为只要不预览、不点击可疑广告，病毒就不会造成文件丢失或系统被彻底破坏等问题；用户能够识别和防范带有病毒的网页，对默认主页被强行修改、自动弹出广告窗口、收藏夹中被加入不明网站地址等情况较为反感。

第三，信任认知差异的原因。基于新时代的用户对品牌在线旅游网站认知服务性的分析结果，用户的行为惯性是建立在信任基础上的，当用户每次的购物体验都未受到负面影响时，其购物惯性便会持续。但在新时代，在线平台会不时地出现问题，单个账号、单个达人的负面影响累积起来就会形成对整个平台的负面观感，从而在整体上削弱平台用户的购物惯性。

在事件前、事件中和新时代，用户受访者的市场细分差异对品牌在线旅游网站响应保证性公因子存在显著性细分差异的原因如下。

第一，客服需求差异的原因。从用户对品牌在线旅游网站认知服务性的分析结果可以看出，在事件前，用户对品牌在线旅游网站响应保证性的认知差异较为相似。用户都期望网站能有效、及时地解决他们的问题。在购买旅游产品的过程中，用户期望品牌在线旅游网站的客服能及时响应并处理问题，并能够对用户的问题提供准确回答，使用户感到满意放心。

第二，心理需求差异的原因。从用户对品牌在线旅游网站认知服务性的分析结果可以看出，在事件中，用户对品牌在线旅游网站的可靠性和同理心的认知都较为接近。具有不同文化背景的用户都期望在品牌在线旅游网站的交易过程是安全的，支付方式是可信的。品牌在线旅游网站应以用户为中心，把用户的利益放在首位，满足用户的不同需求，以提高用户对品牌在线旅游网站的满意度。

第三，流量密码差异的原因。从用户对品牌在线旅游网站认知服务性的分析结果可以看出，在新时代，线上平台的视频号首页推荐信息流会交替出现图文和短视频，且短视频在流量算法推荐中的优先级不断提高，很多平台将直播业务升级为独立部门。网红、直播达人为在线平台带来大量流量，增强了用户对服务的认知，品牌在线旅游网站用户因此对平台提出新的要求。

二、品牌在线旅游网站认知服务性具体项目的细分差异比较

（一）品牌在线旅游网站认知服务性具体项目的细分差异

如表 6-12 所示，在用户关于品牌在线旅游网站认知服务性项目中，“品牌在线旅游网站能保证合理退单”“品牌在线旅游网站能及时处理投诉”“品牌在线旅游网站能及时解决问题”“品牌在线旅游网站能有效解决问题”“品牌在线旅游网站客服能提供补救措施”“品牌在线旅游网站能够保证隐私”“品牌在线旅游网站的客服态度好”“品牌在线旅游网站没有广告网页跳出”“品牌在线网站页面布局简洁”“品牌在线旅游网站页面清晰”“品牌在线旅游网站页面美观”“品牌在线旅游网站的形象好”“品牌在线旅游网站购买功能完善”“品牌在线旅游网站导航直观”“品牌在线旅游网站支付方式多样”“品牌在线旅游网站域名好记”“品牌在线旅游网站的支付方式可信”“品牌在线旅游网站的服务真实”“品牌在线旅游网站的资讯可靠”“品牌在线旅游网站的信息可靠”的 P 值均小于 0.05，这表明事件前、事件中和新时代的用户受访者对品牌在线旅游网站认知服务性中的“品牌在线旅游网站能保证合理退单”“品牌在线旅游网站能及时处理投诉”“品牌在线旅游网站能及时解决问题”“品牌在线旅游网站能有效解决问题”“品牌在线旅游网站客服能提供补救措施”“品牌在线旅游网站能够保证隐私”“品牌在线旅游网站的客服态度好”“品牌在线旅游网站没有广告网页跳出”“品牌在线旅游网站页面布局简洁”“品牌在线旅游网站页面清晰”“品牌在线旅游网站页面美观”“品牌在线旅游网站的形象好”“品牌在线旅游网站购买功能完善”“品牌在线旅游网站导航直观”“品

牌在线旅游网站支付方式多样""品牌在线旅游网站域名好记""品牌在线旅游网站的支付方式可信""品牌在线旅游网站的服务真实""品牌在线旅游网站的资讯可靠""品牌在线旅游网站的信息可靠"的影响不一致，事件前、事件中和新时代存在显著性差异，其中新时代用户认知服务高于事件前和事件中；"品牌在线旅游网站导航易用""品牌在线旅游网站的交易过程安全"的 P 值均大于 0.05，这表明在事件前、事件中和新时代的环境中，用户受访者对品牌在线旅游网站服务性中的"品牌在线旅游网站导航易用""品牌在线旅游网站的交易过程安全"的影响一致，事件前、事件中与新时代不存在显著性差异。

表 6-12 品牌在线旅游网站认知服务性项目细分的市场差异性比较

品牌在线旅游网站认知服务性项目	用户	均值	标准差	方差齐性检验		t 检验结果		
				F	Sig	t	df	Sig
品牌在线旅游网站能保证合理退单	事件前	3.68	0.830	11.804	0.000	7.754	2 266	0.000***
	事件中	3.83	1.005					
	新时代	3.88	1.032					
品牌在线旅游网站能及时处理投诉	事件前	3.64	0.870	8.428	0.000	6.615	2 266	0.001***
	事件中	3.75	1.016					
	新时代	3.83	0.997					
品牌在线旅游网站能及时解决问题	事件前	3.83	0.819	8.200	0.000	7.946	2 266	0.000***
	事件中	3.86	0.950					
	新时代	4.01	0.933					
品牌在线旅游网站能有效解决问题	事件前	3.84	0.761	19.702	0.000	3.606	2 266	0.027*
	事件中	3.91	0.936					
	新时代	3.97	0.983					
品牌在线旅游网站客服能提供补救措施	事件前	3.88	0.851	3.131	0.044	4.736	2 266	0.009**
	事件中	3.95	0.906					
	新时代	4.03	0.979					
品牌在线旅游网站能够保证隐私	事件前	3.92	0.901	19.868	0.000	16.213	2 266	0.000***
	事件中	3.70	1.064					
	新时代	3.97	1.051					
品牌在线旅游网站的客服态度好	事件前	3.90	0.814	4.931	0.007	3.457	2 266	0.032*
	事件中	3.93	0.906					
	新时代	4.02	0.921					
品牌在线旅游网站没有广告网页跳出	事件前	3.90	0.912	16.579	0.000	6.651	2 266	0.001***
	事件中	3.80	1.066					
	新时代	3.98	1.008					

（续表）

品牌在线旅游网站认知服务性项目	用户	均值	标准差	方差齐性检验		t 检验结果		
				F	Sig	t	df	Sig
品牌在线旅游网站页面布局简洁	事件前	4.02	0.827	6.999	0.001	12.626	2 266	0.000***
	事件中	4.00	0.911					
	新时代	4.20	0.889					
品牌在线旅游网站页面清晰	事件前	4.05	0.836	3.591	0.028	8.042	2 266	0.000***
	事件中	4.00	0.919					
	新时代	4.17	0.877					
品牌在线旅游网站页面美观	事件前	4.03	0.819	4.621	0.010	5.212	2 266	0.006**
	事件中	4.02	0.903					
	新时代	4.15	0.893					
品牌在线旅游网站的形象好	事件前	4.00	0.813	9.453	0.000	12.433	2 266	0.000***
	事件中	3.96	0.898					
	新时代	4.17	0.910					
品牌在线旅游网站购买功能完善	事件前	4.03	0.814	4.149	0.016	7.132	2 266	0.001***
	事件中	4.01	0.891					
	新时代	4.16	0.877					
品牌在线旅游网站导航直观	事件前	4.06	0.779	10.968	0.000	3.841	2 266	0.022*
	事件中	4.03	0.870					
	新时代	4.15	0.911					
品牌在线旅游网站支付方式多样	事件前	4.05	0.829	7.640	0.000	11.025	2 266	0.000***
	事件中	4.06	0.910					
	新时代	4.24	0.895					
品牌在线旅游网站导航易用	事件前	4.09	0.793	9.718	0.000	1.982	2 266	0.138
	事件中	4.03	0.923					
	新时代	4.12	0.945					
品牌在线旅游网站域名好记	事件前	3.97	0.885	18.080	0.000	11.281	2 266	0.000***
	事件中	3.85	1.040					
	新时代	4.08	0.984					
品牌在线旅游网站的交易过程安全	事件前	4.01	0.772	10.854	0.000	2.590	2 266	0.075
	事件中	3.97	0.887					
	新时代	4.07	0.897					

（续表）

品牌在线旅游网站认知服务性项目	用户	均值	标准差	方差齐性检验		t 检验结果		
				F	Sig	t	df	Sig
品牌在线旅游网站的支付方式可信	事件前	4.12	0.774	7.588	0.001	3.322	2 266	0.036*
	事件中	4.00	0.895					
	新时代	4.07	0.938					
品牌在线旅游网站的服务真实	事件前	4.08	0.730	16.779	0.000	4.736	2 266	0.009**
	事件中	3.94	0.895					
	新时代	4.02	0.933					
品牌在线旅游网站的资讯可靠	事件前	4.07	0.768	9.774	0.000	4.541	2 266	0.011*
	事件中	3.95	0.922					
	新时代	4.05	0.914					
品牌在线旅游网站的信息可靠	事件前	3.98	0.760	19.188	0.000	7.642	2 266	0.000***
	事件中	3.94	0.938					
	新时代	4.11	0.913					

注：* $P<0.05$，** $P<0.01$，*** $P<0.001$。

（二）品牌在线旅游网站认知服务性具体项目的细分差异原因

在事件前、事件中和新时代，用户受访者对品牌在线旅游网站认知服务性中的“品牌在线旅游网站能保证合理退单”“品牌在线旅游网站能及时处理投诉”“品牌在线旅游网站能及时解决问题”“品牌在线旅游网站能有效解决问题”“品牌在线旅游网站客服能提供补救措施”“品牌在线旅游网站能够保证隐私”“品牌在线旅游网站的客服态度好”“品牌在线旅游网站没有广告网页跳出”“品牌在线旅游网站页面布局简洁”“品牌在线旅游网站页面清晰”“品牌在线旅游网站页面美观”“品牌在线旅游网站的形象好”“品牌在线旅游网站购买功能完善”“品牌在线旅游网站导航直观”“品牌在线旅游网站支付方式多样”“品牌在线旅游网站域名好记”“品牌在线旅游网站的支付方式可信”“品牌在线旅游网站的服务真实”“品牌在线旅游网站的资讯可靠”“品牌在线旅游网站的信息可靠”的影响存在显著性差异，其原因如下。

第一，支付习惯差异的原因。基于事件前的用户对品牌在线旅游网站认知服务性的分析结果，可以看出，事件前用户的在线支付方式有所区别，用户有更多的选择性。除了传统的支付方式，用户还可以使用信用卡、支付宝、微信等第三方支付方式。

第二，使用认知差异的原因。基于事件中的用户对品牌在线旅游网站认知服务性的分析结果，可以看出，品牌在线旅游网站的主导航是用户进入网站时看到的第一个头部导航栏，也是最重要的一个导航。用户往往通过网站主导航直观、清晰地找到其所需要的产品信息。

第三，用户平台对比的原因。基于新时代的用户对品牌在线旅游网站认知服务性的分析结果，可以看出，新时代在线旅游平台的类型和数量越来越多，用户面对众多的在线旅游平台，会就产品效果和价格作出对比，进而选择最优产品。

在事件前、事件中和新时代用户受访者对品牌在线旅游网站认知服务性在"品牌在线旅游网站导航易用""品牌在线旅游网站的交易过程安全"的影响不存在显著性差异，其原因如下。

第一，认知方式相似的原因。从用户对品牌在线旅游网站认知服务性的分析结果可以看出，无论在事件前、事件中，还是在新时代，不同区域的用户在"品牌在线旅游网站域名好记"方面的差异性较小。如果用户在访问旅游网站前期记不住域名，其体验度就会不高，用户后期的访问频次就会降低。品牌在线旅游网站应注册简单好记的域名，从而便于用户直接访问网站。

第二，视觉认知相似的原因。从用户对品牌在线旅游网站认知服务性的分析结果可以看出，无论在事件前、事件中，还是在新时代，用户评价品牌在线旅游网站整体形象的标准较为一致。品牌在线旅游网站的页面展现突出特点、引导页面的视觉设计舒适都对品牌在线旅游网站建立良好的印象助益较大。用户会关注网站首页设计的美观度和网站的整体设计风格。

第七节　品牌在线旅游网站认知使用创新性的市场细分差异

一、品牌在线旅游网站认知使用创新性影响因子的细分差异比较

（一）品牌在线旅游网站认知使用创新性影响因子的细分差异

如表 6-13 所示，在事件前、事件中和新时代，用户关于品牌在线旅游网站认知使用创新性的 P 值小于 0.05，这表明事件前、事件中和新时代用户受访者对品牌在线旅游网站认知使用创新性的影响不一致，存在显著性差异。

表 6-13　品牌在线旅游网站认知使用创新性公因子的细分差异比较

公因子	均值			F 值	Sig
	事件前	事件中	新时代		
品牌在线旅游网站认知使用创新性	3.662 8	3.690 3	3.835 1	8.459	0.000***

注：* $P<0.05$，** $P<0.01$，*** $P<0.001$。

在事件前、事件中和新时代，用户受访者的市场细分差异对品牌在线旅游网站认知使用创新性的影响存在显著性差异。在事件前，用户对品牌在线旅游网站认知使用创新性的均值为 3.662 8；在事件中，用户对品牌在线旅游网站认知使用创新性的均值为 3.690 3；在新时代，用户对品牌在线旅游网站认知使用创新性的均值为 3.835 1。因此，新时代用户受访者的差异对品牌在线旅游网站认知使用创新性的影响高于事件前和事件中。

（二）品牌在线旅游网站认知使用创新性影响因子的细分差异原因

在事件前、事件中和新时代，用户受访者的市场细分差异对品牌在线旅游网站认知使用

创新性公因子的细分差异的原因如下。

第一，好奇心理的原因。在事件前，用户受访者对品牌在线旅游网站的新功能充满好奇。品牌在线旅游网站所赋予的新功能，如拍照分享等，可让用户通过旅行进行分享。用户可在分享社区里找到合适的旅游目的地及旅行知己，进而得到自我释放。

第二，尝试体验的原因。在事件中，因用户场景和用户习惯等不同，每个用户对新功能的掌握程度都会出现差异。因此，需要提升用户对新功能的认知，采取不同的方式引导用户使用，避免用户因不会使用新功能而影响体验感。

第三，用户心态的原因。在新时代，用户受访者对品牌在线旅游网站的心态发生了变化，其希望在线平台不会过多地进行干涉，也希望平台不诱导自己进行浏览或消费。

二、品牌在线旅游网站认知使用创新性具体项目的细分差异比较

（一）品牌在线旅游网站认知使用创新性具体项目的细分差异

如表 6-14 所示，用户关于品牌在线旅游网站认知使用创新性项目中的“我会为品牌在线旅游网站新功能所吸引”“我一般第一个尝试品牌在线旅游网站新功能”“被别人发现不会使用新功能觉得很尴尬”“我通常独自弄明白品牌在线旅游网站新功能”“我认为品牌在线旅游网站更具有创新性”的 P 值均小于 0.05，这表明在事件前、事件中和新时代，用户受访者对品牌在线旅游网站认知使用创新性中的“我会为品牌在线旅游网站新功能所吸引”“我一般第一个尝试品牌在线旅游网站新功能”“被别人发现不会使用新功能觉得很尴尬”“我通常独自弄明白品牌在线旅游网站新功能”“我认为品牌在线旅游网站更具有创新性”的影响不一致，存在显著性差异，其中新时代的用户认知使用创新性高于事件前和事件中；“如果发现网站新功能，我会想办法尝试”的 P 值大于 0.05，这表明在事件前、事件中和新时代，用户受访者对品牌在线旅游网站认知使用创新性中的“如果发现网站新功能，我会想办法尝试”的影响一致，不存在显著性差异。

表 6-14　品牌在线旅游网站认知使用创新性项目细分的市场差异性比较

品牌在线旅游网站认知使用创新性项目	用户	均值	标准差	方差齐性检验		t 检验结果		
				F	Sig	t	df	Sig
我会为品牌在线旅游网站新功能所吸引	事件前	3.71	0.944	2.834	0.059	5.672	2 266	0.003**
	事件中	3.74	1.010					
	新时代	3.87	1.074					
我一般第一个尝试品牌在线旅游网站新功能	事件前	3.50	1.026	7.448	0.001	7.337	2 266	0.001***
	事件中	3.56	1.130					
	新时代	3.72	1.173					
被别人发现不会使用新功能觉得很尴尬	事件前	3.54	1.113	1.608	0.200	4.699	2 266	0.009**
	事件中	3.53	1.151					
	新时代	3.69	1.175					

（续表）

品牌在线旅游网站认知使用创新性项目	用户	均值	标准差	方差齐性检验		t 检验结果		
				F	Sig	t	df	Sig
如果发现网站新功能，我会想办法尝试	事件前	3.75	0.906	6.667	0.001	2.897	2 266	0.055
	事件中	3.79	1.024					
	新时代	3.88	1.074					
我通常独自弄明白品牌在线旅游网站新功能	事件前	3.75	0.914	3.925	0.020	5.122	2 266	0.006**
	事件中	3.79	1.017					
	新时代	3.91	1.062					
我认为品牌在线旅游网站更具有创新性	事件前	3.73	0.881	5.603	0.004	11.524	2 266	0.000***
	事件中	3.72	1.001					
	新时代	3.93	1.027					

注：* $P<0.05$，** $P<0.01$，*** $P<0.001$。

（二）品牌在线旅游网站认知使用创新性具体项目的细分差异原因

在事件前和事件中，用户受访者对品牌在线旅游网站认知使用创新性中的“我会为品牌在线旅游网站新功能所吸引”“我一般第一个尝试品牌在线旅游网站新功能”“被别人发现不会使用新功能觉得很尴尬”“我通常独自弄明白品牌在线网站新功能”“我认为品牌在线旅游网站更具有创新性”的影响存在显著性差异，其原因如下。

第一，用户消费逻辑差异的原因。基于事件前的用户对品牌在线旅游网站认知使用创新性的分析结果，可以看出，在事件前，用户常常会被品牌在线旅游网站的新功能吸引，并会积极尝试新功能，认为品牌在线网站更具创新性。消费者大多在线上货比三家后进行消费。品牌在线旅游网站的创新为用户提供了新的体验和认知，用户也对品牌在线网站的能力产生信任。

第二，品牌溢价影响差异的原因。基于事件中的用户对品牌在线旅游网站认知使用创新性的分析结果，可以看出，这是一个时间极度匮乏的时代，用户追求更快更好的效果，但事实上旅游产品的选择和购买是一项需要付出时间和精力的工程。品牌在线旅游产品的创新为用户提供了更多的安全感和信任感，让用户敢于尝试。

第三，用户技术体验差异的原因。基于新时代的用户对品牌在线旅游网站认知使用创新性的分析结果，可以看出，新时代有了全新的技术，就有了试验、尝试新事物和启发他人的可能，由此，品牌在线旅游企业应聚焦满足消费者需求的新方式。

在事件前、事件中和新时代，用户受访者对品牌在线旅游网站认知使用创新性在“如果发现网站新功能，我会想办法尝试”的影响不存在显著性差异，其原因如下。

第一，使用意愿相同的原因。基于用户对品牌在线旅游网站认知使用创新性的分析结果，可以看出，无论在事件前、事件中，还是在新时代，用户对品牌在线旅游网站的新功能都比较推崇。用户会想办法尝试品牌在线旅游网站的新功能。如果其体验良好，其就可能会在自身体验的基础上对网站进行推广。用户往往对新功能持有更加积极的态度，他们对品牌在线旅游网站的价值判断会因为新功能而提高。

第二，价值评价相同的原因。基于用户对品牌在线旅游网站认知使用创新性的分析结果，可以看出，无论在事件前、事件中，还是在新时代，创新性强的用户受访者对品牌在线旅游网站的认知更加强烈。品牌在线旅游网站的新功能可以提升消费者的愉悦感。如果品牌在线旅游网站的新功能富有创新性，用户会认为品牌在线旅游网站比其他旅游网站更具吸引力。创新性功能的开发使用可对品牌在线旅游网站的价值评判起到关键作用。

第八节　品牌在线旅游网站认知品牌资产性的市场细分差异

一、品牌在线旅游网站认知品牌资产性影响因子的细分差异比较

（一）品牌在线旅游网站认知品牌资产性影响因子的细分差异

如表 6-15 所示，在事件前、事件中和新时代，用户关于品牌在线旅游网站认知品牌资产性的 P 值小于 0.05，这表明事件前、事件中和新时代的用户受访者对品牌在线旅游网站认知品牌资产性的影响不一致，存在显著性差异。

表 6-15　品牌在线旅游网站认知品牌资产性公因子的细分差异比较

公因子	均值			F 值	Sig
	事件前	事件中	新时代		
品牌在线旅游网站认知品牌资产性	4.031 3	3.933 6	4.096 8	9.344	0.000***

注：* $P<0.05$，** $P<0.01$，*** $P<0.001$。

在事件前、事件中和新时代，用户受访者的市场细分差异对品牌在线旅游网站认知品牌资产性的影响存在显著性差异。其中，在事件前，用户对品牌在线旅游网站认知品牌资产性的均值为 4.031 3；在事件中，用户对品牌在线旅游网站认知品牌资产性的均值为 3.933 6；在新时代，用户对品牌在线旅游网站认知品牌资产性的均值为 4.096 8。因此，新时代用户受访者的市场细分差异对品牌在线旅游网站认知品牌资产性的影响高于事件前和事件中。

（二）品牌在线旅游网站认知品牌资产性影响因子的细分差异原因

在事件前、事件中和新时代，用户受访者的市场细分差异对品牌在线旅游网站认知品牌资产性公因子的细分差异的原因如下。

第一，认知质量差异的原因。基于事件前的用户对品牌在线旅游网站认知品牌资产性的分析结果，可以看出，品牌在线旅游网站的产品质量取决于整个旅游过程。由于旅游产品的本质是一次经历，故对旅游产品质量的评定不完全取决于旅游网站提供的产品和服务。

第二，传播路径差异的原因。基于事件中的用户对品牌在线旅游网站认知品牌资产性的分析结果，可以看出，品牌在线旅游网站的网络口碑的变现方式呈现多样化特征，变现方

式包括服务评估功能、论坛与社区互动等。品牌在线旅游网站具有高信息密集度、高体验性等特征，其可对信息搜索、行程制定、用户购买决策产生巨大影响。

第三，网络口碑特征差异的原因。基于新时代的用户对品牌在线旅游网站认知品牌资产性的分析结果，可以看出，在新时代，品牌在线旅游网站要以满足用户的需求为前提，用户是根据自身感受对产品质量进行评定的。品牌在线旅游网站具有高信息密集度、高体验性等特征。

二、品牌在线旅游网站认知品牌资产性具体项目的细分差异比较

（一）品牌在线旅游网站认知品牌资产性具体项目的细分差异

如表 6-16 所示，用户关于品牌在线旅游网站认知品牌资产性项目中的“品牌在线旅游网站的产品承诺真实”“我信任品牌在线旅游网站的品牌性”“品牌在线旅游网站的产品承诺可信”“品牌在线旅游网站的品牌令我放心”“我看好品牌在线旅游网站品牌前景”的 P 值均小于 0.05，这表明在事件前、事件中和新时代，用户受访者对品牌在线旅游网站认知品牌资产性中的“品牌在线旅游网站的产品承诺真实”“我信任品牌在线旅游网站的品牌性”“品牌在线旅游网站的产品承诺可信”“品牌在线旅游网站的品牌令我放心”“我看好品牌在线旅游网站品牌前景”的影响不一致，存在显著性差异，其中新时代用户认知品牌资产性高于事件前和事件中。

表 6-16　品牌在线旅游网站认知品牌资产性项目细分的市场差异性比较

品牌在线旅游网站品牌资产性项目	用户	均值	标准差	方差齐性检验		t 检验结果		
				F	Sig	t	df	Sig
品牌在线旅游网站的产品承诺真实	事件前	4.01	0.793	16.113	0.000	5.545	2 266	0.004**
	事件中	3.94	0.939					
	新时代	4.08	0.949					
我信任品牌在线旅游网站的品牌性	事件前	4.06	0.773	17.601	0.000	8.010	2 266	0.000***
	事件中	3.92	0.916					
	新时代	4.08	0.911					
品牌在线旅游网站的产品承诺可信	事件前	4.06	0.775	17.264	0.000	6.928	2 266	0.001***
	事件中	3.91	0.950					
	新时代	4.05	0.959					
品牌在线旅游网站的品牌令我放心	事件前	4.01	0.790	15.669	0.000	12.466	2 266	0.000***
	事件中	3.94	0.913					
	新时代	4.15	0.924					
我看好品牌在线旅游网站品牌前景	事件前	4.01	0.810	10.076	0.000	6.026	2 266	0.002**
	事件中	3.97	0.918					
	新时代	4.12	0.935					

注：* $P<0.05$，** $P<0.01$，*** $P<0.001$。

（二）品牌在线旅游网站认知品牌资产性具体项目的细分差异原因

据上文分析，在事件前、事件中和新时代，用户受访者对品牌在线旅游网站认知品牌资产性中的“品牌在线旅游网站的产品承诺真实”“我信任品牌在线旅游网站的品牌性”“品牌在线旅游网站的产品承诺可信”“品牌在线旅游网站的品牌令我放心”“我看好品牌在线旅游网站品牌前景”的影响存在显著性差异。新时代的用户受访者的市场细分差异对品牌在线旅游网站认知品牌资产性的影响高于事件前和事件中，其原因如下。

第一，信息属性差异的原因。基于事件前的用户对品牌在线旅游网站认知品牌资产性的分析结果，可以看出，用户对旅游产品承诺真实性的判断表现在不同方面。用户对产品承诺的评判着重于信息的权威性，此处的“信息”指的是知名旅游网站及服务点评网站收集整理的信息。用户更看重信息的准确性，如景点介绍、开放时间、交通路线等，用户会根据景点排名制订行程计划。

第二，承诺内容差异的原因。基于事件中的用户对品牌在线旅游网站认知品牌资产性的分析结果，可以看出，用户较为关注旅游产品的价格承诺，以及产品是否在真实的价格基础上打折。在品牌在线旅游网站的产品承诺方面，用户更关注旅游产品的质量承诺，以及品牌在线旅游网站提供的服务是否真实可信。

第三，产品质量标准差异的原因。基于新时代的用户对品牌在线旅游网站认知品牌资产性的分析结果，可以看出，在新时代，用户对品牌在线旅游网站的认知体验一般体现在准备购买旅游产品时、向在线客服咨询时和在线交易时。用户会考虑旅游产品的性价比，以及产品质量是否能满足自身需求。

第九节　品牌在线旅游网站认知使用满意性的市场细分差异

一、品牌在线旅游网站认知使用满意性影响因子的细分差异比较

（一）品牌在线旅游网站认知使用满意性影响因子的细分差异

如表 6-17 所示，在事件前、事件中和新时代，用户关于品牌在线旅游网站认知使用满意性的 P 值小于 0.01，这表明事件前、事件中和新时代的用户受访者对品牌在线旅游网站认知使用满意性的影响不一致，存在显著性差异。

表 6-17　品牌在线旅游网站认知使用满意性公因子的细分差异比较

公因子	均值			F 值	Sig
	事件前	事件中	新时代		
品牌在线旅游网站认知使用满意性	3.943 4	3.922 8	4.085 0	9.864	0.000***

注：* $P<0.05$，** $P<0.01$，*** $P<0.001$。

在事件前、事件中和新时代，用户受访者的市场细分差异对品牌在线旅游网站认知使用满意性的影响存在显著性差异。其中，在事件前，用户对品牌在线旅游网站认知使用满意性

的均值为 3.943 4；在事件中，用户对品牌在线旅游网站认知使用满意性的均值为 3.922 8；在新时代，用户对品牌在线旅游网站认知使用满意性的均值为 4.085 0。因此，新时代用户受访者的市场细分差异对品牌在线旅游网站认知使用满意性的影响高于事件前和事件中。

（二）品牌在线旅游网站认知使用满意性影响因子的细分差异原因

在事件前、事件中和新时代，用户受访者的市场细分差异对品牌在线旅游网站认知使用满意性公因子的细分差异的原因如下。

第一，用户体验差异的原因。基于事件前的用户对品牌在线旅游网站认知使用满意性的分析结果，可以看出，品牌在线旅游网站可以满足用户的情感需求，使用户对品牌在线旅游网站总体感到满意；用户对品牌在线旅游网站使用满意度中的体验需求较高，用户通过品牌在线旅游网站的系统功能、产品服务质量等对使用过程感到满意。

第二，期望测量差异的原因。基于事件中的用户对品牌在线旅游网站认知使用满意性的分析结果，可以看出，用户对品牌在线旅游网站的满意度是通过总体期望进行测量的；用户通过品牌在线旅游网站处理投诉的能力来测量期望差异，顾客期望、价值认知与使用满意度有直接关系。

第三，体验价值差异的原因。基于新时代的用户对品牌在线旅游网站认知使用满意性的分析结果，可以看出，新时代的用户认为情感性收益可以提升用户对品牌在线旅游网站的忠诚度。当产品或服务满足用户需求时，用户对品牌在线旅游网站的忠诚度就会提高。

二、品牌在线旅游网站认知使用满意性具体项目的细分差异比较

（一）品牌在线旅游网站认知使用满意性具体项目的细分差异

如表 6-18 所示，在用户关于品牌在线旅游网站认知使用满意性项目中，“我喜欢在品牌在线旅游网站购买旅游产品”“与其他旅游网站相比，我对品牌在线旅游网站感到满意”“使用品牌在线旅游网站是正确的选择”的 P 值均小于 0.05，这表明在事件前、事件中和新时代，用户受访者对品牌在线旅游网站认知使用满意性中的“我喜欢在品牌在线旅游网站购买旅游产品”“与其他旅游网站相比，我对品牌在线旅游网站感到满意”“使用品牌在线旅游网站是正确的选择”的影响不一致，存在显著性差异，其中新时代用户认知品牌满意性高于事件中和事件中。

表 6-18　品牌在线旅游网站认知使用满意性项目细分的市场差异性比较

品牌在线旅游网站认知有用性项目	用户	均值	标准差	方差齐性检验		t 检验结果		
				F	Sig	t	df	Sig
我喜欢在品牌在线旅游网站购买旅游产品	事件前	3.89	0.902	3.737	0.024	5.832	2 266	0.003**
	事件中	3.86	0.951					
	新时代	4.01	0.983					
与其他旅游网站相比，我对品牌在线旅游网站感到满意	事件前	3.94	0.810	8.734	0.000	7.896	2 266	0.000***
	事件中	3.95	0.905					
	新时代	4.10	0.901					

（续表）

品牌在线旅游网站认知有用性项目	用户	均值	标准差	方差齐性检验		t 检验结果		
				F	Sig	t	df	Sig
使用品牌在线旅游网站是正确的选择	事件前	4.01	0.806	9.766	0.000	9.809	2 266	0.000***
	事件中	3.96	0.899					
	新时代	4.14	0.876					

注：$^{*}P<0.05$，$^{**}P<0.01$，$^{***}P<0.001$。

（二）品牌在线旅游网站认知使用满意性具体项目的细分差异原因

在事件前、事件中和新时代，用户受访者对品牌在线旅游网站认知使用满意性中的“我喜欢在品牌在线旅游网站购买旅游产品”“与其他旅游网站相比，我对品牌在线旅游网站感到满意”“使用品牌在线旅游网站是正确的选择”的影响存在显著性差异。新时代的用户受访者的市场细分差异对品牌在线旅游网站认知使用满意性的影响高于事件前和事件中，其原因如下。

第一，客服标准差异的原因。基于事件前的用户对品牌在线旅游网站认知使用满意性的分析结果，可以看出，在事件前，用户在使用品牌在线旅游网站时，希望网站的客服沟通可以方便、快捷、有效。用户在遇到问题时，往往希望网站客服可以有效反馈其需求，并能尽快处理、回复消息。快捷有效的沟通可以提升用户的忠诚度，有利于提高品牌在线旅游网站的口碑。

第二，互动诉求差异的原因。基于事件中的用户对品牌在线旅游网站认知使用满意性的分析结果，可以看出，在事件中，用户在浏览品牌在线旅游网站时，希望网站能为其提供多种在线互动方式，以满足其不同的需求。用户在使用品牌在线旅游网站时，希望通过点击相关链接，及时获得所需要的信息内容。简单快捷的信息获取途径可以满足用户对品牌在线旅游网站的需求。

第三，时效需求差异的原因。基于新时代的用户对品牌在线旅游网站认知使用满意性的分析结果，可以看出，在新时代，用户对品牌在线旅游网站满意性越高，就越愿意向他人推荐品牌在线旅游网站，也越愿意积极宣传品牌在线旅游网站。品牌在线旅游网站高效的服务质量可以提升用户对网站的信任度，从而提高用户对网站的满意度。

第十节　品牌在线旅游网站认知使用忠诚性的市场细分差异

一、品牌在线旅游网站认知使用忠诚性影响因子的细分差异比较

（一）品牌在线旅游网站认知使用忠诚性影响因子的细分差异

如表 6-19 所示，在事件前、事件中和新时代，用户关于品牌在线旅游网站认知使用忠诚性的 P 值小于 0.01，这表明事件前、事件中和新时代的用户受访者对品牌在线旅游网站认

知使用忠诚性的影响不一致，存在显著性差异。

表 6-19　品牌在线旅游网站认知使用忠诚性公因子的细分差异比较

公因子	均值			F 值	Sig
	事件前	事件中	新时代		
品牌在线旅游网站认知使用忠诚性	3.925 9	3.839 0	4.003 5	9.033	0.000***

注：* $P<0.05$，** $P<0.01$，*** $P<0.001$。

在事件前、事件中和新时代，用户受访者的市场细分差异对品牌在线旅游网站认知使用忠诚性的影响存在显著性差异。其中，在事件前，用户对品牌在线旅游网站认知使用忠诚性的均值为 3.925 9；在事件中，用户对品牌在线旅游网站认知使用忠诚性的均值为 3.839 0；在新时代，用户对品牌在线旅游网站认知使用忠诚性的均值为 4.003 5。因此，新时代用户受访者的市场细分差异对品牌在线旅游网站认知使用忠诚性的影响高于事件中和新时代。

（二）品牌在线旅游网站认知使用忠诚性影响因子的细分差异原因

在事件前、事件中和新时代，用户受访者的市场细分差异对品牌在线旅游网站认知使用忠诚性公因子的细分差异的原因如下。

第一，消费意识差异的原因。基于事件前的用户对品牌在线旅游网站认知使用忠诚性的分析结果，可以看出，在事件前，用户消费是在质量、价格、健康和便利性等相互竞争的优先事项之间进行平衡，以选择合适的产品；品牌在线旅游网站主要是对包装设计进行创新，并调整产品设计或成分，网站没有形成独具特色的创新。

第二，需求数字化转型的原因。基于事件中的用户对品牌在线旅游网站认知使用忠诚性的分析结果，可以看出，在事件中，消费者可以随时随地购物；在事件中，品牌商要能精准匹配消费者的购物需求，用户通过品牌在线旅游网站是否能够满足其计划性购物、社交性购物等需求，与用户使用网站的忠诚度具有直接关系。

第三，营销渠道差异的原因。基于新时代的用户对品牌在线旅游网站认知使用忠诚性的分析结果，可以看出，新时代渠道呈现出碎片化、多面化、细分化的特点，社区团购、内容电商、直播电商等一系列新兴渠道类型不断涌现；用户对品牌在线旅游网站营销渠道提出新的要求，其会关注品牌在线旅游网站的功能创新等方面。

二、品牌在线旅游网站认知使用忠诚性具体项目的细分差异比较

（一）品牌在线旅游网站认知使用忠诚性具体项目的细分差异

如表 6-20 所示，在用户关于品牌在线旅游网站认知使用忠诚性项目中，“我愿意积极宣传品牌在线旅游网站”“我愿意向他人推荐品牌在线旅游网站”“我愿意反馈品牌在线旅游网站的优缺点”“我愿意频繁使用品牌在线旅游网站”“我的在线旅游首选是品牌在线旅游网站”“我愿意继续使用品牌在线旅游网站”“我关注品牌在线旅游网站的更新与升级”的 P 值均小于 0.05，这表明事件前、事件中和新时代的用户受访者对品牌在线旅游网站认知使用忠诚性中的“我愿意积极宣传品牌在线旅游网站”“我愿意向他人推荐品牌在线旅游网站”“我愿意反馈品牌在线旅游网站的优缺点”“我愿意频繁使用品牌在线旅游网站”“我的在线

旅游首选是品牌在线旅游网站”“我愿意继续使用品牌在线旅游网站”“我关注品牌在线旅游网站的更新与升级”的影响不一致，存在显著性差异，其中新时代用户认知品牌忠诚性高于事件前和事件中。

表 6-20　品牌在线旅游网站认知使用忠诚性项目细分的市场差异性比较

品牌在线旅游网站认知使用忠诚性项目	用户	均值	标准差	方差齐性检验		t 检验结果		
				F	Sig	t	df	Sig
我愿意积极宣传品牌在线旅游网站	事件前	3.86	0.927	6.243	0.002	12.145	2 266	0.000***
	事件中	3.78	0.999					
	新时代	4.02	0.987					
我愿意向他人推荐品牌在线旅游网站	事件前	3.92	0.843	12.102	0.000	3.105	2 266	0.045*
	事件中	3.87	0.985					
	新时代	3.99	1.001					
我愿意反馈品牌在线旅游网站的优缺点	事件前	3.97	0.868	9.198	0.000	7.847	2 266	0.000***
	事件中	3.85	0.974					
	新时代	4.04	0.974					
我愿意频繁使用品牌在线旅游网站	事件前	3.92	0.848	20.891	0.000	6.175	2 266	0.002**
	事件中	3.78	1.004					
	新时代	3.93	1.028					
我的在线旅游首选是品牌在线旅游网站	事件前	3.92	0.882	5.677	0.003	4.978	2 266	0.007**
	事件中	3.89	0.960					
	新时代	4.03	0.977					
我愿意继续使用品牌在线旅游网站	事件前	4.05	0.783	14.972	0.000	6.674	2 266	0.001***
	事件中	3.90	0.923					
	新时代	4.02	0.974					
我关注品牌在线旅游网站的更新与升级	事件前	3.83	0.924	9.596	0.000	8.756	2 266	0.000***
	事件中	3.80	1.049					
	新时代	3.99	1.021					

注：* $P<0.05$，** $P<0.01$，*** $P<0.001$。

（二）品牌在线旅游网站认知使用忠诚性具体项目的细分差异原因

在事件前、事件中和新时代，用户受访者对品牌在线旅游网站认知使用忠诚性中的“我愿意积极宣传品牌在线旅游网站”“我愿意向他人推荐品牌在线旅游网站”“我愿意反馈品牌在线旅游网站的优缺点”“我愿意频繁使用品牌在线旅游网站”“我的在线旅游首选是品牌在线旅游网站”“我愿意继续使用品牌在线旅游网站”“我关注品牌在线旅游网站的更新与升级”的影响存在显著性差异。新时代的用户受访者的市场细分差异对品牌在线旅游网站认知使用忠诚性的影响高于事件前和事件中，其原因如下。

第一，比价需求差异的原因。基于事件前的用户对品牌在线旅游网站认知使用忠诚性的分析结果，可以看出，在事件前，用户对品牌在线旅游网站的旅游产品价格和服务质量较为敏感，因此，品牌在线旅游网站应完善比价功能。习惯在网上搜索旅游信息的用户会为了节约成本而选择购买在线旅游产品。

第二，分享需求差异的原因。基于事件中的用户对品牌在线旅游网站认知使用忠诚性的分析结果，可以看出，在事件中，品牌在线旅游网站是社交平台，其用户有分享个人旅行经历和沟通交流的需求。品牌在线旅游网站社区所具有的互动功能，使用户对品牌在线旅游网站感到满意。记录旅行的美好瞬间和感想收获可以增强品牌在线旅游网站与用户之间的互动性，使用户有效重构旅行记忆。

第三，竞争压力差异的原因。基于新时代的用户对品牌在线旅游网站认知使用忠诚性的分析结果，可以看出，在新时代，随着经济增长的放缓，行业竞争白热化，各行各业都在开辟新赛道，试图吸引新的消费者。强调 IP 设计是品牌在线旅游网站的重要竞争手段。用户对企业的忠诚度很大程度上受网站 IP、网站影响力等因素影响。

第七章 品牌在线旅游网站服务质量满意度认知的聚类群体差异

第一节 品牌在线旅游网站认知有用性的聚类群体差异

一、品牌在线旅游网站认知有用性的聚类群体细分差异比较

如表 7-1 所示，在事件前，用户受访者关于品牌在线旅游网站认知有用性的认知存在群体性差异。聚类分析结果表明，在事件前，用户受访者关于品牌在线旅游网站认知有用性可分为三类：第一类为品牌在线旅游网站认知有用性一般有用型群体，第二类为品牌在线旅游网站认知有用性较差有用型群体，第三类为品牌在线旅游网站认知有用性较强有用型群体。其中，品牌在线旅游网站认知有用性一般有用型群体对“品牌在线旅游网站信息有用”和“品牌在线旅游网站服务有用”的认知整体一般，评分系数分别为 3.92 和 3.76。品牌在线旅游网站认知有用性较差有用型群体对“品牌在线旅游网站信息有用”和“品牌在线旅游网站服务有用”的认知整体较低，评分系数分别为 2.88 和 3.06。品牌在线旅游网站认知有用性较强有用型群体对“品牌在线旅游网站信息有用”和“品牌在线旅游网站服务有用”的认知整体较高，评分系数分别为 4.71 和 4.35。F 值的检验结果表明，各公因子的聚类分析结果存在的差异具有统计学研究意义，这说明在事件前，用户受访者关于品牌在线旅游网站认知有用性对“品牌在线旅游网站信息有用”和“品牌在线旅游网站服务有用”的影响存在显著性差异。

在事件中，用户受访者关于品牌在线旅游网站认知有用性的认知存在群体性差异。聚类分析结果表明，在事件中，用户受访者关于品牌在线旅游网站认知有用性可分为三类：第一类为品牌在线旅游网站认知有用性一般有用型群体，第二类为品牌在线旅游网站认知有用性较差有用型群体，第三类为品牌在线旅游网站认知有用性较强有用型群体。其中，品牌在线旅游网站认知有用性一般有用型群体对“品牌在线旅游网站认知有用”的认知整体一般，评分系数为 3.83。品牌在线旅游网站认知有用性较差有用型群体对“品牌在线旅游网站认知有用”的认知整体较低，评分系数为 2.90。品牌在线旅游网站认知有用性较强有用型群体对“品牌在线旅游网站认知有用”的认知整体较高，评分系数为 4.81。F 值的检验结果表明，各公因子的聚类分析结果存在的差异具有统计学研究意义，这说明在事件中，用户受访者关于品牌在线旅游网站认知有用性存在显著性差异。

表 7-1 品牌在线旅游网站认知有用性的聚类群体差异分析

事件前公因子	聚类群体 1	聚类群体 2	聚类群体 3	*F* 值	Sig.
	一般有用型	较差有用型	较强有用型		
品牌在线旅游网站信息有用	3.92	2.88	4.71	703.740	0.000***
品牌在线旅游网站服务有用	3.76	3.06	4.35	268.671	0.000***
事件中公因子	聚类群体 1	聚类群体 2	聚类群体 3	*F* 值	Sig.
	一般有用型	较差有用型	较强有用型		
品牌在线旅游网站认知有用	3.83	2.90	4.81	2 675.048	0.000***
新时代公因子	聚类群体 1	聚类群体 2	聚类群体 3	*F* 值	Sig.
	一般有用型	较差有用型	较强有用型		
品牌在线旅游网站认知有用	3.82	2.84	4.62	2 145.744	0.000***

注：* $P<0.05$，** $P<0.01$，*** $P<0.001$。

在新时代，用户受访者关于品牌在线旅游网站认知有用性的认知存在群体性差异。聚类分析结果表明，在新时代，用户受访者关于品牌在线旅游网站认知有用性可分为三类：第一类为品牌在线旅游网站认知有用性一般有用型群体，第二类为品牌在线旅游网站认知有用性较差有用型群体，第三类为品牌在线旅游网站认知有用性较强有用型群体。其中，品牌在线旅游网站认知有用性一般有用型群体对“品牌在线旅游网站认知有用”的认知整体一般，评分系数为 3.82。品牌在线旅游网站认知有用性较差有用型群体对“品牌在线旅游网站认知有用”的认知整体较低，评分系数为 2.84。品牌在线旅游网站认知有用性较强有用型群体对“品牌在线旅游网站认知有用”的认知整体较高，评分系数为 4.62。*F* 值的检验结果表明，各公因子的聚类分析结果存在的差异具有统计学研究意义，这说明在新时代，用户受访者关于品牌在线旅游网站认知有用性存在显著性差异。

在事件前，关于对品牌在线旅游网站认知有用性的认知，对不同聚类群体的用户画像特征分析如表 7-2 所示。这些特征包括性别、年龄、婚姻状况、教育背景、月收入、游玩次数、游玩天数、游玩预算、游玩方式。

表 7-2 事件前品牌在线旅游网站认知有用性聚类群体用户画像特征差异分析

统计项	构成及其对应的赋值	聚类群体 1(*N*=265)			聚类群体 2(*N*=64)			聚类群体 3(*N*=278)		
		一般有用型			较差有用型			较强有用型		
		频数	频率	均值	频数	频率	均值	频数	频率	均值
性别	男性=1	130	49.06%	1.51	30	46.87%	1.53	113	40.65%	1.59
	女性=2	135	50.94%		34	53.13%		165	59.35%	
年龄	18 岁以下=1	9	3.40%	2.89	3	4.69%	2.94	4	1.44%	3.01
	18～30 岁=2	91	34.34%		20	31.25%		86	30.94%	
	31～45 岁=3	104	39.25%		26	40.63%		117	42.09%	
	46～60 岁=4	43	16.23%		8	12.50%		46	16.55%	
	60 岁以上=5	18	6.78%		7	10.93%		25	8.98%	

（续表）

统计项	构成及其对应的赋值	聚类群体 1(N=265) 一般有用型			聚类群体 2(N=64) 较差有用型			聚类群体 3(N=278) 较强有用型		
		频数	频率	均值	频数	频率	均值	频数	频率	均值
婚姻状况	单身=1	114	43.02%	1.57	29	45.31%	1.55	114	41.01%	1.59
	已婚=2	151	56.98%		35	54.69%		164	58.99%	
教育背景	小学及以下=1	1	0.39%	4.00	0	0.00	3.95	1	0.36%	4.01
	初中=2	2	0.75%		0	0.00		0	0	
	高中=3	33	12.45%		12	18.75%		35	12.59%	
	大学=4	188	70.94%		43	67.19%		201	72.30%	
	硕士及以上=5	41	15.47%		9	14.06%		41	14.75%	
月收入	1 000 元及以下=1	23	8.68%	4.74	7	10.94%	4.58	11	3.96%	4.68
	1 001～3 000 元=2	17	6.42%		2	3.13%		17	6.11%	
	3 001～5 000 元=3	20	7.55%		5	7.81%		30	10.79%	
	5 001～7 000 元=4	26	9.81%		12	18.75%		52	18.71%	
	7 001～9 000 元=5	39	14.72%		9	14.06%		51	18.35%	
	9 000 元以上=6	140	52.82%		29	45.31%		117	42.08%	
游玩次数	1 次=1	42	15.85%	3.32	17	26.56%	2.92	46	16.55%	3.45
	2 次=2	57	21.51%		13	20.31%		38	13.67%	
	3 次=3	40	15.09%		9	14.06%		40	14.39%	
	4 次=4	25	9.43%		8	12.50%		52	18.71%	
	4 次以上=5	101	38.12%		17	26.57%		102	36.68%	
游玩天数	≤1 天=1	11	4.15%	3.70	2	3.13%	3.39	6	2.16%	3.76
	2～3 天=2	47	17.74%		19	29.69%		53	19.06%	
	4～5 天=3	54	20.38%		12	18.75%		59	21.22%	
	6～7 天=4	51	19.25%		14	21.88%		43	15.47%	
	>7 天=5	102	38.48%		17	26.55%		117	42.09%	
游玩预算	400 元及以下=1	7	2.64%	4.39	4	6.25%	4.17	3	1.08%	4.45
	401～600 元=2	12	4.53%		2	3.13%		7	2.52%	
	601～800 元=3	18	6.79%		8	12.50%		26	9.35%	
	801～1 000 元=4	61	23.02%		15	23.44%		67	24.10%	
	1 000 元以上=5	167	63.02%		35	54.68%		175	62.95%	

（续表）

统计项	构成及其对应的赋值	聚类群体 1(N=265)			聚类群体 2(N=64)			聚类群体 3(N=278)		
		一般有用型			较差有用型			较强有用型		
		频数	频率	均值	频数	频率	均值	频数	频率	均值
游玩方式	独自出游=1	33	12.45%	2.76	6	9.36%	3.00	30	10.79%	2.78
	和家人一起=2	82	30.94%		18	28.13%		93	33.45%	
	和朋友一起=3	78	29.43%		18	28.13%		81	29.14%	
	和同学/同事=4	60	22.64%		18	28.13%		56	20.14%	
	其他=5	12	4.54%		4	6.25%		18	6.48%	

在事件前，品牌在线旅游网站认知有用性一般有用型群体具有下列特点：①女性受访者占比大，达到 50.94%。②中年用户占比大，年龄在 31～45 岁的用户受访者占比达到 39.25%。③已婚用户受访者占比大，达到 56.98%。④大学教育程度的用户受访者占比大，达到 70.94%。⑤月收入在 9 000 元以上的用户受访者占比大，达到 52.82%。⑥游玩次数为 4 次以上的用户受访者占比大，达到 38.12%。⑦游玩天数大于 7 天的用户受访者占比大，达到 38.48%。⑧游玩预算在 1 000 元以上的用户受访者占比大，达到 63.02%。⑨和家人一起游玩的用户受访者占比大，达到 30.94%。

在事件前，品牌在线旅游网站认知有用性较差有用型群体具有下列特点：①女性受访者占比大，达到 53.13%。②中年用户占比大，年龄在 31～45 岁的用户受访者的占比达到 40.63%。③已婚用户受访者占比大，达到 54.69%。④大学教育程度的用户受访者占比大，达到 67.19%。⑤月收入在 9 000 元以上的用户受访者占比大，达到 45.31%。⑥游玩次数为 1 次和 4 次以上的用户受访者占比大，分别达到 26.56%和 26.57%。⑦游玩天数为 2～3 天的用户受访者占比大，达到 29.69%。⑧游玩预算在 1 000 元以上的用户受访者占比大，达到 54.68%。⑨和家人一起、和朋友一起、和同学/同事一起的用户受访者占比大，均达到 28.13%。

在事件前，品牌在线旅游网站认知有用性较强有用型群体具有下列特点：①女性受访者占比大，达到 59.35%。②中年用户占比大，年龄在 31～45 岁的用户的占比达到 42.09%。③已婚用户受访者占比大，达到 58.99%。④大学教育程度的用户受访者占比大，达到 72.30%。⑤月收入在 9 000 元以上的用户受访者占比大，达到 42.08%。⑥游玩次数为 4 次以上的用户受访者占比大，达到 36.68%。⑦游玩天数大于 7 天的用户受访者占比大，达到 42.09%。⑧游玩预算在 1 000 元以上的用户受访者占比大，达到 62.95%。⑨和家人一起游玩的用户占比大，达到 33.45%。

在事件中，关于对品牌在线旅游网站认知有用性的认知，对不同聚类群体的用户画像特征分析如表 7-3 所示。这些特征包括性别、年龄、婚姻状况、教育背景、月收入、游玩次数、游玩天数、游玩预算、游玩方式。

表 7-3　事件中品牌在线旅游网站认知有用性聚类群体用户画像特征差异分析①

统计项	构成及其对应的赋值	聚类群体 1(N=401) 一般有用型			聚类群体 2(N=180) 较差有用型			聚类群体 3(N=308) 较强有用型		
		频数	频率	均值	频数	频率	均值	频数	频率	均值
性别	男性=1	180	44.90%	1.55	87	48.30%	1.52	175	56.80%	1.43
	女性=2	221	55.10%		93	51.70%		133	43.20%	
年龄	18 岁以下=1	59	14.70%	2.35	56	31.10%	2.24	38	12.30%	2.38
	18～30 岁=2	202	50.40%		66	36.70%		158	51.30%	
	31～40 岁=3	93	23.20%		27	15.00%		69	22.40%	
	41～50 岁=4	38	9.50%		23	12.80%		43	14.00%	
	51～60 岁=5	7	1.70%		6	3.30%		0	0.00%	
	60 岁以上=6	2	0.50%		2	1.10%		0	0.00%	
婚姻状况	单身=1	266	66.30%	1.34	123	68.30%	1.32	182	59.10%	1.41
	已婚=2	135	33.70%		57	31.70%		126	40.90%	
教育背景	小学及以下=1	6	1.50%	3.76	3	1.70%	3.47	3	1.00%	3.73
	初中=2	15	3.70%		17	9.40%		24	7.80%	
	高中/中专/技校=3	102	25.40%		70	38.90%		54	17.50%	
	大学/大专=4	226	56.40%		73	40.60%		198	64.30%	
	硕士及以上=5	52	13.00%		17	9.40%		29	9.40%	
月收入	2 000 元及以下=1	131	32.70%	2.98	87	48.30%	2.21	82	26.60%	3.19
	2 001～4 000 元=2	62	15.50%		37	20.60%		30	9.70%	
	4 001～6 000 元=3	45	11.20%		23	12.80%		44	14.30%	
	6 001～8 000 元=4	51	12.70%		11	6.10%		69	22.40%	
	8 001～9 000 元=5	72	18.00%		9	5.00%		64	20.80%	
	9 000 元以上=6	40	10.00%		13	7.20%		19	6.20%	
游玩次数	0 次=1	96	23.90%	2.83	65	36.10%	2.49	64	20.80%	3.06
	1 次=2	83	20.70%		30	16.70%		61	19.80%	
	2 次=3	96	23.90%		42	23.30%		60	19.50%	
	3 次=4	44	11.00%		18	10.00%		39	12.70%	
	4 次及以上=5	82	20.40%		25	13.90%		84	27.30%	
游玩天数	≤1 天=1	130	32.40%	2.21	90	50.00%	2.01	95	30.80%	2.43
	2～3 天=2	150	37.40%		42	23.30%		100	32.50%	
	4～5 天=3	58	14.50%		23	12.80%		45	14.60%	
	6～7 天=4	33	8.20%		7	3.90%		23	7.50%	
	>7 天=5	30	7.50%		18	10.00%		45	14.60%	

① 本书中相关百分比之和由于四舍五入的原因可能略大于 100%或略小于 100%。

（续表）

统计项	构成及其对应的赋值	聚类群体 1(N=401)			聚类群体 2(N=180)			聚类群体 3(N=308)		
		一般有用型			较差有用型			较强有用型		
		频数	频率	均值	频数	频率	均值	频数	频率	均值
游玩预算	400 元及以下=1	84	20.90%	3.37	72	40.00%	2.83	69	22.40%	3.51
	401～600 元=2	43	10.70%		12	6.70%		27	8.80%	
	601～800 元=3	55	13.70%		25	13.90%		27	8.80%	
	801～1 000 元=4	80	20.00%		16	8.90%		49	15.90%	
	1 000 元以上=5	139	34.70%		55	30.60%		136	44.20%	
游玩方式	独自出游=1	48	12.00%	2.59	34	18.90%	2.43	61	19.80%	2.41
	和家人一起=2	174	43.40%		79	43.90%		127	41.20%	
	和朋友一起=3	104	25.90%		33	18.30%		66	21.40%	
	和同学/同事=4	46	11.50%		23	12.80%		41	13.30%	
	其他=5	29	7.20%		11	6.10%		13	4.20%	

在事件中，品牌在线旅游网站认知有用性一般有用型群体具有下列特点：①女性受访者占比大，达到 55.10%。②中青年用户占比大，年龄在 18～30 岁的用户受访者的占比达到 50.40%。③单身用户受访者占比大，达到 66.30%。④大学教育程度的用户受访者占比大，达到 56.40%。⑤月收入在 2 000 元以下的用户受访者占比大，达到 32.70%。⑥游玩次数为 0 次的用户受访者占比大，达到 23.90%。⑦游玩天数为 2～3 天的用户受访者占比大，达到 37.40%。⑧游玩预算在 1 000 元以上的用户受访者占比大，达到 34.70%。⑨和家人一起游玩的用户占比大，达到 43.40%。

在事件中，品牌在线旅游网站认知有用性较差有用型群体具有下列特点：①女性受访者占比大，达到 51.70%。②中青年用户占比大，年龄在 18～30 岁的用户受访者的占比达到 36.70%。③单身用户受访者占比大，达到 68.30%。④大学教育程度的用户受访者占比大，达到 40.60%。⑤月收入在 2 000 元以下的用户受访者占比大，达到 48.30%。⑥游玩次数为 0 次的用户受访者占比大，达到 36.10%。⑦游玩天数小于等于 1 天的用户受访者占比大，达到 50.00%。⑧游玩预算在 400 元及以下的用户受访者占比大，达到 40.00%。⑨和家人一起、和朋友一起、独自出游的用户受访者占比大，分别达到 43.90%、18.30%、18.90%。

在事件中，品牌在线旅游网站认知有用性较强有用型群体具有下列特点：①男性受访者占比大，达到 56.80%。②中青年用户占比大，年龄在 18～30 岁的用户受访者的占比达到 51.30%。③单身用户受访者占比大，达到 59.10%。④大学教育程度的用户受访者占比大，达到 64.30%。⑤月收入在 2 000 元以下的用户受访者占比大，达到 26.60%。⑥游玩次数为 4 次及以上的用户受访者占比大，达到 27.30%。⑦游玩天数在 2～3 天的用户受访者占比大，达到 32.50%。⑧游玩预算在 1 000 元以上的用户受访者占比大，达到 44.20%。⑨和家人一起游玩的用户占比大，达到 41.20%。

在新时代，关于对品牌在线旅游网站认知有用性的认知，对不同聚类群体的用户画像特征分析如表 7-4 所示。这些特征包括性别、年龄、婚姻状况、教育背景、月收入、职业、游玩次数、游玩天数、游玩预算、游玩方式。

表 7-4　新时代品牌在线旅游网站认知有用性聚类群体用户画像特征差异分析

统计项	构成及其对应的赋值	聚类群体 1（N=272）			聚类群体 2（N=154）			聚类群体 3（N=347）		
		一般有用型			较差有用型			较强有用型		
		频数	频率	均值	频数	频率	均值	频数	频率	均值
性别	男性=1	138	50.70%	1.49	80	51.90%	1.48	150	43.20%	1.57
	女性=2	134	49.30%		74	48.10%		197	56.80%	
婚姻状况	单身=1	138	50.70%	1.49	73	47.40%	1.53	158	45.50%	1.54
	已婚=2	134	49.30%		81	52.60%		189	54.50%	
年龄	18 岁以下	46	16.90%	2.24	36	23.40%	2.13	62	17.90%	2.34
	18～30 岁	151	55.50%		77	50.00%		149	42.90%	
	31～40 岁	47	17.30%		30	19.50%		98	28.20%	
	41～50 岁	22	8.10%		8	5.20%		32	9.20%	
	51～60 岁	4	1.50%		2	1.30%		5	1.40%	
	60 岁以上	2	0.70%		1	0.60%		1	0.30%	
月收入	2 000 元及以下=1	52	19.10%	3.23	17	11.00%	3.25	44	12.70%	3.48
	2 001～4 000 元=2	38	14.00%		36	23.40%		58	16.70%	
	4 001～6 000 元=3	67	24.60%		33	21.40%		59	17.00%	
	6 001～8 000 元=4	51	18.80%		40	26.00%		96	27.70%	
	8 001～9 000 元=5	38	14.00%		16	10.40%		54	15.60%	
	9 000 元以上=6	26	9.60%		12	7.80%		36	10.40%	
教育背景	小学及以下=1	7	2.60%	3.37	3	1.90%	3.16	7	2.00%	3.42
	初中=2	77	28.30%		53	34.40%		99	28.50%	
	高中/中专/技校=3	29	10.70%		21	13.60%		29	8.40%	
	大学/大专=4	126	46.30%		70	45.50%		165	47.60%	
	硕士及以上=5	33	12.10%		7	4.50%		47	13.50%	

（续表）

统计项	构成及其对应的赋值	聚类群体 1（N=272）			聚类群体 2（N=154）			聚类群体 3（N=347）		
		一般有用型			较差有用型			较强有用型		
		频数	频率	均值	频数	频率	均值	频数	频率	均值
职业	国企职员＝1	16	5.90%	7.21	4	2.60%	8.03	26	7.50%	6.72
	外企职员＝2	15	5.50%		12	7.80%		22	6.30%	
	个体商人＝3	19	7.00%		11	7.10%		34	9.80%	
	政府公务员＝4	14	5.10%		7	4.50%		33	9.50%	
	专业技术人＝5	33	12.10%		16	10.40%		41	11.80%	
	服务人员＝6	29	10.70%		18	11.70%		41	11.80%	
	教师＝7	19	7.00%		4	2.60%		11	3.20%	
	学生＝8	67	24.60%		29	18.80%		62	17.90%	
	离退休人员＝9	3	1.10%		3	1.90%		1	0.30%	
	家庭主妇＝10	3	1.10%		2	1.30%		7	2.00%	
	军人＝11	0	0.00%		2	1.30%		0	0	
	农民、渔民＝12	4	1.50%		5	3.20%		14	4.00%	
	事业单位职员＝13	20	7.40%		15	9.70%		23	6.60%	
	工人＝14	21	7.70%		14	9.10%		21	6.10%	
	其他＝15	9	3.30%		12	7.80%		11	3.20%	
游玩次数	0 次＝1	29	10.70%	3.21	15	9.70%	3.19	30	8.60%	3.44
	1 次＝2	44	16.20%		31	20.10%		49	14.10%	
	2 次＝3	94	34.60%		47	30.50%		97	28.00%	
	3 次＝4	52	19.10%		31	20.10%		82	23.60%	
	4 次及以上＝5	53	19.50%		30	19.50%		89	25.60%	
游玩天数	≤1 天＝1	71	26.10%	2.31	40	26.00%	2.31	82	23.60%	2.46
	2～3 天＝2	101	37.10%		53	34.40%		119	34.30%	
	4～5 天＝3	62	22.80%		41	26.60%		81	23.30%	
	6～7 天＝4	21	7.70%		14	9.10%		34	9.80%	
	＞7 天＝5	17	6.30%		6	3.90%		31	8.90%	

（续表）

统计项	构成及其对应的赋值	聚类群体 1(N=272) 一般有用型			聚类群体 2(N=154) 较差有用型			聚类群体 3(N=347) 较强有用型		
		频数	频率	均值	频数	频率	均值	频数	频率	均值
游玩方式	独自=1	25	9.20%	2.68	18	11.70%	2.98	41	11.80%	2.56
	家人=2	119	43.80%		49	31.80%		147	42.40%	
	朋友=3	72	26.50%		34	22.10%		101	29.10%	
	同学/同事=4	31	11.40%		24	15.60%		38	11.00%	
	其他=5	25	9.20%		29	18.80%		20	5.80%	
游玩预算	400 元及以下=1	24	8.80%	3.53	26	16.90%	3.19	38	11.00%	3.76
	401～600 元=2	52	19.10%		26	16.90%		41	11.80%	
	601～800 元=3	51	18.80%		37	24.00%		52	15.00%	
	801～1 000 元=4	46	16.90%		23	14.90%		52	15.00%	
	1 000 元以上=5	99	36.40%		42	27.30%		164	47.30%	

在新时代，品牌在线旅游网站认知有用性一般有用型群体具有下列特点：①男性受访者占比大，达到 50.70%。②中青年用户占比大，年龄在 18～30 岁的用户受访者的占比达到 55.50%。③单身用户受访者占比大，达到 50.70%。④大学教育程度的用户受访者占比大，达到 46.30%。⑤月收入在 4 001～6 000 元的用户受访者占比大，达到 24.60%。⑥游玩次数为 2 次的用户受访者占比大，达到 34.60%。⑦游玩天数在 2～3 天的用户受访者占比大，达到 37.10%。⑧游玩预算在 1 000 元以上的用户受访者占比大，达到 36.40%。⑨和家人一起游玩的用户占比大，达到 43.80%。

在新时代，品牌在线旅游网站认知有用性较差有用型群体具有下列特点：①男性受访者占比大，达到 51.90%。②中青年用户占比大，年龄在 18～30 岁的用户受访者的占比达到 50.00%。③已婚用户受访者占比大，达到 52.60%。④大学教育程度的用户受访者占比大，达到 45.50%。⑤月收入在 6 001～8 000 元的用户受访者占比大，达到 26.00%。⑥游玩次数为 2 次的用户受访者占比大，达到 30.50%。⑦游玩天数在 2～3 天的用户受访者占比大，达到 34.40%。⑧游玩预算在 1 000 元以上的用户受访者占比大，达到 27.30%。⑨和家人一起出游的用户受访者占比大，达到 31.80%。

在新时代，品牌在线旅游网站认知有用性较强有用型群体具有下列特点：①女性受访者占比大，达到 56.80%。②中青年用户占比大，年龄在 18～30 岁的用户受访者的占比达到 42.90%。③已婚用户受访者占比大，达到 54.50%。④大学教育程度的用户受访者占比大，达到 47.60%。⑤月收入在 6 001～8 000 元的用户受访者占比大，达到 27.70%。⑥游玩次数为 2 次的用户受访者占比大，达到 28.00%。⑦游玩天数在 2～3 天的用户受访者占比大，达到 34.30%。⑧游玩预算在 1 000 元以上的用户受访者占比大，达到 47.30%。⑨和家人一起游玩的用户占比大，达到 42.40%。

二、品牌在线旅游网站认知有用性的聚类群体细分差异原因分析

综合来看，无论在事件前、事件中，还是在新时代，用户受访者关于品牌在线旅游网站认知有用性的聚类群体都分为三类，即一般有用型、较差有用型和较强有用型。其中，一般有用型群体对品牌在线旅游网站认知有用性的认知水平一般，较差有用型群体对品牌在线旅游网站认知有用性的认知水平最低，较强有用型群体对品牌在线旅游网站认知有用性的认知水平最高。用户受访者关于品牌在线旅游网站认知有用性的聚类群体细分差异的原因如下。

第一，信息效力不足的原因。从人口统计学特征分析可知，第一类群体中女性用户居多。他们的游玩通常非常频繁，停留时间较长，游玩预算也偏高，且一般会选择和家人一起出行。此类用户对品牌在线旅游网站的信息获取便捷性、品牌在线旅游网站能否提供有用信息，以及品牌在线旅游网站与中间商沟通便捷性等的需求一般。

第二，沟通有效诉求的原因。从人口统计学特征分析可知，第二类群体中女性用户居多。到异地游玩时，他们的停留时间通常较短，一般在 2～3 天，且一般选择和家人、朋友、同学等出行。此类用户认为品牌在线旅游网站的信息获取不便捷，品牌在线旅游网站未能及时回复他们的投诉，品牌在线旅游网站与中间商之间的沟通也不方便。

第三，信息需求度高的原因。从人口统计学特征分析可知，第三类群体中女性用户居多。他们的游玩通常非常频繁，停留时间较长，游玩预算也偏高，且一般会选择与家人一起出行。此类用户由于经常陪伴家人出行，对品牌在线旅游网站的信息获取需求较高。他们认为品牌在线旅游网站能及时回复投诉、提供有用信息是非常重要的。

第二节　品牌在线旅游网站认知易用性的聚类群体差异

一、品牌在线旅游网站认知易用性的聚类群体细分差异比较

如表 7-5 所示，在事件前，用户受访者关于品牌在线旅游网站认知易用性的认知存在群体性差异。聚类分析结果表明，在事件前，用户受访者关于品牌在线旅游网站认知易用性可分为三类：第一类为品牌在线旅游网站认知易用性较难使用型群体，第二类为品牌在线旅游网站认知易用性一般使用型群体，第三类为品牌在线旅游网站认知易用性较易使用型群体。其中，品牌在线旅游网站认知易用性较难使用型群体对“品牌在线旅游网站操作易用”和“品牌在线旅游网站界面易用”的认知整体较低，评分系数分别为 2.79 和 2.80。品牌在线旅游网站认知易用性一般使用型群体对“品牌在线旅游网站操作易用”和“品牌在线旅游网站界面易用”的认知整体一般，评分系数分别为 3.76 和 3.64。品牌在线旅游网站认知易用性较易使用型群体对“品牌在线旅游网站操作易用”和“品牌在线旅游

网站界面易用”的认知整体较高，评分系数分别为 4.48 和 4.51。*F* 值的检验结果表明，各公因子在聚类结果间的差异具有统计学意义，这说明在事件前，用户受访者关于品牌在线旅游网站认知易用性对“品牌在线旅游网站操作易用”和“品牌在线旅游网站界面易用”的影响存在显著性差异。

表 7-5　品牌在线旅游网站认知易用性的聚类群体差异分析

事件前公因子	聚类群体 1	聚类群体 2	聚类群体 3	*F* 值	Sig.
	较难使用型	一般使用型	较易使用型		
品牌在线旅游网站操作易用	2.79	3.76	4.48	478.504	0.000***
品牌在线旅游网站界面易用	2.80	3.64	4.51	676.259	0.000***
事件中公因子	聚类群体 1	聚类群体 2	聚类群体 3	*F* 值	Sig.
	较难使用型	一般使用型	较易使用型		
品牌在线旅游网站认知易用	2.96	3.83	4.77	2 778.069	0.000***
新时代公因子	聚类群体 1	聚类群体 2	聚类群体 3	*F* 值	Sig.
	较难使用型	一般易使用型	较易使用型		
品牌在线旅游网站认知易用	2.26	3.68	4.68	1 455.760	0.000***

注：* $P<0.05$，** $P<0.01$，*** $P<0.001$。

在事件中，用户受访者关于品牌在线旅游网站认知易用性的认知存在群体性差异。聚类分析结果表明，在事件中，用户受访者关于品牌在线旅游网站认知易用性可分为三类：第一类为品牌在线旅游网站认知易用性较难使用型群体，第二类为品牌在线旅游网站认知易用性一般使用型群体，第三类为品牌在线旅游网站认知易用性较易使用型群体。其中，品牌在线旅游网站认知易用性较难使用型群体对“品牌在线旅游网站易用”的认知整体较低，评分系数为 2.96。品牌在线旅游网站认知易用性一般使用型群体对“品牌在线旅游网站易用”的认知整体一般，评分系数为 3.83。品牌在线旅游网站认知易用性较易使用型群体对“品牌在线旅游网站易用”的认知整体较高，评分系数为 4.77。*F* 值的检验结果表明，各公因子在聚类结果间的差异具有统计学意义，这说明在事件中，用户受访者关于“品牌在线旅游网站认知易用性”存在显著性差异。

在新时代，用户受访者关于品牌在线旅游网站认知易用性的认知存在群体性差异。聚类分析结果表明，在新时代，用户受访者关于品牌在线旅游网站认知易用性可分为三类：第一类为品牌在线旅游网站认知易用性较难使用型群体，第二类为品牌在线旅游网站认知易用性一般使用型群体，第三类为品牌在线旅游网站认知易用性较易使用型群体。其中，品牌在线旅游网站认知易用性较难使用型群体对“品牌在线旅游网站易用”的认知整体较低，评分系数为 2.26。品牌在线旅游网站认知易用性一般使用型群体对“品牌在线旅游网站易用”的认知整体一般，评分系数为 3.68。品牌在线旅游网站认知易用性较易使用型群体对“品牌在线旅游网站易用”的认知整体较高，评分系数为 4.68。*F* 值的检验结果表明，各公因子在聚类结果间的差异具有统计学意义，这说明在新时代，用户受访者关于“品牌在线旅游网站认知易用性”存在显著性差异。

在事件前，关于对品牌在线旅游网站认知易用性的认知，对不同聚类群体的用户画像特征分析如表 7-6 所示。这些特征包括性别、年龄、婚姻状况、教育背景、月收入、游玩次数、游玩天数、游玩预算、游玩方式。

表 7-6 事件前品牌在线旅游网站认知易用性聚类群体用户画像特征差异分析

统计项	构成及其对应的赋值	聚类群体 1(*N*=37)			聚类群体 2(*N*=266)			聚类群体 3(*N*=304)		
		较难使用型			一般使用型			较易使用型		
		频数	频率	均值	频数	频率	均值	频数	频率	均值
性别	男性=1	13	35.14%	1.65	131	49.25%	1.51	129	42.43%	1.58
	女性=2	24	64.86%		135	50.75%		175	57.57%	
年龄	18 岁以下=1	4	10.81%	3.14	7	2.63%	3.03	5	1.64%	2.86
	18～30 岁=2	10	27.03%		77	28.95%		110	36.18%	
	31～45 岁=3	9	24.32%		111	41.73%		127	41.78%	
	46～60 岁=4	5	13.51%		44	16.54%		48	15.79%	
	60 岁以上=5	9	24.32%		27	10.15%		14	4.61%	
婚姻状况	单身=1	13	35.14%	1.65	101	37.97%	1.62	143	47.04%	1.53
	已婚=2	24	64.86%		165	62.03%		161	52.96%	
教育背景	小学及以下=1	0	0	3.84	1	0.38%	3.97	1	0.33%	4.05
	初中=2	0	0		1	0.38%		1	0.33%	
	高中=3	11	29.73%		41	15.41%		28	9.21%	
	大学=4	21	56.76%		185	69.55%		226	74.34%	
	硕士及以上=5	5	13.51%		38	14.28%		48	15.79%	
月收入	1 000 元及以下=1	5	13.51%	4.46	17	6.39%	4.77	19	6.25%	4.65
	1 001～3 000 元=2	2	5.41%		15	5.64%		19	6.25%	
	3 001～5 000 元=3	3	8.11%		19	7.14%		33	10.86%	
	5 001～7 000 元=4	5	13.51%		38	14.29%		47	15.46%	
	7 001～9 000 元=5	5	13.51%		48	18.04%		46	15.13%	
	9 000 元以上=6	17	45.95%		129	48.50%		140	46.05%	
游玩次数	1 次=1	15	40.54%	2.62	46	17.29%	3.32	44	14.47%	3.45
	2 次=2	7	18.92%		50	18.80%		51	16.78%	
	3 次=3	2	5.41%		38	14.29%		49	16.12%	
	4 次=4	3	8.11%		37	13.91%		45	14.80%	
	4 次以上=5	10	27.07%		95	35.71%		115	37.83%	

（续表）

统计项	构成及其对应的赋值	聚类群体 1(N=37) 较难使用型			聚类群体 2(N=266) 一般使用型			聚类群体 3(N=304) 较易使用型		
		频数	频率	均值	频数	频率	均值	频数	频率	均值
游玩天数	≤1 天=1	2	5.41%	3.24	7	2.63%	3.70	10	3.29%	3.75
	2～3 天=2	15	40.54%		54	20.30%		50	16.45%	
	4～5 天=3	5	13.50%		50	18.80%		70	23.03%	
	6～7 天=4	2	5.41%		57	21.43%		49	16.12%	
	>7 天=5	13	35.14%		98	36.84%		125	41.11%	
游玩预算	400 元及以下=1	4	10.81%	4.05	5	1.88%	4.39	5	1.64%	4.45
	401～600 元=2	0	0		14	5.26%		7	2.30%	
	601～800 元=3	7	18.92%		21	7.90%		24	7.89%	
	801～1 000 元=4	5	13.51%		59	22.18%		79	25.99%	
	1 000 元以上=5	21	56.76%		167	62.78%		189	62.18%	
游玩方式	独自出游=1	4	10.81%	2.86	24	9.02%	2.79	40	13.16%	2.79
	和家人一起=2	11	29.73%		93	34.96%		89	29.28%	
	和朋友一起=3	12	32.43%		77	28.95%		88	28.95%	
	和同学/同事=4	6	16.22%		58	21.80%		70	23.03%	
	其他=5	4	10.81%		14	5.27%		17	5.58%	

在事件前，品牌在线旅游网站认知易用性较难使用型群体具有下列特点：①女性受访者占比大，达到 64.86%。②青年游客占比大，年龄在 18～30 岁的用户受访者的占比达到 27.03%。③已婚用户受访者占比大，达到 64.86%。④大学教育程度的用户受访者占比大，达到 56.76%。⑤月收入在 9 000 元以上的用户受访者占比大，达到 45.95%。⑥游玩次数为 1 次的用户受访者占比大，达到 40.54%。⑦游玩天数为 2～3 天的用户受访者占比大，达到 40.54%。⑧游玩预算在 1 000 元以上的用户受访者占比大，达到 56.76%。⑨和朋友一起游玩的用户受访者占比大，达到 32.43%。

在事件前，品牌在线旅游网站认知易用性一般使用型群体具有下列特点：①女性受访者占比大，达到 50.75%。②中年游客占比大，年龄在 31～45 岁的用户受访者的占比达到 41.73%。③已婚用户受访者占比大，达到 62.03%。④大学教育程度的用户受访者占比大，达到 69.55%。⑤月收入在 9 000 元以上的用户受访者占比大，达到 48.50%。⑥游玩次数在 4 次以上的用户受访者占比大，达到 35.71%。⑦游玩天数大于 7 天的用户受访者占比大，达到 36.84%。⑧游玩预算在 1 000 元以上的用户受访者占比大，达到 62.78%。⑨和家人一起游玩的用户受访者占比大，达到 34.96%。

在事件前，品牌在线旅游网站认知易用性较易使用型群体具有下列特点：①女性受访者占比大，达到 57.57%。②中年游客占比大，年龄在 31～45 岁的用户受访者的占比达到

41.78%。③已婚用户受访者占比大，达到52.96%。④大学教育程度的用户受访者占比大，达到74.34%。⑤月收入在9 000元以上的用户受访者占比大，达到46.05%。⑥游玩次数在4次以上的用户受访者占比大，达到37.83%。⑦游玩天数大于7天的用户受访者占比大，达到41.11%。⑧游玩预算在1 000元以上的用户受访者占比大，达到62.18%。⑨和家人一起游玩的用户受访者占比大，达到29.28%。

在事件中，关于对品牌在线旅游网站认知易用性的认知，对不同聚类群体的用户画像特征分析如表7-7所示。这些特征包括性别、年龄、婚姻状况、教育背景、月收入、游玩次数、游玩天数、游玩预算、游玩方式。

表7-7 事件中品牌在线旅游网站认知易用性聚类群体用户画像特征差异分析

统计项	构成及其对应的赋值	聚类群体1(N=150)			聚类群体2(N=377)			聚类群体3(N=362)		
		较难使用型			一般使用型			较易使用型		
		频数	频率	均值	频数	频率	均值	频数	频率	均值
性别	男性=1	67	44.70%	1.55	183	48.50%	1.51	192	53.00%	1.47
	女性=2	83	55.30%		194	51.50%		170	47.00%	
年龄	18岁以下=1	50	33.30%	2.27	55	14.60%	2.32	48	13.30%	2.38
	18～30岁=2	45	30.00%		199	52.80%		182	50.30%	
	31～40岁=3	27	18.00%		82	21.80%		80	22.10%	
	41～50岁=4	22	14.70%		32	8.50%		50	13.80%	
	51～60岁=5	5	3.30%		6	1.60%		2	0.60%	
	60岁以上=6	1	0.70%		3	0.80%		0	0	
婚姻状况	单身=1	95	63.30%	1.37	254	67.40%	1.33	222	61.30%	1.39
	已婚=2	55	36.70%		123	32.60%		140	38.70%	
教育背景	小学及以下=1	50	33.30%	3.41	55	14.60%	3.74	48	13.30%	3.75
	初中=2	45	30.00%		199	52.80%		182	50.30%	
	高中/中专/技校=3	27	18.00%		82	21.80%		80	22.10%	
	大学/大专=4	22	14.70%		32	8.50%		50	13.80%	
	硕士及以上=5	5	3.30%		6	1.60%		2	0.60%	
月收入	2 000元及以下=1	1	0.70%	2.31	3	0.80%	2.79	0	0	3.25
	2 001～4 000元=2	4	2.70%		7	1.90%		1	0.30%	
	4 001～6 000元=3	16	10.70%		14	3.70%		26	7.20%	
	6 001～8 000元=4	55	36.70%		99	26.30%		72	19.90%	
	8 001～9 000元=5	64	42.70%		207	54.90%		226	62.40%	
	9 000元以上=6	11	7.30%		50	13.30%		37	10.20%	

(续表)

统计项	构成及其对应的赋值	聚类群体 1(N=150)			聚类群体 2(N=377)			聚类群体 3(N=362)		
		较难使用型			一般使用型			较易使用型		
		频数	频率	均值	频数	频率	均值	频数	频率	均值
游玩次数	0 次=1	72	48.00%	2.33	134	35.50%	2.85	94	26.00%	3.05
	1 次=2	25	16.70%		64	17.00%		40	11.00%	
	2 次=3	21	14.00%		46	12.20%		45	12.40%	
	3 次=4	11	7.30%		50	13.30%		70	19.30%	
	4 次及以上=5	8	5.30%		48	12.70%		89	24.60%	
游玩天数	≤1 天=1	13	8.70%	1.84	35	9.30%	2.26	24	6.60%	2.40
	2～3 天=2	56	37.30%		92	24.40%		77	21.30%	
	4～5 天=3	32	21.30%		75	19.90%		67	18.50%	
	6～7 天=4	36	24.00%		86	22.80%		76	21.00%	
	>7 天=5	9	6.00%		47	12.50%		45	12.40%	
游玩预算	400 元及以下=1	17	11.30%	2.63	77	20.40%	3.37	97	26.80%	3.52
	401～600 元=2	77	51.30%		129	34.20%		109	30.10%	
	601～800 元=3	38	25.30%		133	35.30%		121	33.40%	
	801～1 000 元=4	23	15.30%		46	12.20%		57	15.70%	
	1 000 元以上=5	6	4.00%		27	7.20%		30	8.30%	
游玩方式	独自出游=1	6	4.00%	2.27	42	11.10%	2.59	45	12.40%	2.48
	和家人一起=2	66	44.00%		81	21.50%		78	21.50%	
	和朋友一起=3	10	6.70%		43	11.40%		29	8.00%	
	和同学/同事=4	20	13.30%		49	13.00%		38	10.50%	
	其他=5	22	14.70%		62	16.40%		61	16.90%	

在事件中，品牌在线旅游网站认知易用性较难使用型群体具有下列特点：①女性受访者占比大，达到 55.30%。②青年用户占比大，年龄在 18 岁以下的用户受访者占比达到 33.30%。③单身用户受访者占比大，达到 63.30%。④小学及以下教育程度的用户受访者占比大，达到 33.30%。⑤月收入在 8 001～9 000 元的用户受访者占比大，达到 42.70%。⑥游玩次数为 0 次的用户受访者占比大，达到 48.00%。⑦游玩天数为 2～3 天的用户受访者占比大，达到 37.30%。⑧游玩预算在 401～600 元的用户受访者占比大，达到 51.30%。⑨和家人一起游玩的用户占比大，达到 44.00%。

在事件中，品牌在线旅游网站认知易用性一般使用型群体具有下列特点：①女性受访者占比大，达到 51.50%。②中青年用户占比大，年龄在 18～30 岁的用户受访者占比达到

52.80%。③单身用户受访者占比大，达到67.40%。④初中教育程度的用户受访者占比大，达到52.80%。⑤月收入在8 001～9 000元的用户受访者占比大，达到54.90%。⑥游玩次数为0次的用户受访者占比大，达到35.50%。⑦游玩天数为2～3天的用户受访者占比大，达到24.40%。⑧游玩预算在601～800元的用户受访者占比大，达到35.30%。⑨和家人一起游玩的用户受访者占比大，达到21.50%。

在事件中，品牌在线旅游网站认知易用性较易使用型群体具有下列特点：①男性受访者占比大，达到53.00%。②中青年用户占比大，年龄在18～30岁的用户受访者的占比达到50.30%。③单身用户受访者占比大，达到61.30%。④初中教育程度的用户受访者占比大，达到50.30%。⑤月收入在8 001～9 000元的用户受访者占比大，达到62.40%。⑥游玩次数为0次的用户受访者占比大，达到26.00%。⑦游玩天数为2～3天的用户受访者占比大，达到21.30%。⑧游玩预算在601～800元的用户受访者占比大，达到33.40%。⑨和家人一起游玩的用户受访者占比大，达到21.50%。

在新时代，关于对品牌在线旅游网站认知易用性的认知，对不同聚类群体的用户画像特征分析如表7-8所示。这些特征包括性别、年龄、婚姻状况、教育背景、月收入、职业、游玩次数、游玩天数、游玩预算、游玩方式。

表7-8 新时代品牌在线旅游网站认知易用性聚类群体用户画像特征差异分析

统计项	构成及其对应的赋值	聚类群体1(N=31)			聚类群体2(N=325)			聚类群体3(N=417)		
		较难使用型			一般使用型			较易使用型		
		频数	频率	均值	频数	频率	均值	频数	频率	均值
性别	男性=1	20	64.50%	1.35	166	51.10%	1.49	182	43.60%	1.56
	女性=2	11	35.50%		159	48.90%		235	56.40%	
婚姻状况	单身=1	9	29.00%	1.71	174	53.50%	1.46	186	44.60%	1.55
	已婚=2	22	71.00%		151	46.50%		231	55.40%	
年龄	18岁以下	8	25.80%	2.06	55	16.90%	2.24	81	19.40%	2.30
	18～30岁	15	48.40%		177	54.50%		185	44.40%	
	31～40岁	6	19.40%		63	19.40%		106	25.40%	
	41～50岁	2	6.50%		22	6.80%		38	9.10%	
	51～60岁	0	0		6	1.80%		5	1.20%	
	60岁以上	0	0		2	0.60%		2	0.50%	
月收入	2 000元及以下=1	1	3.20%	2.94	61	18.80%	3.20	51	12.20%	3.49
	2 001～4 000元=2	14	45.20%		49	15.10%		69	16.50%	
	4 001～6 000元=3	7	22.60%		76	23.40%		76	18.20%	
	6 001～8 000元=4	6	19.40%		67	20.60%		114	27.30%	
	8 001～9 000元=5	1	3.20%		48	14.80%		59	14.10%	
	9 000元以上=6	2	6.50%		24	7.40%		48	11.50%	

（续表）

统计项	构成及其对应的赋值	聚类群体 1（N=31）			聚类群体 2（N=325）			聚类群体 3（N=417）		
		较难使用型			一般使用型			较易使用型		
		频数	频率	均值	频数	频率	均值	频数	频率	均值
教育背景	小学及以下=1	0	0	2.90	9	2.80%	3.37	8	1.90%	3.37
	初中=2	14	45.20%		86	26.50%		129	30.90%	
	高中/中专/技校=3	6	19.40%		39	12.00%		34	8.20%	
	大学/大专=4	11	35.50%		157	48.30%		193	46.30%	
	硕士及以上=5	0	0		34	10.50%		53	12.70%	
职业	国企职员=1	1	3.20%	8.03	20	6.20%	7.39	25	6.00%	6.90
	外企职员=2	0	0		21	6.50%		28	6.70%	
	个体商人=3	7	22.60%		17	5.20%		40	9.60%	
	政府公务员=4	2	6.50%		12	3.70%		40	9.60%	
	专业技术人=5	4	12.90%		37	11.40%		49	11.80%	
	服务人员=6	2	6.50%		43	13.20%		43	10.30%	
	教师=7	0	0		17	5.20%		17	4.10%	
	学生=8	2	6.50%		77	23.70%		79	18.90%	
	离退休人员=9	1	3.20%		3	0.90%		3	0.70%	
	家庭主妇=10	1	3.20%		4	1.20%		7	1.70%	
	军人=11	0	0		2	0.60%		0	0	
	农民、渔民=12	2	6.50%		5	1.50%		16	3.80%	
	事业单位职员=13	1	3.20%		36	11.10%		21	5.00%	
	工人=14	5	16.10%		18	5.50%		33	7.90%	
	其他=15	3	9.70%		13	4.00%		16	3.80%	
游玩次数	0次=1	1	3.20%	3.42	41	12.60%	3.07	32	7.70%	3.48
	1次=2	3	9.70%		67	20.60%		54	12.90%	
	2次=3	15	48.40%		106	32.60%		117	28.10%	
	3次=4	6	19.40%		49	15.10%		110	26.40%	
	4次及以上=5	6	19.40%		62	19.10%		104	24.90%	
游玩天数	≤1天=1	9	29.00%	2.03	81	24.90%	2.39	103	24.70%	2.39
	2～3天=2	14	45.20%		114	35.10%		145	34.80%	
	4～5天=3	6	19.40%		76	23.40%		102	24.50%	
	6～7天=4	2	6.50%		30	9.20%		37	8.90%	
	>7天=5	0	0		24	7.40%		30	7.20%	

（续表）

统计项	构成及其对应的赋值	聚类群体 1(N=31)			聚类群体 2(N=325)			聚类群体 3(N=417)		
		较难使用型			一般使用型			较易使用型		
		频数	频率	均值	频数	频率	均值	频数	频率	均值
旅游方式	独自=1	3	9.70%	2.84	32	9.80%	2.80	49	11.80%	2.59
	家人=2	15	48.40%		126	38.80%		174	41.70%	
	朋友=3	3	9.70%		86	26.50%		118	28.30%	
	同学/同事=4	4	12.90%		37	11.40%		52	12.50%	
	其他=5	6	19.40%		44	13.50%		24	5.80%	
游玩预算	400 元及以下=1	2	6.50%	3.06	46	14.20%	3.45	40	9.60%	3.69
	401～600 元=2	8	25.80%		51	15.70%		60	14.40%	
	601～800 元=3	10	32.30%		59	18.20%		71	17.00%	
	801～1 000 元=4	8	25.80%		49	15.10%		64	15.30%	
	1 000 元以上=5	3	9.70%		120	36.90%		182	43.60%	

在新时代，品牌在线旅游网站认知易用性较难使用型群体具有下列特点：①男性受访者占比大，达到 64.50%。②青年用户占比大，年龄在 18～30 岁的用户受访者的占比达到 48.40%。③已婚用户受访者占比大，达到 71.00%。④初中教育程度的用户受访者占比大，达到 45.20%。⑤月收入在 2 000～4 000 元的用户受访者占比大，达到 45.20%。⑥游玩次数为 2 次的用户受访者占比大，达到 48.40%。⑦游玩天数为 2～3 天的用户受访者占比大，达到 45.20%。⑧游玩预算在 601～800 元的用户受访者占比大，达到 32.30%。⑨和家人一起游玩的用户占比大，达到 48.40%。

在新时代，品牌在线旅游网站认知易用性一般使用型群体具有下列特点：①男性受访者占比大，达到 51.10%。②中青年用户占比大，年龄在 18～30 岁的用户受访者占比达到 54.50%。③单身用户受访者占比大，达到 53.50%。④大学教育程度的用户受访者占比大，达到 48.30%。⑤月收入在 4 001～6 000 元的用户受访者占比大，达到 23.40%。⑥游玩次数为 2 次的用户受访者占比大，达到 32.60%。⑦游玩天数为 2～3 天的用户受访者占比大，达到 35.10%。⑧游玩预算在 1 000 元以上的用户受访者占比大，达到 36.90%。⑨和家人一起游玩的用户受访者占比大，达到 38.80%。

在新时代，品牌在线旅游网站认知易用性较易使用型群体具有下列特点：①女性受访者占比大，达到 56.40%。②中青年用户占比大，年龄在 18～30 岁的用户受访者的占比达到 44.40%。③已婚用户受访者占比大，达到 55.40%。④大学教育程度的用户受访者占比大，达到 46.30%。⑤月收入在 6 001～8 000 元的用户受访者占比大，达到 27.30%。⑥游玩次数为 2 次的用户受访者占比大，达到 34.80%。⑦游玩天数为 2～3 天的用户受访者占比大，达到 21.30%。⑧游玩预算在 1 000 元以上的用户受访者占比大，达到 43.60%。⑨和家人一起游玩的用户受访者占比大，达到 41.70%。

二、品牌在线旅游网站认知易用性的聚类群体细分差异原因分析

综合来看，无论在事件前、事件中，还是在新时代，用户受访者关于品牌在线旅游网站认知易用性的聚类群体都分为三类，即较难使用型、较易使用型和一般使用型。其中，较难使用型群体对品牌在线旅游网站认知易用性的认知水平最低，较易使用型群体对品牌在线旅游网站认知易用性的认知水平最高，一般使用型群体对品牌在线旅游网站认知易用性的认知水平一般。用户受访者关于品牌在线旅游网站认知易用性的聚类群体细分差异的原因如下。

第一，操作功能易用的原因。从人口统计学特征分析可知，第一类群体中女性用户居多。他们的年龄一般在 18 岁以下，到异地游玩时，其停留时间通常较短。但是其游玩预算较高，一般会选择和家人一起出行。此类用户的旅游经验不足，对品牌在线旅游网站的使用方法和使用步骤相对不熟练。

第二，满足基础需求的原因。从人口统计学特征分析可知，第二类群体中男性用户居多。他们的年龄一般在 18～30 岁，初到异地游玩时，其停留时间较短，大多选择和家人出行。此类用户具有和家人结伴出行的需求，其在使用品牌在线旅游网站时无需客服指导就能搜索到相关的旅游信息。

第三，影响购买意愿因素的原因。从人口统计学特征分析可知，第三类群体中女性用户居多。他们的游玩次数通常较少，停留时间较短，游玩预算较高，一般会选择与家人一起出行。此类用户认为品牌在线旅游网站的整体功能全面，能满足基本的旅游需求，在线购买产品也非常便捷。

第三节　品牌在线旅游网站认知体验性的聚类群体差异

一、品牌在线旅游网站认知体验性的聚类群体细分差异比较

如表 7-9 所示，在事件前，用户受访者关于品牌在线旅游网站认知体验性的认知存在群体性差异。聚类分析结果表明，在事件前，用户受访者关于品牌在线旅游网站认知体验性可分为三类：第一类为品牌在线旅游网站认知体验性体验较差型群体，第二类为品牌在线旅游网站认知体验性体验一般型群体，第三类为品牌在线旅游网站认知体验性体验较优型群体。其中，品牌在线旅游网站认知体验性体验较差型群体对“品牌在线旅游网站娱乐体验”和“品牌在线旅游网站使用体验”的认知整体较低，评分系数分别为 2.51 和 3.56。品牌在线旅游网站认知体验性体验一般型群体对“品牌在线旅游网站娱乐体验”和“品牌在线旅游网站使用体验”的认知整体一般，评分系数分别为 3.47 和 3.33。品牌在线旅游网站认知体验性体验较优型群体对“品牌在线旅游网站娱乐体验”和“品牌在线旅游网站使用体验”的认知整体较高，评分系数分别为 4.26 和 4.35。F 值的检验结果表明，各公因子在聚类结果间的差异具有统计学意义，这说明在事件前，用户受访者关于品牌在线旅游网站认知体验性对“品牌在线旅游网站娱乐体验”和“品牌在线旅游网站使用体验”的影响存在显著性差异。

表 7-9　品牌在线旅游网站认知体验性的聚类群体差异分析

事件前公因子	聚类群体 1	聚类群体 2	聚类群体 3	F 值	Sig.
	体验较差型	体验一般型	体验较优型		
品牌在线旅游网站娱乐体验	2.51	3.47	4.26	832.366	0.000***
品牌在线旅游网站使用体验	3.56	3.33	4.35	311.183	0.000***
事件中公因子	聚类群体 1	聚类群体 2	聚类群体 3	F 值	Sig.
	体验较差型	体验一般型	体验较优型		
品牌在线旅游网站娱乐体验	2.72	3.56	4.68	1 185.882	0.000***
品牌在线旅游网站使用体验	2.69	3.67	4.54	930.924	0.000***
新时代公因子	聚类群体 1	聚类群体 2	聚类群体 3	F 值	Sig.
	体验较差型	体验一般型	体验较优型		
品牌在线旅游网站使用体验	2.85	3.87	4.74	976.440	0.000***
品牌在线旅游网站娱乐体验	2.80	3.87	4.72	999.840	0.000***

注：* $P<0.05$，** $P<0.01$，*** $P<0.001$。

在事件中，用户受访者关于品牌在线旅游网站认知体验性的认知存在群体性差异。聚类分析结果表明，在事件中，用户受访者关于品牌在线旅游网站认知体验性可分为三类：第一类为品牌在线旅游网站认知体验性体验较差型群体，第二类为品牌在线旅游网站认知体验性体验一般型群体，第三类为品牌在线旅游网站认知体验性体验较优型群体。其中，品牌在线旅游网站认知体验性体验较差型群体对“品牌在线旅游网站娱乐体验”和“品牌在线旅游网站使用体验”的认知整体较低，评分系数分别为 2.72 和 2.69。品牌在线旅游网站认知体验性体验一般型群体对“品牌在线旅游网站娱乐体验”和“品牌在线旅游网站使用体验”的认知整体一般，评分系数分别为 3.56 和 3.67。品牌在线旅游网站认知体验性体验较优型群体对“品牌在线旅游网站娱乐体验”和“品牌在线旅游网站使用体验”的认知整体较高，评分系数分别为 4.68 和 4.54。F 值的检验结果表明，各公因子在聚类结果间的差异具有统计学意义，这说明在事件中，用户受访者关于品牌在线旅游网站认知体验性对“品牌在线旅游网站娱乐体验”和“品牌在线旅游网站使用体验”的影响存在显著性差异。

在新时代，用户受访者关于品牌在线旅游网站认知体验性的认知存在群体性差异。聚类分析结果表明，在新时代，用户受访者关于品牌在线旅游网站认知体验性可分为三类：第一类为品牌在线旅游网站认知体验性体验较差型群体，第二类为品牌在线旅游网站认知体验性体验一般型群体，第三类为品牌在线旅游网站认知体验性体验较优型群体。其中，品牌在线旅游网站认知体验性体验较差型群体对“品牌在线旅游网站娱乐体验”和“品牌在线旅游网站使用体验”的认知整体较低，评分系数分别为 2.80 和 2.85。品牌在线旅游网站认知体验性体验一般型群体对“品牌在线旅游网站娱乐体验”和“品牌在线旅游网站使用体验”的认知整体一般，评分系数分别为 3.87 和 3.87。品牌在线旅游网站认知体验性体验较优型群体对“品牌在线旅游网站娱乐体验”和“品牌在线旅游网站使用体验”的认知整体较高，评分系数分别为 4.72 和 4.74。F 值的检验结果表明，各公因子在聚类结果间的差异具有统计学意义，这说明在新时代，用户受访者关于品牌在线旅游网站认知体验性对“品牌在线旅游网站娱乐体验”和“品牌在线旅游网站使用体验”的影响存在显著性差异。

在事件前，关于对品牌在线旅游网站认知体验性的认知，对不同聚类群体的用户画像特征分析如表 7-10 所示，这些特征包括性别、年龄、婚姻状况、教育背景、月收入、游玩次数、游玩天数、游玩预算、游玩方式。

表 7-10　事件前品牌在线旅游网站认知体验性聚类群体用户画像特征差异分析

统计项	构成及其对应的赋值	聚类群体 1(*N*=108)			聚类群体 2(*N*=229)			聚类群体 3(*N*=270)		
		体验较差型			体验一般型			体验较优型		
		频数	频率	均值	频数	频率	均值	频数	频率	均值
性别	男性=1	46	42.59%	1.57	107	46.72%	1.53	120	44.44%	1.56
	女性=2	62	57.41%		122	53.28%		150	55.56%	
年龄	18 岁以下=1	5	4.63%	3.15	6	2.62%	2.90	5	1.85%	2.91
	18～30 岁=2	31	28.70%		77	33.62%		89	32.96%	
	31～45 岁=3	35	32.41%		99	43.23%		113	41.85%	
	46～60 岁=4	17	15.74%		29	12.66%		51	18.90%	
	60 岁以上=5	20	18.52%		18	7.87%		12	4.44%	
婚姻状况	单身=1	47	43.52%	1.56	95	41.48%	1.59	115	42.59%	1.57
	已婚=2	61	56.48%		134	58.52%		155	57.41%	
教育背景	小学及以下=1	1	0.93%	3.96	1	0.44%	4.00	0	0	4.02
	初中=2	0	0		1	0.44%		1	0.37%	
	高中=3	21	19.44%		29	12.66%		30	11.11%	
	大学=4	66	61.11%		165	72.05%		201	74.44%	
	硕士及以上=5	20	18.52%		33	14.41%		38	14.08%	
月收入	1 000 元及以下=1	14	12.96%	4.46	13	5.68%	4.75	14	5.19%	4.74
	1 001～3 000 元=2	7	6.48%		18	7.86%		11	4.07%	
	3 001～5 000 元=3	7	6.48%		20	8.73%		28	10.37%	
	5 001～7 000 元=4	17	15.74%		26	11.35%		47	17.41%	
	7 001～9 000 元=5	13	12.04%		38	16.60%		48	17.78%	
	9 000 元以上=6	50	46.30%		114	49.78%		122	45.18%	
游玩次数	1 次=1	35	32.41%	2.65	30	13.10%	3.46	40	14.81%	3.51
	2 次=2	25	23.15%		48	20.96%		35	12.96%	
	3 次=3	16	14.81%		30	13.10%		43	15.93%	
	4 次=4	7	6.48%		28	12.23%		50	18.52%	
	4 次以上=5	25	23.15%		93	40.61%		102	37.78%	

（续表）

统计项	构成及其对应的赋值	聚类群体 1（N＝108）			聚类群体 2（N＝229）			聚类群体 3（N＝270）		
		体验较差型			体验一般型			体验较优型		
		频数	频率	均值	频数	频率	均值	频数	频率	均值
游玩天数	≤1 天＝1	2	1.85%	3.65	7	3.06%	3.73	10	3.70%	3.69
	2～3 天＝2	25	23.15%		42	18.34%		52	19.26%	
	4～5 天＝3	21	19.45%		48	20.96%		56	20.74%	
	6～7 天＝4	21	19.44%		40	17.47%		47	17.41%	
	＞7 天＝5	39	36.11%		92	40.17%		105	38.89%	
游玩预算	400 元及以下＝1	3	2.78%	4.40	7	3.06%	4.37	4	1.48%	4.42
	401～600 元＝2	3	2.78%		8	3.49%		10	3.70%	
	601～800 元＝3	11	10.19%		21	9.17%		20	7.41%	
	801～1 000 元＝4	22	20.37%		51	22.27%		70	25.93%	
	1 000 元以上＝5	69	63.88%		142	62.01%		166	61.48%	
游玩方式	独自出游＝1	12	11.11%	3.00	30	13.10%	2.66	26	9.63%	2.83
	和家人一起＝2	24	22.22%		84	36.68%		85	31.48%	
	和朋友一起＝3	30	27.78%		61	26.64%		86	31.85%	
	和同学/同事＝4	36	33.33%		43	18.78%		55	20.37%	
	其他＝5	6	5.56%		11	4.80%		18	6.67%	

在事件前，品牌在线旅游网站认知体验性体验较差型群体具有下列特点：①女性受访者占比大，达到 57.41%。②中年用户占比大，年龄在 31～45 岁的用户受访者的占比达到 32.41%。③已婚用户受访者占比大，达到 56.48%。④大学教育程度的用户受访者占比大，达到 61.11%。⑤月收入在 9 000 元以上的用户受访者占比大，达到 46.30%。⑥游玩次数为 1 次的用户受访者占比大，达到 32.41%。⑦游玩天数大于 7 天的用户受访者占比大，达到 36.11%。⑧游玩预算在 1 000 元以上的用户受访者占比大，达到 63.88%。⑨和同学或同事一起游玩的用户受访者占比大，达到 33.33%。

在事件前，品牌在线旅游网站认知体验性体验一般型群体具有下列特点：①女性受访者占比大，达到 53.28%。②中年用户占比大，年龄在 31～45 岁的用户受访者的占比达到 43.23%。③已婚用户受访者占比大，达到 58.52%。④大学教育程度的用户受访者占比大，达到 72.05%。⑤月收入在 9 000 元以上的用户受访者占比大，达到 49.78%。⑥游玩次数为 4 次以上的用户受访者占比大，达到 40.61%。⑦游玩天数大于 7 天的用户受访者占比大，达到 40.17%。⑧游玩预算在 1 000 元以上的用户受访者占比大，达到 62.01%。⑨和家人一起游玩的用户受访者占比大，达到 36.68%。

在事件前，品牌在线旅游网站认知体验性体验较优型群体具有下列特点：①女性受访者占比大，达到 55.56%。②中年用户占比大，年龄在 31～45 岁的用户受访者的占比达到41.85%。③已婚用户受访者占比大，达到57.41%。④大学教育程度的用户受访者占比大，达到74.44%。⑤月收入在9 000元以上的用户受访者占比大，达到45.18%。⑥游玩次数为4次以上的用户受访者占比大，达到37.78%。⑦游玩天数大于7天的用户受访者占比大，达到38.89%。⑧游玩预算在1 000元以上的用户受访者占比大，达到61.48%。⑨和朋友一起、和家人一起游玩的用户受访者占比大，分别达到31.85%、31.48%。

在事件中，关于对品牌在线旅游网站认知体验性的认知，对不同聚类群体的用户画像特征分析如表7-11所示。这些特征包括性别、年龄、婚姻状况、教育背景、月收入、游玩次数、游玩天数、游玩预算、游玩方式。

表7-11　事件中品牌在线旅游网站认知体验性聚类群体用户画像特征差异分析

统计项	构成及其对应的赋值	聚类群体1(N=201)			聚类群体2(N=408)			聚类群体3(N=280)		
		体验较差型			体验一般型			体验较优型		
		频数	频率	均值	频数	频率	均值	频数	频率	均值
性别	男性=1	91	45.30%	1.55	205	50.20%	1.50	146	52.10%	1.48
	女性=2	110	54.70%		203	49.80%		134	47.90%	
年龄	18岁以下=1	55	27.40%	2.26	62	15.20%	2.36	36	12.90%	2.36
	18～30岁=2	81	40.30%		198	48.50%		147	52.50%	
	31～40岁=3	33	16.40%		98	24.00%		58	20.70%	
	41～50岁=4	23	11.40%		44	10.80%		37	13.20%	
	51～60岁=5	8	4.00%		3	0.70%		2	0.70%	
	60岁以上=6	1	0.50%		3	0.70%		0	0	
婚姻状况	单身=1	132	65.70%	1.34	276	67.60%	1.32	163	58.20%	1.42
	已婚=2	69	34.30%		132	32.40%		117	41.80%	
教育背景	小学及以下=1	3	1.50%	3.54	6	1.50%	3.76	3	1.10%	3.70
	初中=2	16	8.00%		20	4.90%		20	7.10%	
	高中/中专/技校=3	71	35.30%		98	24.00%		57	20.40%	
	大学/大专=4	92	45.80%		227	55.60%		178	63.60%	
	硕士及以上=5	19	9.50%		57	14.00%		22	7.90%	
月收入	2 000元及以下=1	94	46.80%	2.43	125	30.60%	3.02	81	28.90%	3.05
	2 001～4 000元=2	30	14.90%		62	15.20%		37	13.20%	
	4 001～6 000元=3	26	12.90%		53	13.00%		33	11.80%	
	6 001～8 000元=4	15	7.50%		58	14.20%		58	20.70%	
	8 001～9 000元=5	19	9.50%		69	16.90%		57	20.40%	
	9 000元以上=6	17	8.50%		41	10.00%		14	5.00%	

（续表）

统计项	构成及其对应的赋值	聚类群体 1(N＝201)			聚类群体 2(N＝408)			聚类群体 3(N＝280)		
		体验较差型			体验一般型			体验较优型		
		频数	频率	均值	频数	频率	均值	频数	频率	均值
游玩次数	0 次＝1	62	30.80%	2.68	103	25.20%	2.83	60	21.40%	2.98
	1 次＝2	32	15.90%		84	20.60%		58	20.70%	
	2 次＝3	50	24.90%		90	22.10%		58	20.70%	
	3 次＝4	22	10.90%		43	10.50%		36	12.90%	
	4 次及以上＝5	35	17.40%		88	21.60%		68	24.30%	
游玩天数	≤1 天＝1	99	49.30%	2.03	131	32.10%	2.27	85	30.40%	2.36
	2～3 天＝2	49	24.40%		144	35.30%		99	35.40%	
	4～5 天＝3	21	10.40%		64	15.70%		41	14.60%	
	6～7 天＝4	11	5.50%		31	7.60%		21	7.50%	
	＞7 天＝5	21	10.40%		38	9.30%		34	12.10%	
游玩预算	400 元及以下＝1	71	35.30%	2.95	88	21.60%	3.35	66	23.60%	3.50
	401～600 元＝2	16	8.00%		49	12.00%		17	6.10%	
	601～800 元＝3	26	12.90%		49	12.00%		32	11.40%	
	801～1 000 元＝4	29	14.40%		75	18.40%		41	14.60%	
	1 000 元以上＝5	59	29.40%		147	36.00%		124	44.30%	
游玩方式	独自出游＝1	26	12.90%	2.42	71	17.40%	2.53	46	16.40%	2.49
	和家人一起＝2	101	50.20%		159	39.00%		120	42.90%	
	和朋友一起＝3	45	22.40%		96	23.50%		62	22.10%	
	和同学/同事＝4	21	10.40%		53	13.00%		36	12.90%	
	其他＝5	8	4.00%		29	7.10%		16	5.70%	

在事件中，品牌在线旅游网站认知体验性体验较差型群体具有下列特点：①女性受访者占比大，达到 54.70%。②中青年用户占比大，年龄在 18～30 岁的用户受访者的占比达到 40.30%。③单身用户受访者占比大，达到 65.70%。④大学教育程度的用户受访者占比大，达到 45.80%。⑤月收入在 2 000 元以下的用户受访者占比大，达到 46.80%。⑥游玩次数为 0 次的用户受访者占比大，达到 30.80%。⑦游玩天数为 1 天以内的用户受访者占比大，达到 49.30%。⑧游玩预算在 400 元及以下的用户受访者占比大，达到 35.30%。⑨和家人一起游玩的用户受访者占比大，达到 50.20%。

在事件中，品牌在线旅游网站认知体验性体验一般型群体具有下列特点：①男性受访者占比大，达到 50.20%。②中青年用户占比大，年龄在 18～30 岁的用户受访者的占比达到 48.50%。③单身用户受访者占比大，达到 67.60%。④大学教育程度的用户受访者占比大，达到55.60%。⑤月收入在2 000元以内的用户受访者占比大，达到30.60%。⑥游玩次数为0次的用户受访者占比大，达到25.20%。⑦游玩天数为2～3天的用户受访者占比大，达到35.30%。⑧游玩预算在1 000元以上的用户受访者占比大，达到36.00%。⑨和家人一起游玩的用户受访者占比大，达到39.00%。

在事件中，品牌在线旅游网站认知体验性体验较优型群体具有下列特点：①男性受访者占比大，达到52.10%。②中青年用户占比大，年龄在18～30岁的用户受访者的占比达到52.50%。③单身用户受访者占比大，达到58.20%。④大学教育程度的用户受访者占比大，达到63.60%。⑤月收入在2 000元以内的用户受访者占比大，达到28.90%。⑥游玩次数为4次及以上的用户受访者占比大，达到24.30%。⑦游玩天数为2～3天的用户受访者占比大，达到35.40%。⑧游玩预算在1 000元以上的用户受访者占比大，达到44.30%。⑨和家人一起、和朋友一起游玩的用户受访者占比大，分别达到42.90%、22.10%。

在新时代，关于对品牌在线旅游网站认知体验性的认知，对不同聚类群体的用户画像特征分析如表7-12所示。这些特征包括性别、年龄、婚姻状况、教育背景、月收入、职业、游玩次数、游玩天数、游玩预算、游玩方式。

表7-12　新时代品牌在线旅游网站认知体验性聚类群体用户画像特征差异分析

统计项	构成及其对应的赋值	聚类群体1(N=186)			聚类群体2(N=315)			聚类群体3(N=272)		
		体验较差型			体验一般型			体验较优型		
		频数	频率	均值	频数	频率	均值	频数	频率	均值
性别	男性=1	98	52.70%	1.47	147	46.70%	1.53	123	45.20%	1.55
	女性=2	88	47.30%		168	53.30%		149	54.80%	
婚姻状况	单身=1	98	52.70%	1.47	148	47.00%	1.53	123	45.20%	1.55
	已婚=2	88	47.30%		167	53.00%		149	54.80%	
年龄	18岁以下	34	18.30%	2.22	57	18.10%	2.23	53	19.50%	2.33
	18～30岁	99	53.20%		166	52.70%		112	41.20%	
	31～40岁	37	19.90%		62	19.70%		76	27.90%	
	41～50岁	12	6.50%		24	7.60%		26	9.60%	
	51～60岁	3	1.60%		4	1.30%		4	1.50%	
	60岁以上	1	0.50%		2	0.60%		1	0.40%	
月收入	2 000元及以下=1	28	15.10%	3.23	49	15.60%	3.26	36	13.20%	3.52
	2 001～4 000元=2	36	19.40%		53	16.80%		43	15.80%	
	4 001～6 000元=3	40	21.50%		75	23.80%		44	16.20%	
	6 001～8 000元=4	45	24.20%		66	21.00%		76	27.90%	
	8 001～9 000元=5	21	11.30%		48	15.20%		39	14.30%	
	9 000元以上=6	16	8.60%		24	7.60%		34	12.50%	

（续表）

统计项	构成及其对应的赋值	聚类群体 1(N＝186)			聚类群体 2(N＝315)			聚类群体 3(N＝272)		
		体验较差型			体验一般型			体验较优型		
		频数	频率	均值	频数	频率	均值	频数	频率	均值
教育背景	小学及以下＝1	4	2.20%	3.29	8	2.50%	3.30	5	1.80%	3.45
	初中＝2	52	28.00%		106	33.70%		71	26.10%	
	高中/中专/技校＝3	30	16.10%		22	7.00%		27	9.90%	
	大学/大专＝4	86	46.20%		141	44.80%		134	49.30%	
	硕士及以上＝5	14	7.50%		38	12.10%		35	12.90%	
职业	国企职员＝1	29	15.60%	7.65	15	4.80%	7.61	22	8.10%	6.29
	外企职员＝2	2	1.10%		19	6.00%		19	7.00%	
	个体商人＝3	38	20.40%		15	4.80%		32	11.80%	
	政府公务员＝4	3	1.60%		20	6.30%		29	10.70%	
	专业技术人＝5	3	1.60%		35	11.10%		35	12.90%	
	服务人员＝6	1	0.50%		35	11.10%		24	8.80%	
	教师＝7	4	2.20%		20	6.30%		12	4.40%	
	学生＝8	19	10.20%		70	22.20%		50	18.40%	
	离退休人员＝9	10	5.40%		3	1.00%		1	0.40%	
	家庭主妇＝10	15	8.10%		4	1.30%		5	1.80%	
	军人＝11	29	15.60%		1	0.30%		0	0	
	农民、渔民＝12	2	1.10%		10	3.20%		9	3.30%	
	事业单位职员＝13	38	20.40%		26	8.30%		13	4.80%	
	工人＝14	3	1.60%		31	9.80%		15	5.50%	
	其他＝15	3	1.60%		11	3.50%		6	2.20%	
游玩次数	0 次＝1	21	11.30%	2.97	33	10.50%	3.35	20	7.40%	3.49
	1 次＝2	48	25.80%		38	12.10%		38	14.00%	
	2 次＝3	59	31.70%		99	31.40%		80	29.40%	
	3 次＝4	31	16.70%		77	24.40%		57	21.00%	
	4 次及以上＝5	27	14.50%		68	21.60%		77	28.30%	
游玩天数	≤1 天＝1	43	23.10%	2.32	72	22.90%	2.50	78	28.70%	2.28
	2～3 天＝2	75	40.30%		102	32.40%		96	35.30%	
	4～5 天＝3	43	23.10%		82	26.00%		59	21.70%	
	6～7 天＝4	16	8.60%		30	9.50%		23	8.50%	
	＞7 天＝5	9	4.80%		29	9.20%		16	5.90%	

（续表）

统计项	构成及其对应的赋值	聚类群体 1(N=186)			聚类群体 2(N=315)			聚类群体 3(N=272)		
		体验较差型			体验一般型			体验较优型		
		频数	频率	均值	频数	频率	均值	频数	频率	均值
旅游方式	独自=1	19	10.20%	2.82	27	8.60%	2.74	38	14.00%	2.53
	家人=2	71	38.20%		136	43.20%		108	39.70%	
	朋友=3	47	25.30%		81	25.70%		79	29.00%	
	同学/同事=4	22	11.80%		34	10.80%		37	13.60%	
	其他=5	27	14.50%		37	11.70%		10	3.70%	
游玩预算	400 元及以下=1	32	17.20%	3.35	31	9.80%	3.46	25	9.20%	3.83
	401～600 元=2	25	13.40%		64	20.30%		30	11.00%	
	601～800 元=3	35	18.80%		60	19.00%		45	16.50%	
	801～1 000 元=4	33	17.70%		50	15.90%		38	14.00%	
	1 000 元以上=5	61	32.80%		110	34.90%		134	49.30%	

在新时代，品牌在线旅游网站认知体验性体验较差型群体具有下列特点：①男性受访者占比大，达到 52.70%。②中青年用户占比大，年龄在 18～30 岁的用户受访者的占比达到 53.20%。③单身用户受访者占比大，达到 52.70%。④大学教育程度的用户受访者占比大，达到 46.20%。⑤月收入在 6 001～8 000 元的用户受访者占比大，达到 24.20%。⑥游玩次数为 2 次的用户受访者占比大，达到 31.70%。⑦游玩天数为 2～3 天的用户受访者占比大，达到 40.30%。⑧游玩预算在 1 000 元以上的用户受访者占比大，达到 32.80%。⑨和家人一起游玩的用户受访者占比大，达到 38.20%。

在新时代，品牌在线旅游网站认知体验性体验一般型群体具有下列特点：①女性受访者占比大，达到 53.30%。②中青年用户占比大，年龄在 18～30 岁的用户受访者的占比达到 52.70%。③已婚用户受访者占比大，达到 53.00%。④大学教育程度的用户受访者占比大，达到 44.80%。⑤月收入在 4 001～6 000 元的用户受访者占比大，达到 23.80%。⑥游玩次数为 2 次的用户受访者占比大，达到 31.40%。⑦游玩天数为 2～3 天的用户受访者占比大，达到 32.40%。⑧游玩预算在 1 000 元以上的用户受访者占比大，达到 34.90%。⑨和家人一起游玩的用户受访者占比大，达到 43.20%。

在新时代，品牌在线旅游网站认知体验性体验较优型群体具有下列特点：①女性受访者占比大，达到 54.80%。②中青年用户占比大，年龄在 18～30 岁的用户受访者的占比达到 41.20%。③已婚用户受访者占比大，达到 54.80%。④大学教育程度的用户受访者占比大，达到 49.30%。⑤月收入在 6 001～8 000 元的用户受访者占比大，达到 27.90%。⑥游玩次数为 2 次的用户受访者占比大，达到 29.40%。⑦游玩天数为 2～3 天的用户受访者占比大，达到 35.30%。⑧游玩预算在 1 000 元以上的用户受访者占比大，达到 49.30%。⑨和家人一起游玩的用户受访者占比大，达到 39.70%。

二、品牌在线旅游网站认知体验性的聚类群体细分差异原因分析

综合来看，无论在事件前、事件中，还是在新时代，用户受访者关于品牌在线旅游网站认知体验性的聚类群体都分为三类，即体验较差型、体验一般型和体验较优型。其中，体验较差型群体对品牌在线旅游网站认知体验性的认知水平最低，体验一般型群体对品牌在线旅游网站认知体验性的认知水平一般，体验较优型群体对品牌在线旅游网站认知体验性的认知水平最高。用户受访者关于品牌在线旅游网站认知体验性的聚类群体细分差异的原因如下。

第一，旅游需求较弱的原因。从人口统计学特征分析可知，第一类群体中女性用户居多。他们的年龄一般在18～30岁，到异地游玩时，其停留时间通常较短，游玩预算较低，一般会选择和家人一起出行。此类用户大多是第一次旅游的中青年用户。由于在线购买旅游产品的需求不强，他们不经常在品牌在线旅游网站购买产品，体验感偏弱。

第二，产品价格敏感的原因。从人口统计学特征分析可知，第二类群体中男性用户居多。他们的年龄一般在18～30岁，到异地游玩时，其停留时间通常较短，一般在2～3天，会选择和家人出行。此类用户需要为家人购买产品，对旅游产品的性价比要求较高，会主动关注促销活动等。

第三，娱乐体验需求的原因。从人口统计学特征分析可知，第三类群体中男性用户居多。他们的游玩通常非常频繁，停留时间较短，游玩预算较高，与家人和朋友出行较多。此类用户的旅游经验丰富，对品牌在线旅游网站的黏性较高。他们期待在使用旅游网站时可以拥有愉快的认知，愉悦感会激发他们的旅游兴趣。

第四节　品牌在线旅游网站认知风险性的聚类群体差异

一、品牌在线旅游网站认知风险性的聚类群体细分差异比较

如表7-13所示，在事件前，用户受访者关于品牌在线旅游网站认知风险性的认知存在群体性差异。聚类分析结果表明，在事件前，用户受访者关于品牌在线旅游网站认知风险性可分为三类：第一类为品牌在线旅游网站认知风险性风险一般型群体，第二类为品牌在线旅游网站认知风险性风险敏感型群体，第三类为品牌在线旅游网站认知风险性风险无感型群体。其中，品牌在线旅游网站认知风险性风险一般型群体对“品牌在线旅游网站财务隐私”“品牌在线旅游网站功能风险”“品牌在线旅游网站时间风险”和“品牌在线旅游网站心理风险”的认知整体一般，评分系数分别为3.71、3.71、3.76和3.64。品牌在线旅游网站认知风险性风险敏感型群体对“品牌在线旅游网站财务隐私”“品牌在线旅游网站功能风险”“品牌在线旅游网站时间风险”和“品牌在线旅游网站心理风险”的认知整体较高，评分系数分别为4.34、4.42、4.40和4.44。品牌在线旅游网站认知风险性风险无感型群体对“品牌在线旅游网站财务隐私”“品牌在线旅游网站功能风险”“品牌在线旅游网站时间风险”和“品牌在线旅

游网站心理风险”的认知整体较低，评分系数分别为 2.61、2.83、3.44 和 3.25。*F* 值的检验结果表明，各公因子在聚类结果间的差异具有统计学意义，这说明在事件前，用户受访者关于品牌在线旅游网站认知风险性对“品牌在线旅游网站财务隐私”“品牌在线旅游网站功能风险”“品牌在线旅游网站时间风险”和“品牌在线旅游网站心理风险”的影响存在显著性差异。

表 7-13　品牌在线旅游网站认知风险性的聚类群体差异分析

事件前公因子	聚类群体 1	聚类群体 2	聚类群体 3	*F* 值	Sig.
	风险一般型	风险敏感型	风险无感型		
品牌在线旅游网站财务隐私	3.71	4.34	2.61	517.126	0.000***
品牌在线旅游网站功能风险	3.71	4.42	2.83	418.277	0.000***
品牌在线旅游网站时间风险	3.76	4.40	3.44	136.694	0.000***
品牌在线旅游网站心理风险	3.64	4.44	3.25	244.591	0.000***
事件中公因子	聚类群体 1	聚类群体 2	聚类群体 3	*F* 值	Sig.
	风险一般型	风险敏感型	风险无感型		
品牌在线旅游网站时间心理风险	3.56	4.51	3.02	481.095	0.000***
品牌在线旅游网站隐私风险	3.33	4.53	1.99	1 263.049	0.000***
品牌在线旅游网站财务功能风险	3.44	4.51	2.62	813.965	0.000***
新时代公因子	聚类群体 1	聚类群体 2	聚类群体 3	*F* 值	Sig.
	风险一般型	风险敏感型	风险无感型		
品牌在线旅游网站心理风险	3.53	4.50	2.98	431.986	0.000***
品牌在线旅游网站财务风险	3.48	4.51	2.16	845.159	0.000***
品牌在线旅游网站功能风险	3.56	4.51	2.67	479.590	0.000***
品牌在线旅游网站隐私风险	3.32	4.23	2.05	468.620	0.000***

注：* $P<0.05$，** $P<0.01$，*** $P<0.001$。

在事件中，用户受访者关于品牌在线旅游网站认知风险性的认知存在群体性差异。聚类分析结果表明，在事件中，用户受访者关于品牌在线旅游网站认知风险性可分为三类：第一类为品牌在线旅游网站认知风险性风险一般型群体，第二类为品牌在线旅游网站认知风险性风险敏感型群体，第三类为品牌在线旅游网站认知风险性风险无感型群体。其中，品牌在线旅游网站认知风险性风险一般型群体对“品牌在线旅游网站财务功能风险”“品牌在线旅游网站隐私风险”“品牌在线旅游网站时间心理风险”的认知整体一般，评分系数分别为 3.44、3.33、3.56。品牌在线旅游网站认知风险性风险敏感型群体对“品牌在线旅游网站财务功能风险”“品牌在线旅游网站隐私风险”“品牌在线旅游网站时间心理风险”的认知整体较高，评分系数分别为 4.51、4.53、4.51。品牌在线旅游网站认知风险性风险无感型群体对“品牌在线旅游网站财务功能风险”“品牌在线旅游网站隐私风险”“品牌在线旅游网站时间心理风险”的认知整体较低，评分系数分别为 2.62、1.99、3.02。*F* 值的检验结果表明，各公因子在聚类结果间的差异具有统计学意义，这说明在事件中，用户受访者关于品牌在线旅游网站认知风险性对“品牌在线旅游网站财务功能风险”“品牌在线旅游网站隐私风险”“品牌在线旅游网站时间心理风险”的影响存在显著性差异。

在新时代，用户受访者关于品牌在线旅游网站认知风险性的认知存在群体性差异。聚类分析结果表明，在新时代，用户受访者关于品牌在线旅游网站认知风险性可分为三类：第一类为品牌在线旅游网站认知风险性风险一般型群体，第二类为品牌在线旅游网站认知风险性风险敏感型群体，第三类为品牌在线旅游网站认知风险性风险无感型群体。其中，品牌在线旅游网站认知风险性风险一般型群体对“品牌在线旅游网站心理风险”“品牌在线旅游网站财务风险”“品牌在线旅游网站功能风险”和“品牌在线旅游网站隐私风险”的认知整体一般，评分系数分别为 3.53、3.48、3.56 和 3.32。品牌在线旅游网站认知风险性风险敏感型群体对“品牌在线旅游网站心理风险”“品牌在线旅游网站财务风险”“品牌在线旅游网站功能风险”和“品牌在线旅游网站隐私风险”的认知整体较高，评分系数分别为 4.50、4.51、4.51 和 4.23。品牌在线旅游网站认知风险性风险无感型群体对“品牌在线旅游网站心理风险”“品牌在线旅游网站财务风险”“品牌在线旅游网站功能风险”和“品牌在线旅游网站隐私风险”的认知整体较低，评分系数分别为 2.98、2.16、2.67 和 2.05。F 值的检验结果表明，各公因子在聚类结果间的差异具有统计学意义，这说明在新时代，用户受访者关于品牌在线旅游网站认知风险性对“品牌在线旅游网站心理风险”“品牌在线旅游网站财务风险”“品牌在线旅游网站功能风险”和“品牌在线旅游网站隐私风险”的影响存在显著性差异。

在事件前，关于对品牌在线旅游网站认知风险性的认知，对不同聚类群体的用户画像特征分析如表 7-14 所示。这些特征包括性别、年龄、婚姻状况、教育背景、月收入、游玩次数、游玩天数、游玩预算、游玩方式。

表 7-14　事件前品牌在线旅游网站认知风险性聚类群体用户画像特征差异分析

统计项	构成及其对应的赋值	聚类群体 1（N=268）			聚类群体 2（N=236）			聚类群体 3（N=103）		
		风险一般型			风险敏感型			风险无感型		
		频数	频率	均值	频数	频率	均值	频数	频率	均值
性别	男性=1	119	44.40%	1.56	115	48.73%	1.51	39	37.86%	1.62
	女性=2	149	55.60%		121	51.27%		64	62.14%	
年龄	18 岁以下=1	8	2.99%	2.95	4	1.69%	2.89	4	3.88%	3.07
	18～30 岁=2	80	29.85%		85	36.02%		32	31.07%	
	31～45 岁=3	117	43.66%		92	38.98%		38	36.89%	
	46～60 岁=4	43	16.04%		43	18.22%		11	10.68%	
	60 岁以上=5	20	7.46%		12	5.09%		18	17.48%	
婚姻状况	单身=1	110	41.04%	1.59	104	44.07%	1.56	43	41.75%	1.58
	已婚=2	158	58.96%		132	55.93%		60	58.25%	

（续表）

统计项	构成及其对应的赋值	聚类群体 1(N=268) 风险一般型			聚类群体 2(N=236) 风险敏感型			聚类群体 3(N=103) 风险无感型		
		频数	频率	均值	频数	频率	均值	频数	频率	均值
教育背景	小学及以下=1	1	0.37%	3.96	1	0.42%	4.03	0	0	4.04
	初中=2	1	0.37%		1	0.42%		0	0	
	高中=3	40	14.93%		25	10.59%		15	14.56%	
	大学=4	191	71.27%		172	72.88%		69	66.99%	
	硕士及以上=5	35	13.06%		37	15.69%		19	18.45%	
月收入	1 000 元及以下=1	20	7.46%	4.69	13	5.51%	4.72	8	7.77%	4.63
	1 001～3 000 元=2	17	6.34%		12	5.08%		7	6.80%	
	3 001～5 000 元=3	24	8.96%		21	8.90%		10	9.71%	
	5 001～7 000 元=4	29	10.82%		45	19.07%		16	15.53%	
	7 001～9 000 元=5	53	19.78%		35	14.83%		11	10.68%	
	9 000 元以上=6	125	46.64%		110	46.61%		51	49.51%	
游玩次数	1 次=1	42	15.67%	3.34	39	16.53%	3.46	24	23.30%	3.07
	2 次=2	54	20.15%		32	13.56%		22	21.36%	
	3 次=3	44	16.42%		32	13.56%		13	12.62%	
	4 次=4	26	9.70%		48	20.34%		11	10.68%	
	4 次以上=5	102	38.06%		85	36.01%		33	32.04%	
游玩天数	≤1 天=1	7	2.61%	3.85	8	3.39%	3.58	4	3.88%	3.58
	2～3 天=2	37	13.81%		59	25.00%		23	22.33%	
	4～5 天=3	63	23.51%		41	17.37%		21	20.39%	
	6～7 天=4	44	16.42%		45	19.07%		19	18.45%	
	>7 天=5	117	43.65%		83	35.17%		36	34.95%	
游玩预算	400 元及以下=1	5	1.87%	4.33	6	2.54%	4.47	3	2.91%	4.42
	401～600 元=2	9	3.36%		8	3.39%		4	3.88%	
	601～800 元=3	33	12.31%		10	4.24%		9	8.74%	
	801～1 000 元=4	67	25.00%		58	24.58%		18	17.48%	
	1 000 元以上=5	154	57.46%		154	65.25%		69	66.99%	
游玩方式	独自出游=1	31	11.57%	2.74	25	10.59%	2.89	12	11.65%	2.73
	和家人一起=2	91	33.96%		66	27.97%		36	34.95%	
	和朋友一起=3	78	29.10%		70	29.66%		29	28.16%	
	和同学/同事=4	54	20.15%		60	25.42%		20	19.42%	
	其他=5	14	5.22%		15	6.36%		6	5.82%	

在事件前，品牌在线旅游网站认知风险性风险一般型群体具有下列特点：①女性受访者占比大，达到55.60%。②中年用户占比大，年龄在31～45岁的用户受访者的占比达到43.66%。③已婚用户受访者占比大，达到58.96%。④大学教育程度的用户受访者占比大，达到71.27%。⑤月收入在9 000元以上的用户受访者占比大，达到46.64%。⑥游玩次数为4次以上的用户受访者占比大，达到38.06%。⑦游玩天数大于7天的用户受访者占比大，达到43.65%。⑧游玩预算在1 000元以上的用户受访者占比大，达到57.46%。⑨和家人一起游玩的用户受访者占比大，达到33.96%。

在事件前，品牌在线旅游网站认知风险性风险敏感型群体具有下列特点：①女性受访者占比大，达到51.27%。②中年用户占比大，年龄在31～45岁的用户受访者的占比达到38.98%。③已婚用户受访者占比大，达到55.93%。④大学教育程度的用户受访者占比大，达到72.88%。⑤月收入在9 000元以上的用户受访者占比大，达到46.61%。⑥游玩次数为4次以上的用户受访者占比大，达到36.01%。⑦游玩天数大于7天的用户受访者占比大，达到35.17%。⑧游玩预算在1 000元以上的用户受访者占比大，达到65.25%。⑨和朋友一起游玩的用户受访者占比大，达到29.66%。

在事件前，品牌在线旅游网站认知风险性风险无感型群体具有下列特点：①女性受访者占比大，达到62.14%。②中年用户占比大，年龄在31～45岁的用户受访者的占比达到36.89%。③已婚用户受访者占比大，达到58.25%。④大学教育程度的用户受访者占比大，达到66.99%。⑤月收入在9 000元以上的用户受访者占比大，达到49.51%。⑥游玩次数为4次以上的用户受访者占比大，达到32.04%。⑦游玩天数大于7天的用户受访者占比大，达到34.95%。⑧游玩预算在1 000元以上的用户受访者占比大，达到66.99%。⑨和家人一起游玩的用户占比大，达到34.95%。

在事件中，关于对品牌在线旅游网站认知风险性的认知，对不同聚类群体的用户画像特征分析如表7-15所示。这些特征包括性别、年龄、婚姻状况、教育背景、月收入、游玩次数、游玩天数、游玩预算、游玩方式。

表7-15　事件中品牌在线旅游网站认知风险性聚类群体用户画像特征差异分析

统计项	构成及其对应的赋值	聚类群体1（$N=385$）			聚类群体2（$N=363$）			聚类群体3（$N=141$）		
		风险一般型			风险敏感型			风险无感型		
		频数	频率	均值	频数	频率	均值	频数	频率	均值
性别	男性＝1	176	45.70%	1.54	200	55.10%	1.45	66	46.80%	1.53
	女性＝2	209	54.30%		163	44.90%		75	53.20%	
年龄	18岁以下＝1	73	19.00%	2.34	36	9.90%	2.43	44	31.20%	2.11
	18～30岁＝2	173	44.90%		192	52.90%		61	43.30%	
	31～40岁＝3	88	22.90%		82	22.60%		19	13.50%	
	41～50岁＝4	42	10.90%		50	13.80%		12	8.50%	
	51～60岁＝5	6	1.60%		3	0.80%		4	2.80%	
	60岁以上＝6	3	0.80%		0	0		1	0.70%	

（续表）

统计项	构成及其对应的赋值	聚类群体 1(N=385)			聚类群体 2(N=363)			聚类群体 3(N=141)		
		风险一般型			风险敏感型			风险无感型		
		频数	频率	均值	频数	频率	均值	频数	频率	均值
婚姻状况	单身=1	257	66.80%	1.33	212	58.40%	1.42	102	72.30%	1.28
	已婚=2	128	33.20%		151	41.60%		39	27.70%	
教育背景	小学及以下=1	4	1.00%	3.67	7	1.90%	3.74	1	0.70%	3.63
	初中=2	24	6.20%		21	5.80%		11	7.80%	
	高中/中专/技校=3	110	28.60%		66	18.20%		50	35.50%	
	大学/大专=4	205	53.20%		236	65.00%		56	39.70%	
	硕士及以上=5	42	10.90%		33	9.10%		23	16.30%	
月收入	2 000 元及以下=1	144	37.40%	2.77	87	24.00%	3.23	69	48.90%	2.38
	2 001～4 000 元=2	56	14.50%		52	14.30%		21	14.90%	
	4 001～6 000 元=3	51	13.20%		45	12.40%		16	11.30%	
	6 001～8 000 元=4	47	12.20%		75	20.70%		9	6.40%	
	8 001～9 000 元=5	53	13.80%		77	21.20%		15	10.60%	
	9 000 元以上=6	34	8.80%		27	7.40%		11	7.80%	
游玩次数	0 次=1	110	28.60%	2.77	76	20.90%	2.95	39	27.70%	2.74
	1 次=2	72	18.70%		72	19.80%		30	21.30%	
	2 次=3	76	19.70%		89	24.50%		33	23.40%	
	3 次=4	49	12.70%		46	12.70%		6	4.30%	
	4 次及以上=5	78	20.30%		80	22.00%		33	23.40%	
游玩天数	≤1 天=1	160	41.60%	2.11	98	27.00%	2.36	57	40.40%	2.30
	2～3 天=2	117	30.40%		143	39.40%		32	22.70%	
	4～5 天=3	52	13.50%		53	14.60%		21	14.90%	
	6～7 天=4	18	4.70%		30	8.30%		15	10.60%	
	>7 天=5	38	9.90%		39	10.70%		16	11.30%	
游玩预算	400 元及以下=1	102	26.50%	3.18	84	23.10%	3.42	39	27.70%	3.35
	401～600 元=2	38	9.90%		33	9.10%		11	7.80%	
	601～800 元=3	53	13.80%		41	11.30%		13	9.20%	
	801～1 000 元=4	71	18.40%		56	15.40%		18	12.80%	
	1 000 元以上=5	121	31.40%		149	41.00%		60	42.60%	

（续表）

统计项	构成及其对应的赋值	聚类群体 1（N=385）			聚类群体 2（N=363）			聚类群体 3（N=141）		
		风险一般型			风险敏感型			风险无感型		
		频数	频率	均值	频数	频率	均值	频数	频率	均值
游玩方式	独自出游=1	71	18.40%	2.45	56	15.40%	2.56	16	11.30%	2.44
	和家人一起=2	166	43.10%		145	39.90%		69	48.90%	
	和朋友一起=3	75	19.50%		90	24.80%		38	27.00%	
	和同学/同事=4	48	12.50%		48	13.20%		14	9.90%	
	其他=5	25	6.50%		24	6.60%		4	2.80%	

在事件中，品牌在线旅游网站认知风险性风险一般型群体具有下列特点：①女性受访者占比大，达到 54.30%。②中青年用户占比大，年龄在 18～30 岁的用户受访者的占比达到 44.90%。③单身用户受访者占比大，达到 66.80%。④大学教育程度的用户受访者占比大，达到 53.20%。⑤月收入在 2 000 元以内的用户受访者占比大，达到 37.40%。⑥游玩次数为 0 次的用户受访者占比大，达到 28.60%。⑦游玩天数为 1 天以内的用户受访者占比大，达到 41.60%。⑧游玩预算在 1 000 元以上的用户受访者占比大，达到 31.40%。⑨和家人一起游玩的用受访者占比大，达到 43.10%。

在事件中，品牌在线旅游网站认知风险性风险敏感型群体具有下列特点：①男性受访者占比大，达到 55.10%。②中青年用户占比大，年龄在 18～30 岁的用户受访者的占比达到 52.90%。③单身用户受访者占比大，达到 58.40%。④大学教育程度的用户受访者占比大，达到 65.00%。⑤月收入在 2 000 元以内的用户受访者占比大，达到 24.00%。⑥游玩次数为 2 次的用户受访者占比大，达到 24.50%。⑦游玩天数为 2～3 天的用户受访者占比大，达到 39.40%。⑧游玩预算在 1 000 元以上的用户受访者占比大，达到 41.00%。⑨和家人一起游玩的用户占比大，达到 39.90%。

在事件中，品牌在线旅游网站认知风险性风险无感型群体具有下列特点：①女性受访者占比大，达到 53.20%。②中青年用户占比大，年龄在 18～30 岁的用户受访者的占比达到 43.30%。③单身用户受访者占比大，达到 72.30%。④大学教育程度的用户受访者占比大，达到 39.70%。⑤月收入在 2 000 元以内的用户受访者占比大，达到 48.90%。⑥游玩次数为 0 次的用户受访者占比大，达到 27.70%。⑦游玩天数为 1 天以内的用户受访者占比大，达到 40.40%。⑧游玩预算在 1 000 元以上的用户受访者占比大，达到 42.60%。⑨和家人一起游玩的用户占比大，达到 48.90%。

在新时代，关于对品牌在线旅游网站认知风险性的认知，对不同聚类群体的用户画像特征分析如表 7-16 所示。这些特征包括性别、年龄、婚姻状况、教育背景、月收入、职业、游玩次数、游玩天数、游玩预算、游玩方式。

在新时代，品牌在线旅游网站认知风险性风险一般型群体具有下列特点：①女性受访者占比大，达到 52.80%。②中青年用户占比大，年龄在 18～30 岁的用户受访者的占比达到 51.60%。③单身用户受访者占比大，达到 51.60%。④大学教育程度的用户受访者占比

表 7-16　新时代品牌在线旅游网站认知风险性聚类群体用户画像特征差异分析

统计项	构成及其对应的赋值	聚类群体 1(N=246)			聚类群体 2(N=435)			聚类群体 3(N=92)		
		风险一般型			风险敏感型			风险无感型		
		频数	频率	均值	频数	频率	均值	频数	频率	均值
性别	男性=1	116	47.20%	1.53	201	46.20%	1.54	51	53.70%	1.45
	女性=2	130	52.80%		234	53.80%		41	43.20%	
婚姻状况	单身=1	127	51.60%	1.48	196	45.10%	1.55	46	51.60%	1.50
	已婚=2	119	48.40%		239	54.90%		46	48.40%	
年龄	18 岁以下	43	17.50%	2.26	86	19.80%	2.26	15	15.80%	2.33
	18～30 岁	127	51.60%		204	46.90%		46	48.40%	
	31～40 岁	53	21.50%		103	23.70%		19	20.00%	
	41～50 岁	18	7.30%		34	7.80%		10	10.50%	
	51～60 岁	3	1.20%		6	1.40%		2	2.10%	
	60 岁以上	2	0.80%		2	0.50%		0	0	
月收入	2 000 元及以下=1	41	16.70%	3.25	56	12.90%	3.45	16	16.80%	3.11
	2 001～4 000 元=2	38	15.40%		75	17.20%		19	20.00%	
	4 001～6 000 元=3	57	23.20%		85	19.50%		17	17.90%	
	6 001～8 000 元=4	54	22.00%		108	24.80%		25	26.30%	
	8 001～9 000 元=5	40	16.30%		59	13.60%		9	9.50%	
	9 000 元以上=6	16	6.50%		52	12.00%		6	6.30%	
教育背景	小学及以下=1	4	1.60%	3.36	12	2.80%	3.34	1	1.10%	3.38
	初中=2	70	28.50%		135	31.00%		24	25.30%	
	高中/中专/技校=3	32	13.00%		35	8.00%		12	12.60%	
	大学/大专=4	114	46.30%		198	45.50%		49	51.60%	
	硕士及以上=5	26	10.60%		55	12.60%		6	6.30%	
职业	国企职员=1	17	6.90%	7.46	29	6.70%	6.67	0	0	8.64
	外企职员=2	18	7.30%		25	5.70%		6	6.30%	
	个体商人=3	16	6.50%		44	10.10%		4	4.20%	
	政府公务员=4	10	4.10%		38	8.70%		6	6.300%	
	专业技术人=5	27	11.00%		56	12.90%		7	7.40%	
	服务人员=6	31	12.60%		46	10.60%		11	11.60%	
	教师=7	8	3.30%		26	6.00%		0	0	
	学生=8	47	19.10%		86	19.80%		25	26.30%	
	离退休人员=9	3	1.20%		4	0.90%		0	0	
	家庭主妇=10	4	1.60%		6	1.40%		2	2.10%	
	军人=11	2	0.80%		0	0.00%		0	0	
	农民、渔民=12	8	3.30%		11	2.50%		4	4.20%	
	事业单位职员=13	26	10.60%		22	5.10%		10	10.50%	
	工人=14	17	6.90%		32	7.40%		7	7.40%	
	其他=15	12	4.90%		10	2.30%		10	10.50%	

（续表）

统计项	构成及其对应的赋值	聚类群体 1(N=246)			聚类群体 2(N=435)			聚类群体 3(N=92)		
		风险一般型			风险敏感型			风险无感型		
		频数	频率	均值	频数	频率	均值	频数	频率	均值
游玩次数	0 次=1	28	11.40%	3.23	36	8.30%	3.42	10	10.90%	2.97
	1 次=2	48	19.50%		52	12.00%		24	26.10%	
	2 次=3	66	26.80%		142	32.60%		30	32.60%	
	3 次=4	47	19.10%		103	23.70%		15	16.30%	
	4 次及以上=5	57	23.20%		102	23.40%		13	14.10%	
游玩天数	≤1 天=1	60	24.40%	2.51	114	26.20%	2.31	19	20.00%	2.30
	2～3 天=2	72	29.30%		159	36.60%		42	44.20%	
	4～5 天=3	64	26.00%		100	23.00%		20	21.10%	
	6～7 天=4	28	11.40%		35	8.00%		6	6.30%	
	>7 天=5	22	8.90%		27	6.20%		5	5.30%	
游玩方式	独自=1	32	13.00%	2.74	49	11.30%	2.60	3	3.20%	2.97
	家人=2	88	35.80%		183	42.10%		44	46.30%	
	朋友=3	68	27.60%		122	28.00%		17	17.90%	
	同学/同事=4	27	11.00%		57	13.10%		9	9.50%	
	其他=5	31	12.60%		24	5.50%		19	20.00%	
游玩预算	400 元及以下=1	34	13.80%	3.46	40	9.20%	3.67	14	14.70%	3.33
	401～600 元=2	38	15.40%		65	14.90%		16	16.80%	
	601～800 元=3	44	17.90%		79	18.20%		17	17.90%	
	801～1 000 元=4	40	16.30%		65	14.90%		16	16.80%	
	1 000 元以上=5	90	36.60%		186	42.80%		29	30.50%	

大，达到 46.30%。⑤月收入在 4 001～6 000 元的用户受访者占比大，达到 23.20%。⑥游玩次数为 2 次的用户受访者占比大，达到 26.80%。⑦游玩天数为 2～3 天的用户受访者占比大，达到 29.30%。⑧游玩预算在 1 000 元以上的用户受访者占比大，达到 36.60%。⑨和家人一起游玩的用受访者占比大，达到 35.80%。

在新时代，品牌在线旅游网站认知风险性风险敏感型群体具有下列特点：①女性受访者占比大，达到 53.80%。②中青年用户占比大，年龄在 18～30 岁的用户受访者的占比达到 46.90%。③已婚用户受访者占比大，达到 54.90%。④大学教育程度的用户受访者占比大，达到 45.50%。⑤月收入在 6 001～8 000 元的用户受访者占比大，达到 24.80%。⑥游玩次数为 2 次的用户受访者占比大，达到 32.60%。⑦游玩天数为 2～3 天的用户受访者占比大，达到 36.60%。⑧游玩预算在 1 000 元以上的用户受访者占比大，达到 42.80%。⑨和家人一起游玩的用户受访者占比大，达到 42.10%。

在新时代，品牌在线旅游网站认知风险性风险无感型群体具有下列特点：①男性受访者占比大，达到 53.70%。②中青年用户占比大，年龄在 18～30 岁的用户受访者的占比达到 48.40%。③单身用户受访者占比大，达到 51.60%。④大学教育程度的用户受访者占比大，达到 51.60%。⑤月收入在 6 001～8 000 元的用户受访者占比大，达到 26.30%。⑥游玩次数为 2 次的用户受访者占比大，达到 32.60%。⑦游玩天数为 2～3 天的用户受访者占比大，达到 44.20%。⑧游玩预算在 1 000 元以上的用户受访者占比大，达到 30.50%。⑨和家人一起游玩的用户受访者占比大，达到 46.30%。

二、品牌在线旅游网站认知风险性的聚类群体细分差异原因分析

综合来看，无论在事件前、事件中，还是在新时代，用户受访者关于品牌在线旅游网站认知风险性的聚类群体都分为三类，即风险一般型、风险敏感型和风险无感型。其中，风险一般型群体对品牌在线旅游网站认知风险性的认知水平一般，风险敏感型群体对品牌在线旅游网站认知风险性的认知水平较高，风险无感型群体对品牌在线旅游网站认知风险性的认知水平最低。用户受访者关于品牌在线旅游网站认知风险性的聚类群体细分差异的原因如下。

第一，关注时间成本的原因。从人口统计学特征分析可知，第一类群体中女性用户居多。他们的年龄大多在 18～30 岁，游玩较为不频繁，停留时间较短，但是其游玩预算较高，通常选择和家人一起出行。此类用户在使用品牌在线旅游网站时，获取旅游信息的时间短，品牌在线旅游网站系统可以为他们节省时间。

第二，个人信息安全的原因。从人口统计学特征分析可知，第二类群体中男性用户居多。其年龄大多在 18～30 岁，游玩通常较为频繁，停留时间较长，一般在 2～3 天，且会选择和家人出行。此类用户对品牌在线旅游网站财务隐私较为敏感，如结算系统是否准确、交易信息和个人信息是否被泄露等。

第三，信任网站功能的原因。从人口统计学特征分析可知，第三类群体中女性用户居多。他们游玩通常不频繁，停留时间一般较短，游玩预算却较高，且其与家人出行的情况较多。此类用户不担心在品牌在线旅游网站上找不到合适的功能，不担心品牌在线旅游网站的功能不满足其需要，不担心享受不到售后服务。

第五节　品牌在线旅游网站认知质量性的聚类群体差异

一、品牌在线旅游网站认知质量性的聚类群体细分差异比较

如表 7-17 所示，在事件前，用户受访者关于品牌在线旅游网站认知质量性的认知存在群体性差异。聚类分析结果表明，在事件前，用户受访者关于品牌在线旅游网站认知质量性可分为三类：第一类为品牌在线旅游网站认知质量性质量较优型群体，第二类为品牌在线旅游网站认知质量性质量较差型群体，第三类为品牌在线旅游网站认知质量性质量一般型群体。其中，品牌在线旅游网站认知质量性质量较优型群体对“品牌在线旅游网站系统质量”“品牌在线旅游网站信息质量”的认知整体较高，评分系数分别为 4.45、4.57。品牌在线旅游网站认知质量性质量较差型群体对“品牌在线旅游网站系统质量”“品牌在线旅游网站信息质量”的认知整体较低，评分系数分别为 2.92、3.14。品牌在线旅游网站认知质量性质量一

般型群体对“品牌在线旅游网站系统质量”“品牌在线旅游网站信息质量”的认知整体一般，评分系数分别为3.82、3.79。F值的检验结果表明，各公因子在聚类结果间的差异具有统计学意义，这说明在事件前，用户受访者关于品牌在线旅游网站认知质量性对“品牌在线旅游网站系统质量”和“品牌在线旅游网站信息质量”的影响存在显著性差异。

表7-17 品牌在线旅游网站认知质量性的聚类群体差异分析

事件前公因子	聚类群体1	聚类群体2	聚类群体3	F值	Sig.
	质量较优型	质量较差型	质量一般型		
品牌在线旅游网站系统质量	4.45	2.92	3.82	579.022	0.000***
品牌在线旅游网站信息质量	4.57	3.14	3.79	639.033	0.000***
事件中公因子	聚类群体1	聚类群体2	聚类群体3	F值	Sig.
	质量较优型	质量较差型	质量一般型		
品牌在线旅游网站系统质量	4.79	3.13	4.00	1 153.837	0.000***
品牌在线旅游网站信息质量	4.82	2.91	3.87	1 498.605	0.000***
新时代公因子	聚类群体1	聚类群体2	聚类群体3	F值	Sig.
	质量较优型	质量较差型	质量一般型		
品牌在线旅游网站系统质量	4.79	2.90	4.03	997.515	0.000***
品牌在线旅游网站信息质量	4.80	2.61	3.83	1 213.876	0.000***

注：* $P<0.05$，** $P<0.01$，*** $P<0.001$。

在事件中，用户受访者关于品牌在线旅游网站认知质量性的认知存在群体性差异。聚类分析结果表明，在事件中，用户受访者关于品牌在线旅游网站认知质量性可分为三类：第一类为品牌在线旅游网站认知质量性质量较优型群体，第二类为品牌在线旅游网站认知质量性质量较差型群体，第三类为品牌在线旅游网站认知质量性质量一般型群体。其中，品牌在线旅游网站认知质量性质量较优型群体对“品牌在线旅游网站系统质量”“品牌在线旅游网站信息质量”的认知整体较高，评分系数分别为4.79、4.82。品牌在线旅游网站认知质量性质量较差型群体对“品牌在线旅游网站系统质量”“品牌在线旅游网站信息质量”的认知整体较低，评分系数分别为3.13、2.91。品牌在线旅游网站认知质量性质量一般型群体对“品牌在线旅游网站系统质量”“品牌在线旅游网站信息质量”的认知整体一般，评分系数分别为4.00、3.87。F值的检验结果表明，各公因子在聚类结果间的差异具有统计学意义，这说明在事件中，用户受访者关于品牌在线旅游网站认知质量性对“品牌在线旅游网站系统质量”和“品牌在线旅游网站信息质量”的影响存在显著性差异。

在新时代，用户受访者关于品牌在线旅游网站认知质量性的认知存在群体性差异。聚类分析结果表明，在新时代，用户受访者关于品牌在线旅游网站认知质量性可分为三类：第一类为品牌在线旅游网站认知质量性质量较优型群体，第二类为品牌在线旅游网站认知质量性质量较差型群体，第三类为品牌在线旅游网站认知质量性质量一般型群体。其中，品牌在线旅游网站认知质量性质量较优型群体对“品牌在线旅游网站系统质量”“品牌在线旅游网站信息质量"的认知整体较高，评分系数分别为 4.79、4.80。品牌在线旅游网站认知质量性质量较差型群体对"品牌在线旅游网站系统质量""品牌在线旅游网站信息质量"的认知整体较低，评分系数分别为 2.90、2.61。品牌在线旅游网站认知质量性质量一般型群体对"品牌在线旅游网站系统质量""品牌在线旅游网站信息质量"的认知整体一般，评分系数分别为 4.03、3.83。*F* 值的检验结果表明，各公因子在聚类结果间的差异具有统计学意义，这说明在新时代，用户受访者关于品牌在线旅游网站认知质量性对"品牌在线旅游网站系统质量"和"品牌在线旅游网站信息质量"的影响存在显著性差异。

在事件前，关于对品牌在线旅游网站认知质量性的认知，对不同聚类群体的用户画像特征分析如表 7-18 所示。这些特征包括性别、年龄、婚姻状况、教育背景、月收入、游玩次数、游玩天数、游玩预算、游玩方式。

表 7-18　事件前品牌在线旅游网站认知质量性聚类群体用户画像特征差异分析

统计项	构成及其对应的赋值	聚类群体 1(*N*=257)			聚类群体 2(*N*=81)			聚类群体 3(*N*=269)		
		质量较优型			质量较差型			质量一般型		
		频数	频率	均值	频数	频率	均值	频数	频率	均值
性别	男性=1	118	45.91%	1.54	36	44.44%	1.56	119	44.24%	1.56
	女性=2	139	54.09%		45	55.56%		150	55.76%	
年龄	18 岁以下=1	6	2.33%	2.88	1	1.23%	3.33	9	3.35%	2.90
	18～30 岁=2	88	34.24%		23	28.40%		86	31.97%	
	31～45 岁=3	109	42.42%		23	28.40%		115	42.75%	
	46～60 岁=4	40	15.56%		16	19.75%		41	15.24%	
	60 岁以上=5	14	5.45%		18	22.22%		18	6.69%	
婚姻状况	单身=1	116	45.14%	1.55	29	35.80%	1.64	112	41.64%	1.58
	已婚=2	141	54.86%		52	64.20%		157	58.36%	
教育背景	小学及以下=1	1	0.39%	4.00	0	0	4.01	1	0.37%	4.00
	初中=2	1	0.39%		0	0		1	0.37%	
	高中=3	29	11.28%		15	18.52%		36	13.38%	
	大学=4	192	74.71%		50	61.73%		190	70.64%	
	硕士及以上=5	34	13.23%		16	19.75%		41	15.24%	
月收入	1 000 元及以下=1	18	7.01%	4.64	2	2.47%	4.98	21	7.81%	4.66
	1 001～3 000 元=2	17	6.61%		5	6.17%		14	5.20%	
	3 001～5 000 元=3	19	7.39%		5	6.17%		31	11.52%	
	5 001～7 000 元=4	45	17.51%		13	16.05%		32	11.90%	
	7 001～9 000 元=5	44	17.12%		12	14.82%		43	15.99%	
	9 000 元以上=6	114	44.36%		44	54.32%		128	47.58%	

（续表）

统计项	构成及其对应的赋值	聚类群体 1(N=257)			聚类群体 2(N=81)			聚类群体 3(N=269)		
		质量较优型			质量较差型			质量一般型		
		频数	频率	均值	频数	频率	均值	频数	频率	均值
游玩次数	1 次=1	42	16.34%	3.49	16	19.75%	3.04	47	17.47%	3.29
	2 次=2	37	14.40%		18	22.22%		53	19.71%	
	3 次=3	30	11.67%		15	18.52%		44	16.36%	
	4 次=4	49	19.07%		11	13.58%		25	9.29%	
	4 次以上=5	99	38.52%		21	25.93%		100	37.17%	
游玩天数	≤1 天=1	8	3.11%	3.66	0	0	3.67	11	4.09%	3.74
	2～3 天=2	59	22.96%		21	29.58%		39	14.50%	
	4～5 天=3	45	17.51%		14	19.72%		66	24.53%	
	6～7 天=4	45	17.51%		17	23.94%		46	17.10%	
	>7 天=5	100	38.91%		19	26.76%		107	39.78%	
游玩预算	400 元及以下=1	7	2.72%	4.42	1	1.23%	4.62	6	2.23%	4.30
	401～600 元=2	8	3.12%		1	1.23%		12	4.46%	
	601～800 元=3	17	6.62%		6	7.41%		29	10.78%	
	801～1 000 元=4	62	24.12%		12	14.82%		69	25.65%	
	1 000 元以上=5	163	63.42%		61	75.31%		153	56.88%	
游玩方式	独自出游=1	33	12.84%	2.77	11	13.58%	2.70	24	8.92%	2.85
	和家人一起=2	82	31.91%		23	28.41%		88	32.71%	
	和朋友一起=3	68	26.45%		30	37.04%		79	29.37%	
	和同学/同事=4	60	23.35%		13	16.05%		61	22.68%	
	其他=5	14	5.45%		4	4.92%		17	6.32%	

在事件前，品牌在线旅游网站认知质量性质量较优型群体具有下列特点：①女性受访者占比大，达到 54.09%。②中年用户占比大，年龄在 31～45 岁的用户受访者的占比达到 42.42%。③已婚用户受访者占比大，达到 54.86%。④大学教育程度的用户受访者占比大，达到 74.71%。⑤月收入在 9 000 元以上的用户受访者占比大，达到 44.36%。⑥游玩次数为 4 次以上的用户受访者占比大，达到 38.52%。⑦游玩天数大于 7 天的用户受访者占比大，达到 38.91%。⑧游玩预算在 1 000 元以上的用户受访者占比大，达到 63.42%。⑨和家人一起游玩的用户受访者占比大，达到 31.91%。

在事件前，品牌在线旅游网站认知质量性质量较差型群体具有下列特点：①女性受访者占比大，达到 55.56%。②中青年用户占比大，年龄在 18～30 岁和年龄在 31～45 岁的用户受访者的占比分别达到 28.40%、28.40%。③已婚用户受访者占比大，达到 64.20%。④大学教育程度的用户受访者占比大，达到 61.73%。⑤月收入在 9 000 元以上的用户受访者占比大，达到 54.32%。⑥游玩次数为 4 次以上的用户受访者占比大，达到 25.93%。⑦游玩天数大于 7 天的用户受访者占比大，达到 26.76%。⑧游玩预算在 1 000 元以上的用户受访者占比大，达到 75.31%。⑨和朋友一起游玩的用户受访者占比大，达到 37.04%。

在事件前，品牌在线旅游网站认知质量性质量一般型群体具有下列特点：①女性受访者占比大，达到 55.76%。②中年用户占比大，年龄在 31～45 岁的用户受访者的占比达到 42.75%。③已婚用户受访者占比大，达到 58.36%。④大学教育程度的用户受访者占比大，达到 70.64%。⑤月收入在 9 000 元以上的用户受访者占比大，达到 47.58%。⑥游玩次数为 4 次以上的用户受访者占比大，达到 37.17%。⑦游玩天数大于 7 天的用户受访者占比大，达到 39.78%。⑧游玩预算在 1 000 元以上的用户受访者占比大，达到 56.88%。⑨和家人一起游玩的用户受访者占比大，达到 32.71%。

在事件中，关于对品牌在线旅游网站认知质量性的认知，对不同聚类群体的用户画像特征分析如表 7-19 所示。这些特征包括性别、年龄、婚姻状况、教育背景、月收入、游玩次数、游玩天数、游玩预算、游玩方式。

表 7-19　事件中品牌在线旅游网站认知质量性聚类群体用户画像特征差异分析

统计项	构成及其对应的赋值	聚类群体 1（N=289）			聚类群体 2（N=228）			聚类群体 3（N=372）		
		质量较优型			质量较差型			质量一般型		
		频数	频率	均值	频数	频率	均值	频数	频率	均值
性别	男性=1	151	52.20%	1.48	99	43.40%	1.57	192	51.60%	1.48
	女性=2	138	47.80%		129	56.60%		180	48.40%	
年龄	18 岁以下=1	37	12.80%	2.38	67	29.40%	2.21	49	13.20%	2.38
	18～30 岁=2	148	51.20%		88	38.60%		190	51.10%	
	31～40 岁=3	64	22.10%		41	18.00%		84	22.60%	
	41～50 岁=4	38	13.10%		23	10.10%		43	11.60%	
	51～60 岁=5	2	0.70%		8	3.50%		3	0.80%	
	60 岁以上=6	0	0		1	0.40%		3	0.80%	
婚姻状况	单身=1	169	58.50%	1.42	149	65.40%	1.35	253	68.00%	1.32
	已婚=2	120	41.50%		79	34.60%		119	32.00%	
教育背景	小学及以下=1	1	0.30%	3.78	3	1.30%	3.53	8	2.20%	3.72
	初中=2	22	7.60%		16	7.00%		18	4.80%	
	高中/中专/技校=3	49	17.00%		84	36.80%		93	25.00%	
	大学/大专=4	185	64.00%		108	47.40%		204	54.80%	
	硕士及以上=5	32	11.10%		17	7.50%		49	13.20%	

（续表）

统计项	构成及其对应的赋值	聚类群体 1（$N=289$）			聚类群体 2（$N=228$）			聚类群体 3（$N=372$）		
		质量较优型			质量较差型			质量一般型		
		频数	频率	均值	频数	频率	均值	频数	频率	均值
月收入	2 000 元及以下＝1	71	24.60%	3.24	104	45.60%	2.29	125	33.60%	3.00
	2 001～4 000 元＝2	41	14.20%		41	18.00%		47	12.60%	
	4 001～6 000 元＝3	34	11.80%		32	14.00%		46	12.40%	
	6 001～8 000 元＝4	58	20.10%		25	11.00%		48	12.90%	
	8 001～9 000 元＝5	62	21.50%		15	6.60%		68	18.30%	
	9 000 元以上＝6	23	8.00%		11	4.80%		38	10.20%	
游玩次数	0 次＝1	49	17.00%	3.16	88	38.60%	2.39	88	23.70%	2.87
	1 次＝2	59	20.40%		46	20.20%		69	18.50%	
	2 次＝3	60	20.80%		42	18.40%		96	25.80%	
	3 次＝4	38	13.10%		21	9.20%		42	11.30%	
	4 次及以上＝5	83	28.70%		31	13.60%		77	20.70%	
游玩天数	≤1 天＝1	77	26.60%	2.52	117	51.30%	1.93	121	32.50%	2.22
	2～3 天＝2	100	34.60%		55	24.10%		137	36.80%	
	4～5 天＝3	41	14.20%		29	12.70%		56	15.10%	
	6～7 天＝4	28	9.70%		9	3.90%		26	7.00%	
	＞7 天＝5	43	14.90%		18	7.90%		32	8.60%	
游玩预算	400 元及以下＝1	59	20.40%	3.56	85	37.30%	2.83	81	21.80%	3.41
	401～600 元＝2	26	9.00%		19	8.30%		37	9.90%	
	601～800 元＝3	28	9.70%		30	13.20%		49	13.20%	
	801～1 000 元＝4	47	16.30%		38	16.70%		60	16.10%	
	1 000 元以上＝5	129	44.60%		56	24.60%		145	39.00%	
游玩方式	独自出游＝1	58	20.10%	2.38	40	17.50%	2.40	45	12.10%	2.64
	和家人一起＝2	124	42.90%		106	46.50%		150	40.30%	
	和朋友一起＝3	57	19.70%		42	18.40%		104	28.00%	
	和同学/同事＝4	39	13.50%		31	13.60%		40	10.80%	
	其他＝5	11	3.80%		9	3.90%		33	8.90%	

在事件中，品牌在线旅游网站认知质量性质量较优型群体具有下列特点：①男性受访者占比大，达到 52.20%。②中青年用户占比大，年龄在 18～30 岁和年龄在 31～40 岁的用户受访者的占比分别达到 51.20%、22.10%。③单身用户受访者占比大，达到 58.50%。④大

学教育程度的用户受访者占比大，达到 64.00%。⑤月收入在 2 000 元以内的用户受访者占比大，达到 24.60%。⑥游玩次数为 4 次及以上的用户受访者占比大，达到 28.70%。⑦游玩天数为 2～3 天的用户受访者占比大，达到 34.60%。⑧游玩预算在 1 000 元以上的用户受访者占比大，达到 44.60%。⑨和家人一起游玩的用户受访者占比大，达到 42.90%。

在事件中，品牌在线旅游网站认知质量性质量较差型群体具有下列特点：①女性受访者占比大，达到 56.60%。②中青年用户占比大，年龄在 18～30 岁的用户受访者的占比达到 38.60%。③单身用户受访者占比大，达到 65.40%。④大学教育程度的用户受访者占比大，达到 47.40%。⑤月收入在 2 000 元以内的用户受访者占比大，达到 45.60%。⑥游玩次数为 0 次的用户受访者占比大，达到 38.60%。⑦游玩天数为 1 天以内的用户受访者占比大，达到 51.30%。⑧游玩预算在 400 元及以下的用户受访者占比大，达到 37.30%。⑨和家人一起游玩的用户受访者占比大，达到 46.50%。

在事件中，品牌在线旅游网站认知质量性质量一般型群体具有下列特点：①男性受访者占比大，达到 51.60%。②中青年用户占比大，年龄在 18～30 岁的用户受访者的占比达到 51.10%。③单身用户受访者占比大，达到 68.00%。④大学教育程度的用户受访者占比大，达到 54.80%。⑤月收入在 2 000 元以内的用户受访者占比大，达到 33.60%。⑥游玩次数为 2 次的用户受访者占比大，达到 25.80%。⑦游玩天数为 2～3 天的用户受访者占比大，达到 36.80%。⑧游玩预算在 1 000 元以上的用户受访者占比大，达到 39.00%。⑨和家人一起游玩的用户受访者占比大，达到 40.30%。

在新时代，关于对品牌在线旅游网站认知质量性的认知，对不同聚类群体的用户画像特征分析如表 7-20 所示。这些特征包括性别、年龄、婚姻状况、教育背景、月收入、职业、游玩次数、游玩天数、游玩预算、游玩方式。

表 7-20　新时代品牌在线旅游网站认知质量性聚类群体用户画像特征差异分析

统计项	构成及其对应的赋值	聚类群体 1(N=330)			聚类群体 2(N=111)			聚类群体 3(N=332)		
		质量较优型			质量较差型			质量一般型		
		频数	频率	均值	频数	频率	均值	频数	频率	均值
性别	男性=1	147	44.50%	1.55	62	55.90%	1.44	159	47.90%	1.52
	女性=2	183	55.50%		49	44.10%		173	52.10%	
婚姻状况	单身=1	142	43.00%	1.57	53	47.70%	1.52	174	52.40%	1.48
	已婚=2	188	57.00%		58	52.30%		158	47.60%	
年龄	18 岁以下	59	17.90%	2.38	26	23.40%	2.11	59	17.80%	2.20
	18～30 岁	139	42.10%		59	53.20%		179	53.90%	
	31～40 岁	92	27.90%		16	14.40%		67	20.20%	
	41～50 岁	31	9.40%		9	8.10%		22	6.60%	
	51～60 岁	7	2.10%		0	0		4	1.20%	
	60 岁以上	2	0.60%		1	0.90%		1	0.30%	

（续表）

统计项	构成及其对应的赋值	聚类群体 1(*N*=330) 质量较优型			聚类群体 2(*N*=111) 质量较差型			聚类群体 3(*N*=332) 质量一般型		
		频数	频率	均值	频数	频率	均值	频数	频率	均值
月收入	2 000 元及以下=1	41	12.40%	3.55	17	15.30%	3.16	55	16.60%	3.20
	2 001～4 000 元=2	51	15.50%		25	22.50%		56	16.90%	
	4 001～6 000 元=3	62	18.80%		21	18.90%		76	22.90%	
	6 001～8 000 元=4	85	25.80%		29	26.10%		73	22.00%	
	8 001～9 000 元=5	43	13.00%		9	8.10%		56	16.90%	
	9 000 元以上=6	48	14.50%		10	9.00%		16	4.80%	
教育背景	小学及以下=1	6	1.80%	3.47	1	0.90%	3.12	10	3.00%	3.31
	初中=2	82	24.80%		40	36.00%		107	32.20%	
	高中/中专/技校=3	36	10.90%		18	16.20%		25	7.50%	
	大学/大专=4	162	49.10%		49	44.10%		150	45.20%	
	硕士及以上=5	44	13.30%		3	2.70%		40	12.00%	
职业	国企职员=1	17	5.20%	6.65	5	4.50%	7.98	24	7.20%	7.39
	外企职员=2	20	6.10%		4	3.60%		25	7.50%	
	个体商人=3	37	11.20%		13	11.70%		14	4.20%	
	政府公务员=4	38	11.50%		4	3.60%		12	3.60%	
	专业技术人=5	40	12.10%		12	10.80%		38	11.40%	
	服务人员=6	35	10.60%		11	9.90%		42	12.70%	
	教师=7	18	5.50%		0	0		16	4.80%	
	学生=8	57	17.30%		24	21.60%		77	23.20%	
	离退休人员=9	3	0.90%		3	2.70%		1	0.30%	
	家庭主妇=10	6	1.80%		2	1.80%		4	1.20%	
	军人=11	1	0.30%		1	0.90%		0	0	
	农民、渔民=12	11	3.30%		3	2.70%		9	2.70%	
	事业单位职员=13	18	5.50%		11	9.90%		29	8.70%	
	工人=14	18	5.50%		7	6.30%		31	9.30%	
	其他=15	11	3.30%		11	9.90%		10	3.00%	
游玩次数	0 次=1	20	6.10%	3.49	16	14.40%	2.94	38	11.40%	3.25
	1 次=2	50	15.20%		25	22.50%		49	14.80%	
	2 次=3	93	28.20%		36	32.40%		109	32.80%	
	3 次=4	82	24.80%		18	16.20%		65	19.60%	
	4 次及以上=5	85	25.80%		16	14.40%		71	21.40%	

（续表）

统计项	构成及其对应的赋值	聚类群体 1(N=330)			聚类群体 2(N=111)			聚类群体 3(N=332)		
		质量较优型			质量较差型			质量一般型		
		频数	频率	均值	频数	频率	均值	频数	频率	均值
游玩天数	≤1 天=1	73	22.10%	2.43	36	32.40%	2.10	84	25.30%	2.41
	2～3 天=2	126	38.20%		41	36.90%		106	31.90%	
	4～5 天=3	71	21.50%		25	22.50%		88	26.50%	
	6～7 天=4	35	10.60%		5	4.50%		29	8.70%	
	>7 天=5	25	7.60%		4	3.60%		25	7.50%	
游玩方式	独自=1	46	13.90%	2.55	9	8.10%	2.99	29	8.70%	2.73
	家人=2	136	41.20%		43	38.70%		136	41.00%	
	朋友=3	87	26.40%		21	18.90%		99	29.80%	
	同学/同事=4	44	13.30%		16	14.40%		33	9.90%	
	其他=5	17	5.20%		22	19.80%		35	10.50%	
游玩预算	400 元及以下=1	21	6.40%	3.92	23	20.70%	3.02	44	13.30%	3.39
	401～600 元=2	41	12.40%		19	17.10%		59	17.80%	
	601～800 元=3	51	15.50%		25	22.50%		64	19.30%	
	801～1 000 元=4	46	13.90%		21	18.90%		54	16.30%	
	1 000 元以上=5	171	51.80%		23	20.70%		111	33.40%	

在新时代，品牌在线旅游网站认知质量性质量较优型群体具有下列特点：①女性受访者占比大，达到 55.50%。②中青年用户占比大，年龄在 18～30 岁的用户受访者的占比达到 42.10%。③已婚用户受访者占比大，达到 57.00%。④大学教育程度的用户受访者占比大，达到 49.10%。⑤月收入在 6 001～8 000 元的用户受访者占比大，达到 25.80%。⑥游玩次数为 2 次的用户受访者占比大，达到 28.20%。⑦游玩天数为 2～3 天的用户受访者占比大，达到 38.20%。⑧游玩预算在 1 000 元以上的用户受访者占比大，达到 51.80%。⑨和家人一起游玩的用户受访者占比大，达到 41.20%。

在新时代，品牌在线旅游网站认知质量性质量较差型群体具有下列特点：①男性受访者占比大，达到 55.90%。②中青年用户占比大，年龄在 18～30 岁的用户受访者的占比达到 53.20%。③已婚用户受访者占比大，达到 52.30%。④大学教育程度的用户受访者占比大，达到 44.10%。⑤月收入在 6 001～8 000 元的用户受访者占比大，达到 26.10%。⑥游玩次数为 2 次的用户受访者占比大，达到 32.40%。⑦游玩天数为 2～3 天的用户受访者占比大，达到 36.90%。⑧游玩预算在 601～800 元的用户受访者占比大，达到 22.50%。⑨和家人一起游玩的用户受访者占比大，达到 38.70%。

在新时代，品牌在线旅游网站认知质量性质量一般型群体具有下列特点：①女性受访者占比大，达到 52.10%。②中青年用户占比大，年龄在 18～30 岁的用户受访者的占比达到

53.90%。③单身用户受访者占比大，达到52.40%。④大学教育程度的用户受访者占比大，达到45.20%。⑤月收入在4 001～6 000元的用户受访者占比大，达到22.90%。⑥游玩次数为2次的用户受访者占比大，达到32.80%。⑦游玩天数为2～3天的用户受访者占比大，达到31.90%。⑧游玩预算在1 000元以上的用户受访者占比大，达到33.40%。⑨和家人一起游玩的用户受访者占比大，达到41.00%。

二、品牌在线旅游网站认知质量性的聚类群体细分差异原因分析

综合来看，无论在事件前、事件中，还是在新时代，用户受访者关于品牌在线旅游网站认知质量性的聚类群体都分为三类，即质量一般型、质量较优型和质量较差型。其中，质量一般型群体对品牌在线旅游网站认知质量性的认知水平一般，质量较优型群体对品牌在线旅游网站认知质量性的认知水平最高，质量较差型群体对品牌在线旅游网站认知质量性的认知水平最低。用户受访者关于品牌在线旅游网站认知质量性的聚类群体细分差异的原因如下。

第一，行程安排需求的原因。从人口统计学特征分析可知，第一类群体中男性用户居多。其年龄大多在18～30岁，游玩通常较为频繁，游玩天数较短，游玩预算较高，且一般选择和家人一起出行。此类用户能够通过准确、详细的旅游信息合理安排旅游行程，对品牌在线旅游网站质量认知较高。

第二，信息质量需求的原因。从人口统计学特征分析可知，第二类群体中男性用户居多。他们的年龄大多在18～30岁，游玩通常较为频繁，停留时间较短，一般在2～3天，且多数时候选择和家人出行。此类用户由于受到年龄的限制，对品牌在线旅游网站信息服务质量的要求较高。

第三，文化元素差异的原因。从人口统计学特征分析可知，第三类群体中女性用户居多。他们的游玩次数通常非常少，停留时间一般较短，游玩预算较低，且与家人出行较多。此类用户对品牌在线旅游网站的模块布局是否合理有要求，若网页设计风格能满足他们的需求，则有助于提高他们对品牌在线旅游网站服务质量的认可度。

第六节　品牌在线旅游网站认知服务性的聚类群体差异

一、品牌在线旅游网站认知服务性的聚类群体细分差异比较

如表7-21所示，在事件前，用户受访者关于品牌在线旅游网站认知服务性的认知存在群体性差异。聚类分析结果表明，在事件前，用户受访者关于品牌在线旅游网站认知服务性可分为三类：第一类为品牌在线旅游网站认知服务性服务较优型群体，第二类为品牌在线旅游网站认知服务性服务一般型群体，第三类为品牌在线旅游网站认知服务性服务劣质型群体。其中，品牌在线旅游网站认知服务性服务较优型群体对"品牌在线旅游网站有形性""品牌在线旅游网站响应性""品牌在线旅游网站同理心""品牌在线旅游网站可靠性"和"品牌在线旅游网站保证性"的认知整体较高，评分系数分别为4.52、4.28、4.42、4.52和4.56。品牌

在线旅游网站认知服务性服务一般型群体对“品牌在线旅游网站有形性”“品牌在线旅游网站响应性”“品牌在线旅游网站同理心”“品牌在线旅游网站可靠性”和“品牌在线旅游网站保证性”的认知整体一般，评分系数分别为3.85、3.64、3.81、3.87和3.78。品牌在线旅游网站认知服务性服务劣质型群体对“品牌在线旅游网站有形性”“品牌在线旅游网站响应性”“品牌在线旅游网站同理心”“品牌在线旅游网站可靠性”和“品牌在线旅游网站保证性”的认知整体较低，评分系数分别为3.27、2.97、3.14、3.32和2.88。*F*值的检验结果表明，各公因子在聚类结果间的差异具有统计学意义，这说明在事件前，用户受访者关于品牌在线旅游网站认知服务性对“品牌在线旅游网站有形性”“品牌在线旅游网站响应性”“品牌在线旅游网站同理心”“品牌在线旅游网站可靠性”和“品牌在线旅游网站保证性”的影响存在显著性差异。

表7-21　品牌在线旅游网站认知服务性的聚类群体差异分析

事件前公因子	聚类群体1	聚类群体2	聚类群体3	*F*值	Sig.
	服务较优型	服务一般型	服务劣质型		
品牌在线旅游网站有形性	4.52	3.85	3.27	357.572	0.000***
品牌在线旅游网站响应性	4.28	3.64	2.97	341.681	0.000***
品牌在线旅游网站同理心	4.42	3.81	3.14	310.485	0.000***
品牌在线旅游网站可靠性	4.52	3.87	3.32	329.486	0.000***
品牌在线旅游网站保证性	4.56	3.78	2.88	494.205	0.000***
事件中公因子	聚类群体1	聚类群体2	聚类群体3	*F*值	Sig.
	服务较优型	服务一般型	服务劣质型		
品牌在线旅游网站有形性	4.74	3.98	3.08	1 002.117	0.000***
品牌在线旅游网站可靠保证性	4.73	3.86	2.94	1 379.412	0.000***
品牌在线旅游网站响应同理心	4.72	3.78	2.96	1 316.197	0.000***
新时代公因子	聚类群体1	聚类群体2	聚类群体3	*F*值	Sig.
	服务较优型	服务一般型	服务劣质型		
品牌在线旅游网站有形性	4.74	4.09	3.14	564.936	0.000***
品牌在线旅游网站响应性	4.61	3.90	2.84	716.938	0.000***
品牌在线旅游网站同理心	4.67	3.87	2.75	790.587	0.000***
品牌在线旅游网站可靠性	4.74	3.90	3.05	577.822	0.000***

注：* $P<0.05$，** $P<0.01$，*** $P<0.001$。

在事件中，用户受访者关于品牌在线旅游网站认知服务性的认知存在群体性差异。聚类分析结果表明，在事件中，用户受访者关于品牌在线旅游网站认知服务性可分为三类：第一类为品牌在线旅游网站认知服务性服务较优型群体，第二类为品牌在线旅游网站认知服务性服务一般型群体，第三类为品牌在线旅游网站认知服务性服务劣质型群体。其中，品牌在线旅游网站认知服务性服务较优型群体对“品牌在线旅游网站有形性”“品牌在线旅游网站响应同理心”“品牌在线旅游网站可靠保证性”的认知整体较高，评分系数分别为4.74、4.72、4.73。品牌在线旅游网站认知服务性服务一般型群体“对品牌在线旅游网站有形性”“品牌在线旅游网站响应同理心”“品牌在线旅游网站可靠保证性”的认知整体一般，评分系数分别为3.98、3.78、3.86。品牌在线旅游网站认知服务性服务劣质型群体对“品牌在线旅游网站有形性”“品牌在线旅游网站响应同理心”“品牌在线旅游网站可靠保证性”的认知整体较低，评分系数分别为3.08、2.96、2.94。F值的检验结果表明，各公因子在聚类结果间的差异具有统计学意义，这说明在事件中，用户受访者关于品牌在线旅游网站认知服务性对“品牌在线旅游网站有形性”“品牌在线旅游网站响应同理心”“品牌在线旅游网站可靠保证性”的影响存在显著性差异。

在新时代，用户受访者关于品牌在线旅游网站认知服务性的认知存在群体性差异。聚类分析结果表明，在新时代，用户受访者关于品牌在线旅游网站认知服务性可分为三类：第一类为品牌在线旅游网站认知服务性服务较优型群体，第二类为品牌在线旅游网站认知服务性服务一般型群体，第三类为品牌在线旅游网站认知服务性服务劣质型群体。其中，品牌在线旅游网站认知服务性服务较优型群体对“品牌在线旅游网站有形性”“品牌在线旅游网站响应性”“品牌在线旅游网站同理心”和“品牌在线旅游网站可靠性”的认知整体较高，评分系数分别为4.74、4.61、4.67和4.74。品牌在线旅游网站认知服务性服务一般型群体对“品牌在线旅游网站有形性”“品牌在线旅游网站响应性”“品牌在线旅游网站同理心”和“品牌在线旅游网站可靠性”的认知整体一般，评分系数分别为4.09、3.90、3.87和3.90。品牌在线旅游网站认知服务性服务劣质型群体对“品牌在线旅游网站有形性”“品牌在线旅游网站响应性”“品牌在线旅游网站同理心”和“品牌在线旅游网站可靠性”的认知整体较低，评分系数分别为3.14、2.84、2.75和3.05。F值的检验结果表明，各公因子在聚类结果间的差异具有统计学意义，这说明在新时代，用户受访者关于品牌在线旅游网站认知服务性对“品牌在线旅游网站有形性”“品牌在线旅游网站响应性”“品牌在线旅游网站同理心”和“品牌在线旅游网站可靠性”的影响存在显著性差异。

在事件前，关于对品牌在线旅游网站认知服务性的认知，对不同聚类群体的用户画像特征分析如表7-22所示。这些特征包括性别、年龄、婚姻状况、教育背景、月收入、游玩次数、游玩天数、游玩预算、游玩方式。

表7-22 事件前品牌在线旅游网站认知服务性聚类群体用户画像特征差异分析

统计项	构成及其对应的赋值	聚类群体1(N=256)			聚类群体2(N=248)			聚类群体3(N=103)		
		服务较优型			服务一般型			服务劣质型		
		频数	频率	均值	频数	频率	均值	频数	频率	均值
性别	男性=1	120	46.88%	1.53	114	45.97%	1.54	39	37.86%	1.62
	女性=2	136	53.12%		134	54.03%		64	62.14%	
年龄	18岁以下=1	5	1.95%	2.93	9	3.63%	2.82	2	1.94%	3.29
	18～30岁=2	84	32.81%		91	36.69%		22	21.36%	
	31～45岁=3	107	41.80%		97	39.11%		43	41.75%	
	46～60岁=4	44	17.19%		37	14.92%		16	15.53%	
	60岁以上=5	16	6.25%		14	5.65%		20	19.42%	

（续表）

统计项	构成及其对应的赋值	聚类群体 1(N=256)			聚类群体 2(N=248)			聚类群体 3(N=103)		
		服务较优型			服务一般型			服务劣质型		
		频数	频率	均值	频数	频率	均值	频数	频率	均值
婚姻状况	单身=1	108	42.19%	1.58	114	45.97%	1.54	35	33.98%	1.66
	已婚=2	148	57.81%		134	54.03%		68	66.02%	
教育背景	小学及以下=1	1	0.39%	4.03	0	0	3.97	1	0.97%	4.00
	初中=2	1	0.39%		1	0.40%		0	0	
	高中=3	22	8.59%		41	16.53%		17	16.50%	
	大学=4	197	76.95%		170	68.55%		65	63.11%	
	硕士及以上=5	35	13.68%		36	14.52%		20	19.42%	
月收入	1 000 元及以下=1	14	5.47%	4.79	20	8.06%	4.55	7	6.80%	4.82
	1 001～3 000 元=2	12	4.69%		19	7.66%		5	4.85%	
	3 001～5 000 元=3	20	7.81%		28	11.29%		7	6.80%	
	5 001～7 000 元=4	45	17.58%		29	11.69%		16	15.53%	
	7 001～9 000 元=5	43	16.80%		42	16.95%		14	13.59%	
	9 000 元以上=6	122	47.65%		110	44.35%		54	52.43%	
游玩次数	1 次=1	42	16.41%	3.47	44	17.74%	3.29	19	18.45%	3.14
	2 次=2	32	12.50%		50	20.16%		26	25.24%	
	3 次=3	40	15.63%		35	14.12%		14	13.59%	
	4 次=4	47	18.36%		28	11.29%		10	9.71%	
	4 次以上=5	95	37.10%		91	36.69%		34	33.01%	
游玩天数	≤1 天=1	7	2.73%	3.61	8	3.23%	3.85	4	3.88%	3.53
	2～3 天=2	62	24.22%		34	13.71%		23	22.33%	
	4～5 天=3	49	19.14%		53	21.37%		23	22.33%	
	6～7 天=4	44	17.19%		44	17.74%		20	19.42%	
	>7 天=5	94	36.72%		109	43.95%		33	32.04%	
游玩预算	400 元及以下=1	6	2.34%	4.39	4	1.61%	4.40	4	3.88%	4.42
	401～600 元=2	11	4.30%		9	3.63%		1	0.97%	
	601～800 元=3	19	7.42%		21	8.47%		12	11.65%	
	801～1 000 元=4	62	24.22%		64	25.81%		17	16.51%	
	1 000 元以上=5	158	61.72%		150	60.48%		69	66.99%	

（续表）

统计项	构成及其对应的赋值	聚类群体 1(N=256)			聚类群体 2(N=248)			聚类群体 3(N=103)		
		服务较优型			服务一般型			服务劣质型		
		频数	频率	均值	频数	频率	均值	频数	频率	均值
游玩方式	独自出游=1	28	10.94%	2.80	32	12.90%	2.81	8	7.77%	2.74
	和家人一起=2	82	32.03%		71	28.63%		40	38.83%	
	和朋友一起=3	74	28.91%		72	29.03%		31	30.10%	
	和同学/同事=4	57	22.27%		58	23.39%		19	18.45%	
	其他=5	15	5.85%		15	6.05%		5	4.85%	

在事件前，品牌在线旅游网站认知服务型服务较优型群体具有下列特点：①女性受访者占比大，达到 53.12%。②中年用户占比大，年龄在 31～45 岁的用户受访者的占比达到 41.80%。③已婚用户受访者占比大，达到 57.81%。④大学教育程度的用户受访者占比大，达到 76.95%。⑤月收入在 9 000 元以上的用户受访者占比大，达到 47.65%。⑥游玩次数为 4 次以上的用户受访者占比大，达到 37.10%。⑦游玩天数大于 7 天的用户受访者占比大，达到 36.72%。⑧游玩预算在 1 000 元以上的用户受访者占比大，达到 61.72%。⑨和家人一起游玩的用户受访者占比大，达到 32.03%。

在事件前，品牌在线旅游网站认知服务型服务一般型群体具有下列特点：①女性受访者占比大，达到 54.03%。②中年用户占比大，年龄在 31～45 岁的用户受访者的占比达到 39.11%。③已婚用户受访者占比大，达到 54.03%。④大学教育程度的用户受访者占比大，达到 68.55%。⑤月收入在 9 000 元以上的用户受访者占比大，达到 44.35%。⑥游玩次数为 4 次以上的用户受访者占比大，达到 36.69%。⑦游玩天数大于 7 天的用户受访者占比大，达到 43.95%。⑧游玩预算在 1 000 元以上的用户受访者占比大，达到 60.48%。⑨和朋友一起游玩的用户受访者占比大，达到 29.03%。

在事件前，品牌在线旅游网站认知服务性服务劣质型具群体有下列特点：①女性受访者占比大，达到 62.14%。②中年用户占比大，年龄在 31～45 岁的用户受访者的占比达到 41.75%。③已婚用户受访者占比大，达到 66.02%。④大学教育程度的用户受访者占比大，达到 63.11%。⑤月收入在 9 000 元以上的用户受访者占比大，达到 52.43%。⑥游玩次数为 4 次以上的用户受访者占比大，达到 33.01%。⑦游玩天数大于 7 天的用户受访者占比大，达到 32.04%。⑧游玩预算在 1 000 元以上的用户受访者占比大，达到 66.99%。⑨和家人一起游玩的用户受访者占比大，达到 38.83%。

在事件中，关于对品牌在线旅游网站认知服务性的认知，对不同聚类群体的用户画像特征分析如表 7-23 所示。这些特征包括性别、年龄、婚姻状况、教育背景、月收入、游玩次数、游玩天数、游玩预算、游玩方式。

在事件中，品牌在线旅游网站认知服务性服务较优型群体具有下列特点：①男性受访者占比大，达到 52.00%。②中青年用户占比大，年龄在 18～30 岁的用户受访者的占比达到

表 7-23　事件中品牌在线旅游网站认知服务性聚类群体用户画像特征差异分析

统计项	构成及其对应的赋值	聚类群体 1(N=296)			聚类群体 2(N=360)			聚类群体 3(N=233)		
		服务较优型			服务一般型			服务劣质型		
		频数	频率	均值	频数	频率	均值	频数	频率	均值
性别	男性=1	154	52.00%	1.48	177	49.20%	1.51	111	47.60%	1.52
	女性=2	142	48.00%		183	50.80%		122	52.40%	
年龄	18 岁以下=1	39	13.20%	2.41	48	13.30%	2.35	66	28.30%	2.22
	18~30 岁=2	146	49.30%		185	51.40%		95	40.80%	
	31~40 岁=3	64	21.60%		87	24.20%		38	16.30%	
	41~50 岁=4	45	15.20%		35	9.70%		24	10.30%	
	51~60 岁=5	2	0.70%		3	0.80%		8	3.40%	
	60 岁以上=6	0	0		2	0.60%		2	0.90%	
婚姻状况	单身=1	169	57.10%	1.43	244	67.80%	1.32	158	67.80%	1.32
	已婚=2	127	42.90%		116	32.20%		75	32.20%	
教育背景	小学及以下=1	3	1.00%	3.72	6	1.70%	3.72	3	1.30%	3.60
	初中=2	21	7.10%		21	5.80%		14	6.00%	
	高中/中专/技校=3	56	18.90%		82	22.80%		88	37.80%	
	大学/大专=4	192	64.90%		209	58.10%		96	41.20%	
	硕士及以上=5	24	8.10%		42	11.70%		32	13.70%	
月收入	2 000 元及以下=1	84	28.40%	3.14	108	30.00%	3.02	108	46.40%	2.40
	2 001~4 000 元=2	36	12.20%		59	16.40%		34	14.60%	
	4 001~6 000 元=3	35	11.80%		45	12.50%		32	13.70%	
	6 001~8 000 元=4	57	19.30%		50	13.90%		24	10.30%	
	8 001~9 000 元=5	64	21.60%		62	17.20%		19	8.20%	
	9 000 元以上=6	20	6.80%		36	10.00%		16	6.90%	
游玩次数	0 次=1	56	18.90%	3.06	87	24.20%	2.87	82	35.20%	2.52
	1 次=2	61	20.60%		70	19.40%		43	18.50%	
	2 次=3	66	22.30%		81	22.50%		51	21.90%	
	3 次=4	36	12.20%		45	12.50%		20	8.60%	
	4 次及以上=5	77	26.00%		77	21.40%		37	15.90%	
游玩天数	≤1 天=1	82	27.70%	2.46	124	34.40%	2.20	109	46.80%	2.03
	2~3 天=2	103	34.80%		127	35.30%		62	26.60%	
	4~5 天=3	43	14.50%		53	14.70%		30	12.90%	
	6~7 天=4	29	9.80%		25	6.90%		9	3.90%	
	>7 天=5	39	13.20%		31	8.60%		23	9.90%	

（续表）

统计项	构成及其对应的赋值	聚类群体 1（N=296）			聚类群体 2（N=360）			聚类群体 3（N=233）		
		服务较优型			服务一般型			服务劣质型		
		频数	频率	均值	频数	频率	均值	频数	频率	均值
游玩预算	400 元及以下=1	59	19.90%	3.59	83	23.10%	3.31	83	35.60%	2.94
	401～600 元=2	23	7.80%		38	10.60%		21	9.00%	
	601～800 元=3	32	10.80%		48	13.30%		27	11.60%	
	801～1 000 元=4	48	16.20%		65	18.10%		32	13.70%	
	1 000 元以上=5	134	45.30%		126	35.00%		70	30.00%	
游玩方式	独自出游=1	56	18.90%	2.36	48	13.30%	2.66	39	16.70%	2.42
	和家人一起=2	134	45.30%		136	37.80%		110	47.20%	
	和朋友一起=3	61	20.60%		99	27.50%		43	18.50%	
	和同学/同事=4	34	11.50%		46	12.80%		30	12.90%	
	其他=5	11	3.70%		31	8.60%		11	4.70%	

49.30%。③单身用户受访者占比大，达到 57.10%。④大学教育程度的用户受访者占比大，达到 64.90%。⑤月收入在 2 000 元以内的用户受访者占比大，达到 28.40%。⑥游玩次数为 4 次及以上的用户受访者占比大，达到 26.00%。⑦游玩天数为 2～3 天的用户受访者占比大，达到 34.80%。⑧游玩预算在 1 000 元以上的用户受访者占比大，达到 45.30%。⑨和家人一起游玩的用户受访者占比大，达到 45.30%。

在事件中，品牌在线旅游网站认知服务性服务一般型群体具有下列特点：①女性受访者占比大，达到 50.80%。②中青年用户占比大，年龄在 18～30 岁的用户受访者的占比达到 51.40%。③单身用户受访者占比大，达到 67.80%。④大学教育程度的用户受访者占比大，达到 58.10%。⑤月收入在 2 000 元以内的用户受访者占比大，达到 30.00%。⑥游玩次数为 0 次的用户受访者占比大，达到 24.20%。⑦游玩天数为 2～3 天的用户受访者占比大，达到 35.30%。⑧游玩预算在 1 000 元以上的用户受访者占比大，达到 35.00%。⑨和家人一起游玩的用户受访者占比大，达到 37.80%。

在事件中，品牌在线旅游网站认知服务性服务劣质型群体具有下列特点：①女性受访者占比大，达到 52.40%。②中青年用户占比大，年龄在 18～30 岁的用户受访者的占比达到 40.80%。③单身用户受访者占比大，达到 67.80%。④大学教育程度的用户受访者占比大，达到 41.20%。⑤月收入在 2 000 元以内的用户受访者占比大，达到 46.40%。⑥游玩次数为 0 次的用户受访者占比大，达到 35.20%。⑦游玩天数为 1 天以内的用户受访者占比大，达到 46.80%。⑧游玩预算在 400 元以下的用户受访者占比大，达到 35.60%。⑨和家人一起游玩的用户受访者占比大，达到 47.20%。

在新时代，关于品牌在线旅游网站认知服务性的认知，对不同聚类群体的用户画像特征分析如表 7-24 所示。这些特征包括性别、年龄、婚姻状况、教育背景、月收入、职业、游玩次数、游玩天数、游玩预算、游玩方式。

表 7-24 新时代品牌在线旅游网站认知服务性聚类群体用户画像特征差异分析

统计项	构成及其对应的赋值	聚类群体 1(N=297)			聚类群体 2(N=332)			聚类群体 3(N=144)		
		服务较优型			服务一般型			服务劣质型		
		频数	频率	均值	频数	频率	均值	频数	频率	均值
性别	男性=1	131	44.10%	1.56	161	48.50%	1.52	76	52.80%	1.47
	女性=2	166	55.90%		171	51.50%		68	47.20%	
婚姻状况	单身=1	144	48.50%	1.52	149	44.90%	1.55	76	52.80%	1.47
	已婚=2	153	51.50%		183	55.10%		68	47.20%	
年龄	18 岁以下	57	19.20%	2.36	61	18.40%	2.20	26	18.10%	2.20
	18~30 岁	120	40.40%		176	53.00%		81	56.30%	
	31~40 岁	82	27.60%		69	20.80%		24	16.70%	
	41~50 岁	33	11.10%		20	6.00%		9	6.30%	
	51~60 岁	4	1.30%		4	1.20%		3	2.10%	
	60 岁以上	1	0.30%		2	0.60%		1	0.70%	
月收入	2 000 元及以下=1	43	14.50%	3.50	49	14.80%	3.26	21	14.60%	3.22
	2 001~4 000 元=2	44	14.80%		56	16.90%		32	22.20%	
	4 001~6 000 元=3	45	15.20%		85	25.60%		29	20.10%	
	6 001~8 000 元=4	88	29.60%		66	19.90%		33	22.90%	
	8 001~9 000 元=5	40	13.50%		54	16.30%		14	9.70%	
	9 000 元以上=6	37	12.50%		22	6.60%		15	10.40%	
教育背景	小学及以下=1	8	2.70%	3.53	7	2.10%	3.22	2	1.40%	3.30
	初中=2	66	22.20%		121	36.40%		42	29.20%	
	高中/中专/技校=3	28	9.40%		27	8.10%		24	16.70%	
	大学/大专=4	152	51.20%		146	44.00%		63	43.80%	
	硕士及以上=5	43	14.50%		31	9.30%		13	9.00%	
职业	国企职员=1	26	8.80%	6.60	15	4.50%	7.27	5	3.50%	8.06
	外企职员=2	17	5.70%		23	6.90%		9	6.30%	
	个体商人=3	27	9.10%		27	8.10%		10	6.90%	
	政府公务员=4	29	9.80%		20	6.00%		5	3.50%	
	专业技术人=5	45	15.20%		27	8.10%		18	12.50%	
	服务人员=6	22	7.40%		51	15.40%		15	10.40%	
	教师=7	10	3.40%		23	6.90%		1	0.70%	
	学生=8	59	19.90%		69	20.80%		30	20.80%	
	离退休人员=9	2	0.70%		1	0.30%		4	2.80%	
	家庭主妇=10	7	2.40%		2	0.60%		3	2.10%	
	军人=11	0	0		1	0.30%		1	0.70%	
	农民、渔民=12	9	3.00%		8	2.40%		6	4.20%	
	事业单位职员=13	19	6.40%		21	6.30%		18	12.50%	
	工人=14	15	5.10%		33	9.90%		8	5.60%	
	其他=15	10	3.40%		11	3.30%		11	7.60%	

（续表）

统计项	构成及其对应的赋值	聚类群体 1(N=297) 服务较优型			聚类群体 2(N=332) 服务一般型			聚类群体 3(N=144) 服务劣质型		
		频数	频率	均值	频数	频率	均值	频数	频率	均值
游玩次数	0 次=1	26	8.80%	3.46	31	9.30%	3.27	17	11.80%	3.08
	1 次=2	38	12.80%		55	16.60%		31	21.50%	
	2 次=3	87	29.30%		105	31.60%		46	31.90%	
	3 次=4	65	21.90%		77	23.20%		23	16.00%	
	4 次及以上=5	81	27.30%		64	19.30%		27	18.80%	
游玩天数	≤1 天=1	71	23.90%	2.37	81	24.40%	2.48	41	28.50%	2.15
	2～3 天=2	109	36.70%		105	31.60%		59	41.00%	
	4～5 天=3	71	23.90%		81	24.40%		32	22.20%	
	6～7 天=4	29	9.80%		34	10.20%		6	4.20%	
	＞7 天=5	17	5.70%		31	9.30%		6	4.20%	
游玩方式	独自=1	36	12.10%	2.62	33	9.90%	2.64	15	10.40%	2.93
	家人=2	120	40.40%		141	42.50%		54	37.50%	
	朋友=3	82	27.60%		95	28.60%		30	20.80%	
	同学/同事=4	40	13.50%		37	11.10%		16	11.10%	
	其他=5	19	6.40%		26	7.80%		29	20.10%	
游玩预算	400 元及以下=1	31	10.40%	3.74	30	9.00%	3.57	27	18.80%	3.19
	401～600 元=2	43	14.50%		48	14.50%		28	19.40%	
	601～800 元=3	40	13.50%		73	22.00%		27	18.80%	
	801～1 000 元=4	42	14.10%		65	19.60%		14	9.70%	
	1 000 元以上=5	141	47.50%		116	34.90%		48	33.30%	

在新时代，品牌在线旅游网站认知服务性服务较优型群体具有下列特点：①女性受访者占比大，达到 55.90%。②中青年用户占比大，年龄在 18～30 岁的用户受访者的占比达到 40.40%。③已婚用户受访者占比大，达到 51.50%。④大学教育程度的用户受访者占比大，达到 51.50%。⑤月收入在 6 001～8 000 元的用户受访者占比大，达到 29.60%。⑥游玩次数为 2 次的用户受访者占比大，达到 29.30%。⑦游玩天数为 2～3 天的用户受访者占比大，达到 36.70%。⑧游玩预算在 1 000 元以上的用户受访者占比大，达到 47.50%。⑨和家人一起游玩的用户受访者占比大，达到 40.40%。

在新时代，品牌在线旅游网站认知服务性服务一般型群体具有下列特点：①女性受访者占比大，达到 51.50%。②中青年用户占比大，年龄在 18～30 岁的用户受访者的占比达到 53.00%。③已婚用户受访者占比大，达到 55.10%。④大学教育程度的用户受访者占比大，达到 44.00%。⑤月收入在 4 001～6 000 元的用户受访者占比大，达到 25.60%。⑥游玩次数为 2 次的用户受访者占比大，达到 31.60%。⑦游玩天数为 2～3 天的用户受访者占比大，达到 31.60%。⑧游玩预算在 1 000 元以上的用户受访者占比大，达到 34.90%。⑨和家人一起游玩的用户受访者占比大，达到 42.50%。

在新时代，品牌在线旅游网站认知服务性服务劣质型群体具有下列特点：①男性受访者占比大，达到52.80%。②中青年用户占比大，年龄在18～30岁的用户受访者的占比达到56.30%。③单身用户受访者占比大，达到52.80%。④大学教育程度的用户受访者占比大，达到43.80%。⑤月收入在6 001～8 000元的用户受访者占比大，达到22.90%。⑥游玩次数为2次的用户受访者占比大，达到31.90%。⑦游玩天数为2～3天的用户受访者占比大，达到41.00%。⑧游玩预算在1 000元以上的用户受访者占比大，达到33.30%。⑨和家人一起游玩的用户受访者占比大，达到37.50%。

二、品牌在线旅游网站认知服务性的聚类群体细分差异原因分析

综合来看，无论在事件前、事件中，还是在新时代，用户受访者关于品牌在线旅游网站认知服务性的聚类群体都分为三类，即服务劣质型、服务较优型和服务一般型。其中，服务劣质型群体对品牌在线旅游网站认知服务性的认知水平最低，服务较优型群体对品牌在线旅游网站认知服务性的认知水平最高，服务一般型群体对品牌在线旅游网站认知服务性的认知水平一般。用户受访者关于品牌在线旅游网站认知服务性的聚类群体细分差异的原因如下。

第一，满足心理需求的原因。从人口统计学特征分析可知，第一类群体中女性用户居多。他们的年龄大多在18～30岁，游玩次数通常非常少，游玩天数较短，游玩预算较低，且一般选择和家人一起出行。此类用户认为品牌在线旅游网站能够满足他们的需求，而且网站能将用户的利益放在首位，所以其对网站服务质量的认可度高。

第二，操作简单易用的原因。从人口统计学特征分析可知，第二类群体中男性用户居多。他们的年龄在大多18～30岁，游玩通常较为频繁，停留时间较短，且多数时间选择和家人出行。此类用户可以通过直观易用的导航有效获取信息，他们认为品牌在线旅游网站的域名简单好记、布局整洁、操作流程简单，能提高其使用效率。

第三，客服质量要求的原因。从人口统计学特征分析可知，第三类群体中女性用户居多。他们的游玩次数通常非常少，停留时间较短，游玩预算较高，且多数时间选择与家人出行。此类用户对品牌在线旅游网站客服的要求较高，希望客服能及时有效地处理好问题。

第七节　品牌在线旅游网站认知使用创新性的聚类群体差异

一、品牌在线旅游网站认知使用创新性的聚类群体细分差异比较

如表7-25所示，在事件前，用户受访者关于品牌在线旅游网站认知使用创新性的认知存在群体性差异。聚类分析结果表明，事件前，用户受访者关于品牌在线旅游网站认知使用创新性可分为三类：第一类为品牌在线旅游网站认知创新性创新一般型群体，第二类为品牌在线旅游网站认知创新性创新较差型群体，第三类为品牌在线旅游网站认知创新性创新较

强型群体。其中，品牌在线旅游网站认知创新性创新一般型群体对“品牌在线旅游网站认知使用创新性”的认知整体一般，评分系数为3.49。品牌在线旅游网站认知使用创新性创新较差型群体对“品牌在线旅游网站认知使用创新性”的认知整体较低，评分系数为2.49。品牌在线旅游网站认知使用创新性创新较强型群体对“品牌在线旅游网站认知使用创新性”的认知整体较高，评分系数为4.38。F值的检验结果表明，各公因子在聚类分析结果之间的差异具有统计学研究意义，这说明在事件前，用户受访者关于品牌在线旅游网站认知使用创新性存在显著性差异。

表7-25　品牌在线旅游网站认知使用创新性的聚类群体差异分析

事件前公因子	聚类群体1	聚类群体2	聚类群体3	F值	Sig.
	创新一般型	创新较差型	创新较强型		
品牌在线旅游网站认知使用创新性	3.49	2.49	4.38	1 453.975	0.000***
事件中公因子	聚类群体1	聚类群体2	聚类群体3	F值	Sig.
	创新一般型	创新较差型	创新较强型		
品牌在线旅游网站认知使用创新性	3.51	2.30	4.68	1 844.167	0.000***
新时代公因子	聚类群体1	聚类群体2	聚类群体3	F值	Sig.
	创新一般型	创新较差型	创新较强型		
品牌在线旅游网站认知使用创新性	3.41	2.20	4.55	1 859.996	0.000***

注：* $P<0.05$，** $P<0.01$，*** $P<0.001$。

在事件中，用户受访者关于品牌在线旅游网站认知使用创新性的认知存在群体性差异。聚类分析结果表明，在事件中，用户受访者关于品牌在线旅游网站认知使用创新性可分为三类：第一类为品牌在线旅游网站认知创新性创新一般型群体，第二类为品牌在线旅游网站认知创新性创新较差型群体，第三类为品牌在线旅游网站认知创新性创新较强型群体。其中，品牌在线旅游网站认知创新性创新一般型群体对“品牌在线旅游网站认知使用创新性”的认知整体一般，评分系数为3.51。品牌在线旅游网站认知使用创新性创新较差型群体对“品牌在线旅游网站认知使用创新性”的认知整体较低，评分系数为2.30。品牌在线旅游网站认知使用创新性创新较强型群体对“品牌在线旅游网站认知使用创新性”的认知整体较高，评分系数为4.68。F值的检验结果表明，各公因子在聚类分析结果之间的差异具有统计学研究意义，这说明在事件中，用户受访者关于品牌在线旅游网站认知使用创新性存在显著性差异。

在新时代，用户受访者关于品牌在线旅游网站认知使用创新性的认知存在群体性差异。聚类分析结果表明，在新时代，用户受访者关于品牌在线旅游网站认知使用创新性可分为三类：第一类为品牌在线旅游网站认知创新性创新一般型群体，第二类为品牌在线旅游网站认知创新性创新较差型群体，第三类为品牌在线旅游网站认知创新性创新较强型群体。其中，品牌在线旅游网站认知创新性创新一般型群体对“品牌在线旅游网站认知使用创新性”的认知整体一般，评分系数为3.41。品牌在线旅游网站认知使用创新性创新较差型群体对“品牌在线旅游网站认知使用创新性”的认知整体较低，评分系数为 2.20。品牌在线旅游网站认知使用创新性创新较强型群体对“品牌在线旅游网站认知使用创新性”的认知整体较高，评分系数为 4.55。*F* 值的检验结果表明，各公因子在聚类分析结果之间的差异具有统计学研究意义，这说明在新时代，用户受访者关于品牌在线旅游网站认知使用创新性存在显著性差异。

在事件前，关于对品牌在线旅游网站认知使用创新性的认知，对不同聚类群体的用户画像特征分析如表 7-26 所示。这些特征包括性别、年龄、婚姻状况、教育背景、月收入、游玩次数、游玩天数、游玩预算、游玩方式。

表 7-26　事件前品牌在线旅游网站认知使用创新性聚类群体用户画像特征差异分析

统计项	构成及其对应的赋值	聚类群体 1(N=265)			聚类群体 2(N=94)			聚类群体 3(N=248)		
		创新一般型			创新较差型			创新较强型		
		频数	频率	均值	频数	频率	均值	频数	频率	均值
性别	男性=1	111	41.89%	1.58	40	42.55%	1.57	122	49.19%	1.51
	女性=2	154	58.11%		54	57.45%		126	50.81%	
年龄	18 岁以下=1	9	3.40%	2.96	2	2.13%	3.10	5	2.02%	2.88
	18～30 岁=2	80	30.19%		25	26.60%		92	37.10%	
	31～45 岁=3	108	40.75%		43	45.74%		96	38.70%	
	46～60 岁=4	48	18.11%		10	10.64%		39	15.73%	
	60 岁以上=5	20	7.55%		14	14.89%		16	6.45%	
婚姻状况	单身=1	101	38.11%	1.62	38	40.43%	1.60	118	47.58%	1.52
	已婚=2	164	61.89%		56	59.57%		130	52.42%	
教育背景	小学及以下=1	0	0	3.98	1	1.06%	4.03	1	0.40%	4.02
	初中=2	1	0.38%		0	0		1	0.40%	
	高中=3	42	15.85%		14	14.89%		24	9.68%	
	大学=4	184	69.43%		59	62.77%		189	76.21%	
	硕士及以上=5	38	14.34%		20	21.28%		33	13.31%	
月收入	1 000 元及以下=1	14	5.28%	4.77	6	6.38%	4.77	21	8.47%	4.58
	1 001～3 000 元=2	17	6.42%		4	4.26%		15	6.05%	
	3 001～5 000 元=3	26	9.81%		8	8.51%		21	8.47%	
	5 001～7 000 元=4	34	12.83%		16	17.02%		40	16.13%	
	7 001～9 000 元=5	41	15.47%		14	14.89%		44	17.74%	
	9 000 元以上=6	133	50.19%		46	48.93%		107	43.14%	

（续表）

统计项	构成及其对应的赋值	聚类群体 1(N=265)			聚类群体 2(N=94)			聚类群体 3(N=248)		
		创新一般型			创新较差型			创新较强型		
		频数	频率	均值	频数	频率	均值	频数	频率	均值
游玩次数	1 次=1	48	18.11%	3.30	15	15.96%	3.17	42	16.94%	3.45
	2 次=2	50	18.87%		24	25.53%		34	13.71%	
	3 次=3	42	15.85%		11	11.70%		36	14.52%	
	4 次=4	24	9.06%		18	19.15%		43	17.33%	
	4 次以上=5	101	38.11%		26	27.66%		93	37.50%	
游玩天数	≤1 天=1	6	2.26%	3.95	3	3.19%	3.31	10	4.03%	3.57
	2～3 天=2	38	14.34%		25	26.60%		56	22.58%	
	4～5 天=3	46	17.36%		30	31.91%		49	19.76%	
	6～7 天=4	47	17.74%		12	12.77%		49	19.76%	
	>7 天=5	128	48.30%		24	25.53%		84	33.87%	
游玩预算	400 元及以下=1	4	1.51%	4.45	4	4.26%	4.38	6	2.42%	4.34
	401～600 元=2	6	2.26%		3	3.19%		12	4.84%	
	601～800 元=3	31	11.70%		4	4.25%		17	6.85%	
	801～1 000 元=4	49	18.49%		25	26.60%		69	27.83%	
	1 000 元以上=5	175	66.04%		58	61.70%		144	58.06%	
游玩方式	独自出游=1	30	11.32%	2.68	10	10.65%	2.99	28	11.29%	2.84
	和家人一起=2	97	36.60%		22	23.40%		74	29.85%	
	和朋友一起=3	78	29.43%		27	28.72%		72	29.03%	
	和同学/同事=4	47	17.74%		29	30.85%		58	23.39%	
	其他=5	13	4.91%		6	6.38%		16	6.45%	

在事件前，品牌在线旅游网站认知创新性创新一般型群体具有下列特点：①女性受访者占比大，达到 58.11%。②中年用户占比大，年龄在 31～45 岁的用户受访者的占比达到 40.75%。③已婚用户受访者占比大，达到 61.89%。④大学教育程度的用户受访者占比大，达到 69.43%。⑤月收入在 9 000 元以上的用户受访者占比大，达到 50.19%。⑥游玩次数为 4 次以上的用户受访者占比大，达到 38.11%。⑦游玩天数大于 7 天的用户受访者占比大，达到 48.30%。⑧游玩预算在 1 000 元以上的用户受访者占比大，达到 66.04%。⑨和家人一起游玩的用户受访者占比大，达到 36.60%。

在事件前，品牌在线旅游网站认知创新性创新较差型群体具有下列特点：①女性受访者占比大，达到 57.45%。②中年用户占比大，年龄在 31～45 岁的用户受访者的占比达到 45.74%。③已婚用户受访者占比大，达到 59.57%。④大学教育程度的用户受访者占比大，达到 62.77%。⑤月收入在 9 000 元以上的用户受访者占比大，达到 48.93%。⑥游玩次数为 4 次以上的用户受访者占比大，达到 27.66%。⑦游玩天数为 4～5 天的用户受访者占比大，达到 31.91%。⑧游玩预算在 1 000 元以上的用户受访者占比大，达到 61.70%。⑨和同学或同事一起游玩的用户受访者占比大，达到 30.85%。

在事件前，品牌在线旅游网站认知创新性创新较强型群体具有下列特点：①女性受访者占比大，达到 50.81%。②中年用户占比大，年龄在 31～45 岁的用户受访者的占比达到 38.70%。③已婚用户受访者占比大，达到 52.42%。④大学教育程度的用户受访者占比大，达到 76.21%。⑤月收入在 9 000 元以上的用户受访者占比大，达到 43.14%。⑥游玩次数为 4 次以上的用户受访者占比大，达到 37.50%。⑦游玩天数大于 7 天的用户受访者占比大，达到 33.87%。⑧游玩预算在 1 000 元以上的用户受访者占比大，达到 58.06%。⑨和家人一起、和朋友一起游玩的用户受访者占比大，分别达到 29.85%、29.03%。

在事件中，关于对品牌在线旅游网站认知使用创新性的认知，对不同聚类群体的用户画像特征分析如表 7-27 所示。这些特征包括性别、年龄、婚姻状况、教育背景、月收入、游玩次数、游玩天数、游玩预算、游玩方式。

表 7-27　事件中品牌在线旅游网站认知使用创新性聚类群体用户画像特征差异分析

统计项	构成及其对应的赋值	聚类群体 1（N=481）			聚类群体 2（N=124）			聚类群体 3（N=284）		
		创新一般型			创新较差型			创新较强型		
		频数	频率	均值	频数	频率	均值	频数	频率	均值
性别	男性=1	176	44.40%	1.56	51	45.10%	1.55	215	56.60%	1.43
	女性=2	220	55.60%		62	54.90%		165	43.40%	
年龄	18 岁以下=1	81	20.50%	2.29	25	22.10%	2.40	47	12.40%	2.36
	18～30 岁=2	181	45.70%		42	37.20%		203	53.40%	
	31～40 岁=3	84	21.20%		26	23.00%		79	20.80%	
	41～50 岁=4	39	9.80%		17	15.00%		48	12.60%	
	51～60 岁=5	9	2.30%		2	1.80%		2	0.50%	
	60 岁以上=6	2	0.50%		1	0.90%		1	0.30%	
婚姻状况	单身=1	263	66.40%	1.34	69	61.10%	1.39	239	62.90%	1.37
	已婚=2	133	33.60%		44	38.90%		141	37.10%	
教育背景	小学及以下=1	4	1.00%	3.70	2	1.80%	3.65	6	1.60%	3.69
	初中=2	18	4.50%		7	6.20%		31	8.20%	
	高中/中专/技校=3	118	29.80%		35	31.00%		73	19.20%	
	大学/大专=4	209	52.80%		54	47.80%		234	61.60%	
	硕士及以上=5	47	11.90%		15	13.30%		36	9.50%	

（续表）

统计项	构成及其对应的赋值	聚类群体 1(N=481)			聚类群体 2(N=124)			聚类群体 3(N=284)		
		创新一般型			创新较差型			创新较强型		
		频数	频率	均值	频数	频率	均值	频数	频率	均值
月收入	2 000 元及以下=1	165	41.70%	2.62	42	37.20%	3.07	93	24.50%	3.14
	2 001～4 000 元=2	58	14.60%		13	11.50%		58	15.30%	
	4 001～6 000 元=3	46	11.60%		10	8.80%		56	14.70%	
	6 001～8 000 元=4	47	11.90%		12	10.60%		72	18.90%	
	8 001～9 000 元=5	51	12.90%		15	13.30%		79	20.80%	
	9 000 元以上=6	29	7.30%		21	18.60%		22	5.80%	
游玩次数	0 次=1	111	28.00%	2.77	31	27.40%	2.92	83	21.80%	2.89
	1 次=2	69	17.40%		17	15.00%		88	23.20%	
	2 次=3	93	23.50%		27	23.90%		78	20.50%	
	3 次=4	46	11.60%		6	5.30%		49	12.90%	
	4 次及以上=5	77	19.40%		32	28.30%		82	21.60%	
游玩天数	≤1 天=1	151	38.10%	2.20	43	38.10%	2.28	121	31.80%	2.27
	2～3 天=2	126	31.80%		29	25.70%		137	36.10%	
	4～5 天=3	52	13.10%		18	15.90%		56	14.70%	
	6～7 天=4	21	5.30%		12	10.60%		30	7.90%	
	>7 天=5	46	11.60%		11	9.70%		36	9.50%	
游玩预算	400 元及以下=1	98	24.70%	3.28	31	27.40%	3.19	96	25.30%	3.38
	401～600 元=2	39	9.80%		14	12.40%		29	7.60%	
	601～800 元=3	52	13.10%		12	10.60%		43	11.30%	
	801～1 000 元=4	70	17.70%		15	13.30%		60	15.80%	
	1 000 元以上=5	137	34.60%		41	36.30%		152	40.00%	
游玩方式	独自出游=1	54	13.60%	2.48	22	19.50%	2.27	67	17.60%	2.57
	和家人一起=2	181	45.70%		51	45.10%		148	38.90%	
	和朋友一起=3	94	23.70%		30	26.50%		79	20.80%	
	和同学/同事=4	50	12.60%		8	7.10%		52	13.70%	
	其他=5	17	4.30%		2	1.80%		34	8.90%	

在事件中，品牌在线旅游网站认知创新性创新一般型群体具有下列特点：①女性受访者占比大，达到 55.60%。②中青年用户占比大，年龄在 18～30 岁的用户受访者的占比达到 45.70%。③单身用户受访者占比大，达到 66.40%。④大学教育程度的用户受访者占比大，达到 52.80%。⑤月收入在 2 000 元以内的用户受访者占比大，达到 41.70%。⑥游玩次数

为 0 次的用户受访者占比大，达到 28.00%。⑦游玩天数为 1 天以内的用户受访者占比大，达到 38.10%。⑧游玩预算在 1 000 元以上的用户受访者占比大，达到 34.60%。⑨和家人一起游玩的用户受访者占比大，达到 45.70%。

在事件中，品牌在线旅游网站认知创新性创新较差型群体具有下列特点：①女性受访者占比大，达到 54.90%。②中青年用户占比大，年龄在 18～30 岁的用户受访者的占比达到 37.20%。③单身用户受访者占比大，达到 61.10%。④大学教育程度的用户受访者占比大，达到 47.80%。⑤月收入在 2 000 元以内的用户受访者占比大，达到 37.20%。⑥游玩次数为 4 次及以上的用户受访者占比大，达到 28.30%。⑦游玩天数为 1 天以内的用户受访者占比大，达到 38.10%。⑧游玩预算在 1 000 元以上的用户受访者占比大，达到 36.30%。⑨和家人一起游玩的用户受访者占比大，达到 45.10%。

在事件中，品牌在线旅游网站认知创新性创新较强型群体具有下列特点：①男性受访者占比大，达到 56.60%。②中青年用户占比大，年龄在 18～30 岁的用户受访者的占比达到 53.40%。③单身用户受访者占比大，达到 62.90%。④大学教育程度的用户受访者占比大，达到 61.60%。⑤月收入在 2 000 元以内的用户受访者占比大，达到 24.50%。⑥游玩次数为 1 次的用户受访者占比大，达到 23.20%。⑦游玩天数为 2～3 天的用户受访者占比大，达到 36.10%。⑧游玩预算在 1 000 元以上的用户受访者占比大，达到 40.00%。⑨和家人一起、和朋友一起游玩的用户受访者占比大，分别达到 38.90%、20.80%。

在新时代，关于品牌在线旅游网站认知使用创新性的认知，对不同聚类群体的用户画像特征分析如表 7-28 所示。这些特征包括性别、年龄、婚姻状况、教育背景、月收入、职业、游玩次数、游玩天数、游玩预算、游玩方式。

表 7-28　新时代品牌在线旅游网站认知使用创新性聚类群体用户画像特征差异分析

统计项	构成及其对应的赋值	聚类群体 1(N=270)			聚类群体 2(N=97)			聚类群体 3(N=406)		
		创新一般型			创新较差型			创新较强型		
		频数	频率	均值	频数	频率	均值	频数	频率	均值
性别	男性=1	129	47.80%	1.52	50	51.50%	1.48	189	46.60%	1.53
	女性=2	141	52.20%		47	48.50%		217	53.40%	
婚姻状况	单身=1	128	47.40%	1.53	48	49.50%	1.51	193	47.50%	1.52
	已婚=2	142	52.60%		49	50.50%		213	52.50%	
年龄	18 岁以下	39	14.40%	2.34	18	18.60%	2.16	87	21.40%	2.24
	18～30 岁	136	50.40%		56	57.70%		185	45.60%	
	31～40 岁	66	24.40%		15	15.50%		94	23.20%	
	41～50 岁	24	8.90%		5	5.20%		33	8.10%	
	51～60 岁	3	1.10%		3	3.10%		5	1.20%	
	60 岁以上	2	0.70%		0	0		2	0.50%	

（续表）

统计项	构成及其对应的赋值	聚类群体 1（N=270）			聚类群体 2（N=97）			聚类群体 3（N=406）		
		创新一般型			创新较差型			创新较强型		
		频数	频率	均值	频数	频率	均值	频数	频率	均值
月收入	2 000 元及以下=1	52	19.30%	3.21	6	6.20%	3.41	55	13.50%	3.42
	2 001～4 000 元=2	36	13.30%		26	26.80%		70	17.20%	
	4 001～6 000 元=3	64	23.70%		24	24.70%		71	17.50%	
	6 001～8 000 元=4	59	21.90%		19	19.60%		109	26.80%	
	8 001～9 000 元=5	39	14.40%		7	7.20%		62	15.30%	
	9 000 元以上=6	20	7.40%		15	15.50%		39	9.60%	
教育背景	小学及以下=1	3	1.10%	3.46	1	1.00%	3.23	13	3.20%	3.31
	初中=2	72	26.70%		31	32.00%		126	31.00%	
	高中/中专/技校=3	29	10.70%		18	18.60%		32	7.90%	
	大学/大专=4	131	48.50%		39	40.20%		191	47.00%	
	硕士及以上=5	35	13.00%		8	8.20%		44	10.80%	
职业	国企职员=1	14	5.20%	7.35	3	3.10%	8.30	29	7.10%	6.75
	外企职员=2	22	8.10%		5	5.20%		22	5.40%	
	个体商人=3	16	5.90%		8	8.20%		40	9.90%	
	政府公务员=4	20	7.40%		1	1.00%		33	8.10%	
	专业技术人=5	24	8.90%		10	10.30%		56	13.80%	
	服务人员=6	31	11.50%		19	19.60%		38	9.40%	
	教师=7	12	4.40%		1	1.00%		21	5.20%	
	学生=8	62	23.00%		14	14.40%		82	20.20%	
	离退休人员=9	3	1.10%		2	2.10%		2	0.50%	
	家庭主妇=10	4	1.50%		1	1.00%		7	1.70%	
	军人=11	1	0.40%		1	1.00%		0	0	
	农民、渔民=12	3	1.10%		2	2.10%		18	4.40%	
	事业单位职员=13	26	9.60%		11	11.30%		21	5.20%	
	工人=14	20	7.40%		10	10.30%		26	6.40%	
	其他=15	12	4.40%		9	9.30%		11	2.70%	
游玩次数	0 次=1	36	13.30%	3.13	7	7.20%	3.12	31	7.60%	3.47
	1 次=2	40	14.80%		23	23.70%		61	15.00%	
	2 次=3	94	34.80%		35	36.10%		109	26.80%	
	3 次=4	53	19.60%		15	15.50%		97	23.90%	
	4 次及以上=5	47	17.40%		17	17.50%		108	26.60%	

（续表）

统计项	构成及其对应的赋值	聚类群体 1(N=270)			聚类群体 2(N=97)			聚类群体 3(N=406)		
		创新一般型			创新较差型			创新较强型		
		频数	频率	均值	频数	频率	均值	频数	频率	均值
游玩天数	≤1 天=1	59	21.90%	2.54	24	24.70%	2.36	110	27.10%	2.27
	2～3 天=2	90	33.30%		33	34.00%		150	36.90%	
	4～5 天=3	63	23.30%		27	27.80%		94	23.20%	
	6～7 天=4	31	11.50%		7	7.20%		31	7.60%	
	>7 天=5	27	10.00%		6	6.20%		21	5.20%	
游玩方式	独自=1	20	7.40%	2.83	14	14.40%	2.57	50	12.30%	2.62
	家人=2	111	41.10%		44	45.40%		160	39.40%	
	朋友=3	72	26.70%		18	18.60%		117	28.80%	
	同学/同事=4	29	10.70%		12	12.40%		52	12.80%	
	其他=5	38	14.10%		9	9.30%		27	6.70%	
游玩预算	400 元及以下=1	33	12.20%	3.47	9	9.30%	3.68	46	11.30%	3.60
	401～600 元=2	46	17.00%		12	12.40%		61	15.00%	
	601～800 元=3	51	18.90%		21	21.60%		68	16.70%	
	801～1 000 元=4	41	15.20%		14	14.40%		66	16.30%	
	1 000 元以上=5	99	36.70%		41	42.30%		165	40.60%	

在新时代，品牌在线旅游网站认知创新性创新一般型群体具有下列特点：①女性受访者占比大，达到 52.20%。②中青年用户占比大，年龄在 18～30 岁的用户受访者的占比达到 50.40%。③已婚用户受访者占比大，达到 52.60%。④大学教育程度的用户受访者占比大，达到 48.50%。⑤月收入在 4 001～6 000 元的用户受访者占比大，达到 23.70%。⑥游玩次数为 2 次的用户受访者占比大，达到 34.80%。⑦游玩天数为 2～3 天的用户受访者占比大，达到 33.30%。⑧游玩预算在 1 000 元以上的用户受访者占比大，达到 36.70%。⑨和家人一起游玩的用户受访者占比大，达到 41.10%。

在新时代，品牌在线旅游网站认知创新性创新较差型群体具有下列特点：①男性受访者占比大，达到 51.50%。②中青年用户占比大，年龄在 18～30 岁的用户受访者的占比达到 57.70%。③已婚用户受访者占比大，达到 50.50%。④大学教育程度的用户受访者占比大，达到 40.20%。⑤月收入在 2 000～4 000 元的用户受访者占比大，达到 26.80%。⑥游玩次数为 2 次的用户受访者占比大，达到 36.10%。⑦游玩天数为 2～3 天的用户受访者占比大，达到 34.00%。⑧游玩预算在 1 000 元以上的用户受访者占比大，达到 42.30%。⑨和家人一起游玩的用户受访者占比大，达到 45.40%。

在新时代，品牌在线旅游网站认知创新性创新较强型群体具有下列特点：①女性受访者占比大，达到 53.40%。②中青年用户占比大，年龄在 18～30 岁的用户受访者的占比达到

45.60%。③已婚用户受访者占比大，达到 52.50%。④大学教育程度的用户受访者占比大，达到 47.00%。⑤月收入在 6 001～8 000 元的用户受访者占比大，达到 26.80%。⑥游玩次数为 2 次的用户受访者占比大，达到 26.80%。⑦游玩天数为 2～3 天的用户受访者占比大，达到 36.90%。⑧游玩预算在 1 000 元以上的用户受访者占比大，达到 40.60%。⑨和家人一起游玩的用户受访者占比大，达到 39.40%。

二、品牌在线旅游网站认知使用创新性的聚类群体细分差异原因分析

综合来看，无论在事件前、事件中，还是在新时代，用户受访者关于品牌在线旅游网站认知使用创新性的聚类群体都分为三类，即创新一般型、创新较差型、创新较强型。其中，创新一般型群体对品牌在线旅游网站认知使用创新性的认知水平一般，创新较差型群体对品牌在线旅游网站认知使用创新性的认知水平最低，创新较强型群体对品牌在线旅游网站认知使用创新性的认知水平最高。用户受访者关于品牌在线旅游网站认知使用创新性的聚类群体细分差异的原因如下。

第一，尝试兴趣不强的原因。从人口统计学特征分析可知，第一类群体中女性用户居多。他们的年龄大多在 18～30 岁，游玩次数一般非常少，游玩天数通常较短，游玩预算较高，其大多数时候选择和家人一起出行。此类用户受到年龄和时间的限制，对品牌在线旅游网站新功能的尝试需求不强烈。

第二，使用意愿不足的原因。从人口统计学特征分析可知，第二类群体中女性用户居多。他们的年龄大多在 18～30 岁，停留时间一般较短，通常选择和家人出行。此类用户由于受到游览天数和行程需求的限制，在安排行程时往往不会独立完成。被发现不会使用新功能时，此类用户会感到尴尬，对认知使用创新性的认知最弱。

第三，功能吸引力强的原因。从人口统计学特征分析可知，第三类群体中男性用户居多。他们的游玩相对不频繁，停留时间较短，游玩预算较高，通常选择和家人与朋友出行。此类用户容易被品牌在线旅游网站的新功能吸引，会独自了解品牌在线旅游网站的新功能。

第八节　品牌在线旅游网站认知品牌资产性的聚类群体差异

一、品牌在线旅游网站认知品牌资产性的聚类群体细分差异比较

如表 7-29 所示，在事件前，用户受访者关于品牌在线旅游网站认知品牌资产性的认知存在群体性差异。聚类分析结果表明，在事件前，用户受访者关于品牌在线旅游网站认知品牌资产性可分为三类：第一类为品牌在线旅游网站认知品牌资产性资产优质型群体，第二类为品牌在线旅游网站认知品牌资产性资产劣质型群体，第三类为品牌在线旅游网站认知品牌资产性资产一般型群体。其中，品牌在线旅游网站认知品牌资产性资产优质型群体对“品牌在线旅游网站网络口碑”“品牌在线旅游网站产品质量”和“品牌在线旅游网站在线互动”的认知整体较高，评分系数分别为 4.53、4.52 和 4.49。品牌在线旅游网站认知品牌资产

性资产劣质型群体对“品牌在线旅游网站网络口碑”“品牌在线旅游网站产品质量”和“品牌在线旅游网站在线互动”的认知整体较低，评分系数分别为 3.28、3.10 和 3.04。品牌在线旅游网站认知品牌资产性资产一般型群体对“品牌在线旅游网站网络口碑”“品牌在线旅游网站产品质量”和“品牌在线旅游网站在线互动”的认知整体一般，评分系数分别为 3.91、3.86 和 3.73。*F* 值的检验结果表明，各公因子在聚类结果间的差异具有统计学意义，这说明在事件前，用户受访者关于品牌在线旅游网站认知品牌资产性对“品牌在线旅游网站网络口碑”“品牌在线旅游网站产品质量”和“品牌在线旅游网站在线互动”的影响存在显著性差异。

表 7-29　品牌在线旅游网站认知品牌资产性的聚类群体差异分析

事件前公因子	聚类群体 1	聚类群体 2	聚类群体 3	*F* 值	Sig.
	资产优质型	资产劣质型	资产一般型		
品牌在线旅游网站网络口碑	4.53	3.28	3.91	499.566	0.000***
品牌在线旅游网站产品质量	4.52	3.10	3.86	601.975	0.000***
品牌在线旅游网站在线互动	4.49	3.04	3.73	633.922	0.000***
事件中公因子	聚类群体 1	聚类群体 2	聚类群体 3	*F* 值	Sig.
	资产优质型	资产劣质型	资产一般型		
品牌在线旅游网站品牌资产	4.74	2.90	3.83	2 687.390	0.000***
新时代公因子	聚类群体 1	聚类群体 2	聚类群体 3	*F* 值	Sig.
	资产优质型	资产劣质型	资产一般型		
品牌在线旅游网站网络口碑	4.63	2.60	3.80	741.763	0.000***
品牌在线旅游网站产品质量	4.60	2.61	3.64	753.187	0.000***
品牌在线旅游网站在线互动	4.54	2.41	3.60	708.821	0.000***

注：* $P<0.05$，** $P<0.01$，*** $P<0.001$。

在事件中，用户受访者关于品牌在线旅游网站认知品牌资产性的认知存在群体性差异。聚类分析结果表明，在事件中，用户受访者关于品牌在线旅游网站认知品牌资产性可分为三类：第一类为品牌在线旅游网站认知品牌资产性资产优质型群体，第二类为品牌在线旅游网站认知品牌资产性资产劣质型群体，第三类为品牌在线旅游网站认知品牌资产性资产一般型群体。其中，品牌在线旅游网站认知品牌资产性资产优质型群体对“品牌在线旅游网站品牌资产”的认知整体较高，评分系数为 4.74。品牌在线旅游网站认知品牌资产性资产劣质型群体对“品牌在线旅游网站品牌资产”的认知整体较低，评分系数为 2.90。品牌在线旅游网站认知品牌资产性资产一般型群体对“品牌在线旅游网站品牌资产”的认知整体一般，评分系数为 3.83。*F* 值的检验结果表明，各公因子在聚类结果间的差异具有统计学意义，这说明在事件中，用户受访者关于品牌在线旅游网站认知品牌资产性存在显著性差异。

在新时代，用户受访者关于品牌在线旅游网站认知品牌资产性的认知存在群体性差异。

聚类分析结果表明，在新时代，用户受访者关于品牌在线旅游网站认知品牌资产性可分为三类：第一类为品牌在线旅游网站认知品牌资产性资产优质型群体，第二类为品牌在线旅游网站认知品牌资产性资产劣质型群体，第三类为品牌在线旅游网站认知品牌资产性资产一般型群体。其中，品牌在线旅游网站认知品牌资产性资产优质型群体对“品牌在线旅游网站网络口碑”“品牌在线旅游网站产品质量”和“品牌在线旅游网站在线互动”的认知整体较高，评分系数分别为 4.63、4.60 和 4.54。品牌在线旅游网站认知品牌资产性资产劣质型群体对“品牌在线旅游网站网络口碑”“品牌在线旅游网站产品质量”和“品牌在线旅游网站在线互动”的认知整体较低，评分系数分别为 2.60、2.61 和 2.41。品牌在线旅游网站认知品牌资产性资产一般型群体对“品牌在线旅游网站网络口碑”“品牌在线旅游网站产品质量”和“品牌在线旅游网站在线互动”的认知整体一般，评分系数分别为 3.80、3.64 和 3.60。F 值的检验结果表明，各公因子在聚类结果间的差异具有统计学意义，这说明在新时代，用户受访者关于品牌在线旅游网站认知品牌资产性对“品牌在线旅游网站网络口碑”“品牌在线旅游网站产品质量”和“品牌在线旅游网站在线互动”的影响存在显著性差异。

在事件前，关于对品牌在线旅游网站认知品牌资产性的认知，对不同聚类群体的用户画像特征分析如表 7-30 所示。这些特征包括性别、年龄、婚姻状况、教育背景、月收入、游玩次数、游玩天数、游玩预算、游玩方式。

表 7-30 事件前品牌在线旅游网站认知品牌资产性聚类群体用户画像特征差异分析

统计项	构成及其对应的赋值	聚类群体 1（N=255）			聚类群体 2（N=108）			聚类群体 3（N=244）		
		资产优质型			资产劣质型			资产一般型		
		频数	频率	均值	频数	频率	均值	频数	频率	均值
性别	男性=1	117	45.88%	1.54	49	45.37%	1.55	107	43.85%	1.56
	女性=2	138	54.12%		59	54.63%		137	56.15%	
年龄	18 岁以下=1	6	2.35%	2.95	1	0.93%	3.08	9	3.69%	2.89
	18～30 岁=2	83	32.55%		35	32.41%		79	32.38%	
	31～45 岁=3	105	41.18%		41	37.96%		101	41.39%	
	46～60 岁=4	41	16.08%		16	14.81%		40	16.39%	
	60 岁以上=5	20	7.84%		15	13.89%		15	6.15%	
婚姻状况	单身=1	105	41.18%	1.59	42	38.89%	1.61	110	45.08%	1.55
	已婚=2	150	58.82%		66	61.11%		134	54.92%	
教育背景	小学及以下=1	1	0.39%	3.99	0	0	4.01	1	0.41%	4.01
	初中=2	1	0.39%		0	0		1	0.41%	
	高中=3	27	10.59%		19	17.59%		34	13.93%	
	大学=4	196	76.86%		69	63.89%		167	68.44%	
	硕士及以上=5	30	11.77%		20	18.52%		41	16.81%	

（续表）

统计项	构成及其对应的赋值	聚类群体 1(N=255)			聚类群体 2(N=108)			聚类群体 3(N=244)		
		资产优质型			资产劣质型			资产一般型		
		频数	频率	均值	频数	频率	均值	频数	频率	均值
月收入	1 000 元及以下=1	14	5.49%	4.67	7	6.48%	4.64	10	4.10%	4.74
	1 001～3 000 元=2	14	5.49%		8	7.41%		14	5.74%	
	3 001～5 000 元=3	23	9.02%		10	9.26%		22	9.02%	
	5 001～7 000 元=4	48	18.82%		20	18.52%		22	9.02%	
	7 001～9 000 元=5	47	18.43%		10	9.26%		42	17.20%	
	9 000 元以上=6	109	42.75%		53	49.07%		124	50.82%	
游玩次数	1 次=1	47	18.43%	3.39	19	17.59%	3.26	39	15.98%	3.33
	2 次=2	37	14.51%		25	23.15%		46	18.85%	
	3 次=3	33	12.94%		14	12.96%		42	17.21%	
	4 次=4	46	18.04%		9	8.34%		30	12.30%	
	4 次以上=5	92	36.08%		41	37.96%		87	35.66%	
游玩天数	≤1 天=1	11	4.31%	3.64	3	2.78%	3.64	5	2.05%	3.78
	2～3 天=2	55	21.57%		20	18.52%		44	18.03%	
	4～5 天=3	46	18.04%		27	25.00%		52	21.31%	
	6～7 天=4	46	18.04%		21	19.44%		41	16.81%	
	>7 天=5	97	38.04%		37	34.26%		102	41.80%	
游玩预算	400 元及以下=1	5	1.96%	4.38	3	2.78%	4.51	6	2.46%	4.36
	401～600 元=2	12	4.71%		1	0.93%		8	3.28%	
	601～800 元=3	16	6.27%		11	10.19%		25	10.25%	
	801～1 000 元=4	70	27.45%		16	14.80%		57	23.36%	
	1 000 元以上=5	152	59.61%		77	71.30%		148	60.65%	
游玩方式	独自出游=1	24	9.41%	2.83	12	11.11%	2.74	32	13.11%	2.78
	和家人一起=2	84	32.94%		38	35.19%		71	29.11%	
	和朋友一起=3	76	29.80%		31	28.71%		70	28.69%	
	和同学/同事=4	54	21.18%		20	18.52%		60	24.59%	
	其他=5	17	6.67%		7	6.48%		11	4.51%	

在事件前，品牌在线旅游网站认知品牌资产性资产优质型群体具有下列特点：①女性受访者占比大，达到 54.12%。②青年用户占比大，年龄在 18～30 岁的用户受访者的占比达到 32.55%。③已婚用户受访者占比大，达到 58.82%。④大学教育程度的用户受访者占比大，达到 76.86%。⑤月收入在 9 000 元以上的用户受访者占比大，达到 42.75%。⑥游玩次数

为 4 次以上的用户受访者占比大，达到 36.08%。⑦游玩天数大于 7 天的用户受访者占比大，达到 38.04%。⑧游玩预算在 1 000 元以上的用户受访者占比大，达到 59.61%。⑨和家人一起游玩的用户受访者占比大，达到 32.94%。

在事件前，品牌在线旅游网站认知品牌资产性资产劣质型群体具有下列特点：①女性受访者占比大，达到 54.63%。②中年用户占比大，年龄在 31～45 岁的用户受访者的占比达到 37.96%。③已婚用户受访者占比大，达到 61.11%。④大学教育程度的用户受访者占比大，达到 63.89%。⑤月收入在 9 000 元以上的用户受访者占比大，达到 49.07%。⑥游玩次数为 4 次以上的用户受访者占比大，达到 37.96%。⑦游玩天数大于 7 天的用户受访者占比大，达到 34.26%。⑧游玩预算在 1 000 元以上的用户受访者占比大，达到 71.30%。⑨和家人一起游玩的用户受访者占比大，达到 35.19%。

在事件前，品牌在线旅游网站认知品牌资产性资产一般型群体具有下列特点：①女性受访者占比大，达到 56.15%。②中年用户占比大，年龄在 31～45 岁的用户受访者的占比达到 41.39%。③已婚用户受访者占比大，达到 54.92%。④大学教育程度的用户受访者占比大，达到 68.44%。⑤月收入在 9 000 元以上的用户受访者占比大，达到 50.82%。⑥游玩次数为 4 次以上的用户受访者占比大，达到 35.66%。⑦游玩天数大于 7 天的用户受访者占比大，达到 41.80%。⑧游玩预算在 1 000 元以上的用户受访者占比大，达到 60.65%。⑨和家人一起游玩的用户受访者占比大，达到 29.11%。

在事件中，关于对品牌在线旅游网站认知品牌资产性的认知，对不同聚类群体的用户画像特征分析如表 7-31 所示。这些特征包括性别、年龄、婚姻状况、教育背景、月收入、游玩次数、游玩天数、游玩预算、游玩方式。

在事件中，品牌在线旅游网站认知品牌资产性资产优质型群体具有下列特点：①男性受访者占比大，达到 52.00%。②中青年用户占比大，年龄为 18～30 岁的用户受访者的占比达到 54.00%。③单身用户受访者占比大，达到 61.70%。④大学教育程度的用户受访者占比大，达到 66.80%。⑤月收入在 2 000 元以内的用户受访者占比大，达到 27.50%。⑥游玩次数为 4 次及以上的用户受访者占比大，达到 27.50%。⑦游玩天数为 2～3 天的用户受访者占比大，达到 35.60%。⑧游玩预算在 1 000 元以上的用户受访者占比大，达到 45.00%。⑨和家人一起游玩的用户受访者占比大，达到 41.60%。

在事件中，品牌在线旅游网站认知品牌资产性资产劣质型群体具有下列特点：①女性受访者占比大，达到 54.90%。②中青年用户占比大，年龄在 18～30 岁的用户受访者的占比达到 37.20%。③单身用户受访者占比大，达到 66.00%。④大学教育程度的用户受访者占比大，达到 41.90%。⑤月收入在 2 000 元以内的用户受访者占比大，达到 48.40%。⑥游玩次数为 0 次的用户受访者占比大，达到 34.40%。⑦游玩天数为 1 天以内的用户受访者占比大，达到 49.80%。⑧游玩预算在 400 元以下的用户受访者占比大，达到 39.10%。⑨和家人一起游玩的用户受访者占比大，达到 47.40%。

在事件中，品牌在线旅游网站认知品牌资产性资产一般型群体具有下列特点：①男性受访者占比大，达到 50.50%。②中青年用户占比大，年龄为 18～30 岁的用户受访者的占比达到 49.20%。③单身用户受访者占比大，达到 65.20%。④大学教育程度的用户受访者占比大，达到 55.30%。⑤月收入在 2 000 元以内的用户受访者占比大，达到 30.30%。⑥游玩次数为 0 次的用户受访者占比大，达到 25.80%。⑦游玩天数为 2～3 天的用户受访者占比大，达到 35.90%。⑧游玩预算在 1 000 元以上的用户受访者占比大，达到 35.10%。⑨和家人一起游玩的用户受访者占比大，达到 41.00%。

表 7-31　事件中品牌在线旅游网站认知品牌资产性聚类群体用户画像特征差异分析

统计项	构成及其对应的赋值	聚类群体 1(N=298)			聚类群体 2(N=215)			聚类群体 3(N=376)		
		资产优质型			资产劣质型			资产一般型		
		频数	频率	均值	频数	频率	均值	频数	频率	均值
性别	男性=1	155	52.00%	1.48	97	45.10%	1.55	190	50.50%	1.49
	女性=2	143	48.00%		118	54.90%		186	49.50%	
年龄	18 岁以下=1	35	11.70%	2.37	62	28.80%	2.25	56	14.90%	2.26
	18～30 岁=2	161	54.00%		80	37.20%		185	49.20%	
	31～40 岁=3	61	20.50%		42	19.50%		86	22.90%	
	41～50 岁=4	40	13.40%		21	9.80%		43	11.40%	
	51～60 岁=5	1	0.30%		8	3.70%		4	1.10%	
	60 岁以上=6	0	0		2	0.90%		2	0.50%	
婚姻状况	单身=1	184	61.70%	1.38	142	66.00%	1.34	245	65.20%	1.35
	已婚=2	114	38.30%		73	34.00%		131	34.80%	
教育背景	小学及以下=1	4	1.30%	3.74	3	1.40%	3.59	5	1.30%	3.70
	初中=2	20	6.70%		15	7.00%		21	5.60%	
	高中/中专/技校=3	50	16.80%		78	36.30%		98	26.10%	
	大学/大专=4	199	66.80%		90	41.90%		208	55.30%	
	硕士及以上=5	25	8.40%		29	13.50%		44	11.70%	
月收入	2 000 元及以下=1	82	27.50%	3.11	104	48.40%	2.35	114	30.30%	3.04
	2 001～4 000 元=2	36	12.10%		33	15.30%		60	16.00%	
	4 001～6 000 元=3	39	13.10%		27	12.60%		46	12.20%	
	6 001～8 000 元=4	67	22.50%		18	8.40%		46	12.20%	
	8 001～9 000 元=5	55	18.50%		16	7.40%		74	19.70%	
	9 000 元以上=6	19	6.40%		17	7.90%		36	9.60%	
游玩次数	0 次=1	54	18.10%	3.09	74	34.40%	2.51	97	25.80%	2.83
	1 次=2	62	20.80%		44	20.50%		68	18.10%	
	2 次=3	66	22.10%		45	20.90%		87	23.10%	
	3 次=4	34	11.40%		17	7.90%		50	13.30%	
	4 次及以上=5	82	27.50%		35	16.30%		74	19.70%	

（续表）

统计项	构成及其对应的赋值	聚类群体 1（N=298）			聚类群体 2（N=215）			聚类群体 3（N=376）		
		资产优质型			资产劣质型			资产一般型		
		频数	频率	均值	频数	频率	均值	频数	频率	均值
游玩天数	≤1 天=1	79	26.50%	2.46	107	49.80%	2.00	129	34.30%	2.22
	2～3 天=2	106	35.60%		51	23.70%		135	35.90%	
	4～5 天=3	50	16.80%		28	13.00%		48	12.80%	
	6～7 天=4	24	8.10%		9	4.20%		30	8.00%	
	>7 天=5	39	13.10%		20	9.30%		34	9.00%	
游玩预算	400 元及以下=1	60	20.10%	3.58	84	39.10%	2.87	81	21.50%	3.34
	401～600 元=2	23	7.70%		16	7.40%		43	11.40%	
	601～800 元=3	34	11.40%		22	10.20%		51	13.60%	
	801～1 000 元=4	47	15.80%		29	13.50%		69	18.40%	
	1 000 元以上=5	134	45.00%		64	29.80%		132	35.10%	
游玩方式	独自出游=1	52	17.40%	2.46	39	18.10%	2.37	52	13.80%	2.59
	和家人一起=2	124	41.60%		102	47.40%		154	41.00%	
	和朋友一起=3	68	22.80%		40	18.60%		95	25.30%	
	和同学/同事=4	41	13.80%		23	10.70%		46	12.20%	
	其他=5	13	4.40%		11	5.10%		29	7.70%	

在新时代，关于对品牌在线旅游网站认知品牌资产性的认知，对不同聚类群体的用户画像特征分析如表 7-32 所示。这些特征包括性别、年龄、婚姻状况、教育背景、月收入、职业、游玩次数、游玩天数、游玩预算、游玩方式。

表 7-32　新时代品牌在线旅游网站认知品牌资产性聚类群体用户画像特征差异分析

统计项	构成及其对应的赋值	聚类群体 1（N=380）			聚类群体 2（N=74）			聚类群体 3（N=319）		
		资产优质型			资产劣质型			资产一般型		
		频数	频率	均值	频数	频率	均值	频数	频率	均值
性别	男性=1	166	43.70%	1.56	38	51.40%	1.49	164	51.40%	1.49
	女性=2	214	56.30%		36	48.60%		155	48.60%	
婚姻状况	单身=1	169	44.50%	1.56	35	47.30%	1.53	165	51.70%	1.48
	已婚=2	211	55.50%		39	52.70%		154	48.30%	
年龄	18 岁以下	67	17.60%	2.33	16	21.60%	2.23	61	19.10%	2.19
	18～30 岁	169	44.50%		37	50.00%		171	53.60%	
	31～40 岁	102	26.80%		12	16.20%		61	19.10%	
	41～50 岁	36	9.50%		7	9.50%		19	6.00%	
	51～60 岁	5	1.30%		1	1.40%		5	1.60%	
	60 岁以上	1	0.30%		1	1.40%		2	0.60%	

（续表）

统计项	构成及其对应的赋值	聚类群体 1(*N*=380)			聚类群体 2(*N*=74)			聚类群体 3(*N*=319)		
		资产优质型			资产劣质型			资产一般型		
		频数	频率	均值	频数	频率	均值	频数	频率	均值
月收入	2 000 元及以下=1	51	13.40%	3.52	9	12.20%	3.30	53	16.60%	3.15
	2 001～4 000 元=2	59	15.50%		20	27.00%		53	16.60%	
	4 001～6 000 元=3	65	17.10%		10	13.50%		84	26.30%	
	6 001～8 000 元=4	100	26.30%		18	24.30%		69	21.60%	
	8 001～9 000 元=5	57	15.00%		9	12.20%		42	13.20%	
	9 000 元以上=6	48	12.60%		8	10.80%		18	5.60%	
教育背景	小学及以下=1	12	3.20%	3.41	1	1.40%	3.30	4	1.30%	3.30
	初中=2	105	27.60%		22	29.70%		102	32.00%	
	高中/中专/技校=3	32	8.40%		13	17.60%		34	10.70%	
	大学/大专=4	178	46.80%		30	40.50%		153	48.00%	
	硕士及以上=5	53	13.90%		8	10.80%		26	8.20%	
职业	国企职员=1	30	7.90%	6.51	2	2.70%	8.28	14	4.40%	7.67
	外企职员=2	25	6.60%		4	5.40%		20	6.30%	
	个体商人=3	41	10.80%		8	10.80%		15	4.70%	
	政府公务员=4	34	8.90%		4	5.40%		16	5.00%	
	专业技术人=5	48	12.60%		10	13.50%		32	10.00%	
	服务人员=6	37	9.70%		7	9.50%		44	13.80%	
	教师=7	20	5.30%		0	0		14	4.40%	
	学生=8	71	18.70%		9	12.20%		78	24.50%	
	离退休人员=9	2	0.50%		2	2.70%		3	0.90%	
	家庭主妇=10	8	2.10%		0	0		4	1.30%	
	军人=11	1	0.30%		1	1.40%		0	0	
	农民、渔民=12	9	2.40%		3	4.10%		11	3.40%	
	事业单位职员=13	21	5.50%		11	14.90%		26	8.20%	
	工人=14	22	5.80%		4	5.40%		30	9.40%	
	其他=15	11	2.90%		9	12.20%		12	3.80%	
游玩次数	0 次=1	29	7.60%	3.44	7	9.50%	3.11	38	11.90%	3.19
	1 次=2	49	12.90%		16	21.60%		59	18.50%	
	2 次=3	120	31.60%		26	35.10%		92	28.80%	
	3 次=4	89	23.40%		12	16.20%		64	20.10%	
	4 次及以上=5	93	24.50%		13	17.60%		66	20.70%	

（续表）

统计项	构成及其对应的赋值	聚类群体 1（N＝380）			聚类群体 2（N＝74）			聚类群体 3（N＝319）		
		资产优质型			资产劣质型			资产一般型		
		频数	频率	均值	频数	频率	均值	频数	频率	均值
游玩天数	≤1 天＝1	91	23.90%	2.39	19	25.70%	2.19	83	26.00%	2.40
	2～3 天＝2	139	36.60%		30	40.50%		104	32.60%	
	4～5 天＝3	86	22.60%		21	28.40%		77	24.10%	
	6～7 天＝4	39	10.30%		0	0		30	9.40%	
	＞7 天＝5	25	6.6%		4	5.40%		25	7.80%	
游玩方式	独自＝1	44	11.60%	2.59	10	13.50%	3.00	30	9.40%	2.73
	家人＝2	157	41.30%		27	36.50%		131	41.10%	
	朋友＝3	108	28.40%		6	8.10%		93	29.20%	
	同学/同事＝4	52	13.70%		15	20.30%		26	8.20%	
	其他＝5	19	5.00%		16	21.60%		39	12.20%	
游玩预算	400 元及以下＝1	34	8.90%	3.77	11	14.90%	3.35	43	13.50%	3.37
	401～600 元＝2	49	12.90%		11	14.90%		59	18.50%	
	601～800 元＝3	64	16.80%		16	21.60%		60	18.80%	
	801～1 000 元＝4	57	15.00%		13	17.60%		51	16.00%	
	1 000 元以上＝5	176	46.30%		23	31.10%		106	33.20%	

在新时代，品牌在线旅游网站认知品牌资产性资产优质型群体具有下列特点：①女性受访者占比大，达到56.30%。②中青年用户占比大，年龄在18～30岁的用户受访者的占比达到44.50%。③已婚用户受访者占比大，达到55.50%。④大学教育程度的用户受访者占比大，达到46.80%。⑤月收入在6 001～8 000元的用户受访者占比大，达到26.30%。⑥游玩次数为2次的用户受访者占比大，达到31.60%。⑦游玩天数为2～3天的用户受访者占比大，达到36.60%。⑧游玩预算在1 000元以上的用户受访者占比大，达到46.30%。⑨和家人一起游玩的用户受访者占比大，达到41.30%。

在新时代，品牌在线旅游网站认知品牌资产性资产劣质型群体具有下列特点：①男性受访者占比大，达到51.40%。②中青年用户占比大，年龄在18～30岁的用户受访者的占比大，达到50.00%。③已婚用户受访者占比大，达到52.70%。④大学教育程度的用户受访者占比大，达到40.50%。⑤月收入在2 000～4 000元的用户受访者占比大，达到27.00%。⑥游玩次数为2次的用户受访者占比大，达到35.10%。⑦游玩天数为2～3天的用户受访者占比大，达到40.50%。⑧游玩预算在1 000元以上的用户受访者占比大，达到31.10%。⑨和家人一起游玩的用户受访者占比大，达到36.50%。

在新时代，品牌在线旅游网站认知品牌资产性资产一般型群体具有下列特点：①男性受访者占比大，达到51.40%。②中青年用户占比大，年龄在18～30岁的用户受访者的占比达到 53.60%。③单身用户受访者占比大，达到 51.70%。④大学教育程度的用户受访者占比大，达到 48.00%。⑤月收入在 4 001～6 000 元的用户受访者占比大，达到 26.30%。⑥游玩次数为 2 次的用户受访者占比大，达到 28.80%。⑦游玩天数为 2～3 天的用户受访者占比大，达到 32.60%。⑧游玩预算在 1 000 元以上的用户受访者占比大，达到 33.20%。⑨和家人一起游玩的用户受访者占比大，达到 41.10%。

二、品牌在线旅游网站认知品牌资产性的聚类群体细分差异原因分析

综合来看，无论在事件前、事件中，还是在新时代，用户受访者关于品牌在线旅游网站认知品牌资产性的聚类群体都分为三类，即资产一般型、资产劣质型、资产优质型。其中，资产一般型群体对品牌在线旅游网站认知品牌资产性的认知水平一般，资产劣质型群体对品牌在线旅游网站认知品牌资产性的认知水平最低，资产优质型群体对品牌在线旅游网站认知品牌资产性的认知水平最高。用户受访者关于品牌在线旅游网站认知品牌资产性的聚类群体细分差异的原因如下。

第一，品牌承诺可信的原因。从人口统计学特征分析可知，第一类群体中男性用户居多。他们的年龄大多在 18～30 岁，游玩次数通常非常少，游玩天数较短，游玩预算较高，且多数情况下选择和家人一起出行。此类用户对品牌在线旅游网站的信任度高，认为品牌在线旅游网站的产品承诺真实，并且看好品牌在线旅游网站的品牌前景。

第二，在线互动诉求的原因。从人口统计学特征分析可知，第二类群体中女性用户居多。他们的年龄在 18～30 岁，游玩次数少，游玩天数较短，且通常选择和家人一起出行。此类用户对品牌在线旅游网站的互动要求较多，希望其问题能尽快得到客服回复，且希望能及时获取信息。

第三，注重产品质量的原因。从人口统计学特征分析可知，第三类群体中男性用户居多。此类用户游玩非常频繁，停留时间较短，游玩预算较高，且通常与家人一起出行。他们希望品牌在线旅游网站的产品质量符合其要求，且性价比高。他们对品牌在线旅游网站较感兴趣，也愿意花时间浏览品牌在线旅游网站。

第九节　品牌在线旅游网站认知使用满意性的聚类群体差异

一、品牌在线旅游网站认知使用满意性的聚类群体细分差异比较

如表 7-33 所示，在事件前，用户受访者关于品牌在线旅游网站认知使用满意性的认知存在群体性差异。聚类分析结果表明，在事件前，用户受访者关于品牌在线旅游网站认知使用满意性可分为三类：第一类为品牌在线旅游网站认知使用满意性满意中立型群体，第二类为品牌在线旅游网站认知使用满意性满意较差型群体，第三类为品牌在线旅游网站认知使用满意性满意最优型群体。其中，品牌在线旅游网站认知使用满意性满意中立型群体对品牌在线旅游网站认知使用满意性的认知整体一般，评分系数为 3.73。品牌在线旅游网站认

知使用满意性满意较差型群体对品牌在线旅游网站认知使用满意性的认知整体较低，评分系数为 2.83。品牌在线旅游网站认知使用满意性满意最优型群体对品牌在线旅游网站认知使用满意性的认知整体较高，评分系数为 4.55。F 值检验结果表明，各公因子在聚类分析结果之间的差异具有统计学研究意义，这说明在事件前，用户受访者关于品牌在线旅游网站认知使用满意性存在显著性差异。

表 7-33　品牌在线旅游网站认知使用满意性的聚类群体差异分析

事件前公因子	聚类群体 1	聚类群体 2	聚类群体 3	F 值	Sig.
	满意中立型	满意较差型	满意最优型		
品牌在线旅游网站认知使用满意性	3.73	2.83	4.55	1 152.451	0.000***
事件中公因子	聚类群体 1	聚类群体 2	聚类群体 3	F 值	Sig.
	满意中立型	满意较差型	满意最优型		
品牌在线旅游网站认知使用满意性	3.82	2.83	4.79	2 917.822	0.000***
新时代公因子	聚类群体 1	聚类群体 2	聚类群体 3	F 值	Sig.
	满意中立型	满意较差型	满意最优型		
品牌在线旅游网站认知使用满意性	3.44	2.20	4.53	1 088.094	0.000***

注：* $P<0.05$，** $P<0.01$，*** $P<0.001$。

在事件中，用户受访者关于品牌在线旅游网站认知使用满意性的认知存在群体性差异。聚类分析结果表明，在事件中，用户受访者关于品牌在线旅游网站认知使用满意性可分为三类：第一类为品牌在线旅游网站认知使用满意性满意中立型群体，第二类为品牌在线旅游网站认知使用满意性满意较差型群体，第三类为品牌在线旅游网站认知使用满意性满意最优型群体。其中，品牌在线旅游网站认知使用满意性满意中立型群体对品牌在线旅游网站认知使用满意性的认知整体一般，评分系数为 3.82。品牌在线旅游网站认知使用满意性满意较差型群体对品牌在线旅游网站认知使用满意性的认知整体较低，评分系数为 2.83。品牌在线旅游网站认知使用满意性满意最优型群体对品牌在线旅游网站认知使用满意性的认知整体较高，评分系数为 4.79。F 值检验结果表明，各公因子在聚类分析结果之间的差异具有统计学研究意义，这说明在事件中用户受访者关于品牌在线旅游网站认知使用满意性存在显著性差异。

在新时代，用户受访者关于品牌在线旅游网站认知使用满意性的认知存在群体性差异。聚类分析结果表明，在新时代，用户受访者关于品牌在线旅游网站认知使用满意性可分为三类：第一类为品牌在线旅游网站认知使用满意性满意中立型群体，第二类为品牌在线旅游网站认知使用满意性满意较差型群体，第三类为品牌在线旅游网站认知使用满意性满意最优型群体。其中，品牌在线旅游网站认知使用满意性满意中立型群体对品牌在线旅游网站认知使用满意性的认知整体一般，评分系数为 3.44。品牌在线旅游网站认知使用满意性满意较差型群体对品牌在线旅游网站认知使用满意性的认知整体较低，评分系数为 2.20。品牌在线旅游网站认知使用满意性满意最优型群体对品牌在线旅游网站认知使用满意性的认知整体较高，评分系数为 4.53。F 值检验结果表明，各公因子在聚类分析结果之间的差异具有统计学研究意义，这说明在新时代，用户受访者关于品牌在线旅游网站认知使用满意性存在显著性差异。

在事件前，关于对品牌在线旅游网站认知使用满意性的认知，对不同聚类群体的用户画像特征分析如表 7-34 所示。这些特征包括性别、年龄、婚姻状况、教育背景、月收入、游玩次数、游玩天数、游玩预算、游玩方式。

表 7-34 事件前品牌在线旅游网站认知使用满意性聚类群体用户画像特征差异分析

统计项	构成及其对应的赋值	聚类群体 1(*N*=271)			聚类群体 2(*N*=69			聚类群体 3(*N*=267)		
		满意中立型			满意较差型			满意最优型		
		频数	频率	均值	频数	频率	均值	频数	频率	均值
性别	男性=1	128	47.23%	1.53	27	39.13%	1.61	118	44.19%	1.56
	女性=2	143	52.77%		42	60.87%		149	55.81%	
年龄	18 岁以下=1	5	1.86%	2.96	1	1.45%	3.29	10	3.75%	2.85
	18～30 岁=2	88	32.47%		17	24.64%		92	34.46%	
	31～45 岁=3	111	40.96%		29	42.02%		107	40.07%	
	46～60 岁=4	48	17.71%		5	7.25%		44	16.48%	
	60 岁以上=5	19	7.01%		17	24.64%		14	5.24%	
婚姻状况	单身=1	112	41.33%	1.59	26	37.68%	1.62	119	44.57%	1.55
	已婚=2	159	58.67%		43	62.32%		148	55.43%	
教育背景	小学及以下=1	0	0	4.03	1	1.45%	3.93	1	0.37%	3.99
	初中=2	1	0.37%		0	0		1	0.37%	
	高中=3	33	12.18%		12	17.39%		35	13.11%	
	大学=4	194	71.59%		46	66.67%		192	71.92%	
	硕士及以上=5	43	15.86%		10	14.49%		38	14.23%	
月收入	1 000 元及以下=1	18	6.64%	4.79	4	5.80%	4.77	19	7.12%	4.57
	1 001～3 000 元=2	18	6.64%		4	5.80%		14	5.24%	
	3 001～5 000 元=3	24	8.86%		6	8.70%		25	9.36%	
	5 001～7 000 元=4	24	8.86%		13	18.84%		53	19.85%	
	7 001～9 000 元=5	45	16.60%		5	7.25%		49	18.35%	
	9 000 元以上=6	142	52.40%		37	53.61%		107	40.08%	
游玩次数	1 次=1	35	12.92%	3.50	20	28.99%	2.77	50	18.73%	3.33
	2 次=2	46	16.97%		18	26.09%		44	16.48%	
	3 次=3	44	16.24%		9	13.03%		36	13.48%	
	4 次=4	40	14.76%		2	2.90%		43	16.10%	
	4 次以上=5	106	39.11%		20	28.99%		94	35.21%	

（续表）

统计项	构成及其对应的赋值	聚类群体 1(N=271)			聚类群体 2(N=69			聚类群体 3(N=267)		
		满意中立型			满意较差型			满意最优型		
		频数	频率	均值	频数	频率	均值	频数	频率	均值
游玩天数	≤1 天=1	8	2.95%	3.82	3	4.34%	3.39	8	3.00%	3.65
	2～3 天=2	43	15.87%		17	24.64%		59	22.10%	
	4～5 天=3	57	21.03%		18	26.09%		50	18.72%	
	6～7 天=4	44	16.24%		12	17.39%		52	19.48%	
	>7 天=5	119	43.91%		19	27.54%		98	36.70%	
游玩预算	400 元及以下=1	3	1.11%	4.46	4	5.80%	4.38	7	2.62%	4.33
	401～600 元=2	8	2.95%		0	0		13	4.87%	
	601～800 元=3	25	9.23%		8	11.59%		19	7.12%	
	801～1 000 元=4	59	21.77%		11	15.94%		73	27.34%	
	1 000 元以上=5	176	64.94%		46	66.67%		155	58.05%	
游玩方式	独自出游=1	32	11.80%	2.76	6	8.70%	2.78	30	11.24%	2.83
	和家人一起=2	85	31.37%		25	36.23%		83	31.09%	
	和朋友一起=3	82	30.26%		22	31.88%		73	27.32%	
	和同学/同事=4	59	21.77%		10	14.49%		65	24.34%	
	其他=5	13	4.80%		6	8.70%		16	5.99%	

在事件前，品牌在线旅游网站认知使用满意性满意中立型群体具有下列特点：①女性受访者占比大，达到 52.77%。②中年用户占比大，年龄在 31～45 岁的用户受访者占比达到 40.96%。③已婚用户受访者占比大，达到 58.67%。④大学教育程度的用户受访者占比大，达到 71.59%。⑤月收入在 9 000 元以上的用户受访者占比大，达到 52.40%。⑥游玩次数为 4 次以上的用户受访者占比大，达到 39.11%。⑦游玩天数大于 7 天的用户受访者占比大，达到 43.91%。⑧游玩预算在 1 000 元以上的用户受访者占比大，达到 64.94%。⑨和家人一起游玩的用户受访者占比大，达到 31.37%。

在事件前，品牌在线旅游网站认知使用满意性满意较差型群体具有下列特点：①女性受访者占比大，达到 60.87%。②中年用户占比大，年龄在 31～45 岁的用户受访者占比达到 42.02%。③已婚用户受访者占比大，达到 62.32%。④大学教育程度的用户受访者占比大，达到 66.67%。⑤月收入在 9 000 元以上的用户受访者占比大，达到 53.61%。⑥游玩次数为 1 次、4 次以上的用户受访者占比大，分别达到 28.99%和 28.99%。⑦游玩天数大于 7 天的用户受访者占比大，达到 27.54%。⑧游玩预算在 1 000 元以上的用户受访者占比大，达到 66.67%。⑨和家人一起游玩的用户受访者占比大，达到 36.23%。

在事件前，品牌在线旅游网站认知使用满意性满意最优型群体具有下列特点：①女性受访者占比大，达到 55.81%。②中年用户占比大，年龄在 31～45 岁的用户受访者占比达到 40.07%。③已婚用户受访者占比大，达到 55.43%。④大学教育程度的用户受访者占比大，达到 71.92%。⑤月收入在 9 000 元以上的用户受访者占比大，达到 40.08%。⑥游玩次数为 4 次以上的用户受访者占比大，达到 35.21%。⑦游玩天数大于 7 天的用户受访者占比大，达到 36.70%。⑧游玩预算在 1 000 元以上的用户受访者占比大，达到 58.05%。⑨和家人一起游玩的用户受访者占比大，达到 31.09%。

在事件中，关于对品牌在线旅游网站认知使用满意性的认知，对不同聚类群体的用户画像特征分析如表 7-35 所示。这些特征包括性别、年龄、婚姻状况、教育背景、月收入、游玩次数、游玩天数、游玩预算、游玩方式。

表 7-35 事件中品牌在线旅游网站认知使用满意性聚类群体用户画像特征差异分析

统计项	构成及其对应的赋值	聚类群体 1(N=375)			聚类群体 2(N=202)			聚类群体 3(N=312)		
		满意中立型			满意较差型			满意最优型		
		频数	频率	均值	频数	频率	均值	频数	频率	均值
性别	男性=1	183	48.80%	1.51	91	45.00%	1.55	168	53.80%	1.46
	女性=2	192	51.20%		111	55.00%		144	46.20%	
年龄	18 岁以下=1	68	18.10%	2.28	50	24.80%	2.34	35	11.20%	2.40
	18～30 岁=2	185	49.30%		78	38.60%		163	52.20%	
	31～40 岁=3	77	20.50%		41	20.30%		71	22.80%	
	41～50 岁=4	40	10.70%		24	11.90%		40	12.80%	
	51～60 岁=5	4	1.10%		7	3.50%		2	0.60%	
	60 岁以上=6	1	0.30%		2	1.00%		1	0.30%	
婚姻状况	单身=1	258	68.80%	1.31	129	63.90%	1.36	184	59.00%	1.41
	已婚=2	117	31.20%		73	36.10%		128	41.00%	
教育背景	小学及以下=1	5	1.30%	3.72	4	2.00%	3.57	3	1.00%	3.73
	初中=2	21	5.60%		14	6.90%		21	6.70%	
	高中/中专/技校=3	102	27.20%		68	33.70%		56	17.90%	
	大学/大专=4	193	51.50%		95	47.00%		209	67.00%	
	硕士及以上=5	54	14.40%		21	10.40%		23	7.40%	
月收入	2 000 元及以下=1	127	33.90%	2.92	90	44.60%	2.45	83	26.60%	3.16
	2 001～4 000 元=2	53	14.10%		33	16.30%		43	13.80%	
	4 001～6 000 元=3	49	13.10%		27	13.40%		36	11.50%	
	6 001～8 000 元=4	47	12.50%		19	9.40%		65	20.80%	
	8 001～9 000 元=5	66	17.60%		17	8.40%		62	19.90%	
	9 000 元以上=6	33	8.80%		16	7.90%		23	7.40%	

（续表）

统计项	构成及其对应的赋值	聚类群体 1(N=375)			聚类群体 2(N=202)			聚类群体 3(N=312)		
		满意中立型			满意较差型			满意最优型		
		频数	频率	均值	频数	频率	均值	频数	频率	均值
游玩次数	0 次=1	92	24.50%	2.87	71	35.10%	2.50	62	19.90%	3.02
	1 次=2	70	18.70%		41	20.30%		63	20.20%	
	2 次=3	88	23.50%		40	19.80%		70	22.40%	
	3 次=4	43	11.50%		17	8.40%		41	13.10%	
	4 次及以上=5	82	21.90%		33	16.30%		76	24.40%	
游玩天数	≤1 天=1	121	32.30%	2.29	107	53.00%	1.85	87	27.90%	2.45
	2～3 天=2	129	34.40%		54	26.70%		109	34.90%	
	4～5 天=3	59	15.70%		18	8.90%		49	15.70%	
	6～7 天=4	28	7.50%		11	5.40%		24	7.70%	
	>7 天=5	38	10.10%		12	5.90%		43	13.80%	
游玩预算	400 元及以下=1	82	21.90%	3.41	75	37.10%	2.85	68	21.80%	3.48
	401～600 元=2	36	9.60%		16	7.90%		30	9.60%	
	601～800 元=3	46	12.30%		30	14.90%		31	9.90%	
	801～1 000 元=4	68	18.10%		27	13.40%		50	16.00%	
	1 000 元以上=5	143	38.10%		54	26.70%		133	42.60%	
游玩方式	独自出游=1	55	14.70%	2.54	31	15.30%	2.46	57	18.30%	2.46
	和家人一起=2	155	41.30%		95	47.00%		130	41.70%	
	和朋友一起=3	97	25.90%		38	18.80%		68	21.80%	
	和同学/同事=4	43	11.50%		29	14.40%		38	12.20%	
	其他=5	25	6.70%		9	4.50%		19	6.10%	

在事件中，品牌在线旅游网站认知使用满意性满意中立型群体具有下列特点：①女性受访者占比大，达到 51.20%。②中青年用户占比大，年龄在 18～30 岁的用户受访者占比达到 49.30%。③单身用户受访者占比大，达到 68.80%。④大学教育程度的用户受访者占比大，达到 51.50%。⑤月收入在 2 000 元以内的用户受访者占比大，达到 33.90%。⑥游玩次数为 0 次的用户受访者占比大，达到 24.50%。⑦游玩天数为 2～3 天的用户受访者占比大，达到 34.40%。⑧游玩预算在 1 000 元以上的用户受访者占比大，达到 38.10%。⑨和家人一起游玩的用户受访者占比大，达到 41.30%。

在事件中，品牌在线旅游网站认知使用满意性满意较差型群体具有下列特点：①女性受访者占比大，达到 55.00%。②中青年用户占比大，年龄在 18～30 岁的用户受访者占比达到 38.60%。③单身用户受访者占比大，达到 63.90%。④大学教育程度的用户受访者占比大，达到47.00%。⑤月收入在2 000元以内的用户受访者占比大，达到44.60%。⑥游玩次数为0次的用户受访者占比大，达到35.10%。⑦游玩天数为1天以内的用户受访者占比大，达到53.00%。⑧游玩预算在400元以下的用户受访者占比大，达到37.10%。⑨和家人一起出游的用户受访者占比大，达到47.00%。

在事件中，品牌在线旅游网站认知使用满意性满意最优型群体具有下列特点：①男性受访者占比大，达到53.80%。②中青年用户占比大，年龄在18～30岁的用户受访者占比达到52.20%。③单身用户受访者占比大，达到59.00%。④大学教育程度的用户受访者占比大，达到67.00%。⑤月收入在2 000元以内的用户受访者占比大，达到26.60%。⑥游玩次数为2次、4次及以上的用户受访者占比大，分别达到22.40%和24.40%。⑦游玩天数为2～3天的用户受访者占比大，达到34.90%。⑧游玩预算在1 000元以上的用户受访者占比大，达到42.60%。⑨和家人一起游玩的用户受访者占比大，达到41.70%。

在新时代，关于对品牌在线旅游网站认知使用满意性的认知，对不同聚类群体的用户画像特征分析如表7-36所示。这些特征包括性别、年龄、婚姻状况、教育背景、月收入、职业、游玩次数、游玩天数、游玩预算、游玩方式。

表7-36　新时代品牌在线旅游网站认知使用满意性聚类群体用户画像特征差异分析

统计项	构成及其对应的赋值	聚类群体1(N=239)			聚类群体2(N=39)			聚类群体1(N=495)		
		满意中立型			满意较差型			满意最优型		
		频数	频率	均值	频数	频率	均值	频数	频率	均值
性别	男性=1	124	51.90%	1.48	22	56.40%	1.44	222	44.80%	1.55
	女性=2	115	48.10%		17	43.60%		273	55.20%	
婚姻状况	单身=1	123	51.50%	1.49	13	33.30%	1.67	233	47.10%	1.53
	已婚=2	116	48.50%		26	66.70%		262	52.90%	
年龄	18岁以下	55	23.00%	2.17	10	25.60%	2.13	79	16.00%	2.32
	18～30岁	117	49.00%		18	46.20%		242	48.90%	
	31～40岁	47	19.70%		7	17.90%		121	24.40%	
	41～50岁	14	5.90%		4	10.30%		44	8.90%	
	51～60岁	4	1.70%		0	0		7	1.40%	
	60岁以上	2	0.80%		0	0		2	0.40%	
月收入	2 000元及以下=1	36	15.10%	3.21	2	5.10%	3.05	75	15.20%	3.44
	2 001～4 000元=2	44	18.40%		17	43.60%		71	14.30%	
	4 001～6 000元=3	61	25.50%		6	15.40%		92	18.60%	
	6 001～8 000元=4	49	20.50%		9	23.10%		129	26.10%	
	8 001～9 000元=5	31	13.00%		1	2.60%		76	15.40%	
	9 000元以上=6	18	7.50%		4	10.30%		52	10.50%	

（续表）

统计项	构成及其对应的赋值	聚类群体 1（N＝239）满意中立型			聚类群体 2（N＝39）满意较差型			聚类群体 1（N＝495）满意最优型		
		频数	频率	均值	频数	频率	均值	频数	频率	均值
	小学及以下＝1	5	2.10％		0	0		12	2.40％	
	初中＝2	88	36.80％		14	35.90％		127	25.70％	
教育背景	高中/中专/技校＝30	30	12.60％	3.16	8	20.50％	3.13	41	8.30％	3.46
	大学/大专＝4	96	40.20％		15	38.50％		250	50.50％	
	硕士及以上＝5	20	8.40％		2	5.10％		65	13.10％	
	国企职员＝1	11	4.60％		0	0		35	7.10％	
	外企职员＝2	13	5.40％		2	5.10％		34	6.90％	
	个体商人＝3	16	6.70％		5	12.80％		43	8.70％	
	政府公务员＝4	5	2.10％		2	5.10％		47	9.50％	
	专业技术人＝5	22	9.20％		5	12.80％		63	12.70％	
	服务人员＝6	31	13.00％		6	15.40％		51	10.30％	
	教师＝7	7	2.90％		0	0		27	5.50％	
职业	学生＝8	53	22.20％	8.05	3	7.70％	8.59	102	20.60％	6.61
	离退休人员＝9	5	2.10％		0	0		2	0.40％	
	家庭主妇＝10	3	1.30％		0	0		9	1.80％	
	军人＝11	1	0.40％		1	2.60％		0	0	
	农民、渔民＝12	10	4.20％		2	5.10％		11	2.20％	
	事业单位职员＝13	32	13.40％		1	2.60％		25	5.10％	
	工人＝14	21	8.80％		5	12.80％		30	6.10％	
	其他＝15	9	3.80％		7	17.90％		16	3.20％	
	0 次＝1	33	13.80％		3	7.70％		38	7.70％	
	1 次＝2	45	18.80％		8	20.50％		71	14.30％	
游玩次数	2 次＝3	73	30.50％	3.08	14	35.90％	3.13	151	30.50％	3.43
	3 次＝4	45	18.80％		9	23.10％		111	22.40％	
	4 次及以上＝5	43	18.00％		5	12.80％		124	25.10％	
	≤1 天＝1	63	26.40％		13	33.30％		117	23.60％	
	2～3 天＝2	79	33.10％		17	43.60％		177	35.80％	
游玩天数	4～5 天＝3	61	25.50％	2.37	8	20.50％	1.95	115	23.20％	2.41
	6～7 天＝4	18	7.50％		0	0		51	10.30％	
	＞7 天＝5	18	7.50％		1	2.60％		35	7.10％	

（续表）

统计项	构成及其对应的赋值	聚类群体 1（N=239）			聚类群体 2（N=39）			聚类群体 1（N=495）		
		满意中立型			满意较差型			满意最优型		
		频数	频率	均值	频数	频率	均值	频数	频率	均值
游玩方式	独自=1	26	10.90%	2.85	3	7.70%	2.82	55	11.10%	2.60
	家人=2	85	35.60%		18	46.20%		212	42.80%	
	朋友=3	61	25.50%		6	15.40%		140	28.30%	
	同学/同事=4	32	13.40%		7	17.90%		54	10.90%	
	其他=5	35	14.60%		5	12.80%		34	6.90%	
游玩预算	400 元及以下=1	30	12.60%	3.41	2	5.10%	3.31	56	11.30%	3.66
	401～600 元=2	38	15.90%		8	20.50%		73	14.70%	
	601～800 元=3	56	23.40%		12	30.80%		72	14.50%	
	801～1 000 元=4	35	14.60%		10	25.60%		76	15.40%	
	1 000 元以上=5	80	33.50%		7	17.90%		218	44.00%	

在新时代，品牌在线旅游网站认知使用满意性满意中立型群体具有下列特点：①男性受访者占比大，达到 51.90%。②中青年用户占比大，年龄在 18～30 岁的用户受访者占比达到 49.00%。③单身用户受访者占比大，达到 51.50%。④大学教育程度的用户受访者占比大，达到 40.20%。⑤月收入在 4 001～6 000 元的用户受访者占比大，达到 25.50%。⑥游玩次数为 2 次的用户受访者占比大，达到 30.50%。⑦游玩天数为 2～3 天的用户受访者占比大，达到 33.10%。⑧游玩预算在 1 000 元以上的用户受访者占比大，达到 33.50%。⑨和家人一起游玩的用户受访者占比大，达到 35.60%。

在新时代，品牌在线旅游网站认知使用满意性满意较差型群体具有下列特点：①男性受访者占比大，达到 56.40%。②中青年用户占比大，年龄在 18～30 岁的用户受访者占比达到 46.20%。③已婚用户受访者占比大，达到 66.70%。④大学教育程度的用户受访者占比大，达到 38.50%。⑤月收入在 2 000～4 000 元的用户受访者占比大，达到 43.60%。⑥游玩次数为 2 次的用户受访者占比大，达到 35.90%。⑦游玩天数为 2～3 天的用户受访者占比大，达到 43.60%。⑧游玩预算在 601～800 元的用户受访者占比大，达到 30.80%。⑨和家人一起游玩的用户受访者占比大，达到 46.20%。

在新时代，品牌在线旅游网站认知使用满意性满意最优型群体具有下列特点：①女性受访者占比大，达到 55.20%。②中青年用户占比大，年龄在 18～30 岁的用户受访者占比达到 48.90%。③已婚用户受访者占比大，达到 52.90%。④大学教育程度的用户受访者占比大，达到 50.50%。⑤月收入在 6 001～8 000 元的用户受访者占比大，达到 26.10%。⑥游玩次数为 2 次的用户受访者占比大，达到 30.50%。⑦游玩天数为 2～3 天的用户受访者占比大，达到 35.80%。⑧游玩预算在 1 000 元以上的用户受访者占比大，达到 44.00%。⑨和家人一起游玩的用户受访者占比大，达到 42.80%。

二、品牌在线旅游网站认知使用满意性的聚类群体细分差异原因分析

综合来看，无论在事件前、事件中，还是在新时代，用户受访者关于品牌在线旅游网站认知使用满意性的聚类群体都分为三类：满意中立型、满意最优型、满意较差型。其中，满意中立型群体对品牌在线旅游网站认知使用满意性的认知水平一般，满意最优型群体对品牌在线旅游网站认知使用满意性的认知水平最高，满意较差型群体对品牌在线旅游网站认知使用满意性的认知水平最低。用户受访者关于品牌在线旅游网站认知使用满意性的聚类群体细分差异的原因如下：

第一，选择使用意愿的原因。从人口统计学特征分析可知，第一类群体中女性用户居多。其年龄在 18～30 岁，游玩次数较少，游玩天数较短，游玩预算较高，且通常选择和家人、朋友一起出行。他们对品牌在线旅游网站的总体满意度一般，认为使用品牌在线旅游网站是正确的选择。

第二，使用期望偏高的原因。从人口统计学特征分析可知，第二类群体中男性用户居多。此类用户年龄在 18～30 岁，游玩次数较多，游玩天数较短，且通常选择和家人一起出行。此类用户由于缺乏旅游经验，与期望相比对品牌在线旅游网站的满意度较低。

第三，用户忠诚度高的原因。从人口统计学特征分析可知，第三类群体中女性用户居多。此类用户游玩次数非常少，停留时间较短，游玩预算较低，且通常选择与家人一起出行。此类用户对品牌在线旅游网站总体感到满意，也喜欢在品牌在线旅游网站购买旅游产品；与其他网站相比，其更信任品牌在线旅游网站。

第十节　品牌在线旅游网站认知使用忠诚性的聚类群体差异

一、品牌在线旅游网站认知使用忠诚性的聚类群体细分差异比较

如表 7-37 所示，在事件前，用户受访者关于品牌在线旅游网站认知使用忠诚性的认知存在群体性差异。聚类分析结果表明，在事件前，用户受访者关于品牌在线旅游网站认知使用忠诚性可分为三类：第一类为品牌在线旅游网站认知使用忠诚性忠诚较高型群体，第二类为品牌在线旅游网站认知使用忠诚性忠诚最低型群体，第三类为品牌在线旅游网站认知使用忠诚性忠诚中立型群体。其中，品牌在线旅游网站认知使用忠诚性忠诚较高型群体对品牌在线旅游网站认知使用忠诚性的认知整体较高，评分系数为 4.41。品牌在线旅游网站认知使用忠诚性忠诚最低型群体对品牌在线旅游网站认知使用忠诚性的认知整体较低，评分系数为 2.48。品牌在线旅游网站认知使用忠诚性忠诚中立型群体对品牌在线旅游网站认知使用忠诚性的认知整体一般，评分系数是 3.50。F 值检验结果表明，各公因子在聚类分析结果之间存在的差异具有统计学研究意义，这说明在事件前，用户受访者关于品牌在线旅游网站认知使用忠诚性存在显著性差异。

表 7-37　品牌在线旅游网站认知使用忠诚性的聚类群体差异分析

事件前公因子	聚类群体 1	聚类群体 2	聚类群体 3	*F* 值	Sig.
	忠诚较高型	忠诚最低型	忠诚中立型		
品牌在线旅游网站认知使用忠诚性	4.41	2.48	3.50	1 125.068	0.000***
事件中公因子	聚类群体 1	聚类群体 2	聚类群体 3	*F* 值	Sig.
	忠诚较高型	忠诚最低型	忠诚中立型		
品牌在线旅游网站认知使用忠诚性	4.69	2.38	3.56	1 795.724	0.000***
新时代公因子	聚类群体 1	聚类群体 2	聚类群体 3	*F* 值	Sig.
	忠诚较高型	忠诚最低型	忠诚中立型		
品牌在线旅游网站认知使用忠诚性	4.54	2.19	3.38	1 795.724	0.000***

注：* $P<0.05$，** $P<0.01$，*** $P<0.001$。

在事件中，用户受访者关于品牌在线旅游网站认知使用忠诚性的认知存在群体性差异。聚类分析结果表明，在事件中，用户受访者关于品牌在线旅游网站认知使用忠诚性可分为三类：第一类为品牌在线旅游网站认知使用忠诚性忠诚较高型群体，第二类为品牌在线旅游网站认知使用忠诚性忠诚最低型群体，第三类为品牌在线旅游网站认知使用忠诚性忠诚中立型群体。其中，品牌在线旅游网站认知使用忠诚性忠诚较高型群体对品牌在线旅游网站认知使用忠诚性的认知整体较高，评分系数为 4.69。品牌在线旅游网站认知使用忠诚性忠诚最低型对品牌在线旅游网站认知使用忠诚性的认知整体较低，评分系数是 2.38。品牌在线旅游网站认知使用忠诚性忠诚中立型群体对品牌在线旅游网站认知使用忠诚性的认知整体一般，评分系数为 3.56。*F* 值检验结果表明，各公因子在聚类分析结果之间存在的差异具有统计学研究意义，这说明在事件中，用户受访者关于品牌在线旅游网站认知使用忠诚性存在显著性差异。

在新时代，用户受访者关于品牌在线旅游网站认知使用忠诚性的认知存在群体性差异。聚类分析结果表明，在新时代，用户受访者关于品牌在线旅游网站认知使用忠诚性可分为三类：第一类为品牌在线旅游网站认知使用忠诚性忠诚较高型群体，第二类为品牌在线旅游网站认知使用忠诚性忠诚最低型群体，第三类为品牌在线旅游网站认知使用忠诚性忠诚中立型群体。其中，品牌在线旅游网站认知使用忠诚性忠诚较高型群体对品牌在线旅游网站认知使用忠诚性的认知整体较高，评分系数为 4.54。品牌在线旅游网站认知使用忠诚性忠诚最低型对品牌在线旅游网站认知使用忠诚性的认知整体较低，评分系数为 2.19。品牌在线旅游网站认知使用忠诚性忠诚中立型群体对品牌在线旅游网站认知使用忠诚性的认知整体一般，评分系数为 3.38。*F* 值检验结果表明，各公因子在聚类分析结果之间存在的差异具有统计学研究意义，这说明在新时代，用户受访者关于品牌在线旅游网站认知使用忠诚性存在显著性差异。

在事件前，关于对品牌在线旅游网站认知使用忠诚性的认知，对不同聚类群体的用户画像特征分析如表 7-38 所示。这些特征包括性别、年龄、婚姻状况、教育背景、月收入、游玩次数、游玩天数、游玩预算、游玩方式。

表 7-38　事件前品牌在线旅游网站认知使用忠诚性聚类群体用户画像特征差异分析

统计项	构成及其对应的赋值	聚类群体 1(N=332)			聚类群体 2(N=44)			聚类群体 3(N=231)		
		忠诚较高型			忠诚最低型			忠诚中立型		
		频数	频率	均值	频数	频率	均值	频数	频率	均值
性别	男性=1	160	48.19%	1.52	19	43.18%	1.57	94	40.69%	1.59
	女性=2	172	51.81%		25	56.82%		137	59.31%	
年龄	18 岁以下=1	7	2.11%	2.91	1	2.27%	3.30	8	3.46%	2.93
	18～30 岁=2	116	34.94%		12	27.27%		69	29.87%	
	31～45 岁=3	130	39.16%		15	34.09%		102	44.16%	
	46～60 岁=4	57	17.17%		5	11.36%		35	15.15%	
	60 岁以上=5	22	6.62%		11	25.01%		17	7.36%	
婚姻状况	单身=1	150	45.18%	1.55	17	38.64%	1.61	90	38.96%	1.61
	已婚=2	182	54.82%		27	61.36%		141	61.04%	
教育背景	小学及以下=1	1	0.30%	4.00	0	0	4.11	1	0.43%	3.98
	初中=2	1	0.30%		0	0		1	0.43%	
	高中=3	39	11.75%		5	11.36%		36	15.58%	
	大学=4	246	74.10%		29	65.91%		157	67.97%	
	硕士及以上=5	45	13.55%		10	22.73%		36	15.59%	
月收入	1 000 元及以下=1	21	6.33%	4.64	5	11.36%	4.48	15	6.49%	4.81
	1 001～3 000 元=2	17	5.12%		4	9.09%		15	6.49%	
	3 001～5 000 元=3	33	9.94%		4	9.09%		18	7.79%	
	5 001～7 000 元=4	60	18.07%		5	11.37%		25	10.83%	
	7 001～9 000 元=5	58	17.47%		4	9.09%		37	16.02%	
	9 000 元以上=6	143	43.07%		22	50.00%		121	52.38%	
游玩次数	1 次=1	57	17.17%	3.36	11	25.00%	2.70	37	16.02%	3.43
	2 次=2	55	16.57%		13	29.55%		40	17.32%	
	3 次=3	49	14.76%		8	18.18%		32	13.85%	
	4 次=4	53	15.96%		2	4.55%		30	12.99%	
	4 次以上=5	118	35.54%		10	22.72%		92	39.82%	
游玩天数	≤1 天=1	11	3.31%	3.64	1	2.27%	3.36	7	3.03%	3.85
	2～3 天=2	71	21.39%		12	27.27%		36	15.58%	
	4～5 天=3	67	20.18%		13	29.55%		45	19.48%	
	6～7 天=4	62	18.67%		6	13.64%		40	17.32%	
	>7 天=5	121	36.45%		12	27.27%		103	44.59%	

（续表）

统计项	构成及其对应的赋值	聚类群体 1（$N=332$）			聚类群体 2（$N=44$）			聚类群体 3（$N=231$）		
		忠诚较高型			忠诚最低型			忠诚中立型		
		频数	频率	均值	频数	频率	均值	频数	频率	均值
游玩预算	400 元及以下＝1	7	2.11%	4.31	4	9.09%	4.20	3	1.30%	4.55
	401～600 元＝2	15	4.52%		0	0		6	2.60%	
	601～800 元＝3	30	9.04%		6	13.64%		16	6.93%	
	801～1 000 元＝4	95	28.61%		7	15.91%		41	17.75%	
	1 000 元以上＝5	185	55.72%		27	61.36%		165	71.42%	
游玩方式	独自出游＝1	35	10.54%	2.84	5	11.36%	2.95	28	12.12%	2.70
	和家人一起＝2	104	31.33%		11	25.00%		78	33.77%	
	和朋友一起＝3	93	28.01%		13	29.55%		71	30.74%	
	和同学/同事＝4	79	23.80%		11	25.00%		44	19.05%	
	其他＝5	21	6.32%		4	9.09%		10	4.32%	

在事件前，品牌在线旅游网站认知使用忠诚性忠诚较高型群体具有下列特点：①女性受访者占比大，达到 51.81%。②中年用户占比大，年龄在 31～45 岁的用户受访者占比达到 39.16%。③已婚用户受访者占比大，达到 54.82%。④大学教育程度的用户受访者占比大，达到 74.10%。⑤月收入在 9 000 元以上的用户受访者占比大，达到 43.07%。⑥游玩次数为 4 次以上的用户受访者占比大，达到 35.54%。⑦游玩天数大于 7 天的用户受访者占比大，达到 36.45%。⑧游玩预算在 1 000 元以上的用户受访者占比大，达到 55.72%。⑨和家人一起游玩的用户受访者占比大，达到 31.33%。

在事件前，品牌在线旅游网站认知使用忠诚性忠诚最低型群体具有下列特点：①女性受访者占比大，达到 56.82%。②中年用户占比大，年龄在 31～45 岁的用户受访者占比达到 34.09%。③已婚用户受访者占比大，达到 61.36%。④大学教育程度的用户受访者占比大，达到 65.91%。⑤月收入在 9 000 元以上的用户受访者占比大，达到 50.00%。⑥游玩次数为 2 次的用户受访者占比大，分别达到 29.55%。⑦游玩天数大于 7 天的用户受访者占比大，达到 27.27%。⑧游玩预算在 1 000 元以上的用户受访者占比大，达到 61.36%。⑨和朋友一起游玩的用户受访者占比大，达到 29.55%。

在事件前，品牌在线旅游网站认知使用忠诚性忠诚中立型群体具有下列特点：①女性受访者占比大，达到 59.31%。②中年用户占比大，年龄在 31～45 岁的用户受访者占比达到 44.16%。③已婚用户受访者占比大，达到 61.04%。④大学教育程度的用户受访者占比大，达到 67.97%。⑤月收入在 9 000 元以上的用户受访者占比大，达到 52.38%。⑥游玩次数为 4 次以上的用户受访者占比大，达到 39.82%。⑦游玩天数大于 7 天的用户受访者占比大，达到 44.59%。⑧游玩预算在 1 000 元以上的用户受访者占比大，达到 71.42%。⑨和家人一起游玩的用户受访者占比大，达到 33.77%。

在事件中，关于对品牌在线旅游网站认知使用忠诚性的认知，对不同聚类群体的用户画像特征分析如表 7-39 所示。这些特征包括性别、年龄、婚姻状况、教育背景、月收入、游玩次数、游玩天数、游玩预算、游玩方式。

表 7-39 事件中品牌在线旅游网站认知使用忠诚性聚类群体用户画像特征差异分析

统计项	构成及其对应的赋值	聚类群体 1(N=327)			聚类群体 2(N=104)			聚类群体 3(N=458)		
		忠诚较高型			忠诚最低型			忠诚中立型		
		频数	频率	均值	频数	频率	均值	频数	频率	均值
性别	男性=1	172	52.60%	1.47	48	46.20%	1.54	222	48.50%	1.52
	女性=2	155	47.40%		56	53.80%		236	51.50%	
年龄	18 岁以下=1	46	14.10%	2.32	23	22.10%	2.45	84	18.30%	2.32
	18～30 岁=2	171	52.30%		39	37.50%		216	47.20%	
	31～40 岁=3	70	21.40%		22	21.20%		97	21.20%	
	41～50 岁=4	38	11.60%		13	12.50%		53	11.60%	
	51～60 岁=5	2	0.60%		6	5.80%		5	1.10%	
	60 岁以上=6	0	0		1	1.00%		3	0.70%	
婚姻状况	单身=1	202	61.80%	1.38	61	58.70%	1.41	308	67.20%	1.33
	已婚=2	125	38.20%		43	41.30%		150	32.80%	
教育背景	小学及以下=1	5	1.50%	3.71	1	1.00%	3.61	6	1.30%	3.69
	初中=2	22	6.70%		10	9.60%		24	5.20%	
	高中/中专/技校=3	63	19.30%		32	30.80%		131	28.60%	
	大学/大专=4	210	64.20%		47	45.20%		240	52.40%	
	硕士及以上=5	27	8.30%		14	13.50%		57	12.40%	
月收入	2 000 元及以下=1	90	27.50%	3.08	40	38.50%	2.67	170	37.10%	2.81
	2 001～4 000 元=2	44	13.50%		19	18.30%		66	14.40%	
	4 001～6 000 元=3	42	12.80%		13	12.50%		57	12.40%	
	6 001～8 000 元=4	69	21.10%		9	8.70%		53	11.60%	
	8 001～9 000 元=5	64	19.60%		13	12.50%		68	14.80%	
	9 000 元以上=6	18	5.50%		10	9.60%		44	9.60%	
游玩次数	0 次=1	69	21.10%	2.99	32	30.80%	2.85	124	27.10%	2.73
	1 次=2	65	19.90%		12	11.50%		97	21.20%	
	2 次=3	71	21.70%		25	24.00%		102	22.30%	
	3 次=4	44	13.50%		10	9.60%		47	10.30%	
	4 次及以上=5	78	23.90%		25	24.00%		88	19.20%	

（续表）

统计项	构成及其对应的赋值	聚类群体1（N＝327）			聚类群体2（N＝104）			聚类群体3（N＝458）		
		忠诚较高型			忠诚最低型			忠诚中立型		
		频数	频率	均值	频数	频率	均值	频数	频率	均值
游玩天数	≤1天＝1	93	28.40%	2.40	42	40.40%	2.13	180	39.30%	2.16
	2～3天＝2	119	36.40%		32	30.80%		141	30.80%	
	4～5天＝3	48	14.70%		15	14.40%		63	13.80%	
	6～7天＝4	26	8.00%		5	4.80%		32	7.00%	
	＞7天＝5	41	12.50%		10	9.60%		42	9.20%	
游玩预算	400元及以下＝1	74	22.60%	3.48	29	27.90%	3.11	122	26.60%	3.23
	401～600元＝2	29	8.90%		13	12.50%		40	8.70%	
	601～800元＝3	31	9.50%		14	13.50%		62	13.50%	
	801～1 000元＝4	52	15.90%		14	13.50%		79	17.20%	
	1 000元以上＝5	141	43.10%		34	32.70%		155	33.80%	
游玩方式	独自出游＝1	52	15.90%	2.55	13	12.50%	2.58	78	17.00%	2.43
	和家人一起＝2	133	40.70%		46	44.20%		201	43.90%	
	和朋友一起＝3	72	22.00%		24	23.10%		107	23.40%	
	和同学/同事＝4	49	15.00%		14	13.50%		47	10.30%	
	其他＝5	21	6.40%		7	6.70%		25	5.50%	

在事件中，品牌在线旅游网站认知使用忠诚性忠诚较高型群体具有下列特点：①男性受访者占比大，达到52.60%。②中青年用户占比大，年龄在18～30岁的用户受访者占比达到52.30%。③单身用户受访者占比大，达到61.80%。④大学教育程度的用户受访者占比大，达到64.20%。⑤月收入在2 000元以内的用户受访者占比大，达到27.50%。⑥游玩次数为4次及以上的用户受访者占比大，达到23.90%。⑦游玩天数为2～3天的用户受访者占比大，达到36.40%。⑧游玩预算在1 000元以上的用户受访者占比大，达到43.10%。⑨和家人一起游玩的用户受访者占比大，达到40.70%。

在事件中，品牌在线旅游网站认知使用忠诚性忠诚最低型群体具有下列特点：①女性受访者占比大，达到53.80%。②中青年用户占比大，年龄在18～30岁的用户受访者占比达到37.50%。③单身用户受访者占比大，达到58.70%。④大学教育程度的用户受访者占比大，达到45.20%。⑤月收入在2 000元以内的用户受访者占比大，达到38.50%。⑥游玩次数为0次的用户受访者占比大，达到30.80%。⑦游玩天数为1天以内的用户受访者占比大，达到40.40%。⑧游玩预算在1 000元以上的用户受访者占比大，达到32.70%。⑨和家人一起游玩的用户受访者占比大，达到44.20%。

在事件中，品牌在线旅游网站认知使用忠诚性忠诚中立型群体具有下列特点：①女性受访者占比大，达到51.50%。②中青年用户占比大，年龄在18～30岁的用户受访者占比达到47.20%。③单身用户受访者占比大，达到67.20%。④大学教育程度的用户受访者占比大，达到 52.40%。⑤月收入在 2 000 元以内的用户受访者占比大，达到 37.10%。⑥游玩次数为 0 次的用户受访者占比大，达到 27.10%。⑦游玩天数为 1 天以内的用户受访者占比大，达到 39.30%。⑧游玩预算在 1 000 元以上的用户受访者占比大，达到 33.80%。⑨和家人一起游玩的用户受访者占比大，达到 43.90%。

在新时代，关于对品牌在线旅游网站认知使用忠诚性的认知，对不同聚类群体的用户画像特征分析如表 7-39 所示。这些特征包括性别、年龄、婚姻状况、教育背景、月收入、游玩次数、游玩天数、游玩预算、游玩方式。

在新时代，品牌在线旅游网站认知使用忠诚性忠诚较高型群体具有下列特点：①女性受访者占比大，达到 53.50%。②中青年用户占比大，年龄在 18～30 岁的用户受访者占比达到 46.10%。③已婚用户受访者占比大，达到 53.30%。④大学教育程度的用户受访者占比大，达到 48.20%。⑤月收入在 6 001～8 000 元的用户受访者占比大，达到 27.00%。⑥游玩次数为 2 次的用户受访者占比大，分别达到 29.90%。⑦游玩天数为 2～3 天的用户受访者占比大，达到 34.80%。⑧游玩预算在 1 000 元以上的用户受访者占比大，达到 42.90%。⑨和家人一起游玩的用户受访者占比大，达到 41.40%。

在新时代，品牌在线旅游网站认知使用忠诚性忠诚最低型群体具有下列特点：①男性受访者占比大，达到 56.40%。②中青年用户占比大，年龄在 18～30 岁的用户受访者占比达到 50.90%。③已婚用户受访者占比大，达到 56.40%。④大学教育程度的用户受访者占比大，达到 45.50%。⑤月收入在 2 000～4 000 元的用户受访者占比大，达到 26.10%。⑥游玩次数为 2 次的用户受访者占比大，达到 30.90%。⑦游玩天数为 2～3 天的用户受访者占比大，达到 40.00%。⑧游玩预算在 1 000 元以上的用户受访者占比大，达到 30.90%。⑨和家人一起游玩的用户受访者占比大，达到 49.10%。

在新时代，品牌在线旅游网站认知使用忠诚性忠诚中立型群体具有下列特点：①女性受访者占比大，达到 52.20%。②中青年用户占比大，年龄在 18～30 岁的用户受访者占比达到 53.40%。③单身用户受访者占比大，达到 50.60%。④大学教育程度的用户受访者占比大，达到 44.10%。⑤月收入在 4 001～6 000 元的用户受访者占比大，达到 26.30%。⑥游玩次数为 2 次的用户受访者占比大，达到 32.40%。⑦游玩天数为 2～3 天的用户受访者占比大，达到 35.20%。⑧游玩预算在 1 000 元以上的用户受访者占比大，达到 34.80%。⑨和家人一起游玩的用户受访者的占比大，达到 37.70%。

表 7-40 新时代品牌在线旅游网站认知使用忠诚性聚类群体用户画像特征差异分析

统计项	构成及其对应的赋值	聚类群体 1(N=471)			聚类群体 2(N=55)			聚类群体 3(N=247)		
		忠诚较高型			忠诚最低型			忠诚中立型		
		频数	频率	均值	频数	频率	均值	频数	频率	均值
性别	男性=1	219	46.50%	1.54	31	56.40%	1.44	118	47.80%	1.52
	女性=2	252	53.50%		24	43.60%		129	52.20%	
婚姻状况	单身=1	220	46.70%	1.54	24	43.60%	1.56	125	50.60%	1.49
	已婚=2	251	53.30%		31	56.40%		122	49.40%	

（续表）

统计项	构成及其对应的赋值	聚类群体 1(N=471)			聚类群体 2(N=55)			聚类群体 3(N=247)		
		忠诚较高型			忠诚最低型			忠诚中立型		
		频数	频率	均值	频数	频率	均值	频数	频率	均值
年龄	18 岁以下	87	18.50%	1.53	12	21.80%	2.20	45	18.20%	2.20
	18～30 岁	217	46.10%		28	50.90%		132	53.40%	
	31～40 岁	115	24.40%		8	14.50%		52	21.10%	
	41～50 岁	44	9.30%		6	10.90%		12	4.90%	
	51～60 岁	5	1.10%		1	1.80%		5	2.00%	
	60 岁以上	3	0.60%		0	0		1	0.40%	
月收入	2 000 元及以下=1	66	14.00%	2.30	8	14.50%	3.09	39	15.80%	3.16
	2 001～4 000 元=2	71	15.10%		16	29.10%		45	18.20%	
	4 001～6 000 元=3	84	17.80%		10	18.20%		65	26.30%	
	6 001～8 000 元=4	127	27.00%		11	20.00%		49	19.80%	
	8 001～9 000 元=5	71	15.10%		4	7.30%		33	13.40%	
	9 000 元以上=6	52	11.00%		6	10.90%		16	6.50%	
教育背景	小学及以下=1	10	2.10%	3.47	0	0	3.29	7	2.80%	3.24
	初中=2	134	28.50%		15	27.30%		80	32.40%	
	高中/中专/技校=3	38	8.10%		12	21.80%		29	11.70%	
	大学/大专=4	227	48.20%		25	45.50%		109	44.10%	
	硕士及以上=5	62	13.20%		3	5.50%		22	8.90%	
职业	国企职员=1	37	7.90%	3.42	1	1.80%	8.73	8	3.20%	7.87
	外企职员=2	33	7.00%		1	1.80%		15	6.10%	
	个体商人=3	43	9.10%		5	9.10%		16	6.50%	
	政府公务员=4	37	7.90%		3	5.50%		14	5.70%	
	专业技术人=5	59	12.50%		6	10.90%		25	10.10%	
	服务人员=6	48	10.20%		7	12.70%		33	13.40%	
	教师=7	30	6.40%		0	0		4	1.60%	
	学生=8	93	19.70%		10	18.20%		55	22.30%	
	离退休人员=9	3	0.60%		1	1.80%		3	1.20%	
	家庭主妇=10	8	1.70%		0	0		4	1.60%	
	军人=11	1	0.20%		0	0		1	0.40%	
	农民、渔民=12	12	2.50%		2	3.60%		9	3.60%	
	事业单位职员=13	24	5.10%		7	12.70%		27	10.90%	
	工人=14	30	6.400%		6	10.90%		20	8.10%	
	其他=15	13	2.80%		6	10.90%		13	5.30%	

（续表）

统计项	构成及其对应的赋值	聚类群体 1（N=471）			聚类群体 2（N=55）			聚类群体 3（N=247）		
		忠诚较高型			忠诚最低型			忠诚中立型		
		频数	频率	均值	频数	频率	均值	频数	频率	均值
游玩次数	0 次=1	36	7.60%	6.59	8	14.50%	3.00	30	12.10%	3.13
	1 次=2	70	14.90%		11	20.00%		43	17.40%	
	2 次=3	141	29.90%		17	30.90%		80	32.40%	
	3 次=4	102	21.70%		11	20.00%		52	21.10%	
	4 次及以上=5	122	25.90%		8	14.50%		42	17.00%	
游玩天数	≤1 天=1	117	24.80%	3.43	15	27.30%	2.15	61	24.70%	2.44
	2～3 天=2	164	34.80%		22	40.00%		87	35.20%	
	4～5 天=3	117	24.80%		15	27.30%		52	21.10%	
	6～7 天=4	44	9.30%		1	1.80%		24	9.70%	
	>7 天=5	29	6.20%		2	3.60%		23	9.30%	
游玩方式	独自=1	53	11.30%	2.37	3	5.50%	2.82	28	11.30%	2.78
	家人=2	195	41.40%		27	49.10%		93	37.70%	
	朋友=3	131	27.80%		10	18.20%		66	26.70%	
	同学/同事=4	61	13.00%		7	12.70%		25	10.10%	
	其他=5	31	6.60%		8	14.50%		35	14.20%	
游玩预算	400 元及以下=1	51	10.80%	2.62	8	14.50%	3.27	29	11.70%	3.43
	401～600 元=2	68	14.40%		10	18.20%		41	16.60%	
	601～800 元=3	68	14.40%		13	23.60%		59	23.90%	
	801～1 000 元=4	82	17.40%		7	12.70%		32	13.00%	
	1 000 元以上=5	202	42.90%		17	30.90%		86	34.80%	

二、品牌在线旅游网站认知使用忠诚性的聚类群体细分差异原因分析

综合来看，无论在事件前、事件中，还是在新时代，用户受访者关于品牌在线旅游网站认知使用忠诚性的聚类群体都分为三类：忠诚中立型、忠诚较高型、忠诚最低型。其中，忠诚中立型群体对品牌在线旅游网站认知使用忠诚性的认知水平一般，忠诚较高型群体对品牌在线旅游网站认知使用忠诚性的认知水平最高，忠诚最低型群体对品牌在线旅游网站认知使用忠诚性的认知水平最低。用户受访者关于品牌在线旅游网站认知使用忠诚性的聚类群体细分差异的原因如下：

第一，品牌认知度高的原因。从人口统计学特征分析可知，第一类群体中女性用户居多。其年龄在 18～30 岁，游玩次数较少，游玩天数较短，游玩预算较高，且通常选择和家人一起出行。此类用户对网站信任度高，会积极宣传品牌在线旅游网站，也会频繁使用品牌在线旅游网站。

第二，精准信息不足的原因。从人口统计学特征分析可知，第二类群体中男性用户居多。其年龄在18～30岁，游玩次数频繁，游玩天数为2～3天左右，且通常选择和家人一起出行。此类用户缺乏对网站的认知度和信任度，品牌在线旅游网站未必是其首选。

第三，善于发现缺点的原因。从人口统计学特征分析可知，第三类群体中女性用户居多。其游玩次数非常少，停留时间较短，游玩预算较低，且通常选择与家人一起出行。此类用户要求较高，善于发现品牌在线旅游网站的不足；其愿意及时作出反馈，并愿意继续使用品牌在线旅游网站。

第八章 新时代品牌在线旅游网站服务质量满意度认知的精准施策

第一节 新时代品牌在线旅游网站认知影响因素的精准施策

一、新时代品牌在线旅游网站认知有用性探索性因子分析的精准施策

据上文分析，新时代品牌在线旅游网站认知有用性的精准施策可包含以下几点。

第一，优化服务流程策略。品牌在线旅游网站需要构建一流的服务体系，拥有完善的服务流程，充分发挥整体服务的潜力，为用户提供真正有价值的服务。同时，应规范用户服务的管理体系，建立良好的沟通渠道，着力提升用户的满意度。

第二，数据精准管理策略。品牌在线旅游网站应通过提高数据处理能力和完善网站的信息统计功能，提高网站提供的信息的真实可靠性。品牌在线旅游网站应做到精准评估网站的各类信息，保证产品信息真实、准确，从而确保为用户提供有用的信息。如用户在品牌在线旅游网站的信息收集效率高，则有助于增强用户对品牌在线旅游网站的黏性。

第三，规范信息质量策略。合理规范品牌在线旅游网站的信息质量管理，减少无关信息的链接和加载，保证网页布局整洁和美观。品牌在线旅游网站要保证网站的信息来源可靠。同时，可以利用大数据分析用户的游览偏好，向其推送相关旅游信息。通过规范信息质量管理，可以帮助用户准确有效地安排旅游行程。

二、新时代品牌在线旅游网站认知易用性探索性因子分析的精准施策

据上文分析，新时代品牌在线旅游网站认知易用性的精准施策可包含以下几点。

第一，适度简化步骤策略。用户对品牌在线旅游网站的要求很简单，即浏览网站时能及时找到信息。如果用户发现操作步骤较为烦琐，其就会选择关闭页面。品牌在线旅游网站的建设应适度简化在线购买产品的操作步骤，给用户提供便捷。

第二，全面优化界面策略。品牌在线旅游网站的内容丰富，因此，有效提升区域布置设计非常重要。提升品牌在线旅游网站界面的易用性会提高用户复购率，用户对网站的忠诚度也会提高。

第三，建立情感联系策略。品牌在线旅游网站应开展具有情感联系的营销活动。技术和数据与创意和内容并不冲突，当用户可以感受到促销活动的多样性、趣味性、情感连接时，

其会给予积极的反馈。对于常在品牌在线旅游网站购物的用户而言，具有情感联系的促销活动对其更具有吸引力。

三、新时代品牌在线旅游网站认知体验性探索性因子分析的精准施策

据上文分析，新时代品牌在线旅游网站认知体验性的精准施策可包含以下几点。

第一，满足体验需求策略。品牌在线旅游网站在设计旅游产品和开展各类促销活动时，应结合市场需求信息设计趣味活动，建立信息及时反馈机制，为用户留下好印象。应培养专业客服人才，确保品牌在线旅游网站的服务质量，提升用户体验。

第二，按需推送内容策略。品牌在线旅游网站在进行内容运营时，应向用户合理推送促销活动信息，注重推送基于用户偏好的信息。此外，网站自动弹出消息不宜过于频繁，否则会使用户感到紧张和不适。

第三，打造个性体验策略。品牌在线旅游网站要注重与用户互动，其关注重点在于用户的下一个动作，而非下一个产品。与传统的旅游产品销售理念相反，应知道哪些行为能够加强用户与旅游网站之间的关系。要了解各个细分市场中用户的预期，做到市场细分更加精细，实现一对一精准定位。

四、新时代品牌在线旅游网站认知风险性探索性因子分析的精准施策

据上文分析，新时代品牌在线旅游网站认知风险性的精准施策可包含以下几点。

第一，提高网站安全策略。用户在使用品牌在线旅游网站时，病毒网页和广告网页的跳出、过多的插件和个人信息的泄露都会导致用户产生抵触情绪。因此，品牌在线旅游网站要有效维护网站的信息安全，确保交易过程安全。品牌在线旅游网站应当严格审核中间商、批发商、合作方的资质，及时进行跟进，保证合作的有效性。

第二，促进情感忠诚策略。品牌在线旅游网站可以通过促进用户行为和情感双忠诚来强化用户重复购买的愉悦体验。应通过行为和情感的相互强化的动态过程，使得在线用户与品牌在线旅游网站的关系更加牢固。

第三，精准数据利用策略。大数据是推动品牌在线旅游网站发展的重要力量，同时可以为网站提供有效的技术支撑。提高品牌在线旅游网站的数据处理能力和优化网站的信息统计功能，可以实现品牌在线旅游网站所提供的信息的真实可靠性。

五、新时代品牌在线旅游网站认知质量性探索性因子分析的精准施策

据上文分析，新时代品牌在线旅游网站认知质量性的精准施策可包含以下几点。

第一，提高客服质量策略。品牌在线旅游网站质量越高，用户对网站的期望值就越高，网站的市场竞争力也就越强。品牌在线旅游网站的客服代表均应参加培训，以提升服务标准。

第二，提高信息利用策略。品牌在线旅游网站可以通过网络信息技术采集分析用户的数据信息。通过分析用户信息，网站可以更好地预测用户的偏好。品牌在线旅游网站应以数据为基础，进行旅游产品的设计和旅游信息的推送。

第三，增添趣味元素策略。趣味性体验会给用户带来愉悦感，而愉悦感会使用户加深对品牌在线网站的印象。通过增加品牌在线旅游网站搜索引擎的趣味性，及在搜索结果中添加一些趣味性内容，可以加深用户对网站内容的记忆，从而提升网站的品牌传播效应。

六、新时代品牌在线旅游网站认知服务性探索性因子分析的精准施策

据上文分析，新时代品牌在线旅游网站认知服务性的精准施策可包含以下几点。

第一，注重网页设计策略。品牌在线旅游网站的页面应具备新颖、令人愉快的特点。页面应突出旅游文化的重点、突出特色，使用户产生视觉冲击。网站首页的设计要美观，可以运用优质的旅游元素图文，增强吸引力，提升网站的整体美观度。

第二，优化预订服务策略。与传统旅游企业相比，品牌在线旅游网站以网络和信息库为基础，为用户提供快速预订服务。服务速度、服务信息准确性和服务态度等因素会影响用户对网站的服务认知。品牌在线旅游网站需简化预订服务程序，对提供预订服务的工作人员加强培训，提升网站的服务质量。

第三，创造产业价格策略。品牌在线旅游网站需要创造产业价值链，为用户提供价合适的旅游产品。应依靠品牌资产与渠道双驱动，协同供应商，提供优质产品和服务。

七、新时代品牌在线旅游网站认知创新性探索性因子分析的精准施策

据上文分析，新时代品牌在线旅游网站认知创新性的精准施策可包含以下几点。

第一，重视创新群体策略。用户受访者在自身体验的基础上对品牌在线旅游网站的新功能进行推广，能够加速品牌在线旅游网站新功能的传播、扩散速度。

第二，创新用户激励策略。品牌在线旅游网站应结合目前网站用户群体在网站分享游记、旅拍等需求，提供用户激励机制，为用户提供更多的分享平台和机会，进而增强用户黏性。

第三，提供智慧服务策略。品牌在线旅游网站应利用大数据、AI、VI 等智慧旅游成果，创新服务方式，为用户创造全新体验，提高用户满意度。

八、新时代品牌在线旅游网站认知品牌资产性探索性因子分析的精准施策

据上文分析，新时代品牌在线旅游网站认知品牌资产性的精准施策可包含以下几点。

第一，提高口碑形象策略。企业的形象是企业通过营销逐渐在用户心中形成的，良好的口碑代表着值得信任的产品和服务。提升品牌在线旅游网站的品牌形象是一项长期工作，品牌在线旅游企业应当坚持不懈地作出努力。

第二，提升品牌价值策略。用户之所以选择品牌在线旅游网站的产品，是因为能够提供额外的情感价值，品牌在线旅游网站应有效进行品牌塑造，以增强用户价值，提升用户满意度和忠诚度。

第三，创造渠道价值策略。品牌在线旅游网站的优势在于其可为用户提供更方便有效的在线购买平台。品牌在线旅游网站需要为用户与供应商、中间商创造渠道价值链接，以更好地服务于用户。品牌在线旅游网站应有效管理复杂的渠道结构，维护好用户与供应商和

中间商的关系。

九、新时代品牌在线旅游网站认知使用满意性探索性因子分析的精准施策

据上文分析，新时代品牌在线旅游网站认知使用满意性的精准施策可包含以下几点。

第一，定制个性化服务策略。品牌在线旅游网站可以通过加强情感体验、增加双向性程度，使用户的在线购物过程更愉快。品牌在线旅游网站还可以通过加强认知体验，使网站的可控性和响应性得到提高。网站应有效减少搜索和购买产品的时间，从而使用户获得更快捷、更便利的购买体验。

第二，减少期望差距策略。品牌在线旅游网站的信息质量会对用户在线使用满意度产生影响。用户旅游前期会产生过高的旅游期望，而实际中的认知值则会较低。不断增大的期望与实际认知之间的差距，会导致旅游者对品牌在线旅游网站产生不满。因此，品牌在线旅游网站需要保证信息的全面性、准确性和时效性。

第三，智能多样服务策略。品牌在线旅游网站的智能客服可以提供全天候不间断的服务。与智能客服沟通时，用户可以收到即时的回应，这将帮助品牌在线旅游网站提升整体满意度，建立良好口碑。

十、新时代品牌在线旅游网站认知使用忠诚性探索性因子分析的精准施策

据上文分析，新时代品牌在线旅游网站认知使用忠诚性的精准施策可包含以下几点。

第一，管理用户数据策略。企业运用用户数据库，可以使客服及时掌握用户的偏好和购买行为，以向用户提供个性化的定制服务。用户数据管理需要将资料有效转变为支持营销决策的信息，再有效转化为企业的竞争优势。企业只有与核心顾客建立和谐关系，才能提升资源配置效率，提高企业的盈利能力。

第二，提高用户期望策略。只有企业服务要超越用户期望，企业才能为用户提供更完善的旅游产品和服务。企业应让用户获得超越预期的服务与收益，提高用户对品牌在线旅游网站的满意度，使零散的客户逐步成为稳定发展的忠诚顾客群。

第三，精准触达会员策略。品牌在线旅游网站的忠诚会员会关注品牌运营所需要的话题。为用户提供福利清晰、简单易懂、流程一步化的体验，可以有效提高品牌在线旅游网站的使用率，提高品牌在线旅游网站的认知满意度。要通过及时触达用户的需求来培养用户的忠诚度，尤其是针对核心会员，应做到精准运营。

第二节　新时代品牌在线旅游网站认知路径机理的精准施策

一、新时代品牌在线旅游网站服务质量与认知风险关系的精准施策

据上文分析，新时代品牌在线旅游网站认知的服务质量对认知风险关系的精准施策

如下。

第一，完善信息安全策略。应有效维护品牌在线旅游网站的信息安全，确保交易过程安全。用户在浏览品牌在线旅游网站时，网站应无病毒网页和广告网页跳出，以确保用户的个人信息安全。品牌在线旅游网站的信息安全性可以缓解用户的顾虑，有效提高服务质量。完善信息安全可以避免用户个人交易信息被盗取、银行信息被盗用等，从而避免造成用户额外的经济损失。

第二，优化网络配置策略。用户受访者希望获取旅游信息的时间较短，也希望在品牌在线旅游网站上购买产品可以节约时间。可以从品牌在线旅游网站服务器优化、网页容量优化、请求响应优化等方面入手，提高网页加载速度。品牌在线旅游网站的功能和网络配置应满足用户的需要，以提高用户对品牌在线旅游网站的期望值。

第三，加强系统质量策略。应加强品牌在线旅游网站的系统质量管理，为用户受访者提供省时高效的服务，提高网站的链接响应速度，提升用户对品牌在线旅游网站服务质量的满意度。同时应进一步确保品牌在线旅游网站结算系统准确，维护支付系统的安全性，避免银行信息泄露等给用户造成额外的经济损失。

二、新时代品牌在线旅游网站服务质量与认知质量关系的精准施策

据上文分析，新时代品牌在线旅游网站认知的服务质量对认知质量关系的精准施策如下。

第一，以用户为中心策略。用户受访者在使用品牌在线旅游网站时，其最核心的诉求是网站能提供个性化服务。同时，网站应提高响应性，提供良好的服务，及时有效地解决用户的问题，将用户利益放在首位以有效提高用户对品牌在线旅游网站的认知质量。

第二，合理优化系统策略。用户受访者在使用品牌在线旅游网站时，通常对网站的有形性较为关注，如品牌在线旅游网站整体页面布局是否简洁、清晰、美观，导航是否直观易用，支付方式是否多样等。品牌在线旅游网站的交易过程要安全，并能保证个人隐私，同时应向用户提供真实可靠的产品信息。品牌在线旅游网站要持续更新优化系统，合理布局网站模块，及时更新旅游产品信息。

第三，提供特色服务策略。品牌在线旅游网站应结合市场情况进行调查，提供特色旅游产品，以更好地满足顾客的需求。网站可通过提升便利性，快速满足顾客需求；在进行各类促销活动时，可建立信息及时反馈机制，为用户留下好印象；可培养专业客服人才，确保网站的服务质量。

三、新时代品牌在线旅游网站认知质量与认知易用关系的精准施策

据上文分析，新时代品牌在线旅游网站认知的认知质量对认知易用关系的精准施策如下。

第一，优化响应速度策略。网站应从软件和硬件两个方面着手，优化响应速度：在软件方面，应全面分析系统运行情况，对运行数据进行跟踪并逐步调整，以达到优化响应速度的效果；在硬件方面，随着5G时代的到来，应及时匹配适合网站发展的网络硬件设施，采取保

证应用系统响应速度的相关措施。

第二,加强信息管理策略。加强品牌在线旅游网站的产品信息管理有助于缩短旅游产品上线周期,减少监督环节的人工成本,提高品牌在线旅游产品上新的速度。品牌在线旅游企业的信息管理与云计算结合,可以避免协调沟通不足或信息来源不准确而给用户造成的额外经济损失。基于云计算的信息数据管理能有效缩短用户获取数据的时间,提高品牌在线旅游网站的认知易用性。

第三,兴趣差异营销策略。针对用户受访者不同的旅游兴趣,品牌在线旅游网站可以通过特色的宣传手段及灵活的推销手段,在不同的用户群体中树立良好的形象,同时以人性化的内容和活动吸引潜在的用户。应通过差异化活动提升网站的文化认同和情感体验化价值,达到事半功倍的效果。

四、新时代品牌在线旅游网站服务质量与品牌资产关系的精准施策

据上文分析,新时代品牌在线旅游网站认知的服务质量对品牌资产关系的精准施策如下。

第一,双向持续沟通策略。品牌在线旅游网站应加深其与用户之间的关系,不断向用户提供一手信息。网站应构建旅游产品数据库,使消费者有效评价产品服务,从而加强网站与用户之间的交互性。

第二,产品质量提升策略。在安全可信的基础上,品牌在线旅游网站应明确旅游产品的定位。可采取多品牌发展战略,将每个品牌进行不同的定位,以迎合不同用户的诉求。旅游产品质量是品牌资本价值的核心,应提高产品的质量,满足用户的需要。

第三,品牌长期积累策略。品牌在线旅游网站需通过长期积累才能形成清晰的消费者认知,实现品牌资产的积累。品牌在线旅游网站应不断提供完整有效的旅游产品信息,不断迎合用户的新追求、新习惯,在长期积累中成长。

五、新时代品牌在线旅游网站品牌资产与使用满意关系的精准施策

据上文分析,新时代品牌在线旅游网站认知的品牌资产对使用满意关系的精准施策如下。

第一,塑造品牌价值策略。品牌在线旅游网站品牌需要注重品牌价值体验。应通过提升用户体验,引发裂变传播,形成品牌在线旅游网站的品牌满意度认知。应通过旅游产品承诺的真实可信触发用户场景驱动,通过提高信息价值来提升网站的品牌价值。品牌在线旅游网站可以运用网络口碑传播,从终端和渠道实现品牌价值变现。

第二,团队合作创新策略。有效的客服评估方式可以有效激励客服团队合作创新。因此,应强调团队效率,使长期任职的客服代表有动力主动分享自己的高效处理方式。网站应鼓励客服为品牌在线旅游网站长期存在的问题提出有效的解决方案。应协助客服解决问题,以了解客服对品牌在线旅游网站的诉求,提高用户对品牌在线旅游网站的整体满意度。

第三,增加用户黏性策略。品牌在线旅游网站通过信息传递和与用户进行交流,让用户了解产品并推荐给他人购买,再发展到品牌忠诚度。品牌在线旅游网站需要以优质、有效的

旅游产品吸引用户的注意力，持续提供用户所需的内容，增加用户的黏性，最终实现品牌商业价值的转化。

六、新时代品牌在线旅游网站使用满意与使用忠诚关系的精准施策

据上文分析，新时代品牌在线旅游网站认知的用户满意对使用忠诚关系的精准施策如下。

第一，口碑广告结合策略。利用用户对品牌在线旅游网站口碑的看法已经成为网站进行新媒体宣传的重要组成部分。广告和口碑在提升网站形象的同时，也可以不断为网站带来流量，对网站的促销活动发挥作用。因此，网站应将口碑传播与广告营销无缝结合，以实现销售增长。

第二，增强用户兴趣策略。品牌在线旅游网站提供的信息要有趣，要可以激发用户的兴趣。网站不仅要在旅游产品上创新，还要在服务内容上创新。创新会让用户更愿意花时间和精力了解品牌在线旅游企业的产品和服务，增强用户黏性。

第三，精准推送内容策略。品牌在线旅游企业可以通过提升网站的旅游供应商质量，整合渠道，以满足游客的差异化需求为导向进行信息共享及资源整合，激发用户兴趣。

七、新时代品牌在线旅游网站服务质量与认知易用关系的精准施策

据上文分析，新时代品牌在线旅游网站认知的服务质量对认知易用关系的精准施策如下。

第一，简化网站操作策略。为了加强用户受访者关于品牌在线旅游网站的认知易用性，有必要适度简化网站的操作步骤。网站使用步骤简单易懂能节省用户时间，使用户快速有效购买旅游产品，也会让用户对网站的服务质量形成较好的认知。

第二，展现界面易用策略。品牌在线旅游网站应展现简单易用的操作界面，让用户更方便快捷地搜索信息，促使用户购买旅游产品，提高旅游产品的在线转换率。

第三，信息完整便利策略。品牌在线旅游网站的竞争力可以通过个性化的信息资源整合来构建。用户对品牌在线旅游网站的信息认知包括信息的完整性和收集的便利性。面对众多的用户，网站网络信息质量的提高对提升用户认知使用满意性非常关键。

八、新时代品牌在线旅游网站认知质量与认知有用关系的精准施策

据上文分析，新时代品牌在线旅游网站认知的认知质量对认知有用关系的精准施策如下。

第一，精准触达服务策略。品牌在线旅游网站的系统服务质量能否对用户产生积极作用，取决于其服务能否有效输出，精准触达用户。品牌在线旅游网站应以数字化方式服务用户，利用互联网生态的发展特性，实现产品场景化、碎片化、智能可定制。

第二，有效采集信息策略。品牌在线旅游网站的信息质量也需要进行重点提升。应通过网络信息技术进行信息数据采集和储存分析，提升品牌在线旅游网站的信息质量。

第三，优化交互方式策略。品牌在线旅游网站应通过交互方式的优化，减少用户点击次数，降低操作难度，提升信息的录入和反馈效率，优化品牌在线旅游产品的用户体验。

第三节 新时代品牌在线旅游网站认知市场细分差异的精准施策

一、新时代品牌在线旅游网站认知有用性市场细分差异的精准施策

（一）新时代品牌在线旅游网站认知有用性影响因子的精准施策

据上文分析，针对事件前、事件中和新时代的用户受访者的市场细分对品牌在线旅游网站认知有用性的影响无显著性差异，本节提出以下新时代品牌在线旅游网站认知有用性相应的精准施策。

第一，提高服务效率策略。品牌在线旅游网站应利用技术大规模优化服务，提高企业核心竞争力。应提高服务效率，做到及时回复用户投诉。应通过中间市场与上游企业的联系，优化中间商与供应商的沟通渠道。

第二，增强信息效力策略。数据信息对品牌在线旅游网站具有重要意义。品牌在线旅游网站应该更加关注用户数据平台的建设，并对数据平台的各项工作进行阶段性安排，以确保及时获取、处理和反馈数据信息，增强信息利用效力。

第三，协同服务内容策略。品牌在线旅游网站应与用户共性的现实需求高效协同，有针对性地提供服务。可完善旅游基础信息，将旅游信息以标准化的模块呈现在平台上，可提供智慧导航等服务，以节约用户的时间和经济成本。

（二）新时代品牌在线旅游网站认知有用性具体项目细分的精准施策

新时代品牌在线旅游网站认知有用性项目细分的差异性精准施策如下。

第一，信息内容细分策略。用户对信息获取便捷的认知较高，应确保旅游产品的信息全面、客观，使用户以最小成本获取更多、更快捷的旅游信息；应对内容多角度细分，完善产品信息，为用户最终决定购买旅游产品起到推动作用。

第二，选择标准信息策略。用户对品牌在线旅游网站能提供有用信息的认知较高，标准化、高质量的服务可以有效提高品牌在线旅游网站的交易效率，增强网站的竞争优势；应选择符合标准的优质渠道，使品牌在线旅游网站的目标市场拥有更多信息获取途径，使产品信息及时到达用户。

第三，信息聚集优化策略。对于用户来说，品牌在线旅游网站的旅游信息、内容要素协同服务需要进行持续优化。应采取旅游信息资源集聚的方式，重点关注旅游涉及的“吃、住、行、购、娱、文”等各类资源，对其进行整合。

新时代品牌在线旅游网站认知有用性项目细分的一致性精准施策如下。

第一，保持服务连贯性策略。用户对品牌在线旅游网站提供认知服务好的认知无显著性差异。应向用户提供使其满意的服务，保持服务的连贯性。随着旅游市场的精细化，品牌在线旅游网站需在任何时间、任何地点确保服务质量一致，满足用户期望。

第二，持续关注新技术策略。用户对品牌在线旅游网站与中间商沟通便捷的认知无显

著性差异。品牌在线旅游网站应持续改进支付流程，完善系统功能。网站应优化交互方式，减少用户的点击次数，降低操作难度，提升信息的录入和反馈的效率。另外，品牌在线旅游网站需要持续关注新技术应用，持续优化用户的产品体验。

二、新时代品牌在线旅游网站认知易用性市场细分差异的精准施策

（一）新时代品牌在线旅游网站认知易用性影响因子的精准施策

据上文分析，针对事件前和事件中的用户受访者对品牌在线旅游网站认知易用性的影响无显著性差异，本节提出以下新时代品牌在线旅游网站认知易用性的精准施策。

第一，提升站内搜索策略。站内搜索对用户体验非常重要。当品牌在线旅游网站的内容量逐渐增多时，用户对搜索功能的需求也随之提升。网站需要不断迭代，进一步提高搜索性能。网站搜索框不能太小，且最好置于网页右上区域，提交按钮的文字应能明确注明“搜索”。

第二，操作易用设计策略。应采用简约的页面设计风格、合理的内容布局，以提高品牌在线旅游网站易用性。品牌在线旅游网站界面应干净整洁，无多余多信息，无广告图片、链接等，以赢得用户的好感。

第三，改善网页质量策略。品牌在线旅游网站应注意保持页面的整体协调，同时应避免引起用户视觉疲劳，使其关注网站的重点内容。

（二）新时代品牌在线旅游网站认知易用性具体项目细分的精准施策

新时代品牌在线旅游网站认知易用性项目细分的差异性精准施策如下。

第一，内容简明易懂策略。品牌在线旅游网站首页文字说明应简单，并对用户有用。网站整体布局应简洁明了；文字需要使用母语编辑，突出重点内容。应避免把内容都放在首页，这样容易造成用户视觉疲劳。

第二，服务流程精确策略。品牌在线旅游网站的进入方式、用户购买流程等会影响用户体验。应完善操作系统、简化操作流程，使用户可以快速完成交易。

第三，界面风格细分策略。受到不同购买意愿因素的影响，品牌在线旅游网站界面易用的提高是多维度的。品牌在线旅游网站可以通过产品搜索、超链接、商品分类等，让用户准确完整地搜索到网页相应的产品或服务；同时，网页设计应简洁明了，避免给用户在线操作造成困惑。

新时代品牌在线旅游网站认知易用性项目细分的一致性精准施策如下。

第一，避免使用最新技术策略。用户都期望有效使用品牌在线旅游网站，而其通常需要时间和耐心去熟悉网站最新的技术。若品牌在线旅游网站需要安装插件才能获取相关信息或使用系统功能，那么用户在遇到困难后，其往往会放弃使用。

第二，设计适当的导航标识策略。合适的导航设计是品牌在线旅游网站得到用户认可的基础。网页导航的大小、长短、在页面的位置等，都应清楚地指出网页的属性。网站可以通过提高主导航的显示亮度来提醒用户的游览位置。

三、新时代品牌在线旅游网站认知体验性市场细分差异的精准施策

（一）新时代品牌在线旅游网站认知体验性影响因子的精准施策

据上文分析，针对事件前与事件中的用户受访者的市场细分对品牌在线旅游网站娱乐

体验性的影响的显著差异，本节提出以下新时代品牌在线旅游网站娱乐体验性的精准施策。

第一，设计个性体验策略。品牌在线旅游网站的娱乐体验设计必须与旅游内容紧密相连。有特点、不雷同的娱乐体验设计能使用户体验更好；品牌在线旅游网站可以就对网站整体形象作出设计，以满足用户的体验需求。

第二，加强体验内容策略。品牌在线旅游网站在使用户获取各种内容的同时，应注重让用户体验多种元素；品牌在线旅游网站应优化购买场景，提升用户认知满意度。

第三，运用内容激发兴趣策略。科技的进步可以帮助品牌在线旅游网站更有效地预测用户需求。品牌在线旅游网站应以丰富的旅游信息激发用户的兴趣，并且为用户提供个性化服务。另外，品牌在线旅游网站需要深刻理解用户的旅游动机。用户作出旅游决策的原因不同，既包括理性因素，也包括感性因素。网站的在线客服也要积极主动地为用户提供咨询。

针对事件前、事件中和新时代的用户受访者的市场细分对品牌在线旅游网站使用体验性的影响的显著差异，提出以下新时代品牌在线旅游网站使用体验性的精准施策。

第一，精准营销策略。通过识别不同用户的购买行为，品牌在线旅游网站可以采用针对性的营销策略，比如，发放优惠券，或在促销活动时间段通知活动内容等。对于入境用户，品牌在线旅游网站可以通过发送邮件的方式与用户互动，邮件可以是个性化的促销邮件、季节性和假日主题的邮件和以“挽回购物车”为主题的邮件等。

第二，季节性促销策略。品牌在线旅游网站应利用节假日，促使用户提前购买旅游产品或服务，以拓宽客源，增加营业收入。此外，网站还可以结合折扣季，在社交媒体上进行推广和销售，扩宽海外在线销售渠道。

第三，升级社交媒体策略。品牌在线旅游网站需要升级社交媒体，找准对品牌投入时间最多的目标人群，鼓励消费者形成良性的社交平台使用习惯。

（二）新时代品牌在线旅游网站认知体验性具体项目细分的精准施策

新时代品牌在线旅游网站认知体验性项目细分的差异性精准施策如下。

第一，提升核心竞争力策略。品牌在线旅游网站可以通过提升网站的核心竞争力来满足用户，可完善品牌在线旅游网站的机票＋酒店品类的信息内容；品牌在线旅游网站需要依据用户的需要、购买行为、购物习惯等因素对旅游信息进行细分。

第二，客服服务多样化策略。品牌在线旅游网站针对碎片化旅游产品、商品，可提供详尽的商品图文说明，以降低运营成本；品牌在线旅游网站可建立在线视频客服系统，降低沟通不便造成的不确定性和风险，从而增强用户的购买意向。

第三，完善数字媒体技术策略。数字媒体技术的发展为用户增加了娱乐体验。品牌在线旅游网站应不断研发有创意、有新意的旅游产品，为增强网站的娱乐体验提供新思路。

四、新时代品牌在线旅游网站认知风险性市场细分差异的精准施策

（一）新时代品牌在线旅游网站认知风险性影响因子的精准施策

据上文分析，针对事件前、事件中和新时代的用户受访者的市场细分对品牌在线旅游网站财务隐私风险的影响的显著性差异，本节提出以下新时代品牌在线旅游网站认知财务隐

私风险的精准施策。

第一，落实信息真实策略。品牌在线旅游网站在向用户描述产品功能时，必须与实际产品保持较高的一致性。在描述产品的过程中，网站应秉持无形产品有形化的理念，使用图片、视频、网友评论等，降低用户对风险的认知。

第二，掌握用户行为策略。品牌在线旅游网站需优化系统速度，不断迭代网站功能，减少用户因时间风险产生的心理负担；应提供完整的旅游信息并简化操作流程，提高用户的在线购买转化率。

第三，改善人机交互策略。品牌在线旅游网站应避免人机交互过程中的杂乱问题。网站运行速度慢明显与用户的追求相悖。网站可以通过最新代码防止资源加载阻塞，从而提升整体响应速度。

针对事件前、事件中和新时代的用户受访者的市场细分对品牌在线旅游网站功能风险的影响的显著性差异，提出以下新时代品牌在线旅游网站功能风险的精准施策。

第一，采取合理退改策略。品牌在线旅游网站机票产品的技术并非决定用户体验的核心因素，网站可以通过航司直销、平台自营、代理等多种方法进行机票预订和退改等。品牌在线旅游网站应合理包装机票价格，如出票时间更快的票价可能更低，而退改费用较低的票价可能更高，以满足用户的不同需求。

第二，增强情感黏性策略。提高用户的情感黏性可以直接增加其对品牌在线旅游网站的信任度。品牌在线旅游网站需要以用户认知为核心，掌握用户的预订习惯，通过为用户提供个性化的服务、无形商品有形化的展示等方式增加品牌在线旅游网站的可信度，使用户获得较好的购物体验。

第三，简化页面布局策略。品牌在线旅游网站应使用户在感到愉悦的同时，了解网站的相关内容。应简化页面布局，这样能够让用户深刻印象，获取有效信息。

（二）新时代品牌在线旅游网站认知风险性具体项目细分的精准施策

新时代品牌在线旅游网站认知风险性项目细分的差异性精准施策如下。

第一，优化结算流程策略。品牌在线旅游网站应避免设置隐藏收费项目，以诚实的态度为用户提供良好的消费体验，品牌在线旅游网站需要强化结算安全性，确保旅游业务的合法性及安全性。

第二，完善支付体验策略。品牌在线旅游网站可以集中优化用户支付体验，收集第一手市场数据，积极升级支付业务。应尽量提供更多的支付方式，提高消费者的购买率。

第三，提高品牌美誉度策略。为了提高品牌在线旅游网站的品牌信任感和美誉度，网站需要适当进行安全宣传，提升用户的使用意愿。

新时代品牌在线旅游网站认知风险性项目细分的一致性精准施策如下。

第一，加强安全服务策略。品牌在线旅游网站需要强化网站用户端的安全性。网站应及时发布反病毒软件及个人防火墙软件。网站还可以提供各类安全漏洞检测工具，综合运用防火墙、身份识别与认证、加密、数字签名等技术，提高网站的隐私保护能力。

第二，完善管理制度策略。品牌在线旅游网站需要从保密制度和保密技术两个方面加强对用户个人财务隐私的保护。网站可以发布保护消费者个人财务隐私的声明，以消除消费者的顾虑。

五、新时代品牌在线旅游网站认知质量性市场细分差异的精准施策

（一）新时代品牌在线旅游网站认知质量性影响因子的精准施策

据上文分析，针对事件前、事件中和新时代的用户受访者的市场细分对品牌在线旅游网站认知信息质量性的影响存在显著性差异，本节提出以下新时代品牌在线旅游网站认知质量性的精准施策。

第一，使用差异元素策略。品牌在线旅游网站可以通过图片、视频、背景音乐等元素来吸引用户。为了更好地吸引用户，品牌在线旅游网站的界面设计可以加强辨识度和吸引力，突出网站特性，其设计可以融入富有当地特色的文化元素。

第二，明确需求导向策略。品牌在线旅游网站的信息内容需要满足用户的不同需求。网站需要对用户的信息需求进行相关市场调查，合理设置信息内容。其可以适时进行网上调研，了解用户对品牌在线旅游网站的满意度，以便及时更新信息。

第三，完善平台安全功能。品牌在线旅游网站应持续提升安全防护，以满足用户对平台的安全需求，增强其信任度和忠诚度。网站需从用户信息保护、隐私保护设置、支付安全防护等多渠道入手，不断优化平台安全功能。

针对事件前、事件中和新时代的用户受访者的市场细分对品牌在线旅游网站认知系统质量性的影响存在显著性差异，本节提出以下新时代品牌在线旅游网站认知质量性的精准施策。

第一，关注用户需求策略。品牌在线旅游网站提供的资讯可信度较高，有利于网站将新访客转化为老访客，提高用户黏性。如果从用户的“平均停留时间”来衡量，黏性高的用户浏览网站的时间也相对长。网站应密切关注用户需求，留住新用户，提升用户回访的概率。

第二，完善信息保密策略。品牌在线旅游网站作为用户交易平台，需确保用户密码的安全性。用户对网站在线支付加密技术和密码保护要求较高，网站需要实现密码的多样性，完善防盗系统。

第三，内容准确核查策略。品牌在线旅游网站的旅游信息和内容要针对用户需求进行更新，关注用户对信息准确性的需求。网站发布的信息需来自权威机构和权威人士，并需不断进行检查和更新。

（二）新时代品牌在线旅游网站认知质量性具体项目细分的精准施策

在新时代，品牌在线旅游网站认知质量性项目细分的差异性精准施策如下。

第一，优化操作系统策略。品牌在线旅游网站的打开速度决定了用户对网站的第一印象，因此，应注重网站的网页布局。速度快的网站可以让用户拥有较好的认知体验，节约用户的时间。

第二，坚持实时更新策略。为了提升用户体验，网站需要按时、保质、保量地进行功能和内容更新。

第三，完善平台功能策略。品牌在线旅游网站应该关注同类企业和产品的更新换代，不断地完善功能、提供新产品，满足用户的需求和期待。

在新时代，品牌在线旅游网站认知质量性项目细分的一致性精准施策如下。

第一，增强信息丰度策略。品牌在线旅游网站的信息丰富度与品牌在线旅游网站的用户忠诚度密切相关。品牌在线旅游网站应提供高质量产品信息，以提高用户忠诚度。

第二，标准化管理策略。不同文化背景的用户对旅游产品订单的关注内容不同。对于国内用户，网站可以有效提高用户的认知满意度，对旅游产品订单进行标准化管理。对于入境用户，网站可以对旅游产品订单进行定期评审，以提高用户的满意度和忠诚度。

六、新时代品牌在线旅游网站认知服务性市场细分差异的精准施策

（一）新时代品牌在线旅游网站认知服务性影响因子的精准施策

据上文分析，针对事件前、事件中和新时代的用户受访者的市场细分对品牌在线旅游网站有形性的影响存在显著性差异，本节提出以下新时代品牌在线旅游网站有形性相应的精准施策。

第一，打造智能服务策略。品牌在线旅游网站需打造自动化服务系统，快速分析、比对消费者的服务需求信息，优化服务系统，实现服务系统的大数据化，提高服务质量。

第二，改进广告配置策略。用户对品牌在线旅游网站经常跳出的广告会产生抗拒心理，进而减少浏览网站的次数。因此，网站运营需要针对用户的特征改进广告配置要素。例如，网站可以将控制观看弹出式广告的权力给予用户。

第三，加强信息监管策略。网站可以通过数据挖掘分析用户的细分群体，以向用户提供更有针对性的信息。网站要加强对内容真实性的监控，降低有效信息被用户过滤的可能性。

针对事件前、事件中和新时代的用户受访者的市场细分对品牌在线旅游网站可靠性的影响存在显著性差异，本节提出以下新时代品牌在线旅游网站可靠性相应的精准施策。

第一，有效收集信息策略。用户的个人基本资料、手机号、电子邮箱地址、身份信息、财产信息、上网记录、位置信息等都应避免被过度收集。品牌在线旅游网站应加强对用户个人信息安全的保护，减少对非必要信息的收集。

第二，加强人员管理策略。品牌在线旅游网站应加强品牌对技术人员的管理，增加内部数据安全性；应定期检查站点内的漏洞，避免病毒网页对网站造成损失。

第三，完善客服考核策略。品牌在线旅游网站可以完善客服考核指标，从客服首次响应时间、问答比、解决问题所需时间和用户对客服人员的反馈等方面对客服进行严格考核。在线客服的态度直接反映了网站的文化和品牌内涵。应通过客服建立用户与网站的情感链接，提升网站的整体形象。

针对事件前、事件中和新时代的用户受访者的市场细分对品牌在线旅游网站响应保证性的影响存在显著性差异，提出以下新时代品牌在线旅游网站响应保证性相应的精准施策。

第一，重视客服质量策略。在线客服在与用户交流的过程中，需要把握用户的需求，将旅游产品和服务内容传递给用户，提高服务质量水平。在线客服对提升网站服务质量具有重要意义。

第二，加强有效沟通策略。网站客服人员应根据用户要求向其准确地推荐产品，从而提

高用户的购物效率。客服人员要尽可能地满足用户的合理需求,为其营造舒适的购物环境。

第三,优化智能系统策略。品牌在线旅游网站应向用户提供互动系统,网站应实现质量检验自动化,自动筛选记录数据;应为客服提供评审和确认,有效地提高服务质量,提升网站的在线互动性。

(二) 新时代品牌在线旅游网站认知服务性具体项目细分的精准施策

新时代品牌在线旅游网站认知服务性项目细分的差异性精准施策如下。

第一,支付多元化策略。品牌在线旅游网站需要根据不同用户的支付习惯,支持多样化的支付方式。网站应在方便快捷与支付安全之间取得平衡。应以传统银行的网络银行服务业务为主。

第二,优化导航功能策略。用户可以通过品牌在线旅游网站的主导航进入二级栏目页,所以应提高网站主导航的权重。网站主导航可以很好地将旅游网站首页与其他页面、其他栏目连接起来,增加网站页面之间的相关性。

第三,加强管理服务策略。品牌在线旅游网站需要充分利用在线沟通工具,以提高服务水平与质量。与用户进行售前、售后沟通时,客服可以用微博、微信、电话等方式实现商品销售,以增强用户的对网站有形性、可靠性的认知。

新时代品牌在线旅游网站认知服务性项目细分的一致性精准施策如下。

第一,简化品牌域名策略。以品牌命名的域名对企业而言是无价之宝。域名应好记,以达到品牌宣传的作用。用户可以直接输入网站域名进入网站,这样不仅可以提升效率,也能简化操作流程,提升用户体验。

第二,注重设计美感策略。品牌在线旅游网站页面应具有新颖、令人愉快的特点。页面设计应突出旅游文化的重点,增强视觉冲击力。品牌在线旅游网站的首页要设计美观,要运用优质的旅游元素图文增强网站首页的吸引力,提升网站的整体美观度。

七、新时代品牌在线旅游网站认知使用创新性市场细分差异的精准施策

(一) 新时代品牌在线旅游网站认知使用创新性影响因子的精准施策

据上文分析,针对事件前与事件中的用户受访者的市场细分对品牌在线旅游网站认知使用创新性的影响存在显著性差异,本节提出以下新时代品牌在线旅游网站认知使用创新性相应的精准施策。

第一,创造奖励机制策略。就旅拍等品牌在线旅游网站的新功能而言,其应具备易操作性,应将照片或视频与旅行故事融合,为网站提供最新内容。网站应提供优厚的奖励机制,用积分奖励鼓励用户在网站社区进行互动。

第二,用户需求引导策略。品牌在线旅游网站在积极进行创新的同时,要采用不同的营销手段引导用户关注网站的创新点。只有用户关注、接受、使用创新产品,品牌在线旅游网站的创新才是成功的。

第三,目标用户营销策略。品牌在线旅游网站应抓住净值更高、黏性更强、复购率更高的用户群体。这些群体对货品的性价比要求较高,网站应给予这些群体“买得好、买得值”的

购物感受，针对他们进行目标性营销。

（二）新时代品牌在线旅游网站认知使用创新性具体项目细分的精准施策

新时代品牌在线旅游网站认知使用创新性项目细分的差异性精准施策如下。

第一，线上线下精耕创新。品牌在线旅游企业要持续改善用户的购物环境，结合顾客群体的审美，做好网页的设计，包括色调、产品陈列风格、展示技巧、产品组合、触点位置、回复服务等，以增强好感。若有线下门店，企业也要考虑线下门店的内外部环境，从门口卫生、店招、货架摆放、灯光、气味、音乐、服务态度等诸多方面来优化经营环境。

第二，发挥资源集聚效应。品牌在线旅游企业要做好引流工作，应给用户留有触点。顾客可以通过一些渠道，比如二维码、小程序、社群等来购买网站的产品。企业也可以在广场、商超、十字路口、小区门口等扫码注册送礼品。此外，企业还可以结合市场调研、线上投入产出比情况，通过数据分析进行科学评估，达到综合引流的目的。

第三，增强品牌联想策略。品牌在线旅游网站要在社交媒体上发布高价值内容，对用户产生更大的影响。应鼓励消费者建立良性的社交平台使用习惯，为消费者创造一个安全的空间。网站发布积极内容有利于消费者对品牌产生积极的联想，从而形成良性循环。

新时代品牌在线旅游网站认知使用创新性项目细分的一致性精准施策如下。

第一，研发创新功能策略。用户需求在不断发展，品牌在线旅游网站必须不断创新，跟上用户需求的变化。品牌在线旅游网站可以通过新功能创新设计吸引用户。

第二，传播创新功能策略。品牌在线旅游网站对其功能进行创新，可提高用户的网站使用率。除功能创新外，网站还可以进行宣传促销创新，让用户更快、更全面地了解品牌在线旅游网站的新功能，提高用户的关注度。

八、新时代品牌在线旅游网站认知品牌资产性市场细分差异的精准施策

（一）新时代品牌在线旅游网站认知品牌资产性影响因子的精准施策

据上文分析，针对事件前与事件中的用户受访者的市场细分对品牌在线旅游网站认知品牌资产性方面的影响存在显著性差异，本节提出以下新时代品牌在线旅游网站认知品牌资产性相应的精准施策。

第一，服务质量标准化策略。品牌在线旅游网站应提供标准化服务，并对服务质量、服务方式、服务效果进行认证。对不同的供应商，网站需要完善服务的功能性、安全性等质量标准。品牌在线旅游网站的标准化服务可以降低企业的运营成本，而标准化的服务流程也有助于提高服务的效率。

第二，正向传播口碑策略。品牌在线旅游网站需要有效激励和挖掘旅游知识和经验丰富的旅游爱好者，鼓励这些爱好者发布旅游体验、旅游攻略，提升网络口碑，进而影响用户的旅游消费决策。应完善品牌在线旅游网站的服务体系，提高用户的满意度。

第三，多条路径传播策略。品牌在线旅游网站虽然是线上平台，通过线上产品和服务的提供来满足用户需求，但其品牌资产提升不能仅依靠线上途径，而应坚持线上与线下相结合。网站可通过线下同伴间的口碑传播等方式，提升产品的知名度，增强用户黏性，提升网

站的品牌资产价值。

（二）新时代品牌在线旅游网站认知品牌资产性具体项目细分的精准施策

新时代品牌在线旅游网站认知品牌资产性项目细分的差异性精准施策如下。

第一，专家品鉴模式策略。对于用户来说，专家品鉴模式可以有效保证品牌在线旅游网站口碑的权威性和准确性。网站应邀请微博等社交媒体上的旅游达人对旅游目的地的各项服务作出客观评价。可以采取专家点评的方式，也可对旅游达人的评价予以置顶，或让旅游达人在社区与用户进行互动，形成新媒体平台的粉丝簇拥效应，进一步提升网站口碑。

第二，提升产品品质策略。品牌在线旅游网站应减少恶性价格战，减少纯粹靠补贴、零毛利或负毛利的旅游产品营销。网站应着力提供丰富多元的高品质旅游产品，创造有利于网站的口碑效应。

第三，强化品牌吸引力策略。用户之所以选择品牌在线旅游产品，是因为品牌资产能够提供额外的情感价值。用户希望通过品牌来展示和表现自我。品牌产品应富有吸引力，令用户印象深刻。

九、新时代品牌在线旅游网站认知使用满意性市场细分差异的精准施策

（一）新时代品牌在线旅游网站认知使用满意性影响因子的精准施策

据上文分析，针对事件前与事件中的用户受访者的市场细分对品牌在线旅游网站认知使用满意性的影响存在显著性差异，本节提出以下新时代品牌在线旅游网站认使用满意性相应的精准施策。

第一，定制服务策略。品牌在线旅游网站可以强化情感体验，提升用户在线购物的愉悦感；网站可以通过加强用户的认知体验，减少用户购买产品所花费的时间，提高用户的满意度。

第二，完善网站信息策略。品牌在线旅游网站的信息质量对用户的在线使用满意度具有重要影响。当用户实际认知值高于其期望值时，网站可以减少用户期望与认知之间的差距，使用户满意。品牌在线旅游网站需要保证信息的全面性、准确性和时效性，促使用户产生合理的旅游期望，提高其旅游满意度。

第三，采取差异促销策略。品牌在线旅游网站的图片和文字描述，以及网站客服与用户及时充分的互动，都可以满足用户的诉求，要根据不同用户进行文字和图片推送。品牌在线旅游网站需要提高服务水平，以消除消费者的后顾之忧。

（二）新时代品牌在线旅游网站认知使用满意性具体项目细分的精准施策

新时代品牌在线旅游网站认知使用满意性项目细分的差异性精准施策如下。

第一，提供标准化产品策略。品牌在线旅游企业需要有效管理网站的服务质量、服务方式和服务效果。标准化产品可以降低在线旅游服务的成本，也可以简化旅游服务的环节，提高品牌在线旅游网站的效益。

第二，塑造优质平台策略。严格的规章制度和营销策略能够帮助品牌在线旅游网站进行有效推广。品牌在线旅游网站应当严格审核中间商、批发商、合作方的资质，及时进行跟进，保证合作的有效性。同时，网站的系统应该流畅，增强用户的使用体验感。

第三，完善监管制度策略。品牌在线旅游网站是旅游产品预订平台。由于供应商和中间商服务能力的参差不齐，用户感受到的产品质量也各不相同。因此，品牌在线旅游网站对在平台发布产品的旅游产品供应商要制定完善的审核监察制度，以保障用户的合法权益。

十、新时代品牌在线旅游网站认知使用忠诚性市场细分差异的精准施策

（一）新时代品牌在线旅游网站认知使用忠诚性影响因子的精准施策

据上文分析，针对事件前与事件中的用户受访者的市场细分对品牌在线旅游网站认知使用忠诚性的影响存在显著性差异，本节提出以下新时代品牌在线旅游网站认知使用忠诚性相应的精准施策。

第一，颠覆式创新策略。品牌在线旅游企业应研究行业格局，进行颠覆式创新，如价格创新、服务创新等；品牌在线旅游企业应将产品和营销结合，在用户关心的核心领域进行创新。

第二，场景差异化策略。品牌在线旅游企业应分析目标场景，并根据目标场景提供产品和服务；网站需要保证其成为用户特定场景下的首选，不断提升用户满意度，形成品牌效应。

第三，渠道进化的策略。营销要在新时代实现质的变化，渠道的进化是必不可少的。相较于产品、价格和促销元素，唯有渠道是品牌商不可控的。品牌商需要将社会资源整合起来，使其贯穿于从产品制造到交付给用户的一系列过程。

（二）新时代品牌在线旅游网站认知使用忠诚性具体项目细分的精准施策

新时代品牌在线旅游网站认知使用忠诚性项目细分的一致性精准施策如下。

第一，丰富旅游促销活动策略。品牌在线旅游网站可以与旅游供应商合作推出促销活动，通过会员制或积分制培养旅游者的忠诚度。网站应为不同细分市场的用户提供优惠政策，进一步提升用户对网站的满意度。

第二，增强社区互动功能策略。品牌在线旅游网站需要丰富用户与旅游社区的互动内容，增强网站与用户的沟通，改善解决问题的方式。用户对网站旅游信息和旅游产品的评价，能提高网站的认知使用满意度。

第三，网站功能升级竞争策略。品牌在线旅游网站需要采取品牌升级和差异化路径，打造属于自己的独特 IP。品牌在线旅游企业应抓住新时代用户线上消费习惯形成的时机，改进在线互动、打卡、分享等功能，提升网站进入速度，增强其在同类企业中的竞争力。

第四节　新时代品牌在线旅游网站认知聚类群体差异的精准施策

一、新时代品牌在线旅游网站认知有用性聚类群体差异的精准施策

据上文分析，针对三类用户受访者关于品牌在线旅游网站认知有用性的聚类群体的社会人口统计学特征，本节提出以下新时代品牌在线旅游网站认知有用性的聚类群体细分的

相应精准施策。

第一,提高信息效率策略。应打造自动化服务系统,根据用户的需求实现快速处理。对有用的服务信息进行研究处理,使服务体系大数据化,实现高度自动化,最大程度地提高信息收集效率,及时为用户提供有用信息。有效提高信息收集效率可以更好地提升品牌在线旅游网站的服务品质。

第二,选择标准渠道策略。中间商是品牌在线旅游网站渠道功能的重要承担者,标准化高质量的服务可以有效提高用户与中间商的沟通效果。选择符合标准的中间商可以使旅游产品的服务与用户需求一致,提高用户对品牌在线旅游网站易用的认知。

第三,优化内部结构策略。企业应提高核心竞争力,利用技术大规模优化服务,以进一步提高服务效率。应通过中间市场与上游企业的联系建立双方数据库,优化中间商与供应商的沟通渠道。

二、新时代品牌在线旅游网站认知易用性聚类群体差异的精准施策

据上文分析,针对三类用户受访者关于品牌在线旅游网站认知易用性的聚类群体的社会人口统计学特征,本节提出以下新时代品牌在线旅游网站认知易用性的聚类群体细分的相应精准施策。

第一,增强易用性设计策略。从品牌在线旅游网站的易用性角度来看,网站不应滥用图片,图片应清晰简洁、越少越好。网站不应该设计容易误导用户的界面元素,特别不应用带下划线的文字误导用户,因为用户在点击它们时很可能发现不是链接。旅游网站的宣传词应采用简短的语言,用醒目的焦点吸引用户。

第二,提高服务标准策略。在线客服作为品牌在线旅游网站服务的重要组成部分,可以最终引导消费者的购买行为。若品牌在线旅游网站的操作系统完善,用户便可以在无需指导的情况下完成交易。为了提高产品和服务标准、熟悉消费者的需求、传递旅游产品的信息,网站客服应掌握交易的主导权。

第三,关注购买意愿策略。由于对品牌在线网站易用认知度较高的用户使用网站的频率较高,故需要多维度提高网站的易用度。品牌在线旅游网站可以通过超链接、商品分类等方式,让用户准确地搜索到相应的产品或服务。网站应避免使用户产生审美疲劳、给用户造成困惑等,以免影响消费者的购买意愿。

三、新时代品牌在线旅游网站认知体验性聚类群体差异的精准施策

据上文分析,针对三类用户受访者关于品牌在线旅游网站认知体验性的聚类群体的社会人口统计学特征,本节提出以下新时代品牌在线旅游网站认知体验性的聚类群体细分的相应精准施策。

第一,提供碎片化产品策略。应通过提升品牌在线旅游网站的核心竞争力来满足用户需求。品牌在线旅游网站需要依据用户的需要、欲望、购买力、购买行为、购物习惯等因素对旅游信息进行细分,以提升用户的体验感。此外,网站应针对用户需求提供碎片化的旅游产品,以满足用户需求。

第二，有效利用促销策略。应识别不同用户的购买行为，从而采用针对性的营销策略。例如，针对多次点击品牌但从未购买过的用户，可以向其发放优惠券，或在促销活动时间段向其发送活动通知。在线购物的促销即利用各种刺激手段促使用户提前购买旅游产品或服务，以提升用户忠诚度。

第三，加强娱乐设计策略。品牌在线旅游网站的娱乐设计必须与旅游内容紧密相连，以加强网站在用户心目中的整体形象。娱乐设计应具备独特的构思，使用户的认知体验度进一步提升。

四、新时代品牌在线旅游网站认知风险性聚类群体差异的精准施策

据上文分析，针对三类用户受访者关于品牌在线旅游网站认知风险性的聚类群体的社会人口统计学特征，本书提出以下新时代品牌在线旅游网站认知风险性的聚类群体细分的相应精准施策。

第一，使用人机交互策略。应改善人机交互方式，防止品牌在线旅游网站页面交互作用被过度运用。应从用户的体会出发，加深用户对网站的印象，使用户能有效地在网站上获取信息；应提高用户对网站风险的认知。

第二，加强网络安全策略。品牌在线旅游网站作为服务平台，需要加强网站用户端的安全性，运用先进的防火墙优化网络环境，避免用户在品牌在线旅游网站购物时遭遇信息泄露、电脑病毒等问题，造成严重损失。品牌在线旅游网站要提高网络环境风险抵御能力。

第三，加强网站功能策略。应通过数据挖掘技术制定相应的服务时间点和信息内容，为不同的客群提供全方位的售后信息服务。品牌在线旅游网站需要认识到售后服务功能的重要性，通过整合功能来提升服务质量，增强用户对在线网购的风险认知。

五、新时代品牌在线旅游网站认知质量性聚类群体差异的精准施策

据上文分析，针对三类用户受访者关于品牌在线旅游网站认知质量性的聚类群体的社会人口统计学特征，本节提出以下新时代品牌在线旅游网站认知质量性的聚类群体细分的相应精准施策。

第一，坚持网站更新策略。为了提高忠实用户的体验，提升服务质量，网站需要按时、保质、保量地进行功能和内容的更新。

第二，改善信息质量策略。品牌在线旅游网站提供的高质量信息是使用户成为网站忠实用户的关键因素。积极改善信息服务质量，可以更好地将旅游景点和旅游文化展现在网站上，发挥网站的宣传功效。为了有效提高网站信息质量，对产品订单进行标准化管理是至关重要的。

第三，加强文化元素策略。为了更好地吸引海外用户的关注，品牌在线旅游网站在进行界面设计时，可以增强异地文化内容的辨识度和吸引力，突出网站的特性。网站的页面设计风格可以融入富有当地特色的文化元素。应了解用户的信息需求，合理设置信息内容，并根据用户对网站信息内容的满意度及时调整信息内容。

六、新时代品牌在线旅游网站认知服务性聚类群体差异的精准施策

据上文分析，针对三类用户受访者品牌在线旅游网站认知服务性的聚类群体的社会人口统计学特征，本节提出以下新时代品牌在线旅游网站认知服务性的聚类群体细分的相应精准施策。

第一，提供个性化服务策略。品牌在线旅游网站需要掌握互联网技术和先进的电子资讯手段，为用户受访者提供快捷、优质、体贴的个性化服务。应运用精细化的管理模式，以及先进的服务理念，为全球用户提供个性化服务。

第二，简化流程图文策略。用户通过输入域名直接进入网站，不仅可以提升效率，也能简化操作流程，提升用户体验。品牌在线旅游网站的首页设计要美观，并运用优质旅游图文增强网站引力。

第三，加强客服管理策略。品牌在线旅游网站应做到服务质量可靠和网络技术可靠，为用户提供高质量服务。应加大对品牌在线旅游网站的客服服务质量培训，同时应严格管理供应商资质，提高旅游产品质量。

七、新时代品牌在线旅游网站认知使用创新性聚类群体差异的精准施策

据上文分析，针对三类用户受访者关于品牌在线旅游网站认知服务性的聚类群体的社会人口统计学特征，本节提出以下新时代品牌在线旅游网站认知使用创新性的聚类群体细分的相应精准施策。

第一，利用口碑效应策略。对于品牌在线旅游网站的新功能，可通过合理利用口碑效应，加快产品的传播和扩散速度，提升用户使用的兴趣。应用简单的分享方式进行宣传，同时应提供优厚的奖励机制；可通过积分奖励，鼓励用户在社区互动。

第二，正确引导用户策略。品牌在线旅游网站的新功能引导必不可少，但不宜采用强提示的方式。不同的用户有不同的使用场景，网站需要考虑用户的操作习惯及其对新功能的需求后进行引导。应选择针对新功能的合适的提示方式，在合适的时间和场景下引导用户，从情感层面给用户更好的使用体验。

第三，积极研发功能策略。品牌在线旅游网站的功能创新是促使用户使用网站的关键因素，可以通过创新设计品牌在线旅游网站的功能来吸引用户。

八、新时代品牌在线旅游网站认知品牌资产性聚类群体差异的精准施策

据此，针对第一类聚类用户受访者(资产优质型)、第二类聚类用户受访者(资产劣质型)、第三类聚类用户受访者(资产一般型)对品牌在线旅游网站认知品牌资产性的社会人口统计学特征，本节提出以下新时代品牌在线旅游网站认知品牌资产性的聚类群体细分的相应精准施策。

第一，完善口碑信息策略。品牌在线旅游网站需要有效激励和挖掘旅游知识和经验丰

富的旅游爱好者，通过鼓励这些爱好者发布旅游体验、旅游攻略，提高网络口碑传播效果，影响用户的旅游消费决策。应通过完善品牌在线旅游网站的服务体系，提高用户的满意度。

第二，加强客服考核策略。完善客服考核指标，从客服首次响应时间、问答比、解决问题所需时间等方面进行严格考核。在线客服的态度直接反映品牌在线旅游网站的文化和品牌内涵。客服可有效建立用户与网站的情感链接，提升网站的整体形象。

第三，提供标准产品策略。品牌在线旅游网站应对服务质量、服务方式、服务效果采取精准化管理。提供标准的产品不仅可以降低品牌在线旅游网站的运营成本，而且可以简化服务流程，提高标准化服务的效益。

九、新时代品牌在线旅游网站认知使用满意性聚类群体差异的精准施策

据此，针对第一类聚类用户受访者（满意中立型）、第二类聚类用户受访者（满意较差型）、第三类聚类用户受访者（满意最优型）对品牌在线旅游网站认知使用满意性的社会人口统计学特征，本节提出以下新时代品牌在线旅游网站认知使用满意性的聚类群体细分的相应精准施策。

第一，提高使用意愿策略。品牌在线旅游网站可以通过与旅游供应商合作推出促销活动，以及会员制或积分制，培养旅游者忠诚度，提高用户使用网站的意愿。

第二，优化定制服务策略。网站可以采取加强情感体验的方法提高用户的期望值，使用户在线购物的过程更愉悦。品牌在线旅游网站可提高网站的可控性和响应性，提供快捷便利的优质服务，使用户的满意度进一步提高。

第三，增强社区功能策略。网站可通过在线问答、网上咨询等方式，增强网站与用户之间的沟通交流，提高网站认知使用满意度。

十、新时代品牌在线旅游网站认知使用忠诚性聚类群体差异的精准施策

据此，针对第一类聚类用户受访者（忠诚较高型）、第二类聚类用户受访者（忠诚最低型）、第三类聚类用户受访者（忠诚中立型）对品牌在线旅游网站认知使用忠诚性的社会人口统计学特征，本节提出以下新时代品牌在线旅游网站认知使用忠诚性的聚类群体细分的相应精准施策。

第一，完善服务质量策略。网站可充分利用品牌在线旅游网站的沟通工具，进一步提高服务水平与质量。品牌在线旅游网站可以通过微博、微信、电话等方式，提升用户满意度。

第二，有效监管信息策略。网站可通过数据挖掘分析用户的细分群体，以提供更有针对性的信息。网站可加强对内容真实性的监控，使用户获取准确、完整的信息，从而提升用户对网站的忠诚度。

第三，建立监察制度策略。品牌在线旅游网站可对在平台发布产品的旅游产品供应商构建适用的审核与监察制度，保障用户的合法权益。此外，网站需要提高服务水平，消除消费者的后顾之忧。

第九章 结　论

第一节　品牌在线旅游网站认知的影响因子与精准施策

本书基于服务质量理论、满意度理论、品牌资产理论等，采用技术接受模型对用户受访者在事件前、事件中和新时代关于品牌在线旅游网站的认知有用性、认知易用性、认知体验性、认知风险性、认知质量性、认知服务性、认知使用创新性、认知品牌资产性、认知使用满意性和认知使用忠诚性进行实证研究。本书利用问卷调查法获取大量的一手数据，通过 SPSS 25.0 软件对用户受访者在事件前、事件中和新时代关于品牌在线旅游网站的认知有用性、认知易用性、认知体验性、认知风险性、认知质量性、认知服务性、认知使用创新性、认知品牌资产性、认知使用满意性和认知使用忠诚性数据进行探索性因子、主成分因子、细分市场差异分析和聚类分析等特征研究。因此，本节对品牌在线旅游网站的整体与个体差异性进行分析对比，同时针对其成因提出了新时代品牌在线旅游网站服务质量满意度与精准营销施策。经研究分析，本书结论归纳如下。

一、品牌在线旅游网站认知的探索性因子分析与精准施策

本书运用探索性因子分析法对用户受访者关于品牌在线旅游网站的认知进行了分析，得到以下结论。

（1）用户受访者在事件前关于品牌在线旅游网站认知的探索性因子研究结论。在事件前，项目的因子载荷值分属 10 个动机因子，分别为认知有用性、认知易用性、认知体验性、认知风险性、认知质量性、认知服务性、认知使用创新性、认知品牌资产性、认知使用满意性和认知使用忠诚性。其中，认知有用性因子的 2 个因子载荷值分别是品牌在线旅游网站服务有用和品牌在线旅游网站信息有用；认知易用性因子的 2 个因子载荷值分别是品牌在线旅游网站操作易用和品牌在线旅游网站界面易用；认知体验性因子的 2 个因子载荷值分别是品牌在线旅游网站娱乐体验和品牌在线旅游网站使用体验；认知风险性因子的 4 个因子载荷值分别是品牌在线旅游网站财务风险、品牌在线旅游网站功能风险、品牌在线旅游网站时间风险和品牌在线旅游网站心理风险；认知质量性因子的 2 个因子载荷值分别是品牌在线旅游网站系统质量和品牌在线旅游网站信息质量；认知服务性因子的 5 个因子载荷值分别是品牌在线旅游网站有形性、品牌在线旅游网站响应性、品牌在线旅游网站同理心、品牌在

线旅游网站可靠性和品牌在线旅游网站保证性；认知使用创新性因子的1个因子载荷值是认知使用创新性；认知品牌资产性因子的3个因子载荷值分别是品牌在线旅游网站网络口碑、品牌在线旅游网站产品质量和品牌在线旅游网站在线互动；认知使用满意性因子的1个因子载荷值是品牌在线旅游网站认知使用满意性；认知使用忠诚性因子的1个因子载荷值是品牌在线旅游网站认知使用忠诚性。

(2) 用户受访者在事件中关于品牌在线旅游网站认知的探索性因子研究结论。在事件中，项目的因子载荷值分属10个动机因子，分别为认知有用性、认知易用性、认知体验性、认知风险性、认知质量性、认知服务性、认知使用创新性、认知品牌资产性、认知使用满意性和认知使用忠诚性。其中，认知有用性因子的1个因子载荷值是品牌在线旅游网站认知有用性；认知易用性因子的1个因子载荷值是品牌在线旅游网站认知易用性；认知体验性因子的2个因子载荷值分别是品牌在线旅游网站娱乐体验和品牌在线旅游网站使用体验；认知风险性因子的3个因子载荷值分别是品牌在线旅游网站财务功能风险、品牌在线旅游网站隐私风险和品牌在线旅游网站时间心理风险；认知质量性因子的2个因子载荷值分别是品牌在线旅游网站系统质量和品牌在线旅游网站信息质量；认知服务性因子的3个因子载荷值分别是品牌在线旅游网站有形性、品牌在线旅游网站响应同理心和品牌在线旅游网站可靠保证性；认知使用创新性因子的1个因子载荷值是认知使用创新性；认知品牌资产性因子的1个因子载荷值是品牌在线旅游网站认知品牌资产性；认知使用满意性因子的1个因子载荷值是品牌在线旅游网站认知使用满意性；认知使用忠诚性因子的1个因子载荷值是品牌在线旅游网站认知使用忠诚性。

(3) 用户受访者在新时代关于品牌在线旅游网站认知的探索性因子研究结论。在新时代，项目的因子载荷值分属10个动机因子，分别为认知有用性、认知易用性、认知体验性、认知风险性、认知质量性、认知服务性、认知使用创新性、认知品牌资产性、认知使用满意性和认知使用忠诚性。其中，认知有用性因子的1个因子载荷值是品牌在线旅游网站认知有用性；认知易用性因子的1个因子载荷值是品牌在线旅游网站认知易用性；认知体验性因子的2个因子载荷值分别是品牌在线旅游网站娱乐体验和品牌在线旅游网站使用体验；认知风险性因子的4个因子载荷值分别是品牌在线旅游网站时间心理风险、品牌在线旅游网站财务风险、品牌在线旅游网站时间功能风险和品牌在线旅游网站隐私风险；认知质量性因子的2个因子载荷值分别是品牌在线旅游网站系统质量和品牌在线旅游网站信息质量；认知服务性因子的3个因子载荷值分别是品牌在线旅游网站有形性、品牌在线旅游网站响应性和品牌在线旅游网站可靠性；认知使用创新性因子的1个因子载荷值是认知使用创新性；认知品牌资产性因子的3个因子载荷值分别是品牌在线旅游网站网络口碑、品牌在线旅游网站产品质量和品牌在线旅游网站在线互动；认知使用满意性因子的1个因子载荷值是品牌在线旅游网站认知使用满意性；认知使用忠诚性因子的1个因子载荷值是品牌在线旅游网站认知使用忠诚性。

二、品牌在线旅游网站认知的验证性因子分析与精准施策

本书基于验证性因子分析理论，运用验证性因子分析法对品牌在线旅游网站认知模型

进行验证，得到以下结论。

（1）用户受访者在事件前关于品牌在线旅游网站认知的验证性因子研究结论。认知有用性、认知易用性、认知体验性、认知风险性、认知质量性、认知服务性、认知使用创新性、认知品牌资产性、认知使用满意性、认知使用忠诚性10个动机因子构成了品牌在线旅游网站认知因子。在事件前，品牌在线旅游网站认知验证性因子的具体项目如下：

第一，由"品牌在线旅游网站能及时回复投诉""品牌在线旅游网站提供认知服务好""品牌在线旅游网站的信息获取便捷""品牌在线旅游网站与中间商的沟通便捷""品牌在线旅游网站与供应商的沟通便捷""品牌在线旅游网站对我来说很有用"6个品牌在线旅游网站服务有用项目构成品牌在线旅游网站服务有用因子；由"品牌在线旅游网站能提供有用信息""品牌在线旅游网站能提高信息收集效率"2个品牌在线旅游网站信息有用项目构成品牌在线旅游网站信息有用因子。

第二，由"品牌在线旅游网站的文字说明易懂""品牌在线旅游网站的使用无需客服指导""品牌在线旅游网站的使用方法容易掌握""品牌在线旅游网站的使用步骤简单""品牌在线旅游网站的使用步骤易懂""品牌在线旅游网站易搜索旅游信息"6个品牌在线旅游网站操作易用项目构成品牌在线旅游网站操作易用因子；由"品牌在线旅游网站整体的界面美观""品牌在线旅游网站整体的功能全面""品牌在线旅游网站能满足我的旅游需求""品牌在线旅游网站的产品购买便捷"4个品牌在线旅游网站界面易用项目构成品牌在线旅游网站界面易用因子。

第三，由"品牌在线旅游网站整体来说很有趣""品牌在线旅游网站整体是令人开心的""品牌在线旅游网站能激发我的旅游兴趣""与品牌在线旅游网站客服沟通过程开心""我整体喜欢使用品牌在线旅游网站"5个品牌在线旅游网站娱乐体验项目构成品牌在线旅游网站娱乐体验因子；由"我常在品牌在线旅游网站购买产品""品牌在线旅游网站的产品性价比高""品牌在线旅游网站的促销活动丰富""品牌在线旅游网站会主动推送促销活动"4个品牌在线旅游网站使用体验项目构成品牌在线旅游网站使用体验因子。

第四，由"不担心品牌在线旅游网站会盗取个人信息""不担心品牌在线旅游网站会盗取交易信息""不担心品牌在线旅游网站会泄露个人信息""不担心品牌在线旅游网站会泄露交易信息""不担心品牌在线旅游网站结算系统不准确""不担心品牌在线旅游网站支付系统不安全""不担心品牌在线旅游网站银行信息被盗用""不担心品牌在线旅游网站交易信息会泄露""不担心品牌在线旅游网站有额外经济损失"9个品牌在线旅游网站财务风险项目构成品牌在线旅游网站财务风险因子；由"不担心品牌在线旅游网站找不到合适功能""不担心得不到品牌在线旅游网站及时功能提醒""不担心品牌在线旅游网站功能不满足需要""不担心品牌在线旅游网站功能与期望有异""不担心得不到品牌在线旅游网站售后服务"5个品牌在线旅游网站功能风险项目构成品牌在线旅游网站功能风险因子；由"品牌在线旅游网站会节省我的时间""品牌在线旅游网站获取旅游信息时间短""品牌在线旅游网站系统速度会节省时间"3个品牌在线旅游网站时间风险项目构成品牌在线旅游网站时间风险因子；由"使用品牌在线旅游网站过程不会出现问题""品牌在线旅游网站购买结果如我所愿""使用品牌在线旅游网站不会造成损失"3个品牌在线旅游网站心理风险项目构成品牌在线旅游网站心理风险因子。

第五，由“使用品牌在线旅游网站能顺利登录”“使用品牌在线旅游网站很少出问题”“使用品牌在线旅游网站响应速度快”“品牌在线旅游网站的模块布局合理”“品牌在线旅游网站能够准确地记录交易”“品牌在线旅游网站能够准确地计算价格”“品牌在线旅游网站能准确安排旅游行程”“品牌在线旅游网站能持续更新升级”8 个品牌在线旅游网站系统质量项目构成品牌在线旅游网站系统质量因子；由“品牌在线旅游网站有最新旅游产品信息”“品牌在线旅游网站有准确旅游产品信息”“品牌在线旅游网站有详细旅游产品信息”“品牌在线旅游网站提供了旅游产品订单”4 个品牌在线旅游网站信息质量项目构成品牌在线旅游网站信息质量因子。

第六，由“品牌在线旅游网站的整体域名好记”“品牌在线旅游网站的整体形象良好”“品牌在线旅游网站的页面布局简洁”“品牌在线旅游网站的整体页面清晰”“品牌在线旅游网站的整体页面美观”“品牌在线旅游网站的购买功能完善”“品牌在线旅游网站的支付方式多样”“品牌在线旅游网站的进入导航直观”“品牌在线旅游网站的进入导航易用”9 个品牌在线旅游网站有形性项目构成品牌在线旅游网站有形性因子。由“品牌在线旅游网站能有效解决我的问题”“品牌在线旅游网站能及时解决我的问题”“品牌在线旅游网站客服服务态度好”“品牌在线旅游网站客服提供合理补救措施”“品牌在线旅游网站能及时处理投诉”“品牌在线旅游网站能够保证合理退单”6 个品牌在线旅游网站响应性项目构成品牌在线旅游网站响应性因子；由“品牌在线旅游网站能够提供个性化服务”“品牌在线旅游网站能够满足客户的需求”“品牌在线旅游网站能以客户为中心”“品牌在线旅游网站将客户利益放在首位”“品牌在线旅游网站在线服务时间符合需求”5 个品牌在线旅游网站同理心项目构成品牌在线旅游网站同理心因子；由“品牌在线旅游网站的交易过程安全”“品牌在线旅游网站的产品信息可靠”“品牌在线旅游网站提供的服务真实”“品牌在线旅游网站提供的资讯可靠”“品牌在线旅游网站的支付方式可信”5 个品牌在线旅游网站可靠性项目构成品牌在线旅游网站可靠性因子；由“品牌在线旅游网站无病毒网页跳出”“品牌在线旅游网站无广告网页跳出”“品牌在线旅游网站能保证个人隐私”3 个品牌在线旅游网站保证性项目构成品牌在线旅游网站保证性因子。

第七，由“我会想办法尝试品牌在线旅游网站新功能”“我首个尝试品牌在线旅游网站新功能”“我通常独自了解品牌在线旅游网站新功能”“我被品牌在线旅游网站的新功能吸引”“被发现不会用新功能会尴尬”“品牌在线旅游网站比其他网站更有创新性”“品牌在线旅游网站符合我对旅游的需求”7 个认知使用创新性项目构成品牌在线旅游网站认知使用创新性因子。

第八，由“品牌在线旅游网站包含完整旅游信息”“品牌在线旅游网站的产品承诺真实”“品牌在线旅游网站口碑与旅游信息相关”“我看好品牌在线旅游网站品牌前景”“品牌在线旅游网站的口碑名不虚传”“品牌在线旅游网站的产品承诺可信”“品牌在线旅游网站的品牌令我放心”“品牌在线旅游网站在线服务时间符合需求”8 个品牌在线旅游网站网络口碑项目构成品牌在线旅游网站网络口碑因子；由“品牌在线旅游网站的旅游产品质价相符”“品牌在线旅游网站的旅游产品丰富”“品牌在线旅游网站旅游产品的质量符合需求”“品牌在线旅游网站对我很有吸引力”“愿花更多的时间浏览品牌在线旅游网站”“品牌在线旅游网站旅游产品质量好”6 个品牌在线旅游网站产品质量项目构成品牌在线旅游网站产品质量因子；由“品牌在线旅游网站提供了多种互动方式”“品牌在线旅游网站能尽快回复我的要求”“品牌在线旅游网站能有效反馈我的需求”“我同品牌在线旅游网站的客服沟通方便”“点击链接时能及时获得信息”5 个品牌在线旅游网站在线互动项目构成品牌在线旅游网站在线互动因子。

第九，由“我对品牌在线旅游网站总体感到很满意”“我对品牌在线旅游网站使用过程感到满意”“与期望相比，我对品牌在线旅游网站感到满意”“我使用品牌在线旅游网站是正确的选择”“与其他相比，我对品牌在线旅游网站更感满意”“我喜欢在品牌在线旅游网站购买旅游产品”6 个旅游网站认知使用满意性项目构成品牌在线旅游网站认知使用满意性因子。

第十，由“我愿向他人推荐品牌在线旅游网站”“我愿意积极宣传品牌在线旅游网站”“我愿反馈品牌在线旅游网站优缺点”“我愿意继续使用品牌在线旅游网站”“我愿意频繁使用品牌在线旅游网站”“在线旅游首选是品牌在线旅游网站”“关注品牌在线旅游网站的更新升级”7 个品牌在线旅游网站认知使用忠诚性项目构成品牌在线旅游网站认知使用忠诚性因子。

(2) 用户受访者在事件中关于品牌在线旅游网站认知的验证性因子研究结论。认知有用性、认知易用性、认知体验性、认知风险性、认知质量性、认知服务性、认知使用创新性、认知品牌资产性、认知使用满意性、认知使用忠诚性 10 个动机因子构成了品牌在线旅游网站认知因子。在事件中，品牌在线旅游网站认知验证性因子的具体项目如下：

第一，由“品牌在线旅游网站能及时回复投诉”“品牌在线旅游网站提供认知服务好”“品牌在线旅游网站的信息获取便捷”“品牌在线旅游网站与中间商的沟通便捷”“品牌在线旅游网站与供应商的沟通便捷”“品牌在线旅游网站对我来说很有用”“品牌在线旅游网站能提供有用信息”“品牌在线旅游网站能提高信息收集效率”8 个旅游网站认知有用性项目构成品牌在线旅游网站认知有用性因子。

第二，由“品牌在线旅游网站的文字说明易懂”“品牌在线旅游网站的使用无需客服指导”“品牌在线旅游网站的使用方法容易掌握”“品牌在线旅游网站的使用步骤简单”“品牌在线旅游网站的使用步骤易懂”“品牌在线旅游网站易搜索旅游信息”“品牌在线旅游网站整体的界面美观”“品牌在线旅游网站整体的功能全面”“品牌在线旅游网站能满足我的旅游需求”“品牌在线旅游网站的产品购买便捷”10 个品牌在线旅游网站认知易用性项目构成品牌在线旅游网站认知易用性因子。

第三，由“品牌在线旅游网站整体来说很有趣”“品牌在线旅游网站整体是令人开心的”“品牌在线旅游网站能激发我的旅游兴趣”“与品牌在线旅游网站客服沟通过程开心”“我整体喜欢使用品牌在线旅游网站”5 个品牌在线旅游网站娱乐体验项目构成品牌在线旅游网站娱乐体验因子；由“我在移动端购买产品很重要”“我常在品牌在线旅游网站购买产品”“品牌在线旅游网站的产品性价比高”“品牌在线旅游网站的促销活动丰富”“我在移动端浏览品牌在线旅游网站”“品牌在线旅游网站会主动推送促销活动”“我常用电脑浏览品牌在线旅游网站”7 个品牌在线旅游网站使用体验项目构成品牌在线旅游网站使用体验因子。

第四，由“不担心品牌在线旅游网站结算系统不准确”“不担心品牌在线旅游网站支付系统不安全”“不担心品牌在线旅游网站银行信息被盗用”“不担心品牌在线旅游网站交易信息会泄露”“不担心品牌在线旅游网站有额外经济损失”“不担心品牌在线旅游网站找不到合适功能”“不担心得不到品牌在线旅游网站及时功能提醒”“不担心品牌在线旅游网站功能不满足需要”“不担心品牌在线旅游网站功能与期望有异”“不担心得不到品牌在线旅游网站售后服务”10 个品牌在线旅游网站财务、功能风险项目构成品牌在线旅游网站财务功能风险因子；由“不担心品牌在线旅游网站会盗取个人信息”“不担心品牌在线旅游网站会盗取交易信息”“不担心品牌在线旅游网站会泄露个人信息”“不担心品牌在线旅游网站会泄露交易信息”4 个品牌在线旅游网站隐私风险项目构成品牌在线旅游网站隐私风险因子；由“品牌在线旅游网站会节省我的时间”“品牌在线旅游网站获取旅游信息时间短”“品牌在线旅游网站系统速度会节省时间”“使用品牌在线旅游网站过程不会出现问题”“品牌在线旅游网站购买结果如我所愿”“使用品牌在线旅游网站不会造成损失”6 个品牌在线旅游网站时间、心理风险项目构成品牌在线旅游网站时间心理风险因子。

第五，由“使用品牌在线旅游网站能顺利登录”“使用品牌在线旅游网站很少出问题”“使用品牌在线旅游网站响应速度快”“品牌在线旅游网站的模块布局合理”“品牌在线旅游网站能够准确地记录交易”“品牌在线旅游网站能够准确地计算价格”“品牌在线旅游网站能准确安排旅游行程”“品牌在线旅游网站能持续更新升级”8 个品牌在线旅游网站系统质量项目构成品牌在线旅游网站系统质量因子；由“品牌在线旅游网站有最新旅游产品信息”“品牌在线旅游网站有准确旅游产品信息”“品牌在线旅游网站有详细旅游产品信息”“品牌在线旅游网站提供了旅游产品订单”4 个品牌在线旅游网站信息质量项目构成品牌在线旅游网站信息质量因子。

第六，由“品牌在线旅游网站的整体域名好记”“品牌在线旅游网站的整体形象良好”“品牌在线旅游网站的页面布局简洁”“品牌在线旅游网站的整体页面清晰”“品牌在线旅游网站的整体页面美观”“品牌在线旅游网站的购买功能完善”“品牌在线旅游网站的支付方式多样”“品牌在线旅游网站的进入导航直观”“品牌在线旅游网站的进入导航易用”9 个品牌在线旅游网站有形性项目构成品牌在线旅游网站有形性因子。由“品牌在线旅游网站能有效解决我的问题”“品牌在线旅游网站能及时解决我的问题”“品牌在线旅游网站客服服务态度好”“品牌在线旅游网站客服提供合理补救措施”“品牌在线旅游网站能及时处理投诉”“品牌在线旅游网站能够保证合理退单”“品牌在线旅游网站能够提供个性化服务”“品牌在线旅游网站能够满足用户的需求”“品牌在线旅游网站能以客户为中心”“品牌在线旅游网站将用户利益放在首位”“品牌在线旅游网站在线服务时间符合需求”11 个品牌在线旅游网站响应性、同理心项目构成品牌在线旅游网站响应同理心因子；由“品牌在线旅游网站的交易过程安全”“品牌在线旅游网站的产品信息可靠”“品牌在线旅游网站提供的服务真实”“品牌在线旅游网站提供的资讯可靠”“品牌在线旅游网站的支付方式可信”“品牌在线旅游网站无病毒网页跳出”“品牌在线旅游网站无广告网页跳出”“品牌在线旅游网站能保证个人隐私”8 个品牌在线旅游网站可靠性、保证性项目构成品牌在线旅游网站可靠保证性因子。

第七，由“我会想办法尝试品牌在线旅游网站新功能”“我首个尝试品牌在线旅游网站新功能""我通常独自了解品牌在线旅游网站新功能""我被品牌在线旅游网站的新功能吸引""被发现不会用新功能会尴尬""品牌在线旅游网站比其他网站更有创新性""品牌在线旅游网站符合我对旅游的需求"7个认知使用创新性项目构成品牌在线旅游网站认知使用创新性因子。

第八，由"品牌在线旅游网站包含完整旅游信息""品牌在线旅游网站的产品承诺真实""品牌在线旅游网站口碑与旅游信息相关""我看好品牌在线旅游网站品牌前景""品牌在线旅游网站的口碑名不虚传""品牌在线旅游网站的产品承诺可信""品牌在线旅游网站的品牌令我放心""品牌在线旅游网站在线服务时间符合需求""品牌在线旅游网站的旅游产品质价相符""品牌在线旅游网站的旅游产品丰富""品牌在线旅游网站旅游产品的质量符合需求""品牌在线旅游网站对我很有吸引力""愿花更多的时间浏览品牌在线旅游网站""品牌在线旅游网站旅游产品质量好""品牌在线旅游网站提供了多种互动方式""品牌在线旅游网站能尽快回复我的要求""品牌在线旅游网站能有效反馈我的需求""我同品牌在线旅游网站的客服沟通方便""点击链接时能及时获得信息"19个品牌在线旅游网站认知品牌资产性项目构成品牌在线旅游网站认知品牌资产性因子。

第九，由"我对品牌在线旅游网站总体感到很满意""我对品牌在线旅游网站使用过程感到满意""与期望相比，我对品牌在线旅游网站感到满意""我使用品牌在线旅游网站是正确的选择""与其他相比，我对品牌在线旅游网站更感满意""我喜欢在品牌在线旅游网站购买旅游产品"6个品牌在线旅游网站认知使用满意性项目构成品牌在线旅游网站认知使用满意性因子。

第十，由"我愿向他人推荐品牌在线旅游网站""我愿意积极宣传品牌在线旅游网站""我愿反馈品牌在线旅游网站优缺点""我愿意继续使用品牌在线旅游网站""我愿意频繁使用品牌在线旅游网站""在线旅游首选是品牌在线旅游网站""关注品牌在线旅游网站的更新升级"7个品牌在线旅游网站认知使用忠诚性项目构成品牌在线旅游网站认知使用忠诚性因子。

(3) 用户受访者在新时代关于品牌在线旅游网站认知的验证性因子研究结论。认知有用性、认知易用性、认知体验性、认知风险性、认知质量性、认知服务性、认知使用创新性、认知品牌资产性、认知使用满意性、认知使用忠诚性10个动机因子构成了品牌在线旅游网站认知因子。在新时代，品牌在线旅游网站认知验证性因子的具体项目如下：

第一，由"品牌在线旅游网站提供服务质量好""品牌在线旅游网站与中间商的沟通便捷""品牌在线旅游网站的信息获取便捷""品牌在线旅游网站能提高信息收集效率""品牌在线网站与供应商的沟通便捷""品牌在线旅游网站对我来说很有用""品牌在线旅游网站能提供有用信息"和"品牌在线旅游网站能及时回复投诉"8个品牌在线旅游网站认知有用性项目构成品牌在线旅游网站认知有用性因子。

第二，由"品牌在线网站的使用方法容易掌握""品牌在线旅游网站的使用步骤简单""品牌在线旅游网站的产品购买便捷""品牌在线网站容易搜索旅游信息""品牌在线旅游网站的文字说明易懂""品牌在线网站的使用无需客服指导""品牌在线网站能满足我的旅游需求""品牌在线旅游网站的使用步骤易懂""品牌在线旅游网站整体的功能全面"和"品牌在线旅游网站整体的界面美观”10个品牌在线旅游网站认知易用性项目构成品牌在线旅游网站认知易用性因子。

第三，由“品牌在线旅游网站整体是令人开心的”“品牌在线旅游网站能激发我的旅游兴趣”“品牌在线旅游网站整体来说很有趣”“与品牌在线旅游网站客服沟通过程开心”“我整体喜欢使用品牌在线旅游网站”5个品牌在线旅游网站娱乐体验项目构成品牌在线旅游网站娱乐体验因子；由“品牌在线旅游网站产品性价比高”“品牌在线旅游网站的促销活动丰富”“我常在品牌在线旅游网站购买产品”“我在移动端购买产品很重要”“品牌在线旅游网站会主动推送促销活动”“我在移动端浏览品牌在线旅游网站”6个品牌在线旅游网站使用体验项目构成品牌在线旅游网站使用体验因子。

第四，由“品牌在线旅游网站系统速度快”“品牌在线旅游网站获取旅游信息时间较短”“使用品牌在线旅游网站能够节省我的时间”“使用品牌在线旅游网站时不太会出现问题”“使用品牌在线旅游网站不会造成我的损失”5个品牌在线旅游网站时间、心理风险项目构成品牌在线旅游网站时间心理风险因子；由“不担心品牌在线旅游网站银行信息被盗用”“不担心品牌在线旅游网站支付系统不安全”“不担心品牌在线旅游网站交易信息会泄露”“不担心品牌在线旅游网站有额外经济损失”和“不担心品牌在线旅游网站结算系统不准确”5个品牌在线旅游网站财务风险项目构成品牌在线旅游网站财务风险因子；由“不担心品牌在线旅游网站功能不满足需要”“不担心品牌在线旅游网站功能与期望有异”“不担心得不到品牌在线旅游网站功能提醒”“不担心找不到品牌在线旅游网站合适功能”和“不担心得不到品牌在线旅游网站售后服务”5个品牌在线旅游网站功能风险项目构成品牌在线旅游网站功能风险因子；由“不担心品牌在线旅游网站会盗取交易信息”“不担心品牌在线旅游网站会泄露个人信息”“不担心品牌在线旅游网站会盗取个人信息”和“不担心品牌在线旅游网站会泄露交易信息”4个品牌在线旅游网站隐私风险项目构成品牌在线旅游网站隐私风险因子。

第五，由“使用品牌在线旅游网站响应速度快”“品牌在线旅游网站能准确计算价格”“品牌在线旅游网站的模块布局合理”“品牌在线旅游网站能准确安排行程”“品牌在线旅游网站能准确记录交易”“使用品牌在线旅游网站很少出现问题”“品牌在线旅游网站能持续更新升级”“使用品牌在线旅游网站能顺利登录”8个品牌在线旅游网站系统质量项目构成品牌在线旅游网站系统质量因子；由“品牌在线旅游网站有最新产品信息”“品牌在线旅游网站有准确产品信息”“品牌在线旅游网站提供了产品订单”“品牌在线旅游网站有详细产品信息”4个品牌在线旅游网站信息质量项目构成品牌在线旅游网站信息质量因子。

第六，由“品牌在线旅游网站的整体形象良好”“品牌在线旅游网站的页面布局简洁”“品牌在线旅游网站的整体页面清晰”“品牌在线旅游网站的整体页面美观”“品牌在线旅游网站的购买功能完善”“品牌在线旅游网站的进入导航直观”“品牌在线旅游网站的支付方式多样”“品牌在线旅游网站的进入导航易用”和“品牌在线旅游网站的整体域名好记”9个品牌在线旅游网站有形性项目构成品牌在线旅游网站有形性因子。由“品牌在线旅游网站能保证合理退单”“品牌在线旅游网站能及时处理投诉”“品牌在线旅游网站能保证个人隐私”“品牌在线旅游网站能有效解决问题”“品牌在线旅游网站无广告网页跳出”“品牌在线旅游网站能及时解决问题”“品牌在线旅游网站无病毒网页跳出”“品牌在线旅游网站客服服务态度好”和“品牌在线旅游网站能提供补救措施”9 个品牌在线旅游网站响应性项目构成品牌在线旅游网站响应性因子；由“该旅游网站将用户的利益放在首位”“品牌在线旅游网站能以客户为中心”“该旅游网站在线服务时间符合需求”“品牌在线旅游网站能满足我的需求”和“品牌在线旅游网站提供个性化服务”5 个品牌在线旅游网站同理心项目构成品牌在线旅游网站同理心因子；由“品牌在线旅游网站的交易过程安全”“品牌在线旅游网站的产品信息可靠”“品牌在线旅游网站提供的资讯可靠”“品牌在线旅游网站提供的服务真实”和“品牌在线旅游网站的支付方式可信”5 个品牌在线旅游网站可靠性项目构成品牌在线旅游网站可靠性因子。

第七，由“我常被品牌在线旅游网站的新功能吸引”“我首个尝试品牌在线旅游网站的新功能”“我会想办法尝试品牌在线旅游网站新功能”“品牌在线旅游网站比其他网站更有创新性”“我通常独自了解品牌在线旅游网站新功能”“品牌在线旅游网站能符合我对旅游的需求”和“被发现不会用该旅游网站的新功能会尴尬”7 个认知使用创新性项目构成品牌在线旅游网站认知使用创新性因子。

第八，由“品牌在线旅游网站的品牌能使我信任”“我看好品牌在线旅游网站品牌前景”“品牌在线旅游网站的产品承诺更真实”“品牌在线旅游网站的品牌能令我放心”“品牌在线旅游网站包含完整旅游信息”“品牌在线旅游网站的产品承诺更可信”“品牌在线旅游网站的口碑名不虚传”和“品牌在线旅游网站与旅游信息更相关”8 个品牌在线旅游网站网络口碑项目构成品牌在线旅游网站网络口碑因子；由“品牌在线旅游网站旅游产品质价相符”“品牌在线旅游网站的旅游产品质量好”“愿花更多时间浏览品牌在线旅游网站”“品牌在线旅游网站产品质量符合需求”“品牌在线旅游网站的旅游产品更丰富”和“品牌在线旅游网站对我很具有吸引力”6 个品牌在线旅游网站产品质量项目构成品牌在线旅游网站产品质量因子；由“品牌在线旅游网站尽快回复我的要求”“品牌在线旅游网站提供多种互动方式”“品牌在线旅游网站有效反馈我的需求”“我同品牌在线旅游网站的客服沟通方便”和“点击链接时能及时获得信息”5 个品牌在线旅游网站在线互动项目构成品牌在线旅游网站在线互动因子。

第九，由“与期望相比，我对品牌在线旅游网站感到满意”“与其他相比，我对品牌在线旅游网站感到满意”“我认为使用品牌在线旅游网站是正确选择”“我喜欢在品牌在线旅游网站购买旅游产品”“我对品牌在线旅游网站总体感到满意”“我对品牌在线旅游网站使用过程感到满意”6 个品牌在线旅游网站认知使用满意性项目构成品牌在线旅游网站认知使用满意性因子。

第十，由“我愿意频繁使用品牌在线旅游网站”“我愿向他人推荐品牌在线旅游网站”“我愿反馈品牌在线旅游网站优缺点”“我愿意继续使用品牌在线旅游网站”“我愿意积极宣传品牌在线旅游网站”“关注品牌在线旅游网站的更新升级”和“在线旅游首选是品牌在线旅游网站”7 个品牌在线旅游网站认知使用忠诚性项目构成品牌在线旅游网站认知使用忠诚性因子。

第二节 品牌在线旅游网站认知的路径机理与精准施策

一、品牌在线旅游网站服务质量与认知风险关系检验与精准施策

据上文分析，无论是在事件前、事件中，还是在新时代，用户受访者关于品牌在线旅游网

站认知的服务质量对认知风险具有显著正向影响的假设都成立。其原因包括担忧信息安全原因、有效获取信息原因和网站系统速度原因。对此，可以采取完善信息安全策略、优化网络配置策略和加强系统质量策略，提高用户受访者关于品牌在线旅游网站认知的服务质量水平，从而加强用户对品牌在线旅游网站的认知风险。

二、品牌在线旅游网站服务质量与认知质量关系检验与精准施策

据上文分析，无论是在事件前、事件中，还是在新时代，用户受访者关于品牌在线旅游网站认知的服务质量对认知质量具有显著正向影响的假设都成立。其原因包括满足用户需求原因、保证安全可靠原因和有效处理投诉原因。对此，可以采取以用户为中心策略、合理优化系统策略和提供特色服务策略，提高用户受访者关于品牌在线旅游网站认知的服务质量水平，从而加强用户对品牌在线旅游网站的认知质量。

三、品牌在线旅游网站认知质量与认知易用关系检验与精准施策

据上文分析，无论是在事件前、事件中，还是在新时代，用户受访者关于品牌在线旅游网站认知的认知质量对认知易用具有显著正向影响的假设都成立。其原因包括响应速度有效原因、产品信息准确原因和用户兴趣差异原因。对此，可以采取优化响应速度策略、加强信息管理策略和兴趣差异营销策略，提高用户受访者关于品牌在线旅游网站认知的认知质量水平，从而加强用户对品牌在线旅游网站的认知易用。

四、品牌在线旅游网站服务质量与品牌资产关系检验与精准施策

据上文分析，无论是在事件前、事件中，还是在新时代，用户受访者关于品牌在线旅游网站认知的服务质量对品牌资产具有显著正向影响的假设都成立。其原因包括品牌在线互动有效原因、承诺安全可信原因和信息完整可信原因。对此，可以采取双向持续沟通策略、产品质量提升策略和品牌长期积累策略，提高用户受访者关于品牌在线旅游网站认知的服务质量水平，从而加强用户对品牌在线旅游网站的认知品牌资产。

五、品牌在线旅游网站品牌资产与使用满意关系检验与精准施策

据上文分析，无论是在事件前、事件中，还是在新时代，用户受访者关于品牌在线旅游网站认知的品牌资产对使用满意具有显著正向影响的假设都成立。其原因包括承诺真实可信原因、客服积极互动原因和浏览网站意愿原因。对此，可以采取塑造品牌价值策略、团队合作创新策略和增加用户黏性策略，提高用户受访者关于品牌在线旅游网站认知的品牌资产水平，从而提升品牌在线旅游网站的用户满意度。

六、品牌在线旅游网站使用满意与使用忠诚关系检验与精准施策

据上文分析，无论是在事件前、事件中，还是在新时代，用户受访者关于品牌在线旅游网站认知的使用满意对使用忠诚具有显著正向影响的假设都成立。其原因包括认知触发推荐原因、体验认知不同原因和使用体验不同原因。对此，可以采取口碑广告结合策略、增强用

户兴趣策略和精准推送内容策略，提高用户受访者关于品牌在线旅游网站认知的使用满意水平，从而加强品牌在线旅游网站的用户忠诚度。

七、品牌在线旅游网站服务质量与认知易用关系检验与精准施策

据上文分析，用户受访者在事件前关于品牌在线旅游网站认知的服务质量对认知易用具有显著正向影响的假设成立，而该假设在事件中和新时代不成立。其原因包括事件前网站操作简单原因、事件中网站界面好用原因、新时代信息认知满意原因。对此，可以采取简化网站操作策略、展现界面易用策略和信息完整便利策略，提高用户受访者关于品牌在线旅游网站认知的服务质量水平，多角度、全方位加强用户对品牌在线旅游网站的认知易用。

八、品牌在线旅游网站认知质量与认知有用关系检验与精准施策

据上文分析，用户受访者在事件前关于品牌在线旅游网站认知的认知质量对认知有用具有显著正向影响的假设不成立，而该假设在事件中和新时代成立。其原因包括事件前服务关联缺失原因、事件中信息采集诉求原因、新时代整体功能全面原因。对此，可以采取精准触达服务策略、有效采集信息策略和优化交互方式策略，优化用户受访者关于品牌在线旅游网站认知的认知质量，从而加强用户对品牌在线旅游网站的认知有用。

第三节 品牌在线旅游网站认知的差异分析与精准施策

一、品牌在线旅游网站影响因子的市场细分差异与精准施策

本书根据品牌在线旅游网站在事件前、事件中和新时代认知影响因子的市场细分差异比较的研究检验结果，得到以下结论。

（1）用户受访者在事件前、事件中和新时代关于品牌在线旅游网站认知有用性的市场细分差异比较分析。

本书通过品牌在线旅游网站认知有用性公因子的细分差异分析，得出用户受访者在事件前、事件中和新时代对品牌在线旅游网站认知有用性公因子的细分市场特征，包括品牌在线旅游网站认知有用。用户在事件前、事件中和新时代对品牌在线旅游网站认知有用的认知不存在显著性差异，其原因包括事件前服务诉求相似的原因、信息处理习惯相似的原因和信息效力相似的原因。因此，网站在新时代针对品牌在线旅游网站认知有用可采取提高服务效率策略、增强信息效力策略、协同服务内容策略和信息聚集优化策略。

本书通过品牌在线旅游网站认知有用性项目细分的市场差异性分析，得出用户受访者在事件前、事件中和新时代对品牌在线旅游网站认知有用性项目细分的市场特征。具体研究结论如下：

一是用户受访者在事件前、事件中和新时代对品牌在线旅游网站认知有用的“我愿积极宣传品牌在线旅游网站”与“我关注旅游网站的更新与升级”存在显著性差异，用户在事件前

和事件中的认知有用高于新时代时期。其原因包括事件前获取信息需求不同的原因、事件中与中间商沟通效率不同的原因、新时代需求信息范畴不同的原因。因此，网站针对新时代品牌在线旅游网站认知有用性项目细分的差异性可采取信息内容细分策略、选择标准信息策略和信息聚集优化策略。

二是用户受访者在事件前、事件中和新时代对品牌在线旅游网站认知有用的“我愿意向推荐品牌在线旅游网站”“我愿意反馈该旅游网站的优缺点”“我愿意频繁使用品牌在线旅游网站”“我的首选是品牌在线旅游网站”“我喜欢在该网站购买旅游产品”“我愿意继续使用品牌在线旅游网站”项目不存在显著性差异。其原因包括服务质量标准化原因和网站操作有用性原因。因此，网站针对新时代品牌在线旅游网站认知有用性项目细分的一致性可采取保持服务连贯性策略和持续关注新技术策略。

(2) 用户受访者在事件前、事件中和新时代关于品牌在线旅游网站认知易用性的市场细分差异比较分析。

本书通过品牌在线旅游网站认知易用性公因子的细分差异分析，得出用户受访者在事件前、事件中和新时代对品牌在线旅游网站认知易用性公因子的细分市场特征，包括品牌在线旅游网站认知易用。用户在事件前、事件中和新时代对品牌在线旅游网站认知易用的认知存在显著性差异，其原因包括使用习惯差异的原因、视觉认知差异的原因和评判质量差异的原因。因此，网站针对新时代品牌在线旅游网站认知易用可采取提高站内搜索策略、操作易用设计策略和改善网页质量策略。

本书通过品牌在线旅游网站认知易用性项目细分的市场差异性分析，得出用户受访者在事件前、事件中和新时代对品牌在线旅游网站认知易用性项目细分的市场特征。具体研究结论如下：

一是用户受访者在事件前、事件中和新时代对品牌在线旅游网站认知易用的“品牌在线旅游网站的使用步骤简单”“品牌在线旅游网站的使用方法易掌握”“品牌在线旅游网站的使用无需客服指导”“品牌在线旅游网站的文字说明易懂”“该旅游网站能满足我的旅游需求”存在显著性差异，用户受访者在新时代的市场细分差异对品牌在线旅游网站认知易用高于事件前和事件中。其原因包括事件前语言逻辑差异的原因、事件中购买需求差异的原因、新时代意向决定差异的原因。因此，网站针对新时代品牌在线旅游网站认知易用项目细分的差异性可采取内容简明易懂策略、服务流程精确策略和界面风格细分策略。

二是用户受访者在事件前、事件中和新时代对品牌在线旅游网站认知易用的“品牌在线旅游网站容易搜索信息”“品牌在线旅游网站使用步骤易懂”“品牌在线旅游网站产品购买便捷”“该品牌在线旅游网站的功能全面”不存在显著性差异。其原因包括简化操作步骤需求原因和提高信息收集效率原因。因此，网站针对新时代品牌在线旅游网站认知易用项目细分的一致性可采取避免使用最新技术策略和设计适当导航标识策略。

(3) 用户受访者在事件前、事件中和新时代关于品牌在线旅游网站认知体验性的市场细分差异比较分析。

本书通过品牌在线旅游网站认知体验性公因子的细分差异分析，得出用户受访者在事件前、事件中和新时代对品牌在线旅游网站认知体验性公因子的细分市场特征，包括品牌在线旅游网站娱乐体验和品牌在线旅游网站使用体验。

一是用户在事件前、事件中和新时代对品牌在线旅游网站娱乐体验的认知存在显著性差异，其原因包括事件前娱乐感官差异原因、事件中视觉感官差异原因、新时代期望效应差异原因。因此，网站针对新时代品牌在线旅游网站娱乐体验可采取设计个性体验策略、加强体验内容策略和运用内容激发兴趣策略。

二是用户在事件前、事件中和新时代对品牌在线旅游网站使用体验的认知存在显著性差异，其原因包括事件前购买行为差异原因、事件中促销季节差异原因、新时代媒体使用习惯差异原因。因此，网站针对新时代品牌在线旅游网站使用体验可采取精准营销策略、季节促销策略和升级社交媒体策略。

本书通过品牌在线旅游网站认知体验性项目细分的市场差异性分析，得出用户受访者在事件前、事件中和新时代对品牌在线旅游网站认知体验性项目细分的市场特征。具体研究结论如下：

用户受访者在事件前、事件中和新时代对品牌在线旅游网站认知体验的"品牌在线旅游网站令人开心""品牌在线旅游网站很有趣""使用品牌在线旅游网站能激发我的旅游兴趣""使用品牌在线旅游网站时与客服沟通很开心""品牌在线旅游网站的产品性价比高""我常在品牌在线旅游网站购买产品""品牌在线旅游网站的促销活动丰富""品牌在线旅游网站会主动推送促销活动""我在该网站移动端购买产品很重要"存在显著性差异，用户受访者在新时代的市场细分差异对品牌在线旅游网站认知体验高于事件前和事件中。其原因包括事件前旅游兴趣差异原因、事件中沟通方式差异原因、新时代消费价值转化原因。因此，网站针对新时代品牌在线旅游网站认知体验性项目细分的差异性可采取提升核心竞争力策略、客服服务多样化策略和完善数字媒体技术策略。

(4) 用户受访者在事件前、事件中和新时代关于品牌在线旅游网站认知风险性的市场细分差异比较分析。

本书通过品牌在线旅游网站认知风险性公因子的细分差异分析，得出用户受访者在事件前、事件中和新时代对品牌在线旅游网站认知风险性公因子的细分市场特征，包括品牌在线旅游网站财务隐私风险和品牌在线旅游网站功能风险。

一是用户在事件前、事件中和新时代对品牌在线旅游网站财务隐私风险的认知存在显著性差异，其原因包括事件前关注风险差异原因、事件中时间认知差异原因、新时代时间意识差异原因。因此，网站针对新时代品牌在线旅游网站财务隐私风险可采取落实信息真实策略、掌握用户行为策略和改善人机交互策略。

二是用户在事件前、事件中和新时代对品牌在线旅游网站功能风险的认知存在显著性差异，其原因包括事件前服务诉求差异原因、事件中需求信息差异原因、新时代时间观念差异原因。因此，网站针对新时代品牌在线旅游网站功能风险采取合理退改策略、增强情感黏性策略和简化页面布局策略。

本书通过品牌在线旅游网站认知风险性项目细分的市场差异性分析，得出用户受访者在事件前、事件中和新时代对品牌在线旅游网站认知风险性项目细分的市场特征。具体研究结论如下：

一是用户受访者在事件前、事件中和新时代对品牌在线旅游网站认知风险性的“使用品牌在线旅游网站交易信息不会被盗取”“使用品牌在线旅游网站交易信息不会泄露”“我不认为交易信息会被品牌在线旅游网站泄露”“不担心得不到品牌在线旅游网站及时的功能提醒”“不担心在品牌在线旅游网站找不到合适功能模块”“不担心品牌在线旅游网站的功能无法满足客户需要”“不担心品牌在线旅游网站功能与期望有差异”“不担心得不到品牌在线旅游网站售后服务”“品牌在线旅游网站不会带来额外经济损失”存在显著性差异，用户受访者在事件前和新时代的市场细分差异对品牌在线旅游网站认知风险高于事件中。其原因包括事件前结算流程差异原因、事件中支付方式差异原因、新时代行为认知差异原因。因此，网站针对新时代品牌在线旅游网站认知风险性项目细分的差异性可采取优化结算流程策略、完善支付体验策略和提高品牌美誉度策略。

二是用户受访者在事件前、事件中和新时代对品牌在线旅游网站认知风险性的“使用品牌在线旅游网站个人信息不会泄露”“使用品牌在线旅游网站个人信息不会被盗取”不存在显著性差异。其原因包括风险认知相同原因和隐私认知相似原因。因此，网站针对新时代品牌在线旅游网站认知风险性项目细分的一致性可采取加强安全服务策略和完善管理制度策略。

(5) 用户受访者在事件前、事件中和新时代关于品牌在线旅游网站认知质量性的市场细分差异比较分析。

本书通过品牌在线旅游网站认知质量性公因子的细分差异分析，得出用户受访者在事件前、事件中和新时代对品牌在线旅游网站认知质量性公因子的细分市场特征，包括品牌在线旅游网站信息质量和品牌在线旅游网站系统质量。

一是用户在事件前、事件中和新时代对品牌在线旅游网站信息质量的认知存在显著性差异，其原因包括事件前系统使用差异原因、事件中信息需求差异原因、新时代平台安全需求原因。因此，网站针对新时代品牌在线旅游网站认知质量性可采取使用差异元素策略、明确需求导向策略和完善平台安全功能策略。

二是用户在事件前、事件中和新时代对品牌在线旅游网站系统质量的认知存在显著性差异，其原因包括事件前信息需求差异原因、事件中支付密保需求原因、新时代内容需求差异原因。因此，网站针对新时代品牌在线旅游网站认知质量性可采取关注用户需求策略、完善信息密保策略和内容准确核查策略。

本书通过品牌在线旅游网站认知质量性项目细分的市场差异性分析，得出用户受访者在事件前、事件中和新时代对品牌在线旅游网站认知质量性项目细分的市场特征。具体研究结论如下：

一是用户受访者在事件前、事件中和新时代对品牌在线旅游网站认知质量性的“品牌在线旅游网站的响应速度较快”“品牌在线旅游网站能准确计算价格”“品牌在线旅游网站能准确记录交易”“品牌在线旅游网站很少出现问题”“品牌在线旅游网站的模块布局合理”“品牌在线旅游网站能准确安排行程”“品牌在线旅游网站能持续更新升级”“品牌在线旅游网站能够保证顺利登录”“品牌在线旅游网站能及时提供最新产品信息”“品牌在线旅游网站能提供详细的产品信息”存在显著性差异。用户受访者在新时代的市场细分差异对品牌在线旅游网站认知质量高于事件前和事件中。其原因包括事件前网站可达性差异原因、事件中功能需求差异原因、新时代信息有效性差异原因。因此,网站针对新时代品牌在线旅游网站认知质量性项目细分的差异性可采取优化操作系统策略、坚持实时更新策略和完善平台功能策略。

二是用户受访者在事件前、事件中和新时代对品牌在线旅游网站认知质量性的“品牌在线旅游网站能够提供旅游产品订单”不存在显著性差异。其原因包括产品细化度原因和产品关注度原因。因此,网站针对新时代品牌在线旅游网站认知质量性项目细分的一致性可采取增强信息丰度策略和标准化管理策略。

(6) 用户受访者在事件前、事件中和新时代关于品牌在线旅游网站认知服务性的市场细分差异比较分析。

本书通过品牌在线旅游网站认知服务性公因子的细分差异分析,得出用户受访者在事件前、事件中和新时代对品牌在线旅游网站认知服务性公因子的细分市场特征,包括品牌在线旅游网站有形性、品牌在线旅游网站可靠性和品牌在线旅游网站响应保证性。

一是用户在事件前、事件中和新时代对品牌在线旅游网站有形性的认知存在显著性差异,其原因包括事件前信息途径差异原因、事件中认知焦点差异原因、新时代消费习惯差异原因。因此,网站针对新时代品牌在线旅游网站认知服务性可采取打造智能服务策略、改进广告配置策略和加强信息监管策略。

二是用户在事件前、事件中和新时代对品牌在线旅游网站可靠性的认知存在显著性差异,其原因包括事件前风险认知差异原因、事件中防范意识差异原因、新时代信任认知差异的原因。因此,网站针对新时代品牌在线旅游网站认知服务性可采取有效收集信息策略、加强人员管理策略和完善客服考核策略。

三是用户在事件前、事件中和新时代对品牌在线旅游网站响应保证性的认知存在显著性差异,其原因包括事件前客服需求差异的原因、事件中心理需求差异的原因、新时代流量密码差异的原因。因此,网站针对新时代品牌在线旅游网站认知服务性可采取重视客服质量策略、加强有效沟通策略和优化智能系统策略。

本书通过品牌在线旅游网站认知服务性项目细分的市场差异性分析,得出用户受访者在事件前、事件中和新时代对品牌在线旅游网站认知服务性项目细分的市场特征。具体研究结论如下:

一是用户受访者在事件前、事件中和新时代对品牌在线旅游网站认知服务性的“品牌在线旅游网站能保证合理退单”“品牌在线旅游网站能及时处理投诉”“品牌在线旅游网站能及时解决问题”“品牌在线旅游网站能有效解决问题”“品牌在线旅游网站客服能提供补救措施”“品牌在线旅游网站能够保证隐私”“品牌在线旅游网站的客服态度好”“品牌在线网站没有广告网页跳出”“品牌在线网站的页面布局简洁”“品牌在线旅游网站的页面清晰”“品牌在线旅游网站的页面美观”“品牌在线旅游网站的形象好”“品牌在线旅游网站的购买功能完善”“品牌在线旅游网站的导航直观”“品牌在线旅游网站的支付方式多样”“品牌在线旅游网站的域名好记”“品牌在线旅游网站的支付方式可信”“品牌在线旅游网站的服务真实”“品牌在线旅游网站的资讯可靠”“品牌在线旅游网站的信息可靠”存在显著性差异。用户在新时代的认知服务高于事件前和事件中时期。其原因包括事件前支付习惯差异原因、事件中使用认知差异原因、新时代用户平台对比原因。因此，网站针对新时代品牌在线旅游网站认知服务性项目细分的差异性可采取支付多元化策略、优化导航功能策略和加强管理服务策略。

二是用户受访者在事件前、事件中和新时代对品牌在线旅游网站认知服务性的“品牌在线旅游网站的导航易用”“品牌在线网站的交易过程安全”不存在显著性差异。其原因包括认知方式相似原因和视觉认知相似原因。因此，网站针对新时代品牌在线旅游网站认知服务性项目细分的一致性可采取简化品牌域名策略和注重设计美感策略。

（7）用户受访者在事件前、事件中和新时代关于品牌在线旅游网站认知使用创新性的市场细分差异比较分析。

本书通过品牌在线旅游网站认知使用创新性公因子的细分差异分析，得出用户受访者在事件前、事件中和新时代对品牌在线旅游网站认知使用创新性公因子的细分市场特征，包括品牌在线旅游网站认知使用创新性。用户在事件前、事件中和新时代对旅游网站认知使用创新的认知存在显著性差异，其原因包括事件前好奇心理原因、事件中尝试体验原因、新时代用户心态的原因。因此，网站针对新时代品牌在线旅游网站认知使用创新性可采取创造奖励机制策略、用户需求引导策略和目标用户营销策略。

本书通过品牌在线旅游网站认知使用创新性项目细分的市场差异性分析，得用户受访者在出事件前、事件中和新时代对品牌在线旅游网站认知使用创新性项目细分的市场特征。具体研究结论如下：

一是用户受访者在事件前、事件中和新时代对品牌在线旅游网站认知使用创新性的“我会被品牌在线旅游网站新功能吸引”“我一般第一个尝试品牌在线旅游网站新功能”“被别人发现不会使用新功能会觉得很尴尬”“我通常独自弄明白品牌在线旅游网站新功能”“我认为品牌在线旅游网站更具有创新性”存在显著性差异。用户在新时代的认知使用创新性高于事件前和事件中时期。其原因包括事件前用户消费逻辑差异、事件中品牌溢价影响差异、新时代用户技术体验差异。因此，网站针对新时代品牌在线旅游网站认知有用性项目细分的差异性可采取线上线下精耕创新策略、发挥资源集聚效应策略和增强品牌联想策略。

二是用户受访者在事件前、事件中和新时代对品牌在线旅游网站认知使用创新性的“如果发现网站新功能，我会想办法尝试”不存在显著性差异。其原因包括使用意愿相同原因和价值评价相同原因。因此，网站针对新时代品牌在线旅游网站认知有用性项目细分的一致性可采取研发创新功能策略和传播创新功能策略。

（8）用户受访者在事件前、事件中和新时代关于品牌在线旅游网站认知品牌资产性的市场细分差异比较分析。

本书通过品牌在线旅游网站认知品牌资产性公因子的细分差异分析，得出用户受访者在事件前、事件中和新时代对品牌在线旅游网站认知品牌资产性公因子的细分市场特征，包括品牌在线旅游网站认知品牌资产性。用户在事件前、事件中和新时代对品牌在线旅游网站品牌资产的认知存在显著性差异，其原因包括事件前认知质量差异原因、事件中传播路径差异原因、新时代网络口碑特征差异原因。因此，网站针对新时代品牌在线旅游网站认知品牌资产性可采取服务质量标准化策略、正向传播口碑策略和多条路径传播策略。

本书通过品牌在线旅游网站认知品牌资产性项目细分的市场差异性分析，得出用户受访者在事件前、事件中和新时代对品牌在线旅游网站认知品牌资产性项目细分的市场特征。具体研究结论如下：

用户受访者在事件前、事件中和新时代对品牌在线旅游网站认知品牌资产性的“品牌在线旅游网站的产品承诺真实”“我信任品牌在线旅游网站的品牌性”“品牌在线旅游网站的产品承诺可信”“品牌在线旅游网站的品牌令我放心”“我看好品牌在线旅游网站的品牌前景”存在显著性差异。用户受访者在新时代的市场细分差异对品牌在线旅游网站认知品牌资产性高于事件前和事件中。其原因包括事件前信息属性差异原因、事件中承诺内容差异原因、新时代产品质量标准差异原因。因此，网站针对新时代品牌在线旅游网站认知品牌资产性项目细分的差异性可采取专家品鉴模式策略、提升产品品质策略和强化品牌吸引力策略。

(9) 用户受访者在事件前、事件中和新时代关于品牌在线旅游网站认知使用满意性的市场细分差异比较分析。

本书通过品牌在线旅游网站认知使用满意性公因子的细分差异分析，得出用户受访者在事件前、事件中和新时代对品牌在线旅游网站认知使用满意性公因子的细分市场特征，包括品牌在线旅游网站认知使用满意性。用户在事件前、事件中和新时代对品牌在线旅游网站认知使用满意的认知存在显著性差异，其原因包括事件前用户体验差异原因、事件中期望测量差异原因、新时代体验价值差异原因。因此，网站针对新时代品牌在线旅游网站认知使用满意性可采取定制服务策略、完善网站信息策略和差异促销策略。

本书通过品牌在线旅游网站认知使用满意性项目细分的市场差异性分析，得出用户受访者在事件前、事件中和新时代对品牌在线旅游网站认知使用满意性项目细分的市场特征。具体研究结论如下：

用户受访者在事件前、事件中和新时代对品牌在线旅游网站认知使用满意性的“我喜欢在该网站购买旅游产品”“与其他旅游网站相比，我对该旅游网站感到满意”“使用该旅游网站是正确的选择”存在显著性差异。用户受访者在新时代的市场细分差异对品牌在线旅游网站认知使用满意性的影响高于事件前和事件中。其原因包括事件前客服标准差异的原因、事件中互动诉求差异的原因、新时代时效需求差异的原因。因此，网站针对新时代品牌在线旅游网站认知使用满意性项目细分的差异性可采取提供标准化产品策略、塑造优质平台策略和完善监管制度策略。

(10) 用户受访者在事件前、事件中和新时代关于品牌在线旅游网站认知使用忠诚性的市场细分差异比较分析。

本书通过品牌在线旅游网站认知使用忠诚性公因子的细分差异分析，得出用户受访者在事件前、事件中和新时代对品牌在线旅游网站认知使用忠诚性公因子的细分市场特征，包括品牌在线旅游网站认知使用忠诚性。用户在事件前、事件中和新时代对品牌在线旅游网站认知使用忠诚的认知存在显著性差异，其原因包括事件前消费意识差异原因、事件中需求数字化转型原因、新时代体验营销渠道差异原因。因此，网站针对新时代品牌在线旅游网站认知使用忠诚性可采取颠覆式创新策略、场景差异化策略和渠道进化策略。

本书通过品牌在线旅游网站认知使用忠诚性项目细分的市场差异性分析，得出用户受访者在事件前、事件中和新时代对品牌在线旅游网站认知使用忠诚性项目细分的市场特征。具体研究结论如下：

用户受访者在事件前、事件中和新时代对品牌在线旅游网站认知使用忠诚性的"我愿意积极宣传该旅游网站""我愿意向他人推荐该旅游网站""我愿意反馈该旅游网站的优缺点""我愿意频繁使用该旅游网站""我的在线旅游首选是该旅游网站""我愿意继续使用该旅游网站""我关注该旅游网站的更新与升级"存在显著性差异。用户受访者在新时代的市场细分差异对品牌在线旅游网站认知使用忠诚性的影响高于事件前和事件中。其原因包括事件前比价需求差异的原因、事件中分享需求差异的原因、新时代竞争压力差异的原因。因此，网站针对新时代品牌在线旅游网站认知使用忠诚性项目细分的差异性可采取丰富旅游促销活动策略、增强社区互动功能策略和网站功能升级竞争策略。

二、品牌在线旅游网站聚类群体的细分差异与精准施策

本书通过聚类分析法，根据品牌在线旅游网站在事件前、事件中和新时代聚类群体细分比较的研究检验结果，得到如下结论。

(1) 用户受访者在事件前、事件中和新时代关于品牌在线旅游网站认知有用性的聚类群体特征。无论在事件前、事件中，还是在新时代，用户受访者关于品牌在线旅游网站认知有用性的聚类群体细分为三类：一般有用型、较差有用型、较强有用型。其中，一般有用型群体对品牌在线旅游网站认知有用性的认知水平一般，较差有用型群体对品牌在线旅游网站认知有用性的认知水平最低，较强有用型群体对品牌在线旅游网站认知有用性的认知水平最高。其原因包括信息效力不足原因、沟通有效诉求原因和信息需求度较高原因。因此，网站针对新时代品牌在线旅游网站认知有用性的聚类群体细分可采取提高信息效率策略、选择标准渠道策略和优化内部结构策略。

(2) 用户受访者在事件前、事件中和新时代关于品牌在线旅游网站认知易用性的聚类群体特征。无论在事件前、事件中，还是在新时代，用户受访者关于品牌在线旅游网站认知易用性的聚类群体细分为三类：较难使用型、较易使用型和一般使用型。其中，较难使用型群体对品牌在线旅游网站认知易用性的认知水平最低，较易使用型群体对品牌在线旅游网站认知易用性的认知水平最高，一般使用型群体对品牌在线旅游网站认知易用性的认知水平一般。其原因包括操作功能易用原因、满足基础需求原因和购买意愿因素原因。因此，网站针对新时代品牌在线旅游网站认知易用性的聚类群体细分可采取增强易用性设计策略、提高服务标准策略和关注购买意愿策略。

(3) 用户受访者在事件前、事件中和新时代关于品牌在线旅游网站认知体验性的聚类群体特征。无论在事件前、事件中，还是在新时代，用户受访者关于品牌在线旅游网站认知体验性的聚类群体细分为三类：体验较差型、体验一般型、体验较优型、其中，体验较差型群体对品牌在线旅游网站认知体验性的认知水平最低，体验一般型群体对品牌在线旅游网站认知体验性的认知水平一般，体验较优型群体对品牌在线旅游网站认知体验性的认知水平最高。其原因包括旅游需求较弱原因、产品价格敏感原因和娱乐体验需求原因。因此，网站针对新时代品牌在线旅游网站认知体验性的聚类群体细分可采取提供碎片化产品策略、有

效利用促销策略和加强娱乐设计策略。

(4) 用户受访者在事件前、事件中和新时代关于品牌在线旅游网站认知风险性的聚类群体特征。无论在事件前、事件中，还是在新时代，用户受访者关于品牌在线旅游网站认知风险性的聚类群体细分为三类：风险一般型、风险敏感型和风险无感型。其中，风险一般型群体对品牌在线旅游网站认知风险性的认知水平一般，风险敏感型群体对品牌在线旅游网站认知风险性的认知水平较高，风险无感型群体对品牌在线旅游网站认知体验性的认知水平最低。其原因包括关注时间成本原因、个人信息安全原因和信任网站功能原因。因此，网站针对新时代品牌在线旅游网站认知风险性的聚类群体细分可采取人机交互策略、加强网络安全策略和加强网站功能策略。

(5) 用户受访者在事件前、事件中和新时代关于品牌在线旅游网站认知质量性的聚类群体特征。无论在事件前、事件中，还是在新时代，用户受访者关于品牌在线旅游网站认知质量性的聚类群体细分为三类：质量一般型、质量较优型、质量较差型。其中，质量一般型群体对品牌在线旅游网站认知质量性的认知水平一般，质量较优型群体对品牌在线旅游网站认知质量性的认知水平最高，质量较差型群体对品牌在线旅游网站认知质量性的认知水平最低。其原因包括行程安排需求原因、信息质量需求原因和文化元素差异原因。因此，网站针对新时代品牌在线旅游网站认知质量性的聚类群体细分可采取坚持网站更新策略、改善信息质量策略和加强文化元素策略。

(6) 用户受访者在事件前、事件中和新时代关于品牌在线旅游网站认知服务性的聚类群体特征。无论在事件前、事件中，还是在新时代，用户受访者关于品牌在线旅游网站认知服务性的聚类群体细分为三类：服务劣质型、服务较优型、服务一般型。其中，服务劣质型群体对品牌在线旅游网站认知服务性的认知水平最低，服务较优型群体对品牌在线旅游网站认知服务性的认知水平最高，服务一般型群体对品牌在线旅游网站认知质量性的认知水平一般。其原因包括满足心理需求原因、操作简单易用原因和客服质量要求原因。因此，网站针对新时代品牌在线旅游网站认知服务性的聚类群体细分可采取提供个性化服务策略、简化流程图文策略和加强客服管理策略。

(7) 用户受访者在事件前、事件中和新时代关于品牌在线旅游网站认知使用创新性的聚类群体特征。无论在事件前、事件中，还是在新时代，用户受访者关于品牌在线旅游网站认知使用创新性的聚类群体细分为三类：创新一般型、创新较差型、创新较强型。其中，创新一般型群体对品牌在线旅游网站认知使用创新性的认知水平一般，创新较差型群体对品牌在线旅游网站认知使用创新性的认知水平最低，创新较强型群体对品牌在线旅游网站认知使用创新性的认知水平最高。其原因包括尝试兴趣不强原因、使用意愿不足原因和功能吸引力较强原因。因此，网站针对新时代品牌在线旅游网站认知使用创新性的聚类群体细分可采取利用口碑效应策略、正确引导用户策略和积极研发功能策略。

(8) 用户受访者在事件前、事件中和新时代关于品牌在线旅游网站认知品牌资产性的聚类群体特征。无论在事件前、事件中，还是在新时代，用户受访者关于品牌在线旅游网站认知品牌资产性的聚类群体细分为三类：资产一般型、资产劣质型、资产优质型。其中，资产一般型群体对品牌在线旅游网站认知品牌资产性的认知水平一般，资产劣质型群体对品牌在线旅游网站认知品牌资产性的认知水平最低，资产优质型群体对品牌在线旅游网站认知品牌资产性的认知水平最高。其原因包括品牌承诺可信原因、在线互动诉求原因和注重产品质量原因。因此，网站针对新时代品牌在线旅游网站认知品牌资产性的聚类群体细分可采取完善口碑信息策略、加强客服考核策略和提供标准产品策略。

(9) 用户受访者在事件前、事件中和新时代关于品牌在线旅游网站认知使用满意性的聚类群体特征。无论在事件前、事件中，还是在新时代，用户受访者关于品牌在线旅游网站认知使用满意性的聚类群体细分为三类：满意中立型、满意最优型、满意较差型。其中，满意中立型群体对品牌在线旅游网站认知使用满意性的认知水平一般，满意最优型群体对品牌在线旅游网站认知使用满意性的认知水平最高，满意较差型群体对品牌在线旅游网站认知使用满意性的认知水平最低。其原因包括选择使用意愿原因、使用期望偏高原因和用户忠诚度较高原因。因此，网站针对新时代品牌在线旅游网站认知使用满意性的聚类群体细分可采取提高使用意愿策略、优化定制服务策略和增强社区功能策略。

(10) 用户受访者在事件前、事件中和新时代关于品牌在线旅游网站认知使用忠诚性的聚类群体特征。无论在事件前、事件中，还是在新时代，用户受访者关于品牌在线旅游网站认知使用忠诚性的聚类群体细分为三类：忠诚中立型、忠诚较高型、忠诚最低型。其中，忠诚中立型群体对品牌在线旅游网站认知使用忠诚性的认知水平一般，忠诚较高型群体对品牌在线旅游网站认知使用忠诚性的认知水平最高，忠诚最低型群体对品牌在线旅游网站认知使用忠诚性的认知水平最低。其原因包括品牌认知度较高原因、精准信息不足原因和善于发现缺点原因。因此，网站针对新时代品牌在线旅游网站认知使用忠诚性的聚类群体细分可采取完善服务质量策略、有效监管信息策略和建立监察制度策略。

后　　记

本书对于品牌在线旅游网站在事件前、事件中和新时代服务质量满意度的市场细分特征、具体原因、精准营销作了理论与案例实践的有效结合和匹配，其研究结果期冀为品牌在线旅游网站在新时代的精准营销提供实施依据。本书得到国家自然科学基金项目(72074053)和复旦大学高峰学科项目基金资助，对此特表感谢。本书的研究方法和研究结果可为品牌在线旅游网站提供科学的量化参考，作为其在新时代精准营销的决策依据。本书也可作为高等院校专家学者的理论参考。

这是一个美好的时代，一个人民幸福生活的时代。改革开放以来，随着我国经济社会的快速发展和综合国力的显著增强，人民生活水平显著提高，社会治理明显进步，人民对美好生活的向往更加强烈。习近平总书记热切回应人民对美好生活的新期待，指出要努力为人民创造更加幸福的生活。让人民生活幸福是一项长期工作，没有终点，只有连续不断的新起点。旅游业是能够满足人民对美好生活的向往与追求的产业。旅游企业必须为实现人民美好幸福生活的奋斗目标而努力。

这是一个发展的时代，一个充满挑战的时代。“十四五”旅游业发展规划提出坚持创新驱动发展，深化“互联网＋旅游”是目前旅游业发展的重点任务之一。在互联网应用飞速发展的背景下，以大数据、物联网、云计算、区块链为代表的新一代信息技术正影响着旅游业的各领域和各环节。旅游企业应利用数字化技术对人们的出行服务进行巨大改革，完善旅游全流程可感知的数字化出行服务，进行精准营销，提升旅游者的出行服务质量。旅游企业必须在智慧旅游方面进一步发力，以市场为导向、以技术应用为抓手、以服务体验为目标，全面提升智慧化水平，从而在市场竞争中占据优势地位。

这是一个崭新的时代，一个充满机遇的时代。危机事件严重冲击了世界旅游产业的发展，改变了人们的旅游方式和需求，而“数字旅游”在一定程度上为在线旅游的发展带来了机遇。人工智能、大数据、云计算、5G、AR、VR 等新技术正与旅游业深度融合，推动信息科技的应用，加速旅游产业的数字化发展。虚拟旅游、云展览等非接触式旅游服务可以降低运营成本、提升旅游体验，并增强旅游企业提供优质服务和灵活应对突发事件的能力。旅游业的数字化意味着企业可通过数字技术更好地针对消费者需求，在供给侧作出创新。旅游企业，尤其是在线旅游企业，应该把握数字化催生的机遇，为旅游者提供更加满意的服务。

本书的顺利出版得到了很多朋友和机构的大力支持，在此表示诚挚的谢意：一要特别感谢立信会计出版社的孙勇先生、战小雨女士及相关工作人员为本书出版付出的辛勤努力和汗水；二要特别感谢本书所借鉴和参考的已公开发表的国内外参考文献的相关作者的深入研究；三要特别感谢在研究过程中，政府、企业和高校的相关管理人员及专家学者所给予的建议和帮助；四要特别感谢在抽样调研过程中，当地居民和游客等所给予的配合和支持；五要特别感谢在本书数据调研与文献收集过程中，杨若涵、甘雪娜、张苗、胡洪基、徐宁宁、朱文婷、王倩、赵昆等诸多师生所给予的极大支持；六要特别感谢在本书写作过程中，各位亲朋好友和同事所给予的鼓励和关心。最后，由于本书作者理论和实践水平所限，若有不足和疏漏之处，敬请各位专家学者、管理者和读者赐教。

王丽丽　刘赛　郭英之

2024 年 6 月 6 日

参 考 文 献

[1] 米敏,刘蜀凤,谢宇,等."互联网+"背景下乡村旅游网络营销探讨:以龙泉驿区桃源村为例[J]. 四川旅游学院学报,2021(6):74-77.

[2] 刘聪. 途牛旅游网网络营销策略研究[D]. 海口:海南大学硕士学位论文,2020:5-7.

[3] 崔春于. 乡村旅游地社交媒体营销对自助旅游者决策的影响[D]. 芜湖:安徽师范大学硕士学位论文,2019:68-73.

[4] 邢昊. 生鲜电商 O2O 模式网络营销研究[D]. 北京:首都经济贸易大学硕士学位论文,2018:49-50.

[5] 薛杨. 企业微信营销中用户信息行为影响因素及作用关系研究[D]. 黑龙江:吉林大学博士学位论文,2017:129-131.

[6] 赖元薇. 全球品牌利用社交媒体内容营销提升品牌忠诚度的机制研究[D]. 北京:对外经济贸易大学博士学位论文,2017:123-125.

[7] 李金阳. 基于关系互动的微博营销对消费者行为意愿的影响研究[D]. 武汉:武汉大学博士学位论文,2013:113-114.

[8] HAMID R A, ALBAHRI A S, ALWAN J K, et al. How smart is e-tourism? A systematic review of smart tourism recommendation system applying data management [J]. Computer Science Review, 2021, 39(1): 100337.

[9] JACOBSONA J, GRUZDB A, ÁNGEL H G. A social media marketing: Who is watching the watchers? [J]. Journal of Retailing and Consumer Services, 2019, 3(1): 969-989.

[10] BARRY J M, GIRONDA J T. Operationalizing thought leadership for online B2B marketing[J]. Industrial Marketing Management, 2019, 81(1): 138-159.

[11] GARCÍA J A C, VALLE A D G, MARTÍNEZ R S. The effect of online and offline experiential marketing on brand equity in the hotel sector[J]. Spanish Journal of Marketing ESIC, 2018, 22(1): 22-41.

[12] MEHMET M I, CLARKE R J. B2B social media semantics: Analysing multimodal online meanings in marketing conversations[J]. Industrial Marketing Management, 2016, 54(1): 92-106.

[13] BILGIHAN A, BUJISIC M. The effect of website features in online relationship

marketing: A case of online hotel booking[J]. Electronic Commerce Research & Applications, 2015, 14(4): 222-232.

[14] 文彤,郭强,邱以澄.旅游虚拟社区中意见领袖的网络权力特征及形成机制:以去哪儿网为例[J].旅游学刊,2022,37(4):39-51.

[15] 朱腾腾,谢礼珊,吴一景.多方价值共创:旅游虚拟社区结伴同游意愿的形成[J].旅游学刊,2021,36(12):99-113.

[16] 张晶.基于旅游虚拟社区价值共创的云南文化旅游IP构建研究[D].昆明:云南财经大学硕士学位论文,2020:4-6.

[17] 魏晓宇.旅游虚拟社区顾客价值共创行为对品牌信任的影响研究[D].泉州:华侨大学硕士学位论文,2019:59-61.

[18] 刘珺.旅游虚拟社区成员参与动机与旅游决策行为的关系研究[D].西安:西北大学博士学位论文,2018:123-125.

[19] 周慧.旅游虚拟社区用户互动对旅游购买决策影响研究[D].杭州:浙江工商大学硕士学位论文,2018:60-65.

[20] 吴慧,肖廷.基于归属感及价值感视角的用户参与影响研究:以在线旅游社区为例[J].人文地理,2017,31(4):155-160.

[21] 吴小英.虚拟社区价值共创对在线旅游企业品牌价值的影响研究[D].济南:山东大学硕士学位论文,2015:69-76.

[22] ALEXANDRA B, BRENT M, VIKKI S, et al. Virtual reality and mixed reality for second chance tourism [J]. Tourism Management, 2021, 83(9): 104256-104260.

[23] LI L, LEE K Y, YANG S B. Exploring the effect of heuristic factors on the popularity of user-curated "Best places to visit" recommendations in an online travel community[J]. Information Processing & Management, 2019, 56(1): 1391-1408.

[24] KUNZ W, SESHADRI S. From virtual travelers to real friends: Relationship-building insights from an online travel community[J]. Journal of Business Research, 2015, 68(9): 1822-1828.

[25] ELLIOT S, LI G, CHOI C. Understanding service quality in a virtual travel community environment[J]. Journal of Business Research, 2013, 66(8): 1153-1160.

[26] CASALÓ L V, FLAVIÁN C, GUINALÍU M. Determinants of the intention to participate in firm-hosted online travel communites and effects on consumer behavioral intentions[J]. Tourism Management, 2010, 31(6): 898-911.

[27] KIM W G, LEE C, HIEMSTRA S J. Effects of an online virtual community on customer loyalty and travel product purchases[J]. Tourism Management, 2004, 25(3): 343-355.

[28] 朱一丹,贺琳洁.微信钱包中旅游产品购买行为的影响因素探究:基于TAM模型[J].现代商业,2022,19(7):15-17.

[29] 黄丽霞. 印尼消费者在线购买行为影响因素研究：以印尼 Lazada 为例[D]. 扬州：扬州大学硕士学位论文，2020：21-25.
[30] 蔡一凡. 基于用户聚类和特征选择的在购买行为预测研究[D]. 武汉：华中科技大学硕士学位论文，2019：38-39.
[31] 程晓阳. 在线旅游网站游客信任对其行为意向影响研究[D]. 郑州：郑州大学研究生学位论文，2018：106-108.
[32] 魏如清. 双边平台环境下用户生成内容对在线购买的影响机制研究[D]. 北京：北京交通大学博士学位论文，2017：198-203.
[33] 马红. UGC 型在线旅游网站对游客购买行为的影响研究[D]. 郑州：郑州大学研究生学位论文，2016：89-95.
[34] 占莹璐. 消费者自身特性对其在线购买行为的影响研究[D]. 福州：福州大学硕士学位论文，2015：87-94.
[35] 耿松涛，李雪丽. 旅游 App 嵌入度对购买意愿的影响研究：基于感知价值的中介效应[J]. 江苏社会科学，2021，42(4)：103-110.
[36] 胡川. 电商直播情境下用户在线购买意愿的影响因素及其关系研究[D]. 广州：暨南大学硕士学位论文，2020：16-22.
[37] 董京京. 消费者与商家在线体验式互动对其购买意愿影响的研究[D]. 长春：吉林大学博士学位论文，2019：135-139.
[38] 李梦莹. 基于 PLS-SEM 的虚拟社区交互对用户购买意愿影响研究[D]. 北京：首都经济贸易大学硕士学位论文，2018：51-59.
[39] 喻昕. 在线商户商品信息呈现对消费者购买意愿影响的研究[D]. 长春：吉林大学博士学位论文，2017：140-146.
[40] 张君慧. 在线品牌社区顾客契合演化与结果研究[D]. 哈尔滨：哈尔滨工业大学博士学位论文，2017：139-146.
[41] 何海英. 综合型 B2C 网店形象对消费者购买意愿影响研究[D]. 沈阳：辽宁大学博士学位论文，2015：50-56.
[42] EMIGDIO L，LAURA F，MONICA P，et al. Purchase behavior in COVID-19：A cross study in Mexico，Colombia，and Ecuador [J]. Heliyon，2021，7(1)：e06468.
[43] LIU Q H，ZHANG X Y，HUANG S，et al. Exploring consumers' buying behavior in a large online promotion activity：The role of psychological distance and involvement[J]. Journal of Theoretical and Applied Electronic Commerce Research，2020，15(1)：66-80.
[44] ALALWAN A. Investigating the impact of social media advertising features on customer purchase intention[J]. International Journal of Information Management，2018，42(1)：65-77.
[45] HEW J J，LEONG L Y，TAN W H，et al. Mobile social tourism shopping：A dual-stage analysis of a multi-mediation model[J]. Tourism Management，2018，66(1)：

121-139.

[46] SHI X, LIAO Z. Online consumer review and group-buying participation: The mediating effects of consumer beliefs[J]. Telematics & Informatics, 2016, 34(1): 605-617.

[47] ENRIQUE B P, ELENA C T, TOMAS E R. Influence of trust and perceived value on the intention to purchase travel online: Integrating the effects of assurance on trust antecedents[J]. Tourism Management, 2015, 47(1): 286-302.

[48] LIAO S H, HU D C, CHUNG Y C. Risk and opportunity for online purchase intention—A moderated mediation model investigation [J]. Telematics and Informatics, 2021, 62(1): 101621.

[49] DABBOUS A, BARAKAT K A. Bridging the online offline gap: Assessing the impact of brands' social network content quality on brand awareness and purchase intention[J]. Journal of Retailing and Consumer Services, 2020, 53(1): 96-101.

[50] ABDALLAH A A. Investigating the impact of social media advertising features on customer purchase intention[J]. International Journal of Information Management, 2018, 42(1): 65-77.

[51] FILIERI R, MCLEAY F, TSUI B, et al. Consumer perceptions of information helpfulness and determinants of purchase intention in online consumer reviews of services[J]. Information & Management, 2018, 55(1): 956-970.

[52] LAW M, KWOK R C W, NG M. An extended online purchase intention model for middle-aged online users[J]. Electronic Commerce Research and Applications, 2016, 20(1): 132-146.

[53] WONGPITCH S, MINAKAN N, POWPAKA S, et al. Effect of corporate social responsibility motives on purchase intention model: An extension [J]. Kasetsart Journal of Social Sciences, 2016, 37(1): 30-37.

[54] 孟明浩，顾晓艳，崔国发. 后疫情时期天目山国家级自然保护区生态旅游消费行为特征[J]. 浙江农林大学学报，2022，39(3)：679-686.

[55] 吴鋆杰，余尧，肖军华. 基于MNL模型的中国邮轮消费选择行为研究[C]. 世界交通运输工程技术论坛(WTC2021)论文集(上)，2021.

[56] 张文馨. 中国游客赴泰国曼谷旅游购物消费行为研究[D]. 大连：大连海事大学硕士学位论文，2020：39-52.

[57] 倪荣鑫. 中国邮轮游客船上休闲娱乐偏好及行为意向研究[D]. 上海：华东师范大学硕士学位论文，2019：41-43.

[58] 肖智美. 赴泰中国游客消费行为研究[D]. 天津：天津师范大学硕士学位论文，2018：38-43.

[59] 杨萍. 基于TPB修正模型的中国游客境外旅游购物消费行为研究[D]. 昆明：云南财经大学硕士学位论文，2017：41-43.

[60] 雅文. 泰国入境旅游者消费行为研究[D]. 哈尔滨：黑龙江大学硕士学位论文，2016：41-43.

[61] 姬璐婕，王晓峰，赵欣欣. 疫情防控常态化下旅游信息需求图谱构建与实现[J]. 河南科学，2022，40(4)：641-649.

[62] 杨婷婷，阮文奇，张舒宁. 旅游需求对跨境危机事件信息扩散的空间响应与影响因素[J]. 旅游学刊，2022(8)：119-132.

[63] 徐金容. 炫耀性消费心理对旅游者网络信息分享行为的影响研究[D]. 泉州：华侨大学硕士学位论文，2020：32-49.

[64] 罗孝平. 游客网络旅游信息搜寻能力的影响因素研究[D]. 海口：海南大学硕士学位论文，2019：27-28.

[65] 高梦远. 网络旅游信息对旅游者决策行为影响研究[D]. 郑州：郑州大学硕士学位论文，2018：27-28.

[66] 陆川. 基于性别差异的网络旅游信息搜索行为研究[D]. 上海：上海师范大学硕士学位论文，2014：76-78.

[67] 胡兴报. 国内旅游者网络旅游信息搜寻动机与行为研究[D]. 芜湖：安徽师范大学硕士学位论文，2011：27-28.

[68] ISSAHAKU A. Negative tourist-to-tourist interactions, value destruction, satisfaction, and post consumption behavioral intention [J]. Journal of Destination Marketing & Management, 2021, 20(6): 100557.

[69] NIU B Z, CHEN L, LIU Y Q. Joint price and quality decisions considering Chinese customers' variety seeking behavior [J]. International Journal of Production Economics, 2019, 213(6): 97-107.

[70] FU Y, LIU X M, WANG Y Q, et al. How experiential consumption moderates the effects of souvenir authenticity on behavioral intention through perceived value[J]. Tourism Management, 2018, 69(1): 356-367.

[71] GAO H, HUANG S, BROWN G. The influence of face on Chinese tourists' gift purchase behaviour: The moderating role of the gift giver-receiver relationship[J]. Tourism management, 2017, 62(10): 97-106.

[72] HUANG Q, LU Y. Generational perspective on consumer behavior: China's potential outbound tourist market[J]. Tourism Management Perspectives, 2017, 24(1): 7-15.

[73] EDWIN M Y, JIA T D, PREBEN H, et al. Understanding roles in collaborative information behaviour: a case of Chinese group travelling [J]. Information Processing and Management, 2021, 58(1): 102581.

[74] JIA S. Motivation and satisfaction of Chinese and U. S. tourists in restaurants: A cross-cultural text mining of online reviews[J]. Tourism Management, 2020, 78(1): 104-107.

[75] LIU P, ZHANG H, ZHANG J. Spatial-temporal response patterns of tourist flow under impulse pre-trip information search: From online to arrival[J]. Tourism Management, 2019, 73(1): 105-114.

[76] LIU Y, HUANG K X, BAO J G. Listen to the voices from home: An analysis of Chinese tourists' sentiments regarding Australian destinations [J]. Tourism Management, 2019, 71(1): 337-347.

[77] SPARKS B, PAN W. Chinese Outbound tourists: Understanding their attitudes, constraints and use of information sources[J]. Tourism Management, 2008, 30(4): 483-494.

[78] DAVIS F D, BAGOZZI R P, WARSHAW P R. User acceptance of computer technology: A comparison of two theoretical models[J]. Management Science, 1989, 35(8): 982-1003.

[79] JARVENPAA S L, TODD P A. Consumer reactions to electronic shopping on the World Wide Web[J]. Int J Electron Commerce, 1997, 5(2): 59-88.

[80] GEFEN D. Reflections on the dimensions of trust and trustworthiness among online consumers[J]. Acm Sigmis Database, 2002, 33(3): 38-53.

[81] LEGRIS P, INGHAM J, COLLERETTE P. Why do people use information technology? A critical review of the technology acceptance model[J]. Information & Management, 2003, 40(3): 191-204.

[82] VENKATESH V, FRED D, DAVIS A. Theoretical extension of the technology acceptance model: four longitudinal field studies [J]. Management Science, 2000, 46(2): 186-204.

[83] SAADE R, BAHLI B. The impact of cognitive absorption on perceived usefulness and perceived ease of use in on-line learning: An extension of the technology acceptance model[J]. Information & Management, 2005, 42(2): 317-327.

[84] CHUNG J E, PARK N, WANG H. Age differences in perceptions of online community participation among non-users: An extension of the technology acceptance model[J]. Computers in Human Behavior, 2010, 26(6): 1674-1684.

[85] LEE D Y, LEHTO M R. User acceptance of YouTube for procedural learning: An extension of the technology acceptance model[J]. Computers & Education, 2013, 61(1): 193-208.

[86] VENKATESH V, DAVIS F D. A theoretical extension of the technology acceptance model: Four longitudinal field studies [J]. Management Science, 2000, 46(2): 186-204.

[87] VENKATESH V, MORRIS M G, DAVIS G B, et al. User acceptance of information technology: Toward a unified view [J]. MIS Quarterly, 2003, 27(3): 425-78.

[88] MARTIN H S, HERRERO A. Influence of the user's psychological factors on the online purchase intention in rural tourism: Integrating innovativeness to the UTAUT framework[J]. Tourism Management, 2012, 33(2): 341-350.

[89] ESCOBAR-RODRÍGUEZ T, CARVAJAL-TRUJILLO E. Online purchasing tickets for low cost carriers: An application of the unified theory of acceptance and use of technology (UTAUT) model[J]. Tourism Management, 2014, 43(1): 70-88.

[90] CHAUHAN S, JAISWAL M. Determinants of acceptance of ERP software training in business schools: Empirical investigation using UTAUT model[J]. International Journal of Management Education, 2016, 14(3): 248-262.

[91] VENKATESH V, MORRIS M G, DAVIS G B. User acceptance of information technology: Toward a unified view [J]. MIS Quarterly, 2003, 27(3): 425-478.

[92] VENKATESH V, BALA H. Technology Acceptance Model 3 and a Research Agenda on Interventions [J]. Decision Sciences, 2008, 39(2): 273-315.

[93] BOAKYE K G, MCGINNIS T, PRYBUTOK V R. Q-TAM: A quality technology acceptance model for technology operations managers[J]. Operations Management Research, 2014, 7(12): 13-23.

[94] AGAG G, EL-MASRY A A. Understanding consumer intention to participate in online travel community and effects on consumer intention to purchase travel online and WOM: An integration of innovation diffusion theory and TAM with trust[J]. Computers in Human Behavior, 2016, 60(6): 97-111.

[95] CHEN C C, TSAI J L. Determinants of behavioral intention to use the personalized location-based mobile tourism application: An empirical study by integrating TAM with ISSM[J]. Future Generation Computer Systems, 2019, 96(6): 628-638.

[96] VENKATESH V, BALA H. Technology acceptance model 3 and a research agenda on interventions [J]. Decision Sciences, 2008, 39(2): 273-315.

[97] MOHAMED A, MOHAMMAD S. The impact of gamification adoption intention on brand awareness and loyalty in tourism: The mediating effect of customer engagement [J]. Journal of Destination Marketing & Management, 2021, 20(4): 100559-100569.

[98] KANG J W, NAMKUNG Y. The information quality and source credibility matter in customers' evaluation toward food O2O commerce [J]. International Journal of Hospitality Management, 2019, 78(4): 189-198.

[99] XIA M L, ZHANG Y, ZHANG C A. TAM-based approach to explore the effect of online experience on destination image: A smartphone user's perspective[J]. Journal of Destination Marketing & Management, 2017, 8(1): 259-270.

[100] AGAG G, EL-MASRY A A. Understanding consumer intention to participate in online travel community and effects on consumer intention to purchase travel online

and WOM：An integration of innovation diffusion theory and TAM with trust[J]. Computers in Human Behavior，2016，60(1)：97-111.

[101] AYEH J K. Travellers' acceptance of consumer-generated media：An integrated model of technology acceptance and source credibility theories[J]. Computers in Human Behavior，2015，48(1)：173-180.

[102] ESCOBAR-RODRÍGUEZ T，CARVAJAL-TRUJILLO E. Online purchasing tickets for low cost carriers：An application of the unified theory of acceptance and use of technology (UTAUT) model[J]. Tourism Management，2014，43(1)：70-88.

[103] 刘慧悦，阎敏君. 移动短视频使用对旅游者行为意愿的影响研究[J]. 旅游学刊，2021，36(10)：62-73.

[104] 魏建萍. 在线旅行商 App 个性化服务对用户持续使用行为的影响研究：以携程"微领队"为例[D]. 南昌：江西财经大学硕士学位论文，2020：12-14.

[105] 和钰. 社交媒介场域用户科学传播行为影响因素研究[D]. 大连：大连理工大学博士学位论文，2019：135-139.

[106] 张文婧. 基于 TAM 模型的消费者虚拟品牌社区使用行为研究[D]. 太原：山西财经大学硕士学位论文，2018.

[107] 郑尧. 旅游城市微博营销对游客行为意愿的影响研究[D]. 北京：首都经济贸易大学硕士学位论文，2018.

[108] 张霞. 基于技术接受模型的大学生在线旅游消费意愿研究[D]. 辽宁：大连海事大学硕士学位论文，2017：37-39.

[109] 朱定飞. 基于技术接受理论的在线旅游 UGC 平台用户使用意愿研究[D]. 杭州：浙江工商大学硕士学位论文，2017：84-89.

[110] AJZEN I. The theory of planned behavior[J]. Organizational Behavior & Human Decision Processes，1991，50(2)：179-211.

[111] KOUROSH E，ROSS D，JOANNA P，et al. What a load of rubbish! The efficacy of theory of planned behavior and norm activation model in predicting visitors' binning behavior in national parks [J]. Journal of Hospitality and Tourism Management，2021，46(1)：304-315.

[112] VESCI M，BOTTI A. Festival quality，theory of planned behavior and revisiting intention：Evidence from local and small Italian culinary festivals[J]. Journal of Hospitality and Tourism Management，2019，38(1)：5-15.

[113] NIU L G. Decision-making determinants of students participating in MOOCs：Merging the theory of planned behavior and self-regulated learning model[J]. Computers & Education，2019，134(1)：50-62.

[114] JIANG K，YANG Z W，FENG Z X，et al. Mobile phone use while cycling：A study based on the theory of planned behavior[J]. Transportation Research Part F 2019，64(1)：388-400.

[115] HAN J H, KIM J S, LEE C K, et al. Role of place attachment dimensions in tourists' decision-making process in Cittaslow[J]. Journal of Destination Marketing & Management, 2019, 11(1): 108-119.

[116] WANG C, ZHANG J, YU P, et al. The theory of planned behavior as a model for understanding tourists' responsible environmental behaviors: The moderating role of environmental interpretations[J]. Journal of Cleaner Production, 2018, 194(1): 425-434.

[117] 潘鹤思,孙先民.基于TPB-NAM的森林旅游企业亲环境意愿影响因素研究[J].干旱区资源与环境,2022,36(5):193-199.

[118] 赵紫月.基于计划行为理论的体验式民宿旅游消费意愿研究[D].大连:大连海事大学大学硕士学位论文,2021:10-11.

[119] 何云梦.基于计划行为理论和环境伦理观的游客可持续旅游行为研究[D].南京:东南大学硕士学位论文,2018:33-35.

[120] 刘云.打工度假行为意向影响因素研究[D].大连:东北财经大学硕士学位论文,2018:54-56.

[121] 邱翔.基于计划行为理论的大学生低碳旅游行为影响因素探究[D].大连:东北财经大学硕士学位论文,2017:46-48.

[122] 孙艺文.消费伦理约束下消费者产品功能需求意向影响因素及作用机理研究[D].长春:吉林大学博士学位论文,2015:1113-116.

[123] GRONROOS C. An applied service marketing theory[J]. European Journal of Marketing, 1982, 16(7): 30-41.

[124] ANDAYANI S A, UMYATI S, DANI U, et al. Service quality and interest impact on satisfaction and loyalty of Agro tourism visitors[J]. IOP Conference Series: Earth and Environmental Science, 2021, 748(1): 012041.

[125] UZIR M, UZIR H, JERIN I, et al. Does quality stimulate customer satisfaction where perceived value mediates and the usage of social media moderates? [J]. Heliyon, 2020, 6(1): e05710.

[126] ORIADEA A, SCHOFIELDB P. An examination of the role of service quality and perceived value in visitor attraction experience[J]. Journal of Destination Marketing & Management, 2019, 11(1): 1-9.

[127] MARIMONA F, LLACHB J, ALONSO-ALMEIDAC M, et al. CC-Qual: A holistic scale to assess customer perceptions of service quality of collaborative consumption services[J]. International Journal of Information Management, 2019, 49(1): 130-141.

[128] ROYA S, SREEJESHB S, BHATIAC S. Service quality versus service experience: An empirical examination of the consequential effects in B2B services[J]. Industrial Marketing Management, 2019, 82(10): 52-69.

[129] HAWKINS T G, GRAVIER M J, BERKOWITZ D, et al. A. Improving services supply management in the defense sector: How the procurement process affects B2B service quality[J]. Journal of Purchasing and Supply Management, 2015, 21(2): 81-94.

[130] UDO G J, BAGCHI K K, KIRS P J. Using SERVQUAL to assess the quality of e-learning experience[J]. Computers in Human Behavior, 2011, 27(3): 1272-1283.

[131] 李泽群. 黑龙江省冰雪体育旅游服务质量游客满意度提升策略研究[D]. 哈尔滨:哈尔滨体育学院硕士学位论文,2022:10-11.

[132] 岳文博. 基于 QFD 理论和 SERVQUAL 模型的洪泽湖休闲渔业服务质量研究[D]. 宁波:浙江海洋大学硕士学位论文,2020:11-12.

[133] 徐华. 基于服务质量理论的中餐企业用户忠诚度评价研究[D]. 贵阳:贵州大学硕士学位论文,2019:54-55.

[134] 陈方. 顾客满意度视角下的 B2C 电商物流服务质量评价研究[D]. 郑州:华北水利水电大学硕士学位论文,2018:72-73.

[135] 田利锋. 基于 Servqual-Kansei 模型的电商企业服务质量评价研究[D]. 贵阳:贵州大学硕士学位论文,2018:54-55.

[136] 李存超. 电子商务平台服务质量对品牌资产的影响机理研究[D]. 济南:山东大学博士学位论文,2014:150-157.

[137] 周力. IT 服务质量评价研究[D]. 上海:东华大学博士学位论文,2011:105-106.

[138] CARDOZO R N. An experimental study of customer effort, expectation, and satisfaction [J]. Joumal of Marketing Reseach, 1965, 2(3): 244-249.

[139] MARÍA C, MORENO-PERDIGÓN,GUZMÁN-PÉREZ B, et al. Guest satisfaction in independent and affiliated to chain hotels[J]. International Journal of Hospitality Management, 2021, 94(1): 102812.

[140] ASMELASH A G, KUMAR S. The structural relationship between tourist satisfaction and sustainable heritage tourism development in Tigrai, Ethiopia[J]. Heliyon, 2019, 5(3): E01335.

[141] OVIEDO-GARCÍAC M, VEGA-VÁZQUEZB M, CASTELLANOS-VERDUGOB M, et al. Tourism in protected areas and the impact of servicescape on tourist satisfaction, key in sustainability [J]. Journal of Destination Marketing & Management, 2019, 12(1): 74-83.

[142] PARK S, HAHN S, LEE T, et al. Two factor model of consumer satisfaction: International tourism research[J]. Tourism Management, 2018, 67(1): 82-88.

[143] LANKTON N, MCKNIGHT H, THATCHER J B. Incorporating trust-in-technology into expectation disconfirmation theory [J]. Journal of Strategic Information Systems, 2014, 23(1): 128-145.

[144] HSIEH C C, KUO P L, YANG S C, et al. Assessing blog-user satisfaction using

the expectation and disconfirmation approach[J]. Computers in Human Behavior, 2010, 26(6): 1434-1444.

[145] 许鹏.旅游品牌价值对游客满意度的影响:基于沉浸体验理论视角[J].商业经济研究,2022,41(5):88-91.

[146] 刘岩.基于情感分析的酒店顾客满意度评估研究[D].哈尔滨:哈尔滨商业大学硕士学位论文,2020:16-19.

[147] 李传杰.基于游客满意度的红色旅游目的地建设研究[D].成都:四川师范大学硕士学位论文,2019:48-49.

[148] 马天.从满意度到愉悦度:旅游体验评价的一体化转向[D].大连:东北财经大学博士学位论文,2017:112-119.

[149] 闫静.旅行社团队游客间互动的影响因素及其与满意度的关系研究[D].西安:西北大学博士学位论文,2017:141-142.

[150] 田野.旅游情境下敬畏情绪对游客满意、忠诚和道德判断的影响研究[D].成都:西南交通大学博士学位论文,2017:96-99.

[151] 姜峰.社交网站持续使用行为意向的动机研究[D].上海:上海交通大学博士学位论文,2015:90-95.

[152] 李慧颖.在线评论对消费者感知及企业商品销量的影响研究[D].哈尔滨:哈尔滨工业大学博士学位论文,2013.

[153] AAKER D A. Managing Brand Equity: Capitalizing on the value of a brand name [M]. New York: Free Press, 1991: 247-248.

[154] SNZ A, YQL A, CHLB C, et al. Does live performance play a critical role in building destination brand equity — A mixed-method study of "Impression Dahongpao" [J]. Journal of Retailing and consumer Services, 2021, 59(6): 102392.

[155] HUERTA-ÁLVAREZ R, CAMBRA-FIERRO J J, FUENTES-BLASCO M. The interplay between social media communication, brand equity and brand engagement in tourist destinations: An analysis in an emerging economy [J]. Journal of Destination Marketing & Management, 2020, 16(6): 100416.

[156] TROIVILLE J, HAIR J F, CLIQUET G. Definition, conceptualization and measurement of consumer-based retailer brand equity[J]. Journal of Retailing and Consumer Services, 2019, 50(1): 73-84.

[157] HARIHARAN V G, DESAI K K, TALUKDAR D. Shopper marketing moderators of the brand equity-behavioral loyalty relationship[J]. Journal of Business Research, 2018, 85(4): 91-104.

[158] GODEY B, MANTHIOUA A, PEDERZOLI D, et al. Social media marketing efforts of luxury brands: Influence on brand equity and consumer behavior[J]. Journal of Business Research, 2016, 69(1): 5833-5841.

[159] BARREDA A A, BILGIHAN A, NUSAIR K, et al. Online branding:

Development of hotel branding through interactivity theory [J]. Tourism Management, 2016, 57(1): 180-192.

[160] 权靖予. 旅游品牌拟人化沟通方式对口碑传播的影响：基于刻板印象内容模型[J]. 商业经济研究，2022，41(13)：72-75.

[161] 张昊. 品牌 DNA 理论下的阿尔山旅游品牌形象设计研究[D]. 鄂尔多斯：内蒙古大学硕士学位论文，2020：43-52.

[162] 范静林. 微博营销对企业品牌资产的影响研究[D]. 南昌：江西财经大学硕士学位论文，2019：44-45.

[163] 徐尤龙. 基于品牌理论的旅游目的地口号资产价值研究[D]. 昆明：云南大学博士学位论文，2015：198-211.

[164] 黄洁. 国家级风景名胜区的品牌资产研究[D]. 上海：复旦大学博士学位论文，2012：195-202.

[165] 关辉. B2C 网店品牌资产及其与网店忠诚的关系研究[D]. 大连：大连理工大学博士学位论文，2010：126-128.

[166] 龙成志. 消费品品牌形象的绩效路径研究[D]. 广州：华南理工大学博士学位论文，2009：178-184.

[167] 张鞠成. 现实与想象：赴泰旅游风险的社会建构[D]. 泉州：华侨大学硕士学位论文，2020：64-70.

[168] 李慧萍. 基于游客感知的集发农业梦想王国研学旅游服务质量评价研究[D]. 秦皇岛：燕山大学硕士学位，2021：33-37.

[169] 谢辉基，杨振之. 论旅游体验研究中的“身体”现象及其认知[J]. 旅游学刊，2020，35(7)：117-132.

[170] 付博群. 消费者生鲜农产品网购意愿影响因素研究[D]. 哈尔滨：东北农业大学硕士学位论文，2019：25-27.

[171] KIM S T. The effect of affect response of potential tourists on visiting intention through cognitive attitude toward tourist site: Moderated mediation effect of perceived risk[J]. Tourism Research, 2021, 46(2): 47-68.

[172] EITZINGER C, WIEDEMANN P. Risk perceptions in the alpine tourist destination tyrol: An exploratory analysis of residents' views[J]. Tourism Management, 2007, 28(3): 911-916.

[173] 赵悍绮. 短视频平台广告用户参与意愿影响因素的研究[J]. 中国市场，2022，29(12)：27-30.

[174] 李树旺，李京律，刘潇锴，梁媛. 滑雪旅游服务质量评价与后北京冬奥会时期的优化对策：从北京雪场滑雪游客感知的视角切入[J]. 北京体育大学学报，2022，45(5)：146-161.

[175] 杨慧瀛，周梦洁. 基于 ATM 模型的电子商务购物影响因素分析[J]. 商业经济，2019，26(11)：40-43.

[176] KIM Y, NAM J H, KIM Y. A study on the acceptance attitude of social commerce by food product consumers: Applying extended TAM[J]. Journal of Tourism Sciences, 2014, 38(10): 57-79.

[177] PARK M J. The effect of information uuality on consumers' cognitive, emotional and behavioral responses in group-buying social commerce-focused on technology acceptance model[J]. Journal of the Korean Society of Design Culture, 2013, 19(3): 293-303.

[178] 徐静,王安茹,田淑慧.冰雪旅游目的地的游客选择意愿及影响因素研究:基于扎根理论的质性分析[J].价格理论与实践,2021,41(3):118-121+167.

[179] 松本夏月.民宿服务质量对顾客满意度的影响研究[D].大连:大连理工大学硕士学位论文,2020:34-35.

[180] SONG Y M, ZHU M L, KANG H F, et al. Research on vreative product design of experiential cultural tourism based on cognitive psychology[J]. Psychiatria Danubina, 2021, 33(8): 648-657.

[181] ZHANG G, WANG Z S, ZHAO H. Relationships among perceived value, satisfaction, and e-Trust: An e-CRM view of online restaurant consumption[J]. Journal of Systems Science and Information, 2020, 8(5): 458-475.

[182] AHN J A, SEO S. Consumer responses to interactive restaurant self-service technology (IRSST): The role of gadget-loving propensity[J]. International Journal of Hospitality Management, 2018, 74(7): 109-121.

[183] YANG J, KYO-IN C. The effect of perceived value of service quality of foreign individual tourists(FIT) on customer satisfaction and loyalty: Focus on FIT visitor to JeJu[J]. Korean Journal of Hospitality and Tourism, 2017, 26(7): 351-365.

[184] 杨子磊.乡村旅游体验要素对游客满意度及行动意图的影响[J].洛阳师范学院学报,2021,40(12):28-32.

[185] 段荣环.大学生网购意愿影响因素实证研究[D].临汾:山西师范大学硕士学位论文,2019:54-56.

[186] JEONG E, LEE T, YOUNG S M, et al. Analysis of tourists' technology acceptance of a smart tourist map[J]. Journal of The Korean Association of Regional Geographers, 2021, 27(3): 387-398.

[187] LI W B, WU M M, LI X, et al. Cognitive reconstruction and the evolution of tourism innovation in traditional village community: A case study of zhang guying village in hunan province[J]. Areal Research and Development, 2021, 40(2): 92-96.

[188] LEE S, NAM M. A study on the technology acceptance model using the service quality of travel reservation application[J]. Journal of Tourism Management Research, 2019, 23(2): 173-192.

[189] 王美月.学术虚拟社区用户社会化交互行为研究[D].长春：吉林大学博士学位论文，2021：110-120.
[190] 何学欢，成锦，胡东滨，粟路军.服务质量对旅游者环境责任行为的影响机制[J].经济地理，2021，41(8)：232-240.
[191] 牛金双.生态旅游游客满意度评价及影响因素研究[D].哈尔滨：东北农业大学硕士学位论文，2021：45-50.
[192] LABUS P，JELOVAC D. Customer acceptance of digitalisation of hotel restaurants：Applying an extended technology acceptance model[J]. Acta Turistica，2022，34(1)：51-82.
[193] NOH Y，BYUN J W. The a study on factors influencing acceptance，user satisfaction and loyalty of tourism blog[J]. The Academy of Customer Satisfaction Management，2010，12(3)：281-303.
[194] 高海霞，沈婷，应洋深.社交商务平台服务质量对品牌黏性的影响：基于顾客契合的视角[J].杭州电子科技大学学报(社会科学版)，2022，18(3)：24-31.
[195] 赵康，鱼文英.用户体验与信任对旅游APP忠诚度的影响研究[J].武汉商学院学报，2021，35(3)：10-17.
[196] 薛石磊.员工品牌内化对品牌资产的影响[D].西安：西北大学硕士学位论文，2020：4-5.
[197] HYUN M K. The effects of hotel brand equity on relation-continuing intention：Focusing on mediating effect of enterprise trust [J]. Journal of Tourism Enhancement，2022，10(1)：51-72.
[198] LUO S Z. A study on customer-based brand equity in the context of asiana airline [J]. Journal of Tourism Management Research，2019，23(5)：545-564.
[199] 王磊磊.茶叶品牌认知对消费者购买意愿影响的研究[D].重庆：重庆师范大学硕士学位论文，2021：4-5.
[200] 杨婷婷.西安历史文化名城品牌资产构建研究[D].西安：西安建筑科技大学硕士学位论文，2021：50-37.
[201] LIU C S，CHOU S F，LIN J Y. Implementation and evaluation of tourism industry：Evidentiary case study of night market development in Taiwan [J]. Evaluation and Program Planning，2021，89(6)：101961.
[202] SUNGYUNOK. Effects of Servicescape on perceived service quality，service satisfaction，and service loyalty：The coffee shop franchises in Seoul [J]. The Journal of the Korea Contents Association，2021，21(8)：108-122.
[203] KACHWALA T，PAI P，BALI A，et al. The relationship among antecedents of service quality：Overal servic quality and customer satisfaction in bank service[J]. Nmims Management Review，2021，39(1)：132-146.
[204] HAN B S. The relationship between industrial tourism and regional nrand equity：A

focus on the vernacular industry of Jeonbuk province[J]. Journal of Tourism Sciences, 2010, 34(6): 105-126.

[205] 陈雯.体育赛事品牌体验对游客重游行为意愿的影响研究[D].上海:上海体育学院硕士学位论文,2021:34-35.

[206] 李东,黄丹,代传煊.旅游目的地服务质量、形象感知与重游意愿关系研究:以新疆入境游客为例[J].新疆财经,2021(6):46-56.

[207] 王庆生,张鹤.基于SERVPERF模型的文化遗产旅游地服务评价研究:以天津五大道文化旅游区为例[J].山东财经大学学报,2022,34(2):51-63.

[208] JEON H, PARK J. The effect of the beauty service quality for HUMANS on the customer satisfaction and the customer loyalty[J]. International Journal of Human & Disaster, 2021, 6(3): 22-34.

[209] KIM J A, KIM P, SUNG M P. The effect of O2O service quality on customer service satisfaction and loyalty O2O[J]. The Academy of Customer Satisfaction Management, 2021, 23(3): 21-47.

[210] HOSUN R, SHIN H, YOO S C. Impact of product and service quality on service and product loyalty in a automobile industry[J]. Journal of Korean Society for Quality Management, 2012, 40(4): 599-614.

[211] 前瞻产业研究院.2021—2026中国在线旅游行业市场前景预测与投资分析报告[EB/OL].(2022-09-11)[2024-01-24]. https://bg.qianzhan.com/report/detail/84065249e7174bb3..

